HANS-HERMANN KLARE

AUERBACH

aufbau

HANS-HERMANN KLARE

AUERBACH

EINE JÜDISCH-DEUTSCHE TRAGÖDIE ODER WIE DER ANTISEMITISMUS DEN KRIEG ÜBERLEBTE

aufbau

Mit 18 Abbildungen

MIX
Papier | Fördert gute Waldnutzung
FSC® C083411

ISBN 978-3-351-03896-0

Aufbau ist eine Marke der Aufbau Verlage GmbH & Co. KG

1. Auflage 2022

Lektorat Ludger Ikas
Einbandgestaltung Anzinger und Rasp, München
Satz und Reproduktion LVD GmbH, Berlin
Druck und Binden CPI books GmbH, Leck, Germany
Printed in Germany

www.aufbau-verlage.de

FÜR ELISABETH

INHALT

ANHANG

KAPITEL 1

München, 14. August 1952

Als er bald nach dem Ende des Prozesses den Gerichtssaal mit seinen Anwälten verließ, hatte er den Entschluss vermutlich noch nicht gefasst. Zu viel stürmte da noch auf ihn ein. Zu aufgewühlt war er für irgendwelche Gedanken, die über den Augenblick hinausgingen. Aber er hatte für diesen Moment vorgesorgt. Er hatte genug Tabletten gehortet.

Zügig leerte sich der helle Raum. Richter und Beisitzer hatten ihre Akten unter den Arm genommen und waren in das Beratungszimmer hinter der Richterbank verschwunden. Demnächst würde der rote Plüschsessel hinausgetragen werden. Darauf hatte er Platz nehmen dürfen, um trotz seiner vielfältigen Beschwerden an der Verhandlung teilnehmen zu können. Der weiche Sitz statt einer harten Bank war wie ein Zugeständnis erschienen, eine Geste des Wohlwollens, die man als Hoffnungszeichen hatte deuten können. Bis jetzt. Bis zur Verkündung des Urteils.

Insgesamt 62 Verhandlungstage mit 130 Zeugen und 8 Sachverständigen im Saal 185 lagen hinter ihnen.[1] Ein gewaltiger Aufwand. Im Laufe des Verfahrens waren wesentliche Teile der Anklage zusammengebrochen. Von Betrug und Erpressung war bald keine Rede mehr. Nur noch von unvollständiger Buchführung, von der Aufforderung an Geschäftspartner, für die gute Sache zu spenden, vom unberechtigten Führen eines Doktortitels. Umso härter fiel das Urteil aus. Die Reaktion darauf teilte Prozessteilnehmer und Zuschauer in zwei Lager: Bestürzung bei den einen, Genugtuung bei den anderen.

Den beiden Verteidigern blieb bloß, ihren Mandanten auf den hohen Flur des Münchner Justizpalastes hinauszubegleiten, vorbei an den Journalisten, die ihre Notizen durchgingen oder ein paar Worte miteinander wechselten, bevor sie in die Redaktionen zurückeilten. Auf den breiten Treppen passierten die Männer Menschen, die ihren Dingen nachgingen, als sei nichts geschehen. Einige hielten inne, um einen letzten Blick auf den prominenten Angeklagten zu werfen, der nun ein Verurteilter war. Zügig durchmaß er mit seinen Anwälten die langen Gänge des neobarocken Gebäudes. Schließlich traten sie hinaus in die Hitze des späten Sommertags.

Drei Monate hatte Philipp Auerbach diesen Weg zurücklegen müssen, mal mittags, mal nachmittags gegen halb fünf, bisweilen am frühen Abend. Nicht immer war er aufrecht gegangen. Manchmal quälten ihn die Nierensteine so sehr, dass jeder Schritt eine Anstrengung bedeutete. Vom April bis zum Juni hatte ihn stets ein Wachtmeister abgeführt. Wenn das Gericht sich wegen einer Unterbrechung oder zur Mittagspause zurückzog, wurde der Häftling in eine Zelle im zweiten Obergeschoss gebracht.[2] Auf einer schmalen Holzpritsche harrte er dort aus, bis es weiterging. Am Ende eines Prozesstages fuhr ihn ein Streifenwagen zurück in die Privatklinik Josephinum nahe dem Englischen Garten. Dort sorgten Ärzte dafür, dass er kräftig genug für den nächsten Prozesstag war. Vor seinem Krankenzimmer hielten Polizisten Wache.

In den vergangenen acht Wochen war die Lage etwas besser geworden. Über ein Jahr hinweg hatten seine Anwälte versucht, ihn aus der Untersuchungshaft herauszuholen. Das Gericht hatte alle Anträge der Verteidigung abgelehnt. Schließlich blieb dem Vorsitzenden Richter jedoch nichts anderes übrig, als ihn aus der Untersuchungshaft zu entlassen: Der Freiheitsentzug stand in keinem Verhältnis zu den Vorwürfen, die übrig geblieben waren. Der Angeklagte blieb danach zwar weiterhin als Patient im Josephinum. Nur standen jetzt nicht länger vier Beamte im Wechsel vor seiner Tür, die jeden seiner Schritte begleiteten und jeden Besucher argwöhnisch beäugten. Diese Erleichterung hatte Anlass zu Hoffnung gegeben.

Am späten Nachmittag des 14. August 1952 verließen Philipp Auerbach, seine Frau Margit, sein Fahrer Karl Heid und die Anwälte das Gerichtsgebäude.[3] Sie überquerten die Prielmeyerstraße und gingen in den Königshof schräg gegenüber. In dem alten Münchner

Luxushotel am Karlsplatz, das in den Bombennächten des Krieges bis auf die Grundmauern zerstört und nun Stück um Stück wiederaufgebaut worden war, wollten sie sich ein letztes Mal beraten. Die Stimmung schwankte zwischen Ernüchterung und Empörung, beim Verurteilten wie bei seinen Verteidigern. Allerdings gingen die Juristen bereits davon aus, dass sie in Berufung gehen würden. Sie planten die nächsten Schritte. Sie mussten bloß darauf warten, bis ihnen die schriftliche Begründung des Urteils vorliegen würde.

Noch am Abend zuvor hatte Philipp Auerbach sich überzeugt gegeben, dass sein Prozess nur mit einem Freispruch enden konnte. Nun lautete das Urteil des Landgerichts München I auf zweieinhalb Jahre Gefängnis, zusammengestückelt aus diversen Einzelstrafen, drei Monate hier, vier da, dazu 2700 Mark Geldstrafe.[4] Ein überaus hartes Urteil, so hatten es schon Zuschauer und Beobachter der Presse empfunden, als der Vorsitzende Richter es verkündete.

Nach einer Stunde fuhr Karl Heid seinen Chef vom Hotel zurück in die Privatklinik in der Schönfeldstraße. Bis zur Festnahme ein gutes Jahr zuvor war er offizieller Chauffeur Philipp Auerbachs gewesen. Danach hatte dieser ihn privat angestellt. Auch wenn das Geld knapp geworden war, wollte er seiner Frau zuliebe nicht auf Auto und Fahrer verzichten. Im Josephinum warteten die Ärzte schon auf seine Rückkehr. Vielleicht hatten sie im Radio gehört, dass ihr Patient verurteilt worden war, als der Wagen vorfuhr und der Fahrer Philipp Auerbach auf dem Weg zu seinem Zimmer im ersten Stock der Klinik stützte. Anschließend fuhr der Chauffeur los, um auch Margit Auerbach abzuholen.

Bald darauf trafen sie sich wieder im Krankenzimmer. Ausführlich redeten sie noch einmal über den Prozess und waren sich in ihrer Meinung über den Urteilsspruch einig. Philipp Auerbach schimpfte Mal um Mal über den Staatsanwalt. Dann wieder empörte er sich über das »Schandurteil« und den Vorsitzenden Richter. Bald kam das Gespräch auf einen Kuraufenthalt in Bad Gastein, möglichst noch bevor der Kranke die Reststrafe würde antreten müssen. Und für den folgenden Tag plante er mit seiner Frau einen Ausflug nach Kochel am See in Oberbayern. Als die Stationsschwester Kanuta gegen neun Uhr vorbeisah, erklärte Auerbach ihr, er wolle ausschlafen und sich von den Strapazen des Prozesses erholen.[5]

Gegen zehn Uhr abends verabschiedete sich Philipp Auerbach schließlich an diesem heißen Donnerstag von seiner Frau Margit. In seinem Schlusswort hatte er im Gerichtssaal noch einmal seine Unschuld beschworen. Dabei hatte er am Ende den Patriarchen Abraham aus dem ersten Buch Mose zitiert: »Ich hebe meine Hände auf zu dem höchsten Gotte, den Herren des Himmels und der Erde, dass ich auch nicht einen Faden, einen Schuhriemen genommen habe.« Beim Abschied hatte Margit Auerbach den Eindruck, ihr Mann habe trotz allem ein wenig Balance wiedergefunden. Er plante ja bereits für die Zeit danach.

Gegen elf kam der Stationsarzt Dr. Eduard Weig.[6] Sein Patient litt an Nierensteinen und einem Tumor der Nebennierenrinde. Weig gab ihm eine Spritze gegen die Schmerzen, bevor er sich für die Nacht verabschiedete. Philipp Auerbach war nun allein.

Er machte sich daran, zwei letzte Briefe zu schreiben. Einen, der für die Öffentlichkeit bestimmt war, und einen zweiten – wenige Zeilen bloß – an seine Familie. Mochte er auch auf seine Nächsten gefasst gewirkt haben, in Wahrheit war alles, was ihm seit seiner Befreiung aus dem Konzentrationslager Kraft gegeben hatte, durch den Schuldspruch zerstört.

Wenn Philipp Auerbach sich an diesem Abend Vorwürfe gemacht haben sollte, dann wohl, dass er bisweilen doch daran geglaubt hatte, man werde ihm Gerechtigkeit widerfahren lassen. Nur darum hatte er den Vorsitzenden Richter in seinen letzten Worten vor der Urteilsverkündung für sein Verhalten um Entschuldigung gebeten. Während des Prozesses hatte er oft reagiert, mal ironisch, mal aufbrausend, wenn ihm die Vorwürfe des Staatsanwalts oder die abwertenden Bemerkungen des Landgerichtsdirektors unerträglich geworden waren. Aber er hatte bis zu diesem Augenblick seinen Glauben an den deutschen Staat und seine Institutionen noch nicht ganz verloren und darum am Ende der Verhandlungstage versöhnlich geklungen.

Er hatte die letzten Jahre überhaupt nur deswegen im Land der

Täter bleiben können, statt wie seine erste Frau und die gemeinsame Tochter nach Amerika auszuwandern, weil er auf einen Neubeginn im Guten vertraute. Die beiden hatten ihn angefleht, zu ihnen nach New York zu ziehen. So wäre die Familie nach den langen Zeiten der Angst umeinander wieder vereint gewesen. So hätten die Qualen von Krieg, Konzentrationslager und Flucht ein gutes Ende finden können.

Er aber hatte es abgelehnt, Deutschland zu verlassen. Für seine Ex-Frau Martha und ihre inzwischen 18-jährige Tochter Helen hingegen war es unvorstellbar, in das Land zurückzukehren, dessen Mördern sie knapp entkommen waren. Philipp Auerbach nahm es auf sich, Frau und Tochter zu enttäuschen. Nur so konnte er etwas wie Wiedergutmachung für andere erstreiten: für jene, die wie er Überlebende waren, aber nicht so gut ausgebildet, so durchsetzungsfähig, so geschickt und nicht so stark. Das sah er als seine Bestimmung an. Darum hatte er schließlich 1947 in die Scheidung eingewilligt, auf dass seine erste Familie und er getrennte Wege gehen konnten.

Wenn er sich an diesem Abend Vorwürfe gemacht haben sollte, dann vermutlich den, dass er geglaubt hatte, nach der Katastrophe gäbe es Läuterung, Besinnung, einen Neuanfang. Schon vor sechs Jahren hätte ihm in Düsseldorf klar werden müssen, dass er einer Illusion nachhing. Stattdessen hatte er sich nach dem Ärger am Rhein in die Arbeit in München gestürzt, überzeugt davon, seinen Beitrag zu leisten, damit weder Krieg noch Massenmord je wieder eine Zukunft hätten. Er hatte sich mehr zugemutet, als Herz und Nieren vertrugen. Mehr, als die Ärzte für zumutbar hielten. Hätte es eine Alternative zu dieser Aufgabe gegeben? Nein, die gab es nicht. Er sah sie nicht. Er wollte sie nicht.

Zu Beginn des Prozesses im April 1952 hatte Auerbach nicht glauben wollen, dass die Richter imstande sein würden, ihn so herablassend zu behandeln. Und doch kann man die Heftigkeit seiner Reaktionen während mancher Verhandlungstage als Ausdruck von Zweifel deuten. Welchen Grund sollte einer wie er auch haben, dem deutschen Justizsystem, überhaupt einer deutschen Ordnungsmacht zu trauen? Ehemalige Mitglieder von NSDAP und SA saßen über ihn zu Gericht. Den Anwälten war es nicht gelungen, Richter und Staatsanwälte – alle Parteigenossen – wegen Besorgnis der Befangenheit vom Prozess gegen einen jüdischen Funktionär und KZ-Überlebenden auszuschließen. Ob der Vorsitzende des Landgerichts und seine Beisitzer überzeugte Nazis gewesen oder der Partei aus Karrieregründen beigetreten waren, spielte dabei keine Rolle. Sie waren offensichtlich nicht willens oder in der Lage, sich der Ungeheuerlichkeit dieses Aufeinandertreffens von Tätern und Opfer zu stellen.

In den sieben Jahren seit Ende des Krieges war Auerbach klar geworden, dass sich viel weniger geändert hatte, als Politiker und Beamte die Alliierten und das gesamte Ausland glauben machten. Wenn Deutsche nicht heimlich beklagten, dass sie den Krieg verloren, ja dass sich überhaupt etwas geändert hatte, wollten sie gründlich vergessen und in einen Alltag ohne bedrohliche Fragen zurückkehren. Jeder Prozesstag sollte Philipp Auerbach in dieser Ansicht bestärken.

Das Urteil hatte ihn dennoch nicht bloß überrascht, es hatte ihn erschüttert. Bis dahin war er seinen Verfolgern stets irgendwie entkommen, der Gestapo in Belgien, in Frankreich und in Deutschland, der SS in Auschwitz, Groß-Rosen und Buchenwald. Nun, da alles endlich überstanden war, kam es zum ersten Mal anders.

Philipp Auerbach hatte nicht vorhergesehen, dass Staatsanwalt und Richter über ihn befanden wie über einen gewöhnlichen Verbrecher. Wie über einen gemeinen Betrüger oder skrupellosen Erpresser, der auf seinen eigenen Vorteil bedacht war. Sie sprachen ihm ab, etwas Großes versucht zu haben. Klein in den zahllosen einzelnen Taten, groß angesichts der Ungeheuerlichkeit der Shoa.

Deren Überlebende waren in erbärmlichem Zustand zu ihm und seiner Behörde gekommen. Hunderte an manchen Tagen. Körperlich am Ende, seelisch zerstört, mitunter noch lange nach Kriegsende in der gestreiften Kleidung der Lager, die meisten ohne feste Bleibe und ohne Perspektive. Viele besaßen nicht mal mehr einen Koffer, in dem sie irgendwelche Habseligkeiten hätten verstauen können. Doch selbst wenn sie den Dreck, in dem sie gehaust hatten, von ihrer Haut abgewaschen hatten, wenn sie sich aus Kleiderspenden mit einem Anzug, einer Bluse, einer Hose, einem Mantel hatten bedienen können, bevor sie zu Auerbachs Behörde gingen; selbst wenn sie die Sträflingskleidung abgelegt hatten, blieben ihre Seelen doch weiter verkrustet. Ihnen zu helfen, unkonventionell wenn nötig, schien Philipp Auerbach das einzig Angemessene. Egal wie. Nur so hatte jüdisches Leben in Deutschland vielleicht eine Zukunft.

Aus diesem Grund hatte er fünf Jahre zuvor den Posten als »Staatskommissar für rassisch, politisch und religiös Verfolgte« in Bayern angenommen. Indirekt leistete er damit zugleich Hilfe für die Täter. So könnten sie ein wenig von ihrer Schuld sühnen.

Die Deutschen hätten ihm dafür dankbar sein müssen, dass er sich um diese Überlebenden der Lager kümmerte. Seit Ende des Krieges nannte man sie gemeinhin DPs, *Displaced Persons,* Heimatlose. Sie selbst nannten sich nach dem Buch Esra »She'erit Hapletah«, den Rest der Überlebenden. Philipp Auerbach war für das Volk der Massenmörder und Helfershelfer der Wegbereiter zurück in die Zivilisation gewesen, zur Wiederaufnahme in die Menschheit. Statt ihm dafür zu danken, zerrten sie ihn vor Gericht.

Irgendwann an diesem Abend des 14. August in München muss Philipp Auerbach zu dem Schluss gekommen sein, nach dem Urteil sei der Tod das einzig Richtige. Die letzte Konsequenz. Mit gerade mal 45 Jahren. Ein anderer Tod als jener, dem er nur knapp entronnen war, vor gar nicht langer Zeit. Ein Tod von eigener Hand. Nicht dass er den Sieg über den Tod vor ein paar Jahren nicht gewürdigt hätte. Ja, er hatte sogar seine Energie daraus gezogen, diesem Tod entgangen, seinen Peinigern entkommen zu sein, und hatte sich bei weitem nicht so gelähmt gefühlt, so geschwächt, so verzweifelt, so hoffnungslos und so schuldig wie viele andere, die Ähnliches erlebt und sein Büro aufgesucht hatten.

Aber der Tod im Lager durch Hunger, durch Kälte, durch Krankheit wäre nicht dasselbe gewesen, ebenso wenig der direkte im Gas oder durch eine Kugel. Er hatte damals gesehen, wie andere Gefangene dem Schrecken ein Ende setzten und in den Stacheldrahtzaun hineinliefen, bis die Schüsse der Wachleute oder der Stromschlag sie erlösten. Bevor er auf der Pritsche trotz des vor Hunger schmerzenden Magens und der beißenden Kälte endlich eingenickt war, hatte auch Philipp Auerbach womöglich manchmal daran gedacht, dem Leid auf diese Weise zu entkommen.

Nein, dieser Tod am Abend der Urteilsverkündung sollte anders sein, auch wenn das Ergebnis dasselbe wäre: ewige Ruhe. Er hatte beschlossen, sich das Leben zu nehmen. In den letzten Monaten hatten seine Kräfte nachgelassen, der Blutdruck, der Zucker, die Nierensteine ihm arg zugesetzt. Aber sein Entschluss hatte nicht bloß mit der schwindenden Energie zu tun. Nein, dieser Tod sollte zugleich ein letzter Akt sein. Ein Schlussstrich. Eine Befreiung. Eine Anklage.

Und so machte er sich, nachdem die Tür zu seinem Krankenzimmer ins Schloss gefallen war, ans Werk. Darum hatte er Schwester Kanuta zu verstehen gegeben, dass er länger als üblich würde schlafen wollen. Auch diese Vinzentinerin, in ihrer Ordenstracht mit der Flügelhaube die Verkörperung von Ruhe und Verständnis, eine altmodisch bayerisch-katholische Insel der Sicherheit in den vergangenen Monaten, hatte ihn mit ihrer religiösen Zuversicht nicht mehr erreichen können. Philipp Auerbach schrieb nun einen Brief an seine Anwälte und die Nachwelt und einen zweiten an seine Familie.

Nachdem er die Schlaftabletten geschluckt und mit Wasser heruntergespült hatte, fiel sein letzter Blick vielleicht noch einmal auf das Blatt, das er neben das Bett gelegt und mit einem Füllfederhalter beschwert hatte. Dicht dabei die leeren Röhrchen des Schlafmittels. »Mein Blut komme auf das Haupt der Meineidigen!« endete der mit Tinte geschriebene Brief. Ein alttestamentarischer Fluch – das sollten seine letzten Worte sein.[7]

Während auf dem Krankenhausflur die Geräusche verstummten, verlor Philipp Auerbach allmählich das Bewusstsein.

KAPITEL 2

München, September 1946

Als Philipp Auerbach in München ankam, war aus dem abgemagerten KZ-Häftling wieder ein stattlicher Herr geworden. Gut 1,90 Meter groß, mit hoher Stirn, bereits etwas schütterem, nach hinten gekämmtem Haar und einem schmalen Schnurrbart, hatte er die gestreifte Lagerkleidung aus Auschwitz und den Laborkittel aus Buchenwald schon seit einer ganzen Weile abgelegt. Inzwischen bewies er eine Vorliebe für Zigarren und zweireihige Anzüge und trug eine randlose Brille. Sein Gewicht hatte er nahezu verdoppelt.[1] Er wog um die hundert Kilo. Er fühlte sich kräftig genug, sein neues Amt anzutreten. Wenige Tage nach seiner Ankunft erhielt Auerbach die offizielle Ernennungsurkunde als »Staatskommissar für die Opfer des Faschismus«.

In dieses Amt, das schon bald in »Staatskommissar für rassisch, politisch und religiös Verfolgte« umbenannt wurde, hatte ihn Wilhelm Hoegner berufen.[2] Der bayerische Sozialdemokrat war 1933 vor den Nationalsozialisten ins Exil in die Schweiz geflohen, bevor die Gestapo ihn wie andere SPD-Politiker festnehmen und ins Lager Dachau transportieren konnte. Nach dem Zweiten Weltkrieg setzte die amerikanische Militärregierung Hoegner als bayerischen Ministerpräsidenten ein. Sein Innenminister, ebenfalls Sozialdemokrat, schlug ihm auf Anraten von Parteigenossen aus Düsseldorf Auerbach für den Posten vor. Auch das »Zentralkomitee der befreiten Juden« in der amerikanischen Besatzungszone sprach sich für den Kandidaten aus, und so konnte die bayerische Landesregierung schließlich einen Mann präsentieren, der die Zustimmung der US-Militärregierung fand. Philipp Auerbach gehörte zu jenem Zeitpunkt bereits zu den bekannten und aktiven Mitgliedern der in Deutschland gerade wieder entstehenden jüdischen Gemeinden.

Mehr als ein Jahr nach dem Ende der Bombennächte war München noch immer vom Krieg gezeichnet. Auch wenn die Aufräum- und Renovierungsarbeiten schon im Sommer zuvor begonnen hatten, glich die Landeshauptstadt an vielen Stellen weiter einem verrotteten Gebiss, aus dem kariöse Stümpfe hervorragten. Die Türme der Frauenkirche waren zwar stehen geblieben, aber beschädigt. Der Marienplatz sah aus wie eine gefegte Brache inmitten von Ruinen. Die Fassade der Staatsoper am Anfang der Maximilianstraße wirkte wie die Kulisse eines einstmals großen Gebäudes. Alliierte Bomber hatten mehr als 60 000 Spreng- und etwa drei Millionen Brandbomben über der »Hauptstadt der Bewegung« der Nationalsozialisten abgeworfen.[3] Neunzig Prozent der historischen Altstadt lag in Trümmern, mehr als 80 000 Wohnungen waren komplett zerstört oder unbewohnbar geworden. 300 000 Einwohner galten als obdachlos.[4]

Viele Bürger lebten in Häusern, deren Dächer und Wände nur notdürftig geflickt waren, mit Treppenhäusern, die einzustürzen drohten. An den Straßenrändern türmte sich der Schutt. Dazwischen wimmelte es von Menschen. Sie waren zu Fuß unterwegs, auf Fahrrädern, mit einem Handkarren oder in der überfüllten Straßenbahn, soweit die Gleise bereits wiederhergestellt waren, auf der ständigen Suche nach den Dingen des täglichen Bedarfs. Dem Normalverbraucher in der amerikanischen Besatzungszone standen im Spätsommer des Jahres 1946 auf Lebensmittelkarten pro Tag 196 Gramm Roggenbrot, 17 Gramm Weizenbrot, 35 Gramm Fleisch, 4 Gramm Käse, 21 Gramm Nährmittel, 9 Gramm Zucker, ein Siebtel Liter Milch, knapp ein Pfund Kartoffeln, 35 Gramm Fisch, 7,5 Gramm Puddingpulver, 3,5 Gramm Erdnussbutter und der 28. Teil einer Dose Fischkonserven zu.[5]

Philipp Auerbach fand eine erste Bleibe in der Möhlstraße 9 im Stadtteil Bogenhausen. Die sogenannte Hirmer-Villa hatte ursprünglich einem jüdischen Kaufmann gehört.[6] Die Nazis hatten ihn enteignet und das Gebäude bald darauf zum »Judenhaus« umfunktioniert: In die einst prächtige Villa hatten sie nach dem Pogrom im November 1938 Dutzende Münchner Juden auf engstem Raum zusammengepfercht. Viele von ihnen würden bald darauf nach Theresienstadt oder ins Lager Kaunas abtransportiert werden. In eine Wohnung im ersten Stock des inzwischen herrenlosen Hauses zog nun ein 39-jähriger Mann ein, der sich um seinesgleichen kümmern sollte: um die Überlebenden des Nazi-Terrors in Bayern.

In dem großbürgerlichen Stadtteil rechts der Isar zu wohnen, hatte für Philipp Auerbach diverse Vorteile. Das Kellerbüro, in dem er seine Arbeit mit drei Mitarbeitern begann, lag gleich um die Ecke in der Holbeinstraße.[7] In der Nachbarschaft, nicht weit vom Friedensengel, hatten sich diverse Einrichtungen der US-Armee und jüdische Hilfsorganisationen niedergelassen. Die Villen – eine Reihe davon um die Wende zum 20. Jahrhundert von wohlhabenden Juden errichtet – waren zuvor von Nazigrößen wie dem SS-Chef Heinrich Himmler für den »Lebensborn« oder von Hitlers Stellvertreter Martin Bormann in Beschlag genommen und gleich nach dem Krieg von der amerikanischen Armee requiriert worden.

Hier hatte bereits im Sommer 1945 die »United Nations Relief and Rehabilitation Administration« (UNRRA), die für die DP-Lager zuständig war und unter dem Kommando der US-Armee stand, ihre Büros eingerichtet. Das »American Jewish Joint Distribution Committee«, kurz JOINT, einst unter anderem von einem Mitglied der Bankiersfamilie Warburg in den USA gegründet, unterhielt in der Möhlstraße eine Außenstelle. Hinzu kamen die Niederlassungen des »Bayerischen Hilfswerks für die von den Nürnberger Gesetzen Betroffenen« und des »Zentralkomitees der befreiten Juden«. Auch die »Hebrew Immigrant Aid Society« und ein Auswanderungsbüro des »American Jewish Defence Committee« hatten hier eine Bleibe gefunden. Nicht bloß für Visa und Schiffspassagen Richtung USA oder über das Mittelmeer in den Nahen Osten war die Nachfrage groß. Vor allem bemühten sich diese Einrichtungen darum, das tägliche Leben der jüdischen DPs zu organisieren. Ohne die US-Armee und das Netzwerk jüdischer Organisationen hätte Auerbach nie derart schnell und erfolgreich so vielen Menschen helfen können, die nun in seinem Amt Schlange standen.

Demonstration im DP-Lager Poppendorf, nachdem jüdischen DPs die Einreise nach Palästina von den britischen Behörden verweigert wurde.

Laut der Volkszählung von 1933 hatten 9005 Juden in München gewohnt.[8] Nur 84 sogenannte Volljuden lebten nach zwölf Jahren Nazi-Zeit noch vor Ort. Hinzu kamen etwa 400 jüdische Partner aus »Mischehen«.[9] Von insgesamt einer halben Million deutscher Juden, denen Flucht und Ausreise aus ihrem Heimatland nicht rechtzeitig gelungen war, konnten bei Kriegsende gerade einmal 9000 die Konzentrationslager und weitere 15 000 private Verstecke lebend verlassen.[10] Dennoch hielten sich zu dem Zeitpunkt bereits etwa 75 000 Juden in Deutschland auf.[11] Sie hatten sich aus anderen Ländern hierher auf den Weg gemacht. Ihre Zahl war sogar noch weiter gestiegen, als Philipp Auerbach seine Arbeit in München begann.[12] Sie kamen aus den Konzentrationslagern, lebende Skelette aus Osteuropa zumeist, befreit von den Armeen der Sowjets, der Briten und der Amerikaner. Andere hatten sich als Flüchtlinge vor den Nazis versteckt, in Polen oder in den Tiefen der Sowjetunion, und sich irgendwie durchgeschlagen. Nun zog es viele von ihnen ausgerechnet in das Land der Mörder. Aber nicht, weil sie sich dort irgendwelches Verständnis erwarteten. Einzig von dem Teil Deutschlands, der inzwischen US-Besatzungszone war, versprachen sie sich etwas: unmittelbare Hilfe, vor allem Visa. So gelangten viele von ihnen, unterstützt von diversen jüdischen Organisationen oder auf eigene Faust und oft genug bei Nacht und Nebel, über eine Route via Stettin oder durch die Tschechoslowakei schließlich auch nach Bayern. In der Hoffnung, das Land mithilfe der Amerikaner so schnell wie möglich wieder verlassen zu können.

Die osteuropäischen Juden flohen kaum ein Jahr nach dem Ende des Krieges vor dem neuen Antisemitismus in ihrer Heimat Richtung Westen. Manche mussten erleben, dass sie in Städten wie Prag oder Brünn nicht länger willkommen waren, weil sie deutsche Schulen besucht hatten, besser Deutsch als Tschechisch sprachen und sich damit verdächtig machten. Andere waren auf der vergeblichen Suche nach Familienangehörigen und Nachbarn durch Vilnius oder Riga geirrt. Wieder andere stellten nach der Rückkehr in die jüdischen Viertel von Lodz und Krakau fest, dass dort nur noch ein paar versprengte Glaubensbrüder lebten und dass ihre Häuser und Wohnungen längst von Polen in Besitz genommen worden waren. Diese machten keine Anstalten, sie wiederherzugeben. Allerorten kam es zu Konflikten. Mal bewarfen Kinder die Besucher einer Synagoge mit Steinen, mal töteten nie ermittelte Antisemiten vier Menschen, indem sie in einem Krakauer Sanatorium für jüdische Waisenkinder eine Bombe legten.[13] Und wer als Jude oder Jüdin in einen Bus oder Zug stieg, musste stets damit rechnen, von aufgebrachten Fahrgästen aufgefordert zu werden, gefälligst nach Palästina zu verschwinden.

Vereinzelt kam es zu Pogromen. Das wohl schlimmste ereignete sich im Juli 1946 in Kielce, etwa 200 Kilometer südlich von Warschau. Bis zum Ausbruch des Krieges hatten etwa 25 000 Juden in der Stadt gelebt, sie stellten die Hälfte der Bevölkerung. Ungefähr 200 von ihnen waren zurückgekehrt, als ein Mann bei der Polizei angab, sein neunjähriger Sohn Henryk sei im Gebäude des Jüdischen Komitees in der Planty-Allee 7 festgehalten worden. Man habe ihn misshandelt und in den Keller geworfen. Dort habe er die Leichen ermordeter Christenkinder liegen sehen. Ihm sei aber glücklicherweise die Flucht gelungen. Als die Polizisten mit Henryk und seinem Vater vor dem Haus des Jüdischen Komitees auftauchten und Passanten die Geschichte erzählten, kam es zu Ausschreitungen. Polizei und herbeigerufenes Militär drangen schließlich in das Gebäude ein. Einige Juden warfen sie aus dem Fenster auf die Straße. Schüsse fielen. 42 jüdische Männer, Frauen und Kinder, unter ihnen eine Gruppe Jugendlicher, die sich auf ihre Auswanderung nach Palästina vorbereitete, sowie der Vorsitzende des Jüdischen Komitees, Dr. Kahane, wurden ermordet.

Wenige Tage danach gab Henryk zu, dass seine Angaben erfunden waren. Für viele Juden, nicht bloß in Kielce, war damit klar, dass die jahrhundertealte antisemitische Schauergeschichte von den jüdischen Ritualmorden an christlichen Kindern weiterlebte oder wiederaufgelebt war. Hatten sie bis dahin geglaubt oder doch wenigstens gehofft, so kurze Zeit nach dem Ende des Massenmords sei eine neue Zeit für sie angebrochen, sahen sie ihre einzige Chance nun darin, ihre Heimat zu verlassen.[14]

Nach den Ereignissen in Kielce setzte eine regelrechte Massenflucht ein: 16 000 polnische Juden packten noch im Juli ihre wenigen Sachen, 23 000 im August, weitere 23 000 im September – »eine endlose Schlange von Flüchtlingen, Bündel auf dem Rücken«, wie ein UNRRA-Mitarbeiter bei ihrer Ankunft in der amerikanischen Besatzungszone notierte. »Mütter hielten Babys an der Brust, umklammerten die Hände der Kleinsten, die an ihrer Seite vor sich hin stolperten. Sie fielen buchstäblich zu Boden, wo sie stehen geblieben waren, unfähig, die letzten Schritte bis zum Camp zu gehen. Sie waren aus Krakau und Schlesien angekommen, 700 Meilen entfernt. Väter, Mütter und Kinder, die gelaufen waren, als Anhalter am Straßenrand gestanden hatten, auf Lastwagen geklettert waren, Frachtzüge geentert hatten, in Wäldern geschlafen und es irgendwie geschafft hatten, so weit zu kommen.«[15]

Wie so viele andere, die überlebt und es in die US-Besatzungszone geschafft hatten, machten sie sich bald nach ihrer Ankunft aus den provisorischen Wohnungen Münchens, den Krankenlagern der früheren Fremdarbeiter-Camps und den Kasernen in Feldafing,

Föhrenwald, Kaufering, Landsberg und Deggendorf auf den Weg zu Philipp Auerbach und seinen Leuten, um Hilfe zu fordern. Die meisten hatten kaum mehr als ihr nacktes Leben retten können. Viele litten noch lange an den Folgen von Hunger, Misshandlung und katastrophaler Hygiene in den Lagern und hatten zusehen müssen, wie Tausende Leidensgenossen kurz vor oder bald nach der Befreiung an Entkräftung, Entzündungen oder Verzweiflung gestorben waren. Manch einer hatte sein Leben gelassen, weil er nach Jahren des Hungerns bloß zu schnell zu viel in sich hineingestopft und damit seinen ausgemergelten Körper überfordert hatte. Etwa die Hälfte aller Häftlinge überlebte ihre Befreiung nur für Tage oder Wochen. Dass die anderen häufig keine Dokumente besaßen, dass nicht jeder eine für den Rest des Lebens eintätowierte Nummer trug – wie hätte man ihnen das vorhalten können, wenn sie es bis auf das Amt in Bogenhausen schafften? Doch wie ließ sich andererseits feststellen, ob und unter welchen Umständen oder wie lange einer deportiert, inhaftiert, malträtiert worden war? Wie also wollte eine Behörde bemessen, was einem solchen Ex-Häftling und seinen Verwandten zugestoßen war und was ihm darum zustehen sollte? In Philipp Auerbach gab es in München einen Mann, der um die Schwierigkeiten wusste, aus den Resten oft zufälligen Überlebens einen Amtsvorgang zu machen.

Zunächst einmal ging es aber gar nicht um Entschädigung. Die sogenannte Wiedergutmachung für das erlittene Elend oder den Verlust von Freiheit und Eigentum war nicht das dringendste Problem der DPs. Um überhaupt wieder Tritt zu fassen, bedurften die meisten der unmittelbaren Hilfe. Auerbach und eine wachsende Zahl von Mitarbeitern besorgten Lebensmittelkarten, Medikamente und Einquartierungsberechtigungen für Wohnungen, beschafften Möbel und Bezugsscheine für Schuhe, Mäntel, Hosen, Hemden und Röcke, kümmerten sich um die Verteilung von Kaffee und Zigaretten, organisierten Arbeits- und Studienplätze, drangen bei amerikanischen Organisationen wie deutschen Behörden auf Extrarationen an Fleisch oder Alkohol zu jüdischen Festen wie Pessach oder Rosch Haschana. So besorgte der JOINT noch zwei Jahre nach

Kriegsende im Mai/Juni 1947 insgesamt 600 000 Kilo Lebensmittel und 471 830 Zigarettenpackungen für die bayerischen DPs.[16] Diese Dinge des täglichen Bedarfs wurden meist gleich vor Ort in den DP-Lagern verteilt. Ins Amt kamen die Menschen mit ihren größeren Anliegen.

In den 72 000 Akten der Auerbach-Behörde, die heute im Bayerischen Hauptstaatsarchiv in München lagern und noch längst nicht systematisch erforscht sind, ist das Drama des Überlebens in bürokratische Form gepresst.[17] Zwischen roten und grauen Aktendeckeln finden sich ungezählte Schilderungen von Verhaftung, Vertreibung und Tod, mal mit Schreibmaschinen getippt, mal handschriftlich, häufig in Fragebögen kondensiert und auf die bloßen Daten reduziert, nahezu immer bar jeder Emotion. Dazwischen stecken Bewilligungen, Ablehnungsbescheide, Anwaltsschreiben, Gerichtsurteile und Bittbriefe an den Staatskommissar Auerbach, sich einer Sache anzunehmen.

Häufig ist das Grauen hier nicht vollständig abgeheftet. Oft fehlen die Kopien von Karteikarten oder zumindest Beglaubigungen dafür, wie die Bürokraten des Massenmords die Menschen vor ihrem Ende auf die einfachste Form ihrer Existenz reduziert hatten: auf Name, Geburtstag, Adresse, Datum und Grund der Verhaftung. Für die meisten Gefangenen hatte das bedeutet, in den letzten Abschnitt ihres Lebens einzutreten. Die Überlebenden hingegen hatten mit solchen Dokumenten die Grundlage einer neuen Existenz in den Münchner Regalen hinterlegt, ergänzt um die Formulare von Militärbehörden und Hilfsorganisationen oder eidesstattliche Erklärungen. Weil viele nach der Befreiung nicht mehr zu bieten hatten als die Aussage eines anderen, dass sie tatsächlich im Lager gewesen waren, musste ein Güteausschuss unter Vorsitz von Philipp Auerbach regelmäßig entscheiden, ob dem Antragsteller zu glauben und daher zu helfen war, wenn er Unterstützung verlangte, ob bei der Wohnungssuche, bei einem Visum zur Ausreise oder in Form von Entschädigung.

Man muss sich die Dutzenden, bisweilen Hunderten von Menschen, die das Amt des Staatskommissars Auerbach in den ersten

Jahren nach dem Krieg an jedem Werktag mehr stürmten und besetzten als besuchten, nicht als eingeschüchterte, traumatisierte Überlebende vorstellen, auch wenn das Überleben sie traumatisiert hatte. Im Umgang mit den Angestellten des Staatskommissariats waren sie oft ungeduldig, vor allem aber: furchtlos. Das war nicht wirklich überraschend, hatten sie doch das Schlimmste überstanden, das bis kurz zuvor unvorstellbar schien: Sie mussten sich bespucken lassen von Passanten, die ihrem Abtransport auf Lastwagen zusahen, während die ersten Nachbarn bereits die gerade verlassenen Wohnungen nach Brauchbarem durchkämmten und die Behörden vor Ort die Versteigerung des Mobiliars oder des Inhalts von Schlafzimmerschränken und Wohnzimmerbuffets vorbereiteten. Sie mussten erleben, wie SS-Soldaten ihr Ghetto in der Ukraine oder im Baltikum umstellten, wahllos auf jeden einprügelten, nach Lust und Laune Schießübungen machten und dabei Dosen auf den Köpfen von Juden als Zielscheiben platzierten oder wie sie einen nach dem anderen an frisch ausgehobene Gruben führten, um sie dort mit Maschinengewehren umzumähen. Andere hatten sie ohne Wasser und Brot über Tage in Waggons gezwängt, so eng, dass selbst die Ältesten und Schwächsten sich nicht zu setzen vermochten. Wenn dann der Zug in einem der Konzentrationslager eintraf, waren die ersten von ihnen bereits gestorben, häufig in solcher Enge, dass nicht einmal die Toten umfallen konnten. Und sie hatten bald nach der Ankunft im Lager begriffen, dass all jene Familienmitglieder, die an der Rampe nach links geschickt wurden, in den Kaminen der Krematorien endeten.

Sie hatten Hunger gelitten, Misshandlungen erduldet, Seuchen überstanden, sich Erfrierungen zugezogen und bei Exekutionen regungslos zuschauen müssen. Anders gesagt: Sie hatten Autorität der schrecklichsten Sorte erlebt. Deutsche Autorität. Oder, nicht minder schlimm, von Deutschen verliehene Autorität. Die in den schwarzen Uniformen der SS, die in den weißen Kitteln an der Rampe, die der mit dem grünen Dreieck gekennzeichneten Kriminellen, also der Betrüger, Räuber, Vergewaltiger und Mörder, welche die Deutschen zu Handlangern der täglichen Demütigung und Gewalt ernannt oder gedungen hatten. Wovor sollten die Überlebenden noch Angst haben? Wem sollten sie noch Respekt bezeugen?

Wenn sie alle etwas einte, war es das tiefe Misstrauen gegenüber jeder Behörde, einer deutschen zumal. Dass ihnen im Auerbach-Amt meist ein Überlebender gegenübersaß, änderte nichts daran. Bis vor Kurzem noch war jeder deutsche Beamte eine potenziell tödliche Autorität gewesen. Nun aber hatte man es mit einem oft überarbeiteten, müden Repräsentanten des deutschen Staates zu tun. Bis vor Kurzem hätte niemand gewagt, von so jemandem etwas zu fordern. Oft galt schon eine schüchterne Frage als grobe Provokation mit schlimmsten Konsequenzen. Nun aber konnte man sich nicht bloß erkundigen. Man konnte sogar drängen, fordern, wütend werden.

Und so musste sich Philipp Auerbach in seiner gesamten Amtszeit mit Leuten auseinandersetzen, die sich nicht gewürdigt und angemessen behandelt fühlten, ganz gleich, was er und seine Mitarbeiter für sie getan haben mochten. Mit Menschen, die – berechtigt oder unberechtigt – darauf bestanden zu bekommen, was ihnen zustand. Und die keine Geduld mehr hatten, sich noch länger hinhalten zu lassen. Das war der unauflösbare Widerspruch, dem Philipp Auerbach und seine Behörde sich stellen mussten: Sie konnten lindern, aber nichts ungeschehen machen. Darum durften sie auch nicht mit Verständnis oder gar Dankbarkeit rechnen.

Immer wieder zogen Antragsteller gegen Auerbach und seine Behörde vor Gericht oder drohten zumindest, es zu tun, wenn ihnen eine Entscheidung nicht gefiel. Selbst wenn diese berechtigt und gut begründet war. Ein krasses, keineswegs ungewöhnliches Beispiel dafür war der Fall von Paul Leo Scheidel. Mit der Behauptung, politischer Häftling gewesen zu sein, hatte sich der 48-Jährige im November 1945 in München registrieren lassen, um sich die Betreuung und Versorgung durch das Amt zu sichern. Tatsächlich hatte Scheidel zwischen 1939 und 1942 verschiedene Eigentumsdelikte begangen und darüber hinaus politisch und rassisch Verfolgte an die Gestapo in Prag verraten. Er trug sogar das goldene Parteiabzeichen der NSDAP. »Er hatte in Prag besondere Verbindung zu NS-Größen und nutzte diese Beziehungen aus, um Deutsche und Tschechen unter Druck zu setzen und aus politischen Gründen zu verfolgen«, ergaben die Nachforschungen von Mitarbeitern Auerbachs. Scheidel war 1943 zu einer Freiheitsstrafe verurteilt worden, »ist nie in politischer Haft gewesen, sondern – wenn überhaupt – so aus rein strafrechtlichen Gründen in ein KZ eingeliefert worden«. Darum lehnte das »Staatskommissariat für rassisch, religiös und politisch Verfolgte« nicht bloß jede Anerkennung Scheidels ab. In einem Schreiben vom 27. November 1947, unterschrieben von Philipp Auerbach, forderte die Behörde den Oberstaatsanwalt beim Landgericht München I auf, gegen Scheidel einen Haftbefehl zu erlassen. Der drohte dennoch damit, seine Ansprüche mithilfe von Richtern durchzusetzen.[18]

Hinzu kamen die harmloseren Fälle. Ehemalige KZ-Häftlinge machten mitunter falsche Angaben über die Art oder die Länge ihrer Lagerhaft. Hinter solchem Verhalten verbarg sich nicht unbedingt verständliche Verwirrtheit, sondern womöglich die berechnende Erwartung auf mehr Startkapital. Nicht selten tischten ehemalige Insassen den Beamten Lügen in der Überzeugung auf, gerade den Deutschen keinerlei Rechenschaft schuldig zu sein angesichts dessen, was diese ihnen angetan hatten. Manchen war die Summe in Reichs- und später in D-Mark weniger wichtig als die darin ausgedrückte Anerkennung ihres Leidens, für das es in Wahrheit keine ausreichende Kompensation gab.

Mit dem Ende der Nazi-Herrschaft war das Leben nicht nur für die Besiegten, sondern auch für die Überlebenden in völlige Unordnung geraten. An die Stelle meist tödlicher Gewissheit war lebendiges Chaos getreten. Manchmal verfügten die DPs, die zur Behörde kamen, über Papiere, aber nicht über Zeugen, die ihre Behauptungen bestätigen konnten. Manchmal gab es Zeugen, aber keine Dokumente, die etwas hätten belegen können. Mancher wirkte wohlgenährt, erzählte aber von Jahren schlimmster Haft und größten Hungers. Mancher war klapperdürr, hatte aber anscheinend mehr zu essen bekommen als andere.

Philipp Auerbach nahm sich jedes Einzelnen unermüdlich an. Ganz gleich, ob man später seine Freunde oder seine Feinde befragte, ob jüdische Funktionäre oder bayerische Ministerialbeamte – sie alle bestätigten, dass Auerbach meist der Erste und der Letzte bei der Arbeit war. Im Büro war er üblicherweise von morgens um sieben bis abends um zehn, manchmal um elf.[19] Er diktierte und telefonierte, ließ sich möglichst jede Akte bringen und scheute weder die schlechten Straßen noch die unzuverlässigen Fahrpläne der Reichsbahn, um sich selbst vor Ort ein Bild zu machen, wo Leute seiner Hilfe bedurften oder welche Funktionäre und Politiker Antrieb und Widerspruch nötig hatten, um das Leben der ehemaligen Lagerinsassen zu erleichtern. Wenn Philipp Auerbach etwas auszeichnete, dann die Unermüdlichkeit, mit der er alles wissen und jeden Vorgang entscheiden wollte. Selbst als sein Amt auf 170 Mitarbeiter in 17 Abteilungen in München angewachsen war, zu denen noch weitere 50 Angestellte in den Außenstellen in Augsburg, Nürnberg, Regensburg und Würzburg hinzukamen, reiste er unentwegt im Dienstwagen mit Chauffeur durch die Lande und besuchte Untergebene wie Bittsteller.[20] Er las weiterhin möglichst jeden Brief, gab seinen Sekretärinnen Antwort um Antwort vor, empfing jeden, der irgendwie von Bedeutung sein konnte, und setzte sich nach eigenem Gutdünken bisweilen über Regeln und Anordnungen hinweg, um einen Vorgang abzuschließen und einem Menschen zu helfen.

Man konnte Philipp Auerbach dafür kritisieren, dass er nicht genug delegierte, nicht immer richtig zuhörte und Leute überging, wenn sie ihm bei seiner Arbeit, so wie er sie selbst verstand, im Wege waren. Andererseits gab es so kurz nach dem Krieg noch keine Strukturen, auf die Verlass gewesen wäre. Wer hatte je zuvor versucht, in einer von Krieg zerstörten Gesellschaft für die Davongekommenen eines industrialisierten Massenmordes Hilfe zu organisieren? Darin ähnelte Auerbach den Menschen, die sein Amt tagaus, tagein stürmten: Auch er war auf sich allein gestellt. Nicht aufgeben, sich etwas einfallen lassen, einen Umweg auskundschaften, zur Not die Regeln brechen und sich von nichts und niemandem davon abhalten lassen – das hatten die Jahre im Lager sie gelehrt. Darin hatte die Überlebensstrategie bestanden, von Bittsteller wie von Behördenchef. Darin unterschieden sie sich nicht bloß von einem bayerischen oder preußischen Beamten, sondern von all den anderen, die nach dem Krieg in Deutschland wieder Fuß fassen wollten.

Es gibt von Philipp Auerbach aus diesen Jahren ungezählte Bittbriefe und Eingaben, schriftliche Forderungen, Ideen und Memoranden an alle erdenklichen Politiker, Ministerialbeamte oder Funktionäre jüdischer wie nichtjüdischer Organisationen, dazu Ansprachen und Notizen, mal knapp, mal ausschweifend, mal sarkastisch, mal empört, oft voller Pathos. Sie füllen ganze Aktenschränke. Persönliches gibt es dagegen kaum von ihm. Vermutlich ging das nicht verloren, sondern hat – von einigen Briefen an Familienangehörige abgesehen – einfach nicht existiert. Philipp Auerbach hat vor allem mit dem Spuren hinterlassen, was er sein wollte: als Repräsentant der Verfolgten des Nazi-Regimes. Dies war nicht bloß seine Lebensaufgabe geworden, nein, er sah sich dazu auch befähigt wie kein anderer. Das machte er allen klar, auch jenen, an deren Engagement für die Sache der ehemaligen Opfer kein Zweifel bestand. Otto Küster ist dafür ein gutes Beispiel.

Der Ministerialbeamte in Stuttgart setzte sich ebenfalls energisch dafür ein, den Überlebenden zu helfen und Verordnungen sowie Gesetze für die Wiedergutmachung der Opfer des Nationalsozialismus auf den Weg zu bringen. Sein Engagement war so groß, dass seine Vorgesetzten ihn einige Jahre später ausbooten sollten, weil ihnen die Wiedergutmachung und Küsters entschiedenes Eintreten dafür lästig geworden waren. Zu der Zeit, als Auerbach seine Arbeit in München aufnahm, war Küster noch im Amt. Die beiden begegneten sich immer wieder bei diversen Sitzungen, bei denen die Organisation und die Koordination der Arbeit für die DPs über Ländergrenzen hinweg besprochen wurden. In Küster hatte Auerbach einen zuverlässigen und kenntnisreichen Mitstreiter vor allem gegen die Finanzbehörden in den westlichen Besatzungszonen. Das hinderte Auerbach jedoch nicht daran, in einem Brief an Küster zu schreiben, er könne »verstehen, dass Sie bei allem Wohlwollen, das Sie, lieber Herr Ministerialdirektor, den politisch und rassisch Verfolgten entgegenbringen, die Leiden der Ghettos und der KZ-Lager nicht aus eigener Erfahrung beurteilen können«.[21] Einerseits richtig, andererseits nicht unbedingt im Sinne der gemeinsamen Sache, war eine solche Bemerkung typisch für Philipp Auerbach.

Tatsächlich konnte, wer es vor den Schreibtisch von Auerbach schaffte, oft auf Verständnis hoffen, selbst wenn sich die Aktenlage nicht immer mit dem deckte, was die Menschen in seinem Büro vorbrachten. So schilderte der Schauspieler Rolf Kralovitz, einst Häftling in Buchenwald mit der Nummer 10090, wie es ihm mit Auerbachs Hilfe gelang, 1946 in München unterzukommen, um dort ein Visum für die USA zu beantragen.[22] Von seiner Heimatstadt Leipzig hatte er sich bald nach der Befreiung aus dem Konzentrationslager über Berlin und Hannover mit dem Zug in mehreren Tagen nach Bayern durchgekämpft. Denn Juden mit Geburtsort Deutschland hatten zu jener Zeit nur eine Chance auf ein solches Visum, wenn sie in der amerikanischen Besatzungszone wohnten.

Zunächst versuchte Kralovitz, mithilfe der jüdischen Gemeinde eine Bleibe zu finden. Die schickte ihn jedoch weiter, weil sie ihm nichts zuweisen konnte. »Man musste in München eine Zuzugsgenehmigung haben, das war das A und O. Wenn man keine hatte, bekam man keine Lebensmittelkarten, und dann bekam man kein Zimmer, also konnte man eigentlich nur auf der Straße stehen, schlafen und nichts essen, das war die Situation«, beschrieb er die Lage. Kralovitz war in Buchenwald Philipp Auerbach begegnet, als dieser im Februar 1945 nach dem Todesmarsch von Auschwitz über Groß-Rosen dort inhaftiert worden war. »Auerbach machte es möglich, dass ich innerhalb kurzer Zeit eine Zuzugsgenehmigung bekam, die damals auf dem schwarzen Markt mit furchtbar hohen Preisen gehandelt wurde. Aber ich bekam sie Gott sei Dank umsonst, ich hatte auch gar kein Geld, um mir diese kaufen zu können.«[23]

Solche Hilfegesuche waren nicht ungewöhnlich für Auerbach. Und sie veranlassten ihn, sich beim Münchner Oberbürgermeister Karl Scharnagl zu beschweren. »Die uns zugeteilten Kontingente«, schrieb er diesem im März 1947, »bestehen in Scheinen, für die keine Deckung vorhanden ist, da entweder die Wohnungen zerstört oder unbewohnbar oder illegal von Nazis oder nicht Befugten besetzt sind. Herr Stadtrat Gerstl hat so viel Mitleid, diese illegalen Einwohner nicht herauszusetzen, hat sich aber nicht überlegt, was mit unseren Betreuten geschieht, die zwei Jahre nach der Befreiung noch keinen ausreichenden Wohnraum ihr Eigen nennen können. Wir behaupten und stellen unter Beweis, dass wir Fälle haben, in denen acht bis zehn Personen in einem Zimmer hausen müssen, oder politisch und rassisch Verfolgte, die jahrelang im Konzentrationslager gewesen sind, in feuchten Kellerwohnungen hausen.«[24]

Ein anderes Problem waren die vielen Kranken, die noch Monate nach der Befreiung um ihr Überleben kämpften, weil sie etwa an Typhus oder Tuberkulose litten. Im Verein mit der UNRRA und anderen Organisationen sorgte Philipp Auerbach dafür, dass in Geretsried am Starnberger See ein Krankenhaus jüdische Patienten aufnahm. Kaum im Amt, setzte er sich auch dafür ein, Schloss Elmau bei Garmisch-Partenkirchen als Sanatorium für Lungenkranke zu nutzen.

Heute ein Fünf-Sterne-Hotel, wurde das Schloss während des Ersten Weltkriegs von Johannes Müller als »Freiraum des persönlichen und gemeinschaftlichen Lebens« für Freunde und Künstler gegründet.[25] Hier trafen sich bald Politiker und hohe Beamte wie Otto Meissner, der Chef der Präsidialkanzlei Hindenburgs und später Hitlers, Unternehmerfamilien wie die Bahlsens, der Philosoph Hans-Georg Gadamer, die Schriftstellerin Ricarda Huch und die Pianistin Elly Ney zu Souper, Hauskonzert und Quadrille-Tanz, während Johannes Müller in Vorträgen die Erneuerung christlich-protestantischen Denkens betrieb.[26] Der philosophisch Gebildete träumte bald auch von einer »Nationalen Revolution des Gemeinnutzes über den Eigennutz«, sah in Adolf Hitler ein »Werkzeug in Gottes Hand« und jubelte darüber, als das Sudetenland und Österreich heim ins Reich geholt wurden.[27] Im Zweiten Weltkrieg diente sein Schloss als Erholungsheim der Wehrmacht. Nach dem Ende des Krieges requirierte es die US-Armee.

Philipp Auerbach sah darin eine Chance. Er tat alles dafür, dass sich Johannes Müller wegen seiner »Verherrlichung von Hitler in

Wort und Schrift« vor der Entnazifizierungs-Spruchkammer in Garmisch verantworten musste.[28] Tatsächlich wurde Müller in die Kategorie »Hauptschuldiger« eingeordnet. Seine Enteignung aber dauerte Auerbach zu lang, um rasch für die noch immer große Zahl von tuberkulosekranken DPs sorgen zu können. Deshalb schaffte sein Amt zusammen mit dem JOINT Fakten, nahm das Gebäude 1947 in Besitz und eröffnete darin ein Sanatorium.

Der Journalist Ernest Landau, jüdischer Häftling aus dem Konzentrationslager Dachau, hat über den für Überlebende unglaublichen Luxus von Schloss Elmau geschrieben, in dem sich bis zu 200 Patienten für jeweils zwei Wochen erholen durften: »Dr. Henry Heitan, der Chefarzt des Joint in Feldafing, hat dieses Schloss ausfindig gemacht und beschlossen, dort ein Erholungsheim für rekonvaleszente und ruhebedürftige aus den Konzentrationslagern befreite Juden zu errichten. Bisher hatten die jüdischen DPs nur in Lagern gelebt. In Zimmern, in denen sie zu 20 und mehr Menschen hausen mussten. Sie schliefen in zwei- bis dreistöckigen Holzbetten, sie aßen an Holztischen ohne Tischtuch und selten bloß mit Messer und Gabel. Begreiflich, dass ihnen das keine Freude bereitete. Begreiflich auch, dass diese Lager selten in sauberem Zustand angetroffen wurden. Man hatte Dr. Heitan gewarnt. Die sauberen Handtücher würden schnell schmutzig werden, die Seife aus den Badezimmern verschwinden. Man würde Geschirr zerbrechen und es wäre überhaupt schade um so ein schönes Schloss. Dr. Heitan aber hatte seine Theorie. Er meinte, dass nicht die Menschen die Bedingungen schüfen, sondern umgekehrt, die Bedingungen die Menschen. Und er wagte das Experiment.«

Landau beschrieb die gefliesten Badezimmer, das holzgetäfelte Gesellschaftszimmer, den eleganten Speisesaal, die Bibliothek und den Theatersaal, in dem ein Orchester »Bei Mir bistu Shein …« probte. Und er schloss seinen Text mit den Worten: »150 Menschen dürfen jeweils 14 Tage hindurch in Elmau verbringen. 150 junge Menschen kehren nach Ablauf dieser Zeit wieder ins Lager zurück. Sie erzählen von Elmau. Sie zehren von Elmau, als dem schönsten Erlebnis seit ihrer Befreiung. Aber noch etwas anderes geschieht:

Wohin diese Menschen kommen, sie bemühen sich, das Elmauer Leben, das Elmauer Benehmen, die Höflichkeit und die Zuvorkommenheit auch dort zu leben, wo die äußerlichen Umstände es zwar noch schwierig gestalten, wo aber mit gutem Willen vieles verbessert werden kann. Und das scheint mir das schönste Resultat von Schloss Elmau zu sein.«[29]

Solch individuelles Glück mochte Stimmung wie Gesundheit so mancher DPs verbessern. Es änderte nichts an der Enge, in der sie danach wieder ohne Perspektive zusammengepfercht leben mussten. »Hier sammelt sich der Rest des Judentums und hier ist der Wartesaal. Es ist ein schlechter Wartesaal, aber wir hoffen, dass der Tag kommen wird, an welchem man die Juden an ihren Platz führen wird«, hatte Dr. Zalman Grinberg, der erste Präsident des »Zentralkomitees der befreiten Juden in der amerikanischen Zone« bereits einige Monate nach Kriegsende im Deutschen Museum in München gesagt, wo DPs ebenfalls eine Bleibe gefunden und jüdische Hilfsorganisationen Büros eröffnet hatten.[30] Das beschrieb die Stimmung der meisten. So kam die UNRRA bei einer Umfrage im Frühjahr 1946 zu dem Ergebnis, dass 18 072 von 19 311 Juden über 14 Jahren ihre Zukunft in Palästina sahen, 393 in den USA, 95 in Europa und 13 in Deutschland.[31] Der größte Wunsch fast aller Überlebender bestand ganz offensichtlich darin, möglichst schnell ein Visum für die Ausreise zu bekommen. Das war aus vielerlei Gründen schwierig.

Immer wieder gab es Konflikte, vor allem mit den Briten, den Mandatsträgern in Palästina. Die hatten zwar schon mal Jahrzehnte zuvor grundsätzlich signalisiert, dass ein jüdischer Staat für sie vorstellbar wäre. Aber sie wollten die Zahl derer, die über das Mittelmeer in den Nahen Osten ausreisten, gering halten und die Menge der Visa pro Jahr beschränken. Auch die USA waren nicht bereit, einfach jeden aufzunehmen, der zu ihnen kommen wollte, obwohl diverse amerikanische Organisationen sich für jüdische Emigranten einsetzten. Kranke und politisch angeblich Unzuverlässige hatten oft kein Glück, wenn sie sich um die Einreise bewarben.

Wenn jemand an der Emigration der in Bayern lebenden Juden großes Interesse hatte, dann die Deutschen. Die wollten sie loswerden. So sagte Münchens Bürgermeister Karl Scharnagl dem Radiosender Voice of America, dass der Antisemitismus in Bayern verschwinde, »wenn die Juden ihre geringen Vergünstigungen nicht mehr erhielten« und dass »eine Beruhigung erst durch die Auswanderung dieser Menschengruppe« zu erwarten sei. Und der Landtagsabgeordnete Dr. Max Rief hatte sich schon zuvor darüber aufgeregt, denn »die ganze Bevölkerungskloake ströme nach Bayern«.[32]

Philipp Auerbach sollte im Laufe von fünf Jahren annähernd hunderttausend Juden bei der Ausreise aus Bayern helfen.[33] Er hatte nicht das Recht, über Visa und Aufnahmequoten zu entscheiden. Aber er konnte sich mit seinen Mitarbeitern um den oft aufwendigen Papierkram, um Schiffspassagen und Startkapital für die Emigranten kümmern und bei der Militärbehörde wie bei den amerikanischen Hilfsorganisationen dafür werben, die Zahl derer, die ausreisen dürfen, zu erhöhen. Dem Staatskommissar lagen nicht allein die sehnlichsten Wünsche der ihm Anbefohlenen am Herzen. Er erfüllte mit seiner Arbeit zugleich, gewollt oder ungewollt, die Erwartungen von Kommunalpolitikern und Ministern in Deutschland. Aus deren Perspektive war jeder jüdische Emigrant ein Kostgänger weniger. Es gehört als bittere Ironie zur Lebensgeschichte Philipp Auerbachs, dass selbst seine größten Gegner ihm noch Jahre später bescheinigen sollten, dass er den Bayern einen großen Dienst erwiesen und Millionen erspart habe, weil er sich so unermüdlich dafür verwendet hatte, dass seine einstigen Leidensgenossen aus dem Land verschwanden.

Dazu waren Regelungen nötig, für die es keine Vorbilder gab. Philipp Auerbach machte sich bald nach Amtsantritt in München darüber Gedanken, wie eine Entschädigung aussehen könnte, die sowohl Anerkennung des Erlittenen wie Ausgleich von Verlusten war und mittellose Überlebende in die Lage versetzen würde, irgendwo und irgendwie neu anzufangen. »Wiedergutmachung heißt nicht: Bereicherung! Wiedergutmachung heißt nicht: nach Vermögen streben!«, schrieb er kurz vor Weihnachten 1947 im Informationsdienst der Vereinigung der Verfolgten des Naziregimes (VVN), der er angehörte, weil sich hier politisch Verfolgte, ob Kommunisten, Sozialdemokraten oder Liberale, dazu jüdische Überlebende über alle Zonengrenzen hinweg zusammengeschlossen hatten. »Wiedergutmachung heißt: den moralischen Wert des Menschen wieder anzuerkennen, den man uns geraubt. Wiedergutmachung heißt: das zurückgeben, was man uns genommen hat. Aber das vermag ein Mensch nicht zu tun. Was unsere Überlebenden an Kraft einbüßten, können wir ihnen nicht zurückgeben. Das Teuerste, was sie verloren, ist dahin, aber der Glaube an die Gerechtigkeit, an den Mensch im Menschen und der Glaube an die Zukunft Deutschlands in einer wahren Demokratie ist uns geblieben.«[34]

Auerbach wehrte sich vor allem gegen den bei deutschen Politikern so beliebten Gedanken, Entschädigung und Wiedergutmachung seien eine Art Wohlfahrt, den Juden wie den politisch Verfolgten von den Granden Nachkriegsdeutschlands und deren Volk großzügig gewährt. Für ihn war sie ein Recht, einklagbar, Schadensersatz für Raub, Freiheitsentzug, Qualen und Mord.

Die Gänge der Auerbach-Behörde glichen in der ersten Zeit nach dem Krieg einer großen Börse. Hier handelte man nicht mit den Dingen des täglichen Lebens. Die gab es vor allem von den Amerikanern, auf dem Schwarzmarkt vor den Lagern und bei den zahllosen Händlern in den provisorisch errichteten Kiosken um die Ecke in der Möhlstraße. Hier, in der Holbeinstraße, tauschte man Informationen miteinander aus. Viele DPs waren schon vor langer Zeit von ihren Familien getrennt worden. Seitdem hatten sie sich in den Auffanglagern umgehört, um herauszufinden, was mit den Liebsten geschehen war. Vielleicht hatten sie einen Onkel oder eine Tante getroffen oder waren einem Nachbarn begegnet, der ein wenig mehr wusste als man selbst. Oder sie hatten von einem Dritten aus derselben Gegend, aus dem Nachbardorf gehört, der einen kannte, der einen kannte, der aus der Heimat berichten konnte. So versuchten die DPs nun auch auf den Fluren der Auerbach-Behörde die Vergangenheit zu rekonstruieren und Aufschluss darüber zu gewinnen, was die Gegenwart für sie und ihre Familien wohl bereithielt.

Wer bald nach der Befreiung Gewissheit hatte, hatte meist schreckliche Gewissheit. Gute Nachrichten waren selten. Und doch gab es diese unglaublichen Fälle, einem Lotteriegewinn ähnlich, wo einer von seinem Bruder, seiner Frau, seinen Eltern hörte, die an einem ganz anderen Ort irgendwo in Europa, irgendwo in den einst von den Deutschen besetzten Ländern angespült, aber nicht ertrunken waren. Wer davon erfuhr und sich zu seinen Verwandten aufmachen wollte, brauchte Geld und Genehmigungen, um eine solche Reise überhaupt antreten zu können. Denn die Zeit neuer Freiheit mochte angebrochen sein, Reisefreiheit schloss sie nicht ein. Selbst da, wo Züge verkehrten oder Lastwagen der Armee jemanden vielleicht eine Etappe mitnehmen konnten, benötigte man oft einen Passierschein: zwischen den Zonen der Amerikaner, Briten und Franzosen, erst recht aber für die Grenze zur sowjetischen Zone, für die Tschechoslowakei, Polen oder Ungarn.

Eine dieser wunderbaren Wiedervereinigungen erlebte Nora Waksmann.[35] Sie war 28 Jahre alt, als britische Truppen sie am 15. April 1945 in Bergen-Belsen befreiten. Irgendwie hatte sie es geschafft zu überleben zwischen dem Unrat und den Bergen von Leichen, die sich gegen Ende des Krieges dort auftürmten. Nora Waksmann kam aus Lodz. Als die SS das Ghetto ihrer Heimatstadt im August 1944 auflöste, wurde Nora mit ihrer Mutter, ihrem Bruder, ihrer Schwester und deren Baby nach Auschwitz transportiert. Außer ihr wurden alle anderen Mitglieder der Familie gleich bei der Ankunft am 27. August für Gaskammer und Krematorium aussortiert. Das Baby warfen die Wachen dabei lebendig in eine Feuerstelle, seine Mutter sprang anscheinend hinterher. Nora Waksmann schaffte man wenige Tage später nach Westen, wo sie nicht weit vom Lager Bergen-Belsen in einem Rüstungsbetrieb arbeiten musste.

Etwa einen Monat nach dem Ende des Krieges gelang es einem Juden aus Lodz, sich per Anhalter nach Bergen-Belsen durchzuschlagen. Er hatte in München von durchreisenden jüdischen Soldaten der britischen Armee gehört, einige Frauen aus seiner Heimatstadt hätten überlebt und würden in einem Lager nördlich von Hannover betreut. Also machte er sich auf die Suche nach Freunden und Verwandten. Dabei traf er Nora Waksmann. Er berichtete ihr, dass sich Isaak Norich in einem Krankenhaus in Bayern befand, um eine schwere Lungenentzündung auszukurieren. Nora konnte ihr Glück kaum fassen. Denn Isaak und Nora waren seit Langem ein Paar gewesen, wenn auch nicht verheiratet. Sie hatten sich in einem Sommercamp in den Bergen bei Zakopane kennengelernt. Im Ghetto in Lodz hatten sie jedoch in getrennten Wohnungen gelebt. Denn auch wenn sich zwei junge Leute wie die beiden zehn Jahre zuvor als Mitglieder einer linken zionistischen Partei begegnet waren – allzu viel Freizügigkeit war in der konservativen Umgebung des jüdischen Viertels von Lodz kaum denkbar. Auf alle Fälle war es aber nichts, was man erzählen würde.

Zunächst begannen die beiden Briefe zu schreiben und einander von dem Jahr zu erzählen, in dem der eine um den anderen gebangt hatte. Sie schrieben sich auf Polnisch. Jiddisch war ihre Sprache nur gewesen, wenn sie sich sahen. Isaak berichtete Nora, wie er von Auschwitz nach Dachau gebracht worden war, zusammen mit seinem Vater und seinem Bruder. Wie sie dort bei Straßenarbeiten eingesetzt wurden und große Steine in eisernen Loren verschieben mussten. Als ein Aufseher die Arbeiter zu mehr Eile antrieb, traf einer dieser Wagen Isaaks Vater. Er brach sich ein Bein. Die Wunde entzündete sich. Der Vater starb wenige Tage darauf, am 24. März 1945, fünf Wochen vor der Befreiung von Dachau durch US-Soldaten.

Isaaks Bruder war damals so schwach gewesen, dass er sich geweigert hatte, auf den Todesmarsch der Dachauer Häftlinge Richtung Bad Tölz mitzugehen, als die SS das Lager evakuierte. Hätten Isaak und ein Freund ihn nicht dazu gezwungen mitzukommen, wäre er wahrscheinlich erschossen worden. Heinrich Himmler, der Reichsführer SS, hatte zwei Wochen zuvor, am 14. April 1945, verfügt, dass kein Häftling dem Feind lebendig in die Hände fallen dürfe.

So aber wurden die drei mit anderen Häftlingen in einen Güterzug gepfercht, hundert Leute pro Waggon, der sie – von SS-Leuten bewacht – Richtung Tirol in die Berge schaffen sollte. Alliierte Flugzeuge griffen den Zug in der Nähe des Starnberger Sees bei Tutzing an, weil sie ihn für einen deutschen Armeetransport hielten. Dabei kamen, wie sich später herausstellen sollte, etwa 60 Häftlinge aus Dachau ums Leben. Als die SS-Wachen kurz darauf erfuhren, dass amerikanische Soldaten in der Nähe waren, setzten sie sich schließlich ab. Einige Häftlinge befestigten daraufhin ihre gestreiften Jacken an den Waggons, um auf sich aufmerksam zu machen. Andere flohen in den Wald oder in nahe gelegene Scheunen. Am Tag darauf kamen die GIs sowie ein Konvoi des Roten Kreuzes und nahmen sich der Dachauer Häftlinge an. Es war der 2. Mai 1945. Isaak Norich und sein Bruder waren frei.

Als Isaak seinen ersten Brief von Nora bekam, wurde er noch in Geretsried behandelt, ebenso wie sein Bruder. Nora setzte nun alles daran, sich so schnell wie möglich auf den Weg nach Süden zu machen. Tatsächlich fand sie ein paar Wochen später eine Unterkunft im DP-Lager Feldafing, auf der anderen Seite des Starnberger Sees, gut 20 Kilometer entfernt. Regelmäßig besuchte sie nun Isaak und wartete geduldig auf seine Entlassung aus der Behandlung. Im Dezember 1945 heirateten die beiden schließlich und bekamen bald darauf einen Sohn, den sie Samuel nannten.

Solche Glücksfälle waren natürlich auch Thema auf den Fluren der Auerbach-Behörde. Die Wartenden sprachen dort nicht bloß über die Folgen von Hungerödemen und erfrorenen Gliedmaßen nach nacktem Herumstehen in Eiseskälte, über Wohnungsnot und Lebensmittelrationen. Man ging vor allem Hinweisen nach, zog Erkundigungen ein, erfuhr von Listen, die allerorten aufgestellt und ausgehängt wurden, von Toten und Lebenden, von den Orten, über welche die Davongekommenen in ganz Europa zerstreut waren. Bisweilen stritt man auf Jiddisch, Polnisch, Tschechisch, Ungarisch, Griechisch oder auf Deutsch auch nur um den Platz in der Warteschlange.

Wer sich Fotos aus jener Zeit ansieht, ist vermutlich überrascht, wie gut viele DPs auf den ersten Blick gekleidet zu sein scheinen. Die Männer trugen oft Anzüge und Hüte statt Mützen, außerdem hatten sie häufig Krawatten umgebunden. Die Frauen zogen Kostüme und Kleider an. Weil das meiste davon noch lange aus Spenden stammte oder aus gegen Lebensmittel getauschter Ware bestand, waren viele dieser Kleidungsstücke bei genauerem Hinsehen ein wenig zu groß oder zu eng und hier und da bereits fadenscheinig geworden. Wie überall sonst trafen auch in der Auerbach-Behörde Gütige auf Gerissene, Kluge auf Clevere, Schüchterne auf Selbstdarsteller. Hier begegneten sich gläubige Juden und strenggläubige, ungläubige und solche, die ihren Glauben in den Lagern verloren hatten. Hier standen Weniggebildete und Hochgebildete Schlange, Menschen, die schon in den Schtetln des Ostens ein karges Dasein gefristet hatten, und solche, die zwischen Bücherwänden und Meißner Porzellan groß geworden waren. Was sie alle verband, war der Horror, den sie überlebt hatten. Was sie trennte, war vor allem ihre Fähigkeit, damit umzugehen.

Der Psychoanalytiker Viktor Frankl aus Wien, selbst jüdischer Überlebender, hat über einige der mit ihm Befreiten geschrieben: »Vor allem konnte man bei primitiveren Naturen in dieser Phase oft bemerken, dass sie nach wie vor in ihrer seelischen Einstellung unter der Kategorie der Macht und der Gewalt verharren; nur, dass sie nunmehr, als Befreite, selber diejenigen zu sein vermeinen, die ihre Macht, ihre Freiheit willkürlich, hemmungslos und bedenkenlos nützen dürfen. Für solche primitiven Menschen hat sich eigentlich nichts als das Vorzeichen der alten Kategorie geändert, es ist aus einem negativen ein positives geworden: aus den Objekten von Macht, Gewalt, Willkür und Unrecht sind die entsprechenden Subjekte geworden«.[36]

Koppel S. Pinson, von Oktober 1945 bis September 1946 für den JOINT in Deutschland und Österreich als Direktor für Erziehung in den DP-Lagern tätig, kam in einem ein Jahr später veröffentlichten Bericht zu einem ähnlichen Schluss: »Kontakt zum Nazismus hat selbst unter den Opfern des Nazismus Spuren hinterlassen. Die Betonung von Disziplin, das monolithische Konzept von Gruppenleben, Erziehungstechniken, die das Militärische und den Drill betonen, die Bedeutung von Marschieren, Demonstrieren, von Bannern und Uniformen, der weitverbreitete Gebrauch von Agitation, Propaganda und Indoktrination, und das Bestehen auf eine Art regulierter Intoleranz in den meisten Lagern sind, vielleicht unbewusst, Ausdruck der Wirkung eines Lebens unter totalitärer Herrschaft über viele Jahre. Dieses Verhalten, das die jüdischen DPs selbst ›disziplinierte Einigkeit‹ nennen würden, wird durch das Leben in Lagern weiter verstärkt. Für die jüdischen DPs ist der Krieg nicht zu Ende, sie sind bisher im echten Sinne des Wortes noch nicht befreit worden.«[37]

Ganz offensichtlich hielt das neu gewonnene Leben so manche Enttäuschung bereit. Tatsächlich waren viele ehemalige Häftlinge den Launen ihrer Erinnerung ausgeliefert und konnten dem Grauen vergangener Erfahrungen nicht entkommen. Über das Leid zu sprechen, es zu teilen und mitzuteilen war vielen ein großes Bedürfnis. Aber das schaffte nicht immer Erleichterung. In den Worten des Überlebenden Jacob Biber: »Unser Leben war überschattet von Gefühlen der Schuld, einem Empfinden der Wertlosigkeit. Mit jedem Schritt, der uns der Freiheit näher brachte, in dem Glauben und dem Bewusstsein, dass unsere Freiheit wirklich geworden war, mussten wir uns dem Gefühl der Schuld stellen ob der Sünde, jene über-

Auerbach in seinem Büro im Landesentschädigungsamt in der Arcisstraße in München

lebt zu haben, die wir liebten, ob der Sünde, frische Luft zu atmen, während unsere Landsleute in ungeweihter Erde verrotteten, ob der Sünde, sich nicht vor der Sonne zu verstecken, die so viele nie wieder sehen konnten. Wir haben das nicht besonders gespürt, solange wir versuchten, den Deutschen zu entkommen. Denn da ging es um nichts als zu überleben. Keiner hatte Zeit zu philosophieren. Aber als der Krieg vorüber war, lasteten die Wochen und Monate des Lagerlebens schwer auf unseren Schultern.«[38]

Die Welt nach der Befreiung war für viele höchst verwirrend und anstrengend. In der Welt »davor« hatte man sich fügen müssen. In der Welt »danach« galten viele Selbstverständlichkeiten nicht mehr, weder die aus dem Leben im Schtetl noch die grausame Mischung aus Regel und Willkür in den Nazi-Ghettos und den Nazi-Lagern. Nun musste man sich ständig fragen, ob etwa forsches Auftreten in der Behörde besser oder schlechter wäre. Nun musste man dauernd Entscheidungen treffen. Darin steckte etwas, das die meisten Lagerinsassen vergessen, verlernt, verdrängt hatten: Freiheit. Sie machte das neue Leben schön. Sie machte es zugleich ungeheuer schwer.

Während die einen aus dieser Freiheit Kraft und neuen Lebensmut schöpften, brachte sie die anderen aus dem Gleichgewicht, wenn nicht zur Verzweiflung. Wer von einem Besuch der Auerbach-Behörde zurückkehrte, ohne etwas erreicht zu haben – ohne die Bestätigung einer Wohnung außerhalb des Lagers, ohne Zusage einer Haftentschädigung als Starthilfe für die Ausreise nach Palästina, ohne eine Einwilligung in einen Kuraufenthalt für die tuberkulosekranke Mutter –, musste sich gefallen lassen, dass Familie und Freunde kein Verständnis hatten. Dass sie am Einsatz zweifelten, am Verhandlungsgeschick, am Auftreten überhaupt. Hatte man die schlimmsten Folgen von Unterernährung und katastrophaler Hygiene erst einmal überwunden, war das körperliche Überleben gesichert. Soziales Überleben sah ganz anders aus.

Das gab es am ehesten in den Lagern der DPs. Der Alltag dort mochte provisorisch sein, ein Wartesaal auf dem Weg in eine neue Existenz, in Amerika oder Palästina vor allem, aber es war jüdisches Leben. Man genoss in dieser Atmosphäre, da Freund und Feind noch klar voneinander zu unterscheiden waren, die Gemeinschaft der Glaubensbrüder und der Familie. Man traf sich am Sabbat zum gemeinsamen Mahl, legte Gebetsriemen an und umhüllte sich mit dem Tallit, dem jüdischen Gebetsschal. Man konnte wieder in eine Synagoge gehen, war sie auch noch so provisorisch. Man kochte koscher. Und jedes Kind, das zur Welt kam, war nicht nur ein Sieg über die Mörder, verkörperte nicht bloß die Zukunft gegenüber der Vergangenheit. Das Schreien und Toben und Balgen der Kinder war der Inbegriff von Leben.

Auch wenn viele DPs aus Osteuropa religiös waren, und mancher von ihnen orthodox, wäre es falsch anzunehmen, die Lager hätten vor allem Gläubige beherbergt. Koppel S. Pinson beobachtete, wie die 1500 orthodoxen und die Mehrheit von 4000 säkularen Juden im Lager Landsberg in ständigem Streit lagen, über koscheres Essen wie über den Sabbat. Und er schrieb darüber: »Während es viel formales Einhalten von Regeln und das Zurschaustellen von religiösen Symbolen gab, ist von echter Frömmigkeit nur wenig zu spüren. In keinem DP-Lager kann man das Gefühl des traditionellen Sabbats erfahren, jenen Geist, der über den kleinen Städten von Galizien, Polen und Litauen am letzten Tag der Woche schwebte«.[39]

Natürlich war die Vergangenheit nicht vergessen. Sie war täglich Gegenwart. Da kamen Briefe und Todesnachrichten von verschollenen Verwandten. Da tauschten die Lagerbewohner in ihren engen Wohnungen, in den gerade eröffneten koscheren Restaurants oder im Schatten eines Baumes ihre Erlebnisse aus, während die Kinder um sie herumtollten. Wenn die Deutschen später behaupteten, dass die ehemaligen Häftlinge der Todeslager über ihre Erlebnisse kaum sprechen mochten, dann hatten sie eines nicht verstanden: Darüber sprechen mochten sie sehr wohl, aber eben nicht mit jedem – und schon gar nicht mit den Deutschen. Warum hätten die Opfer das Gespräch mit den Tätern suchen sollen, in einer Zeit, da offenbar alle Deutschen so taten, als hätte keiner von ihnen gewusst, was den Juden geschah, und als wäre erst recht niemand von ihnen daran beteiligt gewesen?

»Die Bevölkerung in der Gegend um Feldafing«, schrieb der polnische KZ-Überlebende Simon Schochet im Jahr nach seiner Befreiung, »hat einen Schutzschild um sich errichtet gegen Verantwortlichkeit und Schuld, indem sie sich nicht als Deutsche wahrnehmen, sondern als Bayern.« Und er fährt fort: »Wenn ein Deutscher eine Unterhaltung beginnt und erklärt, er sei nie ein Nazi gewesen und hätte nie von den schrecklichen Dingen gehört, die passiert waren, ganz gleich, ob das wahr sein konnte – so jemand war verdächtig und man ging ihm aus dem Wege. Wir ziehen es vor, uns nicht auf Gespräche über die Vergangenheit einzulassen, sondern mit den Deutschen nur über ganz sachliche und pragmatische Dinge zu reden.«[40]

So war das Leben im DP-Lager das Leben in einer Exklave. Hier die jüdische Gemeinschaft, mehrere Menschen auf engstem Raum – 36 Quadratfuß, 3,3 Quadratmeter, reichten nach Berechnungen der US-Armee pro Person.[41] Dort das Feindesland der Deutschen. Oft noch hinter Stacheldraht wie vor der Befreiung beäugten sich die beiden Gruppen gegenseitig. Da draußen lebten aus der Perspektive der DPs die Folterer und Mörder und ihre Nächsten, da drinnen hausten in der Wahrnehmung der Deutschen die Schacherer und Viehdiebe mit ihren Familien. Begegnungen waren auf das Nötigste reduziert. Unbehagen und Missverständnisse waren auf beiden Seiten verbreitet.

Das begann schon bei einer in Deutschland hergestellten Seife, die eines Tages von den Amerikanern in das DP-Lager Feldafing geliefert wurde. »Wir haben uns geweigert, deutsche Seife zu benutzen«, erinnerte sich Simon Schochet. »Uns ist allen bewusst, dass Fett, welches diese so effizienten Deutschen benutzt haben, um bestimmte Seifen herzustellen, von den Körpern unserer im Gas ermordeten Kameraden aus den Krematorien von Auschwitz, Treblinka und Majdanek stammte. Während unserer Haftzeit sprachen wir davon, dass ›einer zur Seife‹ geht, wenn ein Gefangener zum Krematorium abgeholt wurde. Die Lage spitzte sich zu, als man an uns kleine grobkörnige Stücke Seife verteilte, die den Aufdruck RJF trugen. Auch wenn das nur die Initialen des Herstellers waren, übersetzten die DPs das als ›Reines Jüdisches Fett‹.«[42]

In einer solchen Atmosphäre erwies sich ein von Philipp Auerbach und seiner Behörde erarbeitetes Papier, wie man DPs in Lohn und Brot bringen könnte, als bestenfalls naiv.[43] Denn selbst wenn viele von ihnen Arbeit suchten, weil sie etwas Sinnvolles mit den Tagen anfangen wollten oder auch nur, um Geld oder Extrarationen an Lebensmitteln zu verdienen, solange das Visum nicht ausgestellt war – sich am Wiederaufbau des Landes ihrer Verfolger und der Mörder ihrer Familien zu beteiligen, kam für sie nicht infrage. Auf den Schwarzmarkt zu gehen und mit den Gaben aus den Hilfslieferungen für die jüdischen DPs zu handeln – im Austausch untereinander oder eben mit den begierigen Deutschen: jederzeit. Das brachte Kapital für die Zukunft, in die sie alle aufzubrechen gedachten. Alles andere wäre Verrat an der Sache der Juden gewesen. Wenn überhaupt eine Ausbildung denkbar war, auf dem Bau oder in der Landwirtschaft zum Beispiel, dann nur als Vorbereitung auf den Einsatz beim Aufbau eines jüdischen Staates in Palästina. Am besten waren darum wohl all jene DPs dran, die bei der US-Armee und der Besatzungsbürokratie oder bei den amerikanischen Hilfsorganisationen als Fahrer oder Sekretärin, als Übersetzer, Lagerarbeiter oder Verwalter eine Stelle fanden.

Isaak Norich und seine Frau Nora etwa, die Überlebenden aus Lodz, wären gern in die USA ausgewandert.[44] Weil aber schon bald der Kalte Krieg begann und der amerikanische Senator Joseph McCarthy Anfang der 1950er Jahre zur Jagd auf vermeintliche wie echte Kommunisten blies, erhielt die Familie lange kein Visum. Die Mitgliedschaft Isaaks und Noras in einer zionistischen linken Partei Polens, Poale Zion, in der Zwischenkriegszeit verhinderte ihre Ausreise über den Atlantik. Isaak Norich wurde immerhin ins Lagerkomitee von Feldafing gewählt, wo man ihm die Zuständigkeit für Arbeit und Unterbringung anvertraute. Später wurde er Verwalter im Lager Föhrenwald, wo sein Sohn Samuel eine religiös-orthodoxe Grundschule besuchte, während seine Frau ihre Leiden in Folge der Lagerhaft auskurieren konnte. Erst 1956 durften sie in die USA ausreisen.

Der aus der Tschechoslowakei stammende Max Mannheimer bot ein anderes Beispiel. Als Häftling in Theresienstadt, Auschwitz, im

KZ Warschau und in Dachau überlebte er die Lager, wenn auch nur knapp, abgemagert und an Typhus erkrankt. Zunächst kehrte er in seine alte Heimat nach Mähren zurück, verliebte sich jedoch bald in eine sudetendeutsche Frau, die im Widerstand tätig gewesen war, und kam wieder nach Bayern. Er fand eine Tätigkeit beim »Zentralkomitee der befreiten Juden« in München und arbeitete für eine von Philipp Auerbach und Ernest Landau gegründete jüdische Zeitung, die bald nach der Währungsreform wieder eingestellt wurde,[45] bevor er eine Stelle beim JOINT annahm. Dort kümmerte er sich zunächst um Schuhe aus Übersee-Spenden und lernte dabei, schmale Exemplare gleich auszusortieren, weil ehemalige Lagerinsassen durch das jahrelange Tragen von Holzpantinen ihre Füße breitgetreten hatten. Schließlich ließ er sich in München als Kaufmann und später Prokurist im Lederwarenhandel nieder und wurde nach seiner Pensionierung zu einem unermüdlichen Zeitzeugen.[46]

Die ersten tastenden Schritte in ein neues Leben waren oft provisorisch, Ausdruck einer widersprüchlichen Gegenwart und einer ungewissen Zukunft. Nicht einmal der Umgang mit ihren Befreiern in Bayern, den amerikanischen Soldaten, war für die DPs unkompliziert, auch wenn sie diese als Helden begrüßt und gefeiert hatten. Da waren einerseits junge kräftige Männer gekommen, die ihnen von ihren Holzpritschen halfen, wenn sie zu schwach waren, die ihnen Zigaretten und Schokolade anboten und denen anzumerken war, unter welchem Schock sie standen, nachdem sie die Berge von Toten und von lebenden Skeletten zum ersten Mal gesehen hatten. Sie konnten kaum fassen, dass die Horrorgeschichten über die Nazi-Verbrechen nicht bloß stimmten, sondern von der Wirklichkeit noch übertroffen wurden. Da waren die coolen pragmatischen Offiziere, die in Spezialeinheiten Nazis sowie deren Gehilfen aus den besetzten Gebieten jagten – darunter auch solche, die sich als DPs getarnt und in den Lagern versteckt hatten – und die Deutsche aus der Nachbarschaft von Buchenwald oder Dachau zum Aufräumen und Kloputzen in die Konzentrationslager abkommandierten. An manchen Orten befahlen sie ihnen, sich die Massengräber anzusehen oder die toten Häftlinge fortzutragen und zu bestatten. Und schließlich waren da vor allem die amerikanischen Rabbis der Armee. Im Krieg hatten sie jüdische Soldaten auf den Schlachtfeldern oder in den Lazaretten der Normandie betreut und Gottesdienste hinter der Front abgehalten. Nun kümmerten sie sich um Juden, die überlebt hatten.

Andererseits gab es auch unter den US-Soldaten nicht wenige, die aus ihrem Judenhass kein Hehl machten, und das keineswegs bloß in den unteren Dienstgraden. Der amerikanische Kriegsheld und Vier-Sterne-General George Patton, Militärgouverneur in Bayern, notierte am 15. September 1945 in seinem Tagebuch über die Menschen, die bis vor Kurzem von den Nazis eingekerkert worden waren und jetzt oft noch in denselben Lagern nach der Befreiung wohnten: »Wenn sie nicht bewacht würden, würden sie nicht in den Lagern bleiben und wie Heuschrecken das Land überziehen. Schließlich müssten sie zusammengetrieben werden, nachdem einige von ihnen erschossen und einige Deutsche ermordet und ausgeraubt worden wären.«[47] Und nachdem der Oberbefehlshaber der US-Streitkräfte, General Dwight D. Eisenhower, das Lager Feldafing am 17. September 1945 zusammen mit Patton besucht hatte, schrieb dieser wiederum: »Es bleibt viel zu tun, in erster Linie weil der typische Vertreter der jüdischen DPs eine Art Untermensch ist, ohne jegliche kulturelle und soziale Bildung unserer Zeit. Ich habe nie eine Gruppe Menschen gesehen, die weniger Intelligenz und Charakter besitzt. Praktisch alle haben ausdruckslose braune Augen, die meiner Meinung nach auf sehr niedrige Intelligenz hinweisen.«[48]

Im Gegensatz zu Patton war Eisenhower über die erbärmlichen Zustände in den DP-Lagern empört. Die hygienischen Verhältnisse waren katastrophal, weil immer mehr Flüchtlinge aus Osteuropa einen Unterschlupf brauchten und die Schlafsäle mit bis zu hundert Personen überquollen. Wer eben konnte, versuchte mithilfe eines Lakens einen Rest an Privatsphäre zu bewahren. Hinzu kam, dass die Lager zunächst nicht nur ehemaligen jüdischen Häftlingen und Flüchtlingen vorbehalten waren. Auch Abertausende von Zwangsarbeitern aus den von den Deutschen besetzten Ländern, die vor allem zur Produktion von Panzern, Flugzeugen, Granaten, Gewehren und Munition in verdeckten oder unterirdischen Fabriken Schwerstarbeit verrichtet hatten, mussten irgendwo unterkommen. Denn während sich die Franzosen oder Holländer unter ihnen bald nach der Kapitulation des Deutschen Reichs auf den Weg in ihre Heimat machten, wussten viele Osteuropäer nicht wohin. Vor allem Bürger der Sowjetunion mussten fürchten, von den Kommissaren Stalins wegen Vaterlandverrats eingesperrt oder gar exekutiert zu werden. Und auch die Juden aus dem Baltikum, aus Weißrussland oder der Ukraine sollten nach der Vorstellung der sowjetischen Führung dorthin zurückkehren, von wo man sie verschleppt hatte. Eben das war jedoch häufig mit eifriger Unterstützung der einheimischen nichtjüdischen Bevölkerung geschehen. Darum versetzte die Aussicht auf eine erneute Deportation, dieses Mal nach Osten, Holocaust-Überlebende in Panik.

Die Situation änderte sich erst durch den sogenannten Harrison-Report, der zwei Wochen nach Eisenhowers Besuch in den DP-Lagern veröffentlicht wurde.[49] Schon die Schlagzeile auf der Titelseite der *New York Times* am 30. September 1945 hatte es in sich. »Präsident weist Eisenhower an, neue Misshandlung der Juden zu beenden«. Im Auftrag des amerikanischen Präsidenten Harry Truman hatte der Jurist Earl G. Harrison die Lage der jüdischen Überlebenden in den DP-Lagern der US-Besatzungszone in Deutschland unter die Lupe genommen. Auslöser dafür waren die Berichte jüdischer US-Soldaten sowie von Militärrabbinern über die katastrophalen Zustände gewesen. Nach seinen Besuchen in Deutschland schrieb Harrison: »Wie die Dinge heute liegen, behandeln wir die Juden offenbar so, wie die Nazis sie behandelt haben, nur dass wir sie nicht ausrotten. Sehr viele befinden sich in Konzentrationslagern unter unserer militärischen Aufsicht statt unter der Bewachung der SS-Truppen. Man fragt sich unweigerlich, ob das deutsche Volk nicht, wenn es dies sieht, zu der Annahme gelangen muss, dass wir der Politik der Nazis folgen oder sie zumindest stillschweigend gutheißen.«[50]

Harrisons Worte hatten nachhaltige Wirkung. Die amerikanische Militärbehörde reduzierte die Bewachung der Lager und baute Stacheldrahtzäune ab, verfügte Verbesserungen in der Ausstattung und stellte sicher, dass einige Lager wie etwa Föhrenwald ausschließlich jüdischen DPs vorbehalten waren. General Patton dagegen schrieb in sein Tagebuch: »Harrison und seinesgleichen halten DPs weiterhin für menschliche Wesen, was sie nicht sind, und dies trifft insbesondere für die Juden zu, die noch unter den Tieren stehen.«[51] Er wurde kurz darauf von seinem Posten abberufen und starb wenige Wochen später bei einem Verkehrsunfall in Heidelberg.

Die Situation hatte sich verbessert, als Philipp Auerbach im Jahr darauf seinen Posten in München antrat. Die DPs konnten sich nun frei bewegen. Dafür wurden von Monat zu Monat Wünsche der Überlebenden wichtiger, die über die unmittelbare Hilfe hinausgingen: Wohnungen, die man nicht länger mit anderen Familien teilen musste, Vorschüsse für die Auswanderung und die ersten Schritte in ein neues Leben, schließlich die Wiedergutmachung: Wie sollte man die KZ-Insassen und Zwangsarbeiter nicht bloß für den Verlust von Vermögen, sondern für den Verlust ihrer Freiheit, für Misshandlung und Terror entschädigen? Diese Frage sollte die Betroffenen, ihre Repräsentanten in den jüdischen Organisationen, die deutschen Behörden und die amerikanischen Oberaufseher in den kommenden Jahren beschäftigen.

Philipp Auerbach spielte dabei eine große Rolle, weil er nahezu jeden kannte, der Einfluss hatte: die amerikanischen Generäle wie die bayerischen Minister, die Funktionäre der Juden in Deutschland wie die Gesandten der internationalen Hilfsorganisationen. Und er verkörperte die widersprüchlichen Erwartungen. Er war Hoffnungsträger oder Hintertreiber, Bremser oder Beschleuniger und versuchte zu erledigen, was DPs, Militärregierung, Finanzministerium, jüdische Vereinigungen und deutsche Öffentlichkeit von ihm verlangten. Eine unlösbare Aufgabe schon in den ersten Jahren seiner Amtszeit. Er nahm sie, wie er in der *Jüdischen Rundschau* 1946 schrieb, auf sich, um »die stolze Tradition des deutschen Judentums allen Gewalten zum Trotz« wiederherzustellen.[52] Denn die Nazis würden einen nachträglichen Sieg davontragen, sollte jüdisches Leben in Deutschland für alle Zukunft beendet sein. Damit stand er in krassem Gegensatz zu den meisten Juden und ihren Organisationen auf der Welt. Ganz im Sinne des Verdikts, welches der Jüdische Weltkongress auf seiner ersten Tagung nach dem Krieg in einer Resolution im schweizerischen Montreux aussprechen sollte, waren diese entschlossen, sich »nie wieder auf dem blutgetränkten deutschen Boden anzusiedeln«.[53]

Von diesen Konflikten bekamen die Deutschen nicht viel mit. Sie waren nach dem Krieg mit sich selbst beschäftigt und verschwendeten an das Schicksal der überlebenden KZ-Häftlinge und Zwangsarbeiter kaum einen Gedanken. Wenn sie mit diesen oft erbärmlich und oft fremdländisch aussehenden Menschen konfrontiert wurden, interessierten sie sich hauptsächlich dafür, ob es denen besser ging als ihnen selbst. Man hatte schließlich davon gehört, dass die DPs üppiger versorgt wurden, denn man sah die Armee-Lastwagen mit den Lebensmitteln auf dem Weg zum Lager. In den Worten des UNRRA-Mitarbeiters K.C. Hulme über die Situation in der Umgebung eines Lagers: »In der Mitte eines Kontinents von Hunger erhob sich Wildflecken [Lager in der Rhön, HHK] vor den Augen der Deutschen wie ein Zauberberg aus Zucker und Fleisch, aus Margarine und Marmelade, überzogen mit einem Wald von Zigaretten, bedeckt mit einem Teppich vitaminreicher Schokolade.«[54]

So beschwerte sich der Stadtrat für das Wohnungsamt in Landsberg – bis zum Ende des Nationalsozialismus war seine Stadt eine Pilgerstätte für NSDAP-Bonzen und -Fußvolk gewesen, weil hier einst Adolf Hitler nach missglücktem Putschversuch in Haft gesessen hatte, seine Gefängniszelle war eine Art Nationalheiligtum – über die dort untergebrachten DPs: »Die Lage auf dem Wohnungsmarkt dahier ist dermaßen katastrophal … Der Expansionstrieb der hiesigen Juden und deren Methoden zur Erlangung ihrer Ziele nimmt Formen an, die über kurz oder lang zu einer nicht wiedergutzumachenden Episode führen, das zu verhindern für sämtliche verantwortliche Stellen vordringlichste Aufgabe sein dürfte … Nach meiner und anderer persönlicher Beobachtung wurden aus den Häusern geplünderte Haushaltsmöbel in die Kaserne gebracht und dort nach Zertrümmerung als Heizmaterial verwendet … Gleichzeitig bemerke ich, dass ein Teil der Juden unter Angebot einer größeren Summe Geldes oder Versprechungen von Belieferung mit Nahrungsmitteln sich den Besitz von Zimmern sichert, andere wiederum mit Hilfe von Zetteln, ausgestellt vom ›Wohnungsamt in der Kaserne‹ Räume verschaffen, während die dritte Sorte durch ihr freches Auftreten die entnervten und geängstigten Leute zur Aufgabe von Zimmern veranlasst ... Hier kann nur rücksichtslosester Zugriff durch das Wohnungsamt Abhilfe verschaffen, wie bereits durchgeführt, da ansonsten die ganze Vorstadt in kürzester Zeit ein Ghetto sein würde.«[55]

In dieser Situation kam es zum Eklat. Denn tatsächlich war die alte Kaserne in Landsberg, die als DP-Lager diente, hoffnungslos überbelegt. Für 2500 Soldaten gebaut, drängten sich hier bis zu 7000 Überlebende auf engstem Raum.[56] Zu ersten Auseinandersetzungen war es bereits im Oktober 1945 gekommen, als der Lagerkommandant Heymont verfügte, dass in der Nähe wohnende Deutsche binnen Stunden ihre Häuser zu räumen und das gesamte Mobiliar zurückzulassen hätten. Während die Deutschen widerwillig abzogen, gab es Streit zwischen den Bewohnern und den herbeigeeilten DPs, als einige der Ausziehenden auch Teile des Mobiliars und Wäsche mitzunehmen versuchten. DPs drangen in die Häuser ein. Einige von ihnen begannen, die Wohnungen zu plündern. Schließlich musste Militärpolizei die Situation klären, und Heymont sollte eingestehen, dass seine Art des Vorgehens unglücklich gewesen war.

Ein halbes Jahr später, am Sonntag nach Ostern 1946, kam es zu einem weiteren Vorfall. Im Lager machte das Gerücht die Runde, zwei Juden seien von Deutschen ermordet worden. Ein Demonstrationszug setzte sich daraufhin Richtung Stadt in Bewegung und attackierte Passanten. Ein Bus ging in Flammen auf. Unter den Deutschen verbreitete sich die Schreckensnachricht, 800 DPs wollten das Wehr des Lech zerstören und die Stadt fluten. Bei den Auseinandersetzungen wurden einige Deutsche schwer verletzt. Das Militär verfügte eine Ausgangssperre. 20 DPs kamen vor Gericht, 19 von ihnen wurden zu Haftstrafen verurteilt.[57]

Vor allem deutsche Polizisten trugen immer wieder dazu bei, die

Stimmung eskalieren zu lassen. Einer der folgenreichsten Konflikte hatte sich bereits kurz zuvor, am 29. März 1946, in Stuttgart ereignet. In Begleitung von amerikanischer Militärpolizei rückten 220 deutsche Polizeibeamte mit Hunden und Lautsprecherwagen zu einer Razzia in das DP-Lager in der Reinsburgstraße ein. Sie forderten alle Bewohner auf, ihre Wohnungen unverzüglich zu verlassen. Die DPs leisteten Widerstand und versuchten, das Eindringen der Beamten zu verhindern. Es kam zu einem Handgemenge. Der Leiter der Schutzpolizei gab daraufhin seinen Beamten den Befehl, Warnschüsse abzugeben. Eine Kugel tötete den 34-jährigen Auschwitz-Überlebenden Szmuel Danciger, der einen Tag zuvor aus Frankreich nach Stuttgart gekommen war, wo er Frau und zwei Kinder gerade wiedergefunden hatte.[58]

Während der US-Oberbefehlshaber General Joseph T. McNarney den Vorfall zum Anlass nahm, deutschen Polizisten von nun an jeden Zutritt zu den Lagern zu verbieten, sah der zuständige Stuttgarter Polizeipräsident den Widerstand der DPs bloß als Ausdruck dafür, dass sie etwas zu verbergen hatten. Dabei hatte die Razzia nur ein paar illegal verschobene Hühnereier zum Vorschein gebracht. Auch die CDU und die evangelische Kirche legten gegen die Anordnung der Amerikaner Beschwerde ein. Niemand von ihnen kam dabei offenbar auf den Gedanken, dass solche Polizeieinsätze dem ähnelten, was viele der Lagerbewohner noch vor relativ kurzer Zeit erlebt hatten, als sie in den von der Wehrmacht eroberten Gebieten unter vorgehaltener Waffe aus ihren Häusern in ein Ghetto oder zu den Zügen nach Auschwitz und Treblinka getrieben worden waren.

Außerhalb der Lager hatten Polizisten sowieso weiterhin freie Hand. Mal nahmen sie in München einen DP fest, weil er 14 Zigaretten bei sich trug, und ließen ihn erst nach einem knappen Monat wieder frei. Mal verhafteten sie neun ehemalige KZ-Häftlinge in Starnberg und trieben sie angekettet durch die Straßen zum Gefängnis. Mal erschossen sie einen Jungen, den sie des illegalen Butterverkaufs verdächtigten, auf der Flucht.[59]

In dieser Situation musste Philipp Auerbach klar sein, dass er und seine Behörde keine Angriffsfläche bieten durften. Warteten nicht all jene, in deren Augen die amerikanische Hilfe für DPs eine ungerechte Bevorzugung darstellte, die Wiedergutmachung zu weit ging und die Gruppen selbstbewusst auftretender Juden und ihrer Repräsentanten ein Gräuel waren – warteten sie nicht bloß darauf, einem Mann wie ihn, so impulsiv, so fordernd, so provokant, endlich eins auszuwischen? Sofern er sich darüber überhaupt Gedanken gemacht haben sollte, ließ er sich weder durch kritische Ministerialbeamte noch durch polternde Politiker oder anonyme Hass- und Drohbriefe davon abhalten, zu tun, was er für richtig hielt. Womöglich fühlte er sich bei seiner Arbeit sogar umso mehr im Recht, je mehr der öffentliche Widerstand wuchs. Und ganz augenscheinlich entsprach es weder seiner Absicht noch seinem Charakter, seine Behörde nach den Grundsätzen deutscher Amtsführung zu gestalten. Das sollte bald den Rechnungshof alarmieren, wenngleich man Auerbach zugutehalten musste, dass in der chaotischen Nachkriegssituation so schnell so vielen so Traumatisierten zu helfen anders kaum möglich war. Das Chaos machte auch vor seinem Staatskommissariat nicht Halt.

Einer von Auerbachs engsten Mitarbeitern war Israel Ingster. Die beiden kannten sich aus Auschwitz und Buchenwald. Von dort waren sie zusammen nach Düsseldorf gegangen, um nach dem Krieg neu zu beginnen. Auerbach holte Ingster in seine Behörde nach München und machte ihn zum Leiter der Abteilung für Wiedergutmachung.[60] Im Gegensatz zu Auerbach sprach Ingster Jiddisch und Polnisch und konnte darum mit vielen Bittstellern besser kommunizieren. In der Verwaltung des kaum Verwaltbaren, im Übermaß der Ansprüche und Erwartungen, im Umgang mit den Ungeduldigen und Frustrierten spielte er eine ebenso wichtige wie undurchsichtige Rolle. Denn wie sich herausstellte, hatte er dabei nicht bloß deren Forderungen, sondern auch seinen eigenen Vorteil im Auge. Dies sollte ein paar Jahre später für Philipp Auerbach von Schaden sein, als er in den Verdacht geriet, ebenso wie sein Freund aus KZ-Zeiten in die eigene Tasche gearbeitet zu haben und einer korrupten Behörde vorzustehen (mehr dazu in Kapitel 10).

Ein besonders bizarres Beispiel für das Chaos der Nachkriegszeit lieferte Dr. Eleke Scherwitz, der Leiter des Außenbüros Augsburg. Ihn bestellte Philipp Auerbach am 26. April 1948 nach München ein.[61] Allem Anschein nach handelte es sich bei diesem eifrigen Mitarbeiter nämlich nicht um einen verfolgten Juden, sondern um den früheren SS-Mann Fritz Scherwitz. Die Vorstellung, einen Nazi-Mörder zu beschäftigen, war sicher das Schlimmste, was sich Philipp Auerbach in seiner Arbeit vorstellen konnte. Ja, es war ein Skandal.

An jenem Montag war das Amt in der Holbeinstraße 11 für Besucher geschlossen, als Scherwitz gegen 14 Uhr mit seinem DKW-Dienstwagen eintraf. In Auerbachs Büro warteten neben dem Behörden-Chef, seinem Referenten Ludwig Joelsen und dem Leiter der juristischen Abteilung, Dr. Berthold Kornisch, noch fünf weitere Männer. Scherwitz erkannte vier von ihnen sogleich. Und sie jagten ihm vermutlich einen großen Schrecken ein: Diese Männer waren Juden aus Lettland und Litauen. Sie hatten verschiedene Konzentrationslager überlebt und wohnten jetzt als DPs in München oder der Umgebung. Nun warfen sie Scherwitz vor, in der Uniform eines Polizeiwachtmeisters für die Gestapo ein Arbeitskommando in Riga und später ein KZ-Außenlager geleitet zu haben. Dafür sei er zum SS-Untersturmführer befördert worden.

Philipp Auerbach hielt darüber hinaus zwei Dokumente in Händen, eines davon die Abschrift einer Suchanfrage der War Crimes Group der britischen Armee in Bad Oeynhausen, wonach bereits sechs in Riga tätige Kriegsverbrecher festgenommen worden seien. Drei aber fehlten, darunter Fritz Scherwitz. Das zweite Dokument beschuldigte diesen, im Lager Lenta zwei Menschen ermordet zu haben. Darauf von Auerbach angesprochen, versuchte Scherwitz sich rauszureden, verwickelte sich dabei aber zunehmend in Widersprüche. Nach etwa vier Stunden bat Philipp Auerbach einen im Vorzimmer wartenden Kriminalbeamten in sein Büro. Der überreichte Scherwitz ein Formular mit den Vorwürfen »Verdacht auf Kriegsverbrechen« und »SS-Uniformträger« und verhaftete ihn auf der Stelle.

Auf Auerbachs Hilfe hofften nicht bloß die Verzweifeltesten, die Beharrlichsten oder die Unverschämtesten aus den DP-Lagern. In sein Büro kamen auch Leute wie die Witwe des Widerstandskämpfers Henning von Tresckow.[62] Ihr Mann war einer der Mitverschwörer des Attentats auf Adolf Hitler am 20. Juli 1944 gewesen. Einen Tag nach dem gescheiterten Anschlag hatte er an der Ostfront mit einer Granate sein Leben beendet, um den Schergen des Regimes nicht in die Hände zu fallen. Seine Frau Erika kämpfte wie viele Witwen der Widerstandskämpfer nach dem Kriegsende jahrelang darum, eine Rente zu erhalten. Auerbach versprach ihr, sich darum zu kümmern.

Bezeichnend für Auerbachs vermutete Bedeutung und vermuteten Einfluss war, dass ihn selbst die Witwe von Hermann Göring aufsuchte.[63] Emmy Göring sorgte sich schon seit einer Weile darum, wie sie diverse Schmuckstücke und Gemälde zurückbekommen konnte. Von ihrem Mann angeblich regulär gekauft und ihr sowie der gemeinsamen Tochter geschenkt, waren diese von den Amerikanern beschlagnahmt worden. Auerbach versuchte zu jener Zeit gerade, eingezogene Vermögen von Nationalsozialisten zu nutzen, um die Arbeit seines Amtes zu finanzieren. Also saß die Ehefrau des inzwischen in Nürnberg verurteilten Kriegsverbrechers Göring, der wenige Jahre zuvor Reinhard Heydrich mit der »Endlösung der Judenfrage« beauftragt hatte, mehrfach beim KZ-Überlebenden Auerbach. Sie versuchte zu retten, was zu retten war, stritt sich, einen Düsseldorfer Anwalt im Schlepptau, mit ihm über ein Madonnenbild von Cranach, das ihr die Stadt Köln 1938 zur Geburt der Tochter geschenkt hatte, großzügig und freiwillig natürlich, feilschte um Rückgabequoten sowie um ein Diadem im Wert von 17 000 Schweizer Franken und hoffte auf eine gütliche Einigung.

Ganz offensichtlich war Philipp Auerbach in jenen ersten Jahren in München um Ausgleich bemüht. So entschieden er dafür kämpfte, Nazis aus dem Staatsdienst fernzuhalten und vor Gericht zu bringen, so sehr setzte er sich auf beiden Seiten dafür ein, Brücken zu bauen. »Die von uns Betreuten haben volles Verständnis für die Schwierigkeiten, die sich der deutschen Wirtschaft und der gesamten Bevölkerung im Hinblick auf die Versorgung entgegenstellen, sie verlangen aber auch Verständnis dafür, dass man ihnen gegenüber berücksichtigt, dass sie zum weitaus größten Teil teils in Häftlingskleidung oder alten Monturen aus den Stacheldrähten der Konzentrationslager in die Freiheit gelangten«, schrieb er in einem seiner Rechenschaftsberichte an die amerikanische Militärbehörde und die bayerische Staatsregierung.[64]

Es entsprach seinem Charakter, im Sinne seiner Aufgabe alle erdenklichen Kontakte zu knüpfen und zu pflegen. Dazu passte auch seine Bereitschaft, alle Welt zu sich nach Hause einzuladen, zunächst in die Möhlstraße und später, nicht weit davon entfernt, in eine Wohnung in der Friedrich-Herschel-Straße 3, in die er mit seiner zweiten Frau Margit einziehen sollte.

Manchmal nahm ein Termin bei ihm den Charakter einer Audienz an. Hinter einem großen Schreibtisch, während die Sekretärin den Kaffee reichte, empfing Philipp Auerbach seine Besucher, von denen ihn ein Karussell von Amtsstempeln trennte. Bisweilen konnte er dabei polternd oder ausfällig werden. Mitarbeiter gaben später zu Protokoll, dass wohl einzig Philipp Auerbach, der jüdische Funktionär und KZ-Überlebende, in der Lage gewesen war, uneinsichtigen oder unverschämten DPs die Tür zu weisen. Doch zumeist zeigte er sich offen für die Bedürfnisse von Bittstellern, bereit, nicht bloß dem Einzelnen zu helfen, sondern zum Wiederaufbau jüdischen Lebens in Deutschland beizutragen. Er wollte Wegbereiter sein für die Überlebenden der Konzentrationslager sowie für die Rückkehr der deutschen Gesellschaft in die Zivilisation. Und er glaubte lange daran, dass dies möglich wäre. So muss man darum wohl auch den Rechenschaftsbericht lesen, den er nach zwei Jahren Arbeit an den Münchner Stadtrat übermittelte:

»Als wir in Buchenwald auf dem Fußboden lagen, um mit dem Geheimempfänger die Ansprache von Roosevelt und Churchill zu hören, da hörten wir durch den Äther Versprechungen für eine goldene Zukunft für die Opfer des Faschismus. Und wir sahen vor unserem geistigen Auge, dass sich die Tore der Lager öffneten, und vor uns marschierte ein unsichtbarer Zug ermordeter Kameraden, und wir glaubten an eine Freiheit, in der uns offene Arme empfangen. Wir sahen uns in unsere Heimatstädte kommen, umringt von

Jubelrufen ob der Befreiung vom Joch des Nazismus. Das war der Traum. Und dann kamen sie in ihren Häftlingskleidungen, abgerissen, ausgemergelt, zum Teil zerbrochen in ihre Heimatdörfer und -städte und sahen Trümmer, verängstigte Menschen und teilweise Hass und Verachtung. In Frankreich und Belgien, in Holland und Dänemark, in der Tschechoslowakei, da wurde der Traum Wirklichkeit. Da sieht man heute die Männer der Konzentrationslager an der Spitze stehen, da sieht man die, die mit eisernem Willen zum Kampf gegen den Nazismus angetreten waren, in verantwortlicher Stellung. Und bei uns? Kaum findet man einen führenden Mann an den Stellen des Einflusses. Mancher politisch und rassisch Verfolgte schämt sich seines Ausweises, weil er befürchtet, als Mensch zweiter Klasse bewertet zu werden. Die Zukunft der politisch und rassisch Verfolgten ist mit Schleiern verhängt. Aus den vielen Drohbriefen, die ich erhalte, spricht viel Hass und Verachtung gegen diese Kreise, die man zurückwünscht in die Konzentrationslager, in die Gaskammern und an den Galgen. Aber wir haben den Mut in den Lagern erkauft, die Kraft in der Entbehrung gewonnen und den eisernen politischen Willen, um diese Schleier zu zerreißen.«[65]

Philipp Auerbach hatte sich viel vorgenommen. Zu viel.

KAPITEL 3

Hamburg, Dezember 1906

Wenn das fünfte von neun Kindern geboren wurde, war das für eine Familie in Deutschland zu Beginn des 20. Jahrhunderts, solange alles gut ging, nichts Besonderes. Das galt erst recht, wenn der Junge vier ältere Geschwister hatte, zwei Brüder und zwei Schwestern, die jeweils im Abstand von kaum mehr als einem Jahr zur Welt gekommen waren. Wohl deshalb ist nichts darüber bekannt, wie es Philipp Auerbach oder seiner Mutter ging, als diese ihren dritten Sohn am 8. Dezember 1906 in Hamburg zur Welt brachte.

Die Auerbachs konnte man als gestandene Kaufmannsfamilie bezeichnen. Vater Aron Auerbachs Firma handelte mit Erzen, Metallen und Chemikalien. Sie lebten nicht weit von der Außenalster entfernt in jenem Teil der Hansestadt, in dem viele jüdische Familien in den Jahren zuvor eine Bleibe gefunden hatten. Gründerzeitbauten, mal Villen, mal Mehrfamilienhäuser, oft mit repräsentativen Gesellschafts- und Aufenthaltsräumen zur Straße hin, prägten das Bild der Gegend. Man beschäftigte, so man es sich leisten konnte, Köchin und Kinderfrau oder hatte wenigstens ein Dienstmädchen – und für dieses ein enges, sogenanntes halbes Zimmer nicht weit von der Küche parat. Kastanien und Linden säumten die Straßen vor den Häusern.

Seit Mitte des 19. Jahrhunderts hatten jüdische Familien mit wachsendem Wohlstand und dem Recht auf größere Ansiedlungsfreiheit die engen Gassen und Gebäude von Altstadt und Neustadt verlassen und waren in die aufstrebenden Viertel Harvestehude, Rotherbaum und Eppendorf gezogen.[1] Das wilhelminische Zeitalter hielt auch für Juden viele Möglichkeiten bereit. Der Reeder Alfred Ballin mit seiner Hamburg-Amerikanischen-Paket-Aktiengesellschaft, der Warenhaus-Besitzer und Kunstsammler Max Emde oder die Bankiersfamilie Warburg waren prominente Beispiele dieser Entwicklung. Einige, wie etwa die vom jüdischen zum protestantischen Glauben konvertierte Bankiersfamilie Behrens, hatten sich noch näher zur Alster hin wahre Paläste errichtet. Im Vergleich dazu führten Aron Auerbach und seine Familie ein bescheidenes, unauffälliges Leben.

Wenn die Auerbachs dennoch aus dem Rahmen fielen, dann am ehesten der vielen Kinder wegen. Denn mit der zunehmenden Integration in die Gesellschaft der Hansestadt und mit wachsendem Wohlstand ging bei jüdischen Familien – ebenso wie bei vielen wohlhabenden nichtjüdischen – die Anzahl der Söhne und Töchter zurück. Heute lässt sich nicht mehr rekonstruieren, weshalb das bei den Auerbachs anders aussah. Vermutlich spielte eine Rolle, dass die Familie orthodox war. Daher wünschte man sich, ganz im Sinne der konservativen familiären Tradition, dass ein Sohn Rabbiner werden würde, so wie es schon bei den Vorfahren der Fall gewesen war. Ein anderer Sohn war auserkoren, das Geschäft des Vaters zu übernehmen und weiterzuführen.

Dass Wunsch und Wirklichkeit dabei oft auseinanderliegen, mussten auch die Auerbachs erfahren. Dem ältesten Jungen, Elieser (Eli genannt), hätte es zugestanden, in die Firma des Vaters einzusteigen. Familienfolklore will wissen, dass man es ihm nicht recht zutraute. Selig wiederum, der 1905 zweitgeborene Sohn, war eigentlich ausersehen, Rabbiner zu werden wie sein Großvater. Weil er der erste nach dem Tod des Rabbiners Selig Auerbach aus Halberstadt auf die Welt gekommene Enkel war, erhielt er denselben Vornamen wie dieser, und man gedachte ihm die Aufgabe zu, das abgebrochene Leben des Verstorbenen fortzusetzen. Nur stand dieser Selig junior schon als Jugendlicher mit dem Gottesglauben auf Kriegsfuß, so dass er, kaum erwachsen, seinen Austritt aus der jüdischen Religionsgemeinschaft erklären und seinen Vornamen in Walter ändern sollte.[2] Die Eltern brachen die Verbindung zu ihm ab und legten vermutlich Trauerkleidung an, wie es in solcher Situation üblich war. Damit erklärten sie ihn praktisch für tot. Den jüngeren Kindern war jeder Umgang mit dem Bruder verboten.

Blieb der drittgeborene Sohn Philipp. Ihn schickten die Eltern nicht wie seinen ein Jahr älteren Bruder Selig/Walter auf die Oberrealschule am Holstenwall, wo er das Abitur hätte machen können, sondern zur Talmud-Tora-Schule am Grindelhof. Offenbar wollten die Eltern oder vor allem der Vater dem Jungen möglichst viel jüdische Kultur angedeihen lassen. Ziel der Schule war es nämlich, »bürgerliches Wissen in Verbindung mit jüdischem Lebenswandel zu pflegen« und »tüchtige Juden, tüchtige Deutsche, tüchtige Hamburger« zu erziehen.[3] Zugleich sollte sich Philipp dort aber auch zügig auf das Leben vorbereiten. Die Talmud-Tora-Schule war zu jenem Zeitpunkt nur eine Realschule. Philipp verließ sie wie seine Klassenkameraden im Alter von 15 Jahren. In seinem Abschlusszeugnis von 1922 erhielt er in Hebräisch die Note »sehr gut«, in Deutsch »war sein Verständnis im mündlichen Gebrauch der Sprache sehr lebhaft«, in Geschichte, Erdkunde und Chemie bekam er ein »gut«, in Französisch, Mathematik, Physik und Biologie ein »genügend«, in Englisch und im Turnen ein »nicht genügend«.[4] Philipp Auerbach begann eine Ausbildung zum Drogisten, die ihn auf den Eintritt in die Firma des Vaters vorbereiten sollte.

Vater Aron, bei Philipps Schulabschluss bereits 53 Jahre alt, war an der Hamburger Börse zugelassen und Mitbegründer der Metallbörse der Stadt.[5] Seine Firma hatte ihren Sitz vor dem Ersten Weltkrieg im sogenannten Sonninhaus, einem Kontorhaus am Herrengraben in der Neustadt. Hier handelte er aber ganz offensichtlich nicht bloß mit Metallen und Chemikalien, sondern mit Importen und Exporten aller Art. So bemühte er sich etwa zu Beginn des letzten Kriegsjahres 1918 darum, »200 Garnituren Zimmereinrichtungen« aus Belgien einzuführen, und spannte dafür, nachdem er vom Reichskommissar für Ein- und Ausfuhrbewilligungen in Berlin einen »abschlägigen Bescheid« erhalten hatte, die Deputation für Handel, Schifffahrt und Gewerbe seiner Heimatstadt ein. Die schrieb dazu an den Hochwohlgeborenen Senatssyndikus Dr. Kiesselbach: »Zweifellos ist ebenso wie in Hamburg in ganz Deutschland eine große Knappheit in Möbeln eingetreten, die in außerordentlich stark ansteigenden Preisen ihren Ausdruck findet. Die Einfuhr von Möbeln aus dem neutralen Ausland oder besetzten

Gebieten sollte in möglichst umfassendem Maße besonders dann begünstigt werden, wenn es sich hier um einfache und billige Möbel handelt.«[6]

Nebenbei engagierte sich Aron Auerbach in einem Verein für Juden, die vor Unruhen und antisemitischen Ausschreitungen in Osteuropa im Umfeld des Weltkriegs und der Revolution in Russland nach Hamburg geflohen waren,[7] ließ sich in den Elternrat der Talmud-Tora-Schule wählen[8] und war zweiter Schriftführer des im Jahr 1899 gegründeten »Vereins zur Förderung ritueller Speisehäuser«[9]. Auch wenn er oft spät nach Hause kam, nahm er sich persönlich der religiösen Erziehung seiner Söhne an. Früh am Morgen holte er sie zum Gebet zu sich und las mit ihnen Abschnitte der Tora; womöglich geschah das nicht nur zu Hause, sondern auch in einer nahen Synagoge.[10] Mutter Helene, elf Jahre jünger als ihr Ehemann, sorgte dafür, dass koscheres Essen auf den Tisch kam, spielte ansonsten aber offenbar keine Rolle, die irgendeinen Niederschlag in Briefen oder Dokumenten gefunden hätte. Sicher war der Familie der Sabbat heilig. Man unterließ es an diesem Tag möglichst, Geschäfte zu machen, und besuchte einen Gottesdienst. Davon abgesehen, muss man sich die Auerbachs so vorstellen wie andere Hamburger Familien, die es zu einem gewissen Wohlstand gebracht hatten.

Vermutlich waren sie deshalb ebenso stolz wie viele Bürger der Stadt, als zwei Tage vor der Geburt des Sohnes Philipp, am Nikolaustag 1906, Deutschlands größter Bahnhof in ihrer Heimatstadt eingeweiht wurde.[11] Man beging die Eröffnung des Hauptbahnhofs mit großem Aufwand in der mit Palmen geschmückten Empfangshalle. Zum Ende der dreijährigen Bauzeit hatte man kurz zuvor zudem die 300 beteiligten Arbeiter bei Butterbroten, Eiern und Zigarren unter den Klängen einer Musikkapelle abgespeist. Wenngleich jüdisch, werden die Auerbachs wohl kaum weniger entsetzt gewesen sein als ihre christlichen Mitbürger, als im Juli des Jahres die Hauptkirche St. Michaelis bei Lötarbeiten an der Außenfassade in Flammen aufgegangen und komplett niedergebrannt war. Ebenso dürfte es sie, wie viele andere Geschäftsleute, geängstigt haben, als es im Januar des Jahres in der Stadt zum ersten politischen Massenstreik in Deutschland gekommen war. Arbeiter protestierten in großer Zahl gegen eine Wahlrechtsreform, die sie in der Bürgerschaft benachteiligt hätte. Die Auseinandersetzungen zwischen 80 000 Demonstranten und der Polizei auf dem Rathausmarkt und später im Gängeviertel waren so heftig, dass berittene Polizeistaffeln Protestierende mit Knüppeln und Säbeln traktierten und dabei schwer verletzten. Es gab Tote. Alfred Ballin verurteilte die »sozialdemokratischen Umtriebe«, und das Bürgertum der Hansestadt dankte der Polizei, indem es 13 000 Reichsmark an Spenden sammelte.[12] In diese Stimmung passte auch, dass man 1906 über dem alten Elbpark ein gewaltiges Denkmal Bismarcks enthüllte, dem die Sozialisten zuwider waren. Ein paar Herren gründeten bereits im Januar in der Patriotischen Gesellschaft den ersten Golfclub der Stadt, und der Vorläufer der Firma Montblanc brachte den Prototyp eines Füllfederhalters bei den besseren Händlern der Stadt auf den Markt.[13]

Vor allem für jüdische Bürger hielt das Jahr 1906 noch ein anderes Ereignis parat, das Ausdruck des Wohlstandes wie der Bedeutung der jüdischen Gemeinde der Hansestadt war: die Einweihung der Synagoge am Bornplatz, der größten Synagoge in Norddeutschland, eines prächtigen Backsteinbaus mit einer Kuppel im orientalischen Stil, der 700 Männern und 500 Frauen Platz bot.[14] Der Tora-Schrein war aus Marmor, gespendet von der Familie Warburg, ebenso wie die drei Meter hohen Gesetzestafeln und das Gestühl für den Rabbiner und den Kantor. Die aus Bronze geschmiedeten Türen zu den Tora-Rollen verbargen Silberschmuck, der Hunderttausende Reichsmark gekostet haben soll. Das ganze Ensemble aus Gebäude und wertvoller Ausstattung war so beeindruckend, dass der Oberrabiner Samuel Spitzer – nur wenige Jahre vor der Zerstörung des Tempels durch die Nationalsozialisten im Jahre 1938 – sagen sollte: »Erst unsere Synagoge wurde offen und weit sichtbar auf einem freien Platz errichtet. Wir leben in dem Zeitalter der Sicherheit und der unbedingten Gleichberechtigung, und in dieser Zuversicht wurde unsere Synagoge errichtet.«[15]

Von der Wohnung der Auerbachs in der Hansastraße bis zur Synagoge waren es zehn Minuten Fußweg. Doch das Gebäude am

Bornplatz war nicht das einzige jüdische Gebetshaus in der Stadt. Bis zur Synagoge »Vereinigte Alte und Neue Klaus« in der Rutschbahn, wo sich die Orthodoxen trafen, war es kaum weiter. Und zum Israelitischen Tempel in der Oberstraße ging man auch nur wenige Minuten, wenn man es liberaler mochte. All diese Synagogen lagen im Grindelviertel, von manchen auch »Klein-Jerusalem« genannt.

Hier aufzuwachsen hieß darum, unter seinesgleichen zu sein. Zu Sukkoth etwa, dem Laubhüttenfest im Herbst, traten die jüdischen Bürger des Viertels in eine Art friedlichen Wettstreit, wenn sie Hinterhöfe, Gärten, Balkons oder Terrassen mit Zweigen und Laub abdeckten, um jene provisorischen Hütten nachzustellen, welche die Juden einst beim Auszug aus Ägypten zum Schutz geschaffen hatten. Im Grindelviertel gab es koschere Metzger wie den Schlachter Oppenheimer, Konditoreien für kunstvolle Kuchen und Marzipanfiguren wie L'Arronge, Arztpraxen wie die von Dr. Levy in der Hallerstraße und die Hebräische Buchhandlung Goldschmidt in der Grindelallee.[16] Doch selbst wenn etwa 40 Prozent der Hamburger Juden in der Gegend wohnten, war sie alles andere als ein Ghetto. Dazwischen versorgten auch nichtjüdische Geschäfte die Bewohner der Gegend mit allem, was sie brauchten: das Meierei-Geschäft Labhard, der Schuhmacher Pokorny, Zigarren-Jacobi oder Devauge, eine Art Vorläufer des Reformhauses, das Holzkisten mit getrockneten Bananen, Honig, Nüssen und Getreidekörnern feilbot. Im Grindel gab es Bäcker, deren Brötchen mit einem Aufkleber versehen waren, wonach ihre Ware unter Aufsicht des Rabbinats fertiggestellt wurde, und solche, die, obwohl sie nicht jüdisch waren, in den Familien hergestellte Sabbatbrote zum Backen entgegennahmen.[17] Und die koschere Pflanzenmargarine Tomor wurde hier mit dem Slogan feilgeboten, dass sie »fleischig wie milchig verwendbar und unter Fleisch ein köstlicher Brotaufstrich« sei, exakt die richtige Zutat eines koscheren Haushalts zu einem echten deutschen Abendbrot.[18]

Für den großen Einkaufsbummel fuhr man Richtung Innenstadt, nutzte dazu womöglich die Trambahn, flanierte auf dem Jungfernstieg und schlenderte an den Auslagen der oft jüdischen Warenhäuser entlang. Am Wochenende ging man an die Alster oder in den nahen Innocentiapark, wo die Kinder winters von einem flachen Hügel hinabrodelten und sich sommers in einem Planschbecken abkühlten.

Es wäre falsch anzunehmen, die etwa 20 000 Juden, die man um 1906 in Hamburg zählte,[19] wären so etwas wie eine Gemeinschaft gewesen, eine verschworene zumal. Viele waren erst vor relativ kurzer Zeit aus dem Osten zugewandert und meist konservativer als die schon lange in Hamburg lebenden Juden. Dazu kam – eine Besonderheit im Norden – die zwar schwindende, aber nach wie vor nicht unbedeutende Zahl sephardischer Juden. Die Nachfahren vierhundert Jahre zuvor eingewanderter Bürger Portugals hatten sich auf der Flucht vor dem Antisemitismus der iberischen Halbinsel im dänischen Altona niedergelassen, das wiederum bis 1937 eine unabhängige Gemeinde neben der Hansestadt war. Auch von ihnen lebten einige in Hamburg.

Das größte Konfliktpotenzial besaß die Frage, welcher jüdische Glaube der richtige und welche Gebote, Verbote oder Rituale grundlegend und nicht verhandelbar seien. Zum Schrecken aller Orthodoxen führte man in den liberalen Synagogen Orgelmusik, Choralgesang und Gebete in deutscher Sprache ein und gestaltete die Bar Mitzwa, die Aufnahme eines Jungen mit 13 Jahren in die Religionsgemeinschaft, nach dem Muster einer Konfirmationsfeier. Diese Anpassung religiöser Rituale an christliche, vor allem protestantische Elemente eines Gottesdienstes zeugte von der zunehmenden Assimilierung vieler Juden an die deutsche Mehrheitsgesellschaft. Das Gleiche galt für die wachsende Zahl von Ehen mit Nichtjuden.[20] Das konnte all jenen nicht gefallen, die um ihre spezifisch jüdische Identität fürchteten.

Im relativ toleranten Klima der Stadt hatte man Mitte des 19. Jahrhunderts eine pragmatische Lösung gefunden, um die widerstrebenden Richtungen jüdischer Religionsausübung zu ihrem Recht kommen zu lassen: das sogenannte Hamburger System.[21] Religiöse und rituelle Angelegenheiten regelte ein jeder in einem von drei Kultus- oder Synagogenverbänden seiner Wahl, einem orthodoxen, einem liberalen, einem konservativen. Mitglied zu sein war eine freiwillige Entscheidung. Für die sozialen Aufgaben – für die Schulen, Krankenhäuser, Waisenheime, Friedhöfe, Fürsorge – und für die Steuern war weiterhin die Gesamtgemeinde zuständig. Wenn man so will, bildeten die Juden damit eine Republik innerhalb des Stadtstaates, worin ein jeder tun oder lassen konnte, was er für richtig hielt. So entstand eine Gemeinschaft, die bei aller Unterschiedlichkeit auf Ausgleich bedacht war.

Welcher Synagoge die Familie Auerbach den Vorzug gab, welchem Rabbi sie am liebsten zuhörte, lässt sich nicht erkunden. Auch Philipp Auerbachs Kindheit und Jugend haben kaum Niederschlag in Briefen oder Dokumenten gefunden. Man kann sich dieser frühen Phase seines Lebens nur nähern, indem man sich ihn als Person der Zeit vorstellt, geprägt von den zentralen Ereignissen jener Epoche: dem Ersten Weltkrieg, dem Ende der Monarchie und dem Beginn der Republik mit ihren politischen wie ökonomischen Krisen und der wachsenden Gewalt von rechts. Damit tut man ihm sicher nicht unrecht. Denn zeit seines Lebens war er ein aktiver Teilnehmer an dem, was geschah, ob als junger Streiter für die Weimarer Demokratie, als Emigrant in Belgien gegen die Faschisten Europas oder schließlich als Repräsentant der Überlebenden des Nazi-Terrors.

Im Jahr 1924 beendete er seine Ausbildung an der Drogenfachschule in Hamburg.[22] Damit erhielt er eine »Lizenz zum Handel in giftigen Drogen« und trat in die Firma des Vaters ein. Er war noch keine 21 Jahre alt, da erteilte ihm der Vater im Juli 1927 Prokura.[23] Das wenige, was wir darüber wissen, stammt von Philipp Auerbach selbst. Das ist nicht ohne Tücken, weil er dazu neigte, in der Beschreibung des eigenen Wirkens großzügig zu sein und bisweilen zu übertreiben. In einem Konkursverfahren vor dem Landgericht Hamburg im Dezember 1932 gab er jedenfalls an, bis 1930 Generalbevollmächtigter im Geschäft des Vaters gewesen zu sein. Die Firma sei infolge der Weltwirtschaftskrise und des Zusammenbruchs der »Kreditbank für Auslands- und Kolonialdeutsche in Berlin« bankrott gegangen. Er selbst habe dabei 64 000 Reichsmark verloren und sich noch im selben Jahr mit einer Exportfirma selbstständig gemacht.[24]

Selbst wenn es keinen Zweifel daran gibt, dass sich der kaum erwachsen gewordene Philipp Auerbach ab Mitte der zwanziger Jahre politisch zu engagieren begann, sind die Hinweise auch darauf spärlich. Während sein älterer Bruder Selig/Walter 1926 nicht nur dem Judentum den Rücken kehrte, sondern im selben Jahr Mitglied der SPD wurde[25], fühlte sich Philipp der linksliberal bürgerlichen Deutschen Demokratischen Partei (DDP) näher, die alle Errungenschaften der neuen Weimarer Republik energisch, wenn auch mit abnehmendem Erfolg verteidigte. In den Worten des Historikers Heinrich August Winkler sah sie »ihre Hauptaufgabe darin (…), die Sozialdemokratie von sozialistischen Experimenten abzuhalten«.[26] Da hätten die beiden Brüder einiges zu diskutieren gehabt. Nichts lässt darauf schließen, dass sie darüber tatsächlich gestritten haben.

Bemerkenswert war, dass Philipp sich in Hamburg und Umgebung aktiv in die Konflikte der Weimarer Zeit einmischte, während Walter der kluge, kühle intellektuelle Theoretiker in der Etappe blieb. Dessen Einsatz für den Sozialismus war das Ergebnis seiner intensiven Beschäftigung mit den großen Kritikern des Kapitalismus, die er im Studium in Freiburg und Köln fortsetzen würde,[27] später in der Gewerkschaft als Funktionär wie als Assistent eines Reichstagsabgeordneten der SPD in Berlin[28]. Philipp hingegen war nicht bloß im Geschäft des Vaters aktiv. Von Mitte der zwanziger Jahre an engagierte er sich auch politisch – im Reichsbanner Schwarz-Rot-Gold.

Das Reichsbanner war eine 1924 in Magdeburg gegründete Massenbewegung, die der SPD nahestand und viele Sozialdemokraten in ihren Reihen fand, auch wenn sie für Mitglieder und Sympathisanten anderer Parteien offenblieb. Im Laufe weniger Jahre sollte das Reichsbanner eine halbe Million Mitglieder haben. »Eine vorwiegend bürgerliche Kriegs- und Nachkriegsjugend, beseelt von dem Drang nach Engagement und intensiv erlebter Gemeinschaft, fand an den bürgerlichen Parteien herkömmlichen Stils kein Genüge mehr«, schrieb der Historiker Karl Rohe über die Faszination paramilitärischer Verbände quer durch alle politischen Orientierungen hinweg, vom rechten Stahlhelm bis zum kommunistischen Rotfrontkämpferbund.[29] Das Reichsbanner lag irgendwo dazwischen, unterschied sich aber in einem wesentlichen Punkt grundsätzlich von den Radikalen: Seine Mitglieder fühlten sich der neuen Weimarer Verfassung und den darin festgelegten Bürgerrechten wie der Gewaltenteilung des Staates verpflichtet. Sie waren zutiefst demokratisch, während die auf der Rechten von Monarchie oder Führerkult träumten und die Kämpfer der KPD die Diktatur des Proletariats herbeisehnten.

Jenseits der politischen Überzeugungen mutet heute vieles beim Reichsbanner befremdlich an. Aufmärsche, Fahnenschwenken, Uniformen und die Liebe zum Gleichschritt samt schmissiger Kapelle machten sie äußerlich den Totengräbern der Demokratie bemerkenswert ähnlich. Selbst die Sprache ihrer Kameradschaften klirrte bisweilen kaum anders, wenn etwa die Verbandszeitung formulierte: »Das Reichsbanner wächst. Dröhnend hallen die Straßen wider vom Schritt der Bataillone, die die Soldaten der Republik bilden. Überall finden wir Eingang (…). Hunderte schwarzrotgoldene Fahnen grüßen da, wo noch vor kurzer Zeit ödeste und blödeste Reaktion Trumpf war. Der Volksstaat hat eine starke Truppe (…). Frei Heil!«[30]

Der junge Auerbach dürfte sich gewundert haben, sollte er in der Zeitung seines Vereins gelesen haben, was dort über die Juden stand. In einem Artikel vom 1. Februar 1926 bescheinigte der Autor den Juden zwar eine Neigung zur Demokratie, allerdings klang das so, als wäre es ein weiterer geschickter Schachzug des Judentums, sich zum eigenen Vorteil zu organisieren: »Jedes Schulkind weiß, dass wir infolge unserer Lage im Herzen Europas und mancher Einflüsse längst aufgehört haben, ein rein germanisches Volk zu sein, wie etwa die Schweden noch sind. Wir sind ein Mischvolk mit allen Fehlern und Vorzügen eines solchen. Warum sollen nur die Juden das nicht ertragbare fremde Blut im Volkskörper darstellen? (…) Die Demokratie fragt nicht und darf nicht danach fragen, ob Jude oder sonst was, sie hat nur die Persönlichkeit und das Recht der Persönlichkeit zu sehen. Nicht Judenfreundlichkeit um jeden Preis! Aber Gerechtigkeit um jeden Preis!«[31]

Was auch immer Philipp Auerbach über die Haltung der nichtjüdischen Mitglieder des Reichsbanners gegenüber den Juden gedacht haben mag, es hielt ihn nicht davon ab mitzumachen. Zu den Dokumenten, die sein frühes Engagement belegen, gehört ein Schreiben des 18-Jährigen vom November 1925.[32] Auf förmlichem Briefpapier – oben links gedruckt sein Name, seine Adresse in der Hansastraße 63 und seine Telefonnummer – informierte er Zeitungsredaktionen von der Fahnenweihe der 8. Kameradschaft, die am 25. des Monats in der Merck-Halle mit einer Festansprache des Hamburger Bürgermeisters Carl Petersen stattfinden sollte, und bat darum, diese Information zu veröffentlichen.[33]

Es gibt offenbar keine Fotografien, die Philipp Auerbach in der Uniform des Reichsbanners zeigen, dem Blouson, später dem grünen Hemd, dem Gürtel samt Schulterriemen, den man für fünf Reichsmark erwerben konnte, der blauen Mütze und den schwarzen Breeches mit Ledergamaschen. Aber man muss davon ausgehen, dass auch er diese Kluft trug, wenn er mit seinesgleichen zu einer Fahnenweihe oder Kundgebung ausrückte, an den Honoratioren vorbeimarschierte oder sich in Reih und Glied wie auf einem Exerzierplatz einordnete. Allein schon mit seinem massigen Körper und einer Größe von gut 1,90 Meter dürfte er beeindruckend gewirkt haben, einschüchternder als manch Gleichaltriger, der dem Pfadfindertum oder der Wandervogel-Bewegung kaum entwachsen war.

Das Reichsbanner der Stadt Hamburg hatte vergleichsweise viele jüdische Mitglieder. Die jüdische Kameradschaft 7 etwa wurde bereits im Gründungsjahr 1924 ins Leben gerufen. Veteranen des Ersten Weltkriegs, ursprünglich im Jüdischen Frontkämpferbund organisiert, spielten dabei eine wichtige Rolle.[34] Der Anteil von Hamburger Juden, die für das Deutsche Reich in den Weltkrieg zogen, war besonders hoch gewesen. Von diesen 3100 jüdischen Soldaten hatten 461 ihr Leben gelassen für das, was sie ganz offensichtlich als ihr Vaterland betrachteten.[35] Noch im März 1928 konnte man bei der Lektüre des *Gemeindeblatts der Deutsch-Israeli-*

tischen Gemeinde zu Hamburg einen Eindruck davon bekommen, wie sehr manch jüdische Veteranen auf ihr Engagement im Reichsbanner setzten: »Die in antisemitischen Kampforganisationen zusammengeschlossenen Kreise zählen nach Millionen. Das Reichsbanner Schwarz-Rot-Gold ist die einzige Kampforganisation, die in Bezug auf Zahl, Disziplin und Geschlossenheit der Gegenseite gewachsen ist, und die einzige Organisation, die als eine ihrer vornehmsten Aufgaben den Kampf gegen die Schmach des Antisemitismus betrachtet. Wir in Hamburg besitzen innerhalb des Ortsvereins eine eigene Kameradschaft: Abteilung 7, die stets auf dem Platz sein wird, wenn es sich um tatkräftige Abwehr antisemitischer und republikanischer Angriffe handelt. Leider hat bisher unsere Abteilung um ihre Existenz finanziell schwer kämpfen müssen. Pflicht eines jeden Juden ist es daher, das Reichsbanner zu unterstützen.«[36]

Auch in der Kameradschaft 8, der Philipp Auerbach angehörte, gab es jüdische Mitglieder. Charakteristisch für diese Abteilung war jedoch vor allem, dass viele ihrer Mitglieder der DDP nahestanden. Dazu schrieb ein Freund Philipp Auerbachs aus jener Zeit, der ebenfalls in der Hansastraße aufgewachsene Erich Lüth: »Ich hatte in Hamburg Anfang der zwanziger Jahre die Fortschrittliche Jugend gegründet, eine Gruppe von Pazifisten und Demokraten, in die Philipp nicht hineinpasste; denn er war ein militanter Demokrat, Mitglied und freiwilliger Werberedner einer Reichsbanner-Kameradschaft. Philipp kämpfte in dieser Reichsbanner-Organisation gegen die Extremisten auf der Rechten und auf der Linken, gegen Nationalsozialismus, gegen ›Herrenmenschen‹ und gegen Diktaturgläubige. Er sah keinen anderen Weg für die Verteidigung der Weimarer Republik als den der Kampfbereitschaft und der tatbereiten Selbstbehauptung gegen die Schutz- und Kampfbünde, die von den Feinden der Demokratie bereits mobilisiert waren. Seine Gegner waren auf der Rechten die SA und der ›Stahlhelm‹, und auf der äußersten Linken der ›Rote Frontkämpferbund‹.«[37]

Darüber hinaus hielt Philipp Auerbach Reden, die es gelegentlich bis in die Zeitung *Reichsbanner* schafften. So trat der gerade mal 18-Jährige im März 1925 im »Gasthaus zur Friedenseiche« in Groß-

Philipp Auerbach mit einem Bekannten in einem Ruderboot auf der Binnenalster in Hamburg in den zwanziger Jahren.

Flottbek bei Hamburg auf und sprach über die Bedeutung des kurz zuvor gestorbenen Reichspräsidenten Friedrich Ebert sowie über die toten Reichsbanner-Kameraden im Widerstand gegen das von Frankreich besetzte Ruhrgebiet.[38] Ein Jahr später wetterte er vor Hunderten Zuhörern auf dem Marktplatz von Lüneburg gegen die Aufwertung der alten schwarz-weiß-roten Flagge des Kaiserreichs durch einen Erlass der Regierung zur Handelsflagge der Weimarer Republik. Ebenfalls 1926, während der Streit um die Nationalfarben tobte, veröffentlichte er einen Beitrag für die Gaubeilage Nord des *Reichsbanners* unter dem Titel »Der Kampf der Reichsfarben«. Darin schrieb er: »Hier gilt es kundzutun, ob man antritt für die Selbstverwaltung des freien Volkes oder für die Herrschaft der Junker und Schlotbarone.« Und er traf dabei den Ton seiner Kampfgenossen offensichtlich so gut, dass sein Beitrag in anderen Gaubeilagen von Mittelschlesien und Chemnitz/Zwickau über Westfalen-Lippe bis nach Dortmund/Düsseldorf/Köln nachgedruckt wurde.[39]

Dass Auerbachs politisches Engagement keinen noch größeren Widerhall gefunden hat, könnte nicht nur an seinem jungen Alter gelegen haben, sondern auch daran, dass die Kameradschaft 8 nach den Worten Lüths »eine der schwächsten Gliederungen« war. »Mitglieder und Anhänger der Deutschen Demokratischen Partei und des Zentrums liebten es nicht so sehr, Windjacken anzulegen und im Gleichschritt durch die Straßen zu marschieren. So ließ sich Philipp Auerbach von seiner 8. Kameradschaft gern als Festredner für Verfassungsfeiern und Fahnenweihen des Reichsbanners Schwarz-Rot-Gold, bis in die entlegensten Dörfer Schleswig-Holsteins und Niedersachsens hinein, ausleihen. Sein mächtiger körperlicher Wuchs ließ dabei über seine Jugend hinwegsehen. Was er sagte, war ganz handfest. Er sprach seine Zuhörer, besonders die einfachen unter ihnen, an. Er berauschte sich wohl an seinen Worten, doch was er zu viel an Pathos einfließen ließ, das verlor sich unter dem freien Himmel. Es war das Pathos der Jugend, das die Mehrzahl der Älteren verlernt hatte. Die wenigsten ahnten damals, dass Philipp ein Zwanzigjähriger war.«[40]

Einen groß gewachsenen und allem Anschein nach relativ furchtlosen jungen Mann wie Philipp Auerbach konnte man angesichts der ernsten Lage gut gebrauchen. So finden sich in der Zeitung *Reichsbanner* wie auch in ihrem Ableger, der *Illustrierten Reichsbanner Zeitung,* zahlreiche Berichte wie jenen vom 17. Mai 1928: »Dem hemmungslosen, niederträchtigen Kampf gegen die Republik und ihre Verteidiger, die Reichsbannerkameraden, wie er in gemeinsamer Front und mit den gleichen Mitteln von Kommunisten und Hakenkreuzlern geführt wird, sind wiederum zwei blühende Menschenleben zum Opfer gefallen. Tieferschüttert stehen wir an der Bahre der beiden Mitkämpfer und geloben in dieser Stunde, dass wir nicht aufhören wollen zu kämpfen, die deutsche Republik von den politischen Mordgesellen zu befreien. Die Namen der beiden Kameraden Leo Heidorn und Tiedemann (1. Abtlg. und 11. Abtlg. Ortsverein Hamburg) aber werden fortleben auf den Ehrentafeln, die die Republik in glücklicheren Jahren ihren Vorkämpfern setzen wird.«[41]

Mobilisierung war das Gebot der Stunde, für die Feinde der Weimarer Verfassung wie für ihre Verteidiger. Zu Tausenden versammelten sie sich dazu auf zentralen Plätzen wie dem Rathausmarkt oder am Lübecker Tor in Hamburg, dicht gedrängt, im Scheinwerferlicht und im Schein der Fackeln.[42] Bereits wenige Monate nach Gründung des Reichsbanners brachte die Organisation in Hamburg

30 000 Menschen zu Aufmärschen auf die Straße. Und damit der Effekt nicht auf Großstädte beschränkt blieb, war etwa Theodor Haubach, einer ihrer sozialdemokratischen Anführer, mit der Marine-Abteilung schon zu Pfingsten 1926 acht Tage lang die Weser flussabwärts gefahren, um bei jedem Stopp Reden für die Demokratie zu halten.[43]

Tatsächlich stellten Geländeübungen in der Heide, Freizeiten an der Nordsee zu ermäßigten Preisen oder Bootstouren nur die folkloristische Seite dar. Schon bald nach Gründung des Reichsbanners gab es auch Berichte wie den im *Bergedorf-Sander Volksblatt* vom November 1924. Über eine der beliebten Fahnenweihen hieß es da: »Völkische Jünglinge benutzten den Schutz der Nacht, um auf Reichsbannerleute zu schießen. Ahnungslos strebten Trupps von Kameraden zum Schießtal, wo ein Feuerwerk stattfand. Plötzlich fielen Schüsse. Beherzte Reichsbannerleute stürmten sofort in die Dunkelheit vorwärts und erwischten vier junge Leute, von denen einer eine Pistole, die anderen Schlagwaffen trugen. Eine große erregte Menschenmenge sammelte sich sofort um die Mordbuben und drohte sie zu verprügeln (…). Der 19-jährige Sohn eines Forstmeisters, der Schütze, trug eine Browning und 18 Patronen bei sich. Er hatte unerklärlicherweise einen Waffenschein. Er sagte, dass er alle 18 Patronen abgeschossen haben würde, wenn er nicht Ladehemmung gehabt hätte.«[44]

Man muss davon ausgehen, dass einer wie Philipp Auerbach bei solchen Auseinandersetzungen – den Rangeleien, Pöbeleien, Drohungen mit Waffen – zumindest nicht weit entfernt war. Aus den Gestapo-Akten, mit denen seine Ausbürgerung aus dem Deutschen Reich ein Jahrzehnt später begründet werden sollte, geht hervor, dass er offenbar bereits 1927 Strafanzeige gegen einen Nationalsozialisten erstattete, weil der ihn bedroht hatte. Damals beantragte er auch einen Waffenschein, um sich zu schützen und verteidigen zu können. Das Amt lehnte jedoch ab – bei linksliberalen Demokraten nicht ungewöhnlich.[45]

Hinter dem paramilitärischen Getue des Reichsbanners und seiner engagierten Mitglieder verbarg sich ein ernstes Anliegen, das über die Begeisterung für martialisches Auftreten hinausging: der Glaube, man könne die Demokratie nur retten, wenn man sich auch im Zweifel mit Gewalt für sie einsetzte. Für Demokraten, erst recht für linke, waren die Anfänge der Weimarer Republik traumatisch gewesen. Kaum war es gelungen, den Kaiser ins Exil nach Holland zu schicken und die Demokratie auszurufen, machten die Rechten gegen diese mobil. Um sich nach der Niederlage im Krieg nicht die Hände an den Kapitulationsverhandlungen schmutzig zu machen und später umso erfolgreicher die Dolchstoß-Legende vom Verrat an der eigentlich unbesiegten kaiserlichen deutschen Armee pflegen zu können, hatten die Generäle wohlweislich einen Zivilisten als Vertreter der Waffenstillstandskommission zu den Alliierten in den Wald bei Compiègne im Norden Frankreichs geschickt: den Politiker Matthias Erzberger. Rechtsradikale sollten ihn drei Jahre später ermorden. Ähnlich verhielt es sich mit dem Attentat auf den liberalen jüdischen Politiker und Industriellen Walter Rathenau. »Knallt ab den Walter Rathenau, die gottverdammte Judensau«, skandierten seine Feinde.[46] Er wurde ebenfalls ein Opfer der Rechten. Dazu kamen die Toten der Linken, viele von ihnen Juden, wie Kurt Eisner, der Anführer der Münchner Räterepublik, oder Rosa Luxemburg in Berlin. Mit Debattierzirkeln und friedlichen Kundgebungen allein war die Demokratie offensichtlich nicht zu retten.

Entscheidend für die Gründung des Reichsbanners war aber wohl ein anderes Ereignis in den ersten Jahren der Republik gewesen, traumatisch und ermutigend zugleich: der sogenannte Kapp-Putsch. Der Friedensvertrag von Versailles hatte Deutschland verpflichtet, seine Armee drastisch zu reduzieren. Statt 400 000 Reichswehrsoldaten durften es ab dem 10. Januar 1920 nur noch 100 000 Mann unter Waffen sein. Tatsächlich lag die Sicherheit nach der Niederlage im Ersten Weltkrieg und dem Ende der Monarchie längst in der Hand der diversen Freikorps, in denen sich viele der Soldaten organisiert hatten. Zwar wurden sie von der bedrängten Regierung in Berlin oder den einzelnen Ländern mitunter aufgerufen, die Ordnung zu schützen, häufig standen sie jedoch im krassen Gegensatz zu den neuen Demokraten. Nahezu jedem vierten Soldaten drohten im Frühjahr 1920 Entlassung und Arbeitslosigkeit. Diese Perspektive in Kombination mit der monarchistisch-antidemokratischen, wenn nicht gar rechtsradikalen Haltung vor allem des Offizierskorps veranlasste einige Führer der Freikorps, einen Putsch gegen die demokratisch gewählte Regierung in Berlin zu planen. General Walther von Lüttwitz und Kapitän Hermann Ehrhardt, Anführer der nach ihm benannten Marine-Brigade, organisierten am 13. März den Marsch ihrer Truppen auf Berlin und erklärten den ostpreußischen Generallandschaftsdirektor Wolfgang Kapp zum neuen Reichskanzler.

Die junge Demokratie stand bereits 16 Monate nach ihrer Ausrufung vor dem Ende, als auch die an der Meuterei nicht beteiligten Einheiten und ihre Offiziere sich weigerten, gegen die Truppen des Staatsstreichs vorzugehen. Einige unterstellten sich gar dem neuen Oberbefehlshaber Lüttwitz und seinem Reichskanzler Kapp. Die Berliner Minister flohen zunächst nach Dresden, dann nach Stuttgart. In dieser Lage riefen die Sozialdemokraten die Arbeiter zum Generalstreik auf. Es wurde der gewaltigste Protest, den Deutschland je erlebt hatte. Das gesamte Land kam zum Stillstand. Fabriken schlossen, Bahnen wie Straßenbahnen stellten den Verkehr ein, die Post wurde nicht mehr ausgetragen, in Berlin gingen die Lichter aus. Weder Gas noch Wasser gab es in der Hauptstadt. So abgeschnitten vom Rest des Landes, verloren die Putschisten bald den Rückhalt bei Truppen wie Bevölkerung. Die sozialdemokratische Regierung trug den Sieg davon. Gerade in ihren Reihen war damit der Mythos entstanden, dass eine entschiedene Arbeiterschaft jeden Staatsstreich von rechts würde aufhalten können. Es war der Gründungsmythos des Reichsbanners, dem sich der junge Philipp Auerbach wenige Jahre später anschließen sollte.

Je frecher die Rechten bald darauf auftraten, je offener Bürger ihre Sympathien für sie und ihre Ablehnung von Parlament und demokratischen Parteien zeigten, umso dringlicher schien es Menschen wie Auerbach, nur nicht klein beizugeben. Also marschierte das Reichsbanner in Hamburg regelmäßig durch Stadtteile wie Sankt Georg, Hohenfelde oder Eilbek, wo kleine Gewerbetreibende und

Beamte aus ihren Sympathien für rechte Parteien keinen Hehl machten. Auf Lastwagen fuhren sie in die von Landwirtschaft geprägten Orte der Umgebung nahe der Elbe wie Ochsenwerder oder Kirchwerder.[47] Und je schwächer und verletzbarer die Republik wirkte, umso wichtiger wurde es, dass Auerbach und seinesgleichen auch in den besseren Vierteln der Stadt Präsenz zeigten.

So kam man etwa immer wieder bei »Sagebiel« in Blankenese zusammen, im alten Fährhaus mit seiner Terrasse oberhalb der Elbe, und zwar nicht ob der grandiosen Aussicht auf die unten vorbeiziehenden Dampfer.[48] Das Treffen im großen weißen Saal diente einem anderen Zweck: Auch in Blankenese gab es viele Nazi-Sympathisanten. Schon vor der Weltwirtschaftskrise, die den Hafen und damit viele Blankeneser härter traf als andere, zogen die Bewohner die schwarz-weiß-rote Reichskriegsflagge des untergegangenen Staates oder gleich die rote Fahne mit dem Hakenkreuz an den Masten vor ihren Häusern hoch. Wo die Gegner der Weimarer Republik sich so versammelten, galt es für das Reichsbanner, ebenfalls Flagge zu zeigen.

Selbst wenn es keinen Hinweis darauf gibt, dass Philipp Auerbach in Blankenese mitmischte, wird er vermutlich zumindest gelegentlich dabei gewesen sein, zumal dann, wenn ein aus seiner Sicht großer Politiker Hamburgs wie der Erste Bürgermeister und DDP-Repräsentant Carl Wilhelm Petersen oder der ehemalige Reichskanzler Joseph Wirth, ein Linkskatholik der Zentrumspartei, dort wieder einmal eine Rede hielt. Von Wirth stammte nach der Ermordung Walter Rathenaus der berühmt gewordene Satz: »Der Feind steht rechts.« Bei solchen Anlässen führten Schauspieler schon mal den Rütli-Schwur auf, jenen sagenhaften Moment der Schweizer Geschichte, an dem sich die Menschen im 15. Jahrhundert gegen einen Tyrannen erhoben.[49] Man sang die sechs Strophen des Reichsbanner-Liedes: »Erwachet Brüder! Schließt die Reihn / Was bleibt Ihr zögernd stehen / Seht ihr denn nicht im Morgenschein / Das Freiheitsbanner wehen?«[50] Und nicht wenige freuten sich darauf, dass der Abend dann noch mit Tanz ausklang.

Natürlich arbeitete Philipp Auerbach weiterhin in der Firma seines Vaters. Und eine Weile, in der relativ ruhigen Phase der Weimarer Republik während der zweiten Hälfte der zwanziger Jahre, schienen die Geschäfte gut zu gehen. Im Sommer 1929, dem letzten vor der ganz großen Krise, wirkte die politische Lage trotz aller Konflikte und gewalttätiger Aktionen paramilitärischer Verbände oder derangierter Einzelgänger so stabil, dass eine liberale Zeitung wie der *Hamburger Anzeiger* die größten Schlagzeilen den Funkberichten des *Zeppelin LK 127* vorbehalten konnte, der gerade eine Weltumrundung mit Passagieren absolvierte. Hamburgs Bürger begeisterten sich beim Tennisturnier am Rothenbaum für das deutsche Nachwuchstalent Gottfried von Cramm. Auf dem Rathausmarkt feierte man im August mit großem Aufwand zehn Jahre Weimarer Republik. Auerbachs Freund Erich Lüth, Vorsitzender der Jungdemokraten, sprach dort vor Mitstreitern von der glorreichen demokratischen Zukunft seiner Stadt und des Landes und überwarf sich bald mit den Spitzen der DDP in Berlin, weil er den Pazifismus propagierte und gegen weitere Raten für den Bau eines Panzerkreuzers agitierte.

Im Frühjahr 1929 war einer der strengsten Winter des Jahrhunderts schließlich Wochen von Wärme und Sonnenschein gewichen. Alles schien denkbar, manchem schien in solcher Atmosphäre sogar alles machbar. Heimatstadt und Republik waren offenbar auf dem richtigen Wege. Da war es nur logisch, dass Aron Auerbach sich entschloss, seinen jungen Prokuristen in die Welt hinauszusenden. Mit politischen Visionen hatte das nichts, mit geschäftlichen Perspektiven alles zu tun. Während der abtrünnige Sohn Walter kurz darauf in Berlin seine Karriere als linker Gewerkschafter begann, bereitete sich der treue Filius Philipp auf ein Leben als gestandener Kaufmann vor, so liberal wie viele Hamburger, die in fremden Kulturen und fremden Sprachen erfolgreich ihrem Beruf nachgingen, wenn sie nicht gar Reichtum und Glück darin fanden.

Zuvor hatte Philipp seine Loyalität der Familie gegenüber in einer anderen Sache unter Beweis gestellt. Auf Drängen des Vaters war er nach Köln gefahren, wo sein Bruder Walter das Studium der Soziologie und Zeitungswissenschaften gerade beendete und seine Dissertation vorbereitete. Der Auftrag Aron Auerbachs war klar: Philipp sollte den älteren Bruder davon abhalten, eine Nichtjüdin zu heiraten. Folgsamer Sohn, der er war, teilte Philipp dem verliebten Walter die Bedenken der Familie mit. Pragmatischer Bruder, der er ebenfalls war, wünschte er Walter und dessen Kommilitonin Käthe Paulsen für die Hochzeit im Juni 1929 alles Gute und kehrte nach Hamburg zurück.[51]

Vier Monate später, am 17. Oktober 1929, bestieg Philipp einen Dampfer der Hamburg-Südamerika-Linie, um sich auf den Weg nach Salamanca in Spanien zu machen.[52] Dort baute man das wertvolle und seltene Wolfram ab, eine womöglich ertragreiche Ergänzung für das Portfolio der Handelsfirma Auerbach. Es war nach allem, was man weiß, die erste große Reise des bald 23-Jährigen. Die *Monte Olivia* war erst drei Jahre zuvor vom Stapel gelaufen. Als Kombination aus Fracht- und Passagierdampfer mit bis zu 2500 Fahrgästen in zwei Klassen fuhr das Schiff im regelmäßigen Dienst über den Südatlantik. Philipp Auerbach ging nach vier Tagen im nordspanischen Vigo von Bord. Während die *Monte Olivia* ihre Fahrt Richtung Rio de Janeiro fortsetzte und schließlich 21 Tage später in Buenos Aires ankommen würde, machte sich Auerbach auf den Weg über staubige Straßen.

Über die Einzelheiten seines Aufenthalts in der alten Universitätsstadt Salamanca ist heute nichts mehr bekannt. Man muss davon ausgehen, dass die Reise eine besondere Erfahrung darstellte, aber nicht von Erfolg gekrönt war. Immerhin genügte sie, um Philipp Auerbachs Spanischkenntnisse so zu erweitern, dass er sie zwölf Jahre später mindestens vorübergehend als Dolmetscher wie eine Lebensversicherung nutzen konnte. Im Gestapo-Gefängnis in Berlin sollten sie ihm für lange Zeit das Konzentrationslager ersparen. Doch aus dem erhofften Handel mit Wolfram wurde ganz offensichtlich nichts. Das aber lag nicht am mangelnden Verhandlungsgeschick Auerbachs.

Bereits wenige Tag nach seiner Abreise aus Hamburg erlebte die Welt mit dem Börsencrash von New York am 27. Oktober 1929 den Beginn einer Weltwirtschaftskrise. Es sollte eine Weile dauern, bis sich die dramatischen Verluste jenseits des Atlantiks auf dem europäischen Kontinent bemerkbar machten. In den folgenden Jahren aber würden Millionen Menschen ihre Ersparnisse und Arbeitsplätze verlieren, viele Firmen mussten Konkurs anmelden und rechtsradikale Parteien erfuhren einen Aufschwung, Hitlers NSDAP vorneweg. Stärker als viele andere im Deutschen Reich traf die Krise die vom Handel mit der Welt lebenden Geschäftsleute der Hansestadt Hamburg, unter ihnen Aron Auerbach. Dessen Firma musste Insolvenz anmelden. So blieb dem Sohn nichts anderes übrig, als schon nach wenigen Wochen aus Spanien zurückzukehren.

Wieder in Deutschland, sah Philipp Auerbach, wie sich die Krise in der Wirtschaft und seiner Familie, bald darauf auch im politischen System des Landes immer weiter zuspitzte. Seine Mutter Helen starb einige Monate später, gerade mal 52 Jahre alt. Woran, ist unklar, aber der Stress, den der Untergang des Familienunternehmens verursachte, dürfte ihr nicht gutgetan haben. Bei den Reichstagswahlen im September 1930 errang die NSDAP dann 107 Mandate und wurde nach der SPD zweitstärkste Partei im Berliner Parlament. Doch bevor die erste deutsche Demokratie ebenfalls in den Abgrund geriet und Philipp Auerbach als politisch engagierter Jude ins Exil gehen musste, erlebten er und seine Familie noch Momente persönlichen Glücks. Zu Beginn des Jahres war Philipp Auerbach Mitte zwanzig und trug sich – womöglich inspiriert von der Heirat seines ein Jahr älteren Bruders Walter – anscheinend mit dem Gedanken, selbst eine Familie zu gründen. Der passenden Frau sollte er kurz darauf begegnen.

Martha Levisohn, Tochter einer jüdischen Familie aus Hannover, wurde im Juni 1906 geboren. Sie war damit ein halbes Jahr älter als Philipp Auerbach. Ihr Vater Louis war dritter Vorbeter der jüdischen Gemeinde und unterrichtete an der Bildungsanstalt für jüdische Lehrer sowie an der Religionsschule der Synagogengemeinde. Nebenbei engagierte er sich, wie man es von den Angestellten erwartete, im Talmud-Tora-Verein und im Vorstand des Wohltätigkeitsvereins. Er war verheiratet mit Rebecka, geborene Jastrow aus Hamburg. Die beiden hatten drei Kinder: Josef, Kurt und Martha, die jüngste der Familie. »Sie waren mehr als koscher«, sollte Martha noch im Alter von 89 Jahren in einem Interview über ihre Eltern und deren Vorstellungen jüdischen Lebens sagen, ein Hinweis darauf, wo die Konflikte in der Familie lagen.[53]

Kaum dass sie erwachsen geworden war, sah sich Martha Levisohn dem Druck des Vaters ausgesetzt, zu heiraten. Natürlich musste der Auserwählte aus guter Familie kommen, und das hieß: nicht nur aus einer jüdischen, sondern möglichst auch noch aus einer strenggläubigen. Der Vater hatte dazu bereits einen Bräutigam für seine Tochter auserkoren, den diese jedoch nicht heiraten mochte. »Er war sehr orthodox. Ich wollte sein Leben nicht leben«, erinnerte sie sich an den Kandidaten von Louis Levisohn. Der Vater war über Marthas Ablehnung unglücklich und fuhr sie an: »Worauf wartest du? Etwa auf einen Prinzen?« Martha versprach ihm, den Nächsten, der ihr einen Antrag machen würde, zu akzeptieren.

Auch wenn sich Martha letztlich als folgsame Tochter erwies, muss man sich die attraktive Frau keineswegs als unbedarftes junges Ding vorstellen. Weil das Essen nach dem Ende des Ersten Weltkriegs in Deutschland knapp war, hatten ihre Eltern sie mehrfach vorübergehend aus dem Lyzeum genommen und drei Jahre lang jeweils für einige Wochen zu Verwandten nach Schweden geschickt. Martha war eine eifrige Schülerin, ihre frühe Liebe gehörte der Musik. Mit ihrem Klavierspiel brachte sie es so weit, dass sie das Konservatorium besuchte und sogar ein wenig Geld mit privaten Unterrichtsstunden verdienen konnte. Regelmäßig besuchte sie in den Ferien ihre Großmutter Jenny Jastrow in Hamburg, die im Grindelviertel wohnte. Deren Mann, ein Bankangestellter, hatte sich das Leben genommen, als seine Frau mit dem dritten Kind schwanger war.

Als Martha sich im Spätherbst 1929 wieder einmal auf den Weg nach Hamburg machte, lebte ihr Bruder Kurt bereits seit mehreren Jahren in der Hansestadt. Er kannte eine der Schwestern Philipp Auerbachs sehr gut und schlug seiner eigenen Schwester Martha vor, mit den Auerbachs auszugehen. Verabredet war ein Ausflug in das Vergnügungsviertel nahe der Reeperbahn und dazu ein Besuch auf dem »Dom«, dem traditionellen Jahrmarkt der Stadt, der seit der Jahrhundertwende auf dem Heiligengeistfeld stattfand. Neben Buden mit Süßem und Herzhaftem, Schießständen, Spiegelkabinetten, Vorführungen von Absonderlichkeiten und Gauklern war die Zahl der Schausteller auf Norddeutschlands größter Kirmes in den vorausgegangenen Jahren immer weiter gestiegen. Sogenannte Fahrgeschäfte galten dank der allgemeinen Verfügbarkeit von Elektrizität als neueste Attraktion. Und kaum etwas auf dem Rummel war romantischer als eine Fahrt im Riesenrad.

Philipp Auerbach und Martha Levisohn bestiegen an jenem Abend eine der Gondeln, hatten während der Fahrt jedoch weniger Augen für die im Dunkeln liegende nahe Alster, die noch näheren Leuchtreklamen der Reeperbahn oder die über die Elbe ziehenden Segler und Dampfschiffe. Allein miteinander, einige Dutzend Meter über dem Erdboden schwebend, hielt Philipp um Marthas Hand an. »Mir war schwindelig«, erinnerte sich Martha Jahrzehnte später noch an diesen Moment. »Ich sagte Ja. Im selben Augenblick sah ich zu Boden. Mein Blick fiel auf seine großen Füße. Bist du verrückt, einen Mann mit so großen Füßen zu heiraten, dachte ich. Er war so groß, das Doppelte von mir.«

Philipp und Martha müssen sich bereits in den Tagen davor begegnet sein. Denn bevor er ihr seinen Antrag im Riesenrad machte, hatte er sich bei Marthas Onkel versichert, dass sie zu haben war. »Ist sie versprochen?«, fragte er den Onkel. »Nein. Weshalb?«, wollte dieser wissen. »Weil ich sie heiraten möchte«, antwortete er. »Ihr kennt Euch doch erst seit zwei oder drei Tagen«, gab der Onkel zu bedenken. Aber die Entscheidung war gefallen. Und gleich nachdem Martha seinen Antrag angenommen hatte, riefen die beiden bei Großmutter Jastrow an. Sie kündigten an, mit dem Taxi vorbeizukommen. Die alte Dame empfing die beiden und gab, da sie die Familie Auerbach als gute jüdische Familie kannte, ihre Zustimmung.

Martha und Philipp heirateten einige Monate später in Hamburg. Vor dem Oberrabbiner der Stadt, Samuel Spitzer, und mit dem Segen der beiden Familien schlossen die beiden am 27. Mai 1930 die

Ehe.[54] Über die Details der Hochzeit und der anschließenden Feier ist heute nichts mehr bekannt. Vermutlich fand auch sie unter dem Eindruck finanzieller Schwierigkeiten statt. Das Land geriet zunehmend in den Strudel der Weltwirtschaftskrise.

Aus der Deutschen Demokratischen Partei wurde durch den Zusammenschluss unter anderem mit der nationalkonservativen, in weiten Teilen antisemitischen Volksnationalen Reichsvereinigung die Deutsche Staatspartei. Vor allem linksliberale Mitglieder verließen daraufhin entsetzt die Organisation. Das Reichsbanner wappnete sich gegen den Rechtsruck Deutschlands, indem es sich mit Gewerkschaften und Arbeiter-Turnvereinen zur »Eisernen Front« formierte. Überall im Lande stellten die Kameradschaften nun Sanitätskolonnen auf. Man stritt untereinander über deren Bewaffnung, während eine wachsende Zahl der Mitglieder sich bereits privat mit Kleinkaliber-Pistolen eindeckte. Allein Hamburg meldete bald darauf »250 000 organisierte Männer«. Von den Kommunisten und ihrem Führer Ernst Thälmann als »Terrortruppe des Sozialfaschismus« verunglimpft, trafen sich die Mitglieder des Reichsbanners nun immer häufiger, um zur Melodie von »Ich hatte einen Kameraden« Freunden und Genossen das letzte Geleit zu geben.[55] Von den 64 Mitgliedern, die bis zum Februar 1933 sterben sollten, kamen 14 bei Unfällen ums Leben, 3 im Konflikt mit Kommunisten, 5 im Konflikt mit dem Stahlhelm und 42 bei Auseinandersetzungen mit den Schlägertruppen von NSDAP und SA.[56]

Auch Philipp Auerbach geriet allem Anschein nach in Konflikt mit den sich immer autoritärer gerierenden Institutionen des noch demokratischen Staates. Die Staatsanwaltschaft Stade ermittelte gegen ihn bereits im Oktober 1931 – warum genau, lässt sich heute nicht mehr sagen –, fand aber anscheinend nicht genug belastbares Material, um ihn zu belangen.[57] Unplausibel erscheint es nicht, dass Auerbach an gewalttätigen Auseinandersetzungen beteiligt gewesen sein könnte. Zumindest dürfte er bisweilen in der Nähe gewesen sein. Wer als Reichsbanner-Mitglied aufs Land fuhr, begab sich in Feindesland. Je weiter die Wirtschaftskrise voranschritt, umso größer die Präsenz der NSDAP, umso unverschämter die Schlägertrupps der SA. Jedenfalls musste man mit Beschimpfungen, Prügel oder gar mit dem Einsatz von Schusswaffen rechnen, denn im Umland von Hamburg, ob nördlich in Schleswig-Holstein oder südlich entlang der Unterelbe in Niedersachsen, hatten die Nationalsozialisten schnell an Stimmen gewonnen.[58] Die Verteidiger der Republik auf dem Lande freuten sich deshalb über jede Verstärkung von Abordnungen aus der großen Stadt.

Man war nicht zimperlich in jenen Zeiten. Auch die Mitglieder des Reichsbanners nicht. Mal machten sich die Teilnehmer eines Tanzvergnügens des Arbeiter-Sportvereins Güldenstern aus Stade, höchstwahrscheinlich angetrunken, auf den Weg zum Gewerkschaftsheim, weil das Gerücht kursierte, eine SA-Truppe wolle es stürmen, und prügelten sich mit einzelnen Nazis aus Kehdingen, die zuvor beim Stader Schützenfest gefeiert hatten.[59] Einige Wochen später kam es zu einer regelrechten Saalschlacht auf einer NSDAP-Versammlung, als ein sozialdemokratischer Redner aus dem Publikum nach Ansicht der Veranstalter zu lange geredet hatte und dafür von SA-Leuten rausgeworfen werden sollte. Wenig später lauerten ein paar Kommunisten und Reichsbanner-Leute einem Trupp von Nazi-Schlägern auf. Polizei schritt ein, die Justiz griff durch. Und das *Stader Tageblatt* ließ keinen Zweifel daran, wem die Sympathien der Behörden wie der Bevölkerung zu gehören hatten: »Wieder Nationalsozialsten überfallen« oder »Kommunistisches Waffenlager ausgehoben« lauteten die Überschriften. »Immer wenn es zu Zusammenstößen kommt, sind die armen Marxisten die Überfallenen und Unschuldigen«, hieß es in einem Bericht.[60] Die Ermittlungen der Staatsanwaltschaft Stade sind ein Indiz dafür, dass der noch junge und politisch klar positionierte Philipp Auerbach ein Gegner jener Leute war, die bald darauf die ganze Macht ergreifen würden.

Über den Alltag des jungen Paares Auerbach im Hamburger Generalsviertel wissen wir heute so gut wie nichts. Philipp und Martha wohnten ganz offensichtlich nicht mehr im Grindel, sondern ein paar hundert Meter entfernt in einer Dreizimmerwohnung in der Moltkestraße 6.[61] Zudem ging Philipp Auerbach seinen eigenen Geschäften nach und betrieb aus dem Zimmer 218 in der Gröningerstraße 23/25 einen Handel mit Chemikalien, während Vater Aron versuchte, mit der A. Auerbach GmbH in der Klosterallee 9 zu retten, was zu retten war. Bald darauf gründete Philipp – vielleicht zusätzlich, vielleicht anstelle des Chemikalien-Handels und womöglich nach dem Konkurs der väterlichen Firma – ein Export-Import-Unternehmen mit Sitz in der Isestraße 74. Es gibt aus jener Zeit eine Aufstellung von Steuerzahlungen. Danach waren die Umsätze des Unternehmens überschaubar, die auf Gewinn zu zahlenden Steuern gering.[62] In den Worten seines Freundes Erich Lüth: »Ob er ein guter Geldverdiener war, kann ich nicht beurteilen. Ich weiß nur, dass er das Geld, das er verdiente, großzügig und gern hergab.«[63] Seiner Musik liebenden jungen Frau schenkte Philipp Auerbach damals einen Flügel, auch wenn die Bezahlung anscheinend ein Problem war. Kurz bevor Adolf Hitler und seine Partei die Macht im Staat übernahmen, wurde Martha Auerbach schwanger.

Tochter Helen, nach der so früh verstorbenen Mutter Philipps benannt, kam im September 1933 zur Welt, in eine Zeit, die vor allem für Juden bedrohlich geworden war. Vater Philipp ließ es sich nicht nehmen, eine Geburtsanzeige in die Zeitung zu setzen.[64] Das irritierte seine Verwandten, kostete es doch Geld, das man dringend anders hätte verwenden können. Und es zog womöglich Aufmerksamkeit auf die Familie, die es in der neuen Lage vorzog, lieber nicht aufzufallen. Typisch Philipp, fand man sein Verhalten. »So wie er immer übertreibt, hätte er auch gleich bekannt geben können, dass er Vater von Zwillingen geworden ist«, erinnerte sich Martha Auerbach noch Jahrzehnte später an den Kommentar der Verwandten.

Es gibt ein Foto, das Philipp Auerbach zeigt, wie er das Baby begeistert in die Höhe hebt, Ausdruck der Freude und des Stolzes, aber womöglich auch in dem Bewusstsein entstanden, dass die Familie ihr Glück genießen wollte, solange es anhielt. Zu jenem Zeitpunkt spielte Auerbach vermutlich bereits mit dem Gedanken, Deutschland zu verlassen. Nach seinen eigenen Angaben, die er nach dem Zweiten Weltkrieg zu Protokoll geben sollte, war er im Februar 1933, kaum dass die Nationalsozialisten in Berlin die Macht übernommen hatten und noch bevor sie auch in Hamburg an der Re-

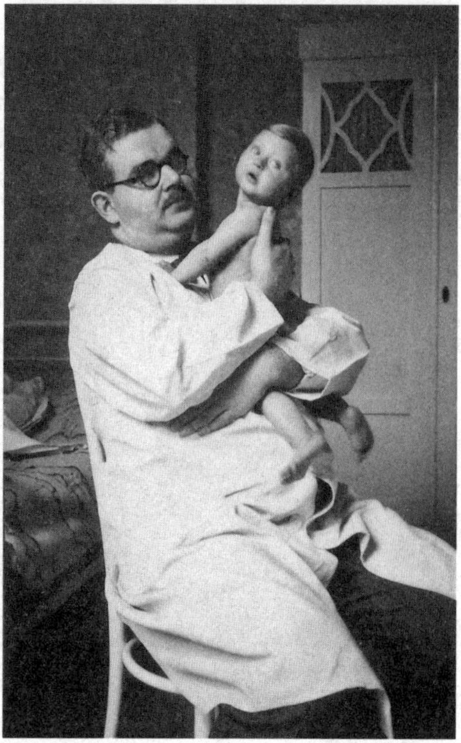

Philipp Auerbach mit seiner Tochter Helen im Sommer 1934. Der 28-Jährige trägt sich da schon mit dem Gedanken, Nazi-Deutschland zu verlassen – zunächst ohne seine Frau Martha und sein erstes Kind.

gierung beteiligt wurden, für kurze Zeit verhaftet worden. Unterlagen darüber gibt es nicht. Mit der Justiz war er schon zuvor mehrfach in Konflikt geraten. Nicht bloß aus politischen Gründen, sondern einmal auch deshalb, weil er noch in der Firma seines Vaters Angestellte am Sonntag hatte arbeiten lassen[65] – für Juden, denen der Samstag heilig ist, kein Problem, jedoch nicht mit den deutschen Gesetzen konform. Dass er als widerspenstig, womöglich gar gefährlich, vor allem aber als entschiedener Gegner der neuen Machthaber und ihrer Schergen bekannt war, ein renitenter Jude zumal, ergab sich aus den Ermittlungsakten, die später zu seiner Ausbürgerung beitrugen.

Als seine Tochter Helen im September 1933 geboren wurde, war Philipp Auerbach daher wohl klar, dass er in Deutschland keine Zukunft haben würde. Zu lange hatte er sich politisch zur Wehr gesetzt, um nun noch irgendwelchen Illusionen anzuhängen. Doch wusste er da vermutlich weder, wie er seine Ausreise organisieren konnte, noch hatte er eine klare Vorstellung davon, wie er seine Familie ins Exil schaffen, geschweige denn dort ernähren könnte. Aber den Glauben daran, dass ihm eine Lösung einfallen würde – den hatte er.

KAPITEL 4

Antwerpen, September 1934

Höchstwahrscheinlich ließ Philipp Auerbach Nazi-Deutschland am 5. September 1934 hinter sich.[1] Am selben Tag begann in Nürnberg der Reichsparteitag der NSDAP. Insgesamt 16 Kamera-Teams, von Leni Riefenstahl dirigiert, waren im Einsatz, um diese von Jahr zu Jahr immer bombastischere Inszenierung Hitlers und seiner Diktatur festzuhalten. Man sollte dem Film bald den programmatischen Titel *Triumph des Willens* geben. Eine Bezeichnung, die sehr gut auf Philipp Auerbach zugetroffen hätte, wenn man dabei bedenkt, wie er an jenem Mittwoch die Grenze zu Belgien überschritt. Denn er, der jüdische Flüchtling, wollte es der Welt unbedingt zeigen, er wollte triumphieren.

Womöglich hatte ihn darin Adolf Hitlers Besuch in Hamburg kaum zwei Wochen zuvor noch bestärkt.[2] Schüler hatten an dem Freitag im August unterrichtsfrei, ein Meer von Hakenkreuzfahnen wogte über der Stadt, Tausende säumten die Straßen, während der Diktator im offenen Wagen die Ergebenheitsadressen selbst der Werftarbeiter von Blohm und Voss entgegennahm. Wer als Jude die Koffer noch nicht gepackt hatte, machte sich möglichst unsichtbar. Wer bereits im Aufbruch begriffen war wie Philipp Auerbach, konnte nur angewidert zusehen und sich in seiner Überzeugung bestätigt fühlen, dass eine Zukunft ohne die Nazis und gegen die Nazis innerhalb der deutschen Grenzen nicht länger möglich war. An eine Zukunft glaubte Auerbach ganz offensichtlich dennoch, als er die ersten Schritte auf dem Weg in ein neues Leben tat. Sonst wäre er im Exil kaum so schnell erfolgreich und zugleich zu einem Ärgernis für die Nazis geworden.

Wie so oft in der Biographie des jungen Auerbach ist man auch für seine Jahre in Belgien auf manche Mutmaßung angewiesen. Einen offiziellen Ausreiseantrag hatte er, so Gestapo-Akten vier Jahre später, nie gestellt. Dafür gab es wahrscheinlich mehrere Gründe: Als politisch Verdächtiger musste er befürchten, man werde ihm die Genehmigung verweigern. Als Säumiger bei einigen Steuern und Gebühren, wenngleich kaum mehr als 60 Reichsmark, wäre es leicht gewesen, ihm daraus einen Strick zu drehen.[3] Und es erscheint zudem plausibel, dass er sich aus Hamburg verabschiedete, bevor alle offenen Rechnungen seiner Firma beglichen waren. Sogar das belgische Generalkonsulat in Hamburg hatte ein Visum abgelehnt. »Die finanzielle Situation ist prekär«, hieß es in einem Schreiben des belgischen Konsulats in Hamburg zu Auerbachs Antrag auf eine Aufenthaltsgenehmigung, auch wenn mehrere Geschäftspartner in Brüssel und Antwerpen sich für ihn verwendet hatten.[4]

Am einfachsten wäre es in den Spätsommertagen 1934 gewesen, die Grenze zum Nachbarland Belgien irgendwo zwischen Aachen und der Eifel zu überqueren. Hügelig, bewaldet und in Teilen unwegsam, war es hier vergleichsweise leicht, illegal ein Land für das andere zu verlassen. Mit dem Versailler Friedensvertrag war der Osten Belgiens um die Städte Eupen und Malmedy nach dem Ende des Ersten Weltkriegs dem Deutschen Reich genommen und dem Königreich Belgien zugeschlagen worden. Die Menschen auf beiden Seiten sprachen zumeist deutsch und fühlten sich einander verbunden. Kontakte von Familien und Geschäftsleuten über die neue Demarkationslinie hinweg waren selbstverständlich. Schmuggel im Schutz der Dunkelheit über schmale Pfade gehörte zum Alltag. Zigaretten und Alkohol waren die begehrteste Ware.[5]

Mit dem Beginn der Nazi-Diktatur in Deutschland kam ein anderer Geschäftszweig hinzu: Flüchtlinge. Schon in den Jahren zuvor waren in der Gegend aus Absteigen Schmugglertreffs, aus kleinen Gasthöfen Kontaktbörsen und heimliche Unterkünfte geworden. Nun transportierten selbst die gepanzerten Fahrzeuge, die manche Schmuggler seit Längerem einsetzten, um der Polizei auf beiden Seiten der Grenze schnell und möglichst unbehelligt entwischen zu können, auch Menschen auf ihrem Weg ins Exil. Die meisten jedoch machten sich zu Fuß auf den Weg über die Grenze, nachdem sie sich in Kneipen und Restaurants in Düsseldorf, Köln oder dem nahen Aachen erkundigt hatten, wie sie Deutschland am sichersten verlassen könnten. »Das begann schon im Sommer 1933«, schilderte ein Gewerkschafter aus der Grenzregion die Situation. »Man wurde ganz plötzlich auf der Straße von jemandem angesprochen, und es ging ganz harmlos im Gespräch, und es folgte eine Einladung zu einer Tasse Kaffee oder zu einem Glas Bier, und dann ging es darum, wie kommen wir über die Grenze (…). Und dennoch war es so, dass sich die Hilfsbereiten meist als Gewerkschafter oder als Sozialdemokraten oder auch als Katholiken zeigten.«[6]

Zwischen 300 und 500 Reichsmark kostete es bis Mitte der dreißiger Jahre, sich einem Schleuser anzuvertrauen.[7] Das war nicht ohne Risiko, weil dieser zwar so manchen bis kurz vor die Demarkationslinie brachte. Doch dort ließ sich der versprochene Kontakt auf der belgischen Seite, der Teil des Geschäfts gewesen war und den Weg ins sichere Hinterland weisen sollte, womöglich nicht blicken. Im Übrigen musste man auf beiden Seiten um den Erfolg des Grenzübertritts bangen. Der *Westdeutsche Beobachter* etwa rief seine Leser unter der Überschrift »An den Nummern werdet ihr sie erkennen« zur Denunziation der Leute auf, die seit einer Weile mit fremden Autos und städtisch aussehenden Fahrern durch die Dörfer und en-

Die junge Familie bei einem Spaziergang mit dem Kindermädchen Mitte der dreißiger Jahre in Antwerpen.

gen Straßen der Gegend kurvten und nichts anderes im Sinn haben konnten, als illegal die Seiten zu wechseln.[8] Am Eingang des deutschen Ortes Baesweiler stand auf einem Schild »Juden passieren den Ort nur auf eigene Gefahr«.[9] Im belgischen Eupen traf man sich gleich nach der Machtergreifung im April 1933 zu einer Kundgebung, sang das Horst-Wessel-Lied und machte damit noch dem Letzten klar, wo die Sympathien der Bevölkerung lagen.[10] Und auch die belgischen Behörden akzeptierten nicht ohne Weiteres jeden, der es bis zu ihnen geschafft hatte.

Je länger der Treck der Verzweifelten aus ganz Europa wurde, umso unbeliebter waren diese Flüchtlinge. Um Konflikten mit dem Deutschen Reich aus dem Weg zu gehen und die angesichts der Wirtschaftskrise fremdenfeindliche Stimmung in den Griff zu bekommen, schulten die Belgier bald spezielle Gendarmen, »Judenfänger« genannt. Auf schweren Motorrädern patrouillierten sie in der Grenzregion, griffen gerade Angekommene auf und übergaben sie häufig an die deutschen Beamten auf der anderen Seite. Den belgischen Grenzschützern war durchaus bekannt, wie die Reichsflüchtlinge dort behandelt wurden. »Was wir nur wussten, war die Leibesvisitation. Die Männer wurden von Männern visitiert, die Frauen mehr von Frauen. Und zwar bis zu den Geschlechtsteilen hin«, schilderte einer von ihnen später die Situation. »Die suchten hauptsächlich Devisen und Schmuck. Es gab ja kein Gesetz für die Gestapo damals, die machten ja, was sie wollten.«[11]

Die belgische Regierung legte bald eine 15-Kilometer-Zone fest[12], in welcher jeder, der erwischt wurde, deportiert werden sollte. Für die Flüchtlinge hieß es darum, so schnell wie möglich bis Lüttich oder Brüssel zu kommen, um bei Glaubensgenossen oder den diversen jüdischen Hilfsorganisationen Unterschlupf zu finden, die sich um eine erste Bleibe, um Essen und Trinken kümmerten. Denn selbst wer legal, also mit einem gültigen Pass eingereist war, hatte häufig kaum noch etwas zum Leben. Maximal 50 Reichsmark durften die Menschen aus dem Deutschen Reich ausführen, eine geringe Summe, die schon bald auf 10 Reichsmark gekürzt werden sollte. Wer mehr schmuggelte und dabei erwischt wurde, verlor nicht nur sein Erspartes, sondern auch seine Freiheit und landete im Zuchthaus. Wer Glück hatte, fand Menschen, die aus humanitären oder religiösen Gründen Fluchthilfe anboten, ohne einem das letzte Geld abzuknöpfen. Wer Mut und genug Geld hatte, kaufte sich seine Passage bei korrupten Beamten. Die gab es nicht nur unter den belgischen Grenzbeamten und Gendarmen, sondern auch bei den Nazis. So wurde der frühere Leiter des Kreisnachrichtendienstes der NSDAP in Aachen bereits im Oktober 1933 verhaftet, »weil er wiederholt gegen Entgelt jüdische Auswanderer, die ohne Pass waren, über die grüne Grenze gebracht und ihm für die Partei anvertraute Gelder unterschlagen hat«.[13]

Philipp Auerbach dürfte diesen Weg ins Exil und die damit verbundenen Risiken erkundet haben, bevor er sich aufmachte. Allem Anschein nach fühlte er sich durch das Beispiel seines Bruders Walter ermutigt. Der war bereits im Mai 1933 mit seiner schwangeren Frau ohne besondere Probleme in die Niederlande gezogen, obwohl er als Sozialdemokrat durchaus hatte befürchten müssen, bei dem Versuch der Ausreise von den Nazis behelligt zu werden.[14] Er fand schnell Anschluss und Arbeit bei der International Transport Workers Federation (ITF) in Amsterdam, einer Gewerkschaft, in der vor allem Seeleute, Hafenarbeiter und Eisenbahner organisiert waren. Das wusste Philipp Auerbach bestimmt. Zugleich kannte er vermutlich die Probleme, sich in den Niederlanden eine neue Existenz aufzubauen. Denn die Regierung dort war mit dem Hinweis auf die drohende Überfremdung schon bald nach der Machtergreifung Hitlers viel rigoroser als die in Brüssel darin, einem Flüchtling den Aufenthalt zu verwehren.[15] Zudem existierten, anders als in Belgien, keine jüdischen Hilfsorganisationen, die sich geflüchteter Juden annahmen. Und einflussreiche linke Freunde in Gewerkschaften und Parteien wie sein Bruder hatte Philipp Auerbach nicht vorzuweisen. Womöglich gab er darum Belgien den Vorzug.

Auerbach besaß die Chuzpe, dabei so vornehm wie möglich das Weite zu suchen, nicht wie ein gemeiner Flüchtling. Er kaufte sich eine Bahnfahrkarte erster Klasse, bestach zwei SA-Leute an der Grenze mit je 1000 Reichsmark und fuhr geradewegs weiter nach

Antwerpen. Gerade mal 50 Francs habe er noch gehabt, berichtete er sieben Jahre nach Kriegsende dem Psychiater Wulf Ziehen im Vorfeld seines Prozesses in München über seine Ausreise aus dem Deutschen Reich.[16] Zwei Unterkünfte seien ihm bei der Ankunft in Antwerpen aufgefallen, eher Absteigen als Hotels müssen das gewesen sein. Auerbach entschloss sich, in der besseren zu logieren, für 35 Francs die Nacht. Am folgenden Tag verabredete er sich mit einem Bekannten und begann in einem Keller der Stadt flüssiges Bohnerwachs herzustellen, um damit zunächst einmal seinen Lebensunterhalt zu bestreiten. Ob es genauso gewesen ist oder ob Auerbach im Gespräch mit dem Gerichtsgutachter die eigene Biographie ein wenig aufgehübscht hat, lässt sich nicht nachprüfen. Auf alle Fälle war er in Europas größter Hafenstadt angekommen, dem bis zur Weltwirtschaftskrise dynamischen Zentrum der industriellen Entwicklung des Landes. Antwerpen beherbergte zugleich die größte jüdische Gemeinde Belgiens, insgesamt 35 000 Männer, Frauen und Kinder.[17]

Tatsächlich hatte sich Belgien in den ersten Jahrzehnten des 20. Jahrhunderts als Zufluchtsstätte für so viele Juden, vor allem aus Osteuropa, hervorgetan, dass ihre Zahl dramatisch angestiegen war. Etwa 75 000 Juden lebten zu Beginn der dreißiger Jahre im Land, überwiegend in Antwerpen oder in Brüssel. Vier von fünf dieser Juden waren erst nach dem Ende des Ersten Weltkriegs gekommen.[18] Das veränderte den Charakter der Städte schnell und nachhaltig. Kaftan und Schläfenlocken, koschere Restaurants und zu Synagogen umgewidmete Häuser, Sabbatruhe und sonntägliche Geschäftigkeit prägten nun etwa die Gegend um den Bahnhof von Antwerpen, wo sich die meisten Juden niedergelassen hatten. Selbst im heftigsten Regen sah man traditionell gekleidete Leute ohne Regenschirm am Samstag zur Synagoge eilen. Strenggläubigen ist es nämlich verboten, Gegenstände zu tragen, die im Gottesdienst nicht benötigt werden.[19] Der Textilhandel boomte, der Diamantenhandel, wenngleich nicht nur in jüdischer Hand, blühte auf und wurde zu einem wichtigen Wirtschaftsfaktor für die Stadt. Gleichzeitig herrschte jedoch hohe Arbeitslosigkeit. Die Stimmung gegenüber der jüdischen Bevölkerung wurde zunehmend gereizt.

Der Nationaal Corporatief Arbeitsverbond, eine 1933 in der Stadt gegründete Gewerkschaft, erklärte den Marxismus für »eine falsche Lehre mit dem Ziel, die Herrschaft des internationalen jüdischen Kapitals zu fördern«.[20] Die katholische Zeitung *Gazet van Antwerpen* schrieb über die Juden in der Stadt: »Die Bevölkerung von Antwerpen – und nicht allein die extrem rechten Elemente, wie einige uns glauben machen wollen – hat die Nase voll von ihnen [den zugewanderten Juden, HHK]. Wenn diese Politik der offenen Tür nicht beendet wird, sollte man sich über Ausbrüche nicht wundern.«[21] Und gegen den sozialistischen Bürgermeister der Stadt, Camille Huysmans, wetterten Kirche wie konservative Parteien in der Überzeugung, seine Duldung jüdischen Treibens entspräche einem Bündnis von Judentum und Sozialismus.[22] Bald schon erschienen in Antwerpen regelrecht antisemitische Zeitungen wie *De Bezem, Burgerstrijd* oder *Stormloop,* die vor geldgierigen Juden warnten, ihren verheerenden Einfluss verdammten und vom drohenden Untergang Belgiens sprachen.[23]

Das alles entsprach dem unheilvollen Geist der Zeit. Aber es hatte bis dahin nicht die fürchterlichen Konsequenzen wie hundert Kilometer weiter im Osten. Darum mochte Philipp Auerbach im Exil wie ein Flüchtling erscheinen, der dasselbe Schicksal teilte wie all die anderen: den Verlust der Heimat und argwöhnisch beäugt von den Einheimischen. Zugleich unterschied er sich aber von den meisten nach Antwerpen gekommenen Juden. Viele waren zuvor kleine Gewerbetreibende oder Handwerker gewesen, ambulante Händler oder Ungelernte, die in den Schtetln des Ostens ihrem Beruf traditionell, also vorindustriell nachgegangen waren. Bei ihnen handelte es sich daher um oft mäßig gebildete, streng religiöse Menschen. Im Vergleich dazu musste einer wie Auerbach als Großbürger erscheinen, mit dem Habitus des weltgewandten Kaufmanns, solide ausgebildet und versiert in den Sprachen Westeuropas. Das dürfte manchen Glaubensgenossen abgeschreckt und manch anderem imponiert haben, könnte aber so etwas wie Auerbachs Eintrittskarte in die bessere Gesellschaft und damit auch in die nichtjüdischen Kreise Belgiens gewesen sein, ein Ticket zu geschäftlichem Erfolg.

Dass die Firma seines Vaters wenige Jahre zuvor Bankrott gemacht hatte, dass er selbst um sein wirtschaftliches Überleben kämpfte und allem Anschein nach das Weite gesucht hatte, weil er nicht nur von den neuen Machthabern verfolgt wurde, sondern auch wirtschaftlich in diesem neuen Deutschland unter Druck geraten war – von all dem wusste niemand etwas dort, wo er nun einen Neubeginn versuchte. Und so vermochte sich Philipp Auerbach, anders als so viele Flüchtlinge, die zeit ihres Exils nie Fuß fassen konnten, schon bald in der neuen Heimat zu etablieren. Etwa ein Vierteljahr später bereits konnte seine Frau Martha mit der gerade ein Jahr alten Helen nachkommen. Zunächst fanden sie bei einer anderen Familie Unterschlupf. »Philipp war wie immer«, sollte sich Martha gut sechzig Jahre später, im Dezember 1990, an das Wiedersehen erinnern. »Grandiose Ideen und kein Geld.«[24] Das war vermutlich leicht übertrieben. Denn bald machte sich Martha daran, eine standesgemäße Wohnung für die junge Familie zu suchen. Die Auerbachs waren fest entschlossen, in ihrer neuen Heimat zu reüssieren.

»Ankunft in Antwerpen. Was dem aus Mitteleuropa Zugereisten gleich auffällt, das ist der offenbare Reichtum dieser Stadt. Er dachte sie sich nicht so lebendig, nicht so elegant, nicht so verschwenderisch von Lichtreklamen erleuchtet«, schrieb der österreichische Flüchtling Jean Améry über seinen ersten Eindruck von der Stadt, als er hier ein paar Jahre nach den Auerbachs vor den Nazis Unterschlupf fand.[25] Ihm fiel dabei auf, dass es nicht allein große Unterschiede zwischen Juden und Nichtjuden gab, sondern auch unter den Juden selbst. »Er weiß nun schon manches über die Antwerpener Verhältnisse, hat vernommen, dass es sehr viele sehr reiche Diamantenhändler gibt, die in vornehmen neuen Buildings am Stadtrand wohnen. Sie sind selber der ›joodsen wijk (Jüdische Nachbarschaft)‹ entronnen, denn es scheint, dass der soziale Aufstieg einhergeht mit einer zumindest oberflächlichen Ablösung der Menschen von ihrem fatalen Herkunftsgeschick. An sie, eben die Herren und wohlbekleideten, oft schicken und zumeist französisch parlierenden Damen, die allerwegen ihr Eintrittsbillet in die europäische Kultur sich zwar nicht durch Taufe, wohl aber mittels des Diamantengeldes ihrer Ehemänner verschafft haben, kommt der Eindringling ohnedies nicht heran. Sie (…) wollen begreiflicherweise von den wenig schluckenden Schluckern gleichen ethnischen Ursprungs, gleicher Physiognomie, aber ganz ungleichen nationalen Hintergrunds so wenig wie möglich wissen. Wer ihnen trotzdem einmal vors Gesicht kommt, der kriegt allenfalls zu hören: So, da seid ihr in Sicherheit, Gott sei gelobt. Aber warum habt ihr eigentlich gegen diesen Hitler keine Revolution gemacht?«[26]

Ähnliche Erfahrungen dürften auch die Auerbachs gemacht haben. Es lässt sich heute nicht mehr rekonstruieren, wie sie es überhaupt geschafft haben, an eine Zukunft in Belgien zu glauben, da ihr Aufenthalt alles andere als sicher war. Am 24. Oktober 1934 schrieb das Justizministerium in Brüssel, Abteilung für Öffentliche Sicherheit, an die Behörden vor Ort in Sachen Philipp Auerbach: »Bitte teilen Sie ihm nach Erhalt dieses Schreibens mit, dass er das Land am 30. November 1934 verlassen haben muss, und entziehen Sie ihm den Nachweis der Eintragung in das Ausländerregister.«[27] Auf dem Passfoto dazu sah man einen gut gekleideten, leicht skeptisch blickenden jungen Mann mit rundlichem Gesicht, einer ebenfalls rundlichen Hornbrille und einem dünnen Schnurrbart. Er wirkte eher wie der Absolvent einer guten Universität am Beginn einer Karriere denn wie ein Flüchtling vor dem wirtschaftlichen Abgrund. Und in einem weiteren Schreiben kaum drei Wochen später erklärten die Behörden: »Bitte teilen Sie diesem Ausländer auch mit, dass die Beantragung des im Königlichen Erlass vom 14. August 1933 vorgesehenen Personalausweises von nun an nicht mehr erforderlich ist, da ihm dieser vorläufig nicht ausgestellt wird.«[28] Zugleich bestätigten sie, dass Martha Auerbach über das belgische Konsulat in Hamburg ein Visum für drei Monate erhalten habe.

Gerade Martha war es nicht leichtgefallen, die Sachen zu packen, ein neues Leben im Ausland zu beginnen und die Eltern in Hannover der Willkür der Nazi-Behörden zu überlassen.[29] Zumal ihr Vater als Angestellter der jüdischen Gemeinde schnell in Bedrängnis geraten konnte. Aber weil sie wusste, dass Philipp nicht nur als Jude, sondern auch als politisch Engagierter keine Perspektive mehr in Deutschland hatte, zögerte sie nicht lange. Martha und Helen waren zu Besuch in Hannover gewesen, als ihr Bruder Joseph aus Hamburg am Telefon mitteilte, dass Philipp verschwunden sei. »Helen machte gerade ihre ersten Schritte, als ich den Anruf erhielt«, sagte Martha später.[30] Die Nachricht kam überraschend. Offensichtlich hatten die Auerbachs Philipps Flucht nicht im Detail besprochen. Martha kehrte nicht mehr nach Hamburg zurück. Joseph, der eine Anstellung bei seinem Schwager gefunden hatte, nachdem er nicht länger als Jurist arbeiten durfte, löste die Firma auf und lagerte die Möbel aus der Moltkestraße ein, den Blüthner-Flügel inklusive.

Die Machtergreifung Hitlers und seiner Partei mehr als ein Jahr zuvor hatte alles verändert. Hamburg – diese große, weltoffene Handelsstadt – duckte sich unter dem Gleichklang von Stiefelschritten. Auf den ersten Blick konnte man erfassen, wer wer war. Hier die Sprüche und Lieder rotzenden Braunhemden, das Kreuz durchgedrückt, den Kopf gereckt. Da die unter ihre Kopftücher und Hutkrempen Verschwundenen, gebeugt und immer in Eile. Während mancher nun sah, was er immer schon gewusst hatte, mussten viele mit Schaudern erkennen, was sie bis dahin nicht hatten sehen wollen oder vielleicht tatsächlich nie gesehen hatten. Die antisemitischen Karikaturen in den Schaukästen des *Stürmer,* an denen man auf dem Weg zur Arbeit oder zum Einkaufen in den Stadtteilen Eimsbüttel oder Rotherbaum vorbeikam, erinnerten ständig an die neue Situation.[31] Das Land als Ganzes aber, so schien es, feierte sich, als sei dies der Aufbruch in eine bessere Zeit. Als gäbe es keinen Bruch mit Sitte und Anstand, als seien Bedrohung, Boykott, Verfolgung und Haft, die nun Alltag werden sollten, nicht bloß Maßnahmen auf dem Weg zu einer glorreicheren Zukunft, sondern Ausdruck deutschen Anstands an sich.

Noch vor den Bücherverbrennungen, dem Boykott jüdischer Geschäfte und dem Ermächtigungsgesetz wollten die Nationalsozialisten ihren Gegnern eine Lektion erteilen. Wer politisch links war und womöglich auch noch Jude, so wie Philipp Auerbach, musste das Schlimmste annehmen.

Wer nicht von vornherein verdächtig war, musste damals vielleicht nicht unmittelbar befürchten, im Morgengrauen abgeholt zu werden. Und doch erzeugten der Boykott jüdischer Geschäfte am 1. April 1933 sowie der Rauswurf von Juden aus ihren Positionen in Verwaltung und Justiz ein Gefühl schnell wachsender Bedrohung. Eine erste Gruppe Juden entschied sich, das Land zu verlassen. Wer blieb, war eingeschüchtert und zunehmend isoliert. Man ging den nichtjüdischen Nachbarn aus dem Weg, wechselte die Straßenseite, wenn man einen ehemaligen Kollegen sah, und versuchte, jeden Konflikt zu vermeiden. Man bläute seinen Kindern ein, sich von den Mitschülern nicht provozieren zu lassen. Man lebte in der ständigen Angst, denunziert zu werden: für angeblich staatsfeindliches Gerede oder nur schon, weil man keine oder eine zu kleine Hakenkreuzfahne gehisst hatte. Manch einem wurde sogar zum Verhängnis, dass er sich viel zu sehr darum bemühte, nur nichts Falsches zu tun oder zu sagen, denn das ließ sich als mangelnder Enthusiasmus für die deutsche Revolution auslegen.

»Noch bevor die Arisierungen begannen und jüdische Unternehmer gezwungen wurden, für wenig Geld auf ihre Firmen zu verzichten, nahm die Drangsalierung der volksdeutschen Kaufleute zu«, schreibt der Historiker Frank Bajohr. »So versuchte die Hamburger Firma Queisser & Co auf jede nur erdenkliche Art, die von jüdischen Kaufleuten gegründete Firma Beiersdorf mit ihrer um vieles erfolgreicheren Nivea-Creme an den Rand zu drücken, indem sie ihre Kundschaft davon in Kenntnis setzte, dass ›unsere ganze Firma rein arisch und national ist.‹ Und man fuhr in dem Schreiben an Apotheker und Drogeriebesitzer fort: ›Sie werden jetzt vielfach Veranlassung nehmen, anstelle jüdischer Präparate solche nationaler Herstellung zu empfehlen.‹ Im *Illustrierten Beobachter* schrieb man noch unverblümter: ›Keine jüdische Hautcreme mehr benutzen! Lovana Creme ist mindestens gleich gut, ist billiger und rein deutsch!‹«[32]

Dazwischen lavierten die Zuschauer des Spektakels. Nicht wenige hofften darauf, für sie würde etwas abfallen. Irgendwas – eine Arbeitsstelle, eine Lohnerhöhung, eine Beförderung, eine staatlich bezuschusste Fahrt ins Grüne vielleicht oder wenigstens ein Schlag aus der Gulaschkanone. Und von denen, die anfänglich nicht mitmachten, reagierten sicher viele mit Angst und Unbehagen, eine große Zahl jedoch mit insgeheimem Wohlgefallen, mit gespielter Entrüstung oder mit Gleichgültigkeit. Denn das dämmerte bald auch dem Dümmsten: Wer sich nicht widersetzte oder mit Ekel abwandte, durfte mit Belohnung rechnen. Hitlers Volksstaat, das hat der Historiker Götz Aly eindringlich beschrieben, war ein Staat, in dem man sich bereichern konnte.[33] Die Skrupelloseren mochten es kaum erwarten, die Schüchternen ließen sich lieber bestechen, die ganz Schüchternen hielten still, bis die Luft rein war. Das hieß häufig: judenrein.

Mit der äußeren Bedrohung änderte sich für viele Juden auch das Innenleben, das der jüdischen Gemeinschaft wie das eigene. Die Krise traf die Assimilierten stärker als die Orthodoxen, weil diese sich auch vorher schon mehr in jüdischen Jugendverbänden und Sportvereinen organisiert oder in zionistischen Clubs auf die Auswanderung nach Palästina vorbereitet hatten. Waren liberale Juden – darin den Protestanten Hamburgs ähnlich – nur gelegentlich zum Gottesdienst gegangen, an Festtagen wie Rosch Haschana oder Jom Kippur etwa, besuchten nun viele von ihnen öfter oder gar regelmäßig eine Synagoge. Und selbst Bürger, die sonst den Tempel in der Oberstraße bevorzugt hatten, wo auf deutsch gebetet wurde und eine Orgel spielte, gingen nun häufiger in die große Synagoge am Bornplatz, um dort den früheren Leiter der Talmud-Tora-Schule und jetzigen Rabbiner Josef Carlebach zu hören, der einige Jahre später von den Nationalsozialisten mit seiner Frau und drei seiner Töchter in Riga umgebracht werden sollte. »Seine Predigten, die haben mich schon mit elf, zwölf Jahren sehr beeindruckt«, erinnerte sich etwa die 1926 in Hamburg geborene Steffi Wittenberg an ihn. »Natürlich hat auch er immer gesagt, man muss an Gott glauben, der wird helfen, diese Zeit ist vielleicht eine Prüfung, die man bestehen muss. Er war sehr Trost spendend.«[34]

Ob Philipp Auerbach ebenfalls Zuspruch und Halt im Glauben oder durch regelmäßige Besuche in einer Synagoge fand, bevor er Deutschland verließ, weiß man nicht. Da er aber, anders als sein

Bruder Walter, nie mit der Religion gebrochen hatte, kann man davon ausgehen. Was seinen Alltag in den Monaten nach der Machtergreifung der Nationalsozialisten und dem endgültigen Aus für die demokratischen Parteien in der Hamburger Bürgerschaft aber definitiv bestimmt haben dürfte, war die Tatsache, dass er als politischer Gegner gebrandmarkt war. Umso mehr, als die DDP, mit der er sympathisiert hatte, gemeinhin als »Judenpartei« galt. In seinen Aussagen vor den Staatsanwälten in München nach dem Krieg gab Auerbach an, dass er bereits im Februar 1933 vorübergehend verhaftet worden sei.[35] Darüber gibt es heute keinerlei Nachweise mehr. Es wäre nicht ausgeschlossen, aber durchaus ungewöhnlich gewesen. Denn in Hamburg wurden politische Gegner von Beginn der Schreckensherrschaft an in die Gestapo-Zentrale an der Stadthausbrücke 8/14 geschafft und dort Verhören unterzogen, die mit Schlägen und Einschüchterungen einhergingen. Gegen eine solche Verhaftung spricht jedoch, dass Auerbach noch 1934 ein Führungszeugnis der deutschen Behörden bekam, nach dem er sich nie etwas hatte zuschulden kommen lassen.

Das alles hatte er hinter sich gelassen, als er wenige Monate nach seiner Ankunft in Antwerpen, im Winter 1934/35, Martha und Helen wieder in seine Arme schloss.[36] Sie wohnten zunächst gegen Miete bei anderen Leuten, dann für eine Weile in einer schlichten, möblierten Wohnung in Berchem, bevor sie ein standesgemäßes Appartement in der Rue Conscience 20 fanden, eine großzügige Neubauwohnung am Rande des jüdischen Viertels.[37] Neben dem Wohnzimmer gab es ein Musikzimmer, in dem bald der aus Hamburg verschiffte Flügel seinen Platz fand, wohlwollend betrachtet von den Porträts Beethovens und Schuberts an der Wand, außerdem ein großes Schlafzimmer und ein Kinderzimmer für Helen. Um sicherzugehen, dass der Flügel niemals zur Disposition stehen würde, selbst wenn mal wieder eines der Geschäfte Philipps schiefging, hatte Martha ihn vorsorglich und ausdrücklich als ihr Eigentum deklarieren lassen.

Während Philipp Auerbach daran ging, eine Handelsgesellschaft zu gründen, wurde das Leben für seinen Vater und den Bruder Eli in

Hamburg immer schwieriger. Der Alltag in der Hansastraße war geprägt von dem Bemühen, die sich verschlechternden Geschäfte aufrechtzuerhalten – nicht zuletzt mit Philipps Hilfe in Belgien. Aron Auerbach und sein ältester Sohn konnten den SA-Trupps nicht immer aus dem Weg gehen. Auf dem Weg zur Synagoge am Bornplatz mussten sie damit rechnen, belästigt und beschimpft zu werden. Wenn sie im nahen Innocentiapark ihre Runden drehten, waren ihnen viele Bänke verwehrt. Und auf den wenigen, auf denen sie sich hätten ausruhen können, stand »Für Juden und Hunde erlaubt«.[38]

Je größer die Schikanen, umso mehr Juden versuchten, Deutschland zu verlassen. Die Zahl derjenigen, die an Auswanderung – genau genommen an Flucht – dachten, nahm mit jeder weiteren Maßnahme zu. Viele hatten jedoch weder das Geld noch das Glück, in einem Nachbarstaat ein komfortables Leben beginnen zu können. Philipps Schwester Bertha etwa, die in den Jahren nach dem Tod der Mutter 1930 den väterlichen Haushalt in der Hansastraße geführt hatte, war bereits 1933 nach Paris gezogen und lebte dort zunächst in der Rue Durantin im 18. Arrondissement.[39] Was Aron und Eli Auerbach zurückhielt, während ein Familienmitglied nach dem anderen Deutschland den Rücken kehrte, ist heute nicht mehr zu klären. Auf alle Fälle waren sie auf Philipps Hilfe angewiesen, um über die Runden zu kommen. Das würde sich schon bald als gefährlich erweisen.

Denn Philipp Auerbach gründete mit Geschäftspartnern mindestens zwei Firmen in Belgien, die das Interesse sowohl belgischer als auch deutscher Behörden erregen sollten.[40] Beide Länder setzten schließlich sogar Agenten auf den Kaufmann an. Dabei hatte die Sache vermutlich – selbst aus der Sicht der Nazi-Spitzel – harmlos begonnen. Auerbach wandte sich nämlich zunächst ganz einfach dem zu, was er gelernt hatte: chemischen Stoffen und ihrer weiteren Verwendung. Er begann wieder mit Ölen, Salzen, Erzen und Metallen zu handeln und stellte seine Bohnerwachsproduktion auf eine solidere industrielle Basis. Wenn man sich die von der belgischen Fremdenpolizei archivierten Prospekte ansieht, so handelte es sich um einen wahren Gemischtwarenladen, der aus einem Büro im

Stadtzentrum Antwerpens agierte und im Vorort Wyneghem nahe dem Albert-Kanal produzierte. Auf Französisch, Englisch, Spanisch und Deutsch bot die Firma Rizinusöl und Salpeter an, Bohnerwachs und Wolfram.[41] Ob Auerbach und seine Partner dafür tatsächlich 2000 Angestellte beschäftigten, wie er nach dem Krieg behauptete, bleibt unklar. Und auch der Gewinn war offensichtlich zumindest am Anfang nicht so immens, als dass Auerbach es aufgegeben hätte, nach anderen Investitions- und Verdienstmöglichkeiten zu suchen. Im November 1936 schickte er deshalb sogar einen Brief an den belgischen König Leopold III. Darin gratulierte er zum Thronjubiläum und bot seine Dienste für die Landesverteidigung an, wies auf seine Kenntnisse in Bezug auf Chemikalien hin, schlug vor, Gasmasken herzustellen, und behauptete, vor der Machtergreifung Hitlers in geheimer Position als Chefchemiker für das deutsche Reichswehrministerium gearbeitet zu haben.[42]

Kurz zuvor waren in belgischen Zeitungen wie *Laatste Nieuws* und *Le Soir* aus Anlass einer Haushaltswarenmesse in Brüssel Berichte über ein wahres Wundermittel für die moderne Hausfrau erschienen, produziert von der Firma Compromat, 40 Kipdorpvest, Antwerpen, deren Geschäftsführer und Miteigentümer Philipp Auerbach war. »Es reicht nicht aus, die Einrichtung von Räumen und Möbelfronten zu modernisieren: Wartung und Reinigung müssen modernisiert werden«, war da zu lesen. »Parkett, Marmor, Linoleum sind unentbehrlich geworden und verschönern den Innenraum. Früher musste sich die Hausfrau oder das Hausmädchen an ihnen zu Tode reiben, um sie in perfektem Zustand zu halten. Heute hat ein Produkt belgischer Herstellung, Comprocir, dieses Problem vollständig gelöst. Comprocir ist ein kostengünstiges Flüssigwachs, einfach in der Anwendung, angenehm im Geruch und desinfizierend. Es verleiht einen brillanten und dauerhaften Glanz, reinigt, ohne zu beschädigen, klebt nicht und pflegt, ohne zu fetten. Die Gebrauchsanweisung ist denkbar einfach: Mit dem ›Combo‹, dem neuen Gerät zum Öl- und Wachsschmieren, lassen sich Marmor, Linoleum und alle anderen glatten oder glänzenden Oberflächen kinderleicht pflegen.«[43]

Ganz offensichtlich nutzte der junge Kaufmann im belgischen Exil sogar das Flugzeug für seine Geschäfte mit Chemikalien und Haushaltsreinigern.

Das Geschäft entwickelte sich offenbar prächtig. Zwei Jahre nachdem Philipp Auerbach die Firma gegründet oder übernommen hatte, kündigte die in Antwerpen unter dem Registre de Commerce 37708 eingetragene Societé Anonyme eine Erhöhung des Betriebskapitals um eine Million belgische Francs an.[44] Das entsprach damals fast 100 000 Reichsmark, nach heutiger Kaufkraft wären das ungefähr 400 000 Euro. Und in der Zeitung *De Standaard* findet sich im Juli 1937 in der Spalte »Ergebnisse und Gewinnverteilung« folgende Mitteilung: »Anciens Etablissements Compromat, Comptoir des Produits Chimiques et Matières Premières pour l'Industrie, Métaux, Minéral, Résidus, Antwerpen, Kapital 30 000 Francs, Gewinn und Verlust 1 106 399,54 Francs.«[45] Unklar blieb bei diesen Angaben, wie gut oder schlecht es dem Unternehmen ging, was also der Fußbodenreiniger in die Kasse spülte oder wie ertragreich der Handel mit Grundstoffen war. Denn ganz so zielgerichtet und von Erfolgen gekrönt war nicht alles, was Philipp Auerbach anpackte. »Er konnte reden, Leute überzeugen«, sollte Martha die Situation später beschreiben. »Er hatte so viele Interessen. Er fing irgendwas an, und dann kam ihm eine andere Idee. So hat er zum Beispiel mal spontan ein Hotel in Brüssel gekauft.«[46] Davon war nie wieder die Rede. Andererseits zeigen Fotos aus jener Zeit, wie eine gut gekleidete bürgerliche Familie zum Wochenende standesgemäß im Auto an die Strände der Nordsee fuhr.

Philipp Auerbach hatte zu jener Zeit ein weiteres Betätigungsfeld erschlossen, das allerdings nicht in öffentlichen Bekanntmachungen auftauchte: Er engagierte sich im Spanischen Bürgerkrieg zwischen 1936 und 1938 auf der Seite der Republik und Volksfront gegen General Franco und seine aufständischen Truppen, indem er die linke Regierung mit Material für die Kriegsführung versorgte. Damit verstieß er gegen das Neutralitätsgebot seines Gastlandes Belgien, wenngleich dieses in Wahrheit selbst an Waffenschiebereien beteiligt war, allerdings auf Seiten der spanischen Faschisten. Zugleich brachte er die Deutschen gegen sich auf, denn die griffen nicht nur in den Krieg auf Francos Seite ein, sondern schafften via Antwerpen auf diversen Schiffen Waffen, Munition und militärisches Gerät nach Spanien. Für die Gestapo war Auerbach nun »in Emigrantenkreisen als außerordentlich gerissener und rücksichtsloser Waffen- und Munitionsschieber« bekannt.[47]

Laut den Ermittlungen der deutschen Behörde importierte er mithilfe des Chemikalien-Großhandels seines Vaters in Hamburg Aluminiumpulver und Pikrinsäure nach Belgien, um diese für den Bau von Bomben und Minen geeigneten Stoffe von dort aus an die roten Revolutionäre der iberischen Halbinsel weiterzuleiten.[48] Wann und wie genau Philipp Auerbach in das Geschäft eingestiegen ist, die Volksfront Spaniens gegen die Armee General Francos und seiner faschistischen Bundesgenossen aus Italien und Deutschland zu unterstützen, lässt sich nicht bestimmen. In einem undatierten belgischen Agentenbericht heißt es: »Es sei auch darauf hingewiesen, dass bereits am 19. 9. 1936 die spanischen Subjekte Juan Manuel Espalza y Arranzadi und Sanchez Ignacio Iniedola zum Kauf von Toluol, Kaliumchlorat usw. an den ehemaligen Sitz der kompromittierten Einrichtungen in der Rue Simons zurückkehrten.«[49]

Was immer an einem solchen Unternehmen zu verdienen war – man muss davon ausgehen, dass Philipp Auerbach auch ein politisches Interesse daran hatte, einen Sieg der Republikaner zu fördern. Für politisch denkende Juden, zumal solche im Exil, war schon früh klar, was der Kampf gegen eine rechte Diktatur und ihre Generäle bedeuten würde. Wie der Historiker Arno Lustiger in seinem Buch *Shalom Libertad!* schreibt: »Die Juden Europas sahen sich in den dreißiger Jahren mit einer starken Welle des Nationalismus, Faschismus und Antisemitismus konfrontiert, deren unmittelbare Opfer sie wurden (…). Die Vorstellung, dass auch Spanien ein siegreiches Mitglied der faschistischen Achse werden sollte, hatte sie folglich mehr beunruhigt als ihre nichtjüdischen Genossen in den Arbeiterparteien. Dies war einer der Gründe für die überproportional große Beteiligung jüdischer Freiwilliger am Spanischen Bürgerkrieg.«[50]

In den internationalen Brigaden der Volksfront taten zwischen 32 000 und 35 000 ausländische Freiwillige aus 53 Staaten Dienst.[51] Die ersten von ihnen waren gleich zu Beginn des Bürgerkriegs im Juli 1936 geblieben, nachdem sie zur sogenannten Volksolympiade in Barcelona angereist waren. Diese Gegenveranstaltung zu den Olympischen Spielen der Nazis in Berlin musste abgesagt werden, weil am Tag der geplanten Eröffnung das spanische Militär auch in Katalonien putschte. Für viele waren die Grenzen damit versperrt. Statt nach Hause zurückzufahren oder ins Exil zu gehen, stellten sich etwa 200 Sportler gleich in den Dienst der Republikaner.

Philipp Auerbach wird die Nachrichten dazu verfolgt haben. In allen Nachbarstaaten Deutschlands und Spaniens bildeten sich sofort Hilfskomitees, welche die Front gegen Franco unterstützten. Linke, jüdische und linke jüdische Organisationen sammelten Geld, organisierten Nahrungsmittel und kümmerten sich um deren Transport via Frankreich Richtung Pyrenäen. Ihr größtes Problem dabei war, dass sich die Regierungen der jeweiligen Staaten bald gegen eine Einmischung in Spanien entschieden – mit Ausnahme der Sowjetunion. Auf legalem Wege gelangten schon nach kurzer Zeit keinerlei Hilfsgüter mehr zu den Armeen der Volksfront, zumal Frankreich die Grenze zu Spanien dafür dichtmachte, während Deutschland und Italien Francos Aufständische weiterhin mit Kriegsmaterial und Soldaten unterstützten. Umso entschiedener suchten die Sympathisanten und Verbündeten der Republikaner nach Mitteln und Wegen, dieses Embargo zu durchbrechen.[52] Was für humanitäre Güter galt, galt erst recht für militärische Hilfe. So kam Philipp Auerbach mit seiner Firma in Antwerpen ins Geschäft.

Man musste nicht linksradikal oder jüdisch sein, um zu begreifen, was in Spanien auf dem Spiel stand, wenn selbst die katholische Kirche des Landes vor Freimaurern und jüdischer Weltverschwörung warnte. Vermutlich interessierte sich Philipp Auerbach nicht für die innere Logik des Bürgerkriegs: hier die Großgrundbesitzer, die Kirche und das Militär, da die Arbeiter, Gewerkschafter und Funktionäre der Sozialisten, Anarchisten und Kommunisten. Jene tiefe Spaltung zwischen rechts und links war für ihn kaum von Belang. In seinen Augen war der Konflikt ähnlich wie für viele intellektuelle Unterstützer in den USA, in Großbritannien oder Frankreich ein Kampf für eine moderne liberale Zukunft gegen die Kräfte des Ständestaats und der Diktatur. Vermutlich sah er sich in seinen Sympathien zwar auf derselben Seite wie die ungezählten jüdischen Freiwilligen, die zu den internationalen Brigaden der Volksfront strebten, oftmals aus den Schtetln Osteuropas kommend, sozialisiert in zionistisch-linken Vereinigungen und im Schatten der russischen Umwälzungen zu Beginn des Jahrhunderts. Deren meist sozialistische Träume teilte Auerbach jedoch nicht. Er war ein Geschäftsmann mit Gewissen, der die Ausbreitung faschistischen Unheils verhindern wollte, kein Wegbereiter der Weltrevolution.

Das gefiel weder den Behörden noch möglichen Konkurrenten.[53] So erschien eines Tages in der Zeitung *La Metropole* ein Bericht über illegalen Waffenhandel mit Spanien.[54] Die offenbar gut unterrichteten Informanten der Zeitung beschuldigten Auerbachs Firma, darin verwickelt zu sein. Das konnte der natürlich nicht auf sich sitzen lassen. Also schrieb er in einem Leserbrief, den die Zeitung am 2. Juni 1937 veröffentlichte: »Die Firma Comprocir stellt Produkte her, die sowohl für die Herstellung von Sprengstoffen als auch für die Herstellung von Farben, Lacken, Keramik usw. verwendet werden können. Zu keiner Zeit waren wir jemals an Kriegsschmuggel, der Herstellung oder dem Export verbotener Produkte beteiligt.

Unser Unternehmen, dessen technischer Direktor belgischer Reserveoffizier ist, beabsichtigt, die Gesetze und Dekrete der Regierung zu respektieren. Ich persönlich mache es mir zur Gewissenspflicht, die Gesetze des Landes, das mir die Gastfreundschaft gewährt hat, gewissenhaft zu respektieren, denn ich fühle mich geehrt, dass ich es mit einem Industrieunternehmen bereichern konnte, das seinesgleichen sucht. Belgien ist also unabhängig vom Ausland.«[55]

Während *La Metropole* bald darauf nachlegte und im Juli über weiteren Schmuggel berichtete – diesmal von 600 Tonnen Nitrotoluol, Explosionsstoff, der an Bord der *SS Continental Coaster* Richtung Valencia verschifft worden sei –,[56] schickten sowohl Polizei und Verteidigungsministerium in Brüssel als auch die Gestapo ihre Leute los, um Auerbach und seine Firma auszukundschaften. Dabei stießen sie auch auf die Firma Fruitex, ein Import- und Exportgeschäft für Obst und Gemüse, in dem Jacob Auerbach, ein Bruder Philipps, der ebenfalls nach Belgien geflohen war, als »Privatsekretär« beschäftigt war.[57] Er half vermutlich dabei, zu verschiffende Waren falsch zu deklarieren.

Wer im Exil lebte, wusste um die bisweilen dramatischen Folgen solchen Engagements. Er musste damit rechnen, dass man ihn oder seine Familie nicht ungeschoren davonkommen ließ. Und wer die Zeitungen las oder aus Briefen erfuhr, wie die Nationalsozialisten mit ihren Gegnern umsprangen und mit Juden überhaupt, für den war Hilfe für die Volksfront gegen den spanischen Diktator Francisco Franco nicht bloß ein Geschäftsmodell.

Auch wenn es keine Hinweise darauf gibt, dass Philipp Auerbach zu jener Zeit in Kontakt mit seinem Bruder Walter stand, so ist es doch wahrscheinlich, dass er über dessen Einsatz für die Sache der Sozialisten Europas im Kampf gegen den Faschismus informiert war, mindestens im Groben und womöglich über andere Flüchtlinge. Denn die Szene politischer Emigranten war überschaubar und gut vernetzt. Eine deutsche Zelle der Internationalen Transport-Arbeiter-Gewerkschaft, für die Walter Auerbach in den Niederlanden arbeitete, war auch im Hafen von Antwerpen aktiv. In der Mehrzahl Kommunisten und Sozialisten, verteilten sie unter deutschen Seeleuten, deren Schiffe in der Stadt anlegten, Propagandaschriften gegen die Nationalsozialisten, ermunterten die Männer dazu, abzumustern, agitierten gegen jede Aufrüstung, weil sie den großen Krieg schon kommen sahen, oder suchten Helfer für Sabotageakte, um Schiffe daran zu hindern, weiter Richtung Spanien zu fahren.[58]

Glaubt man der Aussage Peter Abels, der im Auftrag der Nationalsozialisten die deutsche Emigrantenszene Antwerpens ausspähte, knüpfte Philipp Auerbach schon früh Kontakte zu den linken Aktivisten im Kampf gegen die Faschisten. Nach seinen Angaben traf sich Auerbach etwa im »Café Den Engeln« am Falconplein mit Waldemar Pötzsch, einem deutschen Sozialdemokraten und Funktionär des Deutschen Seemannsverbandes (Abels nennt ihn falsch Walter Pötsch). Dabei, so der Spitzel, sei es darum gegangen, »die dunklen Geschäfte Auerbachs legal zu gestalten«. In seiner nach dem Krieg entstandenen Schilderung fuhr Abels fort: »Auerbach war kein Kommunist, aber er nahm die Konjunktur wahr und führte rücksichtslos gegen sich und andere die Aufgaben durch, die die interne Kommandostelle der rotspanischen Anarchiesindikalisten (sic!) ansetzten. Seine Hauptaufgabe war, Waffen und Menschen über Paris, Lyon, Pertignan (sic!) hinauszuschleusen, wobei den Landweg die Menschen machten und die Waffen unter falscher Deklaration bis zur 5-Meilen-Zone Portugals geführt wurde und dann durch geschickte Hochseeüberladung in die Rotspanischen Kanäle geleitet wurde (sic!). Beweis sei ein denkwürdiges Gespräch über das Telefon nach Hamburg ›Ladung geht via Dänemark, Ziel Mexiko, das bei Portugal liegt.‹ Dieses Gespräch ging zu seinem Vater nach Hamburg und wurde von der Deutschen Abwehr in Aachen abgehört. Dieser unbedeutende Satz führte dazu, dass wir uns sofort mit Herrn Auerbachs Geschäften näher befassten. Wenn man die Einzelheiten zusammenfassen will, so ergab sich folgendes Bild: Auf Grund umfassender Bestechungsgelder, zum Teil sogar falscher Banknoten und fingierter Schecks, die aber nachher, als es zu handgreiflichen Streitszenen kam, in gültige und reguläre Geldsorten umgewandelt wurden, gelang es Herrn Auerbach, Waffenzwischenlieferungen belgischer Herkunft zum Zwecke der Verschiffung für Rotspanien im Werte von ca. 17 Millionen Goldpeseten festzumachen. Der Verladungstermin war so gestellt, dass ein gechartertes Schiff aus dem Scheldearm unter der Deklaration Ladung Konserven auslaufen sollte gegen sofortige Bar-Kasse, die ein Oberst der rotspanischen Armee namens Rodrigues überbrachte. Derselbe wurde durch eine geschickte Maßnahme daran gehindert und das Schiff wurde damals beschlagnahmt. Desgleichen haben wir es fertig bekommen, einen Großteil der von Auerbach durchgeschleusten und mit falschen Pässen versehenen angeworbenen jungen Männer deutscher Herkunft auf dem Wege nach Rotspanien zurückzuholen.«[59]

Es fällt schwer zu unterscheiden, was an Abels Behauptungen stimmte und was nicht. In seiner Aussage vor einem Untersuchungsrichter des Landgerichts München I im Juli 1951 fanden sich sowohl eindeutig falsche als auch richtige Angaben und solche, die sich nicht bestätigen ließen. Ja, Auerbach wurde bespitzelt, Schmuggel auf die beschriebene Art gab es wirklich, und immer wieder wurden Schiffe aufgebracht, die Kontrabande geladen hatten. Aber ob Auerbach tatsächlich nicht bloß waffenfähiges Material, sondern sogar Soldaten vermittelt hatte, lässt sich nirgendwo belegen. Auch wenn Mitglieder der Transportarbeiter-Gewerkschaft von Antwerpen aus auf Seiten der Republikaner in den Krieg zogen, gibt es keine Hinweise darauf, dass Auerbach daran beteiligt war. In den Dossiers der gut informierten belgischen Fremdenpolizei zumindest ist davon nie die Rede. Bemerkenswert an der Aussage Abels ist jedoch etwas anderes: Es erscheint danach wenig plausibel, dass Philipp und Walter Auerbach von der gegen die Nazis gerichteten Tätigkeit des jeweils anderen nichts gewusst haben. Und kaum vorstellbar, dass sie nie darüber gesprochen und kommuniziert haben sollen.

Denn es gab einen regen Austausch zwischen den linken Gewerkschaftszellen in Belgien und den Niederlanden, gegenseitige Besuche waren normal, und immer wieder wurden geduldete Ausländer wegen illegaler Tätigkeit in das jeweils andere Land ausgewiesen. Nicht zuletzt kam es zwischen den Zellen häufig zum Streit, etwa zwischen Kommunisten und Sozialisten oder zwischen Linientreuen und Abweichlern – auch das ein Beleg dafür, dass man grundsätzlich in Kontakt stand. So beendete einer der führenden deutschen Sozialdemokraten in Antwerpen, Ernst Schuhmacher, im Jahre 1937 jede Zusammenarbeit mit Philipp Auerbachs Kontaktmann Waldemar Pötzsch, weil dieser im Auftrag von »jüdischen Waffenhändlern mit dem Versuch beschäftigt war, Waffen nach Spanien zu bringen«.[60]

In Philipp Auerbachs Interesse war es, jedem Streit aus dem Wege zu gehen. Sich mit Gewerkschaftern und anderen Linken der Antwerpener Emigrantenszene gut zu stellen hatte noch einen anderen Grund, der weder mit Politik noch mit möglichem Profit zusammenhing: Jude zu sein reichte allein nicht, um eine Aufenthaltsgenehmigung zu bekommen. Und Geschäfte zu machen war Emigranten eigentlich verboten. Da war es nützlich, sich die Behörden der von den Sozialisten regierten Stadt Antwerpen gewogen zu machen. Sozialdemokratische Funktionäre, Gewerkschafter, Sozialisten überhaupt waren dabei mit ihren Kontakten etwa zu Bürgermeister Huysmans und seinen Mitarbeitern eine große Hilfe. Wie sonst wäre es zu erklären, dass man Auerbach offenbar nie ernsthaft mit Ausweisung drohte?[61]

Während er in Belgien seinen Geschäften nachging, tauchten eines Morgens im April 1938 Gestapo-Beamte vor der Wohnung seines Vaters und ältesten Bruders in der Hansastraße 74 auf. »Ich erinnere mich noch genau an die Mieter Auerbach und kann mich auch noch an die Verhaftung und Abführung des jüngeren Herrn Auerbach erinnern, die auf mich einen starken negativen Eindruck gemacht hat«, berichtete später die Eigentümerin des Hauses, die selbst darin wohnte. »Die Verhaftung war meines Wissens im Frühjahr 1938, da Herr Auerbach bei seiner Verhaftung einen Mantel anhatte. Die Personen, die Herrn Auerbach verhafteten, hatten nach meiner Erinnerung keine Uniform an. Wenn ich ehrlich sein soll, sah es so aus, als wenn Verbrecher einen anständigen Menschen abführten.«[62]

Man brachte beide in das Konzentrationslager Fuhlsbüttel, einem Backsteinbau aus dem 19. Jahrhundert am Rande der Strafanstalt, den man für Regimegegner ausgegliedert hatte. Misshandlungen waren dort an der Tagesordnung. Vernehmungsbeamte und Wachpersonal, vor allem die ihnen zugeordneten SA-Leute schlugen oder traten Gefangene mit großer Regelmäßigkeit. Wer im »Kolafu« landete statt in der normalen Strafanstalt nebenan, musste wie seine 1500 Mithäftlinge stets darauf gefasst sein, brutal verprügelt, misshandelt und schikaniert zu werden.[63]

Unterlagen darüber, was Aron Auerbach und seinem Sohn Eli in Fuhlsbüttel zugestoßen ist, wurden vernichtet oder sind verbrannt. Aus diversen noch vorhandenen Akten geht jedoch hervor, dass man die beiden mit Philipps Arbeit für die spanische Volksfront in Verbindung brachte. Philipp soll über den Metallwarenhandel der Familie in Hamburg Material bezogen haben, das er an die Gegner Francos weiterverkaufen konnte. Die Nachforschungen und Verhöre der Häftlinge reichten aber offensichtlich nicht aus, den Verhafteten etwas nachweisen zu können.[64] Während Vater und Sohn Auerbach in Haft saßen, räumten Unbekannte die versiegelte Wohnung der beiden aus. Die Möbel, das Porzellan sowie teures Besteck tauchten nie mehr auf.

Die Strapazen des Eingesperrtseins, die Einschüchterungen, die Angst und die kärgliche Nahrung waren schließlich zu viel für den inzwischen 69-jährigen Aron Auerbach. In einem Ermittlungsbericht von 1951 heißt es, er sei so schwer erkrankt, »dass die Gestapo ihn aus der Haft entlassen hat. Er wurde mit einem Polizeiwagen in das Jüdische Krankenhaus gebracht, wo er nach wenigen Tagen verstarb.« Als Grund für seinen Tod am 5. Juni 1938 gaben die Klinikärzte in der Eckernförder Straße auf St. Pauli eine Urämie an: ein Versagen der Nieren, das mit Blut im Urin einherging. Es bleibt unklar, ob die Organe ihren Dienst versagten, weil Aron Auerbach unter einer Vorerkrankung litt, oder ob sie nach Schlägen und Tritten der Verhörbeamten so geschädigt waren, dass sie nicht mehr richtig funktionierten.[65]

Eli saß währenddessen weiter in einer Zelle in Fuhlsbüttel. Er heiratete in jener Zeit sogar seine Verlobte und kam schließlich im Januar 1939 mit der Auflage aus der Haft frei, Deutschland zu verlassen.[66] Der Jurist und ehemalige DDP-Politiker Max Plaut, der selbst von den Nazis in den Jahren zuvor festgenommen und misshandelt und dann 1939 zwangsweise zum Repräsentanten der Jüdischen Gemeinde Hamburgs ernannt worden war, half ihm dann dabei, sein Exil in Amerika vorzubereiten.[67]

Die Nachforschungen der Gestapo zu Philipp Auerbachs Geschäften mit Spanien hatten auch für ihn selbst sowie für Martha und Helen Konsequenzen. Am 14. April 1938 – etwa um den Zeitpunkt der Festnahme von Aron und Eli Auerbach in Hamburg – erreichte das Auswärtige Amt in Berlin ein Schreiben des Deutschen Generalkonsulats von Antwerpen. Darin hieß es: »Gegen Auerbach, der Leiter der Firmen ›Compromat‹ und ›Comprocir‹ in Antwerpen ist, sind hier Beschwerden verschiedener deutscher Firmen eingegangen. Wie aus dem abschriftlich beigeschlossenen Schreiben an die Außenhandelsstelle für Hamburg und die Nordmark ersichtlich, hat Auerbach u. a. laufend Sprengstoffe nach Rotspanien geliefert. Daher wird die Aberkennung der Staatsangehörigkeit für Philipp Auerbach, seine Ehefrau und sein Kind Ruth Helene, geboren am 16. 9. 33 in Hamburg, beantragt.«[68]

Ergänzt wurde der Brief durch die Abschrift eines Berichts des Generalkonsuls: »Im Jahre 1936 habe ich bereits die Firma ›Compromat‹ wegen verschiedener Forderungssachen deutscher Firmen und offensichtlich unlauterer Machenschaften bei der Reichsstelle für den Außenhandel in Berlin zur Aufnahme in die Kartei der unzuverlässigen Firmen vorgeschlagen. U. a. war hier z. B. bekannt geworden, dass die Firma ›Sachtleben‹ Akt.Ges. für Bergbau und Chemische Industrie in Köln a.Rh. der Firma ›Compromat‹ für den Verkauf in Belgien einen Posten Lithopone geliefert hatte. Trotz der schriftlichen Verpflichtung, die Ware nur in Belgien zu veräußern, hatte die ›Compromat‹ den Posten nach Brasilien verschifft (…). Im März 1938 teilte ich der Außenhandelsstelle in Nürnberg hierher mit, dass ›Compromat‹ bei deutschen Firmen als Käufer von Aluminiumpulver aufgetreten sei. Aus der Beschaffenheit der bestellten Ware war der Verdacht aufgekommen, dass diese für Sprengstoffherstellung Verwendung finden sollte. Die Firma ›Compromat‹ hatte als Bestimmungsland Mexiko angegeben, musste aber später zugeben, dass die Ware für Spanien vorgesehen war. Im Juli v. J. tauchte infolge zweier Explosionen in der in Wyneghem bei Antwerpen unter der Firmenbezeichnung ›Comprocir‹ befindlichen Fabrik des Herrn Auerbach der dringende Verdacht auf, dass die Firma dort Sprengstoff herstelle und laufend Sendungen nach Rotspanien abfertige. Die hiesige belgische Zeitung ›La Metropole‹ macht auch in der Öffentlichkeit auf diese dunkle Tätigkeit der Emigrantenfirma aufmerksam und forderte eine behördliche Untersuchung. Der Firma ist es dann aber gelungen, die in der Öffentlichkeit geforderte Untersuchung zu verhindern. Die Zweigfirma ›Comprocir‹, deren Leiter ebenfalls Philipp Auerbach ist, inseriert auch laufend in der in flämischer Sprache erscheinenden jüdischen Hetzzeitung ›Joodsche Gazet‹.«

In einem Schreiben mit dem Briefkopf »Der Reichsführer SS und Chef der Deutschen Polizei« vom 27. Juli 1938 wurden Auswärtiges Amt und die Gesandtschaft in Brüssel aufgefordert, die Familie Auerbach auszubürgern.[69] Von nun an waren Philipp, Martha und Helen Auerbach Staatenlose. Nicht dass sie noch große Sehnsucht gehabt hätten, Deutsche zu sein. Denn Schutz durch die Behörden des Hitler-Reichs hatten sie nie erwartet, Illusionen über das Regime nie gehegt. Doch ihnen war klar, dass sie sich auch auf ihr Gastland Belgien nur bedingt verlassen konnten. »Wer aber geduldet ist, wer von Vierteljahr zu Vierteljahr sich sein Aufenthaltspapier holen muss, nicht ohne jedesmal zu bangen, ob man ihm den windigen Zettel auch wirklich aushändigen wird, macht sich hier nicht weiter wichtig«, schilderte Jean Améry die typische Situation jüdischer Exilanten in Antwerpen.[70] Hinzu kam, dass sich die politische Lage in ganz Europa immer weiter zuspitzte. Damit wuchsen auch die Vorbehalte gegenüber Leuten wie Améry und den untypischen Emigranten Auerbach.

Österreich, Amérys Heimatland, war bereits im März 1938 Teil des Deutschen Reichs geworden, im September besetzten die Deutschen das Sudetenland, um nur ein halbes Jahr später auch die in der unnachahmlichen Sprache der Nationalsozialisten sogenannte

Resttschechei zu erledigen. Im November sollte es zu den schlimmsten Pogromen gegen Juden kommen, als überall in Deutschland Synagogen in Flammen aufgingen, jüdische Geschäftshäuser und Wohnungen geplündert und ihre Bewohner beschimpft, bespuckt und verprügelt wurden. Während der Alltag für die Zurückgebliebenen endgültig unerträglich wurde und eine neue Flüchtlingswelle einsetzte – ausreisen durften die Menschen aber nur, wenn sie zuvor all ihr Hab und Gut zu Spottpreisen veräußert und ihre Reichsmark und Devisenbestände weitestgehend zurückgelassen hatten –, gestaltete sich auch das Leben im Exil immer schwieriger.

Philipp Auerbach ging in jener Zeit nicht bloß weiter seinen Geschäften nach und fädelte unter anderem einen Verkauf von Gasmasken für China ein.[71] Ihn trieb auch die Frage um, wie er mit der Familie Europa verlassen könnte. Zunächst hofften die Auerbachs, mit der Unterstützung von Marthas Bruder Joseph entkommen zu können. Der hatte ein Visum für Amerika erhalten und versuchte, die Familie nach New York zu holen. »Jeder Brief war eine Aufregung und Enttäuschung«, sagte Martha später über diese Zeit.[72]

Philipp Auerbach bemühte sich noch am 5. Mai 1940, fünf Tage vor dem Einmarsch der Deutschen in Belgien, mit Josephs Hilfe Visa für Santo Domingo zu bekommen.[73] In einer belgischen Zeitung hatte er gelesen, dass die Karibikinsel bereit war, hunderttausend Flüchtlinge aufzunehmen. Mit dem für ihn typischen Gespür für Geschäft und gutes Leben entwarf er in dem Brief einerseits ein Konzept für die Produktion eines Benzin-Veredelungsstoffes mithilfe amerikanischer Investoren sowie für das Herstellen von Aktivkohle für die Gasmasken-Produktion – Güter mit Wachstumsperspektiven in einem beginnenden Weltkrieg. Andererseits vergaß er bei allem Werben für den Aufbau von Fabrikationsanlagen in der Karibik nicht zu erwähnen: »Außerdem ist es in St. Domingo billig und in jeder Hinsicht gesund.«

Schon als deutsche Truppen am 1. September 1939 in Polen einfielen und damit der Zweite Weltkrieg begann, während Frankreich zwischen seinem Beistandsversprechen und Abwarten hin- und herschwankte und das mit ihnen eng verbundene Belgien sich beeilte, seine Armee vorsorglich zu mobilisieren, waren die Menschen in Antwerpen auf das Schlimmste gefasst gewesen. »Die reichen jüdischen Handelsherren in ihren vornehmen, repräsentativ gelegenen Appartementhäusern beeilen sich, ihre Vermögenswerte ins Ausland zu bringen und bereiten ihre Übersiedlung nach den USA oder Südafrika vor. Die armen Juden der ›joodsen wijk‹ reden von Militäreinberufung, sofern sie schon belgische Staatsbürger sind, oder von Flucht, wenn sie polnische, ungarische, rumänische Pässe haben«, schilderte wiederum Jean Améry die Situation. »Nach Kreuzzugstimmung sieht das alles nicht aus. Gelegentlich gehen abends die Lichter aus: man übt Verdunkelung. Die flämischen Zeitungen berichten von einer Art Gespensterkrieg an der Maginotlinie, die unbesiegbare französische Armee habe Schweine durch die Minenfelder von Forbach getrieben, um die Minen zur Explosion zu bringen, ehe die französische Offensive beginne. Polen ist längst gefallen.« Und er ergänzt an anderer Stelle: »Der Fremde steht auf einer kleinen, wie eine abgebrochene Brücke aussehenden Landzunge, die in die Schelde ragt, und blickt lange und in wachsender Verzweiflung ins schmutziggraue Wasser.«[74]

Über die letzten gemeinsamen Monate der Familie in Antwerpen sollte Martha später sagen: »Wir wussten, dass Krieg kommen würde.«[75]

»Schwül in Belgien«, erinnerte sich Philipp Auerbach in einem nach dem Krieg verfassten Manuskript an den 9. Mai 1940, den letzten Tag vor Beginn der Invasion. »Eine diffuse Angst hat sich unserer Seelen bemächtigt. Abends hören wir auf deutschen Radiosendern die Worte des größten Lügners der ganzen Welt, Josef (sic!) Goebbels: Wir werden die belgische und niederländische Neutralität respektieren. In derselben Nacht beginnt die deutsche Luftwaffe ihre Attacke auf Belgien. Wir hören das Explodieren von Bomben, das Einstürzen von Häusern. Tausende deutscher Emigranten zittern vor Angst.«[76]

Am 10. Mai 1940, einem Freitag, wurden die Bürger Antwerpens morgens um halb fünf von einem Angriff auf den Flugplatz im Vorort Deurne geweckt.[77] Die ersten Zivilisten starben. »Wir glaubten das Haus stürzt ein«, erinnerte sich Martha Auerbach an die Situation später am Tag. »Mein Mann lief auf die Straße. Die Menschen schrien. Ich zog das Kind an und folgte. Wir liefen ins Haus zurück, denn wir erkannten, wir wurden bombardiert.«[78]

Den ganzen Tag über erschütterten Explosionen Hafen und Flugplatz. Das Tempo, in dem die deutschen Truppen vorrückten, war atemberaubend und für die belgischen Verteidiger traumatisch. Es herrschte allgemeine Panik. Viele Menschen versuchten Richtung Küste oder direkt nach Frankreich zu fliehen.[79] Bald brach jegliche Widerstandslinie der Armee zusammen.

In seiner Ausgabe vom 10. Mai schrieb das Antwerper jüdische Wochenblatt *Hatikvah-L'Avenir Juif:* »Belgien ist seinerseits gerade Opfer der deutschen Aggression geworden. Die Juden Belgiens werden in diesen Tagen des Prozesses wissen, wie sie ihre Pflicht, ihre ganze Pflicht, zusammen mit allen Bürgern dieses Landes der Freiheit und des Rechts und durch die Befolgung der Befehle der Behörden erfüllen können. In diesen tragischen Stunden sind unsere brüderlichen Gedanken auch bei dem ganzen zerstreuten jüdischen Volk, bei seinem Leiden und seiner letzten Hoffnung im Land Israel. Wir haben zumindest den Trost, zu wissen, dass Israel überall auf der Welt auf der Seite steht, die sich schließlich gegen Tyrannei, Unterdrückung und Ungerechtigkeit durchsetzen muss. Jeder Jude wird seine Pflicht tun, seine ganze Pflicht. Lang lebe ein freies und unabhängiges Belgien! Lang lebe Israel!«[80] Es sollte die letzte Ausgabe der Zeitung sein, und ihr Aufruf zum Widerstand war kaum mehr als ein frommer Wunsch, ein Rufen im Walde.

Tatsächlich stellte sich die Lage für die meisten jüdischen Flüchtlinge – und erst recht für deutsche Juden wie Philipp Auerbach und ihre Familien – noch viel schlimmer dar als für die Belgier.[81] Wer aus Deutschland stammte, ganz gleich, ob Nazi oder Jude ohne deutschen Pass, galt nunmehr als Feind des belgischen Volkes. Schon um acht Uhr morgens hingen am 10. Mai überall in Antwerpen Plakate mit folgender Bekanntmachung aus: »Männliche Ausländer, die zwischen dem 1. Januar 1881 und dem 31. Dezember 1923 geboren sind und die feindliche Staatsangehörige sind, müssen sich innerhalb von zwei Stunden nach dem Bekanntwerden dieser Order bei der Gemeinde ihres Wohnsitzes oder der Gemeinde, in der sie sich befinden, melden. Sie müssen sich für 48 Stunden mit Nahrung und Decken versorgen. Ausländer, die sich im Gemeindehaus vorgestellt haben, dürfen es nicht ohne Genehmigung verlassen. (…) Alle Personen sind aufgefordert, feindliche Staatsangehörige, die sich den Maßnahmen, die Gegenstand dieses Erlasses sind, entziehen, unverzüglich der Polizei, der Gendarmerie oder den Militärbehörden zu melden.«[82] Damit verfügte die Regierung noch am Tag des Kriegsbeginns, was sie in den Monaten zuvor vorsorglich beschlossen hatte. In den Worten des belgischen Historikers Emmanuel Debruyne: »Zu den negativen Bildern, die mit Juden assoziiert werden, gehört oft das Bild des käuflichen Spions, des skrupellosen Individuums ohne patriotische Bindung, dessen Verhalten von der Verlockung des Geldes geleitet wird.«[83] Dagegen hatte sich Belgien gewappnet.

Etwa 2000 Männer fanden sich im Laufe des Tages vor dem Rathaus von Antwerpen ein, unter ihnen Jean Améry und Philipp Auerbach.[84] »Wie von mir erwartet, meldete ich mich bei der Polizei, wo man mich gleich verhaftete, obwohl ich meine deutsche Staatsangehörigkeit verloren hatte und als Gegner Hitlers bekannt war«, schilderte Philipp Auerbach die Situation in seinen Erinnerungen. »Getrennt von meiner Familie, ohne jede Kenntnis über die weitere Entwicklung, hielt man mich in einer Gefängniszelle fest. Das Einzige, was ich hörte, war das Donnern von Kanonen in der Ferne, das fortlaufende Platzen von Bomben und das Heulen der Granaten. So gingen die Tage ins Land, bis am Weißen Sonntag [tatsächlich war es ein Pfingstsonntag, HHK] unser dorniger Weg ins Exil begann. Wie erniedrigend für alle Anti-Faschisten, mit deutschen Spionen, Nazis in Uniform und den Mitgliedern der deutschen Clubs in einen Topf geworfen zu werden.«[85]

Zwei Konvois mit feindlichen Staatsangehörigen – fast alles Deutsche, Sympathisanten wie Gegner des Dritten Reichs, dazu Menschen aus den von Deutschland besetzten Gebieten – verließen Antwerpen am frühen Nachmittag des 12. Mai.[86] »Drei Tage und zwei Nächte hindurch war der Zug unterwegs, nach Süden, Richtung Frankreich«, schrieb Philipp Auerbach.[87] Die Leute sprachen damals von »Trains fantômes«, Geisterzügen. »Die hermetisch verschlossenen Waggons sind überfüllt und die Hygiene ist mangelhaft«, schilderte der Historiker Rudi van Doorslaaer die Situation. »Die Gefangenen verbringen lange Zeit auf engstem Raum ohne Essen und Trinken. Darüber hinaus werden sie manchmal von den Soldaten der Eskorte belästigt, misshandelt oder gegen Lösegeld freigelassen.« Wo auch immer diese Züge eine Ortschaft passierten, warfen die Menschen mit Steinen nach ihnen und riefen den Insassen Beleidigungen zu. Einige Waggons trugen Aufschriften wie »Fünfte Kolonne« oder »Fallschirmjäger«, was den Unmut der Leute noch weiter anstachelte.[88]

Schließlich hielt der Zug, in dem sich Philipp Auerbach befand, im Niemandsland zwischen Bordeaux und Toulouse. Eine ehemalige Munitionsfabrik in St. Livrade, drei Baracken in erbärmlichem Zustand, dazu ein alter Zug mit heruntergekommenen Waggons sollten zur Unterkunft für 5000 zivile Gefangene werden. Die hygienischen Bedingungen waren katastrophal, das Essen unzureichend. Man nahm den Häftlingen ihr Geld und ihre Wertsachen ab. »Am Anfang dachten wir, es könnte nicht noch schlechter kommen«, so Philipp Auerbach. »Aber die Zukunft sollte uns lehren, dass wir erst am Anfang unseres schmerzhaften Weges standen.«[89]

KAPITEL 5

Le Cyprien, Mai 1940

Während Philipp Auerbach spurlos verschwunden blieb, klingelten eines Morgens, kurz nach der Einnahme Antwerpens durch die Wehrmacht, deutsche Polizisten in der Rue Conscience. Die Männer, wahrscheinlich nicht von der Gestapo, sondern vom Sicherheitsdienst der Armee, zeigten keine Genehmigung vor, drängten durch die Tür und machten sich sofort daran, Zimmer für Zimmer zu durchkämmen. »Man öffnete alle Schubladen und Schränke«, schilderte Martha Auerbach Jahre später das Geschehen. »Jede Sekunde erschien mir wie eine Ewigkeit. Man sagte mir auch, man würde sein Büro aufsuchen.«[1] Sie hatte damit gerechnet.

Gleich nach Philipps Internierung hatte sie sich in der Wohnung umgesehen und Angst bekommen »vor all den politischen Zeitschriften und Büchern meines Mannes, die in unserem Bücherschrank standen. Ich hatte das Gefühl, unser Concierge stand noch auf unserer Seite, und bat ihn, die Bücher und Zeitschriften ins Feuer zu werfen, denn ich wusste, mein Mann stand wegen seiner früheren Tätigkeit beim Reichsbanner und der Staatspartei auf der Liste der Nazis.« Auch sonst war sie in großer Sorge. Die Frauen der am 10. Mai Verhafteten hörten davon, dass ihre Männer mit Zügen nach Südfrankreich transportiert und dabei bombardiert worden seien. Sie fürchteten um deren Leben und setzten alles daran, sie zu finden. Doch zuvor mussten sie sich selbst in Sicherheit bringen.

»Während in Antwerpen über unseren Köpfen die Flugzeuge schwirrten und Bomben abwarfen«, so Martha Auerbach weiter, »suchten wir Frauen eine Transportmöglichkeit für uns und unsere Kinder, um aus Antwerpen zu entfliehen. Wir fanden auch einen Lastwagen, der uns aber mit unserer Habe unterwegs absetzte, weil der Fahrer befürchtete, dass wir mit unseren deutschen Pässen auch von belgischer Seite Schwierigkeiten bekommen würden.«[2] Also kehrten sie zunächst nach Hause zurück, kümmerten sich um die von schlaflosen Nächten und allgemeiner Aufregung erschöpften Kinder und teilten die Lebensmittel ein, um gerüstet zu sein.

Die Lage in der Stadt hatte sich kaum beruhigt, da wehten bereits die ersten Nazi-Flaggen. Überall in den Straßen sah man Männer in deutschen Uniformen. Während einige Bürger, wie schon zuvor, mit den Nationalsozialisten und ihren Vorstellungen einer neuen Ordnung sympathisierten, kam es gelegentlich zu kleinen Sabotageakten ihrer Gegner, mehr hilflos als gefährlich, mehr Appell an die Mitbürger als Angriffe auf das deutsche Militär.[3] Am Tag des Waffenstillstands, dem 18. Mai, gelang es dem Geschäftsmann Louis Pighini, die Nazi-Flagge von der Kathedrale zu entfernen. Andere durchschnitten im Schutz der Dunkelheit die Telefonkabel der Besatzer. Manche Antwerpener steckten sich belgische Flaggen an Revers oder Bluse und legten Blumen am Denkmal von Albert I., König während des Ersten Weltkriegs, nieder. Die freie Presse war abgeschafft. Juden machten sich möglichst unsichtbar, auch wenn die Deutschen und ihre belgischen Kollaborateure sie nach dem Abtransport der Männer vom 10. Mai zunächst einmal weitgehend in Ruhe ließen.

Im Haus in der Rue Conscience 20 wohnte auch ein Konsul aus Lateinamerika. Er besaß einen geheimen Safe und erlaubte Martha Auerbach, darin ihre Devisen zu verstecken. »Wir wagten viel, wir hatten nichts mehr zu verlieren«, sagte sie später dazu.[4] Die neuen deutschen Herren hatten nämlich befohlen, dass solches Geld abzugeben sei. Geld, mit dem man sich über die Dinge des Alltags hinaus Gefälligkeiten, Mitnahmen in Fahrzeugen, falsche Dokumente und so vielleicht gar die Freiheit kaufen konnte. Sobald Martha und die Ehefrauen der anderen Deportierten schließlich in Erfahrung gebracht hatten, wo ihre Männer interniert waren, half das Geld, diesen dringend benötigte Dinge wie Essen und Kleidung nach Südfrankreich zu schicken.

Wie konnten sie rauskommen, weg von den Nazis? Wie vielleicht sogar zu ihren verhafteten Männern gelangen? Das waren die drängendsten Fragen. Die Frauen hingen vor dem Radio, tauschten

Nachrichten aus, die sie irgendwo aufgeschnappt hatten, und versuchten den Wahrheitsgehalt von Gerüchten zu ergründen. Familienangehörige in sicherer Ferne bemühten sich, für die Verwandten in Belgien Visa zu beschaffen. Marthas Bruder Joseph hatte es einige Monate zuvor in die USA geschafft. Er kümmerte sich vergeblich darum, auch für seine Schwester Martha und ihre Tochter Helen Visa zu beschaffen. Also versuchte er fieberhaft, Papiere für Mexiko zu erhalten, damit die beiden Europa verlassen konnten. Er schlug sogar vor, im Zweifel über die Sowjetunion und Sibirien nach Amerika auszureisen. »Mit jedem Brief ein anderer Vorschlag«, erinnerte sich Martha Auerbach später. Einmal habe sie jemanden bezahlt, der sie nach Paris fahren sollte. Der Mann entpuppte sich jedoch als »Schwindler«. »Wir saßen auf gepackter Habe und wurden nicht abgeholt.«[5] Somit hingen sie weiterhin in Antwerpen fest. Nachrichten von Philipp gab es keine.

Der wurde zunächst weiter in St. Livrade im Niemandsland im Süden Frankreichs festgehalten und spekulierte mit anderen Gefangenen über ihre Lage. Die Regierung in Paris hatte nicht nur die aus Belgien Deportierten in Lager gesteckt. Dort waren seit dem Ausbruch des Zweiten Weltkriegs im September zuvor auch Tausende Deutsche interniert, die einst vor den Nazis im Nachbarland Zuflucht gesucht hatten. Die wildesten Gerüchte machten die Runde. »Da hatte einer mit Sicherheit erfahren, dass die französischen Truppen bereits kurz vor Köln standen, andere gaben vor zu wissen, dass sich Düsseldorf ergeben hätte.«[6] Die in einem Lager im südfranzösischen Gurs inhaftierte deutsche Emigrantin Hanna Schramm schrieb über jene Wochen: »Nichts war zu verrückt, zu unwahrscheinlich, um nicht geglaubt zu werden. Wir hatten das Unglaubliche Wirklichkeit werden sehen, warum sollte nicht auch das, was wir hofften, und sei es noch so unglaublich, sich verwirklichen können? Fast jede Nacht hörten wir Flieger, oft Schüsse, oft Kanonendonner – oder war es ein fernes Gewitter? Waren es Sprengungen? Wir hängten unsere Hoffnung daran.« Auch hier waren die Informationen mehr vom Wunschdenken geleitet, als von der Wirklichkeit geprägt. »In Gurs war die Ente Trost und seelische

Auch in Gurs war die Situation kaum erträglich, denn etwa zur selben Zeit, da die Internierten aus St. Cyprien ankamen, trafen noch 6500 weitere Menschen ein, Juden aus Baden und aus der Pfalz, vollkommen erschöpft nach einer Zugfahrt von drei Tagen.

Nahrung, und da wir von jeder Aktionsmöglichkeit abgeschnitten waren, konnte sie keinen Schaden anrichten. Sie war ein harmloses Narkotikum für angstvolle Herzen, eine magische Brücke über den Abgrund der Verzweiflung, tröstendes Märchen für die Verzagten, und fast alle klammerten sich daran.«[7]

Schon in den ersten Tagen seiner Gefangenschaft zeichnete sich Philipp Auerbach durch eine Eigenschaft aus, die ihm in den kommenden Jahren das Leben retten sollte: Er wusste sich nützlich zu machen. Die französischen Wachen konnten seine Kenntnisse des Deutschen, Französischen, Englischen und Spanischen gut gebrauchen und setzten ihn als Dolmetscher ein. In seinen Erinnerungen schrieb er dazu: »Sie hatten sich davon überzeugt, dass ich kein Nazi war, und teilten ihre Essensration mit mir. Der Kommandeur des Lagers beauftragte mich, eine Liste aller Deutschen aufzustellen, die ihren guten Willen beweisen wollten, indem sie sich bereiterklärten, Fremdenlegionäre zu werden.«[8]

Doch die Situation entwickelte sich zu schnell. Noch bevor irgendwelche Hilfstruppen ausgehoben werden konnten, zerstoben schon alle Hoffnungen. Dabei quollen die Internierungslager längst über von Menschen, die womöglich zur Waffe gegriffen hätten.

In St. Livrade wurden die Gefangenen wieder in Waggons gepfercht und noch weiter nach Süden geschafft, diesmal in das Lager St. Cyprien nahe Perpignan. Dort waren die Bedingungen schon fürchterlich gewesen, als die Franzosen nur die vor der Diktatur Francos in Spanien geflohenen Soldaten der Volksfront und deren Familien eingesperrt hatten.

Während der Zug mit den Gefangenen durch das Land gerattert war, rollte auf den Straßen Frankreichs ein anderer Treck Richtung Süden: Männer, Frauen und Kinder, die eng gedrängt in ihren Autos saßen, während ihr Hausrat aus dem Kofferraum und den Fenstern ragte oder irgendwie auf dem Dach festgezurrt worden war. Am Anfang waren es hauptsächlich Fahrzeuge mit ausländischen Kennzeichen, holländischen und belgischen. Doch je weiter die Deutschen auf Paris vorrückten, umso mehr Franzosen packten in den Départements des Nordens ihre Sachen, während die Bewohner der Städte in der Mitte des Landes und in den Dörfern entlang der großen Landstraßen mit wachsender Sorge den Flüchtlingsstrom verfolgten: klapprige alte Kisten, schnittige teure Autos, Busse und Transportfahrzeuge, deren Beschriftung nahelegte, dass sie normalerweise zur Auslieferung von Brot oder Fleisch genutzt wurden. Manch einer hatte sein bisschen Habe im Rucksack und auf dem Gepäckträger eines Fahrrads verstaut. Die Wut der Zuschauer dieses Exodus' entlud sich jedes Mal, wenn ein Zug mit Gefangenen einen Bahnhof passierte. Man beschimpfte, bespuckte und bedrohte sie erst recht, wenn die Waggons dort oder auf freier Strecke Halt machen mussten.

Das Lager St. Cyprien, in dem Philipp Auerbach nun interniert wurde, bestand aus provisorischen Holzbaracken, die man ohne jeden Fußboden in die Dünen gesetzt hatte. An schönen Tagen glitzerte jenseits des Stacheldrahts das Mittelmeer. Doch bei Sturm kam das Wasser gefährlich nah. Hanna Schramm berichtete, was sie von anderen über die prekären Umstände in St. Cyprien erfahren hatte: »Da saßen sie auf dem Sand am Strand, in Kälte und Regen, ohne Dach über dem Kopf, ohne Küche, ohne die geringste hygienische Einrichtung. Es gab kein Trinkwasser, ein Wassertank brachte völlig unzureichende Mengen, und im Übrigen konnten sie Meerwasser trinken oder das faulige Wasser der Lagunen. Täglich kamen ein bis zwei Lastwagen mit schlechtem Brot ins Lager, die ihren Inhalt auf dem Sand ausleerten; mochten sich die Hungrigen darum prügeln.«[9] Und selbst der karge Nachschub an Essen und Medikamenten versiegte vorübergehend, als sich Frankreichs Armee noch im Juni 1940 geschlagen geben musste.

Nun, da das Land in die Hände der Nazis gefallen war, musste man mit dem Schlimmsten rechnen. Tatsächlich nahmen sich in den diversen Internierungslagern für »feindliche Ausländer« einige verzweifelte Häftlinge das Leben. Der Dichter Walter Hasenclever etwa, der im Lager Les Milles bei Aix-en-Provence saß, schluckte eine Überdosis Schlaftabletten, aus Angst, Gestapo und Wehrmacht würden ihn holen.[10] In Les Milles schlossen sich aber auch linke und intellektuelle Emigranten zusammen, um für ihre Freilassung zu kämpfen, darunter der Schriftsteller Lion Feuchtwanger. »Wir mussten etwas unternehmen«, notierte er in seinem Tagebuch. »Wir konnten nicht einfach hier sitzen bleiben und warten, bis die Nazis die Lager besetzten (...). Es war verboten, sich in dem Teil des Hofes aufzuhalten, auf den das Arbeitszimmer des Kommandanten hinausging. Gerade dort versammelten wir uns jetzt zu Hunderten, um dem Kommandanten unsere Unruhe, unsere Empörung zu zeigen. Wir gestikulierten, debattierten, schrien. Die Wachen machten nachlässige Versuche, uns zurückzudrängen, wir achteten nicht darauf. Wir beschlossen, den Kommandanten zu stellen, ihm ernstliche Vorhaltungen zu machen. Es gab unter uns eine Reihe bekannter Berufspolitiker und ehemals berühmter Anwälte. Juristen, Formalisten selbst jetzt noch, versprachen sie sich etwas davon, zu erweisen, dass das, was mit uns geschah, ungesetzmäßig sei.«[11]

Manche hatten Glück und durften das Lager, in dem sie interniert waren, legal verlassen, andere flüchteten einfach. Die richtigen Kontakte oder der französische Pass des Ehepartners halfen dabei. Hannah Arendt beschrieb ihre Situation kurz nach der französischen Niederlage so: »In dem anschließenden Chaos gelang es uns,

Entlassungspapiere zu bekommen, mit denen wir das Lager verlassen konnten. Nach einigen chaotischen Tagen war alles wieder sehr geordnet und Flucht nahezu unmöglich. Diese Rückkehr zur Normalität haben wir zutreffend vorausgesehen. Es war eine einmalige Chance, aber sie bedeutete, dass man mit nichts als einer Zahnbürste verschwinden musste, denn es gab keine Transportmittel.«[12] Das Problem waren für kurze Zeit weniger die Wachen in den Lagern als die Patrouillen des Vichy-Regimes auf den Straßen und in den Orten des Südens.

Wie Hannah Arendt war auch Bertha Süsskind, die vier Jahre jüngere Schwester Philipp Auerbachs, im Lager Gurs interniert. Sie hatte Hamburg 1933 verlassen und in Paris einen Amerikaner kennengelernt, den sie heiratete. Bertha Süsskind war am 21. Mai 1940 eingeliefert worden. Ihrem Mann gelang es dank seines US-Passes, sie im August 1940 zu befreien. Danach lebte sie mehrere Jahre unter falschem Namen auf einem Bauernhof bei Limoges, wo sie versuchte, eine Geflügelzucht aufzubauen. 1943 wurde sie noch einmal für kurze Zeit interniert. Ein Jahr später verhaftete die Gestapo ihren Mann und sperrte ihn in einer Kaserne in Limoges ein. Danach litt er so sehr an Kreislaufstörungen und den Folgen von Misshandlungen, dass er ein Jahr lang bettlägerig war. Doch überlebten beide den Krieg und kehrten im August 1945 nach Paris zurück.[13]

In den Lagern für die Menschen aus den französischen Nachbarstaaten herrschte eine andere Stimmung als in denen, wo man die nach Frankreich Emigrierten festhielt. Unter den aus Belgien Deportierten hofften die Unpolitischeren, mit dem Ende der Kampfhandlungen dürften sie zu ihren Familien nach Brüssel oder Antwerpen zurückkehren und ihr Leben fortsetzen. Ihr Alptraum hätte damit ein Ende gefunden. Die Pragmatischeren glaubten, dass es am besten sei, sich mit den Siegern dieses Krieges zu arrangieren. Die Kritischeren gaben sich solchen Illusionen erst gar nicht hin, so gern sie auch mit ihren Familien wiedervereinigt worden wären. Die Sympathisanten mit dem deutschen Regime hingegen, mit denen sie zusammen eingesperrt worden waren, erst recht die Nazis unter ihnen, freuten sich über den Sieg der Wehrmacht und konnten den

Augenblick kaum erwarten, da die Truppen Hitlers noch weiter nach Süden vordringen würden.

Es gibt keinen Hinweis darauf, ob auch Philipp Auerbach mit dem Gedanken an Flucht oder gar an Aufstand spielte. Er unternahm in dieser Situation etwas anderes, für ihn Typisches: Wieder bot der gelernte Drogist seine Dienste an. In enger Zusammenarbeit mit ebenfalls inhaftierten jüdischen Ärzten setzte er alles daran, jenen Mitgefangenen zu helfen, die von Ruhr und anderen in St. Cyprien grassierenden Durchfallerkrankungen geschwächt waren. »Ich begann damit, Kohle aus Tierknochen herzustellen, die wir uns von der Küche besorgten. Von vier Uhr morgens bis in die späte Nacht brannten unsere Knochen-Feuer. So konnten wir Hunderten unserer Kameraden helfen«, schrieb Philipp Auerbach später.[14] Davon berichtete auch Walter Benninghaus, der als Sozialdemokrat ebenfalls in St. Cyprien festsaß: »Im August 1940 wurden die Lagerinsassen von einer heftigen Ruhrepidemie heimgesucht. Auerbach fabrizierte durch Verbrennen von Rinderknochen Tierkohle und leistete bei der Bekämpfung und Heilung der Epidemie gute Dienste.«[15]

Während Auerbach darum kämpfte, die Mithäftlinge vor den schlimmsten Folgen fehlender Hygiene und der Mangelernährung zu bewahren, nahmen die schlechten Nachrichten kein Ende. Hitlers Kriegsmaschinerie hatte Land um Land in ihre Gewalt gebracht und schickte sich an, Großbritannien zu erobern, nachdem dessen Armee der Vernichtung am Strand von Dünkirchen nur knapp entgangen war. Abertausende befanden sich auf der Flucht, wenn sie nicht längst verhaftet und in den Folterkellern verschwunden waren. Die spanischen Gefangenen, die einst gegen Francos Faschisten gekämpft hatten und nun hier in Südfrankreich eingekerkert wurden, waren eine ständige Erinnerung an das Scheitern. In dieser Lage fiel es schwer, bei Verstand zu bleiben oder gar Zuversicht zu bewahren.

Für kurze Zeit hatte der am 22. Juni geschlossene Waffenstillstand zwischen Frankreich und Deutschland allerdings einen positiven Effekt. Der meiste Stacheldraht verschwand. Die Häftlinge durften im warmen Mittelmeer baden. Der Kommandeur des Lagers erlaubte den Juden sogar, ihre Feiertage zu begehen. »Zur selben Zeit wurde unter Auerbachs Oberleitung eine Baracke zur Seifenherstellung aus Abfallfetten der Lagerküchen eingerichtet«, erinnerte sich Walter Benninghaus. »Mit Hilfe von drei weiteren Chemikern und zwei Berufsseifensiedern wurde eine mittelmäßige Seife hergestellt, die den Lageransprüchen genügte. Leider musste sich der Ordnungsdienst der Internierten und die Campleitung in einigen unliebsamen Fällen gegen Auerbach einsetzen, weil er, mit Unterstützung einiger korrupter Elemente der Garde mobile, die dem Camp gehörige Seife auf dem ›Schwarzen Markt‹ von St. Cyprien, Elne und Perpignan verschob. Ein Durchgreifen der zivilen Campleitung war wegen der Beteiligung der Gendarmerie nicht möglich.«[16]

Tatsächlich besaß Philipp Auerbach einen sogenannten Freigeleitschein, mit dem er das Lager nach Belieben verlassen konnte, um einzukaufen oder Tauschgeschäfte zu tätigen – für seine Seifenproduktion, aber natürlich auch für sich selbst.[17] Und er tat zu Benninghaus' Missfallen noch etwas anderes: Er besorgte sich Devisen und handelte vermutlich auch damit. Das war verboten, aber verständlich. Denn wer den Nazis und ihren französischen Handlangern entkommen wollte, brauchte Geld. Und wer politisch nicht so gut vernetzt war wie Kommunisten und Sozialdemokraten im Exil oder keine Fürsprecher hatte wie Lion Feuchtwanger, war auf sich selbst gestellt. Während etwa der kommunistische Spanien-Kämpfer und Journalist Alfred Kantorowicz in die USA fliehen konnte, weil Freunde ihn dabei unterstützten, während Walter Benninghaus von einem Freund für 5000 Francs freigekauft wurde und Lion Feuchtwanger dank des amerikanischen Generalkonsuls in Marseille zunächst in Frauenkleidern aus der Umgebung des Lagers fortgeschmuggelt wurde und schließlich das Land verlassen konnte, nachdem sich Eleanor Roosevelt, die Gattin des US-Präsidenten, für ihn eingesetzt hatte[18] – während sie alle dank ihrer guten Beziehungen freikamen, blieb Philipp Auerbach nichts anderes übrig, als sich selbst zu helfen.

Die Entspannung des Sommers währte nämlich nicht lang. Die

Deutschen wollten Rache für den sogenannten Schandfrieden nach dem Ersten Weltkrieg nehmen und hatten die Bedingungen bei den Waffenstillstandsverhandlungen entsprechend diktiert. Paragraph 19 legte in Anlehnung an Artikel 228 des Versailler Vertrags fest: »Die französische Regierung ist verpflichtet, alle die in Frankreich sowie in französischen Besitzungen befindlichen Deutschen, die von der deutschen Reichsregierung namhaft gemacht werden, auf Verlangen auszuliefern.«[19] Das galt auch für längst Ausgebürgerte. Dazu hatte man in Berlin eine sogenannte Sonderfahndungsliste West aufgestellt, darauf die Namen jener Emigranten aus den Niederlanden, Belgien und Frankreich, die man nicht entkommen lassen wollte. Nun ging man daran, die Bestimmungen des Paragraphen 19 umzusetzen. Wer es bis dahin nicht geschafft hatte, sich an den Wachen vorbeizuschleichen oder die richtigen Papiere vorzuweisen, saß damit erneut in der Falle. Der Kommandeur des Lagers ließ Auerbach kurz darauf wissen, dass er fünf von mehr als 3500 Häftlingen aus St. Cyprien an die Deutschen zu übergeben habe. Einer von ihnen sollte Philipp Auerbach sein.

Am 12. oder 13. August, während die deutsche Luftwaffe ihre Angriffe auf England verstärkte, traf die sogenannte Kundt-Kommission im Lager ein. Benannt nach ihrem Leiter, dem Legationsrat im Auswärtigen Amt Ernst Kundt, befand sich die Delegation auf einer sechswöchigen Inspektionsreise durch 31 Camps, 16 Gefängnisse und 10 Krankenhäuser auf dem Gebiet der Vichy-Regierung.[20] Die deutschen Beamten, Offiziere, Polizisten und NS-Funktionäre wollten sich ein Bild von der Lage verschaffen und zugleich die Franzosen daran erinnern, dass sie den Waffenstillstandsvertrag und seine Auslieferungsklausel unbedingt zu erfüllen hätten. Auch wenn das Nazi-Regime zu diesem Zeitpunkt noch keine endgültigen Beschlüsse zum Umgang mit Juden gefasst hatte, war die antisemitische Haltung der Kommission offensichtlich. So hielt eines der Mitglieder im Tagebuch seiner Reise fest: »Zum Lager St. Cyprien ist noch nachzutragen, dass es heute in der Hauptsache mit Juden belegt ist. Der teilweise herrschende Schmutz kommt natürlich auch aus der Disziplinlosigkeit dieser Rasse.«[21]

Was die Kommission zu sehen bekam und für Berlin notierte, ergab ein unvollständiges Bild. Das hatte nicht bloß mit den chaotischen Zuständen in den Lagern und ihrer Verwaltung so kurz nach der französischen Niederlage zu tun. Häufig waren die Verantwortlichen auch nicht bereit, mit den Deutschen zu kooperieren. Mal stellten sie Urlaubsscheine für Häftlinge aus für den Tag, an dem die Kommission sich angesagt hatte. Mal entfernten sie Karteien aus den Lagerakten. Es sollte bis zum September dauern, bevor die nationalistische und autoritäre Vichy-Regierung des Marschall Pétain wieder strikten Umgang mit den Ausländern verlangte. Noch konnte Philipp Auerbach von der Obstruktion der Aufpasser im Lager profitieren.

»Zu allem Unglück litt ich gerade an Malaria«, schilderte Auerbach die Situation, eine Krankheit, mit der sich viele plagten. »Französische Feldwebel halfen uns, indem sie uns in ihren Räumen versteckten. Am nächsten Morgen haben wir uns in den Wiesen nahebei verborgen. Aus der Ferne konnten wir die luxuriösen Autos der deutschen Kommission sehen. Sie suchten nach uns, konnten uns aber nicht finden. Französische Soldaten versorgten uns mit Nahrung, und wir verbrachten den zweiten Tag mit englischen Offizieren, die ebenfalls zu fliehen versuchten.«[22]

Bald darauf, die Häftlinge waren längst in ihre Baracken zurückgekehrt, verwüstete eine Springflut St. Cyprien und machte es endgültig unbewohnbar.[23] Unrat wurde angespült, dazwischen die Kadaver verendeter Kühe. Die Lagerverwaltung wies Auerbach zunächst an, sie zur Produktion von Seife zu nutzen, entschied jedoch kurz darauf, die Gefangenen zu verlegen. Das hatte nicht nur mit den katastrophalen Zuständen zu tun, sondern auch mit dem Entschluss des Vichy-Regimes, in Zukunft enger mit den Deutschen zu kooperieren. Die Zusage Pétains war die Folge eines Treffens des Marschalls mit Adolf Hitler am 24. Oktober 1940 auf dem Bahnhof von Montoire-sur-le-Loir, einer Kleinstadt 200 Kilometer südwestlich von Paris, wo der Sonderzug des Führers auf dem Rückweg von einem Treffen mit General Franco einen Zwischenstopp eingelegt hatte.

Fünf Tage später wurde Philipp Auerbach in das nächste Lager transportiert, nach Gurs, ebenfalls im nicht besetzten Teil Frankreichs gelegen, jedoch näher am Atlantik als am Mittelmeer. Dort war seine Schwester Bertha bis zwei Monate zuvor eingesperrt gewesen. Jean Améry wurde ebenfalls nach Gurs verlegt und wollte die Gelegenheit nutzen, um zu entkommen. In der dritten Person schrieb er später über seinen Fluchtversuch: »Er wurde, Herbst 1940, weitergeschafft, sprang aus dem fahrenden Zug, wurde gestellt von den Gendarmen, gefesselt und zu den anderen ins Lager Gurs in den Basses Pyrénées gesteckt.«[24]

Auch in Gurs war die Situation kaum erträglich, denn etwa zur selben Zeit, da die Internierten aus St. Cyprien ankamen, trafen noch 6500 weitere Menschen ein, vollkommen erschöpft nach einer Zugfahrt von drei Tagen. Bei ihnen handelte es sich um deutsche Juden aus Baden und der Pfalz, darunter 80- und 90-Jährige.[25] »Die Dienstbaracke stand voller Frauen, die stumm, in entsetzlicher Müdigkeit, in stumpfem Gleichmut, in flackernder Angst, der Ohnmacht nahe, uns anstarrten, als ob wir wilde Tiere wären«, schilderte Hanna Schramm den Anblick der Neuankömmlinge. »Und immer neue, immer neue drängten durch die Tür, immer neue Lastwagen fuhren vor, eine leuchtende Kette von Scheinwerfern, Lastwagen hinter Lastwagen, ihre Reihe war nicht abzusehen.«[26] Es handelte sich um eine der ersten großen Deportationen, drei Monate vor der sogenannten Wannsee-Konferenz im Januar 1942, bei der Reinhard Heydrich, Adolf Eichmann und andere im Auftrag Hermann Görings die »Endlösung der Judenfrage« beschließen würden. Dieser Transport ging zunächst noch nach Westen.

Hatten den Sommer über viele inhaftierte Emigranten Gurs verlassen können, ging es den gerade Angekommenen auf engstem Raum schnell wieder so schlecht, dass Philipp Auerbach sich auch hier andiente, um mit Seife und Mitteln gegen Durchfall zu helfen. Außerdem produzierte er Kerzen, damit die zusammengepferchten Menschen an den langen Abenden wenigstens etwas Licht hatten. Auerbach fand nun endlich die Zeit, einen Brief an Martha in Antwerpen zu schreiben. Es war womöglich das erste Mal seit seiner

Verhaftung in Antwerpen, dass sie Konkretes von ihm erfuhr. Er forderte seine Frau auf, nach Südfrankreich zu fliehen, um zusammen mit ihm nach Möglichkeiten für eine Ausreise der Familie zu suchen.

Trotz all der bis dahin gescheiterten Versuche, aus Belgien herauszukommen, machte sich Martha Auerbach sofort daran, ein weiteres Mal die Flucht zu planen. »Ich hörte wieder von einem Lastwagen, der gegen gute Bezahlung uns nach Paris schmuggeln würde«, berichtete sie später. Mit ihr unter der Plane saßen andere Juden, Diamantenhändler, die sich im Schutz der Dunkelheit auf der Ladefläche des ruckelnden Lkws verborgen hatten. Vielleicht hatte sie jemand dabei gesehen, vielleicht hatte einer der am Schmuggel Beteiligten seine Informationen nicht für sich behalten oder war gezwungen worden, diese preiszugeben. Vielleicht hatte er sein Wissen sogar verkauft, wie es immer wieder geschah. Was auch immer der Grund war: Der Lastwagen kam nicht weiter als bis zu einem Vorort von Antwerpen, wo er von der Polizei angehalten und durchsucht wurde. Die Diamantenhändler warfen all ihre Edelsteine weg, noch bevor die Polizisten sie und die beiden Auerbachs festnehmen konnten. »Wir wurden in ihren eigenen Wagen verfrachtet und auf die Devisenstelle geführt«, so Martha Auerbach. »Ich hatte in eine Puppe Geld eingenäht. Man öffnete die Puppe und sagte mir, dass ich wegen unerlaubten Fluchtversuchs bestraft würde, und von nun ab auch meine Wohnung von der Gestapo gepfändet sei. Während meines Verhörs sah ich aus dem Fenster, dass man meinem Kinde einen Apfel gegeben hatte und es ausfragte.«[27]

Deprimiert und verängstigt kehrten Mutter und Tochter zunächst nach Hause zurück, ohne zu wissen, wie es weitergehen würde. Wenig später musste Martha Auerbach sich bei der Polizei melden. »Mein Anwalt hatte mir sowieso wegen meines Mannes geraten, schnellstens Antwerpen zu verlassen. So hatte ich nichts zu verlieren und fasste mir Mut, mit dem Inspektor der deutschen Behörde zu verhandeln. Er hatte Mitleid mit mir und versprach mir, drei Tage meine Akte liegen zu lassen.« Martha Auerbach gelang es in dieser kurzen Zeit, sich in Brüssel falsche Papiere zu besorgen. Den Tipp hatte sie von einer Nachbarin bekommen. Sie packte zwei Koffer mit dem Nötigsten, zog einen Pelzmantel über, den sie bei Geldmangel zu verkaufen gedachte, und verließ so ihre »voll eingerichtete Wohnung, die ohnedies von der Gestapo gepfändet worden war«. Dieses Mal gelang Martha und Helen Auerbach die Flucht nach Frankreich.

In Paris boten nicht bloß jüdische Einwohner billige Zimmer in privaten Wohnungen und kleinen Pensionen an. In einer davon kamen auch die beiden Auerbachs unter. Dann fuhr sie mit Helen in abgedunkelten Zügen weiter Richtung Süden. Schließlich landeten die beiden in Navarrenx, einem kleinen Ort nicht weit vom Lager Gurs.

Dort fanden sie bei zwei alten Damen Unterschlupf. Das Zimmer war äußerst schlicht und voller Ungeziefer. »Aber wir hatten wenigstens ein Dach über dem Kopf.« Kaum angekommen, machte sich Martha sogleich auf den Weg nach Gurs, zu Fuß war das Lager 90 Minuten entfernt. »Er lag mit offenen Beinen und geplagt von Impetigo [einem Hautausschlag, HHK]. Ärzte, die selbst Internierte waren, halfen ihm«, schilderte sie das Wiedersehen mit ihrem Ehemann nach einem halben Jahr der Trennung. »Da er einen sehr starken Willen hatte, arbeitete er trotzdem an Tierkohle für das Lager.«

Martha und Helen Auerbach sollten in dem idyllischen Dorf, das von mittelalterlichen Festungsmauern umgeben war, nicht lange bleiben. Bei einer Zählung der Einwohner wurden die Behörden auf die beiden aufmerksam. Man lud sie auf einen Lastwagen und brachte sie ebenfalls nach Gurs, in die für Frauen reservierten Baracken. Inzwischen war es November und bitterkalt geworden, der für lange Zeit härteste Winter in der Gegend hatte begonnen. »Nie hätte ich geglaubt, dass es im Süden Frankreichs so kalt werden würde«, schrieb Jean Améry, »vielleicht zwölf Grad minus, und die zerrissene Mauer der Pyrenäen war verborgen im Nebel.«[28]

Ihren ersten Eindruck nach der Ankunft im Lager schilderte Martha Auerbach später so: »Gurs war wie eine kleine Stadt in sich selbst, von 15 000 erschreckend abgemagerten, wie Gespenster aussehenden Internierten, die in tiefem Schlamm in den Lehmgängen vor dem Stacheldraht standen, ihre Kleidung gegen das Licht hielten, um sich von dem quälenden Ungeziefer in den Kleidern und den Kopfläusen zu befreien und in den Abfällen nach Resten zu suchen.«[29]

Die gesamte Anlage war zwei Kilometer lang und 500 Meter breit und bestand aus 382 Baracken von 24 mal 2,5 Metern, eine asphaltierte Straße bildete die Mittelachse. In jeder Baracke waren 50 bis 60 Personen untergebracht, ohne Trennwände oder sanitäre Einrichtungen. Jeweils 22 bis 30 Baracken bildeten ein *Ilot,* ein Inselchen. Männer und Frauen waren getrennt. Die Kommandantur bewilligte pro Tag insgesamt nur sechs Passierscheine für einen Besuch in einem anderen *Ilot.* Manche Männer schlichen nachts hinüber, um ihren Frauen oder Geliebten nahe zu sein. Sonst boten Beerdigungen die beste Gelegenheit, sich zu treffen. »Das Gefolge war oft beträchtlich, denn der Verwandtschaftsgrad war nicht nachzuprüfen«, so Hanna Schramm. »Wir fanden einmal einen Zettel, den eine unserer Frauen verloren hatte und der für ein Männerilot bestimmt war. ›Lieber Otto‹, stand da, ›mach mir ein Pläsir und komm heute zur Beerdigung.‹«[30]

Martha und Helen Auerbach mussten bei ihrer Ankunft zunächst auf nacktem Fußboden schlafen.[31] »In der Baracke, in der wir untergebracht waren, brannte nur stundenweise ein kleiner Ofen, um den die Gefangenen herumsaßen, so dass die Wärme nie in die Baracke drang. In der Nacht war es bitter kalt, von den Fensterlöchern hingen die Eiszapfen. Um das Lager herum war alles Schlamm, so dass man bei jedem Schritt einsank und immer mit eiskalten nassen Füßen herumlief. Um in die Latrinen zu gelangen, musste man tags und nachts durch den Schlamm waten. Die Verpflegung war derartig schlecht, dass die Menschen in Massen an Dysenterie, Typhus und Hunger erkrankten. Ich litt unter häufiger Diarrhoe. Von der Kälte und Feuchtigkeit bekam ich schwere Halsentzündung mit hohem Fieber (...). In den Nächten konnte ich vor Rückenschmerzen kaum mehr liegen. Am Tage konnte ich mich kaum aufrecht halten, nur der Gedanke, dass ich mich für meine Familie am Leben erhalten musste, und die Hoffnung, dass meine Brüder an unserer Auswanderung arbeiteten, ließ mich nicht verzweifeln.«

An ihrer schwierigen Situation vermochte auch ihr Mann nichts zu ändern, obwohl er weiterhin zu den privilegierten Häftlingen gehörte. »Sein immer noch gültiger Freigeleitschein brachte ihn nach Oloron, St. Marie und Navarrenx auf die Märkte. Die Kette von Schwarzmarktskandalen riss dann nicht mehr ab«, sollte Benninghaus, der ebenfalls nach Gurs verlegt worden war, in einem Brief an Walter Auerbach berichten. Im selben Brief nannte er den Philipp Auerbach jener Zeit »eine weichliche und leicht zu verführende Natur. Er war gutherzig, freundlich zu jedermann und von einem gewinnenden, Vertrauen einflößenden Auftreten. Er war von einer Sucht besessen, möglichst groß und wichtig zu erscheinen. Sein Geltungstrieb und diese Sucht veranlassten ihn zu Hochstapeleien. (...) Bei den Intellektuellen des Camps gab er sich als wissenschaftlicher Experte, bei den Mittelständlern als bürgerlicher Politiker und bei den politisch links orientierten Internierten als Sozialdemokrat aus. (...) Er war zu kraftlos, um gegen die demoralisierenden Einflüsse einer trostlosen Internierung Widerstände aufzurichten. Er machte auf mich den Eindruck, dass sein Geisteszustand gelitten hatte. Er hieß bei den Insassen des Lagers ›Der spleenige Seifensieder‹.«[32]

So treffend Benninghaus damit einige Charakterzüge Auerbachs benannte, so wenig musste man sein harsches Urteil teilen. Aus der Sicht eines politisch Internierten wie Benninghaus, der zudem für den britischen Geheimdienst gearbeitet hatte und an mindestens einem Sabotageakt gegen deutsche Schiffe, einem Brandanschlag in Antwerpen 1940, beteiligt gewesen war, mochte einer wie Auerbach zu wenig eindeutig erscheinen, wie ein Schlitzohr zudem. Genau das aber entsprach womöglich nicht bloß Auerbachs Charakter, es war auch seine Strategie in einer Umgebung, in der klare moralische Grundsätze ihre Wirkung, vielleicht gar ihre Berechtigung verloren hatten. Lion Feuchtwanger, in einem nicht ganz so schlimmen Lager interniert, hatte die Situation eines Häftlings schon wenige Tage nach der Ankunft so beschrieben: »Es war erstaunlich, wie schnell wir alle uns den Bedingungen des Lagers anpassten. So hart für viele der Übergang von ihrem gewohnten Leben zu der Primitivität von Les Milles war, schon nach wenigen Tagen benahmen sie sich im Lager so, als wären sie hier seit Jahren. Alle stumpften wir ab. Leiden und Erniedrigungen, eigene und die unserer Kameraden, die uns kurz vorher empört hätten, nahmen wir resigniert, mit Achselzucken hin, schließlich gewahrten wir sie nicht mehr.«[33]

Für Auerbach ging es in dieser Situation schlicht ums Überleben. Das eigene wie das seiner Familie. Dafür schien ihm alles recht zu sein, solange er seinen Vorteil nicht auf Kosten der Mitgefangenen suchte. Im Gegenteil – er brachte ja in so schwieriger Lage noch genug Energie und Kenntnis auf, diesen zu helfen. Der gelernte Drogist hatte im Gegensatz zu den aus politischen Gründen Internierten tatsächlich etwas zu bieten. Dennoch verdüsterten sich die Perspektiven für die Auerbachs.

Im bitterkalten Winter 1940/41 gelang es nur wenigen Häftlingen, gesund zu bleiben. Auch die Extrarationen an Fleisch oder Gemüse, die Philipp ins Lager zurückbrachte, gaben dem Körper nicht genug. Bald wurde Helen so schwer krank, dass Martha sie in der Nähe, aber außerhalb des Lagers gegen Bezahlung bei einfachen Leuten unterbrachte. Sie kümmerten sich um die Siebenjährige, die unter eitrigen Beulen am Kopf sowie unter Fieber und Durchfall litt. Als es ihr besser ging, nahmen die Franzosen Helen sogar zum Gottesdienst in die katholische Kirche mit. »Wir hatten solche Freiheiten nur, weil Philipp für das Lager arbeitete«, sagte Martha im Rückblick.[34]

Auch Jean Améry saß in Gurs fest und zermarterte sich den Kopf, wie ihm die Flucht dieses Mal gelingen könnte (sie sollte ihm später glücken). Über den Alltag im Lager schrieb er: »Die Wachtposten umstanden das Riesenlager, das in zahlreiche Parzellen oder ilots gegliedert war, mit deutlich auf ihren dummen Gesichtern erkennbarem Widerwillen, doch ganz ohne Hass. Wer hasst auch Ungeziefer? Man entledigte sich seiner, das ist alles. Die Lagerinsassen schlurften kraftlos mit müden Beinen und verstörten Blicken durch die Wege zwischen den Baracken, die alsbald bräunlicher Schlamm wurden, in dem die Füße versanken. Die Insassen zischten vielerlei: dieser von vergangener Ansehnlichkeit (er war Kaufmann gewesen oder Anwalt oder Schauspieler), einer von seiner leberkranken Frau, andere von ihren Auswanderungsplänen nach Gottes eigenem Land jenseits des Atlantik, die sie weiterbetreiben wollten, wüssten sie nur wie. Man redete von der nahe gelegenen Stadt Pau wie von einer glänzenden Kapitale, und wer Geschick und welsche Zungenfertigkeit besaß, dem konnte es gelingen, Urlaub zu erwirken. In den Baracken ging es angeregt zu. Die Wahl eines Barackenchefs konnte zu leidenschaftlichen Diskussionen Anlass geben sowie die Frage, wer nachts Wache zu stehen habe vor dem Holzplatz, wo man sich tagsüber unter Aufsicht der Garde Mobile Material zur Herstellung von Knüppelsteigen holte.«[35]

Die ganze Zeit über versuchte Marthas Bruder Joseph in New York weiterhin alles, um Visa für die Familie in die USA oder zumindest nach Mexiko zu organisieren. Die Nachrichten aus Amerika klangen schließlich so vielversprechend, dass die französischen Behörden Martha und Helen Auerbach die Genehmigung erteilten, in ein Emigrationslager überstellt zu werden. Im April 1941 durften die beiden Gurs verlassen und nach Marseille reisen. Dort quartierte man sie im Hotel Bompard ein, einem heruntergekommenen Bau, in dem Frauen interniert waren, bis sie ihre Ausreisepapiere in Händen hielten. »Hier herrschten ebenfalls entsetzliche Zustände«, schilderte Martha die Situation später. »Es stand unter ständiger Bewachung, um Fluchtversuche zu verhindern.« Acht Frauen teilten sich ein Zimmer, je zwei Frauen ein Bett, die Matratzen waren von Wanzen verseucht. Zu essen gab es »drei dünne Scheiben Brot am Tag, dazu schlechte Karotten und Schoten großer Bohnen«.[36]

Philipp aber war gezwungen, in Gurs zu bleiben. Behörden und Wachpersonal ließen ihn nicht gehen. Und seine Lage verschlechterte sich weiter. Ein Jahr der Internierung war inzwischen für ihn vergangen, da besuchte ihn Anfang Mai 1941 der Kommandeur des Lagers in seiner kleinen Seifenfabrik. »Er sagte mir, dass er etwas mit mir zu besprechen habe, und drängte mich in seinen Wagen.« Auerbach trug noch einen Arbeitskittel, als ihn vier Polizisten im Büro des Kommandanten festnahmen und in Handschellen legten.[37]

Auf einem offenen Lastwagen brachten die Beamten ihn mit fünf anderen Häftlingen zunächst zur Polizeiwache in Toulouse. Mit ihm fortgeschafft wurden zwei ehemalige SA-Männer, die nach Auerbachs Worten »nicht länger an dem großen Schwindel teilnehmen wollten«, und Paul Walter Hahn, ein Hamburger Emigrant, der ebenfalls von Belgien nach Südfrankreich gebracht worden war.[38] Fußgänger in Sonntagskleidung sahen ihnen nach, während sie Pau passierten. Sie alle mussten befürchten, dass ihre Auslieferung an Deutschland unmittelbar bevorstand. Stattdessen brachte man sie nach einer Nacht im lokalen Gefängnis in ein weiteres Lager, jedoch weder in ein »Centre d'accueil«, ein Aufnahmezentrum, noch in ein »Centre d'hébergement«, ein Unterbringungszentrum, sondern in ein »Camp de concentration« – nach Vernet d'Ariège, in eines der schlimmsten Gefängnisse Vichy-Frankreichs.[39]

Und doch gab es selbst da noch einen Unterschied zu den Lagern in Deutschland. Der Schriftsteller Arthur Koestler, der selbst von 1939 bis 1940 in Vernet interniert gewesen war, hat ihn so beschrieben: »In den Wertbegriffen der Freiheit gemessen, stand Vernet ganz unten, am Nullpunkt der Skala von Niedertracht und Verbrechen; legte man aber Dachau als Maßstab an, dann stand Vernet noch immer weit oben. In Vernet gehörten Prügel zur täglichen Routine, in Dachau wurden die Gefangenen zu Tode geprügelt. In Vernet starben Menschen, weil ihnen ärztliche Hilfe fehlte, in Dachau wurden sie vorsätzlich umgebracht. In Vernet musste die Hälfte der Häftlinge bei zwanzig Grad minus ohne Wolldecken schlafen, in Dachau wurden sie in Ketten gelegt und nackt der Winterkälte ausgesetzt.«[40]

Ein Gewirr von Stacheldraht und parallel laufenden Gräben sicherte das Lager, das in drei Sektionen aufgeteilt war: A für kriminelle Ausländer, B für ausländische politische Häftlinge und C für den Rest, der irgendwie politisch oder kriminell verdächtig war. Die Baracken waren aus Holz, mit Dachpappe abgedeckt, 27 Meter lang und fünfeinhalb Meter breit. Entlang der Seiten hatte man jeweils zwei Reihen Bretter angebracht, in jeder schliefen 50 Männer, 200 insgesamt.[41]

Die erste Nacht im neuen Lager verbrachte Philipp Auerbach in Sektion B, am nächsten Morgen wurde er nach A verlegt. »Es war ein fürchterlicher Augenblick, als wir uns auf die Bretter dieser stinkenden Hütte setzen sollten«, erinnerte er sich später. »Die katastrophalen hygienischen Verhältnisse, die erbärmliche Verpflegung spiegelte sich in den Gesichtern der Internierten. Vernet d'Ariège war ein Schandfleck für Frankreich. Hunderte hungerten, Tausende starben an Seuchen. Man erlaubte uns nicht länger, unsere Namen zu benutzen. Wir erhielten weder Briefe, noch war Besuch gestattet.«[42]

Martha Auerbach erfuhr in Marseille davon, dass man ihren Mann nach Vernet geschafft hatte. Auch ihr war klar, was das bedeutete: Seine Auslieferung an die Deutschen war nur eine Frage der Zeit. Doch sie musste sich nicht nur um Helen kümmern, auch das Visum bereitete nach wie vor Schwierigkeiten. Die USA hatten die Einreisebedingungen weiter verschärft, also blieb dem Bruder nur, eine Genehmigung für Mexiko zu erlangen. Als sich auch das als unmöglich erwies, besorgte er Martha und Helen eine Erlaubnis, auf Kuba an Land zu gehen.

»Nachdem wir aus dem Lager mit unseren Cuba-Visa entlassen wurden, fuhr ich zu meinem Manne ins Lager Vernet«, schilderte Martha ihren letzten Versuch, Philipp zu befreien. »Ich hoffte, dort bei der zuständigen Präfektur seine Ausreise zu erwirken. Im Lager selbst herrschte eine Typhus-Epidemie. Die Leichenwagen fuhren an uns vorbei. Ich zitterte für mein Kind. Das Ausreisevisum für meinen Mann konnte nicht erteilt werden, solange Vichy nicht seine Genehmigung gegeben hatte. Die Genehmigung kam nie. Mein Mann war verzweifelt. Er wusste, was ihm bevorstand.«[43]

Martha kehrte schließlich unverrichteter Dinge mit Helen nach Marseille zurück. Die Tickets für die Ausreise nach Portugal und die Schiffspassage über den Atlantik waren fest gebucht.

Den schrecklichen Moment der Trennung hatten zu jenem Zeitpunkt schon Tausende Familien durchlitten. Millionen sollten in den folgenden Jahren hinzukommen: Frauen ohne ihre Männer, Kinder verlassen von ihren Eltern. Und über allen schwebte die Ungewissheit, ob man sich je wiedersehen würde. In der Hierarchie des Horrors waren Familien wie die Auerbachs sogar noch gut dran, denn zumindest Martha und Helen standen ja kurz davor, im wahrsten Sinne des Wortes relativ gut wegzukommen, im Unterschied zu so vielen anderen Juden, deren Transport sie geradewegs in den Tod führte. Aber auch bei den beiden wurde spätestens in diesem Augenblick angelegt, was sie zeit ihres Lebens bis in den Schlaf verfolgen sollte, wenn er denn kam: Aus der Angst um den Mann, die Frau, die Kinder entstanden Phasen von Depression und regelrechter Verzweiflung sowie eine Flut von Schuldgefühlen. In den Jahrzehnten danach würden Martha und Helen Auerbach mithilfe von Medikamenten und Psychoanalytikern versuchen, diese Gefühle zu beherrschen. Philipp Auerbach dagegen unternahm es in der ihm verbleibenden Zeit, solche Gefühle mit Arbeit zu betäuben.

Der Tag, an dem Martha von Philipp Abschied nahm, um den Nazis endgültig zu entkommen, war nicht bloß die letzte Begegnung für mehrere Jahre. Es sollte das letzte Mal sein, dass die drei noch eine intakte Familie bildeten.

Am 9. September 1941 verließ die *Nyassa* den Hafen von Lissabon. An Bord des kleinen Dampfschiffes dürften statt der üblichen Zahl von 450 Passagieren etwa doppelt so viele gewesen sein, fast ausnahmslos Flüchtlinge aus Europa. Man hatte aus vielen Kabinen die Wände rausgerissen und Schlafsäle eingerichtet. Waren die Tage in dem Bewusstsein, dass Philipp zurückbleiben musste, schon schwierig und traurig gewesen, bekam Martha kurz vor dem Ablegen auch noch hohes Fieber und litt unter starken Magenschmerzen. Sie sah sich nicht in der Lage, die Reise anzutreten. »Eine Ärztin der Auswandererorganisation HIAS untersuchte mich und riet mir, wegen des kleinen Kindes unter allen Umständen aufs Schiff zu gehen, um herauszukommen.« An Bord diagnostizierte der Schiffsarzt eine Gelbsucht. Während Helen auf der Überfahrt ihren achten Geburtstag feierte, ordnete der Schiffsarzt an, Martha Auerbach während der gesamten Überfahrt in einer separaten Krankenkabine zu isolieren. »Ich war so schwach, dass ich Freunde, die mit uns auf dem Schiff waren, bat, sich meines Kindes, insbesondere auch nach der Landung, anzunehmen.«[44]

Philipp Auerbach war nun endgültig auf sich allein gestellt. Er sollte in den folgenden Jahren bis zum Ende des Zweiten Weltkriegs nichts von seiner Familie hören, und genauso wenig wussten Martha und Helen auf Kuba und dann später, als sie im Juli 1943 endlich in die USA einreisen durften und nach New York gelangten, was aus Philipp geworden war. Schon die wenigen, noch bruchstückhaften Berichte, die in der deutschsprachigen Exilzeitung *Aufbau* oder in der *New York Times* über die Lage der Juden in Europa erschienen, ließen das Schlimmste befürchten.

Zunächst blieb Philipp Auerbach weiterhin in Vernet. »Nicht einem von uns war es erlaubt zu arbeiten«, schrieb er über diese Zeit.[45] »Wir litten unter Hunger und Not.« Nach Arthur Koestlers Erinnerungen wurden die meisten dort von Alpträumen geplagt: »[S]ie fielen noch einmal in die Hände ihrer Verfolger, erlebten noch einmal die Behandlung in Gummischläuchen, die Elektroschocks, die Todeszelle in Sevilla. Auch diejenigen, die weder Gefängnis noch Folter kennengelernt hatten, litten unter Angstzuständen. (...) Die Angst war beinahe mythisch. Schrie jemand nachts in der Baracke, wussten wir, dass er von der Gestapo geträumt hatte. Beim Aufwachen sog er mit Erleichterung den Geruch faulen Strohs ein: noch war er in Le Vernet.«[46]

Als die Wehrmacht im Juni 1941 die Sowjetunion überfiel, wussten vor allem die prominenten kommunistischen Häftlinge aus Deutschland, wie Franz Dahlem und Siegfried Rau, oder der Italiener Luigi Longo nicht, was das für sie bedeutete. Aus zwei Staaten, deren Diktatoren Hitler und Stalin zwei Jahre zuvor zur Irritation vieler Kommunisten zunächst einen Nichtangriffspakt geschlossen hatten, waren Todfeinde geworden. Um die internierten KP-Funktionäre zu schützen und möglichst zu befreien, hatte Josef Stalin verfügt, den gefangenen deutschen Politikern die sowjetische Staatsbürgerschaft zu verleihen.[47] Einige waren auf diese Weise inzwischen freigekommen. Für die anderen trafen nun, da die Sowjetunion an der Seite der westlichen Alliierten in den Krieg gegen Deutschland zog, Solidaritätsbekundungen diverser Hilfsorganisationen und Demarchen diplomatischer Vertretungen aus der Schweiz, aus Mexiko und aus den USA ein. Man teilte der Vichy-Regierung sogar die Reservierungen für Schiffspassagen sowie die Details zu Transitvisen mit, um den Druck zu erhöhen. Durch ihre Kontakte nach draußen erfuhren die Häftlinge außerdem, dass es in Paris wie in anderen Teilen des besetzten Frankreichs wiederholt zu kleinen Widerstandsaktionen der sich bildenden Résistance kam. Das war ermutigend. Andererseits gingen die deutschen Besatzer nun noch rücksichtsloser gegen mutmaßliche oder echte Oppositionelle vor. So lebten auch die eingekerkerten Kommunisten wie alle anderen mehr denn je in der Furcht, jederzeit ausgeliefert zu werden. Denn der Druck der Deutschen auf die Lagerverwaltung nahm weiter zu. Die Bewachung wurde strenger, nicht nur in Le Vernet, und eine allgemeine Besuchs- und Korrespondenzsperre trat in Kraft. Die Gerüchte, dass man den Deutschen nachgeben und die gesuchten Häftlinge ausliefern werde, wurden immer konkreter.

Ein halbes Jahr nach Auerbachs Ankunft in Le Vernet, am 25. September 1941, erhielt der Präfekt des Département Tarn ein Telegramm der Polizei von Vichy. Sie verlangte die Verlegung von acht Personen, eine davon war Philipp Auerbach. »Diese Personen unterliegen sehr strenger Überwachung, um eine Flucht zu verhindern. Ihnen sind Kontakte nach draußen und jegliche Korrespondenz verboten.«[48]

Wieder holte man Auerbach aus seiner Baracke und legte ihn aufs Neue in Ketten. Nach einer Nacht in einer engen, stinkenden Gefängniszelle wurde er am nächsten Tag, mit Handschellen an einen anderen Häftling gebunden, von der Militärpolizei zum Bahnhof eskortiert. Man brachte sie nach Castres. Die alte Haftanstalt der Stadt im Département Tarn, an der Ecke der Rue Émile Zola und der Rue du Palais gelegen, diente dem Vichy-Regime als Abschiebegefängnis. Seine Existenz wurde geheim gehalten. In offiziellen Papieren galt es nur als »Baracke 21«, als Teil des wenige Kilometer entfernten Internierungslagers St. Sulpice.

In Castres hielten die Franzosen nur 50 bis 70 Häftlinge gefangen: Offiziere der französischen, gaullistischen Armee, belgische und polnische Offiziere, über Frankreich abgeschossene britische und amerikanische Flieger und Fallschirmspringer, zwei Frauen, die als Agentinnen galten.[49] Nun kamen die Männer aus Le Vernet dazu, für die sich Nazi-Deutschland besonders interessierte: unter ihnen bedeutende Kommunisten – und Auerbach. Der Hamburger Schiffssteward Paul Walter Hahn, der zur selben Zeit aus politischen Gründen in Castres eingesperrt war, berichtete nach dem Krieg davon, »dass Herr Auerbach nicht nur wegen seiner Rassenzugehörigkeit, sondern auch wegen seiner politischen Vergangenheit sich im Lager befunden hatte. (…) Ich kann mich erinnern, dass ihm bei einer Vernehmung in Kastre/Frankreich im Jahre 1942 durch die franz. Sureté vorgeworfen wurde, dass er Sprengstoffanschläge auf deutsche Schiffe in Antwerpen veranlasst haben sollte.«[50]

Wenn doch etwas über das Schicksal der Inhaftierten nach draußen drang, spielte glückliche Fügung eine Rolle. Als der kommunistische Funktionär Joseph Wagner nach Castres verlegt worden war, hatte er während des Transports auf einem Bahnhof zufällig einen Bekannten getroffen. Es gelang ihm, diesem den Ort seines nächsten Gefängnisses mitzuteilen. Der Bekannte wiederum informierte Wagners Familie.[51] Seine damals 15-jährige Tochter machte sich deshalb auf den Weg nach Castres, um sich nach ihrem Vater zu erkundigen. Rüde wies man sie schon am Gefängnistor ab. Zwei Wachtposten, die den Vorfall beobachteten und offenbar Mitleid mit dem Mädchen empfanden, informierten sie über ihren Vater. Gegen ein paar Lebensmittel halfen sie außerdem dabei, Briefe aus dem Gefängnis zu schmuggeln, nicht bloß von Joseph Wagner, sondern auch von seinen Mitgefangenen Richard Kirn und Philipp Auerbach. So erfuhr die Außenwelt von ihrem Schicksal. (Wem Auerbach geschrieben hatte und ob sein Brief je ein Mitglied seiner Familie erreichte, lässt sich allerdings nicht mehr feststellen.) Nach kurzer Zeit flog der Schmuggel jedoch auf, woraufhin Wagner, Kirn und Auerbach zu acht Tagen verschärfter Haft verurteilt wurden.

Während die Häftlinge in Castres, eingesperrt und weitgehend abgeriegelt von der Außenwelt, ihres Schicksals harrten, veränderte sich draußen allmählich die militärisch-politische Lage: Hitler mochte ganz Europa mit Krieg überzogen haben, von der Eroberung Großbritanniens aber waren die Deutschen weit entfernt. Als der Winter begann, lag Moskau zwar in Sichtweite der ersten deutschen Einheiten, Hitlers Soldaten kamen jedoch nicht so voran, wie die siegestrunkenen Nazis es erwartet hatten. Zugleich verschlimmerte sich das Leben der Juden noch weiter, denn die deutsche Bürokratie bereitete die Deportationen von Millionen Menschen in die Vernichtungslager Osteuropas vor.

Juden, die in Paris oder in den anderen von Deutschen besetzten Teilen Frankreichs lebten, flohen schon seit einer Weile Richtung Süden, in der – allerdings oft vergeblichen – Hoffnung, im noch unbesetzten Teil Frankreichs den Häschern der Nazis zu entgehen. Eine systematische Verfolgung begann. Ein erster Deportationszug mit mehr als 1100 Männern verließ dann Ende März 1942 das Lager Compiègne bei Paris – mit dem Ziel Auschwitz.[52] Als die Polizei der Hauptstadt im Juli 1942 binnen zwei Tagen 13 000 ausländische Juden auf Drängen der Deutschen verhaftete, schwoll der Strom der Menschen an, die illegal über die Demarkationslinie zu entkommen versuchten.

Währenddessen saß Philipp Auerbach weiter in einer Zelle in Castres. Und auch wenn die Kontaktsperre streng war, dürfte er wie seine Mithäftlinge doch mindestens eine Ahnung davon gehabt haben, was draußen vor sich ging. Seine eigene schwierige Lage beschrieb er später so: »Ich hatte mein Körpergewicht bis auf 135 Pfund heruntergewirtschaftet und durch den Hunger und die Schwäche war ich so weit, dass ich kaum mehr gehen konnte. Die dauernde Angst vor der Auslieferung nach Deutschland, das strikte Korrespondenzverbot verschlimmerte unsere Lage gar sehr.«[53] Schon als »Krimineller« oder als »politischer Gefangener« war er ja ins Visier der deutschen Besatzungsmacht geraten. Als Jude musste er nun erst recht vom Schlimmsten ausgehen. Irgendwann in dieser Zeit dürfte er von den Massentransporten seiner Glaubensbrüder erfahren haben und auch von den zahllosen Selbstmorden, von den

Überdosen an Schlaftabletten, den aufgeschnittenen Pulsadern, den Stricken an der Heizung, mit denen manch Verzweifelter versuchte, den Nazis ein letztes Mal zu entkommen.

Ein Häftling nach dem anderen wurde ab dem Sommer 1942 der Gestapo übergeben. Wann genau Philipp Auerbach an der Reihe war, lässt sich nicht rekonstruieren. Vermutlich geschah es erst im November, denn noch im Monat zuvor findet sich sein Name in den Unterlagen des Gefängnisses. Sein Mithäftling Hahn erzählte nach dem Krieg, sie beide seien im November 1942 nach Berlin geschafft worden, wenngleich nicht im selben Transport.[54] Es war die Zeit, da das »Deutsche Afrika-Korps« des Generalfeldmarschalls Erwin Rommel bei El Alamein von der britischen Armee des General Montgomery entscheidend geschlagen wurde. Die nicht minder entscheidende Niederlage der sechsten deutschen Armee bei Stalingrad nahm in diesem Herbst ihren Anfang. Während Bomber der britischen und amerikanischen Luftwaffe ihre Angriffe auf deutsche Städte intensivierten, wurden Auerbach und sieben seiner Mitgefangenen jeweils zu zweit aneinander gekettet und in einen Zug nach Vichy verfrachtet.

In Auerbachs Erinnerung »war der Bahnhof voller Menschen, als eine eigenartige Prozession sich ihren Weg durch die Menge bahnte«: sechs SS-Männer mit aufgepflanztem Bajonett an der Spitze, zehn an jeder Seite, dazwischen sie, die Häftlinge.[55] Im Bahnhofsrestaurant wurden sie ein zweites Mal einer Leibesvisitation unterzogen, bevor man ihnen die Handschellen abnahm. Die SS-Leute drohten, bei jedem Fluchtversuch sofort zu schießen. Anschließend lud man die Gefangenen in einen Bus, zwei deutsche Wachen mit Maschinenpistolen an den Türen, und brachte sie an die Demarkationslinie bei Moulins.

In Auerbachs Darstellung waren sie schon den vierten Tag unterwegs, als sie noch einmal in ein Gefängnis gesperrt wurden.[56] Bei der Gelegenheit trennte man Auerbach von allen anderen, und er fürchtete das Schlimmste. Schon nach wenigen Stunden aber wurden sie wieder zusammen unter strenger Bewachung in einen Zug nach Paris gesetzt, wo man sie schließlich zwei Tage später im berüchtigten Militärgefängnis der Deutschen, im Cherche-Midi, einlieferte.

Zuvor hatte die SS die Gefangenen für das Wochenende in einer anderen Anstalt untergebracht, jeden in einer Einzelzelle. »Während der Nacht hörten wir drei Schüsse«, erinnerte sich Auerbach später, »und wir alle hatten eine klare Vorstellung davon, was das bedeutete.« Am Montagmorgen habe man sie dann nach Cherche-Midi gebracht. »Gleich bei der Ankunft wurde ich von meinen Kameraden getrennt und in den dritten Stock geführt, wo sich die sogenannten Todeszellen befanden. Im Büro des Militärgefängnisses teilte man mir mit, dass ich in Abwesenheit wegen Hochverrats zum Tode verurteilt worden sei. Ich würde so lange wie nötig der Geheimen Staatspolizei zur Verfügung stehen.«[57]

Zu den großen Mysterien in der Lebensgeschichte Philipp Auerbachs gehört die Frage, ob er tatsächlich zum Tode verurteilt worden ist, und das, wie er wiederholt behauptete, sogar zweimal, 1940 und 1943, zuletzt vom Volksgerichtshof in Berlin.[58] Man kann an dieser Behauptung allein schon deshalb zweifeln, weil Auerbach sein ohnehin schreckliches Leben unter der Knute der Nazis bisweilen mit Informationen ausgeschmückt hat, die falsch waren. Entsprechende Akten des Gerichts oder der Gestapo existieren ebenfalls nicht. Andererseits wäre es nicht verwunderlich, wenn einer der zahllosen SS-Leute, denen Auerbach vorgeführt wurde, von einem Todesurteil oder von Hinrichtung gesprochen hätte: Nicht um den formalen Beschluss eines Gerichts mitzuteilen, sondern um den Gefangenen einzuschüchtern, ihm zu drohen, damit er gefügig würde, oder schlicht aus Lust am Quälen – vieles wäre denkbar. Im Übrigen hatte Auerbach in Castres mit Gefangenen in Auslieferungshaft gesessen, die aus der Sicht der Nationalsozialisten zu ihren schlimmsten Feinden gehörten und denen daher die Todesstrafe drohte. Warum sollte es nicht auch ihn treffen?

»Es scheint, dass insgesamt nur 21 Personen bis zum 11. November 1942 aufgrund von Artikel 19.2 ausgeliefert worden sind«, stellte der Historiker Christian Eggers in seiner umfassenden Untersuchung der Internierten in den französischen Lagern fest.[59] Dass Philipp Auerbach zu jener Zeit nicht irgendein beliebiger Häftling war, lässt sich auch aus einem Schreiben der britischen Botschaft in den USA schließen, das diese am 6. Oktober 1942 an das Außenministerium in London kabelte. Darin informierte der Kanzler der Niederlassung in Washington seine Vorgesetzten in Whitehall darüber, dass »sieben prominente deutsche antifaschistische Flüchtlinge« sechs Tage zuvor von den Franzosen aus Castres an die Deutschen ausgeliefert worden seien.[60] Philipp Auerbach war in dem Schreiben als einer von ihnen genannt. Bei den anderen handelte es sich um wichtige Köpfe des kommunistischen Widerstands, darunter Franz Dahlem, Siegfried Rädel und Heinrich Rau, hier Heiner Rau genannt, sowie Joseph Wagner. Tatsächlich wurden die Männer zwar alle an die Gestapo überstellt, aber anders, als das britische Schreiben suggerierte, nicht alle zum selben Termin.

Diese Kommunisten, die zuvor schon mit Auerbach in Vernet eingekerkert gewesen waren, wurden ebenso wie Auerbach kurz darauf zurück ins Reich geholt und dort interniert: im Gestapo-Gefängnis in der Berliner Prinz-Albrecht-Straße, oder in einem der Konzentrationslager. Und sie wurden zum Tode verurteilt, aber nicht alle umgebracht: Franz Dahlem und Heinrich Rau überlebten im KZ Mauthausen, Siegfried Rädel wurde am 10. Mai 1943, Joseph Wagner am 1. September 1943 in Plötzensee hingerichtet.

Es gibt noch einen weiteren Hinweis darauf, dass Philipp Auerbach aus der Sicht der Nazis nicht irgendwer war – womit sich die Wahrscheinlichkeit erhöhte, zum Tode verurteilt zu werden. Im Januar 1943, ein paar Monate nach der Auslieferung des Häftlings an die Deutschen, schrieb der sozialdemokratische Exilpolitiker Fritz Heine in London einen Brief an Philipp Auerbachs Bruder Walter, der damals ebenfalls in Großbritannien lebte: »Du entsinnst Dich sicher, dass wir vor einiger Zeit über die Namen von Castres Ausgelieferten gesprochen haben. Ich habe u. a. Freunde in USA gefragt, ob sie etwas wissen (…). Auf der berühmten Liste (das war eine Suspektenliste in Frankreich, für die es auf Anweisung der Gestapo keine Exitvisas gab) steht verzeichnet ein Philipp Auerbach, hinter dessen Namen ich auf Grund der Auskünfte von Leuten, die mit ihm in Gurs waren, die Bemerkung gemacht habe: soll ein internationaler Waffenschieber sein.«[61] Eine Karteikarte der SS wiederum gibt »Waffen- und Sprengstoffschiebung, Werbung für die franz. Fremdenlegion« als Grund für die Schutzhaft Auerbachs an.[62]

Auch der jüdische Schriftsteller Rudolf Leonhard, einst in Berlin für die *Weltbühne* tätig und eng mit dem linken Schriftstellerzirkel um Kurt Tucholsky, Alfred Döblin und Bertolt Brecht verbunden, erinnerte sich in einem Brief an Auerbach 1947 an seinen Mithäftling in Frankreich: »Ich war dabei, Auerbach, als Sie an die deutschen Nazis ausgeliefert wurden. Sie hatten uns erzählt, dass Sie zum Tode verurteilt seien: es schien dies, in unserer Gefängniszelle, Ihr letzter Weg und Ihr vorletzter Tag zu sein. Wir waren in der Zelle nicht immer einig gewesen; im ganzen haben wir uns recht gut vertragen. Und als Sie ausgeliefert wurden, da haben Sie eine Haltung bewahrt, die ich bewundern konnte. Erinnern Sie sich, Auerbach? Sie packten Ihre Sachen zusammen, Sie nahmen Bücher und Papiere, um sie in einen Koffer zu stopfen, wogen sie in der Hand und sagten plötzlich, nicht mehr als nervös und leicht verärgert und eigentlich ganz ruhig: Wozu denn, was brauch ich das denn noch! – da Sie ja doch, so mussten Sie und mussten wir glauben, in wenigen Tagen tot sein würden.«[63]

Tatsächlich hatte die Gestapo ja schon vor dem Krieg einigen Aufwand betrieben, um zunächst seiner Familie in Hamburg habhaft zu werden. Jetzt hatten sie den Urheber der Geschäfte festgesetzt. Was sie ihm vorwarfen, war nicht weniger als Hilfe für die Feinde Deutschlands und seiner Verbündeten, also Landesverrat. Der aber, so ließ sich bereits lange vor dem Krieg in der *Frankfurter Zeitung* nachlesen, sollte mit dem Tode bestraft werden.[64] Im Übrigen konnte man gerade während des Krieges schon für viel geringere Vergehen von den Nazis hingerichtet werden.[65]

Im Vorfeld des Münchner Prozesses gegen Auerbach Anfang der fünfziger Jahre gab ein Kriminalbeamter, der dem Gestapo-Häftling Auerbach nach seiner Auslieferung durch Frankreich begegnet war, zu Protokoll, er habe von dessen Todesstrafe nie gehört und halte eine solche sogar für unplausibel.[66] Andererseits meinte sich der mit Auerbach nach dem Krieg in München zusammenarbeitende Staatssekretär im Bayerischen Finanzministerium, Richard Ringelmann, zu entsinnen, Auerbachs Strafregisterauszug habe einen entsprechenden Vermerk enthalten.[67]

Mit anderen Worten: Es spricht viel dafür, dass Philipp Auerbach nie zum Tode verurteilt wurde – erst recht nicht »in Abwesenheit«. Solche Urteile gab es ja nicht einmal gegen flüchtige Widerständler des 20. Juli. Denn die Urteilspraxis des Volksgerichtshofs war nach Einschätzung des Juristen Klaus Marxen »auf Abschreckung ausgerichtet, deren Wirkung wesentlich davon abhing, dass ein Angeklagter im Gerichtssaal vorhanden war, an dem sich die Härte des NS-Strafrechts demonstrieren ließ«.[68] Andererseits musste Auerbach stets damit rechnen, auch ohne jedes Gerichtsurteil umgebracht zu werden. Ob seine Behauptung, er sei zum Tode verurteilt worden, nun der Wahrheit entsprach oder nicht, ist daher am Ende gar nicht so entscheidend. Das wirklich Bemerkenswerte war nämlich, dass und wie es Philipp Auerbach auch im absoluten Herrschaftsbereich der Mörder und Folterer des Regimes gelang zu überleben. Wie er so lange durchhalten konnte, bis das Dritte Reich zusammengebrochen war.

Im Herbst 1942, in seiner Einzelzelle in Paris, hatte Philipp Auerbach allen Grund anzunehmen, sein Leben könnte ganz schnell zu Ende gehen. Nach einer spärlichen Mahlzeit von 200 Gramm Brot und ein bisschen Käse um vier Uhr nachmittags wurde stets der Strom abgeschaltet. »Wir blieben auf unseren Pritschen, in Gedanken vertieft oder grübelnd, und hörten die traurigen Gesänge unserer französischen Kameraden, die ebenfalls zum Tode verurteilt worden waren. Unsere einzigen Nachrichten stammten von den Gesprächen im Flüsterton von Zelle zu Zelle. Es gab politische Gefangene, Schmuggler und überzeugte Anti-Faschisten. Eines Nachts, als die Gelegenheit günstig schien, erklang die Marseillaise, und das Lied gab uns Hoffnung und Stärke.«[69]

Am 14. Tag der Haft, so Auerbachs spätere Erinnerung, wiesen die Wachen ihn an, sich zu rasieren. »Das erschien mir ein schlechtes Zeichen zu sein, und als am 15. Tag morgens um vier zwei SS-Männer mit Gewehren und Stahlhelmen mich aufforderten mitzukommen und meine Sachen zu lassen, wo sie waren, glaubte ich, meinen letzten Gang antreten zu müssen.« Stattdessen schlugen die Wachen die Zellentür wieder zu, und Auerbach saß einen Tag lang auf seinem Bett, ohne zu wissen, was vor sich ging. Am nächsten Morgen weckte man ihn um fünf Uhr. »Sie waren relativ freundlich und luden mich ein mitzugehen und mein Gepäck mitzunehmen.«[70]

Nach einem überraschend üppigen Frühstück mit Wurst und Butter kam »ein SS-Obersturmführer in Begleitung eines SS-Unterscharführers, der mir Handschellen anlegte«. Danach fuhren Soldaten Philipp Auerbach in einem Auto die fünf Kilometer zum Gare du Nord. Eingeklemmt zwischen zwei SS-Leuten und ohne eine Ahnung davon, wohin die Reise gehen würde, nahm er vermutlich kaum wahr, wie das Fahrzeug vom Gefängnis an der Rive Gauche aus die Seine überquerte, Notre-Dame oder den Grand Palais in der Ferne passierte und schließlich vor dem gewaltigen Kopfbahnhof zum Stehen kam. Dort wartete bereits der Schnellzug nach Berlin.

Noch vor der Abfahrt war es zu einer bizarren Begebenheit mit dem Hauptsturmführer gekommen, der Auerbach nach Berlin begleiten sollte. »Plötzlich«, so Auerbach, »fragte er mich, ob ich der jüdischen Rasse angehöre, und als ich das bejahte, bat er mich um mein Ehrenwort, dass ich nicht versuchen würde zu fliehen. Ich antwortete ihm: Wenn Ihnen das Wort eines Juden reicht, so gebe ich es Ihnen. Als wir den schon vollen Zug bestiegen, erhielten wir sofort ein reserviertes Abteil zweiter Klasse, wo er meine Fesseln aufschloss, um mich in der Hand seines Assistenten zurückzulassen.« Dann verschwand der SS-Offizier und kehrte mit Zeitungen, Obst und »27 Teilen Gepäck für seine Frau« zurück.

Dass Auerbachs deutscher Bewacher Seife, seidene Unterwäsche, Kleidung und viele andere Dinge in die Heimat schaffen wollte, war nicht ungewöhnlich. Der damals ebenfalls in Frankreich stationierte junge Wehrmachtssoldat Heinrich Böll hat beschrieben, wie er seine Familie im Rheinland mit allem versorgte, was Frankreich an Gutem zu bieten hatte. Mit aus Deutschland geschicktem Geld und dank eines durch Verfügung der Regierung in Berlin künstlich gedrückten Devisenkurses kauften deutsche Soldaten die besetzten Länder leer. Böll etwa schickte Butter, Eier und Schreibpapier an die

Verwandten in der Heimat. »In Paris konnte ich denn überhaupt noch manches Schöne kaufen, ganz gewiss Schuhe für dich, und auch Stoff«, schrieb er an seine Familie.[71]

Auch der Offizier, der Auerbach nach Berlin bringen musste, hatte sich eine kleine Ausbeute an Praktischem und Elegantem gesichert, die er nun im Abteil verstaute. Nach ihrer Ankunft in der Hauptstadt war er vor allem damit beschäftigt, die wertvollen Einkäufe so kurz vor Weihnachten nicht zu verlieren, während ein Fahrzeug der Gestapo Auerbach vom Schlesischen Bahnhof fortschaffte.

Es war der 14. Dezember 1942.[72] Von nun an lag das Leben Philipp Auerbachs endgültig in der Hand der Deutschen, vor denen er acht Jahre zuvor geflohen war.

KAPITEL 6

Berlin, Dezember 1942

Für einen Augenblick könnte Philipp Auerbach es für ein gutes Omen gehalten haben, dass ihn die Polizisten zum Alexanderplatz brachten statt in die berüchtigte Prinz-Albrecht-Straße. Er gab sich bestimmt keinen Illusionen hin, nun da er in Berlin, dem Zentrum der nationalsozialistischen Macht, angekommen war. Aber er hatte in den Jahren zuvor gelernt, den Schrecken in seinen vielen Abstufungen zu unterscheiden, und ein Gespür dafür entwickelt, wann und wo es ein Quäntchen weniger schlimm sein mochte. Der Beamte der Wache für die sogenannte Aufnahmezelle 3, der ihn in Empfang nahm, war »korpulent« und erschien dem neuen Häftling darum »sehr sympathisch«. Er steckte Auerbach in eine Zelle mit 30 anderen. Sie war verlaust, die Kloschüssel darin stank übel, und Licht drang kaum in den Raum.[1]

Immerhin hatte man Philipp Auerbach nicht in die Zentrale der Geheimen Staatspolizei transportiert, in deren Kellern sich die Folterer und Verhörexperten bereithielten, um den Willen der ihnen Ausgelieferten zu brechen, sondern hierher: in den gewaltigen Backsteinbau des Polizeipräsidiums. Zweihundert Meter lang und hundert Meter breit, mit diversen Innenhöfen, langen Bürofluren und vielen Haftzellen, war die »Rote Burg«, wie die Berliner das Gebäude nannten, das gemauerte Symbol autoritären Staatsverständnisses aus der wilhelminischen Spätzeit zu Beginn des 20. Jahrhunderts. Selbst jetzt herrschte hier noch die Polizei, nicht die der SS unterstellte Truppe der Gestapo. Das machte den Aufenthalt, wie sich schnell herausstellte, trotzdem nicht viel angenehmer.

Es begann schon bei den Zellen, in die man die Häftlinge pferchte. Nachdem Philipp Auerbach desinfiziert worden war, lieferten ihn die Wachleute im Keller ab, dem Teil des Gefängnisses, der Ausländern und Juden vorbehalten war. Auerbach kam in den »Saal 1«. Eigentlich für 100 Häftlinge gedacht, mussten sich nach der Auskunft eines Kripobeamten 400, nach Auerbachs eigener Erinnerung sogar bis zu 600 Menschen diesen Raum teilen. »Keiner konnte sich hinlegen, nur wenige sich setzen, der Platz reichte nicht mal, um sich irgendwo hinzustellen. Die Luft war so schlecht und verbraucht, dass einige Männer es vorzogen, auf der Toilette zu bleiben, weil dort ein wenig frische Luft durch die Fenster im Dach hereinkam.«[2]

In manchem unterschied sich die Routine des Gefängnisalltags in Berlin kaum von dem, was Auerbach längst aus Frankreich kannte. Jeden Morgen um sechs holte der Küchenchef 20 Insassen zum Kartoffelschälen, und die meisten drängten sich regelrecht danach, weil sie so vorübergehend der Enge entkamen und zusätzlich Essen abzweigen konnten. Um sieben Uhr mussten die Häftlinge im Innenhof antreten und wurden gezählt. Erst wenn alle in Reih und Glied standen, durften sie im Gänsemarsch zurück in ihre Zelle und erhielten eine Scheibe Brot und einen Viertelliter Kaffeeersatz ausgehändigt. Bald darauf kamen die Abgesandten der Gestapo, um sich unter den Räubern, Mördern, Dieben, Arbeitsverweigerern sowie Hoch- oder Landesverrätern einige zum Verhör rauszuholen – jeweils »40 bis 50 Männer, die abends im wahrsten Sinne des Wortes mehr oder weniger geschlagen zurückkamen«.[3]

Wie in den diversen Lagern und Gefängnissen zuvor, wusste Philipp Auerbach sich auch hier nützlich zu machen. Schon nach wenigen Tagen ernannten seine Mitgefangenen ihn zum Sprecher der Gemeinschaftszelle. Sie hatten erlebt, wie gut er diverse Sprachen beherrschte. Darum konnte er mit den meisten Internierten, die aus besetzten oder aus mit Deutschland befreundeten Staaten stammten, ohne Probleme kommunizieren. »So hatte ich bessere Möglichkeiten, mich mit der Verwaltung der Polizei vertraut zu machen«, schrieb Auerbach darüber. »Es gab einen großen Unterschied zwischen der Berliner Polizei und der Gestapo: die Herren der Gestapo waren sehr eifrig darin, auf den Gefangenen herumzutrampeln und sie zu schlagen, während die Polizei das nicht erlaubte.«[4]

Wer in die Fänge der Geheimen Staatspolizei geriet, musste damit rechnen, selbst für kleinste Vergehen in die Arbeitslager nach Brandenburg verfrachtet zu werden, und die Franzosen, Spanier und Russen, die schon dagewesen waren, wussten ihren Kameraden am Alexanderplatz zu erzählen, wie schrecklich es dort zuging. Wer nur der Polizei ausgeliefert war, konnte hoffen, auf ein paar weniger brutale Männer zu treffen, manchmal sogar auf Beamte, die Verständnis für die Lage ihrer Gefangenen aufbrachten.

Über das Leben in den Zellen am Alexanderplatz gibt es wenige Beschreibungen, die meisten stammen aus der Zeit vor Kriegsbeginn. Das Gebäude selbst existiert nicht mehr, Akten wurden vernichtet oder im Bombenhagel zerstört. Aber man muss davon ausgehen, dass die Lage für die Gefangenen umso schwieriger wurde, je länger der Zweite Weltkrieg dauerte. Das galt erst recht für Juden und Ausländer, die noch spärlicher ernährt wurden als die anderen Gefangenen. »Es gab die berühmte I. G. Farben-Suppe, die einige auch mit dem Namen Lorelei benannten, weil man nicht wusste, was sie bedeuten sollte«, berichtete Auerbach nach dem Krieg.[5] Schlimmer als das karge Essen aber war, dass Polizei und Gestapo nun immer mehr Menschen aufgriffen und einsperrten.

Kriegswirtschaft und Mangelversorgung ließen die Zahl an Straftaten jeglicher Art steigen. Nicht bloß Einbrüche und Diebstähle häuften sich. In der Hauptstadt des Reiches war ein gigantischer Schwarzmarkt entstanden. Dessen Zentrum lag nach einem Bericht der Kriminalpolizei in den »Schanklokalen in der Umgebung des Alexanderplatzes«. Dazu kämen vor allem französische Prostituierte, französische Zuhälter und französische Einbrecherbanden. »Die Banden verlegen sich vorwiegend auf Keller- und Geschäftseinbrüche. Demgemäß besteht ihre Beute aus Luftschutzgepäck, aus Lebensmitteln, Kleidungsstücken, Tabakwaren usw. Die Beute wird in schwunghaftem Handel zu Überpreisen abgesetzt. Im Hintergrunde stehen meistens gewerbsmäßige Hehler, unter denen sich auch Deutsche befinden.«[6]

Tatsächlich füllten sich die Gefängnisse des Dritten Reichs mit Leuten, manche davon kaum erwachsen, die einst aus Begeisterung für den Nationalsozialismus aus ihren Heimatländern aufgebrochen oder vor Armut und Arbeitslosigkeit geflohen waren, um in Deutschland ihr Glück zu finden. Dabei waren sie in die Mühlen der Justiz geraten, als sich ihre Hoffnungen nicht erfüllten und das Leben im Nazi-Staat umso schwieriger wurde, je regelmäßiger die alliierten Angriffe den Alltag erschwerten. Einige versuchten über die Runden zu kommen, indem sie Lebensmittel stahlen oder in einem Kiosk ein paar Zigaretten einsteckten; manche Frauen verdingten sich in den Heimen für Fremdarbeiter oder in den Parks als Gelegenheitsprostituierte, um Essen und Zimmer bezahlen zu können. Für viele wurden Gesetzesverstöße zur Routine, bis sie irgendwann aufgegriffen wurden. Für die Fremdarbeiter aus den besetzten Ländern des Ostens galt ohnehin, dass sie verhaftet wurden, wenn sie sich auf Bauernhöfen, in Fabriken oder im Stadtleben nur das Geringste zuschulden kommen ließen. Oft genügte schon der Verdacht, sie könnten sich heimlich davonmachen.

In dieser Situation erschien der Häftling Philipp Auerbach von besonderem Wert für die Beamten, konnte ein deutscher Polizist sich doch zumeist nur in seiner eigenen Sprache verständigen. Also holten sie ihn immer häufiger aus seiner Zelle, um ihn als Dolmetscher einzusetzen. An Hand- und Fußgelenken gefesselt, brachte man ihn in die Wachstuben und Verhörräume des Polizeipräsidiums, manchmal sogar zu anderen Dienststellen, wenn irgendwo Französisch-, Englisch-, Spanisch- oder Italienischkenntnisse gefragt waren.

Als Übersetzer zu arbeiten war eigentlich Teil üblicher Polizeiarbeit. Doch Auerbachs Hilfe bei den Nachforschungen, Festnahmen, Verhören, Aussage-Protokollen geschah, selbst bei Kleinkriminellen, unter den besonderen Bedingungen einer nationalsozialistischen Diktatur. Die nutzte nicht allein Mittel und Wege, welche in einem Rechtsstaat verpönt oder verboten waren. Die hatte auch ganz eigene Vorstellungen vom Charakter Krimineller und der Art, wie man sie aus dem Verkehr ziehen konnte. Deshalb vermaßen Wissenschaftler im Dienste der Nazi-Herren ja allenthalben die Schädel von Gefangenen und zapften ihnen Blut ab, zerbrachen sich die Köpfe über die Unterschiede von Ariern, Slawen, Zigeunern und Juden, um die Diskriminierung in Gesetzestexte zu fassen, zerlegten bald von ihren Helfern Ermordete in ihre Einzelteile, notierten fein säuberlich, was sie beim Sezieren und Malträtieren von Zwillingen zu finden meinten, und gaben der Grausamkeit in den Lagern und Todeszellen, in den Instituten und Laboratorien einen modern wirkenden und angeblich wissenschaftlichen Anstrich. Gefängnis- und Lagerinsassen waren menschliches Studienmaterial.[7]

»Nur wenn wir wirklich einmal bis in alle Einzelheiten die verschiedenen Erbströme im Volke kennen, wenn wir wissen, in welchem Umfang und in welchen Sippen hochwertiges und minderwertiges Erbgut vorhanden ist, dann werden Forschungsunterlagen in größtem Maße zur Verfügung stehen, dann werden wir imstande sein, durch Beratung und Lenkung eine wirkliche Aufartung unseres Volkes zu erreichen«, schrieb 1940 der sogenannte Erbstatistiker Siegfried Koller, der nach dem Krieg in der Bundesrepublik seine Karriere fortsetzte.[8] Wie viele andere war er auf der Suche nach einer Bestätigung bei Menschen für das, was der Arzt Dr. Emil Abderhalben von Schweinen und Schafen zu Unrecht behauptet hatte: dass Eiweiß und Blut dieser Tiere Rassenmerkmale enthielten.

Bei den Vernehmungen im Namen eines solchen Regimes als sprachkundige Hilfskraft mitzumachen, ohne zugleich zum Handlanger des Systems zu werden, war ein heikles Unterfangen. Philipp Auerbach bewegte sich dabei zwar nur in den Niederungen kriminalistischer Arbeit, anders als manch anderer Häftling, der Wissenschaftlern in den Vernichtungslagern bei Selektionen und Menschenversuchen assistieren musste. So blieben ihm die schlimmsten Konflikte erspart. Trotzdem bedurfte selbst diese Tätigkeit der Vorsicht im Umgang mit den Beamten, der Nachsicht mit den bisweilen schwierigen Verdächtigen und der Umsicht bei Begegnungen mit anderen Häftlingen. Vor allem die Mitgefangenen sollten ihm gewogen bleiben, statt ihn der Kollaboration mit den Behörden zu verdächtigen. Denn eigentlich galt jeder, der mit den Wachmannschaften gut auskam und sogar Vorteile daraus zog, schnell als Spitzel und musste mit Racheaktionen rechnen. Tatsächlich gibt es keinen Grund anzunehmen, dass Philipp Auerbach der Situation nicht gewachsen gewesen wäre.

Nach dem Krieg vernahmen die Staatsanwälte in München Kriminalbeamte und Wachleute, die mit Philipp Auerbach am Alexanderplatz zusammengearbeitet hatten. Entnazifiziert, waren sie bereits wieder im Dienst. Ihre Angaben widersprachen sich in vielen Punkten. Gottfried Sumpp, bei der Kripo Berlin während des Krieges in einem Spezialdezernat für Geschäftseinbrüche beschäftigt, berichtete von seiner Suche nach einem Dolmetscher, um etwa Franzosen und Spanier, die er als »den Abschaum ihrer Länder« bezeichnete, verhören zu können: »[I]m Laufe des Krieges häuften sich die Einbrüche durch ausländische Täter, die als Dienstverpflichtete oder Freiwillige nach Berlin gekommen waren, derart, dass ich besondere Dolmetscher anfordern musste.«

Sumpp war froh, als ihn jemand auf Philipp Auerbach aufmerksam machte. Knapp zehn Jahre später schilderte er die Zusammenarbeit mit dem Gestapo-Häftling fast so, als wäre Auerbach ein Kollege gewesen: »Er wurde größtenteils bei Dienstbeginn aus dem Gefängnis geholt und blieb dann den ganzen Tag bis Dienstschluss, oft noch bis in die Nacht auf meiner Dienststelle. Er selbst genoss dabei eine außerordentliche Freiheit, zumal die Zimmer meiner Dienststelle in verschiedenen Fluren lagen. Er hätte täglich Gelegenheit gehabt, sich unbemerkt aus dem Gebäude zu entfernen. Er erhielt häufiger Besuch einer ihm bekannten (jüdischen?) Ärztin, die ihn mit Medikamenten versorgte. Ich selbst habe sogar bei der Gelegenheit Tabletten bekommen. Außerdem ist Auerbach mit mir und meinen Beamten zu Vernehmungen in Ausländerlagern gewesen. Ihm wurde dann Gelegenheit gegeben, in Restaurants zu essen.« Sumpp war sich auch sicher, dass die Gestapo nie ein Strafverfahren gegen Auerbach eingeleitet hatte oder dass dieser jemals zum Tode verurteilt worden war.[9]

Das klang bei dem Kriminalbeamten Alfred Frohn ganz anders, als dieser sich nach der Lektüre eines Zeitungsberichts bereits im August 1946 an Philipp Auerbach gewandt hatte, der zu dem Zeitpunkt als »Präsident des Zonenausschusses der jüdischen Gemeinden der britischen Zone« fungierte. Frohn schrieb von jenem »Monsieur Docteur«, der jahrelang im Polizeigefängnis Berlin einsaß und den er nun wiedergefunden hatte: »Dann waren Sie es, der mit seinen reichen Sprachkenntnissen vielen Häftlingen, die es wert waren, dass man ihnen half, zum letzten Rettungsanker wurden. Sie waren es dann, mit dem ich in manchen Nächten auf dem Dienstzimmer der Kriminal Inspektion E I/2 saß, bevor Sie dann noch den Weg ins KZ antreten mussten. Es geschah dieses, nachdem unser gemeinsamer Gang zum Polizeirat Rotter Sie auch nicht vor Auschwitz bewahren konnte.«[10]

Und Hans Hoffmann, nach dem Krieg Leiter der Haftanstalt Berlin-Charlottenburg am Kaiserdamm, berichtete in einer Aussage von 1947 von seiner Zeit am Alexanderplatz, wo er als Hauptwachtmeister Philipp Auerbach begegnete: »Er war dort als Gefangener der Gestapo eingeliefert worden unter der Nummer 4500, wegen Hoch- und Landesverrat, und soweit ich mich erinnern kann derjenige Häftling, der am längsten im Gefängnis Alexanderplatz festgehalten wurde. Er war nahezu zwei Jahre inhaftiert und zwar unter den erbärmlichsten Zuständen, die einem Häftling zuteil wurden (...). Kurz vor Beginn seiner Verhandlung wurde er auf Einzelhaft in den 3. Stock des Polizeigefängnisses auf Zelle 35 verlegt, wo er in Ketten gelegt und in strenger Isolierung gehalten wurde. Ich habe ihn, soweit ich es konnte, mit zusätzlichem Brot und Lebensmitteln versorgt. Der Auerbach war von der Kriminalpolizei, Abteilung Bandendiebstahl als Dolmetscher wiederholt vorgeführt worden, stets als Gefangener behandelt, d. h. auf Vorführzettel abgeholt und dann wieder zurückgebracht worden. Ich weiß von den Aussagen der inhaftierten Franzosen, der belgischen und spanischen Häftlinge, dass sie alle in Auerbach den guten Geist sahen, der sich nicht nur als Übersetzer, sondern als Dolmetscher ihrer Sachen annahm, wenn es sich nicht um Verbrecher handelte. Als Saalältester war er stets bemüht, von der Wachmannschaft Brot und Suppe für seine Kollegen herauszuholen, und hatte auch in den meisten Fällen Erfolg. Die wenigen antifaschistischen Beamten haben ihn in seinem Vorhaben stets unterstützt.«[11]

Vermutlich haben Auerbach allein seine Sprachkenntnisse lange vor einer Deportation bewahrt. Dass ihn die Beamten, mit denen er arbeitete, am liebsten schützen wollten – diese nach dem Krieg aufgestellte Behauptung diente wahrscheinlich mehr deren eigener Absicherung als der Wahrheit. Dem einen oder anderen Polizisten dürften die Massentransporte jüdischer Häftlinge nach Osten nicht gefallen haben, vielleicht gar zuwider gewesen sein. Wichtiger war aber wohl, dass ein guter Dolmetscher ihnen die Arbeit wesentlich erleichterte. Und das nahm jeder, der sich sonst schon genug um seine Familie in der zunehmend zerbombten Hauptstadt und um die immer schwierigere Versorgungslage kümmern musste, nur zu gern so lange wie möglich in Anspruch. Folgt man Auerbachs eigener Schilderung, wurde er irgendwann als Dolmetscher nicht mehr eingesetzt, »weil ich zu sehr die Seite der Häftlinge vertreten habe«. Das entsprach den Aussagen von Kriminalbeamten nach dem Krieg. Dabei übertrieb Auerbach die Darstellung seiner Arbeit am Alexanderplatz keineswegs, sondern berichtete von seinem begrenzten Einfluss, wenn er bemerkte: »Vielen konnte ich jedoch nicht helfen, wenn sie jemand anderen getötet hatten oder wenn die deutsche Justiz sich weigerte, sich eines Falles wirklich anzunehmen.«[12]

In den Kellern und Isolationszellen der Prinz-Albrecht-Straße oder am Alexanderplatz eingesperrt zu sein, bedeutete stets, auf eine Vernehmung zu warten. Das konnte schnell geschehen oder auch lange dauern. Das konnte nach kurzer Zeit beendet sein oder sich über Wochen hinziehen. Das konnte mit Entlassung aus der Haft, mit Arbeitslager oder Prozess vor dem Volksgerichtshof enden. Wie Auerbach nach dem Krieg schrieb, war es »das Schlimmste (…), wenn die schwarzen Buben des Reichssicherheitshauptamtes kamen und irgendeinen Namen hineinriefen in den Saal. Fertigmachen – ohne Gepäck, das war der Transport nach Lichterfelde, wo unter den Eichen die Schüsse ertönten.«[13] Für die Gestapo-Beamten gab es geheime Dienstanweisungen, wie sie bei Vernehmungen zu verfahren hatten. Sie betrafen besonders sogenannte »verschärfte Verhöre«, die zunächst für »kommunistische und marxistische Funktionäre, Bibelforscher und Saboteure« gedacht waren, schließlich aber auf »Terroristen, Angehörige der Widerstandsbewegungen, Fallschirmagenten, Asoziale, polnische oder russische Arbeitsverweigerer oder Bummelanten« ausgeweitet wurden. Maximal 25 Stockhiebe auf das Gesäß waren dabei erlaubt. Bei mehr als zehn Schlägen sollte ein Arzt anwesend sein.[14] Aber daran werden sich die Polizisten häufig kaum gehalten haben. »Die zwei Vernehmer wurden immer aggressiver, man schlug mich mit dem Lineal, zog mich öfter an den Haaransätzen aus dem Stuhl und dann erhielt ich die ersten Schläge meines Lebens ins Gesicht«, schilderte die Gefangene Lena Süßmann ihre Erfahrungen bereits zwei Jahre vor Beginn des Krieges.[15] Nicht selten schleppte man die Häftlinge bewusstlos in ihre Zellen zurück, warf sie auf den Boden, strich ihnen die kärgliche Mahlzeit und holte sie am folgenden Tag für eine neue Runde zurück.

Ihrer aller Leben schien umso mehr in Gefahr, je länger der Krieg dauerte. Dennoch vertrieben sich auch da noch manche Gefangene in den überfüllten Massenzellen ihre Zeit damit, dass sie aus Erdnussschalen Figuren formten, die sie dann auf einem Pappdeckel mit 64 aufgemalten Quadraten zu einer Schachpartie aufbauten. Oder sie färbten die Hälfte schwarzer Knöpfe mit Schuhcreme weiß, um Dame oder Mühle zu spielen.[16] Es waren Versuche, in der stickigen Atmosphäre der überfüllten Räume Augenblicke der Ablenkung und Normalität zu erzeugen. Und wer gelegentlichen Besuch besorgter Angehöriger erhielt oder auch nur eine Paketsendung mit neuer Unterwäsche, dickeren Socken, einem Schal oder ein paar Nahrungsmitteln, die nicht so fade schmeckten und vitaminarm waren wie die Gefängniskost, erlebte einen Moment, der an das Leben draußen erinnerte.

So ging das Kriegsjahr 1943 ins Land, in dem die deutsche Wehrmacht nach der Einkesselung und Kapitulation der Sechsten Armee bei Stalingrad noch einmal in einer gewaltigen Materialschlacht versuchte, die Initiative zurückzugewinnen. Die Angriffe in der sogenannten Kesselschlacht von Kursk schlugen fehl, der Rückzug der Deutschen aus der Sowjetunion war unvermeidlich und sollte von nun an nicht mehr zu stoppen sein.

»Mehrere Monate vergingen, ohne dass ich irgendetwas von der Geheimen Staatspolizei hörte«, schilderte Auerbach seine Lage zu jener Zeit. An einem Samstagnachmittag, so seine Erinnerungen, habe ihn der wachhabende Beamte schließlich aus dem Keller geholt, ihn einer gründlichen Leibesvisitation unterzogen und dann in eine Einzelzelle im dritten Stock gebracht.[17] Wann genau das geschah, lässt sich nicht ermitteln, aber vermutlich war es am 17. März 1944. Die Karteikarte der Leitstelle der Staatspolizei Berlin gab als Grund »Waffen- u. Sprengstoffschiebung, Werbung für die franz. Fremdenlegion« an.[18] Der Vorwurf lautete also Landes- und Hochverrat. »Was Einzelhaft bedeutet, kann kaum einer vergessen«, so Auerbach. »Am Tag ist das Liegen auf dem Bette streng verboten. Am Anfang macht man die 40 Schritte in der Zelle auf und ab, dann setzt man sich ermüdet auf seinen Schemel und wartet auf den Fraß. Dann rasselt der Schlüssel, und mit Fesseln wird man zur Gestapo geführt und kommt zurück, gebrochen, zerschlagen, aber dennoch charakterfest.«[19]

Immer wieder verhörte man ihn von nun an. Der für ihn zuständige Beamte aus der Prinz-Albrecht-Straße, nach Auerbachs Aussagen ein Kriminalsekretär namens Müller, bot ihm Hafterleichterung, wenn er bereit wäre, möglichst viele Namen von Leuten zu nennen, die Deutschland verraten oder sich Sabotageakte schuldig gemacht hätten.[20] Auerbach tat so, als kooperiere er, nannte aber nur Leute, die in Wahrheit nicht existierten. Als der Gestapo-Mann das nach einer Weile herausfand, schlug er auf Auerbach ein.

Immer wieder bedrohten und misshandelten die Beamten ihn. Selbst wenn die Schmerzen erträglich gewesen sein sollten, war ihm bewusst, dass diese Verhöre nur der Anfang sein konnten. An deren Ende würde ein Prozess mit schrecklichem Ausgang stehen. Daran zu zweifeln wäre naiv gewesen. Um dieselbe Zeit verurteilte der Volksgerichtshof zum Beispiel einen Verlagsbuchhändler aus Potsdam mit der Begründung zum Tode, dieser habe »durch defätistische Reden den deutschen Selbstbehauptungswillen zu zersetzen gesucht«.[21] Und einen nach Frankreich Emigrierten ließ dasselbe Gericht hinrichten, weil er nach dem Einmarsch der Wehrmacht in Frankreich diversen Dienststellen des französischen Staates vergebens angeboten hatte, Propagandaschriften gegen Deutschland zu verfassen.[22] Von solchen und ähnlichen Todesurteilen dürften die meisten Insassen, die am Alexanderplatz eingesperrt waren, gehört haben.

Im Krankentagebuch der Haftanstalt ist am 30. März 1944 notiert, dass Philipp Auerbach den Gefängnisarzt wegen »Herzbeschwerden« aufsuchte und dieser ihm Digitalis verschrieb, ein Mittel gegen Luftnot, das oft mit Wasseransammlungen im Körper einherging.[23] Die Tage waren schlimm, und auch die Nächte in der Isolierzelle brachten keine Erleichterung. Statt im Keller war Auerbach nun unter dem Glasdach des Polizeipräsidiums untergebracht. »Und wenn es Nacht wurde«, so erinnerte er sich, »leuchtete das Firmament rot von Granaten und Brandbomben, und die Schüsse der Flugabwehr ließen die Wände zittern. Während eines solchen Angriffs zerbrach das Deckglas, und die weiblichen Gefangenen konnte man weinen und flüstern hören.«[24]

Tagsüber tauchten »die schwarzen Buben des Reichssicherheitshauptamts« auf, wie Auerbach die SS-Leute nannte. »Dann gab es die Transporte nach Sachsenhausen, nach Buchenwald, nach Mauthausen, welches bei uns nur Mordhausen hieß, und auf den Transportscheinen, die mir der Wachtmeister so zeigte, war ein kleiner Vermerk: Rückkehr nicht erwünscht.«[25]

Philipp Auerbachs Leben war nun ein Leben auf Abruf. Das dürfte ihm schon vor seiner Verlegung in die Einzelzelle bewusst geworden sein. Draußen wurde der Bombenkrieg gegen deutsche Städte immer intensiver. Kaum ein Tag verging, ohne dass in Berlin die Luftschutzsirenen ertönten. Während die Bewohner in Kellern, Bunkern und U-Bahn-Stationen Zuflucht suchten, wenn die Geschwader amerikanischer und britischer Flugzeuge im Schutz der Dunkelheit und bald sogar am helllichten Tage ihre Angriffe flogen, konnten die meisten Häftlinge in ihren Zellen bloß darauf hoffen, verschont zu bleiben. Manch einer wird den heftigen Detonationen wohl auch, abgestumpft vom täglichen Terror, eher gleichgültig gelauscht haben. Hier und da sehnte sich jemand vielleicht sogar danach, eine Bombe der Alliierten möge seinem Schrecken ein Ende setzen, solange es nur schnell und schmerzlos geschähe. Zwar ließen die fortwährenden Angriffe eine Befreiung nicht mehr ganz so unrealistisch erscheinen wie noch zu Beginn des Krieges. Auch die bei Hofgang und Essenfassen ausgetauschten Nachrichten über die Welt draußen weckten Hoffnungen. Doch das NS-Regime verschärfte seine schon harsche Gangart noch weiter.

Immer häufiger wurden die Insassen von Haftanstalten in Konzentrationslager wie Sachsenhausen verlegt oder gleich in eines der Vernichtungslager in Polen. Und in den Büros der höchsten Führungsetagen von Reichskanzlei und Reichssicherheitshauptamt bereitete man sich darauf vor, sowohl die größten Staatsfeinde im Innern als auch die Mitwisser des Vernichtungsprogramms unter den KZ-Häftlingen in den Untergang zu schicken, ehe das System unter dem Druck der Armeen der Sowjetunion im Osten und der amerikanischen, britischen und kanadischen Streitkräfte im Westen zusammenbrechen würde. Falls das nationalsozialistische Deutschland brennen und untergehen sollte, wollte man sicherstellen, dass zuvor seine ärgsten Widersacher dran glauben mussten.

Es war, als wollten Gestapo, Sicherheitsdienst und Kriminalpolizei, ja der gesamte Kontroll- und Unterdrückungsapparat des »tausendjährigen Reiches« dafür Rache nehmen, dass seine Tage schon nach kaum zehn Jahren gezählt sein könnten. Der Terror verschärfte sich, die Zahl der Inhaftierten, die Menge der Deportierten wuchs unaufhörlich. Am Volksgerichtshof wütete der Vorsitzende Roland Freisler und demütigte die Angeklagten, vor Militär- und Standgerichten musste jeder damit rechnen, für kleinste Vergehen zum Tode verurteilt zu werden.

Irgendwann in jener Zeit war auch Philipp Auerbach mit seinem Französisch, Englisch und Spanisch am Ende. Alle Versuche der Polizisten, ihren Dolmetscher zu behalten, scheiterten. Die Gestapo behielt sich die letzte Entscheidung über sein weiteres Schicksal vor und bestand auf seiner Deportation, denn die Nationalsozialisten wollten die Hauptstadt endgültig judenrein haben. Das galt nicht bloß für die Straßen, die Villen und Wohnblocks Berlins, sondern auch für die Haftanstalten. Den Moment, da er davon erfuhr, beschrieb Auerbach später so: »Für manchen von uns war der schlimmste Tag im

Gefängnis, wenn die Beauftragten des Polizeirates kamen mit dem berühmten roten Schein – Schutzhaftbefehl! – mit der stereotypen Formel ›gefährdet die Sicherheit des Reiches‹. Als ich den meinen in die Hand bekam und unterzeichnen musste, dass ich als Hoch- und Landesverräter die Sicherheit des Staates gefährde, da zitterte ich zum ersten Male, und als ich meinen Transportschein sah mit zwei Buchstaben Z. L., d. h. Zur Liquidation, da wusste ich Bescheid.«[26]

In Auerbachs Erinnerung geschah es wenige Tage nach einem Bombenangriff, der den Alexanderplatz und die Gebäude der Umgebung schwer getroffen hatte, dass er mit drei anderen Männern in einem Gefängniswagen, dessen Zellenaufbau gerade mal zwei Menschen Platz bot, von Berlin nach Breslau geschafft wurde. Die Polizisten dort beschimpften die Häftlinge, weil sie Juden waren, und schlugen auf sie ein. Dann forderten sie die Männer auf, ihre Taschen auszuleeren. Weil Auerbach dem Befehl nach Ansicht eines Beamten nicht schnell genug nachkam, drosch dieser ihm mit einer Peitsche auf die Hände. Seine wenigen Habseligkeiten fielen auf den Boden. Der Polizist herrschte ihn nun an, sich danach zu bücken. Dabei schlug er ihm noch einmal ins Gesicht, dann hetzte er einen Polizeihund auf ihn los. Der verbiss sich in einem Oberarm Auerbachs und brachte ihm drei tiefe Fleischwunden bei.

Am nächsten Tag schaffte man Philipp Auerbach mit 14 anderen Häftlingen nach Auschwitz. Es war der 31. Mai 1944. Im Tagebuch des Konzentrationslagers ist seine Ankunft erst einen Tag später, am 1. Juni 1944, festgehalten.[27] Dazu die Nummer, die ein anderer Gefangener in seinen linken Unterarm tätowieren musste. Von nun an war er nicht länger Philipp Auerbach, sondern Häftling 188869.

KAPITEL 7

Auschwitz, Juni 1944

»Was Auschwitz war, wissen nur die Häftlinge. Niemand sonst«, hat Martin Walser unter dem Eindruck des Auschwitz-Prozesses in Frankfurt 1965 geschrieben.[1] Tatsächlich haben die Überlebenden aller Konzentrationslager selbst stets darauf hingewiesen, dass die Dimension des Grauens nur ermessen könne, wer es erlebt habe. Für Auschwitz gilt das wohl in besonderem Maße. Der Name ist zur Chiffre für den Judenmord schlechthin geworden, auch wenn der Tod durch Vergasen in Majdanek und Treblinka oder durch Erschießen am Rande einer Grube in Weißrussland und der Ukraine, in der bereits Dutzende kurz zuvor Ermordete übereinanderlagen, nicht weniger grausam war als der in den Gaskammern von Auschwitz-Birkenau, vor der Hinrichtungswand des Blocks 11 im sogenannten Stammlager oder durch die Phenol-Spritze mitten ins Herz im sogenannten Krankenbau.

Und es fällt schwer zu begreifen, was die Ankunft in Auschwitz für die Deportierten selbst bedeutet haben mochte. Erschöpft und verzweifelt aus übervollen Zügen getrieben oder wie Philipp Auerbach in einem vergleichsweise kleinen Transport angekommen, wussten viele nicht, was ihnen widerfahren würde. Überlebende haben von Menschen berichtet, die auch dann noch nicht recht verstanden, wie ihnen geschah, als sie sich schon an der Selektionsrampe links aufstellen und kurz darauf aller Habe wie auch der Kleidung entledigen mussten, um zur angeblichen Entlausung in die Kammer getrieben zu werden. Andere wussten oder ahnten zumindest, was ihnen drohte. »Wir hätten es uns apokalyptischer vorgestellt: Sie aber sahen aus wie gewöhnliche Ordnungspolizei«, beschrieb Primo Levi, der jüdische Chemiker aus Italien, den ersten Eindruck, wenn Häftlinge mit Armbinden unter der Aufsicht von SS-Leuten die Menschen zu Ordnung und Eile antrieben.[2]

»Wir stolperten über die Bahngleise und erreichten, eskortiert von schwer bewaffneten SS-Männern, das Tor des Lagers«, schilderte Philipp Auerbach seine Ankunft. »Zum ersten Mal in einem deutschen Konzentrationslager! Wir sahen Gefangene in Fünferreihen und gestreifter Häftlingskleidung, wie sie aus dem Lager herausmarschierten. Wir sahen ihre abgemagerte Figur, ihren düsteren Blick, ihre Verzweiflung.«[3] Ähnliche Gedanken hatte Primo Levi an seinem ersten Tag vier Monate zuvor: »Alles war unbegreiflich und irrsinnig, aber eines hatten wir verstanden: Das war die Metamorphose, die uns erwartete. Morgen würden auch wir so aussehen.«[4]

Während Philipp Auerbach und die anderen aus seinem Transport zwei Stunden lang vor dem Tor mit der Aufschrift »Arbeit macht frei« stehen mussten, wird er die soliden, in drei Reihen angeordneten zweistöckigen Steingebäude erblickt haben, ehemals Teil einer polnischen Kaserne, nun Blocks genannt, außerdem links neben dem Eingang die sogenannte Blockführerstube und jenseits des Zauns zur Rechten einen langgestreckten Querbau, die Lagerküche. Er dürfte die hin- und herlaufenden Häftlinge beobachtet haben, die irgendeine Aufgabe zu verrichten hatten, dazu die Männer in den blankgeputzten Stiefeln und mit den SS-Runen am Uniformkragen, die Herren des Lagers, mancher mit einer Reitgerte in der Hand.

Schließlich fiel das schwere Eisengitter hinter ihm ins Schloss, und man trieb die Männer zur Desinfektion. Dort nahm man ihnen Kleidung und persönliche Gegenstände ab und verstaute die Sachen in Säcken, danach schnitt man ihnen die Haare. »Mit rasiertem Schädel, dem Inbegriff eines KZ-Häftlings, war das Ganze ein schreckliches Schauspiel«, erinnerte sich Auerbach. Nach dem Duschen erhielten die Männer gestreifte Anzüge, aber keinerlei Unterwäsche, zudem klobige Holzschuhe, die nicht passten. Dann schickte man sie zur Quarantäne-Station. »Der Verantwortliche dort«, so Auerbach weiter, »ein Pole namens Melchior, ist es wert erwähnt zu werden, weil er der Überzeugung war, er müsse seinen guten Willen gegenüber der SS unter Beweis stellen, indem er alle Neuankömmlinge mit Tritten und Faustschlägen bedachte und ihnen das wenige

Essen wegnahm, das sie hatten. Schon in der ersten Nacht geriet ich das erste Mal mit ihm aneinander, weil wir bis sechs Uhr abends nichts zu essen bekommen hatten, obwohl man uns mitgeteilt hatte, dass unsere Rationen an den Block geliefert worden seien. Es war Freitag, und wir hatten gesehen, dass unsere Kameraden einen halben Laib Brot, Margarine und Wurst erhalten hatten. Wir wussten zu dem Zeitpunkt noch nicht, dass dieses eine Zusatzration war. Als ich von unserem Wärter mehr Lebensmittel forderte, schlug er mich nieder. Mehr zu essen bekam ich nicht.«[5] Es war, wie Philipp Auerbach schnell lernen sollte, eine typische Erfahrung in Auschwitz.

Einen Tag später wurden er und die mit ihm Angekommenen registriert und von den Gestapo- und SS-Leuten der Politischen Abteilung verhört. Wer nicht gleich bei der Ankunft in die Gaskammer geschickt worden war, wurde hier zu einem Aktenvorgang. Bei Philipp Auerbach geschah dies am 1. Juni 1944. Anschließend erhielten die Häftlinge ihre Nummer in den linken Unterarm tätowiert – in Auerbachs Worten »das ewige Souvenir aus der Hölle von Auschwitz«.[6] Es war, zählte man die diversen Internierungslager und Gefängnisse der zurückliegenden vier Jahre zusammen, das siebte Mal, dass Philipp Auerbach an einem neuen Ort eingesperrt wurde. Vieles wirkte auf ihn wie die Fortsetzung des Bekannten: die erbärmlich engen Unterkünfte, die Holzpritschen, die sich zwei, manchmal drei Männer teilen mussten, das karge Essen, die Hitze im Sommer, später die Kälte im Winter. Und doch war Auschwitz anders.

Das begann schon bei der Dimension des Lagers und seiner diversen Außenstellen: Zur Zeit von Auerbachs Ankunft waren dort bereits mehr als 100 000 Insassen eingesperrt. Ihre Zahl würde binnen zwei Monaten auf über eine halbe Million anwachsen. Drei Kilometer weiter qualmten in Birkenau die Schornsteine von vier Krematorien. Sie waren Auerbach gleich bei der Ankunft aufgefallen. Ein eigenartiger Geruch lag über der Gegend. Am Horizont im Süden waren bei gutem Wetter die Karpaten zu sehen. Sie wirkten wie eine Erinnerung an ferne Zeiten, in denen man wandern und durch Wälder streifen konnte. Die Berge hielten das Wissen von einem Leben in Freiheit wach.

Vermutlich war Philipp Auerbach der Selektion zu Beginn entgangen, weil der 39-Jährige groß war und auf seine Wächter kräftiger wirkte als viele andere. Darum schickte man ihn, kaum aus der Quarantäne-Station entlassen, sofort zum ersten Arbeitseinsatz: »Um fünf Uhr morgens wurden wir geweckt. Wir mussten sofort aufstehen. Wer länger im Bett blieb, wurde von den polnischen Bütteln mit einem Lederriemen geschlagen. Zum Frühstück gab es nur Kaffee, kein Brot. Die Quarantäne-Abteilung war der Sklavenmarkt. Die Neuen mussten sich in Reih und Glied aufstellen, bis die Capos, die Häftlingsvertreter, ihre Männer für die jeweiligen Arbeitsgruppen ausgesucht hatten. Der Steinbruch benötigte hundert Männer über die übliche Menge hinaus, und die Quarantäne-Station musste sie ihnen zur Verfügung stellen. Als unbedarfte Ankömmlinge ausgesucht, die keine Ahnung vom Lager hatten, stolperten wir mit unseren unförmigen Holzschuhen aus dem Lager.«

Philipp Auerbach wurde dem Kommando »Flusskies« zugeteilt. »Ich hatte mich kaum angeschlossen, als ein junger Pole, gerade mal 20 Jahre alt, zu mir kam, mir seine Schaufel gab und sagte: Jude, trag das. Wir wurden nicht bloß von den SS-Männern schikaniert, sondern auch von unseren Mitgefangenen. Ohne ein Wort zu sagen, nahm ich die Schaufel.«[7] Die Musikkapelle am Lagereingang spielte einen Marsch, während die Häftlinge in Reihen das Lager verließen. Auch wer schwach oder krank war, versuchte aufrecht zu gehen und einen möglichst gesunden Eindruck zu machen, um keine Aufmerksamkeit auf sich zu ziehen und womöglich aus der Gruppe herausgerufen, gescholten, geschlagen oder getreten zu werden. »Die Häftlinge rissen sich zusammen, wenn sie vorbeimarschierten, da sie alle wussten, dass das Herausholen aus der Fünferreihe den sicheren Tod durch Vergasung in Birkenau bedeutete«, beschrieb der tschechische Gefangene Rudolf Vitek die Angst an jedem Morgen.[8] Dabei fiel das Gehen sogar vielen Gesunden schwer, weil die Holzpantinen drückten und wunde Stellen verursachten.

Nach einigen Kilometern kam Auerbach mit seinem Kommando in einem Steinbruch an. Dort befahlen ihnen die Aufpasser, selbst Häftlinge, eiserne Loren mit großen Gesteinsbrocken zu beladen, während die SS-Wachen zusahen. »Eine schwere Arbeit, die ich nicht gewohnt war«, so Auerbach. »Der diensthabende SS-Mann kam zu mir und fragte mich: Was bist Du von Beruf? Ich antwortete: Chemiker. Da schlug er mich und rief: Das ist die jüdische Intelligenzija, die uns den Krieg beschert hat.«[9]

Kaum hatten die Häftlinge angefangen, die schwer beladene Lore auf einem Gleis bergauf zu schieben, wandte der SS-Mann sich wieder Auerbach zu: Die Arbeit ging ihm nicht schnell genug. Also gab er der Lore einen leichten Stoß. Diese begann, zunächst ganz langsam, den Hügel hinunterzurollen. Der SS-Mann schrie Auerbach an: »Spring drauf«. »Ich sah, dass die Lore auf dem Weg hinab zu entgleisen drohte. Er aber richtete sein Gewehr auf mich. Also bin ich aufgesprungen.« Tatsächlich flog der Waggon am Ende des Hügels aus der Bahn. Auerbach stürzte zwischen die Gesteinsbrocken und brach sich beide Kniescheiben. »Ich konnte nicht mehr gehen, die Schmerzen waren stark, ich blutete heftig, aber das interessierte keinen. Der Capo Emil, ein Berufskrimineller, begann mich mit einer Eisenstange zu schlagen. Ich verlor die Kontrolle über mich selbst und schlug zurück. In welcher Gefahr ich nun steckte, merkte ich erst, als ein SS-Mann rief: Tötet den Hund!«[10] Doch nichts geschah.[11]

Gestützt auf zwei andere Häftlinge, kehrte Philipp Auerbach abends zum Lager zurück. Anschließend wagte er es nicht, den Krankenbau aufzusuchen. Auch wenn er noch neu im Lager war, wusste er bereits, dass der Weg von dort zur Gaskammer sehr kurz sein konnte. »Ein Arzt und Freund half mir, die Wunden zu versorgen, und einige Tage später, während ich jeden Vorwand nutzte, um Arbeit zu vermeiden, stellte man mich Sturmbannführer Pflaum vor, um von nun an als Chemiker zu arbeiten.«[12]

Was Philipp Auerbach da lakonisch in einen einzigen Satz gepackt hat, kam in Wahrheit einem Millionen-Jackpot gleich. Es wirkt wie eine wundersame Fügung, zumal sich weder in seinen Erinnerungen noch sonst irgendwo eine Erklärung dafür findet, wie es ihm gelang, dem mörderischen Steinbruch zu entkommen und in ein so begehrtes Kommando aufgenommen zu werden. Es bleibt unklar, wie er sich – auf Krücken, wie er nach dem Krieg berichtete – als angeblicher Chemiker andienen und damit retten konnte. Das Ganze ist umso bemerkenswerter, wenn man bedenkt, dass sich der promovierte Chemiker Primo Levi im Außenlager Auschwitz-Monowitz erst einer Prüfung durch einen deutschen Wissenschaftler unterziehen musste, bevor er ebenfalls einem Spezialkommando zugeteilt wurde.[13] Wie die Abteilung Auerbachs, geleitet von Sturmbannführer Guntram Pflaum, besaß auch diese eine kriegswichtige Funktion, weil die Deutschen mithilfe gefangener Naturwissenschaftler und Ingenieure eine Produktionsstätte für synthetischen Kunststoff aufzubauen suchten.

Pflaum war Geschäftsführer der SS-Zuchtanstalt »Lebensborn« gewesen und hatte zum persönlichen Stab des Reichsführers SS gehört, bevor er nach Auschwitz versetzt wurde.[14] Nach Überzeugung einiger Häftlinge, einschließlich Auerbachs, hatte Pflaum ein enges Verhältnis zu Heinrich Himmler, dem neben Hitler wohl wichtigsten Repräsentanten des Terror-Regimes. Himmler hatte ihn auserkoren, die »Abteilung für Schädlingsbekämpfung« in Auschwitz aufzubauen, nachdem es wiederholt zu Fleckfieber-Ausbrüchen gekommen war.

Philipp Auerbach beschrieb die Funktion der Abteilung so: »Die Aufgabe (…) bestand darin, alle Gebäude der SS, der führenden Elemente der Wehrmacht, des Roten Kreuzes sowie zahlreiche andere Institutionen mit Produkten zu versorgen, um Schädlinge zu töten. Am Anfang glaubte ich, das Wort Schädlinge würde sich auf Menschen beziehen, die schädlich für das Hitler-Regime waren. Aber ich konnte mich beruhigen, diese Abteilung beschäftigte sich nur mit dem Kampf gegen schädliches Ungeziefer wie Läuse, Wanzen, Ratten und Mäuse. Hier konnten die Drückeberger der SS mit Entschiedenheit kämpfen und reich belohnt werden. Die Arbeit machten die Häftlinge, Herstellung wie das Verpacken und die Weitergabe der Produkte, die SS führte nur die Aufsicht. Es war eine interessante Aufgabe, die noch interessanter wurde, als wir erfuhren, dass die Bräute- und Mütter-Schulen voller Wanzen waren, die Ordensburgen voller Läuse, und selbst das Hauptquartier des Führers, auf dem Berghof bei Berchtesgaden, schlug sich mit einer Wanzen-Plage herum, für die wir ein spezielles Mittel herzustellen hatten. Mit unserer Hilfe wurde die Reichskanzlei in Berlin desinfiziert, an einem Tag erhielten wir ein Telegramm vom geheimen Aufenthaltsort des Reichsleiters Bormann, der die dringende Lieferung einer Mausefalle erwartete. Als Folge dieses Telegramms wurde ein SS-Mann losgeschickt, und Bormann sandte nach dessen Ankunft ein weiteres Telegramm mit dem Hinweis, das erste sei falsch gewesen. Er brauche hundert Mausefallen.«[15]

Tatsächlich hatten Auerbach und die anderen Häftlinge der Abteilung auch in Auschwitz selbst gut zu tun. Immer wieder brachen Malaria- und Fleckfieber-Epidemien aus, denen sie beizukommen versuchten. Das sorgte nach dem Krieg für Irritationen: Weshalb der ganze Desinfektionsaufwand in einem Lager, dessen Insassen doch ausgerottet werden sollten? Philipp Auerbach hatte dafür eine einfache Erklärung: Das Ungeziefer macht keinen Unterschied zwischen Häftling und SS-Mann.[16]

Die Abteilung für Schädlingsbekämpfung war außerhalb des eigentlichen Lagers untergebracht. Die Stunden in Büro, Labor und Warendepot kamen einer Auszeit von Auschwitz gleich. Nicht dass die Häftlinge des Kommandos je hätten vergessen können, wo sie sich befanden. Sie lebten in der ständigen Angst, ihren besonderen Status zu verlieren, sei es, weil ein SS-Mann oder ein anderer Häftling ihnen übelwollte, sei es, weil sie oder ein anderer einen Fehler machten. Primo Levi, Häftling 174517, der in dem anderen Chemielabor beschäftigt war, schilderte nicht bloß sein Staunen darüber, zum Facharbeiter befördert worden zu sein und darum Anspruch auf ein neues Hemd, auf neue Unterhosen und auf eine Rasur an jedem Mittwoch erworben zu haben. (»Keiner maße sich an, die Deutschen zu begreifen.«) Auch die Furcht verließ ihn nie: »Unter diesen Umständen könnten Menschen, die mit den Verhältnissen im Lager weniger vertraut sind als wir, versucht sein, auf ein Überleben zu hoffen, an die Freiheit zu denken. Wir nicht. Wir wissen, was es mit solchen Dingen auf sich hat: Dies ist alles ein Geschenk des Schicksals, und als solches wird es so intensiv wie möglich ausgekostet, augenblicklich; denn das Morgen ist ungewiss. Beim ersten Glas, das ich zerbrechen werde, beim ersten Wiegefehler, bei der ersten Unachtsamkeit muss ich wieder zurück, muss mich wieder in Schnee und Wind verzehren, bis auch ich reif sein werde für den Kamin.«[17] Philipp Auerbach dürfte es ähnlich wahrgenommen haben.

Nachdem Pflaum ihn in sein Arbeitskommando geholt hatte, begannen Auerbach und die anderen Häftlinge damit, neben Schädlingsbekämpfungsmitteln auch Seife und Reinigungsflüssigkeiten, Kerzen und Schuhcreme herzustellen. Es war auf eigenwillige Weise eine Fortsetzung seiner Arbeit im Belgien der dreißiger Jahre, mehr noch eine Variante seiner Bemühungen in den Lagern Südfrankreichs Anfang der vierziger Jahre, dort allerdings noch unter weniger komfortablen Bedingungen. »Unsere Abteilung stellte auch eine Seife für den persönlichen Bedarf von Herrn Hitler und SS-Reichsführer Himmler her. Diese Produktion wurde mir als Chef-Chemiker und meinen Mitarbeitern übertragen, eine gute Einnahmequelle. Für die Herstellung forderte ich Alkohol an, sicher nicht notwendig für die Herstellung von Seife, aber sehr wichtig, um Lebensmittel zu bekommen, die wir dringend brauchten. Unsere polnischen Kameraden waren sehr am Alkohol interessiert, und durch Tausch erhielten wir Brot und Margarine, um unsere schmalen Rationen aufzubessern. Die gute Seife besaß auch einen guten Wert in den Frauenlagern, wo wir sie gegen Unterwäsche, Pullover und Handschuhe eintauschten. Ich bin davon überzeugt, dass Hitler aus seinem Grabe wiederaufstehen würde, wenn er wüsste, wie viel seiner guten Seife wir getauscht haben.«[18]

Etwa 150 Männer arbeiteten in der Schädlingsbekämpfung, Fachleute, über welche die SS-Soldaten schützend ihre Hand hielten. »Während unserer Arbeit gab es nichts, worüber wir uns hätten beschweren können«, schrieb Auerbach nach dem Krieg. »Oberscharführer Steck [gemeint ist wohl Paul Stock, HHK], der für die Lagerhaltung wie die Lieferung verantwortlich war, war ein seltener Vogel unter den Sadisten von Auschwitz. Kein schlimmes Wort, keine Drohung kam aus seinem Mund, er behandelte uns stets wie ein Gentleman. Er bestand allein darauf, dass wir unsere Aufgabe erfüllten, kümmerte sich um ausreichende Essensrationen und Kleidung und sorgte sich um die gute Gesundheit seiner Leute. Ich habe mich oft mit ihm unterhalten und bin mir vollkommen sicher, wie sehr er die Machenschaften seiner Kameraden verachtete. Ich habe mich immer gewundert, weshalb ein Mann solch noblen Charakters Mitglied der SS war.«

Doch es gab auch andere, vor denen sich ein Häftling in Acht nehmen musste. »Obersturmführer Haugg, ein Mann mit einer schrecklichen antisemitischen Haltung, konnte ich zähmen. Ich brachte ihm bei, sich in meiner Anwesenheit mit antisemitischen Ausbrüchen zurückzuhalten (Ich arbeitete in seinem Büro). Unser Umgang wurde vertraulicher, und an einem Tage erzählte er mir, während es schon dämmerte, dass er am 23. November 1943 in Lublin gewesen sei, als 19 000 Juden an einem Tag mit Maschinengewehren getötet wurden, und fügte bloß lakonisch hinzu, diese Menschen seien auf heroische Art gestorben. Chef des Büros war Obersturmführer Verbrüggen, ein aufrechter, grober, unhöflicher und dummer Bayer. Während der Luftangriffe auf Auschwitz blieb er die ganze Zeit im »Schutzraum der Helden« [also im Freien, HHK]. Dafür erhielt er auf Vorschlag seiner Vorgesetzten einen Orden.«[19]

Während Philipp Auerbach Büros und Labors außerhalb des Stammlagers, auf halbem Weg nach Birkenau, bezogen hatte, arbeitete die Tötungsmaschinerie Auschwitz weiter auf Hochtouren. Im Mai 1943 hatte man Rudolf Höß zurückbeordert, den ersten Kommandanten von Auschwitz. Mithilfe brutaler Krimineller aus dem Lager Sachsenhausen hatte er das Vernichtungslager in Polen drei Jahre zuvor aufgebaut, dort ein Terror-Regime errichtet und den Bau von Gaskammern vorangetrieben. Höß sollte sich um die Juden aus Ungarn kümmern, die nun binnen Kurzem in großer Zahl eintreffen würden. Zur selben Zeit leerten die Deutschen in anderen Teilen Europas die Übergangslager, wie Drancy in Frankreich, Westerbork in den Niederlanden, die Camps voller griechischer Juden auf Korfu, in Athen und Thessaloniki sowie das Vorzeigelager Theresienstadt. Die dort inhaftierten Menschen kamen alle nach

Auschwitz. Allein aus Ungarn brachte man in jenem Sommer fast eine halbe Million Juden, um sie in den Rüstungsbetrieben der I.G. Farben und den Zwangsarbeiter-Fabriken der Organisation Todt einzusetzen, vor allem aber, um sie in Birkenau zu ermorden. Ihre Zahl war so groß, dass der Arzt und SS-Hauptsturmführer Josef Mengele es für lohnend hielt, Soldaten an den Reihen der Ankommenden entlangzuschicken, auf der Suche nach eineiigen Zwillingen und Zwergwüchsigen für seine Experimente.[20]

Die unablässige Folge von Deportationszügen – bis zu fünf pro Tag rollten an die Rampe von Birkenau – blieb niemandem im Lager verborgen. Die Gaskammern und Krematorien arbeiteten im Schichtbetrieb. Der Qualm, der süßliche Geruch und die von Block zu Block laufend ausgetauschten Nachrichten erinnerten alle Gefangenen daran, dass sie zur Ausrottung bestimmt waren. »Kein jüdischer Häftling rechnete damit, Auschwitz je lebend zu verlassen. Wir lebten nicht nur räumlich, sondern auch geistig im Schatten der Kamine. Der Kamin war das Alpha und Omega aller Gespräche«, beschrieb die Gefangene Lucie Adelsberger im Rückblick die Atmosphäre.[21] In den Worten des Lagerkommandanten Rudolf Höß kurz nach dem Krieg: »Während die inhaftierten Juden der früheren Jahre doch damit rechneten, dass sie eines Tages wieder entlassen wurden und dadurch die Schwere der Haft ihnen psychisch doch viel leichter wurde, gab es für die Auschwitzer Juden in dieser Hinsicht keine Hoffnung mehr. Sie wussten, ausnahmslos, dass sie zum Tode verurteilt waren, dass sie nur so lange am Leben blieben als sie arbeiten konnten.«[22] Privilegierte Häftlinge wie Primo Levi und Philipp Auerbach bildeten keine Ausnahme. War ihr Arbeitstag im Vergleich auch erträglicher, konnten sie für Augenblicke die schreckliche Gewissheit auch verdrängen, so führte ihnen doch allein das Leben in ihrem Block ständig vor Augen, worin die Essenz von Auschwitz bestand.

»Rückkehr zum Lager mit Musik und in Reihe, Antreten vor dem Block zum Zählen«, schilderte Auerbach den Alltag. »Das war manchmal schwer auszuhalten, unerträglich kalt mit Schauern von Regen, Schnee im Winter. Wir mussten stillstehen, während ein arroganter Scharführer oder Rottenführer sich einen Überblick verschaffte. Wenn ein Häftling fehlte, begann er, uns zu beleidigen, zu schlagen, er fluchte und brüllte, während das Personal des großen Lagers stehen bleiben musste. Nach dem Appell erhielten wir unsere Essensration: ein Fünftel Laib Brot, dreimal pro Woche ein bisschen Margarine, manchmal ein Stück Wurst oder Marmelade, und den berühmten Kaffee, ein schreckliches Getränk, Muckefuck genannt.« So weit die Routine.

Dazwischen kamen immer wieder die Selektionen. »Häufig wurden alle Juden mitten in der Nacht aufgerufen, sich für eine Selektion bereitzumachen. Jeder war schockiert zu sehen, dass eine Kommission aus angetrunkenen SS-Scharführern den einen für arbeitsfähig erklärte und den anderen für den Ofen aussortierte. Links hieß Tod, rechts hieß Arbeit. Die Armen auf der Linken wurden nach Birkenau geschafft.«[23]

Primo Levi hat es so beschrieben: »Man spürt das Nahen der Selektionen. Selekcja: das hybride lateinisch-polnische Wort hört man einmal, zweimal, viele Male inmitten fremdsprachiger Reden, zuerst erfassen wir es nicht recht, dann nimmt es unsere Aufmerksamkeit gefangen und schließlich verfolgt es uns (…). Wer etwas unternehmen kann, der tut es; aber das sind die wenigsten, denn es ist schwer, der Selektion zu entkommen, und die Deutschen betreiben diese Dinge mit großem Ernst und unerhörter Genauigkeit. Wer also nichts Konkretes unternehmen kann, sucht sich auf andere Art abzusichern. In den Latrinen, im Waschraum zeigen wir uns gegenseitig den Brustkorb, Hinterbacken, Schenkel, und die Kameraden beruhigen uns: Du brauchst keine Angst zu haben, Du bist bestimmt nicht dran … du bist kein Muselmann … aber ich, und dann lassen auch sie die Hosen herunter und ziehen das Hemd hoch.«[24]

Noch etwas anderes machte den meisten Häftlingen zu schaffen: Nie konnten sie sich sicher sein, dass ein Mithäftling einfach nur ein Leidensgenosse war. Denn häufig war er zugleich Konkurrent, Widersacher oder Feind. Spannungen gab es zwischen Polen und Juden, zwischen sephardischen und aschkenasischen Juden, zwischen politischen Häftlingen und kriminellen, zwischen den deutschen Gefangenen und dem Rest. »In Auschwitz«, so Philipp Auerbach, »hatten die Berufskriminellen eine herausragende Stellung, Gefangene oder Polen, die in der Verwaltung arbeiteten. Sie waren mehr daran interessiert, den hohen Herrn der SS zu dienen und zu stehlen, als ihre Kameradschaft unter Beweis zu stellen. Die Abzeichen im Lager waren in etwa dieselben wie in anderen deutschen Konzentrationslagern. Rot war die Farbe der politischen Häftlinge, ein gelber Streifen über dem roten Winkel war das Zeichen für die Juden, ein violettes die Bibelforscher, rosa die Homosexuellen, schwarz die asozialen Elemente. Die grünen waren die Berufskriminellen. Viele von ihnen besaßen einen sehr brutalen Charakter, sie wüteten gegen ihre Kameraden auf bestialische Weise. Es geschah sehr oft, dass ein solcher Capo beim Herausmarschieren aus dem Lager gefragt wurde, wie viele Juden in seinem Kommando waren. Man befahl ihm, dass er mit nur 100 zurückkehren und die anderen 80 zurücklassen solle. Auf üble Weise ermordet von diesen Capos, skrupellos genug, ihre eigenen Kameraden umzubringen, um die Mörder-Banditen der SS zufriedenzustellen und die Essensrationen der Getöteten zu erhalten.«[25]

Stets ging es darum, das Beste aus der Lage zu machen, damit man nicht als »Muselmann« endete. Die Herkunft des Begriffs ist unklar, aber das war der Name, den die Gefangenen jenen Menschen gaben, die sich – abgemagert, ausgezehrt, in ihren Bewegungen und ihrem Denken verlangsamt oder gelähmt – scheinbar regungslos dem Schicksal ergeben hatten. Sie wirkten selbst als Lebende oft schon fast wie Tote und würden bei nächster Gelegenheit, in der Sprache des Lagers, »durch den Kamin« gehen. Um nicht so zu enden, brauchte man Kraft und eine entsprechende Persönlichkeit, brauchte man Beziehungen und Glück. Auerbach war ein gutes Beispiel dafür.

»Ich war verantwortlich für die Fettproduktion und musste dafür Kontrollbesuche im Schlachthaus machen. Jede Woche war ich drei- bis viermal da, um das überflüssige Fett und die Eingeweide zu holen, die wir zur Produktion von Seife benötigten. Das war für mich immer einträchtig«, schrieb er.[26] »Unsere Seife eignete sich nicht nur zum Waschen, sondern auch zum Schmieren, schließlich war es die Seife, die für den ausschließlichen Gebrauch des Reichsführers SS Himmler und des Führers aller Deutschen, Adolf Hitler, hergestellt wurde. Wegen der strengen Kontrollen dreier SS-Posten und einer körperlichen Untersuchung war es unmöglich, größere Mengen an Fleisch und Wurst rauszubringen. Aber es gab immer noch die Fett-Kanäle, um zu bekommen, was die SS uns vorenthielt. Auch bei der Bäckerei tat sich viel. Brot war das Blut des Lagers, davon hing das Leben tausender Männer ab, und es war die Währung des Lagers. Wenn jemand irgendetwas zu verkaufen hatte, betrug der Preis einen halben Laib Brot oder einen ganzen. Jeder Handel fand gegen Brot oder Margarine statt. Die kam aus der Küche und wurde mit Zigaretten bezahlt. Die normale Währung betrug 40 Zigaretten für 500 Gramm Margarine. Aber die Preise schwankten, je nach Mangel oder Überfluss an Zigaretten. Ein Laib Brot kostete 30 Zigaretten, aber auch der Preis schwankte.«

Der Zugang zu solchen Einrichtungen und zu Materialien, die sich zum Tauschen eigneten, machte den Unterschied zwischen Leben und Tod aus, ganz ohne das Zutun der SS. »Ich habe in Auschwitz besser gelebt als viele meiner Kameraden, ohne das als unmoralisch zu empfinden. Im KZ hat keiner das Recht, sich nach sonst gültigen moralischen Regeln zu richten«, erklärte Bernard Klieger später dazu, ein aus Belgien deportierter deutscher Jude, der wie Philipp Auerbach in der Abteilung für Schädlingsbekämpfung arbeitete und diesen nach dem Zweiten Weltkrieg schlimmster Vergehen beschuldigen sollte (siehe Kapitel 12).[27] Und der tschechische Arzt Rudolf Vrba beschrieb die Atmosphäre des Überlebenskampfs in seinem Block so: »Wir lebten unter Wölfen (…). Wenn ein Mann deine Verpflegung stahl, wurde er umgebracht. Warst du nicht kräftig genug, das Urteil selbst zu vollstrecken, gab es Henker. Es war eine brutale Justiz, aber sie war gerecht, denn einen Mann seiner Verpflegung zu berauben, war Mord.«[28]

Das Vorrücken der Roten Armee, die Erfolge der Alliierten – die Lage außerhalb des Lagers wäre Anlass zu vorsichtigem Optimismus gewesen, hätten die rauchenden Schornsteine von Birkenau nicht ständig daran erinnert, dass Rettung zwar näher kam, aber womöglich das Lager niemals rechtzeitig erreichen würde. Während sich der für Ungarn zuständige SS-Brigadeführer Dr. Edmund Veesenmayer in einem Brief an das Auswärtige Amt in Berlin damit brüstete, man könne bis Ende Juli 900 000 Juden nach Auschwitz schaffen[29], besetzten im selben Monat Soldaten der Roten Armee das verlassene Vernichtungslager Majdanek bei Lublin und fanden den Schlosshof übersät mit Leichen. Während Journalisten, darunter Reporter des US-Magazins *Life,* dort zum ersten Mal mit eigenen Augen überprüfen konnten, wie das Vernichtungsprogramm der Nationalsozialisten aussah, beschrieben Radiosendungen der BBC und die *New York Times* detailliert das Ausmaß des Völkermords an den Juden. Erfahren hatten sie davon durch aus Auschwitz entlaufene Häftlinge, deren Berichte Widerstandskämpfer und Partisanen in den Wäldern und geheimen Treffpunkten um Krakau gesammelt und an die Presse weitergeleitet hatten. Im August 1943 griffen 127 Bomben- und 100 Jagdflugzeuge der Amerikaner das acht Kilometer vom Stammlager Auschwitz entfernte I. G.-Farbenwerk an und richteten dabei erhebliche Schäden an.[30] »Keiner von uns hatte Angst«, schrieb der ehemalige Häftling Elie Wiesel über die Bombardierungen der Außenlager von Auschwitz im Sommer 1944. »Gleichwohl hätte ein einziger Treffer Hunderte von Häftlingen getötet. Wir fürchten jedoch den Tod nicht mehr, jedenfalls nicht diesen Tod. Jede Bombe, die fiel, gab uns neues Vertrauen ins Leben.«[31]

Doch die alliierten Truppen sollten noch eine Weile auf sich warten lassen. An der Rampe von Birkenau stauten sich unterdessen die Menschen. Die diversen Abteilungen des NS-Staates stritten über das Vorgehen. Adolf Eichmann, Leiter jener Abteilung im Reichssicherheitshauptamt, welche die Verfolgung und Deportationen der Juden organisierte, wollte möglichst schnell möglichst viele Juden umbringen. Rüstungsbetriebe unter der Verantwortung des Ministers Albert Speer wollten dagegen möglichst viele Zwangsarbeiter ausbeuten. Die sollten ausreichend ernährt sein, damit sie zur Arbeit in den unterirdischen Produktionsanlagen für Waffen und Geräte taugten. Die Lagerleitung von Auschwitz sah sich gezwungen, neben den regulären Unterbringungsmöglichkeiten auch sogenannte Durchgangslager einzurichten, um die Masse der Deportierten zu bewältigen, bevor man sie ermordete.

Unter den schon länger Inhaftierten eskalierten immer wieder Konflikte. Belastetet wurden die Beziehungen untereinander vor allem durch eine Einrichtung, die im Lager allgemein »Kanada« genannt wurde. In den Worten Auerbachs handelte es sich dabei um ein anderes fürchterliches Arbeitskommando, sehr begehrt bei Menschen ohne Herz und Ehre. Mitglieder dieses Kommandos mussten alle persönlichen Gegenstände sortieren, Kleidung, Koffer, Nahrungsmittel, wertvolle Gegenstände, welche die armen Opfer des Krematoriums von Birkenau aus aller Welt mitgebracht hatten. Eine riesige Halle, mehr als 5000 Quadratmeter groß, vom Boden bis zum Dach voll mit Koffern und Bündeln. Wenn man durch die Halle ging, konnte man Leute beobachten, wie sie die Kleidung von Männern, Frauen und Kindern aussortierten, genug, um ein ganzes Warenhaus zu füllen.

Die Männer in Kanada erhielten ihr Essen nicht vom Lager, sie mussten für sich selbst sorgen und taten dies im Überfluss. Aber sie durften nichts davon mitnehmen. Wenn sie abends zum Lager zurückkehrten, mussten sie erst in einen Waschraum und erhielten neue Kleidung. Doch auch wenn sie fünf Mal gefilzt wurden, es gelang ihnen zu schmuggeln. Während der großen Ungarn-Transporte war die Küche des Konzentrationslagers Auschwitz sehr gut bestückt. Wir Gefangenen haben natürlich nie auch nur eine Flasche des Tokajer-Weins zu sehen bekommen, aber unsere Suppe wurde mit Gänseschmalz gekocht, welches die armen Opfer auf ihre letzte Reise mitgenommen hatten. Wir durften nicht darüber nachdenken, aus welcher Quelle unser Essen kam, denn wenn wir es getan hätten, wäre keiner mehr in der Lage gewesen, auch nur einen Bissen dieser Extraportionen ungarischen Brots zu essen, möglich gemacht nur durch den Mord an 100 000 Menschen. Als Chemiker des Lagers erhielt ich den Befehl, mehr als 10 000 Flaschen chemisch zu reinigen, in denen die unglücklichen Menschen aus Ungarn ihre Gänseleber aufbewahrt hatten.[32]

Auschwitz – das war demnach nicht bloß ein gigantisches Vernichtungslager, sondern auch ein System exzessiver Korruption, von der Spitze der SS-Hierarchie bis zum untersten Sträfling hinab. Die einen bereicherten sich schamlos, wie etwa die Familie Höß, wenn sie sich eine Heerschar von Gefangenen als Bedienstete für Küche, Garten, Garderobe und Pferde hielt und am Ende des Krieges die Menge an Möbeln, Kleidung und anderen Gebrauchsgegenständen, die sie aus »Kanada« bezogen hatte, nur mit Mühe wegschaffen konnte. Die mittleren Ränge nahmen sich – nach dem Vorbild ihrer Vorgesetzten –, was sie nur kriegen konnten, ob Alkohol, um sich zuzudröhnen, Schmuck für die Daheimgebliebenen oder Zahngold für das Leben nach dem Endsieg. Den Kriminellen mit den grünen Winkeln war alles recht, was man anziehen, essen, trinken oder tauschen konnte oder womit sich SS-Männer bei Laune halten ließen. Die konnte man damit auch erpressen, weil sie sich oft an den illegalen Geschäften beteiligt hatten. Für alle anderen waren es Brosamen, die das Überleben sicherten: ein Fetzen Kleidung gegen Kälte, eine Kante Brot gegen den Hunger, Nadeln und Faden zum Flicken der zerschlissenen Anzüge oder eine Tablette gegen Durchfall.

In den Augen der SS-Leute war Bereicherung bloß der Beleg ihres Herrenmenschentums, einer eingebildeten Überlegenheit, die so ihren materiellen Ausdruck fand. Das Diebesgut war für sie Ausdruck ihrer Macht, für andere war es Ausweis ihrer Gier. Manchem Häftling ging es um Ähnliches: um die Zeichen eines höheren Status und damit des Einflusses, den sie besaßen. Zu nehmen, was man nur kriegen konnte, war ihnen Selbstvergewisserung und Überlebensstrategie. Aber selbst da, wo der Diebstahl, das sogenannte Organisieren, nur der Sicherung der physischen Existenz diente, hatte es einen verheerenden Effekt: Indem es die Häftlinge zu Komplizen der SS-Mannschaften machte, wurden Täter wie Opfer Teil desselben Systems.

»Die Konzentrations-und Vernichtungslager dienen dem totalen Herrschaftsapparat als Laboratorien, in denen experimentiert wird, ob der fundamentale Anspruch des totalitären Systems, dass Menschen total beherrschbar sind, zutreffend ist«, schrieb die Philosophin Hannah Arendt in ihrer Studie über *Elemente und Ursprünge totalitärer Herrschaft*. »Hier handelt es sich darum festzustellen, was überhaupt möglich ist, und den Beweis dafür zu bringen, dass schlechthin alles möglich ist.«[33] Wenn man so will, war die allgegenwärtige Korruption genau dieser Beleg. Damit verwischte sich der fundamentale Unterschied zwischen Tätern und Opfern. Damit wurde das System erst recht totalitär. Und es bedurfte einer besonderen inneren Stärke und einer sehr bewussten Entscheidung, sich dem zumindest bei einigen Gelegenheiten zu verweigern.

»Wer einmal seine Hand nach Dingen ausgestreckt hat, die noch warm sind, und dabei Freude empfunden hat, auf den beginnt die Wonne des Besitzens wie Haschisch zu wirken,« sollte die ehemalige KZ-Gefangene Seweryna Szmaglewska dieses Phänomen später beschreiben. »Im alltäglichen Tumult der Ereignisse ist an ihm anfangs keine Änderung festzustellen. Die aufkommende Habgier stört nicht einmal so viel, wie ein Stäubchen, das in die Augen fällt, und trotzdem wächst sie, wächst, wächst, erfüllt die Gedanken und zieht die Menschen in ihren Bann. Vielleicht ist dies auch eine Form des Vergessens, wie für die SS-Männer die Trunksucht.«[34]

Der Kommandant Rudolf Höß sagte dazu: »Nach dem Anlaufen der Juden-Aktionen gab es praktisch nichts mehr, was man sich hätte nicht besorgen können. Und die gehobenen Funktionäre hatten auch die nötige Bewegungsfreiheit dazu.«[35] Der Auschwitz-Überlebende Hermann Langbein brachte es so auf den Punkt: »Durch Kanada wurde jeder Wertbegriff bis ins Groteske verschoben.« Man konnte im Frauenlager für einen Brillantring Wasser kaufen, weil es dort knapp war, einen Diamanten für einen Apfel eintauschen, Chinintabletten gegen Malaria für eine Flasche Champagner. »Eine Zukunft nach dem Lager blieb außerhalb jeder Vorstellung. Akzeptierte man aber das KZ als Lebensbasis, dann lag für einen Prominenten die Versuchung nahe, sich in Ton und Methoden den

Herren anzupassen. Errang man deren Gunst, dann vermochte man sich Genüsse zu verschaffen, die einen seine triste Lage vergessen lassen konnten. Das KZ und damit die SS wurden zum Maßstab aller Dinge.«[36]

Indem die Opfer den Tätern umso ähnlicher wurden, je tiefer sie in dem Sumpf aus Bestechung und Bereicherung versanken, verstärkte sich jenes Gefühl, mit dem sich so viele Davongekommene für den Rest ihres Lebens plagen sollten. Die deutsche Überlebende Ella Lingens hat es nach der Befreiung so beschrieben: »Lebe ich, weil die anderen an meiner Stelle gestorben sind? Weil ich ein Bett mit zwei Decken für mich hatte, obwohl ich wusste, dass Frauen zu viert in einem anderen mit einer einzigen Decke lagen und niemals wirklich schlafen konnten? Weil ich eine doppelte Brotration essen konnte, da die Kranke, für die der Block die ihre noch gefasst hatte, sie in ihrer tiefen Bewusstlosigkeit vor dem Tod nicht mehr essen konnte?«[37] Auch deshalb hat Auschwitz die Menschen nie ganz verlassen, selbst wenn sie Auschwitz schließlich verlassen konnten.

»Kanada« löste für Leute wie Philipp Auerbach das Problem der ständigen Nahrungssuche. Aber der Überfluss dort garantierte dennoch nicht ihr Überleben. »Um zehn Uhr abends begann die Sperrstunde«, erinnerte er sich später. »Wer nach dieser Zeit draußen erwischt wurde, lief Gefahr, erschossen zu werden. Viele Kameraden liefen voller Verzweiflung in die Hochspannungszäune, viele Kameraden, die als Polizei-Spitzel gearbeitet und ihre Gefährten der SS ausgeliefert hatten, hatten auch keine andere Wahl. Dort starben sie dann. Da gab es zum Beispiel einen Juden aus Basel, von der Gestapo bezahlt, der mehr als hundert Menschen in die Hölle von Auschwitz gebracht hatte. Seine Opfer erkannten ihn und schlugen auf ihn ein. Er bat die SS um Schutz. Am nächsten Morgen fand man seinen Leichnam in den elektrischen Drähten.«[38]

Auerbach beschrieb auch Strafmaßnahmen, die er im Lager beobachtete: »Wenn einer von uns etwas angestellt hatte, wurde er in die sogenannte Röhre gesteckt, den Durchgang zwischen den elektrischen Zäunen nahe dem Eingang, wo er über mehrere Stunden Körperübungen absolvieren musste. Er musste strammstehen und hungern, und nach sechs Uhr, wenn die Arbeitskommandos zum Lager beim Klang der Trommeln zurückkamen, erhielt er seine Strafe. Wenn er Glück hatte, bekam er nur 25 Schläge. 25 Schläge mit einer Lederpeitsche verursachten blutige Streifen, zerrissen die Hose zu Streifen und machten es für mehrere Tage unmöglich zu sitzen oder zu liegen. Wenn er Pech hatte, wurde er in den Bunker des Blocks 11 gebracht, wo er geschlagen und festgebunden wurde. Dort verloren viele Kameraden ihre Zähne oder die Fähigkeit noch zu stehen. Unser treuer Kamerad Jakobs, ein früherer Trainer von Schmeling [Max Schmeling, der Boxer, HHK], war der gute Geist des Bunkers. Er kümmerte sich darum, dass die unschuldigen Kameraden genug zu essen bekamen, um ihre Erschöpfung zu überwinden. Der Henker der SS war ein Gefangener, ein ehemaliger Capo des Krematoriums von Birkenau, Franz Weber, ein Mann wie ein Bulle. Er war es, der die Schläge verabreichte und der die eigenen Kameraden an den Galgen hochhob, in der Nähe der Küche errichtet. Abends mussten Tausende zusehen, wie ihre Kameraden hingerichtet wurden, denen es nicht gelungen war zu fliehen. Ein paar Wochen bevor das Lager evakuiert wurde, wurden Gefangene exekutiert, die zu fliehen versucht hatten. Und einer dieser mutigen Männer rief, während er starb: Lang lebe die Soziale Revolution auf der Welt. Nieder mit Hitler! Die traurige Gestalt des Rapportführers Klausen fand nichts dabei, dem sterbenden Mann noch einmal mit einer Pferdepeitsche ins Gesicht zu schlagen. Während des Appells am Abend zitterten wir jedes Mal, wenn wir den Galgen sahen, weil wir wussten, dass gute Kameraden ihr Leben geben mussten.«

Vermutlich haben nur wenige Gefangene die krassen Gegensätze des Vernichtungslagers – hier die brutalen Demütigungen und Morde, da die ruhige Arbeitsatmosphäre der Abteilung für Schädlingsbekämpfung – so erlebt wie Philipp Auerbach. Sie sind es, die seine Auschwitz-Erfahrungen besonders erscheinen lassen. Vielleicht waren sie auch ein Grund dafür, weshalb er sich, womöglich mehr als seine Mitgefangenen, mit dem Phänomen des SS-Mannes beschäftigte, mit seinen Launen und Ideen, seinen Vorlieben und

Abneigungen. Denn er begegnete diesen Männern – und den wenigen Frauen in Uniform – ganz offensichtlich in ihren extremen Ausprägungen.

Natürlich war es für jeden Häftling von existenzieller Bedeutung, das SS-System und seine Protagonisten zu verstehen. So kam der österreichische Häftling Benedikt Kautsky rückblickend zu dem Schluss: »Nichts wäre falscher, als zu glauben, die SS wäre eine Horde von Sadisten, die aus eigenem Antrieb, aus Leidenschaft und Gier nach Lustbefriedigung Tausende Menschen gequält und misshandelt haben. Die einzelnen, die so handelten, waren durchaus in der Minderheit; ihr Bild prägt sich nur deutlicher ein, weil es schärfer profiliert ist als das des farbloseren Rohlings, der sein Pensum an Brutalitäten vorschriftsmäßig, sozusagen bürokratisch erledigt, ohne je seine Mittagspause zu versäumen.«[39] Philipp Auerbach traf bei der Arbeit offenbar vor allem die kultivierte Variante dieser am Massenmord nach Dienstplan beteiligten Männer.

Über den SS-Untersturmführer Dr. Georg Kunike[40], den Wissenschaftler seiner Abteilung, einen Zoologen, schrieb er, dieser sei »ein nobler Mann, der mit der Brutalität der SS nichts zu tun hatte (...). Er behandelte uns immer sehr freundlich, tat für die Häftlinge, was möglich war, und ich bin nicht in der Lage, mir vorzustellen, wie ein Mann von solcher Bildung und Freundlichkeit die Uniform eines Offiziers der SS tragen konnte.«[41] Ganz ähnlich schilderte auch Bernard Klieger seinen Eindruck von Kunike: »Dieser Mann wirkte beim ersten Anblick furchterregend. Überlang, hager, ein völlig zerknittertes Gesicht mit einem Ausdruck, als fräße er jeden Tag zum Frühstück zehn Juden. Aber er war gar nicht so. Im Gegenteil. Ich weiß genau, dass sich Dr. Kunike sehr unglücklich in seiner SS-Uniform fühlte. Er ist der einzige der vielen hundert SS-Führer, die ich im Laufe der Zeit kennenlernte, dem ich uneingeschränkt bescheinigen kann, dass er wirklich anständig und menschlich war. Nicht etwa deswegen, weil er heimlich sein Essen mit verschiedenen Häftlingen teilte, nein, wegen seines ganzen Benehmens uns gegenüber. Wenn er mit uns sprach, fühlten wir, dass er uns als gleichberechtigt ansah. Er diskutierte mit uns über historische und philosophische

Themen in einer Form, die uns vergessen ließ, dass wir Häftlinge waren und er unser Herr.«[42]

Das ist eine bemerkenswerte Aussage. Philipp Auerbach sah es, wenngleich in weniger Worten, offenbar genauso. Und doch muten die Beschreibungen der beiden eigenartig an. Nicht weil es Grund gäbe, an den gepflegten Umgangsformen Dr. Kunikes oder an seinen elaborierten Einlassungen zu Geschichte und Philosophie zu zweifeln. Aber als Wissenschaftler, der im Mai 1933 der NSDAP beigetreten war[43] und dann im Nazi-Staat Karriere machte, kannte er sich wahrscheinlich auch besser als alle anderen mit den Stoffen aus, die in seiner Abteilung lagerten. Dazu gehörte Zyklon B, ein Gas, mit dem man Ungeziefer bekämpfen konnte, in der Landwirtschaft beispielsweise, in Schiffsrümpfen oder in Kasernen. Es war aber auch das Gas, über dessen Einsatz sich der Kommandant Höß so begeistert gezeigt hatte, weil es ihm und seinen Männern das Morden von Juden erleichterte: »Mir graute immer vor den Erschießungen, wenn ich an die Massen, an die Frauen und Kinder dachte. Ich hatte schon genug (…) befohlen. Nun war ich doch beruhigt, dass uns allen diese Blutbäder erspart bleiben sollten, dass auch die Opfer bis zum letzten Moment geschont werden konnten.«[44]

Nach dem Krieg musste Kunike vor Gericht aussagen. In dem Prozess in Frankfurt ging es um die Verantwortung und das Wissen von Gerhard Peters, dem Geschäftsführer der Deutschen Gesellschaft für Schädlingsbekämpfung (Degesch).[45] Seine Firma besaß das Vertriebsmonopol für Zyklon B und lieferte es mithilfe der Hamburger Firma Tesch & Stabenow in immer größerer Menge an das Konzentrationslager Auschwitz. Wusste der Blausäure-Spezialist Peters, wozu die bereitgestellten Zyklon B-Dosen benutzt wurden? Kannte er den Grund dafür, dass die SS nicht länger, wie bis dahin üblich, mit einem Duftstoff versetztes Zyklon B anforderte, mit dessen Hilfe man versehentlich austretendes Gas besser entdecken konnte? Das Konzentrationslager Auschwitz wünschte ausdrücklich Zyklon B ohne jeden Geruch.

Natürlich bestritt Peters, von der konkreten Verwendung dieses anders hergestellten Gases irgendeine Ahnung gehabt oder den

Grund für die Modifikation des gelieferten Produkts gekannt zu haben. Zwar hatte der Chef der Firma Tesch & Stabenow nach einem Besuch in Auschwitz seinen Angestellten gegenüber bereits 1942 davon gesprochen, dass man Zyklon B benutze, um Menschen zu vergasen. Der Geschäftsführer der Degesch aber wollte davon noch nie gehört haben. Und Kunike assistierte ihm bei seinen Ausreden vor Gericht. Auch er behauptete, weder Zyklon B in Auschwitz gesehen noch von dessen Verwendung in den Kammern Birkenaus gewusst zu haben.[46]

Im sogenannten Wilhelmstraßen-Prozess gegen führende Köpfe des Auswärtigen Amtes und anderer Ministerien des Deutschen Reichs, der von 1947 bis 1949 in Nürnberg verhandelt wurde, berichtete der Zeuge Philipp Auerbach auf die Frage des Anklägers Robert Kempner, ob er Zyklon B in Auschwitz zu Gesicht bekommen habe: »In der Tat. Als Chemiker hatte ich die Gelegenheit, in meiner Abteilung mit diesem Gas zu arbeiten, weil wir verschiedene Räume gegen Bettwanzen desinfizieren mussten. Eines Tages kam ein Obersturmführer zu mir und bat mich um zwei Einheiten des Gases für das Krematorium, weil die Lieferung der I. G. Farben noch nicht angekommen war. Ich entgegnete ihm, dass ich die zwei Dosen selbst brauchte, um die Bettwanzen zu töten, und sie ihm darum nicht geben konnte. Dafür erhielt ich 25 Stockschläge Prügel.«[47]

Und Rudolf Höß hatte am 20. Mai 1946 in einer eidesstattlichen Erklärung Folgendes zu Protokoll gegeben: »Von Zyklon B wurden zwischen 5 und 7 Büchsen von je einem Kilo für die Vergasung von 1500 Menschen benötigt; die Zahl der Büchsen schwankte je nach der Größe der Gaskammer und nach den Witterungsverhältnissen, das heißt, bei kaltem und feuchtem Wetter wurden 2 oder 3 zusätzliche Büchsen benötigt (...). Ich kann mich der genauen Mengen Zyklon B nicht erinnern, rechne aber, dass mindestens 10 000 Büchsen, das heißt 10 000 Kilo im Verlauf von 3 Jahren, geliefert worden waren. Diese Zahl ergibt sich aus der Berechnung, bezogen auf die Zahl von 2,1 Millionen vergaster Menschen und den Verbrauch von durchschnittlich 6 Büchsen für 1500 Menschen.«[48]

Ganz offensichtlich waren Höß und die SS also beste Kunden bei der Degesch. Und hatten akribisch erkundet, wann und wie deren Erfolgsprodukt am besten wirkte. Im Übrigen hatte der SS-Obersturmführer Kurt Gerstein Peters 1943 in eine »geheime Reichssache« eingeweiht, als er diesen mit der Lieferung von Zyklon B ohne Geruchsstoffe beauftragte, damit, wie Peters später vor Gericht behauptete, »auf Befehl des Reichsführers SS gewisse Verbrecher, unheilbar Kranke und geistig Minderwertige getötet würden«.[49] Das galt Gerstein wie Peters als »humaneres« Töten. Und je länger sich die Revisionsverfahren von Peters in den fünfziger Jahren hinzogen, desto weniger nahmen auch seine Richter daran Anstoß. Sie sprachen ihn schließlich frei.

Im ersten Prozess gegen Peters 1949 vor dem Landgericht Frankfurt sollte auch Philipp Auerbach aussagen. Er erinnerte sich, ebenso wie zwei andere Zeugen, Peters 1944 bei einer Besprechung in Auschwitz begegnet zu sein, an der auch Kunike teilgenommen habe: »Dr. Peters war wiederholt in Auschwitz. Ich habe ihn selbst im Büro des Sturmbannführers Pflaum gesehen.«[50] Beide, Peters und Kunike, bestritten das ebenso energisch wie jede Kenntnis des Zyklon B-Einsatzes in den Gaskammern. Kunike bezichtigte Auerbach sogar der Lüge. Der Frankfurter Oberstaatsanwalt machte dazu in einem Schreiben an Auerbach die Bemerkung, »dass alle vernommenen SS-Bewachungsmannschaften nichts von Vergasungen gewusst haben wollen, während die Häftlinge offenbar wesentlich besser unterrichtet waren«.[51]

Die Berichterstattung über den Degesch-Prozess wiederum veranlasste den Ingenieur Walther Bergmann, sich an die Schreibmaschine zu setzen. Er schickte am 22. März 1949 einen Brief an die Staatsanwaltschaft, um seiner »Verwunderung darüber Ausdruck zu geben (…), dass es Menschen gegeben haben könnte, die einmal nach Mitte 1942 auch nur einen Tag in Auschwitz waren und nichts von den gewaltsamen Tötungen gehört haben wollen. (…) Ich selbst hatte für meine Firma in Auschwitz auf Grund einer Ausschreibung der Reichsbahn Arbeiten für die Erweiterung des Bahnhofs übernommen und sah bei meiner ersten Anwesenheit auf dieser Baustelle schon so viel von den grausamen Verhältnissen dort, dass ich sofort den Entschluss fasste, (…) möglichst bald wieder aus diesen Verhältnissen hinauszukommen (…). Dabei war damals das furchtbare Mordsystem erst in den Anfängen, ich muss aber nochmals betonen, dass ich es für ganz unmöglich halte, dass ein Mensch, selbst wenn er mit dem Lager wie auch ich und meine Leute nichts zu tun hat, nichts von diesen Ungeheuerlichkeiten gewusst haben sollte. Sollte Herr Dr. Peters niemals mit einem dieser vielen Herren gesprochen haben?«[52]

Das Morden in den Gaskammern fand im Herbst 1944 ein Ende. Vermutlich wurden die letzten Menschen in Auschwitz am 2. November mit Zyklon B umgebracht.[53] Vorher hatte die SS bereits mit Lieferschwierigkeiten zu kämpfen, weil alliierte Flugzeuge eine Produktionsstätte der Degesch in Dessau bombardiert und schwer beschädigt hatten. Entscheidender aber war die immer näher rückende Front. Die Führung des Lagers beschäftigte sich damit, Beweise für den Massenmord zu vernichten. Man wollte deshalb auch die Krematorien zerstören. Davon wiederum hatten die Häftlinge Wind bekommen. Was dem einen eine gute Nachricht zu sein schien, würde für andere verheerende Konsequenzen haben. Dem sogenannten Sonderkommando, jenen Männern also, welche die ankommenden Menschen in die Gaskammern treiben, ihre Leichen anschließend heraustragen und diese dann in den diversen Krematorien verbrennen mussten, nachdem sie ihnen die Goldzähne gezogen und die Ohrringe abgerissen hatten – diesen meist jüdischen Häftlingen war klar, dass man sie als unmittelbare Augenzeugen niemals mit dem Leben davonkommen lassen würde. Tatsächlich hatte die SS viele von ihnen in den Jahren davor bereits ermordet. War der Tod aber sicher, so die Überlegung der Männer des Sonderkommandos und der mit ihnen kooperierenden Widerstandsgruppen im Herbst 1944, konnte man sich auch zur Wehr setzen.

Einige dieser Männer notierten schon seit einer Weile, was sie erlebt hatten, und versteckten die eng beschriebenen Zettel, um für die Nachwelt Zeugnis abzulegen.[54] Sie vergruben ihre Tagebuchaufzeichnungen im Erdreich, nachdem sie sie in Flaschen gepresst und diese wiederum mit Wachs versiegelt hatten. Oder sie hatten ihre Berichte zuvor in Essgeschirr gepackt und mit Ziegelsteinen beschwert, bevor sie diese verbuddelten. Die Aufzeichnungen von Salmen Gradowski, Salmen Lewenthal oder Lejb Langfuss gehören zu den beeindruckendsten und schrecklichsten Augenzeugenberichten aus Auschwitz. Einige dieser Dokumente, zum Teil feucht geworden und kaum zu entziffern, fand man schon kurz nach der Befreiung des Lagers, andere noch lange danach. Geschrieben im Bewusstsein eines sicheren Todes, sind es Schilderungen des unmittelbaren Erlebens, keine Erinnerungen im Nachhinein. Darunter finden sich auch Beschreibungen des Aufstands vom 7. Oktober 1944.

Gegen Mittag waren Häftlinge des Sonderkommandos auf dem Appellplatz des Krematoriums IV in Birkenau angetreten. Den SS-Leuten fiel auf, dass eine große Zahl von Gefangenen fehlte. Die Situation kam ihnen so verdächtig vor, dass sie ihre Waffen zückten. In diesem Augenblick stürzten sich die Häftlinge auf sie, angeführt von einem Mann namens Chaim Neuhoff. In den Wochen vorher hatten sich die Gefangenen heimlich Hämmer, Äxte und Messer besorgt, Gold gegen Revolver eingetauscht und weibliche Häftlinge dafür gewonnen, aus einer Fabrik in der Nähe jeden Tag Sprengstoff in kleinsten Mengen in den Säumen ihrer Anstaltskleidung herauszuschmuggeln. Nun versuchten die Männer des Sonderkommandos, die SS-Wachleute zu überwältigen. Mit selbstgebauten Granaten gelang es ihnen, das Krematorium in Brand zu stecken.

Der Rauch alarmierte ihre Kameraden beim Krematorium II. Die hielten den Qualm und die Flammen für das Zeichen zum Beginn des Aufstandes. Auch sie überwältigten oder erschlugen einen Capo und weitere SS-Leute, rissen den Zaun ein, der zugleich die Grenze zum Frauenlager darstellte, und erwarteten nun einen großen Kampf gegen die deutschen Bewacher. Tatsächlich aber brach die Revolte zusammen, kaum dass sie begonnen hatte. Allem Anschein nach hatte ein Verräter aus den eigenen Reihen die SS informiert. Die umzingelte in kürzester Zeit das Gelände um die Krematorien, brachte Maschinengewehre in Stellung und eröffnete das Feuer. Einigen Häftlingen gelang es noch, in ein nahe gelegenes Waldstück zu flüchten und sich in einer Scheune zu verschanzen. Doch die SS schnitt ihnen jeden Weg ab, setzte die Scheune in Brand und ermordete alle Häftlinge, die sie zu fassen bekam.

Etwa 250 Aufständische verloren bei dem Kampf ihr Leben. Am selben Abend noch wurden die Leichen der getöteten Männer zurück auf das Gelände des Krematoriums IV geschafft. Die SS erschoss weitere 200 Häftlinge des Sonderkommandos. Gescheitert war der Aufstand nicht bloß an der Übermacht der SS oder am Verrat, sondern auch an der Entscheidung der politischen Widerstandsgruppen im Stammlager, sich an der lang geplanten Revolte nicht zu beteiligen. Ihnen erschien es aussichtsreicher zu warten, bis die Rote Armee das Lager erreichte. Gescheitert war der Aufstand darüber hinaus wohl, weil die Menschen in Birkenau dem Tode von vornherein viel näher waren, weil sie weniger Hoffnung hatten als ihre Kameraden im Stammlager.

Doch selbst die scheinbare Vergeblichkeit eines so aussichtslosen Aufbegehrens enthielt etwas Sinnvolles. Salmen Gradowski, der am 7. Oktober ums Leben kam, hatte einen Monat zuvor in einem seiner später gefundenen Texte über einen anderen Aufstand geschrieben, der geplant gewesen war, aber nie stattgefunden hatte: »Wir, das Sonderkommando, wollten unserer schrecklichen Arbeit, die uns unter Androhung des Todes aufgezwungen wurde, seit Langem schon ein Ende setzen. Wir wollten eine große Tat vollbringen.«[55]

Was Philipp Auerbach von dem Aufstand wusste, welche Kenntnisse er vor oder nach dem Ausbruch erhielt, ist nicht bekannt. Er selbst hat darüber in dem Manuskript über seine Zeit in Auschwitz kein Wort verloren. Auch wenn er als Desinfektor der Abteilung Schädlingsbekämpfung mehr herumkam als andere und daher das Lager Birkenau ebenso kannte wie das gigantische Magazin Kanada, waren seine Kontakte zu den politischen wie zu den ostjüdischen Häftlingen offenbar nicht besonders eng. Bei den einen mag eine Rolle gespielt haben, dass sie als Kommunisten konspirativ in einem engen Netzwerk miteinander verbunden waren; bei den anderen, dass sie sich auf Polnisch oder Jiddisch verständigten, Sprachen mithin, die Auerbach fremd waren. Zudem ging es ihm wohl ähnlich wie den anderen Gefangenen des Stammlagers, viele politische eingeschlossen: Alliierte Bomber tauchten nun öfter am Himmel über dem Lager auf, die dröhnenden Einschläge von Granaten der sowjetischen Artillerie kamen immer näher. Die SS-Wachen, die mit dem Verbrennen von Akten alle Hände voll zu tun hatten, und das Ende der Deportationszüge – all das nährte die Hoffnung auf baldige Rettung.

Natürlich hörte das Morden nicht auf. Auch wenn die Gaskammern außer Betrieb waren, töteten die SS-Männer weiter. Sie erschossen die Häftlinge, prügelten sie zu Tode oder hängten sie auf. Viele Gefangene starben in den letzten Monaten des Jahres 1944 zudem schlicht an Krankheit und Erschöpfung. Wer noch am Leben war, den trieb nun eine neue Sorge um: Würden die Wachmannschaften vor ihrem Abzug jeden umbringen, damit niemand davon berichten konnte, was Auschwitz war? Je näher die Rote Armee kam, je nervöser und betrunkener die SS-Männer, umso größer die Angst – vor allem bei denen, die auf der Krankenstation lagen. Viele, die noch bei Kräften waren, und viele der potenziellen Aufständischen hatten die Deutschen vorsorglich in andere Lager nach Westen geschickt – nach Buchenwald, Flossenbürg, nach Bergen-Belsen oder nach Dachau. Was würde mit allen anderen geschehen?

Anfang des Jahres 1945 rückten die Soldaten der ersten ukrainischen Front der Roten Armee immer weiter vor. Mit jedem Bombenangriff der Alliierten, mit jeder Nachricht über das Kriegsgeschehen schien ein Ende des Schreckens greifbarer zu sein. Nachts lag das Lager Auschwitz weitgehend im Dunkeln, um keine Aufmerksamkeit zu erregen.

In der Nacht des 17. Januar riefen die SS-Wachen schließlich alle Häftlinge zusammen, ließen sie durchzählen und teilten sie in Dutzende von Kolonnen auf, die sich zum Abmarsch bereit machen sollten. Häftlingsärzten wie dem österreichischen Gefangenen Dr. Otto Wolken hatten sie befohlen, Listen darüber aufzustellen, wie viele Kilometer die Kranken jeweils laufen könnten. »Wird's bald. Soll ich Euch Beine machen?«, herrschte ein SS-Mann Mediziner und Pfleger an, wie sich Wolken später erinnerte. »Glaubt ihr, ich bleib da, bis die Russen kommen?« Unter den Bettlägerigen und besonders Schwachen breitete sich Panik aus. Die SS begann, das Lager Auschwitz zu evakuieren. Alle Gehfähigen mussten antreten. Die anderen ließen sie einfach zurück. »Ich war ungeheuer erregt«, so Wolken, »als ich an die näherkommende Freiheit dachte, spürte aber auch lähmende Angst, wie sie nur empfinden kann, wer in der Todeszelle die letzten Tage vor der Hinrichtung heranbrechen sieht und nicht weiß, ob seine Bitte um Begnadigung günstig entschieden oder abgelehnt wird.« Er entschied sich, mit anderen Ärzten und Pflegern zu bleiben, und sich um die 2000 Kranken zu kümmern.[56]

Zwischen dem 17. und 23. Januar verließen etwa 60 000 Häftlinge unter SS-Bewachung den Lagerkomplex Auschwitz-Birkenau. Es sollte weitere vier Tage dauern, bis die Russen eintrafen. Primo Levi beschrieb den Augenblick der Befreiung so: »Es waren vier junge Soldaten zu Pferde, vorsichtig ritten sie mit gehobenen Maschinenpistolen die Straße entlang, die das Lager begrenzte. Als sie den Stacheldraht erreicht hatten, hielten sie, um zu beobachten, wechselten einige kurze und furchtsame Worte und blickten wieder, von einer seltsamen Scheu gebannt, auf die durcheinanderliegenden Leichen, auf die zerstörten Baracken und auf uns wenige Lebende.« Levi selbst gehörte zu jenen, die zu schwach für den Marsch waren und weder an ihren Krankheiten gestorben noch von der fliehenden SS ermordet worden waren.[57]

»Leider dauerte es zu lange, bis sie tatsächlich das Lager erreichten«, schrieb Philipp Auerbach über die Enttäuschung derer, die zum Todesmarsch hatten antreten müssen.[58] »Wir mussten noch eine Wagenladung Seife für den Führer abschicken. Um sechs Uhr abends musste meine Gruppe abmarschieren. Zwei Brote, eine Dose Fleisch und eine Portion Margarine bekam jeder von uns.« Es war der 18. Januar, ein Donnerstag. Auf den Straßen und Feldern lag hoher Schnee. Die Temperaturen waren weit unter den Gefrierpunkt gesunken, als sie sich zu Fuß auf den Weg machten.

KAPITEL 8

Buchenwald, Februar 1945

»Es war schrecklich kalt. Viele besaßen keinerlei Handschuhe, andere hatten nur löchriges Schuhwerk, und wir alle trugen nicht mehr als unseren Häftlingsanzug und einen dünnen Mantel darüber. Wegen des tiefen Schnees fiel es schwer zu laufen. Auf beiden Seiten der Kolonne, alle fünfzig Meter, gingen SS-Soldaten mit Gewehr und Pistole. Jeder Gefangene, der den Marsch nicht länger durchhielt und bloß für ein paar Minuten ausruhen wollte, wurde durch Genickschuss getötet.« So fängt Philipp Auerbachs Schilderung des Todesmarsches an.[1]

»Die Evakuierung hatte bereits um vier Uhr morgens begonnen, und wir, die wir um sechs Uhr abends losmarschiert waren, sahen entlang des Weges die Toten, Zeugen für die Brutalität der SS-Leute. Hier lag ein Mann, da eine Frau, da wieder einer, mit einem Schuss in den Schädel, aber noch lebendig. Er musste eine ganze Weile leiden, bis einer der folgenden SS-Männer sich seiner annahm und ihn tötete. Ich habe auf dem Weg von Auschwitz nach Pless 363 Leichen gezählt. Alle paar Minuten kündete ein dumpfer Knall davon, dass wieder einer unserer Kameraden umgebracht worden war. Es diente uns als Warnung, und so stapften wir weiter durch den tiefen Schnee wie müde Tiere, 30 Kilometer in der ersten Nacht.«

Nichts hat Philipp Auerbach in seinen Aufzeichnungen nach dem Krieg so detailliert beschrieben wie den Marsch von Auschwitz Richtung Westen, ganz so, als hätten diese sechs Tage und Nächte den tiefsten Eindruck aus fünf Jahren Gefangenschaft hinterlassen. So, als wären die elenden Verhältnisse in den diversen Haftanstalten, die Verhöre, die Drohungen und die Gewalt, deren Zeuge und Opfer er bis dahin gewesen war, harmlos im Vergleich zu diesen Januartagen gewesen.[2] Es lässt sich darüber bloß spekulieren, weshalb Auerbachs Bericht so ausführlich und eindringlich ist. Weil die letzten

Ereignisse sich tiefer einprägen als die älteren? Wohl kaum. Weil das Maß an körperlicher Erschöpfung nie größer war und damit auch die Gefahr, einfach nur noch deshalb ermordet zu werden, weil man für einen Moment nicht mehr aufstehen und gehen konnte? Auch das scheint eher unwahrscheinlich, wenn man über so lange Zeit immer wieder Zeuge des Mordens aus geringstem Anlass gewesen war. Weil die Rettung so nah war wie nie zuvor seit der ersten Festnahme in Antwerpen im Mai 1940 – und gleichwohl auch der Tod? Vielleicht.

Noch etwas anderes fällt bei der Lektüre dieses Berichts auf: Selbst in der Extremsituation war Auerbach in der Lage gewesen, Optionen abzuwägen. Dabei mag ihm geholfen haben, dass er als zuvor privilegierter Häftling eines Spezialkommandos vermutlich besser genährt war als andere Kameraden. Man muss darin aber vor allem den Ausdruck enormer mentaler Stärke sehen. Als in der Nacht ein Schneesturm einsetzte und viele Flüchtlinge die Gelegenheit für günstig hielten zu fliehen, forderte Auerbach seine Kameraden auf, ruhig zu bleiben und abzuwarten. Während sie sich in dem Waldstück gegenseitig mit Schnee einrieben, um den Kreislauf in Schwung zu halten, bevor sie den Marsch fortsetzen mussten, hörten sie in der Ferne Maschinengewehrfeuer. Jene, die es gewagt hatten zu fliehen, verloren dort gerade ihr Leben.

Am nächsten Morgen, nach zwölf Stunden des Stapfens durch tiefen Schnee und über vereiste Pfade, wurde ihnen erlaubt, für ein paar Stunden in einer Scheune bei dem Städtchen Thesnow auszuruhen und sogar zu schlafen. »Wir hatten unseren Marsch kaum wieder aufgenommen, als ich auf dem Marktplatz des Dorfes eine schreckliche Szene sah. Eine Frau, vielleicht vierzig Jahre alt, hatte sich an einen Telegrafenmast gelehnt und sagte: Oberscharführer, ich bin am Ende, ich kann nicht mehr weitergehen. Der nahm seinen Revolver, ein dumpfer Knall, eine Leiche, die wegrollte, ein Befehl der Bestie: Los, zwei Männer her, schmeißt die Nutte in die Gosse!«[3]

In der zweiten Nacht beobachteten die Häftlinge, wie der Horizont rot erleuchtet war. Sie sahen das Aufflackern von Detonationen in der Ferne und verfolgten die Leuchtspuren russischer Geschosse. Am nächsten Morgen zogen Piloten der sowjetischen Luftwaffe im Tiefflug über die durch die Winterlandschaft trottenden Kolonnen hinweg, offenbar dicht genug, dass sie den erbärmlichen Zustand dieser Menschen erkannten und das Feuer auf sie nicht eröffneten. »Sie flogen eine Kurve über uns, und viele von uns hofften in dem Augenblick, dass wir ganz schnell befreit werden würden. Vergebens. Die Flugzeuge entfernten sich, und wir marschierten weiter durch den Schnee. Die Zahl der Leichen am Wegesrand wuchs unaufhörlich. Jeder von uns litt an Halluzinationen. Wir sahen Häuser, die es nicht gab, Bauernhöfe, die nicht existierten, und gingen weiter. Niemals hinsetzen war das Prinzip. Denn der, der sich im Schnee niedergelassen hätte, wäre vor Schwäche ohnmächtig und kurz darauf Opfer eines Genickschusses oder der Kälte geworden.«

Nach weiteren 30 Kilometern Fußmarsch erreichten Philipp Auerbach und seine Kameraden schließlich Loslau. Dort erfuhren sie, dass es mit der Bahn weitergehen würde. »Wir krochen auf die offenen Waggons, die noch von Kohlenstaub und anderem Unrat verdreckt waren.« Wieder erlebten sie eine schreckliche Szene: SS-Soldaten beschuldigten einen Pianisten, der in Auschwitz oft für Häftlinge und Wachmannschaften gespielt hatte, fliehen zu wollen. Sie schlugen auf ihn ein. Auf Knien flehte er um Nachsicht. Die SS-Leute aber zerrten den Mann über ein Feld und eröffneten das Feuer, bis er zusammenbrach. »Noch mehr Männer wurden hier erschossen, der Schnee verfärbte sich rot. Wo die Leichen unserer Kameraden lagen, sah es schwarz aus. Man quetschte 130 Männer in den offenen Waggon, ohne auch nur einen Tropfen eines warmen Getränks trotz der eisigen Kälte, fast ganz ohne Nahrung, hinter uns die SS mit Maschinengewehren, so fuhren wir los, ohne zu wissen, wohin.«[4]

In diesen Tagen hatte sich auch Rudolf Höß auf eine Reise durch den Süden Schlesiens begeben, um in seinem Dienstwagen die Evakuierung der Häftlinge zu inspizieren. In seinen Erinnerungen, die er in den Monaten vor seiner Hinrichtung im April 1947 in Auschwitz verfasste, behauptete er: »Die Wege der Leidenszüge waren leicht zu verfolgen, alle paar hundert Meter lag ein zusammengebrochener Häftling oder ein Erschossener. Allen Führern solcher Züge verbot ich auf das strengste, nicht mehr marschfähige Häftlinge zu erschießen. Sie sollten diese in den Dörfern an den Volkssturm abgeben. In der ersten Nacht traf ich auf der Straße in der Nähe von Leobschütz fortgesetzt erschossene Häftlinge, die noch bluteten, also vor Kurzem erst erschossen sein konnten. Als ich wieder bei einem Toten aus dem Wagen stieg, hörte ich ganz in der Nähe Pistolenschüsse. Ich lief drauf zu und sah gerade, wie ein Soldat sein Motorrad abstellte und einen an einem Baum lehnenden Häftling erschoss. Ich schrie ihn an, wie er dazu käme, was ihn die Häftlinge angingen. Er lachte mir frech ins Gesicht und fragte mich, was ich ihm denn zu sagen hätte. Ich zog meine Pistole und schoss ihn kurzerhand über den Haufen. Er war ein Feldwebel der Luftwaffe.«[5]

Der Zug, in dessen Waggons man die Häftlinge zusammengepfercht hatte, kam nur langsam voran. Fliegeralarm oder der Vorrang anderer Bahnen ließ sie immer wieder auf freier Strecke stehen bleiben. Bei einem Halt in Ratibor wurde Philipp Auerbach Zeuge einer erstaunlichen Szene. Einer der Gefangenen sprang vom Waggon herunter. Er salutierte vor den überraschten SS-Wachen und verschwand, bevor diese recht begriffen, was gerade geschah. Der Zug fuhr schließlich weiter, bis er das Konzentrationslager Groß-Rosen in Niederschlesien erreichte, ein Nebenlager des KZ Sachsenhausen.

Auch Rudolf Höß kam dort vorbei. Das allgemeine Durcheinander zurückweichender SS-Einheiten mit ihren Toten und Verletzten und nach Westen getriebener KZ-Häftlinge schilderte er so: »Auf dem Bahnhof Groß-Rosen wurden die anlaufenden Transporte gleich weitergeschickt. Aber nur die wenigsten konnten verpflegt werden. Groß-Rosen hatte selbst nichts mehr. In den offenen Loren lagen tote SS-Männer friedlich zwischen toten Häftlingen. Die Lebenden saßen darauf und kauten ein Stück Brot.«[6]

»Die Reputation von Groß-Rosen war so schlecht wie das Lager wirklich war«, beschrieb Philipp Auerbach seinen ersten Eindruck der für ihn achten Haftanstalt. Die Gefängnisaufseher unter den

Häftlingen, die zuvor den grünen Winkel getragen hatten, trugen jetzt eine Lederpeitsche. Als wir von den Waggons runterkletterten und ein paar Kilometer zum Lager hochmarschieren mussten, waren wir so schwach, dass wir uns kaum noch auf den Beinen halten konnten. Selbst die SS war schließlich so menschlich, einige der kranken Kameraden in Lastwagen zum Lager zu transportieren. Als sie am Eingang absteigen mussten, trat der erste Aufseher, selbst Häftling, sie mit Füßen und schlug diese armen, halb ohnmächtigen Männer mit der Lederpeitsche. Er sollte später kriegen, was er verdiente. Als man ihn nach Buchenwald verlegte, tötete man ihn wie einen Hund, und man fand in seinem Gürtel Goldmünzen und Goldzähne, die er von den ermordeten Kameraden gestohlen hatte.«[7]

Waren die Bedingungen im Lager immer schon schlimm gewesen, erwiesen sie sich nun als endgültig unzumutbar. Das Terrorsystem der Nationalsozialisten stand vor dem totalen Zusammenbruch, die Versorgung der Konzentrationslager funktionierte praktisch nicht mehr, und Groß-Rosen war restlos überfüllt mit aus dem Osten herangeschafften Gefangenen. »Das untere Lager, von den alten Häftlingen bewohnt, bestand aus relativ guten Baracken. Jener Teil aber, in den wir geführt wurden, war in einem fürchterlichen Zustand«, schrieb Auerbach. »Diese leeren Baracken, nicht überall wasserdicht und ohne jede Sanitäranlage, sollten je 1500 Männer aufnehmen. Es gab so gut wie kein Stroh. Die Häftlinge, halb wahnsinnig vor Hunger und Kälte, kämpften um eine Handvoll Stroh wie wilde Tiere. Sobald das Essen, viel weniger als in Auschwitz, verteilt wurde, mussten die Verantwortlichen energisch eingreifen und auf die wütende Menge sogar einschlagen, bevor die ganzen Lebensmittel vernichtet würden. Die Küche, die im unteren Teil des Lagers lag, war überhaupt nur in der Lage, für die 80 000 Männer zu kochen, indem sie Tag und Nacht arbeitete. Um zehn Uhr morgens gab es einen viertel Liter dünner Milchsuppe, um fünf Uhr nachmittags ein Brot für sechs Häftlinge, gegen drei oder vier Uhr morgens je einen halben Liter Steckrüben-Suppe. Da die Kriegsfront immer näher heranrückte und wegen des dauernden

Alarms waren die Essenholer gezwungen, den Weg über die steinigen Abhänge in völliger Dunkelheit zurückzulegen. Ukrainer aus dem Lager Nummer 5 griffen unsere Essenholer an und waren so gemein, unsere Kameraden in die Hochspannungszäune zu stoßen, um ihnen das Essen wegnehmen zu können. Auf diese Art gab es viele Verluste. Aber noch mehr Kameraden starben an Erschöpfung, Durchfall, und der zu großen Anstrengung des Marsches zum nächsten Lager.«[8]

Das Grollen der Kanonen kam immer näher. Jeden Augenblick konnten sowjetische Soldaten vor den Toren auftauchen. »Die Hoffnung auf Befreiung gab uns Auftrieb«, so Auerbach weiter. »Da erging ein eigenartiger Befehl: Alle Männer mit wunden Füßen und alle Schwachen sollten sich in zwei Blocks zusammenfinden. Es war schwer zu entscheiden, was man tun sollte, bedeutete dies doch nichts anderes als eine weitere Verlegung. Was sollten wir unseren schwachen Kameraden raten? Sie konnten nicht länger laufen und würden so höchstwahrscheinlich Opfer der SS werden. Was würde geschehen, wenn wir sie in die Blocks für die Kranken brächten? Als wir das Lager verließen, lagen dort etwa 500 schwache Patienten, und wir hatten keine Ahnung davon, was mit ihnen passieren würde.«[9]

Philipp Auerbach dürfte etwa zwei Wochen in Groß-Rosen gewesen sein – ganz genau lässt sich das nicht rekonstruieren –, als er um drei Uhr nachts den Befehl zum Aufbruch erhielt. »Unsere Essensration bestand aus einem viertel Laib Brot und einer dünnen Scheibe Wurst. Das sollte für sechs Tage und sechs Nächte reichen. Man erlaubte uns nicht, eine Decke mitzunehmen, viele von uns versuchten es trotzdem.«[10] Stunde um Stunde standen die Männer zunächst auf dem zentralen Versammlungsplatz des Lagers. In der Ferne donnerten die Geschütze, am Himmel drehten die Flugzeuge der Sowjets ihre Runden. »Plötzlich machte das Gerücht die Runde, Berlin habe sich ergeben, und die Russen wären nur wenige Kilometer von uns entfernt.« Aber kein Rotarmist kam.

Eine Gruppe nach der anderen verließ schließlich das Lager. Wieder wurden die Männer auf Eisenbahnwaggons geladen. »Alle waren verzweifelt, hungrig, fühlten sich schwach und hatten jede Hoffnung verloren. In der Dämmerung des Abends konnten wir das Geschützfeuer erkennen, unsere Befreier waren so nah, und doch waren sie so weit weg. Unser Zug rollte in die Nacht hinein. Hunger und Durst waren unsere ständigen Begleiter, wir hatten keinen Tropfen Wasser, keine Gelegenheit zu schlafen, ein paar von uns hatten immerhin noch ein Stückchen Brot. Schließlich hielt der Zug in Weimar an, vor uns der völlig zerstörte Bahnhof, der bei einem Luftangriff einen Tag zuvor getroffen worden war. Wir sahen die ausgebrannten Waggons, die Leichen unserer Kameraden, die gesprengten Gleise. Wir wurden nach Buchenwald geschafft.«[11]

Buchenwald unterschied sich in vielem von Auschwitz. Als Philipp Auerbach dort am 11. Februar 1945 als Häftling 128676 registriert wurde,[12] lag die interne Verwaltung des Lagers längst in den Händen der politischen Häftlinge. Sie hatten diesen Kampf gegen die Widerstände der Kriminellen für sich entschieden, je weiter der Krieg fortgeschritten war, und je schlechter die Organisation von SS und Lager funktionierte. Buchenwald hielt unter allen Lagern stets eine besondere Position inne, weil dort die Zahl der politischen Gefangenen besonders hoch war. Vor allem die Kommunisten, bereits in den ersten Jahren des Hitler-Regimes festgenommen und das Arbeiten in konspirativen Netzwerken gewohnt, hatten es geschafft, ein gewisses Maß an Autonomie zu erreichen. So gehörte es in Buchenwald zum Alltag, Schwache vor den schlimmsten Aufgaben zu schützen, Todgeweihte zu verstecken und Papiere zu fälschen, um Häftlinge vor unheilvollen Aktionen der SS zu bewahren. Bei allen Konflikten herrschte hier unter vielen Gefangenen eine bemerkenswerte Solidarität. Den Männern mit den roten Winkeln gelang es immer wieder und schließlich auf Dauer, den Einfluss der Kriminellen mit den grünen Winkeln zurückzudrängen. Im Herbst 1944, als nur noch fanatische Nationalsozialisten an den Endsieg glaubten, hatten sie schließlich auch die letzten Denunzianten in den eigenen Reihen umgebracht. Noch in einem anderen wesentlichen Aspekt unterschied sich Buchenwald von einem Lager wie Auschwitz: Es war ausschließlich Konzentrationslager und kein Vernichtungslager.

Hier wurden Menschen getötet, weil sie da waren. Hier waren sie nicht da, um getötet zu werden.

Als der Transport mit Auerbach ankam, spielte die SS längst nicht mehr dieselbe Rolle wie einst. Ihre Mannschaften wagten immer seltener, sich nachts noch in den Blöcken blicken zu lassen. Vorbei die Zeiten, da die Häftlinge auf dem Appellplatz hatten antreten müssen, um sich Adolf Hitlers Reden anzuhören. »Sie waren so endlos wie der Regen, der auf die kahlgeschorenen Köpfe strömte; ihre Wirkung war die gleiche: man schüttelte sie von sich ab«, erinnerte sich ein Häftling nach dem Krieg.[13] Erträglich war es darum in Buchenwald keineswegs. Die SS-Leute quälten und mordeten weiterhin. Seit Monaten gab es nicht genug zu essen. Die Hygiene war katastrophal. Nun platzte das Lager aus allen Nähten.

»Man sah nur wenige SS-Männer«, beschrieb Philipp Auerbach seine Ankunft. »Die Lager-Polizei erwartete uns am Eingang, in Fünferreihen marschierten wir durch das Tor mit der eigenwilligen Inschrift ›Jedem das Seine‹. Unsere Kolonnen wurden zum Desinfektions-Block geführt. In einem riesigen Zelt und auf den Wegen warteten bereits Tausende Menschen darauf, hineingelassen zu werden. Doch wegen der dauernden Luftangriffe gab es so wenig Wasser, dass wir einen ganzen Tag und die folgende Nacht hinter Stacheldraht auf matschigem Boden warten mussten. Nicht eine Scheibe Brot, nicht ein Schluck Suppe wurde verteilt. Wir waren kaum mehr in der Lage zu kriechen, als uns schließlich der Zugang zum Desinfektions-Block erlaubt wurde, nach sechs Tagen und sechs Nächten ohne Essen. Wir mussten alles abgeben. Ich durfte nicht mal das Foto meiner Frau und meines Kindes behalten, das ich in all den Jahren hatte retten können. Wir waren jedoch so erschöpft, dass nichts mehr einen großen Unterschied machte.«[14]

Auerbach kannte längst, was danach passierte. Man scherte den Häftlingen die Haare, rasierte sie und sandte sie in das Desinfektionsbad. »Doch wieder brach die Wasserversorgung zusammen, und wir mussten mehrere Stunden nackt warten, dass es weiterging. Endlich, der Morgen brach schon an, erlaubte man uns, den Block zu verlassen. Um sechs Uhr in der Frühe erhielten wir unsere erste

Suppe und ein Stück Brot. Weil wir zu den letzten gehörten, bekamen wir nicht mal unsere gesamte Ration. Zwei Männer hatten sich ein viertel Brot und einen Liter Suppe zu teilen. Nach dem schrecklichen Hunger, den wir erlitten hatten, und weil wir so schwach waren, konnten wir selbst das kaum aufessen.« Danach gab man den Männern ihre Uniformen, die alt, aber sauber waren, und abgenutzte Holzpantinen, jedoch weder Unterwäsche noch Strümpfe. Die Lager-Polizei führte sie in das sogenannte Kleine Lager. Auerbachs Block trug die Nummer 58.

Weil die Zahl der Häftlinge in den Jahren zuvor ständig gestiegen war, hatte man das sogenannte Kleine Lager errichtet.[15] Es bestand aus mehreren Baracken, eine schlimmer als die andere. »Unser Leben dort war erbärmlich, mehr wie ein Aufenthalt in einer Pferdebox«, erinnerte sich Auerbach. »Jeweils 12 Häftlinge wurden in einen Raum gestopft, so schmal, dass man nur seine Schuhe ausziehen, aber nicht mal auf seinem Rücken liegen konnte, sondern nur auf einer Seite, sechs Männer mit dem Kopf zur Tür, die anderen sechs in Gegenrichtung. Wer auch immer aufstehen wollte, musste alle anderen davon in Kenntnis setzen. Die Blockältesten waren zumeist ruhig und vernünftig, aber es gab auch Ausnahmen. Diese schlugen zu und brüllten herum. Am schlimmsten waren die Appelle um sechs Uhr nachmittags. Sie dauerten Stunden. Sie fanden auf den verschlammten Wegen des Lagers statt. Schwach und halb verhungert, wie wir waren, froren wir ungeheuer an diesen Februarabenden, und manch einer unserer Kameraden starb als Folge davon.«[16]

In den Nächten kamen die Häftlinge kaum zur Ruhe, und sie fürchteten den Morgen danach. »Sobald eine Sirene einen Angriff ankündigte, ging das Licht aus. Wir lagen in unseren Kojen wie Sardinen in einer Büchse, lauschten den Explosionen der Bomben und spürten, wie der Boden und die Wände bebten. Wir selbst zitterten vor Angst.« Weder das Essen noch die Hygiene in Buchenwald unterschied sich von dem, was die Männer in Groß-Rosen erlebt hatten. Medizinische Betreuung gab es kaum mehr. »Jeden Tag lagen die Leichen vor den Blocks, Pferdekarren machten die

Runde, um die nackten Körper zu holen wie Vieh. Im Kleinen Lager starben im Durchschnitt 200 Menschen pro Tag.«[17]

Der Krankenbau stand unter der Aufsicht und Verantwortung des ehemaligen kommunistischen Reichtagsabgeordneten Ernst Busse. Philipp Auerbach erwähnte ihn ausdrücklich: »Er tat, was er nur konnte.« Doch es wurde immer schwieriger, tatsächlich zu helfen. Obwohl hier Ärzte und Pfleger aus vielen Nationen ihr Bestes gaben, fehlte es an Medikamenten. Auch die Kranken bekamen kaum mehr zu essen, weil das Lager so überfüllt war und die ohnehin kargen Rationen ein paar Wochen zuvor um ein weiteres Viertel gekürzt worden waren.

Wieder geschah etwas für Auerbach Typisches: »Nach einigen Tagen ernannte man mich zum Produzenten, um Kohle aus Knochen herzustellen als Mittel gegen die Durchfall-Epidemie im Lager, und ich bin stolz darauf, dass es mir gelang, dieses Medikament herzustellen und so Hunderte, wenn nicht Tausende zu heilen, obwohl die mir zur Verfügung stehenden Möglichkeiten mehr als primitiv waren. Der ›Knochenkocher von Buchenwald‹ war mein Spitzname. So wurde ich schließlich Mitglied der Mannschaft des Krankenbaus. Es war ein erhebendes Gefühl, diesen Geist der Zusammenarbeit der Kameraden in Buchenwald zu erleben, und wir müssen uns dafür schämen, wie schäbig der Krankenbau in Auschwitz dagegen organisiert worden war.«[18]

Während Auerbach und seine Kameraden im Februar und März 1945 damit beschäftigt waren zu helfen, wo es noch möglich war, machten sich die Anführer der Häftlinge darüber Gedanken zu retten, was zu retten war. Schon in den Monaten zuvor hatten sie sogenannte Selbstschutz-Mannschaften unter den Insassen Buchenwalds aufgestellt, um mit einem bewaffneten Aufstand für die Befreiung kämpfen und sich gegen die SS wehren zu können, sollte diese die Insassen des Lagers allesamt zu liquidieren versuchen. Dazu hatten sie bereits im August 1944 das Chaos nach einem schweren Bombenangriff auf Buchenwald genutzt.[19] Aus dem Divisions-Nachschublager der SS hatten sie in jener Nacht so viele Gewehre, Pistolen, Karabiner und Handgranaten weggeschafft wie nur möglich. Das Bewusstsein, sich nicht kampflos ergeben zu müssen, nicht einfach abgeschlachtet zu werden, gab vielen Häftlingen ein Gefühl von Genugtuung, wenn nicht einer gewissen Sicherheit. Dennoch blieb die Lage kompliziert und prekär.

»Als die ersten Rückführungen aus evakuierten Lagern nach Buchenwald begannen, bildete sich ein merkwürdiger Zustand heraus«, so beschrieben es Häftlinge bald nach der Befreiung in einem Bericht für die US-Armee. »Die SS hatte, das Ende von außen kommen sehend, Angst vor der anonymen Masse der Zehntausenden von Häftlingen. Die Masse der Häftlinge hatte Angst vor der SS. Die Bevölkerung der Umgebung, besonders von Weimar, fürchtete das Lager für diese Tage wie der Teufel selbst.«[20] Überwältigte man die SS, so die Überlegung, musste man damit rechnen, dass sich die Menschen der Region, indoktriniert von jahrelanger Propaganda über die schrecklichen Verbrecher in Buchenwald und zugleich Profiteure der Zwangsarbeit dieser Menschen, ihrerseits zur Wehr setzen würden, weil sie die Rache der Häftlinge fürchteten.

Auch im Lager konnte sich niemand sicher sein, was mit ihm geschehen würde. Am 4. April ertönte über Lautsprecher der Befehl, dass sich alle Juden auf dem Appellplatz einzufinden hätten. Nun passierte etwas bis dahin Unerhörtes: Keiner kam. In dieser Nacht gelang es vielen Juden, irgendwo in der auf fast 50 000 Inhaftierte angewachsenen Menge unterzutauchen. Am nächsten Tag zogen die Scharführer der SS mit Knüppeln vor allem durch die Blöcke des Kleinen Lagers und holten dort heraus, wer ihnen in die Quere kam. So trieben sie etwa 1500 von 6000 jüdischen Häftlingen zum Appellplatz. Einen Tag später kam ein letzter Transport aus dem 50 Kilometer von Buchenwald entfernten KZ Ohrdruf an. Diese Häftlinge, vor allem ungarische Juden, berichteten, dass viele ihrer Kameraden auf dem Weg erschossen worden seien.

»Unser Gemütszustand war von großer Nervosität bestimmt in diesen letzten Wochen«, schrieb Philipp Auerbach später.[21] »Ständiger Alarm zeigte uns das Herannahen der Front. Das Grollen der Bomben bei Weimar und Erfurt, Jena und Gotha machte uns klar, dass wir mitten im Kriegsgebiet lagen. Jeden Tag diskutierten wir untereinander, ob man uns aus Buchenwald evakuieren würde. Evakuierung bedeutete 50 Prozent Tote, wie wir aus Auschwitz wussten. Jemand anders meinte, eine Evakuierung wäre unmöglich, weil wir längst umzingelt seien. Es bliebe ihnen gar nichts anderes, als uns alle umzubringen. Tag um Tag lebten wir mit derselben Unsicherheit. Ich stürzte mich in meine Arbeit. Ich verbrannte weiter Kohle für die Kameraden, die unter Durchfall litten, und steigerte die Produktion auf 30 Kilo am Tag. Außerdem stellte ich Seife her. Nachts, wenn ich auf meinem Strohsack zu schlafen versuchte, wühlten mich die Artillerie und die Bombenexplosionen auf. Die Nachrichten, die wir erhielten, waren günstig, und die Nervosität der SS wuchs.«

Neben der heimlichen Bewaffnung der Häftlinge verfolgten deren Anführer noch einen anderen Plan. Vier der besonders Prominenten, darunter der frühere belgische Minister Paul Soudan und der ehemalige französische Unterstaatssekretär André Marie, verfassten einen Brief an den Kommandanten des Lagers, Hermann Pister.[22] Darin bescheinigten sie ihm, stets loyal und korrekt gehandelt zu haben. Es war eine Art früher Persilschein, den Pister gern zu seinen Akten nahm, um sich und seine Familie nach dem Ende des Dritten Reichs schützen zu können. Der Brief, überbracht vom Friseur des Kommandanten, hatte die gewünschte Wirkung. Er hielt Pister davon ab, sich so brutal zu verhalten, wie dessen SS-Vorgesetzte es von ihm erwarteten.

Doch das allein reichte nicht. Weder kamen die Einheiten der US-Armee schnell genug voran, noch machte die SS Anstalten, das Lager aufzugeben und die Häftlinge ihrem Schicksal zu überlassen. Die Deutschen versuchten sogar noch, 46 Männer im Lager aufzuspüren und zu ermorden, die sie für die Anführer hielten.[23] Tatsächlich gelang es auch diesen Leuten, sich zu verstecken. Darunter befand sich der österreichische Gefangene Eugen Kogon, der nach dem Krieg mit seinem Buch *Der SS-Staat* über das System Buchenwald berühmt werden sollte. Kogon war in jenen Tagen der Mann, den die Häftlinge für eine weitere Kriegslist einsetzten.

Der Polizeifunk hatte gemeldet, dass in der Nacht zum 8. April 40

Fallschirmjäger beiderseits der Reichsautobahn südlich von Weimar abgesprungen seien, ohne gefasst worden zu sein. Das hatten die Gefangenen in Buchenwald gehört.[24] Die Häftlingsleitung verfasste daraufhin einen Brief, der angeblich von einem dieser Fallschirmjäger, Major James McLeod, War Office London, stammte und an den Lagerkommandanten von Buchenwald gerichtet war. Darin warnte der britische Offizier Hermann Pister davor, das Lager zu evakuieren und einen weiteren Todesmarsch zu befehlen. »Unsere Panzerkommandanten kommen jetzt, um Ihre Rechnung aufzumachen. Sie haben noch eine Chance«, schrieb der angebliche Fallschirmjäger. Diesen Brief schmuggelten die Häftlinge am 8. April aus dem Lager. Dazu benötigten sie die Hilfe eines SS-Mannes. Der sorgte dafür, dass Eugen Kogon mit dem Brief, in einer von mehreren Kisten versteckt und dann von ahnungslosen SS-Leuten aus dem Lager transportiert, nach Weimar gelangte. Während Kogon so den SS-Männern entkam, die nach ihm suchten, erreichte der Brief vier Stunden später den Kommandanten Pister in Buchenwald. Und er tat seine Wirkung. Zwar wurden weiterhin Häftlinge evakuiert, aber in kleineren Gruppen als ursprünglich geplant.

Kritisch wurde es noch einmal zwei Tage später, am 10. April, als der SS-Obergruppenführer und General der Waffen-SS Josias Georg Wilhelm Adolf Erbprinz von Waldeck und Pyrmont persönlich in Buchenwald erschien, um »Pister auf Vordermann zu bringen«.[25] In der Nacht zuvor hatte die SS alle Häftlinge, die sich noch in den Arrestzellen befanden, ermordet und einen Überlebenden aufgefordert, die Blutspuren an den Wänden mit weißer Farbe zu übertünchen.

»Um drei Uhr nachmittags war ich auf dem Weg zum Lager für die Desinfektions-Kontrolle«, erinnerte sich Philipp Auerbach an den Tag, an dem es dennoch relativ ruhig geblieben war. »Die Dächer der Blocks wie die Wege waren voll mit Kameraden, die mit ihren Händen winkten. Über uns in der Luft sahen wir zwei Bomber, die noch tiefer herankamen und über das Lager hinwegflogen. Sofort wurde eine Ausgangssperre verfügt. Niemand sollte erfahren, wie dringend wir sie brauchten. Gegen fünf drehte ein einzelnes

Flugzeug über dem Appellplatz eine Runde und machte Fotos. Der Pilot und sein Ausguck hatten offensichtlich dort die Leichen gesehen, weil die SS all jene erschossen hatte, die sich weigerten, das Lager zu verlassen. Nun waren wir sicher, dass man uns erhört hatte.« Tags darauf erhielten alle SS-Männer gegen 13 Uhr den Befehl, das Lager zu räumen. »Ich stand immer noch am Ofen und brannte Kohle, als der Oberscharführer, Unterscharführer und wie all diese Ränge hießen die letzten Pferde aus dem Stall holten, aufsattelten und aus dem Lager herausgaloppierten.«[26]

Die Häftlinge befanden sich in höchster Alarmbereitschaft. Denn sie hatten erfahren, dass die SS Tiefflieger vom nahen Flugplatz Nohra angefordert hatte, um das Lager mit seinen Insassen zu bombardieren. Doch die Stukas kamen nicht. Deren Befehlshaber hatte sich offensichtlich geweigert, den Auftrag auszuführen. Kommandant Pister und seine Adjutanten hatten das Lager längst verlassen, als der Polizeipräsident von Weimar in Buchenwald anrief. Ein Häftling nahm das Gespräch entgegen und versicherte ihm, der Kommandant sei anwesend, könne aber nicht an den Hörer kommen. Der Polizeipräsident wollte in Erfahrung bringen, wie weit die Amerikaner vorgerückt seien und ob man bereits alle Gefangenen umgebracht habe.

»Jeder Häftling nahm die Stellung ein, die man ihm zugewiesen hatte. Selbst in unserem Krankenbau tauchten plötzlich Waffen auf, versteckt von unseren deutschen Kameraden. Damit standen uns 45 Gewehre zur Verfügung«, schilderte Auerbach diese aufreibenden Momente im Nachhinein.[27] Zwei Stunden später zogen auch die Soldaten auf den Wachtürmen ab. Bewaffnete Häftlinge, die bereits seit einer Weile in Deckung lagen, rückten vor, während die ersten US-Panzer am Lager vorbei in Richtung der SS-Kaserne fuhren und dort in ein Gefecht verwickelt wurden. Die Häftlinge durchschnitten den Stacheldraht und besetzten die Türme sowie das Tor am Lagereingang, nachdem sie einen schwer bewaffneten SS-Mann, der dort noch immer ausharrte, überwältigt hatten. Um 15.15 Uhr am 11. April 1945 hissten sie auf Turm Eins die weiße Flagge. Als die amerikanischen Panzer in immer größerer Zahl aus

Richtung Nordwesten heranrollten, brach unter den Häftlingen Jubel aus.

»Beim Anblick einer amerikanischen Uniform kommt wie aus dem Nichts eine Horde von Gnomen und Trollen zum Vorschein«, beschrieben zwei GIs in einem geheimen Bericht an die Armeeführung ihre Ankunft im Kleinen Lager. »Sie drängen aus den Türen, als hätte man sie mit einer Kanone abgeschossen. Einige humpeln an Krücken, andere auf ihren Stümpfen (...). Fast jeder trägt einen gestreiften Sträflingsanzug, voller Flicken, oder das Grau-Schwarze, was von ihrer östlichen Kleidung geblieben ist.«[28]

Philipp Auerbach schrieb über diesen Moment: »Begeistert begrüßten wir ihre Ankunft. Überwältigt von unseren Gefühlen, begannen wir zu weinen.«[29]

Weil keiner sicher sein konnte, ob sich tatsächlich alle SS-Truppen ergeben hatten oder nicht doch noch einige von ihnen in den umliegenden Wäldern und Gebäuden herumstreunten, vielleicht gar einen Angriff auf das Lager planten, rückten die bewaffneten Trupps der Häftlinge kurze Zeit später aus, um gemeinsam mit US-Soldaten das Terrain zu sichern.

»Niemand, der in diesen glorreichen Stunden [nicht, HHK] dabei gewesen ist, wird je die Freude und das schwindelerregende Gefühl begreifen, das uns erfasst hatte«, schrieb Philipp Auerbach. »Doch für uns, die wir im Krankenbau arbeiteten, begann nun eine harte Zeit. Es gab 9000 Patienten, alle ernsthaft erkrankt. Jeden Tag waren 200 gestorben. Endlich war Hilfe da.« Auerbach setzte sogleich fort – nur unter weit besseren Bedingungen, weil endlich frei in seinen Entscheidungen –, was er in den Jahren zuvor gemacht hatte. Als die ersten GIs eintrafen, konnten sie kaum begreifen, was sie sahen. Ähnlich wie wenig später in Bergen-Belsen oder Dachau waren sie entsetzt. »Sie standen in den Krankenzimmern bewegt und berührt. Lebende Tote, menschliche Skelette. Wie war es überhaupt möglich, dass sie unter diesen Umständen noch am Leben waren?«, schilderte Auerbach ihren Schock beim ersten Besuch.

Amerikanische Armee-Ärzte übernahmen nun die Organisation des Krankenbaus und besorgten eilig Medikamente, Verbandsmaterial, Kleidung und Nahrung aus ihren Beständen. Die US-Offiziere ernannten Philipp Auerbach zum »Obersten Desinfektor« und vertrauten ihm die altbekannte Aufgabe an, Schädlinge zu bekämpfen und das Lager vor Epidemien zu schützen. Sechs Wochen lang hatten Tausende von Häftlingen in Buchenwald kaum einmal frisches Wasser bekommen. Eine Typhus-Epidemie grassierte. Auerbach war froh, als die US-Soldaten genug DDT herbeischafften, um das gesamte Lager zu desinfizieren und die Gefahr zu bannen. »Wir besiegten den Typhus«, schrieb er im Mai 1945. »Kurz vor der Befreiung hatten wir 180 Tote am Tag, inzwischen nur noch drei oder vier.«[30]

Während Auerbach seine neue Arbeit im Dienst der Patienten wie der Befreier aufnahm, geschahen im Lager Dinge, die er womöglich kaum wahrnahm. Zumindest erwähnte er sie nicht in seinem Bericht.

Als die Soldaten der 3. US-Armee Buchenwald besetzt hatten, »war der alte Haudegen General Patton so erregt von dem, was er sah, dass er seiner Polizei befahl, in Weimar tausend Bürger aufzutreiben und sie zu zwingen, mit eigenen Augen zu sehen, was ihre Führer getan hatten«, berichtete die US-amerikanische Fotoreporterin und Kriegsberichterstatterin Margaret Bourke-White. »Die Militärpolizisten waren so empört, dass sie mit zweitausend zurückkamen. Die eben befreiten Insassen des Lagers in ihren blauweiß-gestreiften Häftlingsanzügen kletterten auf die Zäune um den Hof. Dort warteten die Zwangsarbeiter und politischen Gefangenen darauf mitanzusehen, wie die Deutschen gezwungen wurden, den Haufen toter Kameraden anzuschauen. Frauen fielen in Ohnmacht und weinten. Männer bedeckten ihr Gesicht und drehten die Köpfe weg. Als die Zivilisten immer wieder riefen: Wir haben nichts gewusst, Wir haben nichts gewusst; gerieten die Ex-Häftlinge außer sich vor Wut. ›Ihr habt es gewusst‹, schrien sie. ›Wir haben neben euch in den Fabriken gearbeitet. Wir haben es euch gesagt und dabei unser Leben riskiert. Aber ihr habt nichts getan.‹ Selbst während der kurzen Zeit, die zweitausend Deutsche widerwillig auf dem Hof verbrachten, wuchs der weiße Leichenberg immer höher.«[31]

Kaum 48 Stunden waren seit der Befreiung vergangen, als US-General Dwight D. Eisenhower das Lager besuchte. Auch der Oberbefehlshaber der alliierten Streitkräfte in Nordwest- und Mitteleuropa zeigte sich so erschüttert von Buchenwald, dass er einige Tage später in London dem britischen Premierminister Winston Churchill riet, möglichst schnell Parlamentarier und Journalisten zur Besichtigung der Lager auf den Kontinent zu schicken. Inzwischen trafen auch erste Berichte über die Gräuel von Bergen-Belsen ein, das die britische Armee gerade befreit hatte. Eine Delegation von Parlamentariern, darunter Vertreter aller Parteien in Westminster, machte sich auf den Weg, obwohl der Krieg noch nicht beendet war. Sie traf bereits am 20. April – dem Geburtstag Adolf Hitlers – in Eisenhowers Hauptquartier im französischen Reims ein und flog am nächsten Tag in DC3-Militärmaschinen weiter nach Weimar.[32]

Wenige Tage später folgten ihnen Abgeordnete aus den USA und noch einmal einige Tage später eine Delegation amerikanischer Journalisten und Verleger. Man fürchtete, die Wirklichkeit der deutschen Konzentrations- und Vernichtungslager ginge so weit über alles Denk- und Vorstellbare hinaus, dass die Menschen nicht glauben würden, was man ihnen erzählte. Berichte bekannter Journalisten aus erster Hand sowie Fotos aus Buchenwald kurz nach der Befreiung sollten dabei helfen, die Öffentlichkeit mit dem Horror bekannt zu machen. Vor allem die Bilder von Margaret Bourke-White im Magazin *Life* trugen dazu bei, das Verbrechen so kurz nach seinem Ende bekannt zu machen. Der Rundfunkjournalist Edward R. Murrow vom Sender CBS beendete seinen Bericht mit den Worten: »Ich bitte Sie, mir zu glauben, was ich über Buchenwald gesagt habe. Ich habe berichtet, was ich gesehen und gehört habe, aber nur einen Teil davon. Für das meiste fehlen mir die Worte.«[33]

Allmählich besserten sich die Zustände im Lager. Bald schon konnten die Patienten die erbärmlichen Krankenstationen des Kleinen Lagers verlassen. Man verlegte sie in die Quartiere, die bis vor Kurzem noch der SS gedient hatten. Wer an Tuberkulose litt, wurde in eine eigene Klinik in der Nähe nach Blankenheim transportiert.

Schwere Fälle brachte man nach Jena ins Krankenhaus. Die Verantwortlichen unter den Amerikanern ernannten den Obersten Desinfektor Auerbach schließlich zum Obersten Zivilverwalter aller Krankenhäuser in der Region.[34] Während vor allem die ausländischen Gefangenen bald nach der Kapitulation der Deutschen am 8. Mai 1945 ihre Sachen packten und etwa nach Frankreich, Belgien, in die Niederlande oder die Tschechoslowakei zurückkehrten und sich Kommunisten sowie demokratische Sozialisten im Lager zu ersten Kongressen trafen, um die antifaschistische, antikapitalistische Zukunft Deutschlands, ja Europas zu planen, kümmerte sich Auerbach von morgens bis abends um all die Mithäftlinge, die weiter zu krank und zu schwach waren, um sich auf die Reise zu begeben. Das wurde bald zum Problem.

Denn Buchenwald sollte im Rahmen einer Vereinbarung der Siegermächte ab dem 1. Juli der sowjetischen Zone zugeschlagen werden, und die Generäle der Roten Armee drängten schon darauf, dass die Amerikaner ihre Sachen packten. Noch immer befanden sich mehr als 500 Patienten, darunter 34 Frauen, auf den diversen Krankenstationen, zu ausgemergelt, zu unsicher auf den Beinen nach den Fleckfieberversuchen an ihnen, zu ansteckend mit ihrer Tuberkulose, um sie aus der Klinik zu entlassen und einem unsicheren Schicksal auszuliefern. Darum schickten die US-Verwalter im Juni eine Kommission auf eine Reise in die amerikanische Zone nach Westen.[35] Der Befehl des kommandierenden Generals der Neunten US-Armee lautete, einen Platz für die Kranken von Buchenwald zu finden. Die Kommission bestand aus Philipp Auerbach, seinem Sekretär, einem ehemaligen Häftling, einem Sergeant der US-Armee, der als Medizinischer Direktor fungierte, und einer Mitarbeiterin des Nothilfeprogramms der Vereinten Nationen (UNRRA). Die vier machten sich auf den Weg nach Biedenkopf bei Marburg, um dort mit dem militärischen Verwalter und dem zuständigen deutschen Landrat über die Verlegung ihrer Patienten zu verhandeln.

So kurz nach der Befreiung zeigte Auerbach in seinem Engagement bereits einen Charakterzug, der seine Arbeit von nun an prägen sollte: Obwohl es weder dem US-Militär noch dem deutschen

Verwalter der hessischen Kleinstadt so recht passte, trotzte er ihnen die Einwilligung ab, diverse Gebäude, darunter ein Hotel und eine Jugendherberge, für die Evakuierung der Patienten zur Verfügung zu stellen. Danach erläuterte Auerbach seinen Vorgesetzen in einem ausführlichen Schreiben, was wann wer wie zu machen hatte, damit die Kranken sicher in den Westen gelangten. Nur fünf Tage später erhielt der zuständige General darüber hinaus einen von Auerbach initiierten Brief, der mit den Worten begann: »Wir, die Unterschreibenden, Chefarzt und Chefverwalter des Lagers Buchenwald, protestieren im Namen Gottes und aller Menschen in dieser Stunde gegen die Maßnahmen, die getroffen worden sind, um 500 Patienten des Lagers Buchenwald an einen unbestimmten Ort zu evakuieren. Über Monate waren wir für ihre seelische wie körperliche Behandlung verantwortlich und haben selbstlos gegen Krankheiten und Epidemien gekämpft. Jeden dieser Kameraden haben wir aus den Klauen der SS-Banditen gerettet, um nun Zeuge ihres schrecklichen Schicksals zu werden, verursacht durch das Missverstehen ihrer wirklichen Lage. Wir können nicht akzeptieren, wenn unsere Patienten ohne medizinische Versorgung und ohne Pflegepersonal auf den Transport geschickt werden. Wir lehnen jede Verantwortung dafür ab, wir verweigern die Mitarbeit und wir werden unsere Kameraden in die Hände der Russen geben, in der Hoffnung, dass sie dort mehr Verständnis finden als mit den amerikanischen Behörden.«[36]

Ganz offensichtlich klaffte eine große Lücke zwischen den Zusagen der Verantwortlichen in Biedenkopf, den Befehlen der Militärverwaltung von Buchenwald und den realen Bedingungen. Auerbach bestand darauf, dass die getroffenen Verabredungen eingehalten wurden, und erwartete die Erfüllung all seiner Forderungen. Einmal in Aufruhr, verfasste er in seiner Funktion als »Chefverwalter der Hospitäler von Buchenwald, Jena und Blankenhain« sowie als »Mitglied des jüdischen Komitees« im Lager zwei Tage später einen weiteren Brief, der mit der Überschrift begann: »Ich klage an!«. Darin hieß es: »Was haben die jüdischen Weltorganisationen für die armen Juden von Buchenwald getan? Diese Frage tritt tausendfach von allen Kameraden an mich heran und zwingt mich, es zu sagen: Nichts. (…) Wohl empfindet ihr die Verbrennungen von Auschwitz als »shocking«. Wohl habt ihr im Rundfunk und der Presse für die Anprangerung gesorgt und in den Salons bei guten Weinen und Zigarren Euer »I'm sorry« hervorgebracht, aber praktisch habt ihr nichts über für uns, die im Straßengraben des Weltgeschehens leben mussten (…). Nachdem mehr als zwei Monate vergangen sind nach der Befreiung durch die glorreichen Truppen des Generals Eisenhower haben wir in Buchenwald noch nicht einmal einen Cent Unterstützung für die jüdischen Opfer des Faschismus gesehen.«[37]

Das zu ändern hatte sich Philipp Auerbach in den Kopf gesetzt – und dazu den aus seiner Sicht nötigen Donnerhall produziert. Am 4. Juli 1945, dem Tag der offiziellen Übergabe Buchenwalds an die Sowjetarmee, schrieb er in einer letzten Anordnung: »Unser Krankenhausbetrieb geht trotz starker Reduzierung weiter (…). Ich verlange, dass dem freiwillig hier verbliebenen Ärzte- und Pflegepersonal die notwendige Achtung von allen Kameraden entgegengebracht wird.«[38] Insgesamt 14 000 ehemalige Häftlinge lebten da noch auf dem Gelände des Lagers Buchenwald. Für ihn selbst war es an der Zeit, sich eine neue Aufgabe zu suchen. Er musste damit rechnen, von den sowjetischen Behörden dienstverpflichtet oder gleich weiter nach Osten geschickt zu werden wie viele andere qualifizierte Menschen. Seine Zukunft aber lag im Westen.

Philipp Auerbach war in diesem ersten Frühling nach Kriegsende 38 Jahre alt. Nach den Maßstäben der Konzentrationslager galt er nicht als junger Mann. Die größten Überlebenschancen hatten dort die 18- bis 30-Jährigen besessen. Wenn Auerbach mit dem Leben davongekommen war, dann deshalb, weil er groß genug war, um den Eindruck körperlicher Stärke auszustrahlen, obwohl er in Wahrheit bei weitem schwächer war als so viele ältere und kleinere Häftlinge neben ihm. Darüber hinaus war er klug genug gewesen, die Logik des KZ-Systems zu durchschauen. Man musste sich die Herrscher gewogen machen – die, welche mit dem SS-Spiegel am Kragen umherstolzierten, genauso wie die in den gestreiften Häftlingsanzügen. Wenn einem das gelang, profitierte man von besserem Essen, besserer Schlafgelegenheit, besserem Schutz gegen Kälte – kurzum, man hatte die eigenen Lebensbedingungen und damit die Überlebenschancen ein bisschen verbessert. Selbst dann aber brauchte man noch viel Glück, um der Willkür der SS-Schergen zu entgehen.

Entscheidend für das Leben, das nach dem Ende der Nazi-Herrschaft für Philipp Auerbach begann, war aber etwas ganz anderes: Es war ihm gelungen, davonzukommen, ohne sich dafür Vorteile auf Kosten anderer Häftlinge zu verschaffen. Das hatten viele nicht vermocht. Philipp Auerbach hingegen konnte sein Leben danach in dem Bewusstsein beginnen, der Versuchung widerstanden zu haben. Das war vielleicht seine größte Errungenschaft.

KAPITEL 9

Düsseldorf, August 1945

Philipp Auerbach liebte den Auftritt. So, wie er als Flüchtling einst erster Klasse ins belgische Exil aufgebrochen war, statt nachts heimlich über die Grenze zu schleichen, unterschied er sich elf Jahre später von allen anderen KZ-Überlebenden, die es bis Düsseldorf geschafft hatten. Man konnte ihn kaum übersehen in der vom Krieg zerstörten Stadt. In einem Sanitätsfahrzeug der US-Armee, mit einem Schild »Konzentrationslager Buchenwald« auf dem Vordach, kurvte er durch die Ruinen am Rhein.[1] Wo immer er ausstieg und sich unter die Leute mischte oder die provisorischen Büros von britischer Militärregierung, deutschen Verwaltungsbehörden und Firmensitzen betrat, trug er in den ersten Wochen eine Binde mit Rotem Kreuz am Oberarm.[2] Das tat er vermutlich nicht bloß, um Eindruck zu hinterlassen. Es war auch, nach Jahren im Lager, eine Form der Selbstbestätigung. Er hatte über die Mörder gesiegt, aber er wusste noch nicht so recht, wer er nun war, was er nun wollte und wie ein neues Leben, sein neues Leben, nach dem Zusammenbruch der alten Ordnung aussehen würde. Da waren eine Sanitätsbinde und ein eigenes Auto, zumal eines aus dem Depot der Sieger, ein guter Anfang.

Philipp Auerbach war nicht allein, als er im Sommer 1945 Düsseldorf erreichte. Und er war nicht auf direktem Wege gekommen. Mit ihm fuhren noch ein paar andere Männer, sechs, vielleicht auch sieben. Einer von ihnen sollte sich einige Jahre später daran erinnern, wie er mit Auerbach in Buchenwald aufgebrochen war. »Als die Russen Thüringen besetzten, verließen Auerbach und ich das Lager, begaben uns nach Biedenkopf bei Marburg«, berichtete Walter Barkowsky[3], ein Berliner Jude, der ebenfalls in Auschwitz und dann in Buchenwald interniert gewesen war, von der Fahrt als Beifahrer in dem Ford mit dem Kennzeichen »TH 116 167«.[4] Den Wagen hatte die US-Armee Philipp Auerbach in Anerkennung seiner Leistung aus dem Pool der Zivilfahrzeuge geschenkt.

Es war nicht die erste Reise seit der Befreiung im Frühjahr, die Auerbach mit dem Zwei-Tonner unternahm. Aber zum ersten Mal seit Ende des Krieges fuhr er eine längere Strecke, von Thüringen über Hessen bis an den Rhein, ohne eine feste Aufgabe oder ein klares Ziel zu haben. In diesem ersten Friedenssommer begegneten die Männer auf ihrer Fahrt Bauern, die auf den Feldern die Sensen schwangen, mit ihren Frauen und Kindern Heu und Getreidebündel aufschichteten und mit Ochsenkarren oder Pferdefuhrwerken die Ernte einbrachten, ganz so wie in früheren Zeiten. Sie kamen durch Dörfer, die sechs Jahre Krieg weder verändert noch gar zerstört hatten. Sie überholten Menschen, die auf Fahrrädern oder mit Handkarren ihr Hab und Gut transportierten und Einkäufe und Eingetauschtes vom Land zurück in die Städte brachten. Vor allem die Konvois amerikanischer Militärfahrzeuge mit dem großen weißen Stern auf den Seiten erinnerten sie aber daran, dass nicht alles so war wie früher. Sie durchquerten ein besiegtes und besetztes Land.

In der alten Universitätsstadt Marburg hatten die Bomben der alliierten Flugzeuge einigen Schaden angerichtet. Um den Bahnhof standen bei zahlreichen Häusern nur noch die Außenmauern. Immerhin war es dem Bürgermeister kurz vor Ende der Kampfhandlungen gelungen, wesentliche Versorgungseinrichtungen vor der Zerstörung durch die SS zu bewahren. Die hatten die Stadt in einem letzten Aufbäumen zunächst verteidigen und dann den Alliierten in Trümmern überlassen wollen. Ein Grund dafür war vielleicht, dass hier die Behringwerke lagen. Seit 1942 waren sie Teil der I. G. Farben, die das Zyklon B für die Gaskammern von Auschwitz produziert hatten. Die Werke selbst hatten sich während des Krieges zudem an Fleckfieberversuchen mit Häftlingen in Buchenwald beteiligt.

Auerbach legte etwas weiter Richtung Westen einen längeren Stopp ein – in Biedenkopf, wo er wenige Wochen zuvor noch über die Verlegung der Patienten von Buchenwald verhandelt hatte. Hier kannte er ja ein paar Leute mit Einfluss, die Versorgung auf dem Lande war etwas besser und die Chance auf eine passable Übernachtung ein bisschen größer als im gut 20 Kilometer entfernten Marburg. Die Stadt quoll über von entlassenen Zwangsarbeitern und von Flüchtlingen aus dem Osten wie aus den zerbombten Industriezentren des Ruhrgebiets oder der Gegenden um Frankfurt oder um Kassel herum. »Ich war dann noch sechs Wochen in Biedenkopf, während Auerbach dauernd nach Frankfurt und nach Düsseldorf fuhr«, erzählte Barkowsky.[5]

Tatsächlich versuchte Philipp Auerbach in dieser Zeit, irgendwo einen Fuß in die Tür zu kriegen. Er antichambrierte, wo er konnte, und hatte sich dafür von der amerikanischen Verwaltung in Buchenwald ein Empfehlungsschreiben geben lassen. Darin bescheinigte ihm Oberstleutnant Bert Bradford, amtierender Direktor des Medical Corps der US-Armee in Buchenwald, mit dem Datum 25. Mai 1945, sein Einsatz sei »von höchster Qualität«. »Er hat nicht bloß persönliche Opfer gebracht, sondern dabei einen ausgeprägten Sinn für medizinische Ethik unter Beweis gestellt.«[6] Ein Zeugnis, das auch in der britischen Zone von Düsseldorf wohlwollend zur Kenntnis genommen wurde, von der Militärregierung ebenso wie von den ihnen unterstellten deutschen Verwaltungsbeamten. Und bei den Überlebenden der Lager half sicher der Dankesbrief der polnischen Antifaschisten und ehemaligen Häftlinge von Buchenwald, den diese Auerbach bereits am 6. Juni 1945 geschrieben hatten.[7]

»Eines Tages brachte er mich dann auch nach Düsseldorf. Er erklärte, dass er für uns eine Unterkunft habe«, schilderte Walter Barkowsky den Erfolg von Auerbachs Bemühungen. Tatsächlich waren Wohnungen so kurz nach Kriegsende ein äußerst knappes Gut am Rhein. Nur sieben Prozent galten als unbeschädigt, jede fünfte Wohnung war völlig zerstört. Zudem war die Stadt zweigeteilt, weil alle Brücken über den Rhein zerbombt waren und Deutsche den von den Militärs gebauten Ponton nur eingeschränkt und mit Genehmigung der Briten benutzen durften. Auch wenn die Bevölkerung zunächst auf ein Drittel der Vorkriegszeit reduziert war, auf

185 000 von einstmals 550 000 Einwohnern, blieben jedem Bewohner statistisch nur vier Quadratmeter zum Wohnen.[8]

Philipp Auerbach schaffte es irgendwie, Barkowsky und sich ein Zimmer im Hotel Fürstenhof in der Bismarckstraße zu sichern, nicht weit vom ausgebrannten Hauptbahnhof, obwohl die Briten die bevorzugte Behandlung von Opfern des Nationalsozialismus noch längst nicht geregelt hatten.[9] Das Hotel hatte mal bessere Zeiten gesehen. Aber es bot eine erste Bleibe, um die andere sie sicher beneideten. Denn eigentlich hatten die Briten eine Zuzugssperre verhängt. Für dringende Fälle gab es zwar Wohnungslisten, doch ein Erfolg galt als so wahrscheinlich wie ein Lottogewinn, zumal die Briten für ihre eigene Verwaltung im Laufe der Zeit 5427 Wohnräume und 1495 Gewerberäume requirierten.[10] Eine Genehmigung, in Düsseldorf bleiben zu dürfen, kam mit weiteren Vorteilen daher: Man erhielt eine Arbeitserlaubnis und damit einen Anspruch auf Lebensmittel-, Hausrat- und Kleiderkarten.

Allem Anschein nach hatte Philipp Auerbach zunächst gehofft, bei der Firma Henkel eine Stelle zu finden. Ein Mann, der unter miesesten Bedingungen Mittel gegen Infektionskrankheiten, zur Schädlingsbekämpfung oder für die Körperhygiene herzustellen wusste, musste für ein solches Unternehmen doch eine Bereicherung sein – so oder so ähnlich schien Auerbach die Lage einzuschätzen. Was seine Fähigkeiten anlangte, hatte er nicht bloß beste Vorstellungen von sich selbst. Er liebte es auch, davon bisweilen großspurig zu reden. So hatte er seinem KZ-Kameraden Barkowsky bereits in Auschwitz erklärt, »dass er das berühmte DDT-Pulver erfunden hätte«.[11] Ob er mit ähnlichen Behauptungen bei Henkel für sich warb, lässt sich nicht mehr klären. Einen Job bot ihm die Firma jedenfalls nicht an. Aber das warf Auerbach nicht aus der Bahn.

Er war der Vernichtung seines eigenen Lebens nur knapp entronnen und fest entschlossen, sich an der Wiederbelebung zerstörten jüdischen Lebens in den Trümmern einer weitgehend zerstörten Stadt zu beteiligen. Darum suchte er zur selben Zeit, als er sich bei Henkel bewarb, den Kontakt zu den wenigen Juden, die es noch in Düsseldorf gab. Lediglich 57 hatten die Herrschaft der Nationalsozialisten in Verstecken überstanden und sich wenige Wochen zuvor zum ersten Mal wieder in Freiheit zu Gebet und zum Gedenken getroffen.[12]

Die Situation insgesamt war nicht nur schwierig, sie war auch bizarr. Da wollten ein paar Juden um Auerbach herum eine neue Existenz in einer Stadt aufbauen, in der Menschen mit einem ähnlichen Schicksal – vor allem jene, die aus den Lagern herbeiströmten – ganz offensichtlich nur ausharrten, solange ihnen der Weg in einen anderen Teil der Welt versperrt war. Da galten die sich gerade formenden Gemeinschaften jüdischer Menschen nicht als Aufbruch in eine neue Epoche in Deutschland, sondern als sogenannte Liquidationsgemeinden, ganz im Sinne des 1938 nach Palästina emigrierten Robert Weltsch, zuvor Chefredakteur der zionistischen *Jüdischen Rundschau:* »Hier riecht es nach Leichen, nach Gaskammern und Folterzellen.« Für ihn musste der »Rest jüdischer Siedlung so schnell wie möglich liquidiert werden (…). Deutschland ist kein Boden für Juden.«[13] Ähnlich äußerte sich eine Weile später auch der berühmte Leo Baeck, in jungen Jahren Rabbiner der Synagogengemeinde Düsseldorf, nun im Exil in London: »Für Juden aus Deutschland ist eine Geschichtsepoche zu Ende gegangen. Eine solche geht zu Ende, wann immer eine Hoffnung, ein Glaube, eine Zuversicht endgültig zu Grabe getragen werden muss. Unser Glaube war es, dass deutscher und jüdischer Geist auf deutschem Boden sich treffen und durch ihre Vermählung zum Segen werden könne. Dies war eine Illusion. Die Epoche der Juden in Deutschland ist ein für alle Mal vorbei«.[14]

Philipp Auerbach dachte offenbar ganz anders. Und legte damit, noch bevor er bekannt und einflussreich werden sollte, die Lunte für einen Konflikt, der ihm irgendwann um die Ohren fliegen würde. Dies war bald Anlass zu gewaltigem Streit mit anderen Juden. Von den Nichtjuden, mit denen er sich ebenfalls schon kurz nach seiner Ankunft in Düsseldorf und für den Rest seines Lebens anlegen sollte, war dabei noch nicht einmal die Rede.

Wiederholt tauchte Auerbach im August 1945 bei Eduard Sträter auf. Die Briten hatten den Verwaltungsbeamten gleich nach der Eroberung Düsseldorfs im April zum Regierungspräsidenten ernannt. »Auerbach brachte einige jugendliche jüdische Konzentrationäre mit«, schilderte Sträter ein paar Jahre später die Begegnungen mit dem selbstbewussten ehemaligen KZ-Häftling und seiner Entourage, und er ließ sich bei der Gelegenheit die amerikanischen Empfehlungsschreiben zeigen. »Der Wunsch Auerbachs, vorübergehend in die Regierung einzutreten, begegnete sich mit meiner Auffassung, dass das für die Verwaltung zweckmäßig sein könnte (...). Ich war mir darüber klar, dass, wenn ich eine so robuste Persönlichkeit wie Auerbach für diese Übergangszeit in den Dienst der Regierung hereinnahm, die Regierung damit gegen die wüsten Angriffe der VVN [Vereinigung der Verfolgten des Nazi-Regimes, HHK] und anderer Leute, welche auf Unordnung bedacht waren, abgeschirmt sein würde.« [15]

Am 1. September 1945 wurde Philipp Auerbach für zunächst sechs Monate zum Oberregierungsrat ernannt, vergütet nach Tarifklasse II. Seine Tätigkeit lag im »Geschäftskreis S – Sozialbetreuung – die dort eingerichtete Fürsorge für politisch, religiös und rassisch Verfolgte aus der Zeit des Nazi-Regimes und andere besondere Angelegenheiten«.[16] Dafür konnte er zwar einen Dienstwagen nutzen, einen Schreibtisch in einer Behörde erhielt er jedoch nicht. Sein Arbeitsplatz war das provisorische Büro der jüdischen Gemeinde Düsseldorf.

Sträter hielt seine Entscheidung, Auerbach einzustellen, für klug. Mit ihm hatte er einen Prellbock gefunden: sowohl gegen die Forderungen der aus dem Exil zurückkehrenden oder aus den Verstecken herauskommenden linken, nicht zuletzt kommunistischen Politiker als auch gegen die illegal in die Stadt strömenden ehemaligen Lagerinsassen. Er war sich außerdem ob seines Rückhalts bei den Briten unsicher. Auch da konnte er den ehemaligen Häftling aus Auschwitz und Buchenwald als Verbindungsmann zu den allmächtigen englischen Offizieren gut gebrauchen. Denn Sträter war schnell aufgefallen, dass der Bezirksgouverneur Oberst Platt ihn zwar freundlich behandelte, doch »als Auerbach etwas später zu der Besprechung kam, erhob sich Platt mit besonders freundlichem

Ausdruck sofort hinter seinem Schreibtisch und streckte Auerbach die rechte Hand zur Begrüßung entgegen«.[17] Und noch etwas anderes kam Sträter zupass: Zu seinem Stellvertreter hatten die Briten den Sozialdemokraten Walter Kolb gemacht. Der wiederum duzte sich mit Auerbach, die beiden waren ganz offensichtlich befreundet. Auch so hoffte der Regierungspräsident wohl, auf den neuen Mann Einfluss nehmen zu können.

Wo Auerbach und Kolb, der spätere Oberbürgermeister von Frankfurt am Main, sich kennengelernt hatten, ist unklar. Aber die beiden verstanden sich so gut, dass sie schnell eine Wohngemeinschaft bildeten. Auerbach konnte schon nach kurzer Zeit den »Fürstenhof« verlassen. Er teilte sich mit Kolb nun eine Wohnung in der Cecilienallee 46, am Rheinufer gelegen.[18] Das war äußerst praktisch. Nicht allein, weil die Wohnung mehr Platz bot als ein Hotelzimmer. Auch die Verwaltungseinrichtungen von Stadt- und Militärregierung waren in der Nähe untergebracht. Selbst die jüdische Gemeinde, die sich wenige Wochen zuvor zu ihrem ersten Gottesdienst getroffen hatte, besaß einen provisorischen Betraum im Sitzungssaal 3 des Oberlandesgerichts in der Cecilienallee. Zu diesem Zeitpunkt weilte Philipp Auerbach gerade mal einen Monat in einer ihm eigentlich fremden Stadt und hatte sich bereits etabliert. Ja, er hatte sogar eine Arbeit mit festem Gehalt gefunden, während Tausende auf der Straße standen.

Tatsächlich stürzte er sich voller Elan in den neuen Job, so engagiert, dass er schon zwei Wochen vor seiner Anstellung ein umfangreiches Schreiben sowohl an seine britischen als auch an die deutschen Vorgesetzten schickte, um aufzuschlüsseln, was die von ihm zu betreuenden Menschen benötigten und wie er dies erreichen wollte. In dem Schreiben schlug er auch vor, Geld zu sammeln und sich dabei an der »Adolf-Hitler-Spende der jüngsten Vergangenheit« zu orientieren: Während des Dritten Reichs hatten Industrie-Unternehmen Millionen »für den nationalen Wiederaufbau« gespendet, und selbst Gastwirte waren gezwungen gewesen, ein Prozent ihres Umsatzes abzugeben.[19]

Sich um ehemalige KZ-Häftlinge zu kümmern, schloss für Auerbach die ihm bekannten Leidensgenossen ein. So setzte er seinen Kameraden Walter Barkowsky in sein Vorzimmer, um den Besucherverkehr zu regeln. Irgendwo und irgendwie brachte Auerbach auch die Brüder Henryk und Israel Ingster, zwei weitere Bekannte aus dem Konzentrationslager, unter. Ganz offensichtlich fühlte er sich dafür verantwortlich, ihnen ebenfalls einen Weg zurück in den Alltag zu eröffnen. Seine Loyalität gerade zu Israel Ingster sollte ihm nur wenige Jahre später in München große Schwierigkeiten bereiten (siehe Kapitel 2 und 10).

Kurz nach Ende des Krieges drehte sich die Arbeit in Auerbachs Dienststelle um Hilfe für DPs in den grundlegenden Dingen des Lebens. In Düsseldorf und der näheren Umgebung gab es 21 Lager und Heime, in denen vorerst 14 261 DPs unterschiedlicher Nationalität untergekommen waren.[20] Gleichzeitig drängten immer mehr aus den Lagern Entlassene zurück in die Gegend oder waren auf der Suche nach irgendeiner Bleibe am Rhein. Sie alle benötigten Nahrungsmittel und Kleidung, Hygieneartikel und Hausrat. Vor allem die Versorgung mit Lebensmitteln sollte lange schwierig bleiben. Es gab nie genug, und den Briten gelang es – anders als den Amerikanern – immer nur, vergleichsweise wenig herbeizuschaffen, so dass die Bewohner Düsseldorfs zu den Bauern links des Rheins oder Richtung Bergisches Land und Sauerland aufbrechen mussten, wenn sie irgendetwas Essbares für ihre Familien finden wollten. Ein Gärtner errichtete im Auftrag der Synagogengemeinde Düsseldorf deshalb sogar auf den freien Flächen des Nordfriedhofs an der Ulmenstraße Gewächshäuser, um Gemüse anzubauen.[21] Die aus einer alten schlesisch-jüdischen Familie stammende Hildegard Freifrau von Gumppenberg sollte sich später an die erbärmliche Lage, die auch noch ein Jahr nach Kriegsende, zum Pessach-Fest 1946, herrschte, so erinnern: »Draußen schien die Sonne, es war der schönste Frühlingstag. Doch welch ein Gegensatz zu den grauen, ausgemergelten Menschen! Ein unfassbarer Ernst, eine unermessliche Traurigkeit lag über der kleinen Gemeinde. Jeder, aber auch jeder schluchzte.«[22]

Tatsächlich kämpften die Briten sogar in ihrem Heimatland noch lange mit Versorgungsmängeln. Die Lage im besetzten Deutschland war gleichwohl noch schlechter. So schrieb der mit der britischen Armee über den Rhein gekommene, in Berlin geborene Kunsthistoriker Julius Posener in seinem Bericht aus dem Jahre 1946: »Hunger sieht man nicht so leicht auf der Straße, aber in Düsseldorf kann man ihn schon sehen. Die Kinder sehen nicht mal am schlimmsten aus; aber die Mütter; oder ältere Leute. Die Mütter geben ihre Rationen den Kindern. Ihre Sorgen dagegen behalten sie für sich, und das gibt ihnen dann jene aschfahlen Gesichter und den leicht schwankenden Gang, auch jenen verweinten Blick, an den man sich in Düsseldorf gewöhnt.«[23]

Die Militärregierung des Rheinlands tat sich aus verschiedenen Gründen schwer: In London wehrte man sich dagegen, zwischen Juden und Nichtjuden zu unterscheiden, weil es Politikern und Beamten an der Themse als Fortsetzung der alten Unterscheidung galt, welche die Nationalsozialisten gemacht hatten. Juden zu bevorzugen, so ein anderes Argument, würde den Antisemitismus schüren, der den Deutschen offensichtlich eigen war. Und als die Briten sich schließlich entschlossen, die besonders ausgezehrten Menschen aus den Lagern besser zu versorgen, erhielten vorwiegend die DPs, kaum aber die deutschen Juden die von britischen und amerikanischen jüdischen Hilfsorganisationen gelieferten Zusatzrationen an Lebensmitteln, Kleidung und Brennstoff. [24]

Dazu schrieb die Historikerin Ursula Büttner: »Der Grundsatz, die deutschen Juden als Deutsche zu behandeln, hatte weitreichende Konsequenzen: Alle Restriktionen gegen die besiegten Feinde galten auch für sie. Als besonders verletzend empfanden die Überlebenden des Holocaust – wie auch die nichtjüdischen Gegner und Opfer des Nationalsozialismus –, dass sie in das strikte Fraternisierungsverbot der ersten Monate nach Kriegsende einbezogen, also mit ihren Peinigern auf eine Stufe gestellt wurden.«[25]

Das konnte jemand wie Philipp Auerbach natürlich nicht akzeptieren. Dagegen wetterte er und wehrte er sich, stieß dabei aber auf den Widerstand von britischen Offizieren wie von Regierungspräsident Sträter. Sie blockierten seinen Versuch, den politisch Verfolgten und den ehemaligen Häftlingen der Konzentrationslager einen besonderen Ausweis zu geben, damit diese ihre Ansprüche im Chaos der Nachkriegszeit Behörden gegenüber besser vertreten konnten. Um keine Zweifel an der Endgültigkeit der Entscheidung aufkommen zu lassen, schrieb Sträter Auerbach im November 1945 einen Brief, der in dem Satz gipfelte: »Um das, was ich meine, auf eine kurze Formel zu bringen: Es darf nicht sein, dass an die Stelle des Blutordens der Parteigenossen das Buchenwaldabzeichen der Parteigegner tritt.«[26]

Auerbach ließ sich davon nicht entmutigen und verband seine Kritik und sein Drängen mit praktischen Vorschlägen an die britische wie die deutsche Verwaltung. Mit Erfolg. So erreichte er mithilfe eines Komitees für politisch Verfolgte und ehemalige KZ-Häftlinge, dass diese Extrarationen an Lebensmitteln, vor allem an Gemüse und Obst, erhielten. Die tägliche Kalorienzahl erhöhte sich für sie bereits im November 1945 um 500 auf 2000 pro Tag.[27] Zugleich nutzte Auerbach die Einnahmen einer Straßensammlung für ehemalige KZ-Insassen von zwei Millionen Reichsmark im Sommer, um damit jedem ehemaligen Häftling 500 RM und zusätzlich 3000 RM für Möbel und andere größere Anschaffungen geben zu können.[28] Besonders Bedürftigen ließ er eine Sonderrente von 150 RM im Monat auszahlen. Und damit seine Einnahmen nicht versiegten, beantragte Auerbach bei der Militärverwaltung eine weitere Sammlung, bei der Bürgermeister, wohlhabende Privatleute und Firmen zu Spenden aufgerufen wurden. Allem Anschein nach besuchte Auerbach auch selbst einige von ihnen und scheute sich nicht, sie, sofern er für sie ungünstige Informationen aus der Nazi-Zeit besaß, unter Druck zu setzen, damit sie sich spendabel zeigten. Er sah sie in der Schuld und Verpflichtung, denen zu helfen, zu deren schrecklichen Erfahrungen sie mindestens indirekt beigetragen hatten.

Der vielleicht interessanteste, mit Sicherheit aber kontroverseste Teil von Philipp Auerbachs Arbeit in seinem Düsseldorfer Amt bestand in einer anderen Aufgabe: Über die Fürsorge um DPs hinaus sollte er auch ehemalige Nazis aufspüren, sofern sie in der Verwaltung des demokratischen Deutschlands Unterschlupf gefunden hatten und bislang noch unentdeckt geblieben waren. Für dieses »Politische Referat« stellte Auerbach ehemalige Häftlinge als Mitarbeiter an.[29] Um bei der Suche nach heimlichen Nazis weiterzukommen, unterhielt er gute Beziehungen zum Field Security Service, dem Geheimdienst der britischen Armee. Der hatte sich ebenfalls zum Ziel gesetzt, Kriegsverbrecher und Nazi-Beamte in Verwaltung und Industrie ausfindig zu machen. Bei den Briten häuften sich bald Beschwerden über Auerbach, wonach dieser Kommunalpolitiker und Bankdirektoren erpresst habe, ihre NS-Vergangenheit zu veröffentlichen.[30] Die Militärverwaltung untersagte ihm deshalb schon nach kurzer Zeit wieder, weiterhin auf die Jagd nach Mördern und Schreibtischtätern zu gehen.[31] Auerbach schickte seine Leute trotzdem los: in die Lager, in die besseren Viertel der Stadt, in die Chefetagen der Firmen, in die Fabriken, in Lokale und Nachtclubs. Dort hörten sie sich um, sammelten Informationen, gingen Gerüchten nach, konfrontierten Verdächtige mit dem, was sie von Zeugen erfahren oder, besser noch, was sie in Aktenschränken und Schreibtischschubladen aufgestöbert hatten.

Das böse Wort von den »politischen Kommissaren« des Philipp Auerbach machte schnell die Runde.[32] Darin schwang nicht bloß Unbehagen ob der Eigenmächtigkeit des Oberregierungsrats und der Zudringlichkeit seiner Untergebenen mit. Gerade die alten Eliten des Landes gefielen sich darin, Männer, die Nazis suchten, mit den gefürchteten Schergen des sowjetischen Systems unter Josef Stalin gleichzusetzen. Viele von ihnen fanden es ungehörig, dass sich jemand überhaupt für ihre Vergangenheit interessierte und dieses Wissen sogar noch mit den Briten teilte. Denn die waren in den Augen wohl der meisten Deutschen Besatzer und nicht Befreier, die eine Schreckensherrschaft beendet hatten. Wenn Auerbachs Männer in die Villen und Wohnungen ehemaliger Parteigenossen und Funktionäre der NSDAP eindrangen, um Mobiliar oder Wertsachen zu beschlagnahmen, empfanden die Betroffenen das als Plünderung. Aus der Perspektive Auerbachs hingegen handelte es sich dabei um praktische Hilfe für bedürftige DPs und eine Form der Wiedergutmachung. Denn Auerbach machte sich schon früh dafür stark, jegliches Nazi-Vermögen einzuziehen, um damit enteignete und beraubte Juden zu entschädigen. Im Chaos der ersten Monate nach Kriegsende gab es niemanden, der so etwas regelte. Philipp Auerbach war die Instanz.

Er hatte sein Amt kaum angetreten, da bahnte sich ab Mitte September 1945 ein erster Konflikt an. Der amtierende Düsseldorfer Oberbürgermeister Wilhelm Füllenbach war in Verdacht geraten, Mitglied der NSDAP gewesen zu sein. Den Anschuldigungen ging ein politischer Streit voraus: Der Katholik Füllenbach wollte die Schulen der Stadt vornehmlich als Konfessionsschulen einrichten und wusste dabei die Bischöfe auf seiner Seite.[33] In dieser Situation – der Kalte Krieg hatte noch nicht begonnen, politisch war man bemüht oder gezwungen, mit allen nicht belasteten Parteien zusammenzuarbeiten – verweigerten Sozialdemokraten und Kommunisten, die Füllenbachs Ernennung ein paar Monate zuvor noch gestützt hatten, jede weitere Zusammenarbeit. Sie warfen ihm einseitige Personalpolitik vor und forderten die Militärverwaltung auf, das ehemalige NSDAP-Mitglied seines Postens zu entheben. Zeuge dafür war eine Sekretärin. Philipp Auerbach war anwesend, als sie unter Eid gegen Füllenbach aussagte. Die Beschuldigung klang plausibel, war er doch bis 1945 als Stadtkämmerer Düsseldorfs tätig gewesen, während andere Beamte ihren Dienst hatten quittieren müssen, wenn sie nicht nachgerade rausgeworfen und verfolgt worden waren. So waren allem Anschein nach nicht nur Auerbach und seine Leute, sondern auch die für die Neuordnung zuständigen Briten von Wilhelm Füllenbachs Parteizugehörigkeit überzeugt. Sie entfernten ihn aus seinem Amt.

Neun Monate später, am 19. Juli 1946, bestätigte Philipp Auerbach dann allerdings in einem Schreiben, dass die Anschuldigungen falsch gewesen seien: »In Sachen des früheren Oberbürgermeisters der Stadt Düsseldorf, Herrn Dr. Füllenbach, ist mir seinerzeit in Gegenwart eines englischen Offiziers von der früheren Sekretärin des Kreisleiters der NSDAP Walter die eidesstattliche Erklärung zugegangen, dass F. Mitglied der NSDAP gewesen sein soll. Es hat sich im Laufe der Verhandlungen gegen diese Sekretärin herausgestellt, dass ihre Glaubwürdigkeit in Frage zu ziehen ist. Mir [bekannt, HHK] gewordene amtliche und private Informationen haben ergeben, dass der ehrenwörtlichen Erklärung des Herrn Füllenbach, er sei kein Mitglied der NSDAP gewesen, Glauben zu schenken ist (...). Meine Einstellung gegen den damaligen Oberbürgermeister Dr. F ging lediglich von der Tatsache aus, dass ein Mann, der 12 Jahre dem Hitler-Regime als Stadtkämmerer gedient hat, nicht auf den Posten des Oberbürgermeisters der Stadt Düsseldorf gehört. Ich habe weder irgendein persönliches Interesse gegen Dr. F noch habe ich ihm unehrenhafte Handlungen vorzuwerfen.«[34]

Das war eine Ehrenerklärung, aber mit Haken. Einerseits nahm Auerbach die Anschuldigungen zurück, andererseits machte er unmissverständlich klar, dass Mitläufer und Opportunisten nach seiner Überzeugung das neue Deutschland nicht gestalten sollten. Gerade diese Haltung dürfte die Angst in Verwaltung und Wirtschaft noch weiter geschürt haben, andere Beamte könnten ebenfalls in das Visier des jüdischen KZ-Überlebenden geraten. Umso froher waren sie darüber, dass auch den Briten inzwischen mehr am ruhigen Wiederaufbau als an einer wirklichen Säuberung gelegen war. Nicht umsonst hatte die Militärregierung Philipp Auerbach zu diesem Zeitpunkt längst rausgeworfen. Sie hatte ihn bereits am 22. Dezember 1945 vom Dienst suspendiert. In einem Brief vom selben Tag versuchte Auerbach, den Chief Chaplain bei der britischen Armee in Iserlohn, Reverend Captain Richards, einzuspannen, damit dieser ein Wort bei der Militärregierung für ihn einlege. Seine Mühen hatten keinen Erfolg. Im Januar 1946 wurde Philipp Auerbach entlassen.[35]

In einem Brief des Militärgouverneurs der Provinz Nordrhein, des Brigadegenerals John Ashworth Barraclough, an Auerbach hieß es dazu: »In sachlicher Hinsicht haben Sie einen großen Teil ihrer Arbeit in zufriedenstellender Weise erledigt. Trotzdem erregte Ihr allgemeines Verhalten und eine gewisse Überheblichkeit Ihres Wesens weitgehend den Widerspruch der Öffentlichkeit. Sie wissen in keiner Weise jene Prinzipien der Demokratie zu würdigen, welche die Militärregierung in Deutschland zu fördern gewillt ist. Es ist einwandfrei festgestellt worden, dass Sie sich während Ihrer Tätigkeit als Oberregierungsrat in Düsseldorf als undiszipliniert und unglaubwürdig erwiesen haben. Ihr Verhalten gegenüber der Militärregierung war höchst verletzend, wenn nicht sogar widersetzlich. Sie haben mehrfach versucht, die Militärregierung in Misskredit zu bringen. Sie haben einen störenden Einfluss zu einer Zeit in der Provinz ausgeübt, als die loyale Zusammenarbeit aller Kreise der deutschen Verwaltung im eigensten Interesse des Landes lag.«[36]

Philipp Auerbach versuchte in einem Brief wenige Tage später, noch einmal für sich beim Bridgadegeneral zu werben. »Ich bitte Sie freundlich darum, das Wort unglaubwürdig aus dem Brief zu streichen«, schrieb er und fuhr fort: »Verfolgte waren gezwungen, größtes Leid zu erdulden. Die langen Jahre größter Not machten es ihnen schwer, sich an neue Lebensumstände zu gewöhnen oder in kurzer Zeit ihr geistiges Gleichgewicht wiederzufinden. Damit lassen sich viele Bedenken gegen mein Verhalten erklären. Darüber hinaus hat mein leidenschaftlicher Einsatz, Menschen in meiner Funktion als Oberregierungsrat zu helfen, wohl den Widerstand all jener Personen hervorgerufen, die politisch wie sozial eine andere Meinung vertreten als ich.«[37] Doch auch wenn Auerbach mit »Ihr ergebener Diener« unterschrieb, änderte das nichts an der Entscheidung.

Auslöser für die Kündigung war ein Konflikt mit einem anderen deutschen Politiker gewesen, der sich nach dem Ende des Dritten Reichs ebenfalls wieder im System des nun demokratischen Landes einzurichten suchte. Robert Lehr, in den fünfziger Jahren Innenminister in der Bundesregierung Konrad Adenauers, hielt sich damals viel auf seine Gegnerschaft zu den Nationalsozialisten zugute, hatten diese ihn doch im Frühjahr 1933 als Oberbürgermeister von Düsseldorf abgesetzt und mit einem Korruptionsprozess überzogen. Solche Begebenheiten im Lebenslauf halfen ihm dabei, von der britischen Militärverwaltung im Sommer 1945 zum Oberpräsidenten der Provinz Rheinland ernannt zu werden.[38] Philipp Auerbach war das suspekt. Er schickte seine Leute los, Material gegen Lehr zu sammeln.

Es war die Zeit, als in Nürnberg gerade zum ersten Mal der Internationale Gerichtshof zusammentrat, um Nazi-Größen wie Hermann Göring, Julius Streicher, Hans Frank, Joachim Ribbentrop und den Generalfeldmarschall Wilhelm Keitel wegen Verbrechen gegen die Menschlichkeit anzuklagen. Kleine Nazis mussten damit rechnen, mindestens ihren Arbeitsplatz zu verlieren oder ebenfalls festgenommen zu werden. Immerhin entließ die Stadt Düsseldorf im Sommer und Herbst 1945 wegen Mitgliedschaft in der NSDAP 417 Beamte (jeder vierte), 384 Angestellte und 64 Arbeiter (holte aber in den Jahren 1946 bis 1949 insgesamt 194 Beamte, 125 Angestellte und 19 Arbeiter wieder zurück, die als »Anhänger«, das war die Kategorie IV der Entnazifizierungsverfahren, als »Entlastete«, Kategorie V, oder als »geringe Übeltäter«, Kategorie III, mit Beschäftigungsbeschränkungen und eventuellen Einkommensverlusten rechnen mussten).[39] Tatsächlich zogen bald darauf auch diverse Richter mit NS-Vergangenheit ihre Roben wieder über, als ginge sie nichts an, was zur selben Zeit in Nürnberg verhandelt wurde.

Was Auerbachs Leute über Robert Lehr herausfanden – oder ob sie damals überhaupt etwas gegen ihn in Händen hielten –, ist heute unklar. Dabei hatten sie 1945 gute Gründe, daran zu zweifeln, dass Robert Lehr der richtige Mann war, um eine demokratische Gesellschaft ohne Rassenhass aufzubauen.

Zwar gibt es keinerlei Hinweis darauf, dass sich der seit 1924 amtierende Oberbürgermeister nach der Machtergreifung im Januar 1933 an den antijüdischen Kampagnen und Ausschreitungen der Nationalsozialisten in Düsseldorf beteiligte. Mindestens so bemerkenswert war es jedoch, wie wenig der erste Mann der Stadt in jenem Frühjahr öffentlich in Erscheinung trat, während der Nazi-Mob – sogar früher als anderswo – in den Straßen wütete. Schon einen Monat vor den Boykotten im ganzen Land, so schilderte das *Düsseldorfer Tageblatt* die Lage im März, hatten Aktionen gegen jüdische Geschäfte sowie Bücherverbrennungen begonnen. »Teilweise vor Geschäftsbeginn sammelten sich an den Eingängen der Waren- und Kaufhäuser sowie der Einheitspreisgeschäfte geschlossene Trupps der SA, die in den Türen Schilder mit Inschriften wie ›Deutsche, kauft nicht bei Juden!‹ oder ›Deutsche, kauft in deutschen Geschäften‹ aufstellten.«[40] Sie beschmierten Schaufenster, verwüsteten das Hutgeschäft von Benno Leeser auf der Schadowstraße. Es kam zu tätlichen Angriffen und zu Plünderungen.

Das Amtsblatt der Stadt Düsseldorf veröffentlichte am 31. März 1933, einen Tag vor den landesweiten Boykotten, eine Bekanntmachung auf Seite eins: »Keine städtischen Aufträge mehr an jüdische Geschäfte«, hieß es da, unterzeichnet mit »Der Oberbürgermeister Dr. Lehr«.[41] Wahrscheinlich war Auerbach in den Besitz dieser Anordnung Lehrs gekommen. Denn bereits am Tag seiner Suspendierung, am 22. Dezember 1945, hatte er einen Brief an Reverend Captain Richards beim First Corps der britischen Armee in Iserlohn geschrieben und ihn gebeten, sich für ihn bei Brigadier Barraclough einzusetzen. Darin hieß es unter anderem: »Ich habe ihm das Original einer Zeitung mit einem anti-jüdischen Artikel gegeben, der von Dr. Lehr unterzeichnet war, welcher zu jener Zeit (März 1933) das Amt des Oberbürgermeisters von Düsseldorf innehatte.«[42]

Auch sonst hatte Robert Lehr die Zeichen der neuen Zeit offensichtlich gut erkannt. So ließ er den nach Nazi-Lesart »jüdischen Kulturbolschewisten« Jascha Horenstein, den Musikdirektor der städtischen Oper, im März 1933 rauswerfen. Gegen diesen Vertragsbruch klagte Horenstein beim Bühnenschiedsgericht in Köln ohne Erfolg.[43]

All das muss man nicht als Beleg für eine sonderlich antisemitische Haltung von Robert Lehr verstehen, wenngleich er 1929 Mitglied einer Partei geworden war, der DNVP, die gemeinhin als antisemitisch galt. Vieles spricht dafür, dass Lehr dem Treiben der SA in Düsseldorf zuschaute, weil er hoffte – ähnlich wie seine Parteifreunde in der großen Politik in Berlin –, er könne unter den Nationalsozialisten weiter im Amt bleiben, gewissermaßen mit ihnen gemeinsame Sache machen. So hatte er an einen Mitstreiter in der Hauptstadt, den zunächst noch mit Hitler in einer Koalition regierenden Franz von Papen, am 13. Februar 1933 – zwei Wochen nach der Machtergreifung der Nationalsozialisten, zwei Wochen vor dem von ihnen inszenierten Reichstagsbrand und einen guten Monat vor dem Ermächtigungsgesetz – in etwas verquastem Deutsch geschrieben: »Hochverehrter Herr Vicereichskanzler! Wir kommen aus taktischen Parteierwägungen, Wahlbündnissen und allen Fesseln, die uns jahrelang das politische Leben verunstaltet haben, nicht heraus. Es wird deshalb der Aufmarsch wohl schwerlich im Rahmen der alten Parteien gelingen und es müssen schon neue Gedanken und Formen in Erscheinung treten. Es darf aber auf der anderen Seite auch keine Zeit mehr verloren werden, denn die kommende Entwicklung verlangt eine solche breite Basis der Rechten.«[44]

Dass diese Hoffnung nicht in Erfüllung ging und viele rechtsnationale Politiker bald auf der Straße standen oder sich auf ihre Latifundien zurückziehen mussten, hatte nichts mit den Bedenken der Deutschnationalen gegenüber Adolf Hitler und seiner Partei oder gar mit Opposition gegenüber seiner Politik zu tun. Die preußischen Herrenreiter und ihre rechten Parteigenossen in der DNVP hatten sich schlichtweg verschätzt, als sie annahmen, sie könnten den österreichischen Gefreiten und den mit ihm verbundenen Pöbel in den Griff kriegen. Ihnen waren die Nazis bis dahin allemal lieber gewesen als Sozialdemokraten oder gar Kommunisten.

Darum war es nicht überraschend, wenn einer wie Auerbach in der Zeit kurz nach dem Ende des Dritten Reichs überall Nazis sah, wo sich vielleicht gar keine oder doch zumindest keine hartgesottenen Vertreter der Herrenrasse versteckt hielten. Der Rest des Landes – vor allem seine konservativen Eliten – sah offensichtlich nicht mal dort Nazis, wo welche waren. Ihnen war es in Person von Robert Lehr gelungen, Philipp Auerbach aus dem Weg zu räumen. In einem als »top secret« eingestuften Memo des Militärischen Hauptquartiers der Briten wenige Monate nach Auerbachs Kündigung wurde deutlich, dass er den Offizieren am Rhein nicht bloß zu renitent und zu laut war. Unter Punkt 10 hieß es: »Er unternahm es, Material zu sammeln, um zu beweisen, dass Dr. Lehr (Oberpräsident) antisemitisch war, und stellte klar, dass Dr. Lehr bald aus dem Amt entfernt gehörte.«[45]

Philipp Auerbach machte es seinen Gegnern allerdings auch leicht, gegen ihn zu intrigieren. Schon bald nach seiner Anstellung als Oberregierungsrat hatten sie herausgefunden, dass er seinen Lebenslauf geschönt hatte. Er ließ sich nicht bloß »Dr. Auerbach« nennen, obwohl er zu jener Zeit noch nicht promoviert hatte (das sollte er erst später in Erlangen nachholen). Er übertrieb auch die Bedeutung seiner Familie und seiner selbst, wenn er über seine Jugend in Hamburg sprach. Weder war sein Vater Präsident der Industrie- und Handelskammer der Hansestadt gewesen, wie er angeblich Eduard Sträter gegenüber behauptet hatte, noch traf es zu, dass er der einzige Überlebende der Auerbachs war.

Wenn man die Protokolle der Vernehmungen liest, in denen Politiker wie Sträter oder Lehr wenige Jahre später gegen Philipp Auerbach wetterten, fällt auf, wie bitter ihr Ton war. Dabei ging es nicht um berechtigte Kritik. Sie befanden sich auf einem Feldzug und trachteten danach, seine gesamte Glaubwürdigkeit in Zweifel zu ziehen. Indem sie Auerbach wegen seiner Übertreibungen, Hochstapeleien und gelegentlichen Lügen kritisierten, diskreditierten sie zugleich seine Arbeit für die DPs. Und entledigten sich damit eines Themas, das schon bald nach dem Krieg vielen lästig war und erst recht nach der Gründung der Bundesrepublik 1949. In einem Brief nach dem Krieg schrieb Robert Lehr: »Auerbach hat in seinem Hass gegen mich mehrmals mich anzugreifen versucht. Dabei hat er sich auf Zeitungsausschnitte berufen, die bei dem Umbruch im Jahre 1933 gegen mich erschienen sind. Ich wurde damals von den Nationalsozialisten verhaftet und des Amtes enthoben (…). Auerbach ist ein pathologischer Lügner, der seine jüdische Konfessionszugehörigkeit benutzt, um seine Person in den Vordergrund zu stellen und die Behörden einzuschüchtern. Ich halte ihn für einen Hochstapler, dessen Angaben über seine Vergangenheit, seinen Ausbildungsgang und seine Berechtigungen erlogen sind, und halte es für notwendig, dass man sich sowohl um seine Strafregister kümmert als auch seinen Werdegang genau aufklärt. Das ist zum Schutz der Öffentlichkeit nötig.«[46]

Bis diese Vorwürfe in München aktenkundig würden, sollten noch ein paar Jahre vergehen. Philipp Auerbach ließ sich durch seine Kündigung nicht davon abhalten, weiter für die Sache der Überlebenden und der deutschen Juden überhaupt einzutreten. Er tat das sogar bereits wenige Wochen nach der Kündigung, zum Entsetzen der Briten, in London, wo er als Vorsitzender des Landesverbandes der Jüdischen Gemeinden der Nord-Rheinprovinz im Februar 1946 an einer Tagung des Anglo-American Jewish Committee teilnahm. Vor den Delegierten sagte er: »Ein hoher britischer Offizier hat mir in Düsseldorf erzählt, dass es keinen Unterschied gebe zwischen der deutschen Bevölkerung und jenen, die in Konzentrationslagern oder jüdisch waren. Ihr seid Deutsche und ihr wurdet besiegt. Dazu muss ich im Namen der Juden Deutschlands erklären, dass wir dem nicht zustimmen können, weil wir nicht besiegt sind. Wir haben denselben Sieg davongetragen wie Ihr. Sie werden es in Ihrem Blut spüren, wie wir es in unserem Blut spüren, dass wir alle durch eine Demokratie vereinigt sind und solche Gleichstellungen niemals akzeptieren.«[47]

Tatsächlich ging es Auerbach dabei um einen Streit mit den Briten, der viel über ihr kompliziertes Verhältnis zu den Juden, den deutschen Juden vor allem, aussagte. Und er war nicht bereit, sich damit abzufinden. Er war nicht bereit, sich mit irgendetwas abzufinden, schließlich hatten die DPs von Bergen-Belsen beim Besuch britischer Parlamentarier in ihrem Lager noch kurz zuvor gegen seine Entlassung in Düsseldorf demonstriert. Der Weg zurück in die Verwaltung blieb Auerbach dennoch zumindest vorübergehend versperrt. Darüber hinaus hatten die Briten ihm in einem Schreiben ausdrücklich verboten, »die Politik oder die Methoden der Militärregierung oder eines Angehörigen der Militärregierung zu kritisieren«, und ihm gedroht: »Sie werden genau beobachtet. Wenn es Ihnen nicht gelingt, unsere Anordnungen zu befolgen, müssen Sie damit rechnen, vor einem Gericht der Militärregierung angeklagt zu werden.«[48]

Von da an engagierte Auerbach sich in den jüdischen Einrichtungen, die gerade entstanden. Bald war er Vorsitzender der Synagogengemeinde Düsseldorf mit einem Büro im Girardet-Haus an der Königsallee, dann wurde er Vorsitzender des Landesverbandes der jüdischen Gemeinden der Nord-Rheinprovinz, Zonenvertreter der britischen Zone im Wohlfahrtsausschuss des Hauptquartiers in

Bünde und Mitglied des jüdischen Zentralkomitees in Bergen-Belsen.[49]

Auerbachs Einsatz geschah nicht bloß mit, sondern auch in Konkurrenz zu anderen. Nach außen hin traten er und die zwei wichtigsten jüdischen Funktionäre der britischen Zone, der Berliner Norbert Wollheim und der aus Polen stammende Josef Rosensaft, in dieser Zeit gemeinsam auf, obwohl sie nicht dieselben Interessen vertraten. Während es Auerbach darum ging, jüdisches Leben in Deutschland wieder zu etablieren, waren die beiden anderen aus dem Lager Bergen-Belsen davon überzeugt, dass man sich um die Überlebenden des Nazi-Horrors nur so lange kümmern müsse, bis ihnen die Ausreise nach einem Land ihrer Wahl, vorzugsweise Palästina/Israel, möglich wäre. Am Aufbau von Gemeinden waren die beiden nur so weit interessiert, wie es den vom Elend Gezeichneten half, wieder in ein geregeltes Dasein zurückzufinden. Denn viele Lagerbewohner hatten Angst und kaum die Kraft, den Schutz der vertrauten Umgebung zu verlassen. Jahre im Konzentrationslager hatten sie physisch und psychisch erschöpft.

Der Moment, in dem der britische Captain Derrick Sington, Kommandeur einer Einheit für Psychologische Kriegsführung, am 15. April 1945 über die Lautsprecher von Bergen-Belsen gerufen hatte »Ihr seid frei« – dieser grandiose Augenblick schien lange vergangen.[50] Arnold Basch, einer der Häftlinge, beschrieb die unmittelbare Reaktion auf die Befreiung später so: »Auch versagten vielen von uns die Nerven, einige brachen bewusstlos zusammen, andere wieder weinten, und niemand konnte sich in die Lage der befreiten Menschen, des Menschen, welcher schon nicht mehr um sein Leben bangen musste, versetzen. Man fiel sich in die Arme, schüttelte Hände, küsste einander, kurz, man konnte das große Glück der Befreiung und das Ende der unmenschlichsten Leiden und Entbehrungen nicht fassen.«[51] Dabei war der Krieg zu diesem Zeitpunkt noch nicht zu Ende gewesen. Die Generalstäbe fürchteten, die nun umherziehenden Häftlinge könnten den Vormarsch der Truppen behindern, und forderten sie auf zu bleiben, wo sie waren.

Nach einer Weile hatten selbst diejenigen, die in jenem Moment kräftig genug gewesen waren, aus dem Dreck herauszukriechen, und die sich zwischen den Leichenbergen irgendwie noch auf den Beinen halten konnten, die Hoffnung auf schnelle Verbesserung schon wieder verloren. Erst waren viele ihrer Kameraden gestorben, ohne dass man sie noch hatte retten können, 28 000 allein in Bergen-Belsen in den ersten Wochen nach der Befreiung.[52] Dann ließ der Nachschub an Nahrung auf sich warten. Schließlich zeigte sich schnell, wie wenig Verständnis die Deutschen für ihre Lage aufbrachten. Die benutzten für die Überlebenden in ihrer Nachbarschaft weiterhin Begriffe wie »Verbrechertypen«, »Untermenschentum« und »Abschaum der Menschheit«. Und sie gaben über die DPs unter anderem zu Protokoll: »Ihr Auftreten übertraf oft dasjenige der Zigeuner früherer Zeiten. Sie betrachteten sich als Opfer der Nazis und glaubten darum, berechtigt zu sein, Forderungen zu stellen. Sie bestärkten uns in der Überzeugung, dass viele von ihnen Kriminelle waren.« Dazu schrieb der Historiker Rainer Schulze: »Natürlich gab es vereinzelte Racheaktionen und auch Plünderungen bei der deutschen Zivilbevölkerung in der Umgebung des DP-Camps, aber insgesamt hielten sich derartige Vorfälle in Grenzen, da die meisten Überlebenden viel zu schwach dafür waren und überdies die britischen Truppen, die jeden Einzelfall bereits als eine Herausforderung ihrer Autorität ansahen, die sie nicht hinzunehmen gewillt waren, rasch für die Aufrechterhaltung der Ordnung sorgten.«[53]

Wenn etwas die meisten im Lager wütend machte, waren es diese Deutschen. Wenn ihnen etwas Mut machte, war es die Aussicht auf eine Zukunft möglichst weit weg von ihnen. Viele der nun in Bergen-Hohne, nicht weit vom alten Lager Bergen-Belsen versammelten Juden aus Osteuropa waren schon vor Krieg und Konzentrationslager Zionisten gewesen. Sie hatten früher bereits mit dem Gedanken gespielt, ihrem Schtetl und der ständigen Diskriminierung den Rücken zu kehren und nach Palästina auszuwandern. Aus dem Gedanken war im Angesicht des millionenfachen Mordens eine Sehnsucht und ein möglichst konkreter Plan geworden. So meinte Hauptmann David Kudish, Offizier der Jüdischen Brigade der Britischen Armee, nach einem Besuch im Lager: »Ich muss euch nicht sagen, dass es für sie alle nur ein Land gibt, in das sie gehen wollen. Das ist Eretz Israel.« Und er stellte voller Verwunderung fest, dass nirgendwo so viel Hebräisch gesprochen wurde wie unter den Überlebenden von Bergen-Belsen.[54]

Josef Rosensaft war der rechte Mann, um diese Zukunft zu gestalten. Vor dem Krieg hatte ihm, der Zionist und in der linken Bewegung Poale Zion aktiv war, in der polnischen Stadt Będzin eine Gießerei gehört. Den Versuchen, ihn ins Konzentrationslager zu stecken, konnte er während der deutschen Besatzung mehrfach durch Flucht entgehen, bis man ihn schließlich nach Auschwitz und später nach Bergen-Belsen deportierte. Kaum von den Briten befreit, begann er mit anderen Überlebenden ein Komitee zu organisieren, das den Alltag im Lager mitbestimmen und gestalten wollte, statt allein den Militärs die Entscheidungen zu überlassen. Allem Anschein nach gehörte Rosensaft – darin Philipp Auerbach durchaus ähnlich – zu jenen Menschen, deren Kraft und Lebensmut sich daraus speiste, den Mördern entkommen zu sein.

So veranstaltete er gegen den Willen der britischen Aufseher bereits im September 1945 einen »Kongress der befreiten Juden in der britischen Zone« in Bergen-Belsen. Daran nahmen 210 Delegierte teil, Repräsentanten von 40 000 Juden in den 42 Lagern und Gemeinschaften, die damals bestanden.[55] Hinzu kamen Vertreter aus den USA, Großbritannien und Palästina. Überall im Lager wehte die Fahne der Zionisten, die spätere Flagge Israels, und die Teilnehmer sangen zu Beginn die *Hatikvah,* die zionistische Hymne, später die Nationalhymne des jüdischen Staates. Die Zusammenkunft war weniger dem Gedenken an die Toten gewidmet und sollte auch nicht primär die jüngste Vergangenheit aufarbeiten. Siebzig Korrespondenten aus aller Welt berichteten über dieses erste große Treffen der Überlebenden und über die Resolution, welche sie am Ende verabschiedeten. Sie enthielt nur eine Forderung: einen jüdischen Staat in Palästina. Josef Rosensaft schloss den Kongress mit den Worten: »Wir kommen nun in eine Zeit, in der wir für unsere Rechte kämpfen müssen. Wir waren Sklaven, aber jetzt sind wir frei, Kinder einer freien Nation (…). Möge der Segen auf uns ruhen, dass unser nächster Kongress in Eretz Israel stattfindet.«[56]

Damit stellten sich Funktionäre wie Bewohner des Lagers in krassen Gegensatz zu den Briten. Das Vereinigte Königreich war zu jenem Zeitpunkt sogenannte Mandatsmacht im Nahen Osten und dabei zwischen die Fronten jüdischer Freischärler und arabischer Truppen geraten. Seine Politiker wälzten die Frage, wie man sich am besten aus Jerusalem, Jaffa, Haifa und den Wüsteneien drumherum zurückziehen konnte, ohne noch mehr Chaos anzurichten. Darum hatten sie die Zuwanderung auf 15 000 Juden pro Jahr beschränkt. Britisches Militär brachte Schiffe mit Auswanderern im Mittelmeer auf und nahm vor Ort Aufständische fest, während Amerikas Präsident Truman forderte, mindestens 100 000 DPs pro Jahr die Reise nach Palästina zu erlauben. Tatsächlich blieb dieser Weg vorerst noch weitgehend versperrt. Doch die Zeit arbeitete für Josef Rosensaft und alle anderen Zionisten.

Einen Monat nach dem Kongress, im Oktober 1945, kam David Ben-Gurion nach Bergen-Belsen, gut zwei Jahre bevor er Israels erster Ministerpräsident werden sollte.[57] Zu diesem Zeitpunkt war er auf Einladung von US-General Eisenhower auf einer Tour durch die Lager im besetzten Deutschland. Er reiste als Repräsentant der Jewish Agency, der quasistaatlichen Vertretung der Juden vor Gründung des Staates Israel. Nach dem Ende des Zweiten Weltkriegs wollten er und seine Mitstreiter die große Chance ergreifen, endlich einen jüdischen Staat zu schaffen, fuhren dafür in die Hauptstädte des Westens und sammelten Geld für ihren Kampf in Palästina, für PR-Kampagnen und um den arabischen Vertretern bei den Vereinten Nationen die Zustimmung zu einem Judenstaat im Nahen Osten notfalls abkaufen zu können. Überall, wo Ben-Gurion auftauchte, wurde der kleine stämmige Mann mit der wilden weißgrauen Mähne enthusiastisch gefeiert. »Für die Leute im Lager ist er Gott«, beschrieb der amerikanische Kommandant des Lagers Landsberg die Ankunft Ben-Gurions. »Sie trugen Blumen und schnell angefertigte Flaggen und Spruchbänder. Ich glaube nicht, dass ein Besuch von Präsident Truman so viel Aufregung verursacht hätte.«[58]

Nun also schritt Ben-Gurion durch die Reihen der Überlebenden von Bergen-Belsen. Unter ihnen fand er einen Cousin aus Lodz – er selbst war einst in Polen aufgewachsen. Dann ließ er die DPs berichten. Wie viele um ihn herum kämpfte er mit den Tränen. Wenn man seinem Biographen Tom Segev folgt, fand Ben-Gurion die Begegnungen in den Lagern Deutschlands damals so fürchterlich, dass er sichtbar gealtert nach Palästina zurückkehrte. Ihm fiel es schwer, angemessen auf die Menschen zu reagieren.[59] Zugleich war er begeistert darüber, dass er nirgendwo so vielen enthusiastischen Zionisten auf so engem Raum begegnet war wie hier. Am Ende seiner Rede in Bergen-Belsen fasste er in sein abstehendes, sichtbar zurückweichendes Haar und rief der begeisterten Masse zu: »Seht ihr diese Haare? Sie werden noch die Gründung des jüdischen Staates erleben.«[60]

Dieser Moment jüdischer Selbstvergewisserung wäre auch für Philipp Auerbach ein großer Augenblick gewesen. Ob er die Reise nach Bergen-Belsen angetreten hat, um Ben-Gurion zu treffen, lässt sich nicht klären. Es erscheint aber durchaus vorstellbar, schließlich arbeitete er eng mit dem Komitee des Lagers zusammen und galt den DPs als guter Vertreter ihrer Interessen. Bei aller Begeisterung für den großen Mann des Zionismus wäre Auerbach in dem Augenblick sicher die Kluft bewusst gewesen, die sich zwischen ihm und den Leuten auftat, als sie Ben-Gurion zujubelten. Sie konnten den Tag nicht erwarten, da sie endlich nach Palästina aufbrechen würden. Und sie konnten kaum begreifen, weshalb das für einen wie Auerbach nicht infrage kam. Selbst wer sich zum Bleiben entschloss, tat dies ja nicht unbedingt aus Überzeugung. Diese Menschen waren meist zu alt, zu krank, zu erschöpft, um an Auswanderung zu denken. Sie waren allein, weil alle anderen Mitglieder der Familie tot oder verschollen waren. Sie brauchten zunächst Hilfe, keine Heimat.

»Ein Jude zu sein und gleichzeitig ein Deutscher zu sein, war nach der Shoah ein besonders eklatanter Widerspruch. Aber es war gelebter, erfahrener Widerspruch.« Diesen Satz des Historikers Sander L. Gilman verkörperte wohl kaum jemand mehr als Philipp Auerbach.[61] Wie die Funktionäre Rosensaft und Wollheim tat auch er natürlich alles dafür, Ausreisewillige zu unterstützen. Denn selbst wer blieb, war davon überzeugt, dass ein jüdischer Staat den besten Schutz vor einem neuen Holocaust gewähren würde. Und dieser Staat brauchte jüdische Bürgerinnen und Bürger. Doch im Gegensatz zu den beiden wollte Auerbach nicht einfach nur die Gemeinden in allen Besatzungszonen stärken. Er wollte diesen Gemeinden auch das Recht geben, eigenständig das Geld und die Güter der verschiedenen Hilfsorganisationen zur Betreuung der Überlebenden zu verteilen. Rosensaft ging es hingegen darum, solche Zuteilungen zentral zu organisieren und sie damit in seinen Händen und denen des von ihm dominierten Komitees zu behalten. Darüber stritten er und Wollheim sich mit Auerbach.[62] Dem machten es auch die Briten in seiner Düsseldorfer Gemeinde noch schwerer, Juden unterzubringen. Denn die Militärs requirierten weiterhin Wohnungen.

Philipp Auerbach war klar, dass zum Aufbau jüdischen Lebens nach dem Holocaust mehr gehörte als die materielle Versorgung. An den Gemeinschaften in den Lagern ließ sich erkennen, wie dort durch Religion, Theater und Sport, durch Jiddisch und Hebräisch ein Gefühl der Zusammengehörigkeit entstand, eine Art Identität, die sich aus dem gemeinsamen Überleben speiste und die ihre Energie gerade auch aus dem Gegensatz zur deutschen Außenwelt bezog. Auerbach wollte das Jüdische ebenfalls stärken, aber seine Glaubensbrüder zugleich integrieren. Um das zu erreichen, kam ihm eine andere Idee: die Gründung einer Zeitung. Damit ließen sich auch Wahrnehmung und Wirkung des eigenen Tuns erhöhen.

Philipp Auerbach war bei Weitem nicht der Einzige, der auf die Kraft des gedruckten Wortes vertraute. In den DP-Lagern entstand damals in kurzer Zeit eine ganze Reihe von Zeitungen, oft in Jiddisch und, wo es möglich war, in hebräischen Buchstaben gedruckt. *Undzer Sztyme* hieß sie in Bergen-Belsen. »Wir hatten keine Druckerpresse, keinen Schreibtisch, kein Kopiergerät und nicht einmal einfaches Papier«, sollte Josef Rosensaft die Lage später beschreiben.

Von den Mitarbeitern »schrieb einer die ganze Zeitung in Handschrift, ein anderer lief das Papier besorgen und der dritte fuhr bis in die Nähe von Braunschweig, wo er hoffte, einen Duplikator zu finden«.[63] Ähnlich waren die Anfänge der *Jiddische Landsberger Cajtung* in Landsberg, von *Undzer Wort* in Bamberg oder *Dos fraje Vort* in Feldafing.

Auerbachs Projekt, das am 15. April 1946 zum ersten Mal erschien, hatte dagegen einen nahezu bürokratisch klingenden Namen: *Jüdisches Gemeindeblatt für die Nord-Rheinprovinz und Westfalen.* Gerade mal vier Seiten im Briefbogenformat, mehr Papier gab es von den Briten anfangs nicht, sollte es die nachhaltigste Neuschöpfung werden. Denn während alle anderen Zeitungen nach und nach verschwanden, weil mit der Auswanderung so vieler DPs erst die Leser verloren gingen und dann die Lager aufgelöst wurden, entwickelte sich aus der dünnen ersten Ausgabe in Düsseldorf im Laufe der Jahre die noch heute existierende *Jüdische Allgemeine.*

Als Herausgeber dieser Zeitung fungierte zunächst Hans Frey, ein Freund Auerbachs. Der nannte das neue Blatt gleich bei Erscheinen ein »weiteres Bindeglied zwischen dem Landesverband und seinen Mitgliedern«, ein deutlicher Hinweis darauf, dass man sich auf die außerhalb der Lager Lebenden in Deutschland konzentrieren wollte. Frey kümmerte sich in der Folgezeit vor allem um die Kriegsverbrecher-Prozesse, während Auerbach anderen großen Fragen nachging. Er schrieb auch das Geleitwort auf der ersten Seite der ersten Ausgabe vom 15. April 1946 kurz vor dem Pessach-Fest: »Unsere Gedanken gehen zurück, und wir denken an die alte Erzählung von der Befreiung aus der Knechtschaft Ägyptens. War es jemals zeitgemäßer denn heute, uns dessen zu erinnern? Haben wir nicht alle, die wir hinter den Stacheldrähten, in Gefängnissen und hinter Schicksalsmauern geschmachtet haben, die Knechtschaft Ägyptens verspürt? Dieses Gemeindeblatt ist ein erster Schritt in die Freiheit, ein weiterer Schritt für den Wiederaufbau der jüdischen Gemeinden in Deutschland.«[64]

Philipp Auerbach war in der Anfangszeit – und bevor der aus England zurückkehrende Emigrant Karl Marx die Redaktion übernehmen und das Blatt umgestalten sollte[65] – der wichtigste Autor der Zeitung, ihr Leitartikler. Sein Ton war fordernd, herausfordernd und pathetisch. Feststellungen geschahen »mit Betrübnis und Verbitterung«, Entscheidungen fielen mit »bewegtem Herzen« oder waren mit »innigem Dank« verbunden. Wenn von der unmittelbaren Vergangenheit die Rede war, dann vom »blutgetränkten Boden« und von der »Hölle von Auschwitz«. Solche Wortwahl entsprach nicht bloß dem Zeitgeist, der häufig klar im Gedankengang, emotional in den Adjektiven und rhetorisch stark war. In ihr spiegelte sich auch die Leidenschaft, mit der Auerbach seiner Aufgabe nachging. Noch mehr wirkte hier aber das Leiden nach, das er und seine Leser gerade erst knapp überstanden hatten.

Also schrieb er lange Artikel über die Ernährungslage, über Wiedergutmachung oder Nachdenkliches zu einem Feiertag. Bemerkenswert daran waren zwei Phänomene: Zu den Briten war er so freundlich, wie man es angesichts seiner dauernden Fehden nicht hätte erwarten können. Ganz offensichtlich hatten die jüdischen Zeitungsmacher mindestens in den ersten Monaten Angst vor der Zensur. Denn die Briten hätten ihnen die Lizenz für ihr Blatt jederzeit wieder entziehen oder – etwas eleganter – ihnen Schwierigkeiten machen können, das nötige Papier für den Druck zu bekommen. Mindestens so auffällig war, dass jüdisches Leben und seine Probleme zwar die Zeilen füllten, dass es darin aber nahezu ausschließlich um die Gemeinden ging. Die DPs und die Situation der Lager spielten bei der Themenauswahl keine wirkliche Rolle. Die Zeitung war ein Blatt für diejenigen, die bleiben wollten.

Das von ihm und Hans Frey geschaffene Forum allein reichte Auerbach jedoch nicht. Er brachte seine Artikel auch an anderer Stelle unter. So schrieb er ebenfalls in der in Marburg seit Februar 1946 erscheinenden *Jüdischen Rundschau,* die mit dem englischen Zusatz versehen war »The Jewish Review by and for liberated Jews in Germany«. Eine der frühen Ausgaben im Mai/Juni 1946 nutzte er zu einem Generalangriff auf seine Glaubensbrüder in den USA: »Was hat die amerikanische Judenheit getan, um das zu verhindern, was uns geschehen, und wie lange hat es gedauert, bis die erste Hilfe unserer Brüder vom Ausland zu uns kam? (…) Wir können nicht vergessen, was wir erlebten. Niemand kann das ersetzen, was wir an Teuerstem verloren, und kein Mensch kann uns die Nerven und die Gesundheit wiedergeben, die wir im Lager ließen (…). Ihr habt drüben am Radio gesessen, davon gehört, dass sechs Millionen Juden ihr Leben lassen mussten, habt eine Träne zerdrückt, ›I am sorry‹ gesagt und die Musik wieder eingeschaltet. Und nun sind wir die armen Verwandten, in deren Gesellschaft man sich nicht gern sehen lässt. Wir verlangen nicht in erster Linie Geld und Unterstützung, sondern wir verlangen Rehabilitierung, Gerechtigkeit und eine menschenwürdige Behandlung im Namen der ermordeten sechs Millionen Juden. Wir, die wir im Lager gelitten haben, haben bewiesen, dass wir in den deutschen Konzentrationslagern geläutert wurden; wir kennen keinen Unterschied zwischen Ost und West. Wir haben als Juden gemeinsam gelitten und kämpfen als Juden heute gemeinsam für die Anerkennung als ein jüdisches Volk und Gleichberechtigte unter den anderen Nationen.«[66]

Mit solchen Texten wie auch als Funktionär wurde Philipp Auerbach bereits in Düsseldorf schnell zu einer Stimme der deutschen Juden. Darum überraschte es nicht, dass er aus München das Angebot erhielt, sich für die noch provisorische bayerische Regierung um die Verfolgten und Überlebenden der amerikanischen Zone zu kümmern. Über seine Entscheidung, das Angebot anzunehmen, war mancher in Düsseldorf durchaus froh, denn der Ton untereinander war offensichtlich nicht zimperlich. Rudolf Braunschweig, der Vorsitzende der Gemeinde, hielt Auerbach wegen seiner Art, keinem Konflikt aus dem Wege zu gehen und seine Ellenbogen einzusetzen, für einen »echten Diktator«.[67] Und ein anderes Mitglied der Gemeinde, der Präsident der Handelskammer Georg Schulhoff, warf ihm vor, bei Nachforschungen über die Nazi-Vergangenheit von Unternehmern und Politikern »Gestapo-Methoden« anzuwenden.[68]

Dennoch spiegelte diese Kritik offenbar nicht die Meinung der Mehrheit wider. Die meisten bedauerten es, dass Auerbach nach einigen Monaten des Hin und Her seine Koffer packte und an die

Isar zog. Man veranstaltete eine große Abschiedsfeier in den Sälen der Henkel-Werke. Daran nahmen nicht nur Gemeindemitglieder und jüdische Funktionäre teil, sondern auch die Abgesandten von Landes- und Bezirksregierung wie der Stadt. »Eine der allerbesten Kräfte, die das Judentum aus seiner Dezimierung übrigbehalten habe« wurde Auerbach bei der Gelegenheit genannt. Er »habe sich Freunde wie Feinde gemacht, aber die können ihm nur zu Ehre gereichen«, hieß es außerdem.[69]

Schon bald nach den Reden verließ Auerbach die Feier und verstaute an jenem Samstagabend noch die letzten Sachen, bevor er am folgenden Tag, dem 15. September 1946, nach München aufbrach. Seinen Dienst sollte er dort gleich am Montag der neuen Woche antreten. Die Aufgabe, die ihn erwartete, war größer als jene in Düsseldorf, weil in der Zone der Amerikaner deutlich mehr DPs lebten. Die Aussicht darauf, mit der wichtigsten westlichen Siegermacht zu verhandeln, versprach zugleich mehr Wirkung, mehr Einfluss, mehr Bedeutung. Der Posten des Staatskommissars in München war ein Karriereschritt.

Dort wartete man schon sehnsüchtig auf Philipp Auerbach. Nicht bloß die Regierung des Sozialdemokraten Wilhelm Hoegner, der sich von ihm und seinen guten Beziehungen zu den amerikanischen Militärbehörden einiges versprach. Auch Juden wie der in München geborene, aus der Emigration in die USA zurückgekehrte Hans Lamm waren begeistert. Der Journalist und spätere Präsident der Israelitischen Kultusgemeinde München und Oberbayern schrieb in der *Jüdischen Rundschau:* »Dr. Auerbach ist ein Mann scheinbar grenzenloser Energie und Tatkraft, voll von schöpferischen Ideen und von der staatsmännischen Fähigkeit, verschiedenartige Menschen und Gruppen zur Aufbauarbeit zusammenzubringen. Seine Ernennung ist ein viel versprechendes Zeichen, das eine neue hoffnungsvolle Entwicklung für all die vielen Juden, die sich heute – meist gegen ihren Willen – in Bayern befinden, einleiten wird.«[70]

Kurz vor der Abreise aus Düsseldorf war es zum endgültigen Bruch mit der britischen Militärregierung gekommen, als Auerbach die Politik der Besatzungsmacht in einem Interview heftig kritisierte. Er hatte seinen Gesprächspartner für einen amerikanischen Journalisten gehalten. Der war jedoch ein Public-Relations-Offizier der britischen Militärregierung und erstattete sogleich Bericht an seine Vorgesetzten. Auerbach sah keinen Grund, seine Kritik zurückzunehmen. In Zukunft, so ließ man ihn daraufhin wissen, sei er gezwungen, vor jeder Rückkehr in die britische Zone um eine Einreisegenehmigung zu bitten. Außerdem untersagte man ihm, dem »unerwünschten Unruhestifter«, weiterhin Vorsitzender des jüdischen Landesverbands Nordrhein und Westfalen zu sein.

Als Philipp Auerbach zum letzten Mal die Wohnungstür in Düsseldorf hinter sich zuzog, dürfte er das mit gutem Gefühl getan haben. Den Ärger konnte er nun hinter sich lassen. Nach all dem Lob, nach all den Vorschusslorbeeren – was sollte da in München schiefgehen?

KAPITEL 10

München, September 1946

Wer im Spätsommer 1946 in die bayerische Hauptstadt kam, konnte den Eindruck haben, die Stadt und das Land herum seien tatsächlich gezwungen, von vorn anzufangen. Im Bombenkrieg zerstörte Wohnhäuser, Fabriken und Bürogebäude, ramponierte Trambahngleise, Busse mit Holzvergasern, spärlich bestückte Läden, provisorische Verkaufsstände und Schwarzhändler an belebten Ecken prägten das Bild. Inmitten von Schutt und Trümmern wirkten die Sieger in ihren gebügelten Uniformen und mit ihrem selbstbewussten Auftreten wie die Verkörperung einer besseren Zukunft. Diese amerikanischen Militärs, ob Offiziere oder Mannschaftsgrade, strahlten mehr an Zuversicht aus, als die britischen Soldaten in Düsseldorf es je vermocht hätten, während die Deutschen zwischen ihnen häufig geduckt, gedrückt und auf der ständigen Suche nach den Dingen des täglichen Lebens umherzogen. Die ehemalige »Hauptstadt der Bewegung«, das Zentrum des Nationalsozialismus im bayerischen Voralpenland, lag in Schutt und Asche.

Vom sogenannten Braunen Haus, der Zentrale der NSDAP, standen nur noch die Außenmauern. Im weniger beschädigten Führerbau, Hitlers Münchner Repräsentanz, hatten die Alliierten eine Sammelstelle für das Raubgut der Nazis untergebracht.[1] Der Königsplatz, vor nicht allzu langer Zeit noch der Paradeplatz für die Aufmärsche und Fackelzüge von HJ, BdM, SA, SS und sonstigen Parteigenossen und Sympathisanten, war nur mehr eine öde Fläche. Amerikanische Soldaten hatten von ihrem Oberbefehlshaber Eisenhower einen Monat nach Kriegsende im Juni 1945 den Befehl erhalten, die 16 Sarkophage der »Märtyrer der Bewegung« einzuschmelzen, die sich dort in zwei eigens errichteten Ehrentempeln befunden hatten, und diese NS-Weihestätte in der Stadt zu sprengen.[2] Als Philipp Auerbach seine neue Arbeitsstelle antrat, konnte er mit guten Gründen glauben, dass aus den Ruinen des Dritten Reichs etwas Besseres auferstehen würde. Und doch dürfte dem am 7. Oktober 1946 offiziell ernannten »Staatskommissar für die Opfer des Faschismus« bei aller Genugtuung über den neuen Posten bewusst gewesen sein, dass es nicht leicht werden würde, die Geister der Vergangenheit zu vertreiben.

Im unterirdischen Gewirr der Tunnel zwischen den diversen Palais und Bürogebäuden der Partei und ihrer Funktionäre hatten die kleinen und großen Schreibtischtäter des Dritten Reichs in den letzten Kriegstagen möglichst viele Akten und Karteikarten weggeschafft, bevor die heranrückende Armee der Amerikaner ihnen auf die Schliche kommen konnte. Tausende Dokumente hatten sie verbrannt, verschleppt, versteckt, um sich und möglichst viele andere Parteigenossen zu schützen. Aus den treuen Anhängern der Nazi-Ideologie, aus den Wichtigtuern der Herrenrasse, aus den Grünschnäbeln in Braunhemden, erst recht aus den smarten Juristen und einfallsreichen Ökonomen mit den goldenen Parteiabzeichen, die bis vor Kurzem noch klug über »Volksgemeinschaft«, »Rassenunterschiede« und die Anforderungen der Kriegswirtschaft für die Eroberung von »Lebensraum im Osten« zu schreiben und zu dozieren wussten und die daraus abgeleitete Verwaltung des Schreckensstaates beherrschten – aus all diesen Hitler-Jüngern waren distinguierte ältere Herren oder unscheinbare graue Anzugträger geworden, die sich eilends und quicklebendig unter die Einwohner Münchens mischten. Die Uniform verbrannt oder weggeworfen, die Insignien der Parteizugehörigkeit verbuddelt, taten sie so, als seien sie auch nichts anderes als Kriegsveteranen, Ausgebombte, gestrandet auf der Suche nach Angehörigen, einem warmen Essen oder einem Dach über dem Kopf. Die Gerisseneren hatten längst vorgesorgt und saßen weiterhin in den Villen und Wohnungen der Stadt, sofern diese noch nutzbar waren, in der ständigen Angst, von der requirierenden US-Armee aus ihrer schmucken Unterkunft rausgeworfen zu werden, ja womöglich gar obdachlosen Zwangsarbeitern und Juden Platz machen zu müssen. Was sie natürlich für empörendes Unrecht hielten. Die schlichteren Gemüter des alten Regimes behielten ihre

Enttäuschung über die Niederlage, ihre kalte Wut über die ausländischen Besatzer, ihren Widerwillen gegen die deutschen Kollaborateure des neuen Systems noch für sich.

»Während ich durch Münchens trümmerübersäte Straßen irrte, war mir, als bewege ich mich unter einer Schar zahlungsfähiger Schuldner, als sei jeder einzelne mir etwas schuldig und weigere sich, es zu bezahlen.« So schilderte der Auschwitz-Überlebende Primo Levi seinen Eindruck von der Stadt auf dem Rückweg in seine Heimat Italien. »Ich war unter ihnen, unter dem Herrenvolk. Mir war, als müsse jeder uns Fragen stellen, uns an den Gesichtern ablesen, wer wir waren, demütig unseren Bericht anhören. Aber niemand sah uns in die Augen, niemand nahm die Herausforderung an: Sie waren taub, blind und stumm, eingeschlossen in ihre Ruinen wie in einer Festung gewollter Unwissenheit, noch immer stark, noch immer fähig zu hassen und zu verachten, noch immer gefangen und verstrickt in ein Gewirr aus Überheblichkeit und Schuld.«[3]

Philipp Auerbach hatte vielleicht ähnliche Gedanken und Eindrücke. Doch bevor er sich um alte Nazis, ihre Versuche, nicht alles verloren zu geben, oder um dumpfe Deutsche überhaupt kümmern konnte, hatte er eine dringendere Aufgabe zu lösen: Er musste eine Behörde übernehmen und reorganisieren, die einen regelrechten Ansturm von DPs zu bewältigen hatte. Ein gutes Jahr nach Kriegsende war deren Zahl in der amerikanischen Zone von knapp 40 000 auf über 145 000 angestiegen.[4] Im Jahr 1947 sollten noch einmal fast 40 000 hinzukommen, 8 von 10 dieser Menschen ohne Heimat waren aus Polen. Der Andrang war überwältigend, die Stimmung aggressiv, das Chaos allgegenwärtig. »Wenn man die Gänge, die Vorzimmer von Herrn Dr. Auerbach gesehen hat (…). Es war an sich wirklich eine Nachgeburt des Krieges, des Zusammenbruchs«, sollte der damalige Vizechef der Behörde Sebastian Endres einige Jahre später aussagen.[5]

Die Erwartungen, denen Philipp Auerbach in dieser Situation begegnete, waren äußerst unterschiedlich: Die ehemaligen Lagerinsassen und ihre Familien, die Rückkehrer aus der Emigration, die Häftlinge der Gestapo, die aus den Verstecken Herausgekrochenen – sie alle wollten Hilfe, so schnell und so umfassend wie möglich. Entsprechend groß war die Enttäuschung, wenn sie länger auf sich warten ließ. Der Arzt Zalman Grinberg, mit 32 Jahren Vorsitzender des ersten »Zentralkomitees der befreiten Juden in Bayern« und später der amerikanischen Zone, machte seinem Ärger über die Verzögerungen Luft: »Wir sitzen noch immer in den Lagern wie in einem luftleeren Raum. Wir sollen ein Objekt des Studiums werden. Kommissionen sollen entscheiden, was mit uns geschehen soll. Wir sind staatenlos, heimatlos. Was Europas Krematorien nicht verdaut haben, ist als ständiger Bissen im Rachen der internationalen Politik steckengeblieben.«[6] Deutsche Politiker, die Auerbach ins Amt geholt hatten, wie der jeglicher Nazi-Sympathien unverdächtige sozialdemokratische Innenminister Bayerns Josef Seifried, formulierten ihre Erwartungen so: »Aber es muss zu gleicher Zeit erreicht werden, dass wir möglichst bald die DPs wieder weiterbringen, weil schon andere Flüchtlinge nachdrängen.«[7]

In den Jahren zuvor hatte Philipp Auerbach gelernt, dass er sich stets etwas einfallen lassen musste, um den Mangel zu überlisten. Darum schrieb er bereits zwei Wochen bevor er seine Ernennungsurkunde in Händen hielt, am 24. September 1946, einen Brief an den Polizeipräsidenten Franz Xaver Pitzer. Darin stellte sich Auerbach als der neue Mann vor, der sich der DPs annehmen werde. Bei der Gelegenheit schlug er dem Chef der Münchner Polizei gleich vor, die von dessen Beamten allerorten beschlagnahmte Schwarzmarktware am besten an Auerbachs Dienststelle weiterzureichen, damit man sie an die von seiner Behörde Betreuten weitergeben könne. Im Rheinland habe man das auch so gemacht.[8]

Der Brief gab einen frühen Einblick in die Methode, mit der Auerbach seine Ziele zu erreichen versuchte: lösungsorientiert, aber nicht im Sinne preußischer oder königlich-bayerischer Amtsführung. Weil das ihm zur Verfügung stehende Kapital vor allem am Anfang knapp war, ersann er immer wieder neue Möglichkeiten, an Geld zu kommen. Ein Beispiel dafür war der »Kräutergarten Dachau«, ein Schreckenskommando unter den Häftlingen des Konzentrationslagers, die dort unter der Aufsicht der SS Heilkräuter gezogen und Gewürze hergestellt hatten. Diese Anlage gedachte Auerbach nun von der Landesregierung Bayerns zu pachten, um die Erträge für die von ihm und seinen Mitarbeitern Betreuten zu verwenden.[9] Außerdem schlug er vor, jedes ehemalige Mitglied der NSDAP solle den doppelten Beitrag dessen, was es einst als Obolus an die Partei oder eine ihrer diversen Unterorganisationen geleistet habe, in einen Wiedergutmachungsfonds einzahlen.[10] Den größten Schub für die Finanzierung seiner Arbeit versprach sich Auerbach davon, beschlagnahmtes Nazi-Eigentum oder durch millionenfachen Tod herrenlos gewordenes jüdisches Vermögen in einen solchen Fonds zu überführen. Ein aufwendiges, womöglich zeitraubendes Verfahren, dessen Wirkung der Staatskommissar dadurch zu beschleunigen versuchte, dass er einen von den Amerikanern finanzierten Vorschuss in Höhe von 200 Millionen Dollar anregte. Davon sollte die Hälfte für die Auswanderung nach Palästina und in die USA verwendet werden, während die andere Hälfte den in Deutschland bleibenden Juden zur Verfügung stehen sollte.[11]

Philipp Auerbach legte einen bemerkenswerten Einsatz an den Tag, kaum dass er sein Amt mit zunächst zwei Sekretärinnen und einem Mitarbeiter in der Holbeinstraße angetreten hatte. Er wurde nicht müde, Klinken zu putzen, in öffentlichen Reden oder auf Empfängen für die Sache der DPs zu werben oder seine Honorare für Rundfunk- und Zeitungsbeiträge dem eigenen Etat zur Verfügung zu stellen. Nur wenige Monate im Dienst, nahm Auerbach am Zweiten Kongress der befreiten Juden der US-Zone teil, der vom 25. bis zum 27. Februar 1947 in Bad Reichenhall stattfand.[12] Größtes Thema dort war die Auswanderung nach Palästina. Auch da ging es nicht allein um die große Zahl von Visa, welche die britische Mandatsregierung verweigerte, oder um Wege, dieses Kontingent zu erhöhen. Auch der Aufbau eines jüdischen Staates und der Beginn eines neuen Lebens der Auswanderer im Nahen Osten wollten finanziert sein. Auerbach referierte darüber. An dem Kongress nahm Landwirtschaftsminister Josef Baumgartner als Vertreter der bayerischen Regierung teil. Die Veranstaltung war kaum zu Ende gegangen, da erklärte der Minister im sogenannten Dienstags-Club, einer

Versammlung von CSU-Nachwuchspolitikern, seine Sicht der Dinge: »Wir werden ohne die Juden und besonders die jüdischen Kaufleute in USA und der übrigen Welt nie mehr auskommen: Wir brauchen sie für die Wiederaufnahme unserer alten Handelsbeziehungen! Was freilich die vielen Ostjuden hier in Bayern anbetrifft, so bin ich anderer Meinung: Meine Herren! Ich bin leider gezwungen gewesen, an dem Judenkongress in Bad Reichenhall teilzunehmen. Das einzig Erfreuliche an der Tagung war für mich die einstimmig gefasste Resolution: Raus aus Deutschland!«[13]

Was Gelächter unter seinesgleichen auslöste, wie das Protokoll festhielt, war die Maxime, nach der Philipp Auerbach aus der Sicht der Politiker in seinem Amt verfahren sollte. Und es beschrieb zugleich den zentralen Konflikt, dem Auerbach sich ausgesetzt sah. In der Wahrnehmung der deutschen, vor allem der bayerischen Politiker war die sogenannte Wiedergutmachung weniger ein moralisches als ein praktisches und finanzielles Problem. Viele von ihnen waren davon überzeugt, der Zustrom der Juden vor allem nach München und ins Voralpenland sei ihrer bayerischen Großzügigkeit geschuldet. In Wahrheit waren die DPs jedoch nur deshalb in so großer Zahl in die amerikanische Besatzungszone geströmt statt in die britische, französische oder sowjetische, weil sie hofften, von dort am schnellsten ins Ausland weiterreisen zu können. Philipp Auerbach sah sich schon nach wenigen Monaten in München konfrontiert mit dem, was Ruth Klüger später so formuliert hat: »Wir waren verhasst, Parasiten einer verjudeten Militärregierung.«[14]

Vermutlich trug kaum etwas so sehr dazu bei, die Vorurteile gegen Juden zu schüren oder am Leben zu halten, wie der allgegenwärtige Schwarzmarkt. Aus der Sicht der ehemaligen KZ-Insassen war der Basar vor den Lagern von Dachau, Landsberg, Feldafing und Föhrenwald so etwas wie die Fortsetzung des heimlichen Handels im Ghetto oder im Konzentrationslager. Auch da hatte es Geschäftstüchtige, Trickser, Spekulanten und Risikofreudige auf der einen Seite gegeben und bedürftige, begierige, naive und verzweifelte Abnehmer auf der anderen Seite. Vor die Wahl gestellt, den Hungertod zu akzeptieren, den eigenen oder den eines Familienmitglieds, oder in Kauf zu nehmen, erschossen zu werden, wenn man erwischt wurde, hatten sich viele einst entschlossen, ihr Leben beim illegalen Handeln und Tauschen zu riskieren. Während es zuvor um ein paar Krumen Brot, eine angerauchte Zigarette, einen wärmenden Fetzen Stoff oder eine Extrakelle dünner Suppe gegangen war, lieferte der Schwarzmarkt inzwischen ein reichhaltigeres Angebot: Kaffee oder Nylonstrümpfe zum Beispiel, die sich gegen Schmuck, Pelzmäntel oder Dollars eintauschen ließen. Und auch der Einsatz war geringer. Beim Geschäft vor den Lagern, im Schatten der amerikanischen PX-Läden oder in den schnell gezimmerten Holzbuden von Bogenhausen musste man zwar mit einer Razzia rechnen, zunächst von amerikanischen GIs, später von deutschen Polizisten, aber nicht mit Prügelstrafen, Folter, Kerker oder Tod. Im schlimmsten Fall verlor man seine wertvolle Ware und womöglich noch die Devisen, die man nach langem Hin- und Hertauschen erwirtschaftet hatte. Die Überlebenden hatten umso besser gelernt, wie sie einen Kunden einzuschätzen, einen Preis auszuloten oder den Spitzel einer Behörde auszuhebeln hatten. Jahre in Ghetto und Lager hatten sie zu Experten der Schattenwirtschaft gemacht.

So war in dem großbürgerlichen Münchner Stadtteil Bogenhausen eine eigene Welt entstanden, ein geschäftiges Treiben unter den ausladenden Kronen hoher Bäume. Getrennt durch die Isar etwas weiter westlich von der eigentlichen Innenstadt, duckten sich die provisorischen Verschläge, die zunächst als Geschäfte dienten, vor den Gründerzeit-Villen. Diese herrschaftlichen Häuser erschienen oft nicht mehr ganz so gelackt und herausgeputzt wie vor dem Krieg. Aus der deutschen Vorstadt der besseren Kreise war ein bunter, manchmal wilder Basar geworden, in dem auf Griechisch, Polnisch, Jiddisch oder auch in bayerisch gefärbtem Deutsch begutachtet, besprochen, befingert und gehandelt wurde, je nach Charakter und Erfahrung von Käufer und Verkäufer mal ungeniert oder heimlich, mal fordernd oder bettelnd. Die Line 18 der Straßenbahn, die vom Max-Weber-Platz aus dorthin führte, nannte man gemeinhin »Palestine-Express«.[15] Bald gab es hier eine jüdische Apotheke, ein jüdisches Krankenhaus, wenig später eine Synagoge, einen jüdischen

Philipp Auerbach (Bildmitte) mit einer Tora-Rolle bei der Einweihung der Synagoge in der Münchner Reichenbachstraße. Als prominentes Mitglied der jüdischen Gemeinde gehörte er zu den Ehrengästen im Mai 1947.

Kindergarten und ein jüdisches Gymnasium.[16] Ihrem Glauben entsprechend hielten die jüdischen Geschäftsleute die Sabbatruhe ein, öffneten dafür ihre Stände aber am Sonntag, während die Läden im Rest der Stadt geschlossen blieben. Dagegen liefen die Münchner Kaufleute bald Sturm, in der Hoffnung, mit dem Protest gegen Sonntagsverkäufe jegliche unliebsame Konkurrenz auszuschalten.

»Hier sind die Wände mit Plakaten zugekleistert: in fehlerhaftem Jiddisch; in latinisiertem Jiddisch; mit den Gesichtern jüdischer Schauspieler und Künstler; mit Bällen für Chanukka und Purim und Pessach und alle anderen Feiertage (…) und dort ist ein Kiosk mit jiddischen Zeitungen«, schilderte die DP-Zeitung *Undzer Weg* die Möhlstraße in jener Zeit. »Es lebt, es lebt und atmet jüdisch. Als hätte sich eine fremde Straße in eine todsündige jüdische Haut gehüllt. Und es schlägt ein jüdischer Puls. Es ist vermutlich keine Lüge zu sagen, dass man hier mehr Jiddisch spricht als in ganz New York, meine Herrschaften. Jüdische Restaurants – mit schmetternden internationalen Namen: Trocadero, Bristol, Astoria, Amor und ähnliches, in denen man Tschulnt [oder Tscholent, ein Kartoffelauflauf, HHK] und Kischke [Fleisch-/Mehlspeise, HHK] bekommt und Juden trifft. Man handelt und wandelt (…). Soll man vielleicht weinen über das bittere Schicksal, das Juden für eine kurze Zeit an dieses Land gebunden hat? Aber auch die Juden müssen doch leben, sich bewegen und ihr Geld verdienen.«[17]

Und sie hatten dank der Lieferungen amerikanischer Hilfsorganisationen die Gelegenheit dazu. So stellte der US-Soldat Robert Hilliard kurz nach dem Krieg fest: »Zigaretten wurden bald das am meisten geschätzte und wertvollste Gut in Deutschland. Eine Wochenration von der Armeeverkaufsstelle konnte auf dem Schwarzmarkt den Gegenwert eines Monatssoldes einbringen. Mit einer Schachtel Zigaretten konnte man ein paar Flaschen Schnaps oder eine Nacht im Bett eines blonden blauäugigen Fräuleins kaufen.«[18] Selbst wenn die Bedürfnisse und Sehnsüchte eines jungen GIs mit denen der DPs nicht unbedingt identisch waren, das Prinzip war für alle dasselbe: Päckchen der Marken »Chesterfield« und »Lucky Strike«, von den Hilfsorganisationen großzügig verteilt oder von den amerikanischen Soldaten verschenkt, waren die Währung, die zählte und den ehemaligen Lagerinsassen Gelegenheit bot, ihren kargen Besitz aufzustocken. »Eine Zigarette kostete damals 5 Reichsmark, das durchschnittliche Monatsgehalt betrug 250 Reichsmark, reichte also gerade für 50 Zigaretten«, beschrieb Max Mannheimer die Situation im Jahre 1946.[19] Weil Juden über viele Packungen verfügten, weckte dieses Kapital in ihren Händen Begehrlichkeiten und schürte den Neid.

So hatte sich der Landrat des Kreises Wolfratshausen bereits ein halbes Jahr nach Kriegsende darüber beschwert, dass »besonders die Lagerbewohner, überwiegend Ostjuden, Schwarz- und Schleichhandel in unvorstellbarem Ausmaß betreiben. Der Geldbesitz der Genannten geht bei jedem Einzelnen in die Zehntausende.«[20] Der Oberbefehlshaber der US-Militärs, General Lucius D. Clay, hielt solchen Behauptungen entgegen: »Die unsichere Wirtschaftslage in Deutschland habe den Tauschhandel und Schwarzmarktgeschäfte zu einem allgemeinen Problem werden lassen. Selbst in diesem Bereich fallen die jüdischen Displaced Persons, verglichen mit anderen Displaced Persons oder gar der deutschen Bevölkerung, nicht besonders auf.«[21]

Nach der Beobachtung der US-Besatzer waren 85 Prozent der Käufer und Verkäufer in der Münchner Möhlstraße Deutsche, die restlichen 15 Prozent waren DPs, Volksdeutsche und Ausländer, vor allem Amerikaner. Bei 11 445 Vergehen des Schwarzhandels in der US-Zone waren lediglich in 401 Fällen Juden beteiligt. Das Thema war dennoch nicht totzukriegen.[22]

In den Polizeiberichten aus dieser Zeit wurden Juden als Initiatoren des Schwarzhandels hingestellt – die Beamten verwendeten dabei Begriffe, wie sie noch wenige Jahre zuvor gang und gäbe gewesen waren: »arbeitsscheue Elemente«, »Parasiten«, »Gesindel mit ihren Verbrecherphysiognomien« oder »Pestbeulen«. Zeitungen wie etwa der *Münchner Merkur* stürzten sich nur zu gern darauf. Auch Philipp Auerbach war bewusst, wie heikel, ja gefährlich das Thema war und dass der Schwarzmarkthandel, weil offiziell verboten, Anlass zu Razzien bot.[23]

Der Schwarzmarkt in der Möhlstraße[24] mag der sichtbarste Ausdruck der Kluft zwischen jüdischen DPs und den Deutschen gewesen sein, Ärgernis und zugleich willkommener Anlass, die damit verbundenen Probleme aufzubauschen und politisch auszunutzen. Auf Dauer bedeutsamer aber war ein Thema, das sich bald auch für Philipp Auerbach selbst als gefährlich erweisen würde: die Frage der Wiedergutmachung. Das Militärregierungsgesetz 59 zur »Rückerstattung feststellbarer Vermögensgegenstände an Opfer der nationalsozialistischen Unterdrückungsmaßnahmen« bildete die Grundlage dafür. Schon bevor es 1947 in Kraft trat, hatte das Bayerische Landesamt für Vermögensverwaltung und Wiedergutmachung (BLVW) zusammengestellt, welches Vermögen aus der Zeit von November 1938 bis zur Kapitulation Deutschlands 1945 sich inzwischen unter seiner Kontrolle befand.[25] Die Behörde verwaltete 1946 bereits mehr als 600 Millionen Reichsmark an Grund und Boden sowie Betriebsstätten, die dem Deutschen Reich oder dem NS-Regime gehört hatten. Weitere 684 Millionen Reichsmark an Vermögen hatten sich zuvor in den Händen von Privatpersonen befunden, die das Geld auf legale, auf fragwürdige oder auf kriminelle Art erworben hatten. Der allergrößte Anteil dieser insgesamt etwa 1,3 Milliarden Reichsmark an Werten hatte nämlich ursprünglich Juden gehört.[26] Selbst wenn in Einzelfällen unklar oder strittig sein mochte, wie wer zu seinem Reichtum gekommen und ob das zu Recht oder Unrecht geschehen war – es schien nicht bloß in den Augen Philipp Auerbachs genug Geld zu sein, um das Los der Verfolgten zu lindern und ihnen sogar zu einem Neubeginn zu verhelfen.

Tatsächlich arbeitete seine Behörde zunächst erfolgreich, ohne das von der BLVW verwaltete Vermögen anzutasten. In seinem ersten Amtsjahr gelang es Auerbach und seinen Mitarbeitern, in jedem Monat etwa 200 000 Reichsmark an politisch Verfolgte und 130 000 Reichsmark an rassisch Verfolgte in Form von Renten, Stipendien, Hörgeldern und Darlehen auszuzahlen und so unter anderem zur Gründung von 750 neuen Existenzen beizutragen, 1400 Arbeitsstellen zu vermitteln und 180 Ärzten die Mitarbeit in einer Praxis oder die Eröffnung einer solchen zu ermöglichen.[27] Hinzu kamen das Bereitstellen von Wohnungen, die Ausgabe von Lebensmittelkarten, das Beschaffen von Möbeln, Hausrat und Kleidung, die Übernahme von Kosten für ärztliche Behandlung und Medikamente. Darüber hinaus verwaltete Auerbachs Behörde diverse Heil- und Pflegeheime und unterstützte die gerade entstehenden jüdischen Gemeinden, während er selbst sich darum bemühte, an den Gesetzesvorhaben für die Wiedergutmachung beteiligt zu werden. »Wir helfen überall dort, wo man unsere Hilfe benötigt«, hielt Philipp Auerbach damals fest. Es ging ihm darum, »einer wirklichen Wiedergutmachung näher zu kommen, damit wir aus dem Begriff der Betreuung in eine wirkliche Wiedergutmachung übergehen können«.[28]

Das Ganze sollte sich bald als kompliziert erweisen. Zwar war kurz nach Kriegsende nicht nur bei Philipp Auerbach die Idee populär, die Nazis für die Schäden zahlen zu lassen, um die Deutschen insgesamt zu schonen, und allen in den Spruchkammerverfahren gegen Nazis als »belastet« Eingestuften das Vermögen wegzunehmen, das sie nach dem 30. Januar 1933, dem Tag der Machtergreifung Hitlers, angehäuft hatten. Doch bald gerieten solche Vorstellungen ins Abseits. Es war offensichtlich schwierig, das Geld abzuschöpfen, und die Summen, die zusammenkamen, waren nicht der Rede wert. Als ihm das junge Nachrichtenmagazin *Spiegel* im September 1947 eine ganze Seite zur Verfügung stellte, damit er sein Problem schildern konnte, schrieb Philipp Auerbach: »Wir haben von Wiedergutmachung viel gehört, aber wenig gesehen. In diesen Tagen werden die ersten Gesetze zur Rückgabe der zu Unrecht erworbenen Güter verkündet. Aber damit ist der breiten Masse der politisch und rassisch Verfolgten nicht gedient. Denn zurückgegeben kann nur etwas werden, was vorher besessen war. Und der größte Teil jener unbekannten Häftlinge der Konzentrationslager hat nicht mehr besessen als sein kleines Heim und seine Arbeitskraft und auch hiervon hat er viel einbüßen müssen.« Wiedergutmachung für das erlittene Unrecht sollte auch dem Ärmsten der Armen zugutekommen, Menschen ohne Vermögen, die ebenso eingesperrt worden waren wie Reiche.[29]

Als ersten Schritt schlug Auerbach darum vor, jedem Verfolgten solle pro Tag Haft eine Entschädigung von 10 Reichsmark bezahlt werden. Wer 18 bis 24 Monate eingesperrt worden war, sollte eine Rente von 150 RM im Monat erhalten, vierteljährlich im Voraus zu zahlen, bei 24 bis 30 Monaten stieg die Rente auf 200 RM, bei noch längerer Haft auf 250 RM pro Monat. Diese Zahlen erschienen den um ihre Haushalte und den deutschen Wiederaufbau besorgten Politikern illusorisch. Selbst jene, die solche Formen der Wiedergutmachung im Prinzip für richtig hielten, fürchteten bei solchen Summen den Zorn der Landsleute mehr als den der Nazi-Opfer, wenn man ihnen entsprechende Entschädigungen verweigerte.

Während Militärverwaltungen der diversen Besatzungszonen, die Repräsentanten jüdischer Hilfsorganisationen, Beamte und Politiker in den ersten Jahren nach dem Krieg die Wiedergutmachung und ihre Umsetzung erörterten, herrschte im Land weiter ein Klima von Vorurteil und Verdacht. Die Leute litten unter dem Mangel an

Nahrungsmitteln, vor allem in den Städten – ein harter Winter, ein trockenes Frühjahr und ein trockener Sommer hatten die jedem zur Verfügung stehenden Kalorien selbst in der US-Zone auf unter 1000 pro Tag sinken lassen.[30] Sie plagten sich mit einer dürftigen Infrastruktur, sie vermissten die Perspektive und wollten mit der Vergangenheit nicht belästigt werden. Genau daran aber erinnerten sie die ohne Arbeit und Ausreise-Visa durch die Städte herumstreifenden ehemaligen KZ-Häftlinge, erst recht, wenn sie ihre Zigaretten nicht nur rauchten, sondern auch noch feilboten. Darum beschäftigten sich Institutionen wie der Bayerische Ministerrat ausführlich mit Vorfällen wie etwa jenem in Neunburg vorm Wald. Dort hatten amerikanische Soldaten gleich nach Ende des Kriegs die Einwohner gezwungen, von der SS ermordete Häftlinge des KZ Flossenbürg, die dort in einem Waldstück verscharrt worden waren, auf ihrem Friedhof würdig zu bestatten. Und sie hatten allen Bürgern des Ortes befohlen, an den geöffneten Särgen vorbeizudefilieren und ihnen die letzte Ehre zu erweisen.

Im Oktober 1946, eineinhalb Jahre später, fand man dort ein weiteres Massengrab. Was sich dann ereignete, sollte bis in den Ministerrat Wellen schlagen, wie sich dem entsprechenden Sitzungsprotokoll entnehmen lässt:

> Staatsminister Seifried berichtet über die Vorfälle in Neunburg vorm Wald. Dort seien zwei Juden aufgetaucht und hätten in der Nähe ein Massengrab entdeckt. Sie seien sofort zum Landrat gelaufen, da es sich um ein Grab von KZlern handle, ebenso zum Chef der Militärregierung. Dieser habe dem Bürgermeister zur Auflage gemacht, die Ausgrabung vorzunehmen. Zunächst sollten ehemalige Pg's [Parteigenossen der NSDAP, HHK] aufgefordert werden. Es seien dann immer mehr Juden und Ausländer hinzugekommen. Es sei dann bei der Ausgrabung auch die übrige Bevölkerung herangezogen worden, gleichgültig, ob es sich um Antifaschisten, alte Leute oder Kinder gehandelt habe. Dabei sei ein Verfahren an den Tag gelegt worden, das von Unmenschlichkeit strotze. 150 Einwohner von Neunburg seien gezwungen wor-

den, die halb verwesten Leichen mit bloßen Händen zu reinigen; die Arbeit habe kniend verrichtet werden müssen. Wer sich nicht eifrig genug gezeigt habe, sei von den Juden, Polen und Konstablern misshandelt worden. Der Hauptschuldige sei der Public Safety Officer von Neunburg vorm Wald. Die gesamte Bevölkerung von Neunburg vom sechsjährigen Kind bis zum 80jährigen Greis habe an den Leichen vorbeidefilieren müssen ohne Rücksicht auf Krankheit oder Schwangerschaft (…). Auf Grund dieses Berichtes sei auch Staatskommissar Auerbach bei ihm [Seifried, HHK] gewesen und habe versucht, die Sache so darzustellen, als ob eine neue Judenhetze inszeniert werden solle. Die Sperrung des Zuzugs werde bei den Juden eine sehr große Missstimmung auslösen. Er habe nun angeordnet, dass sofort eine Kommission unter Führung von Ministerialrat Schimmel mit einem Vertreter des Staatskommissars Auerbach und einem Vertreter der Gesundheitsabteilung nach Neunburg abreise und dort eine Untersuchung vornehme.

Ministerpräsident Dr. Hoegner erklärt, diese Sache zeige, dass unsere Behörden nicht funktionierten. Der Bürgermeister und Landrat hätten selbstverständlich sofort dem Regierungspräsidenten und dem Innenminister Mitteilung machen müssen. In dem Bericht, den er erhalten habe, sei die Sache noch viel grauenvoller geschildert worden (…). Gerade die Bevölkerung von Neunburg v. Wald habe beim Durchzug der KZler ihnen unter Lebensgefahr Lebensmittel und Kleider zugesteckt. Ihnen könne kein Vorwurf gemacht werden. Schweizer (Major der US-Armee, HHK) habe zugesichert, dass unserem Verlangen unbedingt Rechnung getragen werde, das Ansehen der Militärregierung hänge ebenso daran wie das der deutschen Behörden. Er sei gewillt, die letzten Konsequenzen zu ziehen, wenn nicht Genugtuung geleistet werde. Die Regierung solle dann geschlossen zurücktreten. Diese Ausführungen werden mit allgemeiner Zustimmung begrüßt.

Staatsminister Seifried führt weiter aus, dass anzunehmen sei, dass es sich überhaupt um kein Judengrab handle. Es könne auch ein Grab von Gefallenen sein, da deutsche Uniformstücke darin gefunden worden seien. Er wolle aber erst den einwandfreien Bericht abwarten. Unter allen Umständen müsse man vermeiden, dass das Verhältnis zu den Juden, das zur Zeit durch Auerbach eine verhältnismäßig gute Basis gefunden habe, in Gefahr gerate. Ministerpräsident Dr. Hoegner empfiehlt zunächst, in dieser Sache Schweigen zu bewahren.[31]

Wenige Tage vor dem Zwischenfall war der erste Kriegsverbrecherprozess in Nürnberg zu Ende gegangen. Der Internationale Gerichtshof hatte 24 Hauptschuldige des NS-Regimes zum Tode durch den Strang verurteilt, darunter die Minister Hermann Göring und Joachim von Ribbentrop, den Generalgouverneur für Polen Hans Frank und den Generalfeldmarschall Wilhelm Keitel sowie acht weitere Angeklagte. Sie wurden am 16. Oktober hingerichtet, zwei Tage vor den Geschehnissen in Neunburg vorm Wald. Die Hoffnung der alliierten Ankläger auf erzieherische Wirkung des Verfahrens – die deutsche Bevölkerung über die Verbrechen der Nationalsozialisten aufzuklären und deren Sympathisanten abzuschrecken – sollte sich kaum erfüllen. Schon zu jenem Zeitpunkt diffamierten viele Deutsche die Urteile als Siegerjustiz. Es sollte nicht mehr lange dauern, bis der Protest gegen solche Kriegsverbrecherprozesse Teil des bundesdeutschen Alltags werden würde.

Philipp Auerbach diente den deutschen Politikern damals als Aushängeschild. Mit dem umtriebigen jüdischen Funktionär ließ sich der amerikanischen Militärregierung beweisen, dass mindestens die Politiker ihre Lektion gelernt hatten. Und solange es dem Staatskommissar gelang, möglichst viele Ausreisewillige zu versorgen und mit dem Segen seines Amtes und der bayerischen Regierung in irgendein gelobtes Land abzuschieben, war man in München mit seiner Arbeit zufrieden. Das sah gut aus und war die billigste Lösung.

Zwei große Ereignisse in der ersten Hälfte des Jahres 1948 sollten die Arbeit des Staatskommissariats nachhaltig verändern. Im Mai machte die UNO den Weg frei für einen jüdischen Staat. Die Gründung Israels erlaubte es Tausenden von DPs, das ungeliebte Deutschland zu verlassen. Viele hatten sich in den Lagern auf ihr Leben im Kibbuz vorbereitet oder illegal an Waffen trainiert, um gleich nach der Ankunft den neuen Staat gegen die Araber zu verteidigen. »Die Luft war mit der unterschwelligen Aufregung Koffer packender Menschen geladen. Der bisher anzutreffende Müßiggang war wie weggeblasen. Das Gefühl, Deutschland zu verlassen, strahlt aus ihren Gesichtern«, beschrieb Samuel Haber, Direktor des American Jewish Defense Committee in Bayern, die Euphorie der DPs.[32] Binnen eines Jahres schrumpfte die Zahl der DP-Lager von 65 auf 17.[33]

Und mit der Währungsreform, der Einführung der D-Mark, begann Deutschland noch vor Gründung der Bundesrepublik wirtschaftlich unabhängiger zu werden. Auerbachs Arbeit bestand nicht länger darin, einer großen Zahl Menschen die Rückkehr in den Alltag zu erleichtern. Nun ging es vor allem darum, den Emigranten Geld für einen Neuanfang zu verschaffen. Wer weg wollte, wollte vorher seine Entschädigung kassieren, sei es für erlittene Haft, sei es für die Summen, die Nationalsozialisten etwa als »Judenabgabe« von ihnen einkassiert hatten, sei es für den Verlust von Eigentum und Vermögen überhaupt.

Das erste Problem dabei war für Philipp Auerbach die Entwertung der Guthaben, die mit der Umstellung von Reichs- auf D-Mark einherging. Dieses Vermögen, so die Bestimmungen, sollte in D-Mark nur noch 6,5 Prozent des ursprünglichen Wertes in Reichsmark betragen. Das betraf auch die etwa fünf Millionen Reichsmark, die das Staatskommissariat in Form von Gebühren, Honoraren, Spenden und Entnazifizierungsbußen eingenommen hatte. Das wollte Auerbach nicht akzeptieren. Über den Rundfunk ließ er verbreiten, »dass er besondere Mittel für bedürftige Verfolgte zur Verfügung habe, um deren DM-Erstausstattung nach dem Währungsschnitt etwas verbessern zu können.«[34] Diese Nachricht löste unter den Deutschen so großes Protestgeschrei aus, dass der amerikanische Militärgouverneur den inzwischen amtierenden bayerischen Ministerpräsidenten Hans Ehard (CSU) dazu bringen wollte, Auerbach abzulösen. Auch die Bemühungen des Staatskommissars direkt bei der US-Militärverwaltung, den Opfern des Nationalsozialismus günstigere Konditionen zu gewähren, hatten nur begrenzten Erfolg. Immerhin gelang es ihm, einen großen Teil der sogenannten Dachau-Gelder zu retten: Beträge, die man den ins Lager eingelieferten Häftlingen einst abgenommen hatte, oder Lohn, den man den Zwangsarbeitern vorenthalten hatte. Dennoch wurde das Kapital, das Auerbach zur Verfügung stand, so knapp, dass von ihm und seinem Amt betreute Personen in Schwierigkeiten gerieten. Zwar half ihm wiederum ein Vorschuss der Landesregierung von 600 000 D-Mark, eine Vorauszahlung aus einem Sonderfonds von Sühnegeldern »zur Wiedergutmachung nationalsozialistischen Unrechts«, der in der Zukunft die nötigen Mittel zur Verfügung stellen würde. Aber statt hoher Summen Reichsmark wiesen nun auch die staatlichen Haushalte spärliche Mengen D-Mark auf. Die Suche nach Einnahmequellen blieb Auerbachs ständiges Thema.

Aus Sicht bayerischer Politiker schien ein guter Zeitpunkt gekommen zu sein, Auerbachs ständigen Klagen und Forderungen, seinem breitschultrigen Auftreten, seinen Drohungen, seiner unorthodoxen und in Teilen chaotischen Amtsführung entgegenzutreten. Selbst die sonst so widerspenstige Militärregierung der Amerikaner wirkte ja offenbar zunehmend genervt von Philipp Auerbach. Aus dem »Staatskommissar für politisch, rassisch und religiös Verfolgte« wurde nach monatelangem Gezerre am 16. November 1948 schließlich der »Generalanwalt für Wiedergutmachung«.[35] Von nun an stand er unter der Aufsicht des Finanzministeriums. Die neue Behörde zog mit Beginn des Jahres 1949 von der Holbeinstraße in Bogenhausen in die Arcisstraße 11, in ein Gebäude, welches ursprünglich der evangelischen Kirche gehört hatte und dann von den Nationalsozialisten als Büro von Rudolf Hess, dem Stellvertreter Adolf Hitlers, beschlagnahmt worden war. Wer zum Amt ging, passierte seither, was von den ehemaligen Prachtbauten der Nazis rund um den Königsplatz übrig geblieben war.

Die organisatorische Neuordnung der Auerbach-Behörde war der Versuch, ihren Leiter an die Kandare zu nehmen. Dagegen hatte sich Auerbach zur Wehr gesetzt, er hatte mehrfach mit Rücktritt gedroht, nur um schließlich doch klein beizugeben. In seinem ersten Rechenschaftsbericht nach einem halben Jahr als Staatskommissar hatte Philipp Auerbach noch geschrieben, er sehe seine Aufgabe »darin, als väterlicher Freund, als Primus inter pares für meine Leidensgenossen zu wirken; und diese Aufgabe entspringt dem Gelöbnis, welches ich mir gab, angesichts der rauchenden Kamine von Auschwitz, der Galgen von Buchenwald und der sterbenden und leidenden Kameraden«.[36] Im Konflikt zwischen den Ansprüchen der Opfer und den finanziellen Leistungen der Täter und ihrer Repräsentanten hatte er sich ganz offensichtlich vor allem auf die Seite der DPs gestellt. Genau das wollte man in Zukunft anders gestalten. (Ende 1949 sollte man das Auerbach-Amt sogar noch einmal umorganisieren. Es hieß von da an Landesentschädigungsamt (LEA), und sein Leiter trug den Titel »Präsident«.)

Mit der Währungsreform vom 20. Juni 1948 füllten sich schon bald die Auslagen der Geschäfte. Man konnte Kaffee und Nylonstrümpfe wieder ganz legal und normal kaufen. Das Land erwachte aus dem Schock der Niederlage. Damit stieg auch das Selbstbewusstsein des Volkes und seiner Vertreter.

Um dieselbe Zeit begann ein Konflikt, der die letzten Lebensjahre Philipp Auerbachs prägen, ihn schließlich in Untersuchungshaft und vor Gericht bringen sollte. Zu seinem größten Gegenspieler wurde von nun an Dr. Josef Müller, gemeinhin »Ochsensepp« genannt, einer der Mitgründer der CSU. Diese Gegnerschaft hat Auerbachs Biographen stets Rätsel aufgegeben, weil die beiden offenkundig zunächst wunderbar harmonierten. So hatte Philipp Auerbach noch ein halbes Jahr vorher, am 30. März 1948, Müller zum 50. Geburtstag gratuliert und dabei geschrieben: »In den nahezu zwei Jahren, in denen ich die Ehre habe in Bayern tätig zu sein, habe ich Sie als einen wahren Freund der politisch und rassisch Verfolgten kennengelernt und darf wohl sagen, als einen unerschrockenen Kämpfer für die Rechte der Demokratie«.[37] Müller wiederum hatte sich als Justizminister Bayerns an Auerbach gewandt, damit dieser sich um die Familie von Ludwig Gehre kümmere, einen »Kameraden« Müllers aus Kriegszeiten, der noch am 9. April 1945, einen Monat vor der deutschen Kapitulation, im KZ Flossenbürg als Hitler-Gegner ermordet worden war. Dessen Frau und Kinder benötigten Hilfe beim Umzug ins bayerische Gröbenzell. Müller bat Auerbach, die Familie gelegentlich außerdem bei Nahrungsmittelpaketen zu berücksichtigen. Bereits drei Tage später erhielt er die Auskunft, den Gehres seien zur Finanzierung des Wohnungswechsels 350 Reichsmark zugesichert worden.[38]

Auch wenn Auerbach und Müller kaum Freunde gewesen sein dürften, waren sie einander zunächst freundschaftlich zugetan. Der eine profitierte vom jeweils anderen und dessen Kontakten. Das änderte sich im Herbst des Jahres 1948. Niemand zeigte sich zu jener Zeit mehr daran interessiert als Josef Müller, Auerbach unter Aufsicht zu stellen oder gleich ganz zu entmachten. Dazu brachte sich der Justizminister lautstark in Position. Er warf Auerbach vor, »zu 50 Prozent für den gegenwärtigen Antisemitismus verantwortlich« zu sein, und warnte ihn, durch sein Auftreten den Eindruck zu erwecken, als ob er eine ähnliche Kontrollfunktion ausübe, wie sie etwa »ein Gauleiter« besessen habe.[39] Philipp Auerbach war zunächst ganz offensichtlich irritiert über diese Angriffe. In einem Brief an seinen Bruder Walter sah er nun in Müller »einen mit allen Wassern gewaschenen Gegner«, hatte aber keine Erklärung dafür, »wie es von den einst freundschaftlichen Beziehungen zu diesem offenen Kampf gekommen ist«.[40] Was war geschehen?

Auerbachs Einsatz für die DPs und alle anderen Opfer des Nationalsozialismus war nie populär. Seine Forderung nach besseren Konditionen für NS-Opfer bei der Währungsumstellung und die Proteste dagegen waren noch in frischer Erinnerung. Nicht bloß Auerbach selbst erhielt Schmähbriefe und Hassbotschaften aus dem ganzen Land. Inzwischen häuften sich auch in Josef Müllers Ministerium die Briefe, die sich über eine angebliche Bevorzugung der Juden beschwerten. »Die Judenherrschaft muss gebrochen werden, so oder so«, ließ etwa der Verwaltungsinspektor a. D. Ulrich Bauernschmidt den »Sehr geehrten Herrn Minister« wissen. »Wann werden wir von diesen Leuten befreit? Die Not des deutschen Volkes ist unbeschreiblich groß«, schrieb ein anderer Bürger.[41] Fritz Günther,

Ehrenvorsitzender der Industrie- und Handelskammer Regensburg, wurde noch direkter: »Endlich ist von Ihnen – der berufenen Stelle – über Dr. Auerbach öffentlich die Wahrheit ausgesprochen worden (…). Anstatt ausgleichend zu wirken, damit unser gejagtes Volk endlich einmal zur Ruhe kommt, bewirken die hetzerischen brutalen Reden des Dr. Auerbach das Gegenteil. Allgemein vertritt man die Ansicht, dass sich Dr. Auerbach auch bei der Durchführung des Lastenausgleiches eine leitende Stelle sichern will, damit diese Mittel in seine Kanäle fließen, und die Ärmsten der Armen, für die sie bestimmt sind, würden – wie immer – leer ausgehen.«[42]

Auch die *Süddeutsche Zeitung* stand im Konflikt um die Neuordnung der Wiedergutmachung auf der Seite des Ministers: »Es ist der Sinn dieser Umorganisation, dem nachgerade untragbaren Zustand ein Ende zu setzen, dass durch die Dynamik der Person des bisherigen Staatskommissars und durch seine Neigung, über sachliche Argumente sich hinwegzusetzen und zum Fenster hinaus zu polemisieren, die Interessen der von ihm betreuten Personen geschädigt werden.«[43]

Was immer es an der Amtsführung Philipp Auerbachs zu kritisieren gab, wie sehr ein Politiker den Zeitgeist auch zu lesen wusste, um Wähler für sich und seine Partei zu gewinnen – der von Müller entfachte Konflikt um die Wiedergutmachung hatte noch eine andere Dimension. Er hing eng mit dem politisch geschönten Lebenslauf von Müller selbst zusammen, der ihm bis dahin eine unkomplizierte Karriere in der deutschen Nachkriegspolitik beschert hatte.

Der promovierte Jurist Josef Müller, acht Jahre älter als Philipp Auerbach, war einer der schillernden Charaktere, die Bayerns Politik in der unmittelbaren Nachkriegszeit prägten. Auch in seiner eigenen Partei ging er Konflikten nicht aus dem Wege. Gemeinhin galt er als Modernisierer. Er wollte die CSU aus dem Mief katholischen Brauch- und Bauerntums herausholen. Nach allgemeinem Verständnis besaß er einen untadeligen Ruf als demokratischer Erneuerer, hatte er doch zum katholischen Widerstand während des Dritten Reichs gehört. Dabei hatte er sogar in Verbindung zu prominenten Gegnern Hitlers in der Wehrmacht gestanden. Zu den

Ruhmestaten Müllers gehörte sein Versuch, 1939/40 Kontakte zum Vatikan geknüpft zu haben.[44] Damals reiste er nach Rom in der Hoffnung, Papst Pius XII. in die Vermittlung für einen Verständigungsfrieden mit den Briten einzuspannen, sollte Hitler gestürzt werden. Dieses Unterfangen scheiterte jedoch schon am Widerstand innerhalb der deutschen Heerführung.

Admiral Wilhelm Canaris, der Chef der Abwehr des militärischen Geheimdienstes der Wehrmacht, und seinerseits ein Hitler-Gegner, war über die Vermittlungsbemühungen Müllers informiert. In sein Tagebuch hatte er dazu am 17. Juni 1940 jedoch geschrieben: »Mir ist nicht wohl um die Entwicklung der Dinge in Rom. Stets war ich im Zweifel, ob J. M., der mir von Oster gebracht wurde, der richtige Mann war. Aber wir hatten keine andere Wahl. Er und Sch. waren mir, neben ihrer eigentlichen Aufgabe, zu geschäftstüchtig für viele andere Stellen und Personen. Auch sind beide geschwätzig.«[45] Bei »Sch« handelte es sich um Dr. Wilhelm Schmidhuber, Portugals Konsul in München. Mit Müller hatte er in den Jahren zuvor Devisen für Juden beschafft, wenn diese das Land verlassen wollten, und allem Anschein nach gut daran verdient. Wegen dieser Devisen-Vergehen wurden dann zunächst Schmidhuber, später Müller und seine Frau verhaftet.[46] Welche Rolle ihre Kontakte zum Widerstand dabei spielten, ist strittig. Denn auch Hans von Dohnanyi und Dietrich Bonhoeffer kamen zu jenem Zeitpunkt ins Gefängnis. »Das alles haben wir den unkontrollierten Reden und den Devisenschiebereien von Schmidhuber und Müller zu verdanken. Von Sch hatte ich nichts anderes erwartet, und bei Müllers Verwendung war mir auch nie wohl zu Mute. Wenn alles einmal vorbei ist und der Krieg beendet ist, muss den beiden der Prozess gemacht werden«, notierte Canaris am 7. April 1943 in seinem Tagebuch.[47]

Josef Müller war während des Krieges als Hauptmann in der Abwehr tätig. Er saß längst in Haft, als auch Canaris selbst festgenommen wurde, nachdem die Gestapo ihm und seinen Kollegen ob ihrer kritischen Haltung zum Regime auf die Schliche gekommen war. Die Polizisten entdeckten auch die im brandenburgischen Zossen verbuddelten Tagebücher. Josef Müller wurde zunächst in Buchenwald, später in Flossenbürg und Dachau interniert. Fast alle anderen Männer aus der Umgebung von Wilhelm Canaris ließen die Nationalsozialisten zusammen mit ihrem Chef noch wenige Tage vor Kriegsende im KZ Flossenbürg hinrichten. Nur zwei Männer entgingen dem Tod, einer davon war Josef Müller.

Politische Gegner vermuteten schon bald nach 1945, Müller könne dem Galgen entgangen sein, weil er im Verhör preisgegeben habe, was Gestapo und SS unbedingt in Erfahrung bringen wollten: die Verbindung von Canaris zu den Verschwörern des 20. Juli.[48] So wenig sich dieser Verdacht aufklären lässt, so wenig ließe sich aus der Preisgabe solcher Informationen, die höchstwahrscheinlich durch Folter und schlimmste Drohungen erlangt worden wären, einem Häftling ein Vorwurf machen. Aber ein anderer Aspekt in der Biographie Josef Müllers gewann nach dem Krieg an Bedeutung, und er stand unmittelbar mit der Wiedergutmachung in Zusammenhang: Als junger Anwalt hatte Müller sich in den dreißiger Jahren an der sogenannten Arisierung beteiligt, also davon profitiert, dass man einem Juden sein Vermögen abknöpfte, indem man dessen Notlage ausnutzte.

Müller lebte nach dem Krieg offensichtlich in der Furcht, Philipp Auerbach besäße darüber genug Informationen, um ihn bei den amerikanischen Militärs anzuschwärzen oder zumindest das von ihm sorgsam gepflegte Bild des untadeligen Widerständlers zu zerstören. Im Nachlass Müllers in der Hanns-Seidel-Stiftung finden sich Hinweise darauf. So hinterbrachte man ihm allem Anschein nach Warnungen wie die folgende, die Philipp Auerbach ausgesprochen haben soll: »Der Ochsensepp soll vorsichtiger sein. Mein Nachrichtendienst klappt, und hier in dieser Schublade liegt Material, das ihm unter Umständen und wenn er will, heute schon das Genick brechen wird. Ich werde, wenn es darauf ankommt, in der Wahl meiner Mittel nicht kleinlich sein.«[49] Philipp Auerbachs Ehefrau wiederum berichtete später, die Polizei habe bei der Durchsuchung der gemeinsamen Wohnung nach Auerbachs Verhaftung 1951 ausdrücklich auch Unterlagen zu finden gehofft, die Josef

Müllers Tätigkeit als Rechtsanwalt in den dreißiger Jahren belegen konnten.[50]

Im Falle von Josef Müller ging es um das Aktienpaket des zweitgrößten Brauereibesitzers im Deutschen Reich. Ein bayerisches Konsortium Nazi-treuer arischer Kaufleute versuchte sich dieses mithilfe des Anwalts Dr. Josef Müller anzueignen.[51] Ignatz Nacher war ein jüdischer Unternehmer aus Berlin. Der Aufstieg aus kleinen Verhältnissen und die Beteiligung an diversen Brauereien in der Hauptstadt, in Dortmund, Hamburg, Erlangen und Bamberg war ihm gelungen, nachdem er die bis dahin schnell verderbliche Ware Bier durch Pasteurisieren länger hatte haltbar machen können. Auf seinen Besitz hatten die Münchner Bankiers Georg Eidenschink, Dr. Adolf Fischer und der Konsul Dr. Wilhelm Schmidhuber (der später mit Josef Müller Devisengeschäfte betrieb) ein Auge geworfen. Die Bankiers waren seit 1931 Mitglieder der NSDAP und gut mit den neuen Machthabern verbandelt.

Ignatz Nacher wiederum war mit den Funktionären des neuen Regimes aneinandergeraten, kaum dass diese die Macht übernommen hatten. Einige ihrer Repräsentanten drängten in die Aufsichtsgremien der Holding, die Nachers Brauereiaktien hielt. Zu den Drahtziehern gehörten der von den Nazis als Staatskommissar für die Reichshauptstadt Berlin installierte Julius Lippert sowie Dr. Hilarius Giebel, kurz nach der Machtergreifung der NSDAP beigetreten und »Industrieberater der Dresdner Bank«.[52]

Am 17. November 1933 wurde Ignatz Nacher verhaftet. Die Streitereien und Anschuldigungen der Monate zuvor hatten dem 65-Jährigen so zugesetzt, dass er in ein Krankenhaus eingeliefert werden musste. Nacher hatte einen Nervenzusammenbruch erlitten. Sechs Tage später erklärte ihn ein Richter für nicht haftfähig.[53]

Anfang Januar 1934 musste Nacher schließlich in Berlin vor Gericht erscheinen. Das ganze Verfahren war infam und politisch motiviert. Es ging den Nationalsozialisten allein darum, einen reichen Juden aus dem Weg zu räumen. Schließlich war Staatskommissar Lippert seinen Posten ein Jahr zuvor mit der Aufgabe angetreten, »die Reichshauptstadt von korrupten und jüdischen Elementen zu säubern«.[54] Wegen Beihilfe zu Korruption verurteilte man Ignatz Nacher am Ende zu vier Monaten Gefängnis und einer Geldstrafe von 10 000 Reichsmark. Nun schien die Gelegenheit günstig, ihm auch den Anteil an seiner Holding von 47 Prozent aus dem Kreuz zu leiern. Das Münchner Konsortium um die Eidenschink-Bankiers meldete sich bald darauf bei ihm.

Doch die Verhandlungen gestalteten sich zäh. Nacher war nach seiner Entlassung aus der Haft zunächst nicht gewillt zu verkaufen, erst recht nicht zu dem Preis, den das Konsortium bot. Zwar hatte der damals 36-jährige Anwalt der Kaufinteressenten, Dr. Josef Müller, gut vorgearbeitet, aber noch war Nacher nicht zur Unterschrift bereit. Man traf sich schließlich nach einigem Hin und Her am 27. August 1934 im Münchner Hotel Vier Jahreszeiten, wohin Nacher von seinem Gutshof bei Bad Tölz angereist war. Die Herren des Konsortiums gaben ihm bis nach dem Mittagessen Zeit, den Kaufvertrag zu unterschreiben. Nacher weigerte sich jedoch, dem Druck nachzugeben, und kehrte nach Bad Tölz zurück. Am folgenden Tag wurde er um sechs Uhr früh verhaftet, nach Berlin transportiert und in das Gefängnis Alexanderplatz geschafft. Dahinter verbarg sich das Manöver einer anderen Gruppe von Interessenten am Brauerei-Vermögen, die von den Avancen der Münchner erfahren hatten. Die Dresdner Bank um Dr. Hilarius Giebel wollte das Geschäft gern machen. Wie sich bald herausstellen sollte, hatte sie noch bessere Beziehungen zum Regime.

»Nach drei Wochen wurde Ignatz Nacher aus der Haft in Berlin entlassen. Er machte mir einen völlig veränderten, körperlich und seelisch gebrochenen Eindruck«, schilderte Nachers Sekretärin Margot Husserl die Situation in einer eidesstattlichen Erklärung für einen Entschädigungsprozess nach dem Krieg.[55] »Nach seiner Freilassung teilte er mir mit, er hätte schon nach wenigen Tagen frei sein können, wenn er sich dem ihm gestellten Ansinnen sofort gefügt hätte, seine Brauereiaktien an ein Konsortium Eidenschink, Dr. Fischer und Dr. Schmidhuber in München zu verkaufen (…). Nach drei Wochen sei er schließlich am Ende seiner Kräfte gewesen und habe sich dem Verlangen fügen müssen, da man ihn sonst in Haft gehalten hätte, um ihn mürbe zu machen. Ignatz Nacher erzählte mir auch, dass man von ihm für die Freilassung die Zahlung von RM 150 000 an das Konsortium verlangt habe, und dass er auch diese Bedingung habe annehmen müssen, um frei zu kommen.«

Tatsächlich war der größte Teil des Geschäfts bereits nach zwei Wochen Haft gelaufen. Die sogenannten Engelhardt-Anteile von Nacher waren in den Besitz der Dresdner Bank übergegangen, das bayerische Konsortium schien ausgebootet.

Eine Woche später, am 14. September 1934, öffnete sich die Tür von Ignatz Nachers Zelle. Vor ihm stand ein ihm unbekannter Hüne in schwarzer SS-Uniform. Es war Hans Rattenhuber, Polizei-Hauptmann aus München, Leibwächter Adolf Hitlers und Cousin von Georg Eidenschink. Der Autor Johannes Ludwig beschreibt die Situation so: »Rattenhuber legt Nacher drei Papiere zur Unterschrift vor. Das eine ist eine verbindliche Erklärung zum Verkauf aller Brauereien außer Engelhardt. Die gehört Nacher nicht mehr. Dafür legt Rattenhuber ein zweites vorbereitetes und maschinengeschriebenes Papier vor: ›An das Bankhaus Georg Eidenschink. Sehr geehrte Herren, unter Bezugnahme auf die heute mit Ihnen gehabte Rücksprache bestätige ich Ihnen unsere Vereinbarung wie folgt: Zum Ausgleich aller mittelbaren und unmittelbaren Ansprüche, insbesondere auch als Aufwandsentschädigung für eine monatelange Tätigkeit in meinem Interesse bei der Unterbringung meiner Beteiligung an der Engelhardt-Brauerei AG, Berlin, die in Ihrer Firma bzw. den Herren Dr. Schmidhuber, Dr. Fischer oder dem von Ihnen geführten Konsortium zustehen, zahle ich Ihnen RM 150 000.‹«[56]

Ignatz Nacher wurde an jenem Freitag aus der Haft entlassen. Am folgenden Tag nahmen Georg Eidenschink und sein Anwalt Dr. Josef Müller das Flugzeug von München nach Berlin, um die letzten Feinheiten des Kaufvertrags noch einmal durchzugehen. Nach dem Krieg schilderte Georg Eidenschink die Situation: »Es kam dann zu dem Ankauf der übrigen Brauereiaktien, wie dieses im Schreiben vom 7. Oktober 1934 angegeben ist. Bei diesen Verhandlungen über den Ankauf der Aktien, die nicht im unmittelbaren Besitz von

Nacher, sondern im Besitz von drei Gesellschaften waren, an denen Nacher maßgeblich beteiligt war, haben wir den Rechtsanwalt Dr. Josef Müller bzw. seinen damaligen Vertreter RA Kapphahn hinzugezogen.«[57]

Ansonsten bestritten die Mitglieder des Konsortiums ebenso wie ihr Anwalt Müller Anfang der fünfziger Jahre, von politischem oder anderem Druck auf Ignatz Nacher gewusst zu haben.[58] Sie klagten sogar darüber, dass sie zu einem überhöhten Preis gekauft und daher ein schlechtes Geschäft gemacht hätten.[59] Einer von ihnen verstieg sich zu der Behauptung, 1934 sei noch eine gute Zeit für jüdische Unternehmer gewesen, in Deutschland zu expandieren. Dagegen gab der von Müller für die Verhandlungen in Berlin herangezogene Anwalt Dr. Hermann Kapphahn später zu Protokoll: »Daran, dass Herr Nacher die Aktien kaum verkauft hätte, wenn er nicht Jude gewesen und als solcher im Dritten Reich wachsenden Schwierigkeiten ausgesetzt gewesen wäre – zumal bei seiner führenden Stellung in der Brauwirtschaft –, zweifelte wohl kein Mitglied des Konsortiums.«[60]

Bemerkenswert war, wie wenig das Land von Müllers Verstrickungen Kenntnis nahm. Nennenswerte Zeitungsberichte, die über das Entschädigungsverfahren hätten berichten und die Biographie des damaligen bayerischen Justizministers kritisch unter die Lupe nehmen können, gab es nicht. Gleichwohl konnte sich Müller nie sicher sein, ob nicht doch eines Tages jemand die Gerichtsunterlagen aufstöbern und gegen ihn verwenden würde. Zugleich überrascht es nicht, dass Josef Müller von Anfang an seinen politischen Einfluss dafür nutzte, in den Gesetzen zur Wiedergutmachung Passagen zu verhindern, wonach Personen, die sich sittenwidrig an der Arisierung bereichert hatten, zur Kompensation verpflichtet seien. Dabei ging es ihm selbstverständlich nie um seine eigene Beteiligung oder um die früherer Geschäftspartner, sondern nur um das Gemeinwohl.

Solche Gesetzespassagen, warnte der Justizminister, würden zu »zahlreichen, auf persönlicher Gehässigkeit beruhenden unbegründeten Klagen angeblich Verfolgter gegen Beamte und sonstige in der

Vergangenheit im öffentlichen Leben stehende Personen verleiten und nicht zuletzt auch zu einem von bestimmten Stellen inszenierten politischen Kesseltreiben gegen jetzt wieder im öffentlichen Leben stehende Personen missbraucht werden können«. Müller beschwor die Gefahren einer Hexenjagd. So »würde aber schwere Beunruhigung in weite Volkskreise getragen und auch für den neuen demokratischen Staat die Arbeits- und Verantwortungsfreude der im öffentlichen Dienst Stehenden in bedenklicher Weise gefährdet werden.«[61] Müllers Interventionen hatten Erfolg, und seine Einwände klingen so, als hätte sich der bayerische Justizminister damit gegen Leute wie Philipp Auerbach wappnen wollen. Der hatte nämlich in einem Radiokommentar für den Bayerischen Rundfunk zu den Gesetzen ausführlich Stellung bezogen und dabei gesagt, »dass der Rückerstattungsanspruch nur dann nicht vorhanden ist, wenn der Erwerber nachweisen kann, dass die Vermögensaufgabe auch dann erfolgt wäre, wenn der Nazismus nicht an die Macht gekommen wäre«.[62]

Ob Auerbach tatsächlich die Schriftsätze kannte, welche später von der Wiedergutmachungskammer des Landgerichts Bielefeld zusammengetragen werden würden, und ob er je die Absicht hatte, diese gegen Müller einzusetzen, wissen wir nicht.[63] Dass er aber kompromittierte Politiker von den Schaltstellen des neu entstehenden demokratischen Staates fernhalten wollte, daraus machte er nie Hehl. Er betrachtete es als Pflicht gegenüber denen, die anders als er nicht mit dem Leben davongekommen waren. Damit war er allerdings auch schon ein paar Jahre zuvor in Düsseldorf gescheitert, als er versucht hatte, den christdemokratischen Parteifreund Müllers, Robert Lehr, aus dem Amt zu vertreiben. Müller war jedoch gewarnt und sollte seinen Kampf gegen Philipp Auerbach in den kommenden Jahren fortsetzen. Der bot mit seinem Amt tatsächlich noch ganz andere Angriffsflächen.

Schon die praktischen Probleme der Wiedergutmachung waren für ihn und seine Mitarbeiter kaum zu bewältigen. Je größer die Zahl der Menschen, die Deutschland verlassen wollten, je länger die Zeit des Wartens auf einen Bescheid des Amtes, umso häufiger entdeckten Auerbachs Beamte, dass viele der Angaben in den Antragsformularen falsch, ja dass sogar ganze Dokumente gefälscht waren. Diese Manipulation begann auf den diversen Landratsämtern, in Gemeindeverwaltungen und auf Polizeidienststellen der amerikanischen Zone. Für Überlebende aus den Lagern mochte es schwer bis unmöglich sein nachzuweisen, wo und wie lange sie interniert gewesen waren. Sie brauchten dafür entweder Dokumente, die ihren Aufenthalt in einem NS-Gefängnis bestätigten, oder Zeugen, die bereit und in der Lage waren, den Sachverhalt zu beeiden. Das war in der Praxis kompliziert, wenn nicht unmöglich, kostete Zeit und bereitete vor allem jenen Mühe, die der deutschen Sprache nicht hinreichend mächtig waren.

Da traf es sich gut, dass Antragsteller und Behörden ein gemeinsames Interesse hatten: Die einen wollten weg von den Deutschen, und die Deutschen wollten sie weghaben. So stellten Verwaltungsbeamte, Bürgermeister und Polizisten an vielen Orten gern die nötigen Papiere aus, gegebenenfalls mit falschen Angaben; hier und da, indem sie eine kleine Gebühr in Rechnung stellten, um die Bearbeitung zu beschleunigen. Diese Betrügereien geschahen vermutlich, wenn nicht mit Wissen, so doch mit Duldung nachgeordneter Behörden. Schließlich war das die billigste Lösung, Bayern von seinen DPs zu befreien. Das galt ebenso für einen anderen Aspekt: Um die Forderungen derjenigen, die in die amerikanische Zone strömten, zu begrenzen, hatte die Landesregierung verfügt, dass nur Ansprüche geltend machen konnte, wer sich bereits vor dem 1. Januar 1947 in Bayern befand. In dieser Frage erwiesen sich die Papiere wie ihre beamteten Aussteller ebenfalls als äußerst geschmeidig. Und wo das nichts half, gab es im Umfeld der DP-Lager regelrechte Fälscherwerkstätten, in denen man sich versorgen konnte.

Eine Ausreiseprämie von 500 RM und später 500 DM war früh und schnell zu bekommen.[64] Aber allein die Haftentschädigung war für viele DPs höher, obwohl die Politiker Auerbachs Wunsch von 10 DM pro Tag Gefängnis oder Lager auf 5 DM halbiert hatten. Um den Staatshaushalt nicht zu überfordern, hatte man sich darauf verständigt, den Berechtigten zunächst maximal 3000 DM auszubezahlen, selbst wenn ihr Anspruch darüber lag. Der Rest sollte erst Ende März 1954 fällig werden.[65] Was die Finanzen des Landes schonte, half Menschen auf ihrem Weg, eine neue Existenz zu gründen, nicht weiter. Sie brauchten das Geld sofort. Und so entstand binnen kurzer Zeit ein großer Marktplatz für dubiose Geschäftemacherei im Umfeld der Auerbach-Behörde.

»Mit dem Beginn der Auszahlung der ersten Rate von bis zu 3000 DM begann das Geschäft für diese Leute zu blühen, was man deutlich an der besseren Lebensführung und an dem Aufwand dieser Leute feststellen konnte«, so schilderte Erika Simoleit, eine Angestellte des Amtes, später die Situation ihrer Kollegen, die sich als sogenannte Macher daran beteiligten.[66] Der DP Pinkas Barg sagte als Zeuge darüber aus: »Ich beabsichtigte im Jahre 1950 mit meiner Familie nach USA auszuwandern. Im Frühjahr 1950 erhielt ich mit meiner Frau und meinem 10jährigen Kind die erste Rate der Haftentschädigung durch das LEA. Da die zweite Rate erst einige Jahre später ausgezahlt worden wäre, ein genauer Zeitpunkt war mir nicht bekannt, wollte ich vor meiner Auswanderung die Feststellungsbescheide mit der zweiten Rate abtreten.«[67]

Pinkas Barg hatte lange darum bangen müssen, überhaupt eine Entschädigung zu erhalten.[68] Er war gerade 31 Jahre alt geworden, als man ihn im Warschauer Ghetto einsperrte. Von November 1940 bis zum Februar 1943 lebte er dort. Dann gelang ihm die Flucht. Weil er sich zwei Jahre verstecken konnte, blieb ihm die Deportation in ein Vernichtungslager erspart. Über die gesamte Zeit besaß er keine Unterlagen. Immerhin hatte er zwei Zeugen auftreiben können, polnische Juden wie er, die seine Angaben bestätigten. Die Auerbach-Behörde blieb skeptisch. »Zeugenaussagen nicht ausreichend. Unterlagen über das Ghetto Warschau können nicht angefordert werden. Es liegt allein im Ermessen des Güteausschusses den Zeugenerklärungen zu glauben. Die Haftzeit ist durch eine Zeugenaussage belegt«, so hielt es die betreffende Akte fest. Die Regelung lag damit in der Hand von Philipp Auerbach, Vorsitzender des Güte-Ausschusses, und seiner Mitglieder. Sie fanden Barg glaubwürdig und stimmten der Entschädigung zu.

Pinkas Barg fuhr vom DP-Lager Windsheim in die Arcisstraße nach München, um sich zu erkundigen, was er machen müsste, nachdem er zunächst nur die erste Rate erhalten hatte. »Ich bin dann in den ersten Stock gegangen (…). Als ich aus dem Zimmer herauskam, sprach mich eine mir unbekannte Frau an und fragte, ob ich die Schecks verkaufen wolle. Als ich dies bejahte, erklärte sich die Frau bereit, die Schecks um 32 Prozent zu kaufen. Damit war ich nicht einverstanden (…) Nach längerem Handeln erklärte sie sich schließlich auch bereit, mir 34 Prozent als Gegenwert zu bezahlen. Sie forderte mich auf, mich vor einem Zimmer anzustellen, wo bereits viele Leute warteten.« Barg unterschrieb dort eine Abtretungserklärung. Darauf dirigierte man ihn in eine Nebenstraße. Dort zahlte man ihm für die drei Bescheide seiner Familie, wie verabredet, 34 Prozent aus. »Es waren etwas mehr als 1600 DM.«[69]

Ähnlich ging es Max Kalmanowicz, der mit seiner Haftentschädigung ein neues Leben in Israel beginnen wollte. Auf seinen Anspruch hatte er die erste Rate bekommen, offen waren immer noch 3743 DM. Man empfahl ihm, sich »an das Fräulein auf Zimmer 20 des LEA zu wenden (…). Das Fräulein sagte mir, ich solle in den Hausflur des Erdgeschosses des LEA gehen. Dort treffe ich Herrn Verleger, der die Sache mache. Auf meine Frage, wie ich Verleger kennen solle, erklärte sie mir, dass er eine braune Aktentasche trage (…). Nach einiger Zeit erschien ein Mann mit einer Aktentasche.« Leib Verleger war kein Angestellter des Amtes, sondern einer der »Macher«, die eng mit den LEA-Beamten zusammenarbeiteten. Er lebte in der Äußeren Uferstraße 111 in Augsburg und behauptete, im Import-Export-Geschäft tätig zu sein. Verleger bot Kalmanowicz 35 Prozent minus einer Gebühr von 16 DM an. Die beiden wurden handelseinig.[70]

Was für Emigranten kurz vor der Ausreise attraktiv war, entwickelte sich für einige Mitarbeiter der Behörde und eine Reihe anderer »Macher«, die im Amt ein und aus gingen, zu einem großen Basar. Es machte die Entschädigungszahlungen einerseits so unübersichtlich, dass Auerbachs Leute gezwungen waren, eine Art Register einzurichten, um wenigstens einen ungefähren Überblick über Schuldner, Gläubiger und ihre Ansprüche an das Amt zu behalten. Zum anderen verkam die Wiedergutmachung durch Handel, Zwischenhandel und Kursschwankungen zu einem ordinären Geldgeschäft, bei dem mit der finanziellen Not ehemaliger NS-Opfer gekungelt wurde, zum Wohle der selbsternannten Vermittler und Agenten in der Auerbach-Behörde und ihrer Kumpane.

Schließlich geriet die Situation so außer Kontrolle, dass sich das Finanzministerium als Aufsichtsbehörde der Sache annahm. Dessen Beamte aber kamen auf ähnliche Ideen wie die dubiosen Zwischenhändler. Mit dem stillen Einverständnis des CSU-Ministerpräsidenten Hans Ehard schufen sie eine einträgliche Einnahmequelle für den Staat wie für das von ihnen einbezogene Bankenkonsortium. Die Bayerische Hypotheken- und Wechselbank, die Bayerische Gemeindebank, die Bayerische Vereinsbank sowie das Bankhaus Seiler und Co. verpflichteten sich seit dem Juli 1950, den vor der Emigration stehenden DPs die noch offenen Haftentschädigungsbescheide zu 47 Prozent des Nominalwerts abzukaufen, minus 2 Prozent Provision. Der Freistaat versprach im Gegenzug, diese Bescheide den Banken spätestens nach zwei Jahren zu 62 Prozent des Nominalwerts abzukaufen.[71] Damit garantierte er den Banken einen risikolosen Gewinn von gut 40 Prozent auf das eingesetzte Kapital, während der Staat nahezu 40 Prozent der fälligen Beiträge einsparte. Mochte Philipp Auerbach zu bisweilen fragwürdigen Methoden greifen, um NS-Opfern helfen zu können, bediente sich der bayerische Staat nun mindestens ebenso fragwürdiger Methoden, um sich kostengünstig ein Problem vom Leib zu schaffen. Und er verdiente obendrein noch mehr als die »Macher« der Auerbach-Behörde. Das Chaos der Nachkriegszeit förderte ganz offensichtlich die Kreativität selbst der korrektesten Vertreter staatlicher Ordnung.

Zu den Drahtziehern im Amt gehörte der Leiter der Abteilung 1a, Israel Ingster. Auerbach und Ingster hatten sich, wie erwähnt, in Auschwitz kennengelernt, wo der zehn Jahre jüngere Pole in der Schneiderei gearbeitet hatte.[72] Nach dem Krieg trafen sie sich in Bergen-Belsen wieder, und Auerbach verschaffte Ingster eine Beschäftigung in der jüdischen Gemeinde in Düsseldorf. In München hatte Auerbach dann die Posten seiner Behörde nach dem Prinzip besetzt, dass qualifizierte Verfolgte des Nazi-Regimes vor allen anderen Vorrang haben sollten. Das war eine Art unmittelbarer Ausgleich für erlittenes Unrecht und stellte zudem sicher, dass die Angestellten hinter dem Schreibtisch mehr als nur eine Ahnung davon hatten, was die Menschen vor ihrem Schreibtisch überlebt hatten.

Für Ingster sprach außerdem, dass er – anders als sein Chef – des Polnischen und des Jiddischen mächtig war und sich darum mit vielen Antragstellern ohne Hilfe eines Dolmetschers verständigen konnte. Formal war Ingster zuständig für die Überprüfung von Anträgen der »nichtdeutschen jüdischen Mitbürger, die außerhalb der Lager wohnen«. Er kümmerte sich mit seiner Abteilung zudem um »Berufs- und Wohnungsangelegenheiten« und hielt Verbindung zum »American Joint Jewish Defense Commitee«, gemeinhin JOINT genannt, welches Hilfsgüter verteilte, sowie zum »Zentralkomitee der befreiten Juden der US-Zone« und zu diversen anderen ausländischen Organisationen. Diese Kontakte waren Philipp Auerbach wichtig, weil er die Versorgung der Überlebenden sowie die Verwaltung herrenlosen jüdischen Vermögens gern aus den Händen der Amerikaner oder Deutschen fernhalten und stattdessen an eine jüdische Körperschaft öffentlichen Rechts überführen wollte. Ingster kam somit in Auerbachs Vorstellungen eine wichtige Aufgabe zu. Und seine umfangreichen Kontakte zu allen und jedem machten ihn zu einer zentralen Figur in einem Netzwerk, das nun für sich selbst das Beste herausholen wollte.

Irgendwann waren die Gerüchte über Israel Ingsters fragwürdige oder gar illegale Geschäftemacherei bis zu Philipp Auerbach gedrungen. Allem Anschein nach kassierte sein alter KZ-Kamerad auch für bevorzugte Behandlung von Anträgen, für das Frisieren von Formularen und hielt auf vielerlei Arten die Hand auf. So sagte Karl Hefter, der Fürsorge-Referent des Bayerischen Hilfswerks, später aus, Ingster sei »ein großer Schieber« gewesen, den seine Kollegen nur den »Gangster« genannt hätten.[73] Womöglich interessierte sich Auerbach im unübersichtlichen Behördenalltag nicht genug oder nicht früh genug für das Treiben von Israel Ingster und seinen

Leuten, zumal er sich noch andere Aufgaben aufgehalst hatte. Aber er blieb nicht untätig.

Im Herbst oder Winter 1949, lange bevor das Finanzministerium eingriff, stellte er Ingster zur Rede. Zugleich veranlasste er bei diesem eine Hausdurchsuchung durch die Zollfahndungsstelle. »Da die Hausdurchsuchung völlig negativ verlief, hatte ich weiter kein Misstrauen gegen Ingster«, berichtete Philipp Auerbach im April 1951 dem Untersuchungsrichter. »Es wurden auch einmal Gerüchte laut, dass Ingster gegen Bezahlung irgendwelche Antragsteller bevorzuge. Ich habe daraufhin die Kriminalpolizei eingeschaltet. Ein Kriminalbeamter namens Hapfelmeister stellte dann im Landesentschädigungsamt etwa drei Monate lang Nachforschungen an und vernahm 60 Leute, die Ausbezahlungen bekommen hatten. Der Bericht über das Ergebnis der Nachforschungen kam mir nicht zu Gesicht, sondern ging unmittelbar an das Bayerische Finanzministerium. Ich habe dann erfahren, dass die Ermittlungen ergebnislos verlaufen sind. Aus den vorgenannten Gründen hatte ich gegen Ingster keinerlei Argwohn, zumal er meine Dienstanweisungen immer befolgte.«[74]

Auch in anderen Verdachts- und Betrugsfällen schaltete Auerbach immer wieder Ministerien oder Polizei ein. Er wunderte sich danach in Gesprächen mit seinen Mitarbeitern, dass die bayerischen Behörden kein großes Interesse daran zu haben schienen, offenkundig falschen Angaben in den Formularen von Landratsämtern oder Polizeidienststellen nachzugehen. Mindestens 43 Gemeinden hatten Aufenthaltsbescheinigungen ausgestellt, die den Mitarbeitern Auerbachs suspekt vorkamen.[75] Bayerns Behörden aber erkannten keinen besonderen Aufklärungsbedarf.

Am 10. Juni 1950 schrieb er an das Polizeipräsidium München: »Der überstarke Parteienverkehr im Zusammenhang mit der Feststellung und Auszahlung der Wiedergutmachung hat es mit sich gebracht, dass sich während der Parteienverkehrsstunden – täglich zwischen 10 und 12 Uhr – unberufene Elemente in das Haus meines Amtes schleichen, die versuchen, mit den wartenden oder vorsprechenden Auswanderern und anderen Berechtigten in unerlaubte

Geschäftsbeziehungen zu treten.« Er bat darum, seinem Amt für 14 Tage eine Gruppe Beamter zur Verfügung zu stellen, die »gemeinsam mit uns die entsprechenden Feststellungen treffen kann, damit solche Elemente Hausverbot erhalten«.[76] Der im Finanzministerium für Wiedergutmachung zuständige Staatssekretär Richard Ringelmann sagte später dazu: »Wenn Sie in der damaligen Zeit (…) in das LEA hineingegangen sind, (…) konnten Sie alle Sprachen der Welt, alle Nationalitäten hören, da konnten Sie Zigeuner antreffen, die organisiert aufgetreten sind, da konnten Sie gewisse Leute antreffen, denen das Messer sehr locker sitzt. Es wurde immer die Polizei aufgeboten. Ich sage Ihnen ganz ehrlich: Jedesmal (…) musste ich mich durch eine Anzahl von Kerlen drängen, denen ich in der Nacht nicht begegnen wollte.«[77] Die Bereitschaft, sich mit solchen Leuten Tag für Tag auseinanderzusetzen, wurde Philipp Auerbach allerdings nie besonders hoch angerechnet – außer von den DPs, denen er in ein neues Leben half. Seine Gegner interessierten sich nur für seine Unzulänglichkeiten.

Als wäre all das nicht genug, um den Arbeitstag eines Menschen auszufüllen, engagierte sich Philipp Auerbach wie schon in Düsseldorf auch in München für den Wiederaufbau der jüdischen Gemeinde. Ein knappes Jahr nach Kriegsende war die Zahl der Münchner Juden von 95 bereits auf 2800 gestiegen, 796 davon galten als Mitglieder der Vorkriegs-Gemeinde.[78] Das enorme Wachstum war erfreulich, hatte jedoch seine Tücken, denn plötzlich stellten die osteuropäisch, meist orthodox Geprägten die Mehrheit. Mit ihnen verschwand die Orgel und manch anderes Liebgewonnenes wieder aus dem Gottesdienst. Die deutschen Juden Münchens suchten – ähnlich wie in anderen Städten – Mittel und Wege, ihren Einfluss weiter geltend zu machen.

Bereits im Januar 1947 hatte Philipp Auerbach mit dem Münchner Rechtsanwalt Fritz Neuland (dem Vater von Charlotte Knobloch, die Jahrzehnte später als Präsidentin des Zentralrats der Juden in Deutschland amtieren sollte) und dem Rabbiner Aaron Ohrenstein den »Landesverband der Israelitischen Kultusgemeinden in Bayern« gegründet und war dessen erster Vorsitzender geworden.[79] Natürlich gehörte er vier Monate später zu den Ehrengästen, als am 20. Mai 1947 die instandgesetzte Synagoge in der Reichenbachstraße eingeweiht wurde. Ebenso wie General Lucius D. Clay, Ministerpräsident Hans Ehard und Oberbürgermeister Karl Scharnagel gedachte Auerbach in seiner Rede der ermordeten Juden und drückte aus, was vermutlich alle Überlebenden in dem Augenblick empfanden: »Es ist ein erhebendes Gefühl, der Ehre teilhaftig geworden zu sein, an diesem Ehrentage des bayerischen Judentums die Gefühle ausdrücken zu dürfen, die uns bewegen. Wir stehen hier auf altem, traditionellem Boden des deutschen Judentums. Dieses herrliche Gebäude musste abgerissen werden, weil ein größenwahnsinniger Cäsar diesen Bau nicht mehr sehen wollte.«[80]

Obwohl ihm eigentlich eine klare und anschauliche Redeweise lag, formulierte Auerbach an jenem Tag unbeholfener als sonst. Vielleicht hatte er sich vorgenommen, im Beisein all der wichtigen Repräsentanten der US-Zone besonders groß zu sprechen. Vielleicht hatte er aber auch bloß Angst, von Gefühlen überwältigt zu werden. Viele feierten den Moment, da die Fortsetzung jüdischer Religion und Kultur in München nur zwei Jahre nach dem Ende der Shoa wieder in Stein gemeißelt schien, mit Tränen in den Augen.

Auf den Fotos der Zeit sieht man Philipp Auerbach bei offiziellen Gelegenheiten stets im Anzug, oft der Mode und dem Augenblick entsprechend mit Zylinder inmitten der Honoratioren: den US-Offizieren, den Politikern, den gewählten Repräsentanten von Opferverbänden oder jüdischer Institutionen. Es war offensichtlich, dass er sich in seiner Rolle wohlfühlte, ja sie genoss. Was in Düsseldorf begonnen hatte, fand in München seine Fortsetzung oder sogar Erfüllung: Der einfallsreiche Geschäftemacher der Vorkriegszeit, der Häftling der Nationalsozialisten hatte als Multifunktionär der Wiedergutmachung, als prominentester Vertreter des Judentums in Nachkriegs-Deutschland seinen Platz gefunden.

Unermüdlich suchte er damals Gelegenheiten, sich öffentlich zu äußern. Neben der persönlichen Rede und dem Beitrag in einer Zeitung nutzte er dazu auch das Radio. Immer wieder sprach er im

Bayerischen Rundfunk, so etwa 1947 zum Jahrestag der Befreiung am 8. Mai: »Wir hörten nur das Röcheln der lungenkranken Kameraden und wir sahen nur die Gitter der Zuchthäuser und die Gefängnisse und die elektrisch geladenen Stacheldrähte der Konzentrationslager (...). Der Konzentrationär, der politische Häftling, der rassisch Verfolgte und der wegen seiner religiösen Überzeugung Inhaftierte – sie alle wissen, wofür sie gelitten, verfolgt wurden und die Opfer gebracht haben. Nicht jeder der Flüchtlinge und Ausgewiesenen ist sich im Klaren, dass nicht der heutige demokratische Staat schuld an seinem Elend ist, sondern die Aggressionspolitik der Nationalsozialisten, die ihn um Haus und Hof brachte.«[81]

Oder er nahm am 1. April 1948 den 15. Jahrestag des Boykotts jüdischer Geschäfte zum Anlass, in einem Rundfunkbeitrag an die damals schnell fortschreitende Diskriminierung zu erinnern, an die bald folgenden Rassengesetze, an die Pogrome des Novembers 1938 und die Deportationen in die Vernichtungslager, um fortzufahren: »Es waren nicht wenige Frauen und Männer aus allen Schichten des Volkes, die trotz dieser Blockade in ein jüdisches Geschäft gingen, ohne etwas zu kaufen, sondern um ein Wort des Trostes zu finden, für den Mann, für die Frau, für das Kind, die drin im Laden hinter ihrer Bank standen. In dieser vornehmen Geste vieler unserer Mitbürger fanden wir Zuflucht. Wir glaubten, dass es doch nicht so schlecht werden könnte. Aber diese Lawine, die aus Hass und Gewinnsucht, aus Neid und Missgunst sich zusammenballte, war auch von diesen edlen Menschen nicht mehr aufzuhalten.«[82]

Trotz aller Mahnungen und Kritik bewies Auerbach in diesen ersten Jahren nach dem Krieg stets Verständnis für die schwierige Lage vieler Deutscher. Und er dankte immer wieder der Landes- wie der Militärregierung für ihre Unterstützung.

Mit seinem ausgeprägten Sinn für wirkungsvolle Auftritte und in dem Bewusstsein, das Recht oder gar die Moral auf seiner Seite zu haben, war Philipp Auerbach nicht leicht zu irritieren oder zu entmutigen. Und doch schien in ihm etwas zu rumoren, das sich nicht mit den ständigen Kontroversen erklären ließ. Warum bemühte er sich darum, auch noch eine Promotion nachzuholen, auf dass man ihn zu Recht als »Dr. Auerbach« bezeichnen durfte?[83] Warum war es ihm so wichtig, an der Philosophischen Fakultät der Universität Erlangen eine Dissertation mit dem Titel »Wesen und Formen des Widerstandes im Dritten Reich« zu verfassen und selbst den Bundespräsidenten Theodor Heuss davon in Kenntnis zu setzen, als er die Prüfung 1949 bestanden hatte? Das erinnerte einerseits an den Philipp Auerbach der Vorkriegszeit, den großspurigen, zu Übertreibungen neigenden Kaufmann. Da sehnte sich einer nicht bloß nach Anerkennung. Er schien sich ihrer nur sicher zu sein, wenn er sich selbst und allen anderen bewiesen hatte, wie gut er wirklich war.

Das gesteigerte Geltungsbedürfnis, das ständige Drängen in den Mittelpunkt war inzwischen wohl eher den Erniedrigungen in den Lagern Frankreichs, Polens und Deutschlands geschuldet, weniger der Herkunft aus einer großen und komplizierten Familie. Wer sich so in die Arbeit stürzte wie Philipp Auerbach, nahezu jeden Tag trotz der schlechten Infrastruktur überall hinfuhr oder hinflog und im Büro von morgens halb sieben bis abends um zehn saß, hatte viel zu erledigen. Womöglich hatte er sich aber auch so vieles aufgeladen, weil er in der Fülle von Terminen und Verpflichtungen, in den Bergen von Akten nicht allein Befriedigung fand, sondern auch Betäubung. Am dunkelsten für ihn waren, wie er einmal sagte, die Nächte. Oft fand er nur mithilfe von Medikamenten seine Ruhe.

Auf einem Kongress in Heidelberg trafen sich im Juni 1949 die Repräsentanten diverser jüdischer Organisationen, um über die Zukunft der Juden in Deutschland zu debattieren. Eingeladen dazu hatte Harry Greenstein, Berater der amerikanischen Militärregierung in jüdischen Fragen. Er sprach sich dafür aus, jüdisches Leben in der Bundesrepublik fortzusetzen. Darin unterstützte ihn der nichtjüdische Buchenwald-Überlebende Eugen Kogon. Dessen Buch *Der SS-Staat,* in dem er als Erster das nationalsozialistische Herrschafts- und Vernichtungssystem beschrieb, war kurz zuvor erschienen. Greenstein wie Kogon ernteten jede Menge Kritik für ihre Plädoyers zugunsten jüdischen Lebens in Deutschland. Darauf entgegnete Kogon den Vertretern internationaler jüdischer Organisationen und dem israelischen Konsul in München: »Erlauben Sie mir, in tiefer Trauer zu sagen, dass Ihre vollkommen verständliche Haltung einen endgültigen Triumph Hitlers bedeutet. Was Hitler erreichen wollte, wäre somit vollbracht.«[84]

Kogon drückte in Heidelberg aus, was auch der Überzeugung des Kongressteilnehmers Philipp Auerbach entsprach. Anders als sein Bruder Walter, der dem Jüdischen einst zu entkommen versuchte, bis es ihn bald wieder eingeholt hatte, weil er in den Augen der Nationalsozialisten eben nicht nur ein kommunistischer Volksfeind, sondern auch ein Mensch mosaischen Glaubens oder ein Teil der semitischen Rasse war – anders als Walter wollte Philipp immer Jude sein, deutscher Jude und darum als Jude in Deutschland bleiben.

Seine Entscheidung gegen eine Auswanderung war vermutlich nicht in einem bestimmten Moment gefallen. Sie war das Ergebnis verschiedener Gefühle und Gedanken sowie einer Karriere, die sich bis dahin prächtig entwickelte. Wozu noch einmal ganz woanders neu anfangen, wenn man gerade einen guten Start hingelegt hatte? Die Sekretärinnen, der Dienstwagen mit Chauffeur, der Titel eines Staatskommissars, Generalanwalts oder Präsidenten – so hatte sich Philipp Auerbach sein Leben stets gewünscht. Davon hatte er viele Jahre bestenfalls träumen können. Plötzlich war es gegen alle Wahrscheinlichkeit wahr geworden. Er war nun jemand. Er war sogar der, der er sein wollte: ein aufrechter Kämpfer für das Bessere in der Welt.

Das dürfte auch jenes Schuldgefühl gemildert haben, das ihn wie so viele Überlebende quälte: Warum ich, warum die anderen nicht? Der DP Jacob Biber, neun Jahre jünger als Philipp Auerbach, ein ukrainischer Jude, der sich mit Partisanen durchgeschlagen hatte, sprach aus, was viele empfanden: »Selbst wenn es uns gelang, ein Haus zu finden, um uns niederzulassen, blieben unsere Seelen immer heimatlos. Nie mehr würden sie vollkommen sein.«[85] Auerbach, so schien es, hatte in München trotz aller Konflikte eine neue Heimat gefunden. Aber sie gewährte ihm keine Ruhe. Als Jude in Deutschland zu bleiben kam aus der Sicht anderer Juden nämlich dem ultimativen Verrat am Judentum gleich.

Wer sich entschlossen hatte, weder nach Israel noch sonst wohin auszuwandern, durfte seine widersprüchlichen Gefühle und Gedanken zum Thema als private Angelegenheit betrachten. Ein jüdischer Funktionär in Deutschland hatte dazu jedoch keine Chance. Zu eindeutig war, was andere jüdische Funktionäre davon hielten. So schrieb der Jewish World Congress im Juni 1950 an die Mitglieder seines Exekutivkomitees: »In Bezug auf alles, was mit der Frage zusammenhängt, Juden zu helfen, wieder in Deutschland Fuß zu fassen, muss unsere Antwort rundweg abschlägig lauten. Wir lehnen das Argument, dass der Jüdische Weltkongress nicht die Rolle eines endgültigen Richters übernehmen und entscheiden darf, ob ein Jude in Deutschland bleiben soll, als völlig irrelevant ab. Wir haben keine Macht, Zwang auszuüben, noch streben wir sie an. Wir erklären lediglich, wenn Juden in kleineren oder größeren Gruppen die Wahl treffen, weiter in dem Volk zu leben, das für die Ermordung von sechs Millionen unserer Brüder verantwortlich ist, so ist das ihre Angelegenheit. Der Jüdische Weltkongress hat mit diesen Juden nichts mehr zu tun.«[86]

Einen Monat später forderten Mitglieder des Jüdischen Weltkongresses in Frankfurt am Main, die deutschen Delegierten soll-

Auerbach verabschiedete den ersten Auswandererzug nach Palästina im Sommer 1948.

ten keine Stimmberechtigung haben, »weil es keine Zionisten in Deutschland mehr gebe«.[87] Abermals einen Monat später schickte die Jewish Agency ein Ultimatum nach München: Alle Juden in Deutschland sollten binnen sechs Wochen ihre Koffer packen. Hilfe sei nicht mehr zu erwarten. Man schließe das Büro. Philipp Auerbach bemerkte dazu bloß: »Wir haben es mit Wehmut vernommen, dass zionistische Organisationen sich bereit gefunden haben, in den in Deutschland lebenden Juden die Parias zu sehen unter dem Judentum der Welt. Wir sind bereit, uns mit allen Organisationen zu verständigen, die guten Willens sind. Wir sind aber nicht bereit, uns als Menschen zweiter Klasse behandeln zu lassen.«[88]

Im selben Jahr wählten die deutschen Juden einen über die Zonengrenzen hinwegreichenden »Zentralrat« – und Philipp Auerbach in dessen Vorstand.[89] Was wie ein weiterer Beleg für seine Bedeutung aussieht, war in Wirklichkeit ein wenig komplizierter. Es gab Leute im Vorstand, wie etwa Norbert Wollheim, die Auerbach lieber in ihr Gremium integriert sahen und ihn damit einzuhegen versuchten, statt ihm allein allzu viel Macht und Ansehen zuzugestehen. Im Jahr zuvor hatte Auerbach nämlich noch große Hoffnungen gehegt, tatsächlich der erste jüdische Repräsentant Deutschlands zu werden – Hoffnungen, die sich dann aber zerschlugen. In einem vertraulichen Brief an Major Abraham Hyman, Advisor Jewish Affairs European Command, schrieb Auerbach, man habe ihn gefragt, ob er in Bonn Staatssekretär für Wiedergutmachung und jüdische Angelegenheiten werden wolle. »Ich bin bereits Vorsitzender der Interministeriellen Arbeitsgemeinschaft für Wiedergutmachungsfragen aller 11 Länder, und alle 11 Länder haben mich vorgeschlagen, ebenso jüdische Gemeinden der amerik. Zone und Zentralkomitee der befreiten Juden (...). Ist es überhaupt richtig, einen jüdischen Vertreter in die Bonner Regierung zu entsenden? Was halten Sie von dem neu zu schaffenden Posten, den Heuss und Adenauer angeregt haben sollen?«[90]

Was wie Mäßigung und Abwägung klang, war in Wahrheit wohl mehr Rückversicherung. Denn in München sah er sich schon seit einer Weile mit einem anderen Problem konfrontiert: Wer den deutschen Juden das Bleiberecht absprach, hatte auch eine feste Vorstellung davon, wohin Entschädigungszahlungen fließen sollten. Dabei ging es nicht um die konkreten Forderungen von Menschen, denen die Emigration geglückt war oder von deren Nachfahren – wie im Fall des 1939 in Zürich gestorbenen Brauereibesitzers Ignatz Nacher. Es ging um herrenloses, also nicht zurechenbares Vermögen, vor allem um die kulturellen Schätze, die einst jüdischen Einrichtungen gehört hatten.

Die Verhandlungen darüber, was mit den jüdischen Kulturgütern geschehen sollte, hatten schon früher begonnen.[91] Philipp Auerbach hatte von der Militärregierung im März 1949 die Genehmigung erhalten, nach New York zu fliegen. Er wollte den Besuch dafür nutzen, seinen Einfluss geltend zu machen und zu retten, was zu retten war. Einen Monat zuvor hatte die Militärregierung der amerikanischen Besatzungszone bereits der Jewish Restitution Successor Organization (IRSO) als Treuhänder alle Rechte am jüdischen besitz- und erbenlosen Kulturgut übertragen. Typisch Auerbach, brachte er eine seiner vielen Ideen mit in die USA, um zunächst mit praktischen Vorschlägen zu glänzen: Man solle drei Frachtdampfer von 3800 Tonnen zu je drei Millionen DM für Israel bauen. Das gäbe Arbeitsplätze in Hamburg und Bremen und könne mit der Wiedergutmachung verrechnet werden, ließ er wissen.[92] Wirklich wichtig aber waren ihm die Gespräche mit der IRSO. Dem Soziologen Natan Sznaider zufolge sahen deren Repräsentanten »nach dem Krieg die Juden in der Welt als eine Einheit, die durch sie vertreten wurde«.[93] Demnach beanspruchten sie alles Kulturgut, um es anschließend nach ihrem Gutdünken zu verteilen, vor allem an jüdische Institutionen in Israel oder den USA. Es ging dabei um schätzungsweise 3,5 Millionen Bücher und 5000 Manuskripte aus mehr als 450 Bibliotheken, darunter äußerst wertvolle und seltene Stücke. Vieles davon hatten sich deutsche Museen und Bibliotheken einverleibt. In New York tauschten Auerbach und die IRSO-Vertreter ihre unterschiedlichen Ansichten aus. Für die konkreten Verhandlungen schickte die IRSO einige Monate später ihre Direktorin Hannah Arendt über den Atlantik.

In Deutschland geboren, nach Frankreich emigriert und schließlich nach der Flucht aus dem Lager Gurs in die USA ausgewandert, besaß die 43-jährige Philosophin, als sie im Herbst 1949 zu einem längeren Aufenthalt Richtung Europa aufbrach, zwar keinen US-Pass, fühlte sich aber längst als amerikanische Jüdin. »Durch ihre theoretischen Arbeiten«, so Sznaider, »war sie davon überzeugt, dass die Juden (insbesondere nach dem Holocaust, aber auch schon davor) ein politisches Kollektiv jenseits von Staatsangehörigkeit und Territorialität bildeten, obwohl das klassische Völkerrecht keine solchen kollektiven Ansprüche kannte.«[94] Damit war der Konflikt mit den deutschen Juden, ihren Gemeindevertretern und ihren wichtigsten Repräsentanten vorprogrammiert. Denn die wollten, allen voran Philipp Auerbach, dass jüdisches Kulturgut aus Deutschland auch dort bliebe.

Hannah Arendt war bei ihrer ersten Rückkehr nach Deutschland schockiert von dem, was sie dort erlebte: »Nirgends wird dieser Alptraum von Zerstörung und Schrecken weniger verspürt und nirgendwo wird weniger darüber gesprochen als in Deutschland. Überall fällt einem auf, dass es keine Reaktion auf das Geschehene gibt, aber es ist schwer zu sagen, ob es sich dabei um eine irgendwie absichtliche Weigerung zu trauern oder um den Ausdruck einer echten Gefühlsunfähigkeit handelt. Inmitten der Ruinen schreiben die Deutschen einander Ansichtskarten von Kirchen und Marktplätzen, den öffentlichen Gebäuden und Brücken, die es gar nicht mehr gibt. Und die Gleichgültigkeit, mit der sie sich durch die Trümmer bewegen, findet ihre Entsprechung darin, dass niemand um die Toten trauert; sie spiegelt sich in der Apathie wider, mit der sie auf das Schicksal der Flüchtlinge in ihrer Mitte reagieren oder vielmehr nicht reagieren. Dieser allgemeine Gefühlsmangel, auf jeden Fall aber die offensichtliche Herzlosigkeit, die manchmal mit billiger Rührseligkeit kaschiert wird, ist jedoch nur das auffälligste äußerliche Symptom einer tief verwurzelten, hartnäckigen und gelegentlich brutalen Weigerung, sich dem tatsächlich Geschehenen zu stellen und sich damit abzufinden.«[95]

Arendts Urteil über die Juden in München fiel kaum besser aus. In einem Brief an ihren Ehemann Heinrich Blücher schrieb sie: »Schrecklich sind nur die sog. deutschen Juden, die Gemeinden sind Raubgemeinschaften, alles verwildert und in äußerster Vulgarität und Gemeinheit. Wenn ich nicht mehr kann, flüchte ich mich zu den amerikanischen jüdischen Organisationen.«[96]

Hannah Arendt und Philipp Auerbach trafen sich am 22. Januar 1950. In einem Memorandum über die Sitzung des Landesverbands der Israelitischen Kultusgemeinden in Bayern schrieb Hannah Arendt: »Ich wohnte dieser Sitzung bei, da wir augenblicklich versuchen, zu einer Verständigung mit den Gemeinden zu kommen. Auerbach in seinem Jahresbericht des Präsidiums sprach über die I. R. S. O. in einer außerordentlich feindseligen Weise.« Zusammen mit dem Rabbiner Aaron Ohrenstein vertrat er bei dem Treffen die Auffassung, dass die Verfügungsgewalt über das herrenlose Kulturgut in Deutschland auch den jüdischen Institutionen vor Ort gehöre. Als sich Arendt einen Tag später noch einmal zum Thema verabredet hatte, saß sie allein mit dem Rabbiner Ohrenstein zusammen. Der, so schrieb sie, habe ihr versichert, er stehe vollkommen aufseiten der IRSO. Und sie zitierte Ohrensteins Bemerkung, »dass die Mitglieder des Landesverbandes von Auerbach direkt finanziell abhingen und sich deshalb nicht leisten könnten, gegen ihn zu stimmen«.[97] Da tat sich offensichtlich ein Abgrund unter den deutschen Juden auf. Den konnte man aus Arendts Sicht nutzen, um jüdisches Eigentum aus Deutschland wegzuschaffen

Hannah Arendt war sicher nicht weniger selbstbewusst als Philipp Auerbach und auch nicht weniger überzeugt von dem, was sie vertrat. Die beiden dürften sich darum herzlich unsympathisch gewesen sein. Selbst zwei Jahre später sollte Arendt in einem Brief schreiben: »München ist immer noch ein Drecksnest voller Intrigen, Korruption etc.«[98] Das geschah zu einem Zeitpunkt, als Philipp Auerbach bereits vor Gericht stand.

Spätestens da, wenn er in seinem Krankenzimmer, vor dem Polizisten Wache standen, in schlaflosen Nächten grübelte, dachte er vermutlich ähnlich über Deutschland und die Deutschen wie seine

Kontrahentin in der Restitutionsdebatte. Die hatte bereits am 14. Dezember 1949, dieses Mal aus Bonn, an Heinrich Blücher geschrieben: »Weißt Du eigentlich, wie recht Du hattest, nie wieder zurück zu wollen? Die Sentimentalität bleibt einem im Halse stecken, nachdem sie einem erst in die Kehle gestiegen ist. Die Deutschen leben von der Lebenslüge und der Dummheit. Letztere stinkt zum Himmel. Wenn Du hier eine Woche lang sämtliche Zeitungen von rechts bis links gelesen hast, dann bist du reif für die Rückfahrt. Und alles im Tone der Schadenfreude geschrieben. (…) Sie sehnen sich halt nach Hitlern ohne Krieg zurück, verstehen überhaupt nichts – die Studenten so wenig wie die Arbeiter.«[99]

Philipp Auerbach sollte sich bei aller Kritik nie so ätzend äußern wie Hannah Arendt. Womöglich scheute er sich lange davor, so radikal zu urteilen, weil er dann radikale Konsequenzen hätte ziehen müssen. In München hatte ja nicht nur sein neues Leben als jüdischer Funktionär begonnen. Hier nahm auch sein neues Leben als Ehemann und Familienvater Ende der vierziger Jahre einen zweiten Anlauf.

KAPITEL 11

New York, Mai 1945

Philipp Auerbach besaß ein Privatleben, auch wenn es kaum danach aussah. Jede Zusammenkunft mit ihm schien der öffentlichen Aufgabe zu dienen, jede Mahlzeit in größerer Runde ein Geschäftsessen darzustellen. Wo er sich zeigte, waren es stets Auftritte, ob vor der jüdischen Kultusgemeinde, vor Opfer-Verbänden, ja selbst in der Tischrunde an der für die Zeit üppig gedeckten Tafel in seiner Wohnung in München. Dorthin lud er ein, wen er für wichtig oder interessant hielt. Philipp Auerbach führte jedoch auch ein Leben abseits jeglicher Inszenierung. Es war widersprüchlich und kompliziert. Das galt vor allem für seinen Kontakt zu seiner Ehefrau Martha und der am Ende des Krieges elfjährigen Tochter Helen.

Den beiden war es gelungen, nach Kuba zu entkommen. Doch die Ungewissheit über Philipp Auerbachs Schicksal sollte sie jahrelang quälen. Die strikte Weigerung der französischen Behörden im Spätsommer 1941, ihn ausreisen zu lassen, ließ das Schlimmste befürchten. Martha plagte von da an nicht bloß eine ständige Unruhe, sie litt unter chronischen Rückenschmerzen, Blasenentzündungen und Phasen der Niedergeschlagenheit. Zwei Jahre später, an ihrem neuen Wohnort New York angekommen, fand sie die Zeitungen voll von Berichten über die Gräueltaten der Deutschen. Selbst als die alliierten Truppen Lager um Lager befreit hatten, kam Martha nicht umhin, sich weiter zu sorgen. Immer wieder war von Menschen zu lesen, die ein Konzentrationslager überstanden hatten, nur um kurz darauf an den Folgen der Haft zu sterben.

Vier Jahre ohne jede Nachricht waren vergangen, da erfuhren Martha und Helen eines Tages, dass Philipp Auerbach am Leben war. Wie genau das geschah, lässt sich nicht mehr rekonstruieren. Es dürfte kurz nach Ende des Krieges gewesen sein, womöglich sogar noch vor der deutschen Kapitulation. »An dem Tag, an dem wir erfuhren, dass mein Vater noch lebte, war ich mir sicher, dass mein ganzes Leben eine neue Wendung nehmen würde«, sagte seine Tochter Helen siebzig Jahre später über den Moment.[1]

Martha Auerbach konnte mithilfe eines Militärrabbiners sogleich einen ersten Brief nach Deutschland schicken. Dieser ist zwar verschollen, aber die Antwort auf ihn blieb erhalten. Noch im Mai 1945 schrieb Philipp Auerbach aus dem Krankenhaus Buchenwald: »Wie sehr mich diese Zeilen freudig erregt haben, kann ich Euch nicht sagen. Endlich ein Lebenszeichen von Euch! Ich hoffe, dass Ihr diese Monate und Jahre der Trennung überstanden habt. Bis jetzt kann ich noch nicht fassen, welch unendliches Glück ich in meinem Unglück hatte und wie ich durch Gottes Fügung zu wiederholten Malen den Klauen des Todes entrissen wurde.« Eng geschrieben mit einer Schreibmaschine, schilderte Philipp Auerbach seine Zeit in Gefängnissen und Konzentrationslagern, seine Todesfurcht und seine Anstellung durch die US-Militärs. Zwischendrin fand sich der Satz: »Ich werde mit der amerikanischen Armee in die besetzte Westzone gehen, bis ich eines Tages, so Gott will, in New York mit Euch vereint sein kann.«[2]

Das klang nicht nach größter Eile, zumal Auerbach gleich darauf fortfuhr, über seine Arbeit mit den Amerikanern zu berichten. Martha dürfte über diese Zeilen auf Luftpost-Papier dennoch ähnlich glücklich gewesen sein wie Helen. Zugleich wusste sie, wie schwierig es sein würde, einen deutschen Juden so kurz nach dem Krieg in die USA zu holen. Sie setzte umgehend alles in Bewegung, um das dafür nötige Affidavit zu besorgen: eine für ein Visum unerlässliche Bürgschaft. Einem Wiedersehen, ja einer Wiedervereinigung der Familie stand nun, so musste sie glauben, fast nichts mehr im Wege.

Zu jener Zeit lebten Martha und Helen in der Sicherheit, die Amerikas Gesellschaft Juden bot. Leicht war es für sie trotzdem nicht. Schon in Kuba hatte sich gezeigt, wie brüchig das Glück gemeinsamen Familienlebens war. Marthas Vater war 1941 gestorben, bevor die Nazis ihn in ein Vernichtungslager hatten deportieren können. Seiner Frau Rebecka Levisohn gelang es, Tochter und Enkelin nach Havanna zu folgen.[3] Damit waren sie zwar wieder vereint, allerdings zu dritt auf engstem Raum in der Calle 13 im Stadtteil Vedado zusammengepfercht, wenige Blocks hinter der Promenade des Malecon. Rebecka Levisohn bestand darauf, den subtropischen Alltag nach Hannoveraner Manier zu gestalten. Man sprach nur Deutsch; das Spanisch, das Helen schnell lernte, stand bei der Großmutter in keinem hohen Ansehen.[4] Mahlzeiten waren im Rhythmus der alten Heimat einzunehmen, nach den orthodoxen Prinzipien, wie Rebecka sie aus Deutschland mitgebracht hatte. So versuchte die 63-Jährige, in der Ungewissheit der Zeit und in der ungewohnten Umgebung einen Rest des alten Lebens und seiner Geborgenheit zu bewahren. Damit machte sie der damals 35-jährigen Tochter und der achtjährigen Enkelin das Leben schwer. Auch der Aufbruch nach New York zwei Jahre später, im Juli 1943, änderte weniger, als Martha und Helen gehofft hatten.

Sie landeten im Hafen von Miami und reisten nach einem Verhör durch die Grenzbeamten weiter Richtung Norden. Die drei kamen in New York zunächst bei Marthas älterem Bruder Joseph unter, dem Juristen, der »Hans« gerufen wurde. Ihm war es schon im April 1939 gelungen, ein Visum für die USA zu erhalten.[5] Inzwischen verheiratet, lebte er mit seiner Frau und seiner Tochter Judy in Washington Heights. Dieser hügelige Teil des nördlichen Manhattan war damals ein Sammelbecken für jüdische Flüchtlinge aus Deutschland. Auch wenn die etwa 20 000 vor den Nazis aus dem Dritten Reich hierher Geflohenen selbst in den von ihnen am dichtesten besiedelten Blocks kaum mehr als zehn Prozent der Bewohner stellten, prägten sie an vielen Ecken das Straßenbild.[6] Es gab kleine Geschäfte, die auf Schildern »Deutsch gesprochen« annoncierten, koschere Schlachter und koschere Bäcker, die zuvor in Fürth oder Frankfurt am Main ihrem Beruf nachgegangen waren. Immer wieder traf man hier auf Menschen aus der Vergangenheit. Die Schrecken und die Glücksfälle der eigenen Lebensgeschichte, die Nachrichten über das Schicksal gemeinsamer Bekannter waren Tagesgespräch.

Zunächst fanden die Auerbachs in einem Apartmenthaus aus rotem Backstein, wie sie in dieser Gegend üblich waren, in der 179.

Straße Unterschlupf. Weiter südlich, um die 158. Straße und den Broadway herum, gab es ein paar Blocks, die »Das Vierte Reich« genannt wurden. Dort standen die Deutschen vor Cafés und an Straßenecken in Plaudergruppen zusammen.[7] Hier waren im Lauf der Jahre zuvor diverse Bethäuser und sogar jüdische Tanzclubs entstanden. Martha war zu alt, zu deprimiert oder zu streng erzogen, um sich in die Clubs aufzumachen. Helen dagegen war ein paar Jahre zu jung, um sich dort mit anderen Jugendlichen zu treffen oder gar auf Partys zu gehen. Im Übrigen hätte man ihr das auch kaum erlaubt. Aus der Sicht vieler deutscher Juden und bestimmt auch nach Meinung Rebecka Levisohns galten solche Vergnügungen als frivole Unterfangen, solange andere Familienmitglieder vom Tod durch die Nazis bedroht waren.

Wer als Exilant in Washington Heights untergekommen war, unterschied sich von den prominenten Auswanderern in die Vereinigten Staaten, ob jüdisch oder nicht, wie Thomas Mann oder Lion Feuchtwanger, Bertolt Brecht oder Albert Einstein. Man war bodenständiger, weniger intellektuell, kam eher aus Bayern als aus Berlin. Für viele war eine Rückkehr nach Deutschland undenkbar. Allein die Idee erschien den meisten angesichts des Horrors, dem sie nur knapp entkommen waren, so abwegig, dass sie sich darum bemühten, amerikanische Staatsbürger zu werden. Verzweifelt versuchten sie, für jeden Angehörigen ein Visum zu erhalten. Sie hatten mit dem Leben in der Alten Welt abgeschlossen, konnten es aber kaum hinter sich lassen – nicht bloß wegen der Familienmitglieder, die hatten zurückbleiben müssen.

Denn in Washington Heights gab es neben den deutschen viele osteuropäische Juden. Deren Alltag hatte wenig mit ihrem gemein und erinnerte sie ständig daran, wie anders selbst viele Juden in ihrer neuen Umgebung waren. Dabei ging es nicht allein um die Sprache, Jiddisch oder Deutsch, beim Einkauf oder im Café. Osteuropäische Männer aus Polen oder der Sowjetunion machten mit ihren schwarzen Mänteln und schwarzen Pelzhüten selbst dem flüchtigsten Beobachter klar, dass sie nur wenig mit den Juden aus dem Deutschen Reich gemein hatten, auch mit den Strenggläubigen. Die Bräuche und Riten dieser ehemaligen Schtetl-Bewohner ließen ihre im Westen aufgewachsenen Glaubensbrüder staunen, wenn nicht gar erschaudern. Beim Beten schwankten sie mit dem Oberkörper kräftig vor und zurück, wie es kein deutscher Jude tun würde. Einige von ihnen tanzten ausgelassen um die Tora-Rolle herum, wenn diese durch die Synagoge getragen wurde. Sie schwatzten während des Gottesdienstes laut und ausgiebig mit ihren Sitznachbarn. Bei Beerdigungen klagten sie lauthals, statt still vor sich hin zu weinen.

Da waren die deutschen Zuwanderer von Washington Heights anders. »Vieles in ihren Leben wirkte lange sehr deutsch«, so der Historiker Steven Lowenstein. »Das galt für die Sprache wie für das Essen, ihre Förmlichkeit und ihre Pünktlichkeit.«[8] Man traf sich gern zu Kaffee und Kuchen und schwelgte dann in der Erinnerung an eine angeblich bessere Vergangenheit. Ein Witz machte darüber damals die Runde: Treffen sich zwei deutsche Dackel. Sagt der eine: In Deutschland habe ich jeden Tag Weißbrot gegessen. Entgegnet der andere: Das ist gar nichts. In Deutschland war ich ein Bernhardiner.

In dieser neuen Umgebung mussten sich Martha und Helen nicht bloß mit Rebecka Levisohn arrangieren, auch das Leben beim Onkel war kompliziert. Er war, so erinnerte sich Helen noch Jahrzehnte später daran, ernst und orthodox.[9] Für Martha kaum erträglich. Der Krieg war bereits zu Ende, als sie sich entschloss, mit ihrer Tochter auszuziehen. Ein paar Straßen weiter nördlich fanden sie eine neue Bleibe: 390 Wadsworth Avenue, c/o Berg. Apt. 6B.[10] Es war nicht mehr als ein möbliertes Zimmer für sie beide, Küche und Bad teilten sie mit anderen Bewohnern des Appartements. Damit hatten sie sich von den Zwängen der Familie befreit, kämpften aber weiter mit den Zumutungen des New Yorker Alltags. Martha, nach wie vor geplagt von Rückenschmerzen und anderen Beschwerden, fand zunächst einen Job in einer Fabrik. Helen schickte sie auf eine orthodoxe hebräische Schule. Die Tochter hatte dort allerdings das Gefühl, »ich passe da nicht hin. Ich passe eigentlich nirgendwo hin.«[11] Die Nachricht von Philipp Auerbachs Überleben eröffnete eine neue Perspektive. Zusammen mit ihm konnten sie vielleicht tatsächlich von vorn beginnen und der Enge entfliehen.

Wie schnell sich die gemeinsame Zukunft als Illusion erwies, wissen wir nicht genau. Wir kennen nur das Ergebnis und eine Reihe von Briefen darüber. Zwischen den beiden Eheleuten war eines bald klar: Während Martha, darin ihren neuen Bekannten in Washington Heights ähnlich, sich nicht vorstellen konnte, jemals nach Deutschland zurückzukehren, sah Philipp keinen Grund, Deutschland zu verlassen. In seinen frühen Briefen benutzte er für Martha noch die zärtliche Anrede »Meine liebe Pollo« oder »Mein liebes Pollochen«, also »Mein liebes Huhn«, »Mein liebes Hühnchen«, wohingegen Martha ihn »Phipps« nannte. Aber schon aus Düsseldorf hieß es bald: »So kann man eine Ehe, die durch sechsjährige Trennung stark lädiert ist, nicht wieder reparieren. Ich verlange kein Mitleid, will nicht bedauert werden, aber lass mich nicht kommandieren. Das habe ich fünf Jahre in Auschwitz und Buchenwald gemusst, heute ist es nun etwas anderes.«[12]

Dieser Ausbruch war anscheinend die Antwort auf ein Schreiben Marthas an den britischen Chaplain Richards, in welchem sie sich darüber beschwert hatte, dass sie seit zwei Monaten nichts von Philipp gehört hatte. »Wie ich von den früheren Briefen meines Mannes weiß, sind Sie ihm immer ein sehr guter Freund gewesen und haben vermutlich seine Familien-Probleme mit ihm erörtert. Mein Mann hat mich darüber informiert, dass er eine sehr wichtige Arbeit erledigt und dafür von einer jüdischen Organisation unterstützt wird. Ich habe seine Fähigkeiten immer sehr geschätzt, finde aber, er sollte zur Kenntnis nehmen, dass seine erste Pflicht darin besteht, sich nach sechs Jahren Trennung mit seiner Familie zu vereinen. Seit einer ganzen Weile stelle ich fest, wie indifferent mein Mann gegenüber seiner Familie ist. Ich kann nicht glauben, dass eine jüdische Organisation meinen Mann dahin beeinflusst, dass er länger bleibt und für sie arbeitet, seit er von seiner kranken Ehefrau erfahren hat, die sich um sein Kind kümmert und dazu nicht länger in der Lage ist wegen ihrer Beschwerden.« Außerdem schrieb sie: »Ich habe alles dafür getan, die Auswanderung meines Mannes zu beschleunigen.«[13]

Im Streit um die gemeinsame Zukunft ließ Philipp ebenfalls keinen Zweifel zu: »Wenn wir von Recht sprechen, so kann ich das

Ansinnen an Dich stellen, zu mir nach Deutschland zu kommen.«[14] Dazwischen erkundigte er sich nach seiner Tochter, versprach, zu Besuch zu kommen, sobald das angesichts der alliierten Reisebeschränkungen und der enormen Kosten möglich würde. Es änderte aber nichts am Grundkonflikt. Darum entschloss sich Martha bald, ihre Bemühungen aufzugeben. An Chaplain Richards schrieb sie: »Sollten Sie jedoch den Eindruck haben, dass mein Mann nicht bereit ist, die nächste Gelegenheit zu nutzen, herüberzukommen und sich mit seiner Familie auf Dauer zu vereinen, bitte ich Sie, ihn zu fragen, ob er die notwendigen Schritte einleitet für eine religiöse wie eine Scheidung nach dem Gesetz.«[15]

Wie bei nahezu allen Trennungen, die mit der Auflösung einer Ehe enden, ging es auch zwischen Philipp und Martha Auerbach schnell ums Geld. Marthas Wunsch nach einem monatlichen Scheck war nicht allein Ausdruck ihrer Sorge um das materielle Überleben. Sie forderte zugleich Zuwendung im übertragenen Sinne: Kompensation für das Ende einer Liebe und die Jahre angsterfüllten Wartens. Das war zwischen zwei Menschen, die ein ganzer Ozean trennte, damals über die Maßen kompliziert. Das Finanzsystem der Nachkriegszeit war für internationale Überweisungen geschiedener Ehepartner nicht geschaffen. Und zwischen der Siegernation mit ihren nun allgegenwärtigen Dollars und dem besiegten Land mit einer zunächst maroden, dann gerade erst eingeführten Währung war Geldverkehr zusätzlich erschwert. Die einvernehmliche Scheidung vor einem Düsseldorfer Gericht geschah am 16. Juli 1947.[16] Danach dauerte es noch eine ganze Weile, bis ein Vergleich geschlossen war. Dieser sprach Martha und Helen zusammen 350 Mark im Monat zu.[17] Um einen solchen Betrag von einem Land ins andere zu transferieren, bedurfte es einer Menge Papierkram und des Einhaltens diverser Bestimmungen des Devisenverkehrs.

Offensichtlich kam das Geld in New York unregelmäßig oder gar nicht an, oder es war nicht der vereinbarte Betrag.[18] So wirken die Briefe zum Thema wie Verteidigungs- und Anklageschriften. »Dass die 1000 Dollar nicht ewig reichen, weiß ich. Aber das einzige, was ich im Augenblick tun kann, ist doch, dass ich monatlich einen

Sperrbetrag bei der Bayerischen Staatsbank einzahle, einen Betrag von RM 300.–, der schließlich 1/3 meines ganzen Gehalts ausmacht. Dass eine Transfermöglichkeit zur Zeit nicht gegeben ist, weißt Du so gut wie ich«, schrieb Philipp Auerbach am 29. April 1948, wenige Wochen vor der Währungsreform in Deutschland.[19] Und bei nächster Gelegenheit: »Liebe Martha, ich kann gut verstehen, dass Du für Dich und das Kind schwer kämpfen musst. Aber verstehe doch endlich auch einmal, dass hier das Leben vielleicht noch viel, viel schwerer ist, da wirklich der Kampf bereits bei einer Stecknadel und einem Knopf anfängt.«[20] Und Martha entgegnete: »Ich mache Dich darauf aufmerksam, dass ich nicht mehr mit mir spielen lasse, nachdem ich aus ganz sicherer Quelle mit Angabe aller Details weiß, wo sich Dein Konto befindet … Du bist moralisch und gesetzlich verpflichtet, Deinen Verhältnissen entsprechend für uns zu sorgen.«[21]

Während Martha in New York bald die Arbeit in der Fabrik für eine Anstellung als Sekretärin bei einer christlichen Organisation aufgeben konnte,[22] schien sich die Karriere Philipp Auerbachs in München Ende der vierziger Jahre bestens zu entwickeln. Er war ein gefragter Mann bei Militärregierung und jüdischen Organisationen wie auch in den Debattierzirkeln und Ausschüssen der Parlamentarier und Ministerialbeamten zum Thema Wiedergutmachung. Zwischendurch machte er sich sogar Hoffnungen, seinen Einfluss mit einer Anstellung durch die Regierung des Bundeskanzlers Adenauer weiter zu vergrößern.

Wie er sich wohl sah, wenn er damals vor seinem Spiegelbild in der Wohnung in Bogenhausen stand? Groß und wuchtig hatte er immer schon gewirkt. Einschüchternd konnte er sein, das wusste er. Und in gut geschnittenen Anzügen, bei festlicher Gelegenheit mit Zylinder und der filigranen randlosen Brille strahlte er jene männliche Eleganz aus, wie sie Mächtige und Einflussreiche damals gern an den Tag legten. Hinter diesem herrischen Auftreten verbargen sich heftige Gefühle: Hass und Verachtung für Nazis, Sympathie und Verständnis für deren Opfer, vor allem Sehnsucht nach Anerkennung, so groß, als hätte er lebenslang unter einem gewaltigen

Zweite Hochzeit in der Münchner Synagoge. Philipp Auerbach heiratete am 31. Juli 1947 die damals 27-jährige Margit Panzner. Sie haben sich im Jahr zuvor bei einem Besuch Auerbachs in der Außenstelle seiner Behörde in Regensburg kennengelernt.

Defizit gelitten. Und natürlich wollte er, nachdem seine Frau sich gegen ihn entschieden und ihm damit auch die Tochter genommen hatte, nicht allein bleiben.

Es ist unklar, wann er der nächsten Liebe das erste Mal begegnete. Sie kennenzulernen war sicher nicht entscheidend für seinen Entschluss, in Deutschland zu bleiben. Philipp Auerbach wollte lieber in München ein wichtiger Mann sein als in den USA ein Niemand, der irgendeinen schlecht bezahlten und öden Job hätte annehmen müssen. »Ich habe fünf Jahre des Grauens hinter mir und überlege es mir nur zu gut, als Schnorrer oder Nachtportier drüben anzufangen«, hatte er Martha bereits im Juni 1946 geschrieben.[23] Dass ihm bei einer Dienstreise bald darauf Margit Panzner über den Weg gelaufen war, bestärkte ihn in seinem Entschluss, auf ein Visum für Amerika zu verzichten.

Die Details des ersten Treffens liegen im Dunkeln. Margit war eine attraktive Frau von knapp 27 Jahren und hatte eine Anstellung als Sekretärin in der Außenstelle der Auerbach-Behörde in Regensburg gefunden.[24] Er war gerade vierzig geworden und befand sich auf einer seiner Inspektionstouren durch die amerikanische Zone.

Dabei trafen nun zwei Menschen aufeinander, die aus der Sicht eines Psychiaters wie Paul Matussek zueinander passten: »Ein Mensch, der im Lager war, kann nur einen ehemaligen Lagerhäftling als Partner ertragen. Niemand anderer versteht sonst, was geschehen ist.«[25]

Darüber zu spekulieren, wie das Liebes-, gar das Sexualleben eines ehemaligen Gefangenen und seiner ebenfalls befreiten Frau ausgesehen haben könnte, ist immer heikel, zumal wenn sich keiner von beiden je dazu geäußert hat. Das gilt umso mehr, wenn der männliche Partner unermüdlich arbeitete, dauernd unterwegs war und an Stoffwechselstörungen litt. Wo wollte er die Zeit und Energie hernehmen, einer Frau den Hof zu machen? Denn das entsprach sicher der Vorstellung Auerbachs davon, wie ein Mann um eine Frau werben sollte.

Einigen Zeitgenossen galt Philipp Auerbach als »Womanizer«, eine Bezeichnung, für die es keinerlei Belege gibt. Kein von Philipp Auerbach überlieferter Text verrät einen Hang zum Don Juanismus oder eine besonders romantische Ader. Eine Familie gründen, Kinder haben – ja, gewiss. Aber sich Eroberungen und Verführungen hinzugeben? Andererseits ist gut vorstellbar, dass ein so nach Bestätigung hungernder Mann sich erst recht zu Frauen hingezogen fühlte, die er beeindrucken konnte. Die Begegnung mit Margit zeigt jedenfalls, dass Auerbach auch noch Augen für anderes hatte als seine Arbeit und Verpflichtungen. Und für Margit Panzner war er wohl, nach den Worten ihrer gemeinsamen Tochter Ruth, »der Schlüssel zum Leben. Sie werden beide sehr einsam gewesen sein.«[26]

Margit Panzner war am 14. März 1920 im Sudetenland geboren worden, zwei Jahre nach dem Ende der österreichischen K. u. k.-Monarchie.[27] Sie lebte mit ihren Eltern in Mährisch-Ostrau und wuchs katholisch auf, obwohl ihre Mutter jüdisch gewesen war. Margits jüdischer Großvater hatte seine Tochter Bertha, wie es um die Jahrhundertwende gang und gäbe war, recht jung mit einem jüdischen Mann verheiratet, war jedoch klug genug, bald darauf einer Scheidung dieser arrangierten Ehe zuzustimmen. Sie war ganz offensichtlich eine Katastrophe gewesen. Nach der Trennung verließ die junge Frau die Enge der Heimat und ihrer jüdischen Gemeinde.

Sie zog nach Wien, wo sie als Hutmacherin arbeitete. Dort lernte Bertha bald einen Mann kennen, der ebenfalls aus dem Sudetenland stammte. Ottomar Panzner besuchte zu jener Zeit jedoch ein katholisches Priesterseminar. Die beiden verliebten sich, er gab die Ausbildung zum Geistlichen auf, sie konvertierte mit Zustimmung ihrer Eltern zum Katholizismus und nannte sich von nun an Maria.[28] Nach der Hochzeit kehrten sie ins Sudetenland zurück, wo Ottomar eine Anstellung als Kunstlehrer an der Oberschule von Römerstadt fand. Bald bekamen sie eine Tochter, die sie Margit nannten, ein vielversprechendes Mädchen, das gute Schulleistungen zeigte und davon träumte, Medizin zu studieren. Groß, blond, war sie eine ausgezeichnete Sportlerin, die gern schwamm und im Winter Schlittschuh lief.

Margit ging auf ihr Abitur zu, als sich die Lage dramatisch veränderte. In Deutschland waren die Nationalsozialisten seit ein paar Jahren an der Macht. Sie drangen darauf, alle sogenannten Volksdeutschen »heim ins Reich« zu holen, und fanden dabei große Unterstützung in Österreich sowie in den von Deutschen bewohnten Gegenden der damaligen Tschechoslowakei. Mit dem sogenannten Anschluss des Sudetenlandes an das Dritte Reich Ende September 1938 wurde es für Margit unmöglich, einen Studienplatz zu erhalten. Obwohl ihre Mutter schon viele Jahre zuvor den katholischen Glauben angenommen hatte, galten beide nach den deutschen Rassegesetzen als jüdisch. Die den Nazis wohlgesinnten Behörden drängten Margits Vater, sich von seiner Ehefrau loszusagen, wenn er seine Anstellung an der Oberschule behalten wollte. Ende des Jahres war seine Verzweiflung darüber so groß geworden, dass er sich fünf Tage vor Weihnachten, kurz vor seinem 55. Geburtstag, auf dem Dachboden des Hauses erhängte.[29] Seine Witwe wurde bald darauf nach Theresienstadt deportiert, seine Tochter Margit in ein Arbeitslager.

Die beiden überlebten. Gleich nach dem Krieg trafen sie sich wieder in Römerstadt. Damit hatten sie jedoch nur vorübergehend Ruhe gefunden. Die tschechische Regierung unter Edvard Beneš verfügte bald, dass alle Deutschen das Land verlassen mussten. In den großen Treck der Abertausenden, häufig bespuckt, beschimpft und geschlagen von den zurückbleibenden Tschechen, mussten sich 1946 auch die Jüdinnen Bertha und Margit Panzner einreihen.[30] Auf der anderen Seite der Grenze im Bayerischen Wald wurden sie zunächst bei Leuten einquartiert, denen die vielen Flüchtlinge lästig oder nachgerade zuwider waren. Bald darauf gelangten die beiden schließlich nach Regensburg.

Margit Panzner lebte noch nicht lange in der amerikanischen Besatzungszone, als sie dem raumgreifenden Mann begegnete, der mit dem Dienstwagen vorgefahren war. »Die Liebe zwischen den beiden war entweder so groß oder die Einsamkeit so schwer erträglich, dass Margit und Philipp Auerbach bereits kurz darauf heirateten«, sagte ihre Tochter Ruth später dazu.[31] Am 31. Juli 1947 schlossen sie in München ihre Ehe, nur zwei Wochen nach Philipps Scheidung von Martha.[32] Er hatte nun eine kluge, hübsche junge Frau an seiner Seite. Ihr wiederum eröffnete der Mann eine neue Welt, wie ihr spätestens am Hochzeitstag klar geworden sein dürfte.

Die Heirat des prominenten jüdischen Funktionärs war so wichtig, dass der *Spiegel* darüber berichtete: »Oberbürgermeister Karl Scharnagl hatte sein eigenes Zimmer im Münchener Rathaus festlich herrichten lassen. Philipp Auerbach sollte nicht in den weniger repräsentativen Räumen des Standesamtes seinen Willen, mit Fräulein Margit Panzer (sic!) die Ehe einzugehen, durch seine Unterschrift bekräftigen. In den Schleier des Geheimnisses hatte die Braut das bevorstehende Hochzeitsfest eingehüllt, und auch der 40-jährige Auerbach hatte seinen Freunden nichts verraten. Nur Innenminister Seifried [als Trauzeuge, HHK], Brigadier Walter Muller und Oberrabbiner Ohrenstein waren dabei, als der Auerbach-Panzer-Wagen durch ein rückwärtiges Tor in den Rathaushof gelotst und das Paar durch die für den Publikumsverkehr gesperrten Flure in Scharnagls Zimmer geführt wurde. Auch in der Reichenbachstraße, wo sich in einem Hinterhaus die kürzlich eingeweihte Synagoge Münchens befindet, wurden nur wenige Leute aufmerksam, als am Nachmittag vor der kirchlichen Trauung Auerbachs Auto in einem Haustor verschwand. Bürgermeister Scharnagl kam barhäuptig zur Trauung und musste sich die Mütze eines Dieners leihen, ehe er die Synagoge betrat. Nach mosaischem Tempelbrauch muss jeder Mann den Kopf bedeckt haben, wenn er in eine Synagoge eintritt. Zur abendlichen Feier hatte Auerbach alles eingeladen, was in München einen Namen hat. Trotzdem war die Zahl der Gäste gering. Zu viele waren durch dringende Geschäfte verhindert.«[33]

Dass ihr Vater eine neue Frau gefunden hatte, gefiel der 14-jährigen Helen im fernen New York natürlich nicht, auch wenn sich der Bruch zwischen ihren Eltern schon seit einer Weile abgezeichnet hatte und inzwischen endgültig vollzogen war. Wirklich schockiert war Helen aber offenbar, als Philipp und Margit Auerbach auch noch eine Tochter bekamen. Ruth wurde im Januar 1948 geboren, sechs Monate nach der Hochzeit, und Helen fürchtete, die Distanz zwischen ihr und dem Vater in Deutschland könnte dadurch noch größer werden. Während sich ihre Mutter mit Philipp Auerbach über Geld stritt, berichtete Helen ihrem Vater in Briefen davon, dass sie aus einem (vermutlich jüdischen) Summer Camp nach New York zurückgekehrt war und hoffte, einen Job als Sekretärin zu finden.[34]

Ein ruhiger Moment in turbulenten Zeiten. Auerbach mit Tochter Ruth aus seiner zweiten Ehe in der Wohnung Friedrich-Herschel-Straße in München-Bogenhausen.

Im März 1949 reiste Philipp Auerbach nach New York.[35] Er fuhr auf Einladung des *Aufbau,* der deutsch-jüdischen Exilanten-Zeitung, die in der Stadt erschien. Außerdem eskalierte zu der Zeit gerade der Streit mit der Jewish Restitution Successor Organization (IRSO) darüber, wer über die herrenlosen jüdischen Kulturgüter in Deutschland verfügen durfte. Zwischen seinen Terminen fand Auerbach auch Zeit für seine erste Familie. Wann und wo genau er Martha traf, lässt sich heute nicht feststellen. Aber er hatte auch eine Verabredung mit Helen. Die Begegnung mit ihr war wieder ein für Auerbach typischer Auftritt. Er holte seine Tochter mit einer Limousine ab, gesteuert von einem Chauffeur, und führte die inzwischen 15-Jährige ins Waldorf Astoria aus.[36] Er ließ es sich nicht nehmen, ihr ein sündhaft teures Kleid zu kaufen, das viele Jahre im Schrank hängen sollte. Ein Stoff gewordener Traum gewissermaßen, den Helen lange nicht wegzuwerfen wagte. Während Martha schäumte, weil es wichtiger gewesen wäre, einen Scheck für die Gebühren des Colleges zu erhalten, sonnte sich die Tochter in der Aufmerksamkeit des Vaters. Er hatte die Nazis überlebt, einen wichtigen Job im fernen Deutschland angenommen, er traf sich hier in New York mit bedeutenden Leuten, im Schlepptau stets eine Entourage, die ihm zu Diensten war. Welch ein Vater! Im Vergleich zu dem steifen Onkel Hans und der unglücklichen Mutter muss er ihr wie ein Held vorgekommen sein. Und doch vermisste sie etwas.

Philipp Auerbachs Inszenierung war die Show eines Mannes, der Angabe und Hingabe durcheinanderbrachte. Für ihn schien Zuwendung vor allem eine materielle Angelegenheit zu sein. Viel Zeit hatten Vater und Tochter nicht miteinander. Zu zweit, ohne Zuhörer und Beobachter, waren sie nie. Während Auerbach seinen zahllosen Terminen in New York nachging und seinen Kontakt zum Chefredakteur des *Aufbau* pflegte, schwankte Helen zwischen Bewunderung und Verwundung. »Ich habe Helen gefragt, warum sie Dir nicht schreibt«, ließ Martha Philipp in einem Brief einen Monat nach seiner Rückkehr nach München wissen. »Sie antwortete mir: ›He probably only cares about the new baby.‹«[37] Ganz offensichtlich hatte er vor allem von seinem neuen Leben erzählt und sich für das Leben Helens nicht so interessiert, wie sie es sich erhofft hatte.

Helen musste zu jener Zeit erkennen, dass ihr Vater selbst dann kaum erreichbar war, wenn er sich auf derselben Seite des Atlantiks befand. Auch die Mutter war ihr kein Trost. Weil diese in dem unbändigen Wunsch der Tochter nach Eigenständigkeit den früheren Ehemann erkannte, fuhr sie Helen gelegentlich an: »Wie kannst du so etwas tun. Ich habe dafür gesorgt, dass du aus dem Lager kamst. Du bist wie dein Vater.«[38]

Der kümmerte sich, von gelegentlichen Briefen abgesehen, herzlich wenig um seine ferne ältere Tochter. Die Studiengebühren für das Hunter College zahlte er allenfalls unvollständig. Ohne ein Stipendium wäre Helen dort bald wieder rausgeflogen. Die Enttäuschungen der Familie setzten ihr so zu, dass sie viele Jahre hindurch die Hilfe von Ärzten und Psychotherapeuten suchen sollte. Und ihre College-Ausbildung an der Upper East Side brach sie schließlich ohne Abschluss ab.[39]

In München führten Margit und Philipp Auerbach währenddessen ein großbürgerliches Leben. Sie waren inzwischen aus der Möhlstraße in eine Altbauwohnung in der Friedrich-Herschel-Straße 3 umgezogen. Es gab einen Dienstwagen mit Fahrer. Man erging sich im Englischen Garten, an der Isar, traf sich in der Gemeinde oder machte Ausflüge ins Voralpenland und freute sich darüber, wie die kleine Ruth heranwuchs. Wenn die Auerbachs Gäste hatten, fuhren sie auf. Philipp Auerbach hatte die Beziehungen, um schon bald nach dem Krieg guten Wein auszuschenken. Margit wusste mit den von ihm besorgten Zutaten ganze Menüs auf den Tisch zu bringen. Der israelische Anwalt Edward Kossoy, der damals in München eine Kanzlei eröffnete, weil er sich um die Wiedergutmachungsanträge vieler Ausgewanderter kümmerte, war überrascht von dem freundlichen Empfang, den Auerbach ihm bereitete, als er zum ersten Mal im Landesentschädigungsamt vorsprach. »Ich wurde sofort dem Präsidenten dieser Behörde, Dr. Philipp Auerbach, vorgestellt und einige Tage später zu einem Abendessen bei ihm zu Hause eingeladen. Eine unerwartete, aber für mich sehr wichtige Geste war Dr. Auerbachs Anordnung, mir vorab 30 DM für jeden gestellten Antrag zu gewähren. Dank dieser Anzahlung konnte ich ein lokales Büro aufbauen.«[40]

Wer die geräumige Wohnung im ersten Obergeschoss in der Friedrich-Herschel-Straße betrat, bekam eine Ahnung davon, wie wichtig Philipp Auerbach die Familie war, nicht bloß die unmittelbare, von ihm gegründete, sondern der Auerbach-Clan. An prominenter Stelle hing im Wohnzimmer das Porträt des Großvaters. Philipp richtete sich nicht nur behaglich ein in München, er hatte auch Kontakte zu seinen Geschwistern aufgenommen, sofern sie überlebt hatten. Zwei Brüder und eine Schwester waren nach Palästina ausgewandert, zwei Brüder eines natürlichen Todes gestorben. Die SS hatte seine zwei Jahre ältere Schwester Mathilde mit ihrem Ehemann und den zwei jüngsten von sieben Kindern im Juni 1942 in Auschwitz umgebracht.[41] (Dass Philipp ihr dort begegnet sei, kursierte als Gerücht, ist aber ausgeschlossen. Sie wurde ermordet, lange bevor Philipp dort ankam.)

Dann gab es die Schwester Bertha und den Bruder Walter. Sie hatte die Nazis in Paris überlebt, er war mit Frau und Töchtern nach London gezogen, als die Wehrmacht die Niederlande überrannte. Mit beiden trat Philipp in Verbindung. Bertha spannte er ein, als der Streit mit Martha in New York weiter eskalierte. Deshalb schickte er an seine vier Jahre jüngere Schwester, die er mit »Meine liebe Babo« ansprach, im August 1948 einen Brief in die Rue du Faubourg Poissonière 23: »Ich habe nun die Aussicht, bald nach Paris zu kommen, da ein amerikanischer Offizier mich mitnehmen will, dass ich keine zu großen Unkosten habe, denn ich muss mit dem Geld sparen und wirtschaften. Wir erhalten unser Gehalt zur Zeit immer in zwei Raten und wenn Du bedenkst, dass mein Nettogehalt 1100 DM beträgt, wovon ich 300 DM sogleich für meine Frau in New York absetzen muss, kannst Du Dir vorstellen, dass ich keine großen Sprünge machen kann. Da von hier aus die Postverbindung mit Palästina sehr schlecht ist, sende ich Dir die Briefe für unsere Brüder und Schwester mit der Bitte, sie gelegentlich Deinen

Briefen beizulegen.« Und dann kam er zu seinem größten Anliegen: »Meine geschiedene Frau hat scheinbar von irgendeiner Seite Informationen erhalten, die von der Wahrheit vollkommen abwegig sind. Sie behauptet steif und fest, sie wüsste ganz genau, dass ich über große Auslandsguthaben verfüge, und stellt mir eine Frist, ihr mit der Flugpost zu bestätigen, dass sie 10 000 Dollar von mir erhält, andernfalls (...). Ich bitte deshalb, in meinem und in ihrem Interesse, den Friedensengel zu spielen, wobei ich ihr bereits geschrieben habe, dass im Hinblick auf die kommende Wiedergutmachung ich für meine Tochter selbstverständlich einen Teil abzweigen werde.«[42]

Tatsächlich sollte er Bertha bald darauf in Paris besuchen. Zu einer Zeit, als Reisen umständlich, teuer und oft genehmigungspflichtig waren, nutzte Philipp Auerbach seine offiziellen Termine in den Nachbarstaaten, um Familienmitglieder zu treffen. Erstaunlicherweise bleibt im Unklaren, ob er bei einer solchen Gelegenheit auch seinen Bruder Walter in London wiedersah, als er sich dort kaum ein Jahr nach Kriegsende aufhielt. Denn der Kontakt der beiden sollte sich bald als die stetigste, wenngleich nicht unkomplizierte Verbindung zweier Auerbach-Geschwister herausstellen. Erleichtert wurde die Verbindung der Brüder sicher dadurch, dass Walter im Spätsommer 1946 mit seiner Familie nach Deutschland zurückkehrte, in die britische Besatzungszone.

Walter war das Gegenteil seines ein Jahr jüngeren Bruders Philipp: ernst statt amüsant, überkorrekt statt flexibel, prinzipienfest statt pragmatisch und, ebenfalls gut 1,90 Meter groß, ein eifriger Bergwanderer statt unsportlich und bequem. An der großen Auerbach-Familie lag ihm wenig, während der Bruder die Verbindung suchte. Die Jahre, in denen der eine auf der Flucht vor den Nazis linke Gewerkschaftspolitik betrieben hatte, während der andere von Nazis eingesperrt wurde und sich mit den SS-Leuten arrangieren musste, hatten ihre Charakterunterschiede noch verstärkt. Das galt erst recht in ihrem Verhältnis zum Judentum. Während Philipp in Düsseldorf und in München schnell zu einem aktiven Mitglied der jeweiligen Gemeinde wurde, schrieb Walter seinem Bruder noch vor seiner Rückkehr nach Deutschland: »Du weißt, dass ich die Rabbinatskirche, deren technischer Organisation Du vorstehst, für eine soziologisch interessante, auf Tabu, Magie-Ersatz und Herrschwillen aufgebaute soziale Institution halte, deren Lehrgebäude von Anfang an wenig Ursprüngliches und sehr viel Fragwürdiges enthielt. Du weißt, dass ich schon als junger Mensch die notwendige Konsequenz zog und mich scharf distanzierte. Du weißt allerdings auch, dass ich die persönliche Überzeugung jedes echt religiösen Menschen genau so respektiere, wie ich meine Überzeugung respektiert sehen will.«[43]

Philipp hatte zu jenem Zeitpunkt gerade seinen Posten als Staatskommissar in der amerikanischen Besatzungszone angetreten, während Walter kurz darauf seine Tätigkeit als Vizepräsident des Zentralamtes für Arbeit in der britischen Besatzungszone in Lemgo begann. Es sollte der Beginn einer Karriere sein. Denn bereits zwei Jahre später wurde der Sozialdemokrat Walter Auerbach beamteter Staatssekretär im Ministerium für Arbeit, Aufbau und Gesundheit in Hannover – und zwanzig Jahre später Staatssekretär im Arbeitsministerium der ersten sozialliberalen Regierung in der Bundesrepublik unter Kanzler Willy Brandt.

Bemerkenswert ist, dass Walter Erfolg hatte, obwohl er mit dem Land und seinen Menschen fremdelte, während sein Bruder krachend scheiterte, obwohl er alles dafür tat, Teil dieser Gesellschaft zu sein. »Als ich nach Deutschland zurückkam«, notierte Walter Auerbach in seinem Tagebuch, »nach Jahren, in denen ich zu einer Art Beichtvater und Berater für viele Emigranten vieler Länder wurde, kam ich als Bote aus der Fremde. Ich bin nur wieder in Gesinnungsgemeinschaften wie DGB und SPD verwurzelt. Nur ganz wenige Freunde wurden gewonnen – die meisten halten ängstlich Distanz zum sozialpolitischen ›Kardinal‹. Und zu Theater und Konzert bin ich meist zu abgespannt.«[44]

Währenddessen versuchte sein Bruder Philipp, ihm und seiner Familie den Neubeginn erträglicher zu machen. Denn die Lebensverhältnisse in der britischen Besatzungszone waren selbst für einen höheren Beamten karg. Entsprechend überschwänglich bedankte sich Walter bei seinem Bruder: »Neben der nervenberuhigenden Mappe [für den Schulbesuch einer Tochter, HHK] haben uns übrige drei die Zwiebeln ganz besonders beeindruckt. Sie würzen seitdem viele Essen. Kurz hinterher kam dann das von Dir angekündigte Osterpaket. Die Stärkungsmittel sind ja erstaunlich zweckmäßig zusammengestellt. Sie wurden sofort für eventuelle Krankheitsfälle beiseitegelegt. Für gesunde Tage reichen die 900 Kalorien mit den inzwischen eingetrudelten CARE-Paketen. Bis sie kamen, waren die von Dir vermittelten Sendungen allerdings im buchstäblichen Sinne ein Rettungsanker gewesen.«[45]

Philipp Auerbach muss den Töchtern Walters wie der reiche Onkel aus dem Süden vorgekommen sein, der die Familie mit Lebensmitteln, Lesestoff und Möbeln für die neue Wohnung in Hannover versorgte. Darüber hinaus lud Philipp Auerbach sie ein, zur Erholung nach Bayern zu kommen. »Ich habe für Euch zwei Zimmer reserviert, d. h. ein Doppelzimmer für Euch und ein Doppelzimmer für die Gören. Dieses Haus steht mir zur Verfügung und ich kann dort alle einweisen, die im Rahmen der politisch Verfolgten liegen, wozu auch die Emigranten gehören. Verpflegen werdet Ihr Euch selbst bezw. Ihr werdet mir gestatten, Euch dabei zu assistieren.«[46] Und weil er um die Skrupel seines Bruders wusste, ein solches Angebot anzunehmen, setzte Philipp hinzu: »Meine juristische Abteilung hat mir ausdrücklich bestätigt, dass keinerlei Bedenken bestehen, dass Ihr hiervon Gebrauch macht. Ihr nehmt auch keinem die Erholungsmöglichkeit weg.« Auch das war typisch Philipp Auerbach: lösungsorientiert, hilfsbereit. Nur zeigte er bei seinem Bruder zusätzlich jene Umsicht, die er bei anderer Gelegenheit mitunter vermissen ließ.

Die Briefe zwischen den Mitgliedern der beiden Familien – das schließt auch die Ehefrauen Margit und Käte ein – sind freundlich und anteilnehmend. Und wo es nicht um Männerthemen ging – die drehten sich bei den Brüdern um die politische Situation allgemein und um die SPD im Besonderen –, atmeten sie vorsichtige Distanz, auf dass keiner dem anderen zu nahe käme oder ihm gar auf die Füße träte. Man musste bei Philipps Kontaktaufnahmen den Eindruck haben, dass er bei seinem intellektuellen Bruder nicht nur den Rat des Älteren suchte, sondern auch die Sicherheit einer Nähe anstrebte, wie sie ihm allein in familiären Beziehungen möglich schien. Ein Ansinnen, welches der linke Politiker Walter nur in Maßen teilte, denn es schien ihm zu gefühlsduselig, zu kleinbürgerlich, womöglich zu spießig. Zwar kannten beide das Empfinden des Fremdseins, Walter litt daran aber nicht so, dass er ihm zu entkommen suchte. Für ihn war diese emotionale Distanz, die ihn von anderen trennte, wohl weniger Ausdruck eines Unvermögens, eher eine Konsequenz seiner Kompromisslosigkeit im Kampf um die Dinge, die ihm wichtig erschienen.

Beide Brüder machten Karriere. Aber auch die ihren Positionen und Ämtern geschuldete Macht dürften sie unterschiedlich betrachtet haben. Soweit Philipp Auerbach ein Machtmensch war – und daran besteht kaum ein Zweifel –, muss ihn die erlittene Machtlosigkeit besonders geschmerzt haben. Macht, also die Möglichkeit zu bestimmen, trug ja nicht nur dazu bei, die Welt nach eigenem Gutdünken zu gestalten. Macht glich auch das Defizit aus, das einer empfand. Manche Energie – und Philipp Auerbach besaß lange Zeit viel davon – zog er daher wohl aus der Erfahrung, selbst unter schwierigsten Bedingungen nie komplett machtlos gewesen zu sein, nicht mal im Konzentrationslager, als er Tabletten für Durchfallkranke herstellte.

Sein Bruder Walter hatte eine solche Schwäche anscheinend nicht. Er besaß die Selbstgewissheit des Experten. Er war der Fachmann, dem keiner etwas vormachen konnte, der kein Rad schlagen oder sich bizarre Geschichten seiner eigenen Bedeutsamkeit ausdenken musste wie sein jüngerer Bruder. Darin bestand ein fundamentaler Unterschied, der eine Kluft zwischen den Brüdern aufriss. Sie sollte gegen Ende von Philipp Auerbachs Leben sichtbar werden. Je mehr Politiker versuchten, ihn ruhigzustellen oder loszuwerden; je deutlicher das Land, für das er sich entschieden und eingesetzt hatte, wieder zu Feindesland wurde; je größer die Zahl der Hassbriefe und je boshafter die Zeitungsberichte, umso mehr hätte Philipp jemanden gebraucht, der ihm zur Seite stand. Es sollte sich zeigen, dass er sich in diesem Punkt nur bedingt auf den Bruder verlassen konnte. Nicht genug angesichts der äußeren Attacken und der dunklen Gedanken, die ihn bald bedrängten.

KAPITEL 12

Dachau, April 1947

Für manch einen war der 11. April 1947 ein besonderer Tag. Wer sich für Stimmungen empfänglich zeigte, die vom Wetter abhingen, konnte ihn eine Woche nach Ostern und Pessach in dem Gefühl beginnen, dass ein ungewöhnlich eisiger Winter endlich zu Ende ging, in dem es an Kohle, Feuerholz und Essen gemangelt hatte. Bald würden auch die letzten Reste Schnee verschwunden sein. Wer so wie Philipp Auerbach und die anderen überlebenden Häftlinge des Konzentrationslagers Buchenwald auf den Tag genau zwei Jahre zuvor von amerikanischen Soldaten befreit worden war, fragte sich gespannt, was an diesem Freitag in Dachau beginnen würde, begab sich womöglich selbst dorthin oder verfolgte die Nachrichten im Radio. An diesem Tag eröffnete ein Militärgericht auf dem Gelände des ehemaligen Konzentrationslagers das Verfahren »United States of America vs. Josias Prince zu Waldeck et al.«. Insgesamt 31 Angeklagte hatten sich für ihre Verbrechen in Buchenwald zu verantworten, unter ihnen eine Frau, Ilse Koch, die Gattin des ehemaligen Lagerkommandanten. Beschuldigt grausamster Taten, mussten sie mit der Todesstrafe rechnen.[1]

Wo früher Nähmaschinen gestanden hatten und Häftlinge, wenn sie Uniformen der Wehrmacht und der SS für den Endsieg zuschneiden mussten, von Aufsehern mit Reitgerten traktiert worden waren, erhob sich nun die Richterbank; zu ihren Seiten standen die Tische von Anklägern und Verteidigern, die Stühle der Angeklagten und der diversen Dolmetscher. Das Verfahren fand im Schatten der Nürnberger Prozesse statt, die bereits ein halbes Jahr zuvor begonnen hatten. Der Rahmen in Dachau war schlichter, die Beschuldigten waren weniger bekannt, wenngleich bei Eingeweihten nicht weniger gefürchtet als die Prominenz des Dritten Reichs, über die weiter im Norden gerichtet wurde.

Die Entscheidung, das ehemalige KZ Dachau als Ort dieser Gerichtsverhandlung zu wählen, hatte verschiedene Gründe. Die Räume waren groß genug, um neben den vielen Prozessbeteiligten und ihren Zuarbeitern auch noch Zuschauern Platz zu bieten. Hier funktionierten Abwassersystem und Heizung. Man konnte alle angereisten Zeugen unterbringen. Und man zog die Angeklagten an einem Tatort zur Rechenschaft, der nun in der amerikanischen Besatzungszone lag.[2] An einem ähnlichen Ort, jetzt jedoch unter der Kontrolle der Sowjetunion, hatten sie schlimmste Verbrechen begangen. Wie in Buchenwald erinnerte auch in Dachau alles noch immer an die jüngste Vergangenheit.

Die amerikanischen Befreier waren im Frühjahr 1945 von den Waggons voller Toter, den Stockbetten voller Verhungernder, vom Verwesungsgeruch wie vom Gestank menschlicher Ausscheidungen so entsetzt gewesen, dass einige von ihnen SS-Wachen erschossen, als diese sich bereits ergeben hatten.[3] Noch immer fand man unter den Befreiern nicht wenige, die kurzen Prozess mit den Tätern für die einzig richtige Reaktion hielten. Stattdessen waren in Dachau nun Juristen am Werk, Ankläger und Richter in Diensten des Militärs, um ein rechtsstaatliches Verfahren nach amerikanischem Vorbild zu beginnen. Das auf dem Gelände eines Konzentrationslagers zu tun, sollte die Angeklagten an ihre Taten erinnern. Allerdings mutete man damit den als Zeugen geladenen ehemaligen Häftlingen zu, das Tor mit der Eisenschrift »Arbeit macht frei« noch einmal zu passieren. Nicht weit entfernt sahen sie die Baracken, auf deren Holzpritschen Tausende vergebens auf den Augenblick der Befreiung gewartet hatten.

Philipp Auerbach trat als erster Zeuge der Anklage auf, um über die Schrecken von Buchenwald zu berichten.[4] Er war einer von 62 früheren Häftlingen und hatte sich einen Platz auf den Zuschauerbänken gesichert, um bis zum Urteilsspruch möglichst oft vor Ort zu sein, sofern es seine Arbeit erlaubte. Seit der Ankunft in München im September 1946 hatte er viel dafür getan, dass dieses und 24 weitere Buchenwald-Verfahren zustande kommen konnten. Nazis und Judenmörder zur Verantwortung zu ziehen war ihm so kurz nach dem Krieg nicht bloß moralisches Anliegen oder persönliches Bedürfnis, es war eine logistische Herausforderung für ihn wie für die Ankläger. Tonnen von ungeordneten Dokumenten, soweit sie nicht zerstört waren, zu sichten und vorzubereiten, stand dabei ganz am Anfang. Die »7708 War Crimes Group« der US-Army hatte schon vor Ende des Krieges begonnen, überall in Europa Todeslisten, Einsatzbefehle, Protokolle, Memoranden, Konstruktionspläne, Personalakten, Tagebücher und Geheimdossiers zusammenzutragen und die Insassen der diversen Lager gleich nach ihrer Befreiung für Hunderte von Augenzeugenberichten zu treffen.[5]

Im Durcheinander des zerstörten Kontinents, der schlechten Verkehrsmittel, der unzuverlässigen Post, der provisorischen Unterkünfte für Ausgebombte und Vertriebene war es kompliziert und oft unmöglich, jene Zeugen aufzutreiben, die den US-Verhörbeamten bereits im Frühjahr 1945 ihre Erlebnisse zu Protokoll gegeben hatten. Manche waren kurz nach der Befreiung an den Strapazen der Haft gestorben, andere inzwischen in ihre Heimat zurückgekehrt, hatten irgendwo bei Familie oder Freunden Unterschlupf gefunden oder waren ausgewandert. Manche hatten den Verstand verloren, verfolgt von nur noch eingebildeten Dämonen, verstummt im Angesicht der wiederkehrenden Erinnerungen. Andere sannen so sehr auf Rache, dass ihnen die Details von Verfolgung und Folter durcheinandergeraten waren. Als Zeugen taugten sie kaum. Aber selbst um das herauszufinden, musste man sie erst einmal finden. Überall schwärmten die Mitglieder der War Crimes Group aus, knüpften Kontakte zu anderen Einheiten in den Zonen der Alliierten und in Westeuropa, bettelten bei den sowjetischen Kollegen im Osten und ihren Statthaltern in Österreich um Aussage- und Reisegenehmigungen. Der Chefankläger William Denson hatte sogar eine DC-3 zu seiner Verfügung, um Zeugen auszufliegen.[6]

Von denen lebten die meisten in DP-Lagern. Neben den amerikanischen Hilfsorganisationen kannte sich dort keiner so gut aus wie Philipp Auerbach und seine Leute. Dieses Wissen für den Prozess zu nutzen, sah Auerbach als seine Aufgabe an. Er stellte sich daher selbst als Zeuge der Anklage zur Verfügung, um bald darauf

Philipp Auerbach am 27. Februar 1948 als Zeuge im sogenannten Wilhelmstraßen-Prozess. Dort mussten sich die Mitglieder des Auswärtigen Amtes vor alliierten Richtern für ihre Beteiligung an Kriegsverbrechen des Dritten Reichs verantworten.

auch in den beginnenden Verfahren gegen die Manager der I. G. Farben und im sogenannten Wilhelmstraßen-Prozess gegen das diplomatische Establishment des Nazi-Regimes auszusagen. Zuvor fand er in den für die DPs requirierten Wohnungen und in den Lagern der amerikanischen Zone Überlebende aus Buchenwald, die ebenfalls zu einer Aussage im Dachauer Prozess bereit waren. Er sammelte sie in München ein und ließ sie mit den Trucks der US-Army nach Dachau transportieren. Rolf Kralovitz, dem Auerbach eine Zuzugsgenehmigung in München verschafft hatte, war einer von ihnen.

»Da saßen wir in der sogenannten Kinohalle auf den Bänken und auf der Bühne stand ein Untersuchungsbeamter«, erinnerte sich Kralovitz fast fünfzig Jahre später. »Ein Amerikaner, Kirschbaum, ließ einen SS-Mann nach dem anderen einzeln auf die Bühne. Die mussten sagen, was sie waren und wann sie in Buchenwald waren. Und dann habe ich einen erkannt … Unterscharführer Hoffmann.

Gegen den habe ich dann ausgesagt in dem Prozess. Andere Zeugen haben ebenfalls ausgesagt, dass er Leute totgeschlagen hat.« Tatsächlich handelte es sich um Oberscharführer Alfred Andreas Hofmann, Kommandoführer im KZ-Außenlager Sonneberg bei Buchenwald. Er wurde später in einem Folgeverfahren zu fünf Jahren Gefängnis verurteilt. »Mehr hat der Staatsanwalt nicht beweisen können«, sagte Kralovitz dazu. »Nur was bewiesen werden konnte, galt, das andere nicht. Das hat uns damals sehr gewundert, aber so war es.«[7]

Die Gegenüberstellung von Tätern und Opfern war ein bizarres Schauspiel. Ein Verdächtiger nach dem anderen trat auf die Bühne und gab in dürren Worten seine Personalien und seine Einsatzorte an. In den Reihen unten saßen die herangekarrten Zeugen, die von amerikanischen Ermittlern befragt wurden. Da oben die Männer in Gefängniskluft, einst Herrscher über Leben und Tod, einst schneidend und laut, nun kleinlaut und nicht immer deutlich zu verstehen. Da unten die Menschen im Anzug statt in der blau-weiß gestreiften Häftlingskluft, nun bestimmt und klar statt unsicher und ängstlich, zuversichtlich oder gar freudig erregt statt niedergeschlagen und aus Vorsicht unterwürfig. Die Welt der Nazis schien wahrlich untergegangen zu sein. Wer sich in der Mitte der Bühne dem Zuschauerraum zuwandte, wurde mit Scheinwerfern angestrahlt, während die im Parkett aus dem Dunkeln auf jene zeigten, die sie erkannt hatten, um gleich davon zu berichten, was diese Männer ihnen oder ihren Mithäftlingen angetan hatten. Die Angeklagten empfanden diese Vorführung als billige Inszenierung, den Zeugen gewährte sie Distanz und Schutz, verfolgten SS-Soldaten manch einen von ihnen doch auch jetzt noch bis tief in den Schlaf.

Bisweilen brach aus den Zeugen heraus, was sie bis zur Begegnung mit ihren Peinigern in diesem Saal mit sich herumgetragen hatten. Eine solche Szene schildert der ehemalige Buchenwald-Häftling Josef Ackermann in seinem Bericht von dem Prozess: »Wieder tritt ein ehemaliger Blockführer vor das Rampenlicht. Ein vielstimmiger, erregter Ausruf geht durch das Parkett: ›Das ist der Rottenführer, der die Häftlinge in die Postenkette gejagt hat!‹ Frech, arrogant-spöttisch und mit scheinbarer Selbstsicherheit erklärt der

Mann auf der Bühne: ›Das ist nicht wahr. Ich habe überhaupt mit den Häftlingen gar nichts zu tun gehabt!‹ Ein gequälter Aufschrei aus den Zuhörern: ›Rottenführer! Am 13. August 1944 haben Sie mich in die Postenkette gejagt! Sie müssen sich erinnern. Ich bin auf die Knie vor Ihnen gefallen und habe Sie weinend angefleht. Bitte, nicht in die Postenkette, lassen Sie mich leben! Und Sie haben höhnisch zu mir gesagt: »Junge, jetzt kommst du zu Jehova! Es tut gar nicht weh: Piff-paff-bumm und dann bist du hin!«.[8]

Das Wiedersehen mit den SS-Leuten ein paar Wochen später vor Gericht war eine noch größere Herausforderung. Da saßen die Angeklagten in mehreren Reihen hintereinander, Männer meist mittleren Alters, ohne Uniform und ohne jede Regung, während in der Mitte des Saales ein Zeuge nach dem anderen auftrat, dann sein Hosenbein hochschob, um die Narben von Misshandlungen zu zeigen, um von den Genickschüssen des Kommandos 99 für russische Kriegsgefangene durch ein Loch in der Wand zu berichten, während aus den Lautsprechern Musik dröhnte[9], oder von den medizinischen Versuchen an Häftlingen mit Typhus-Erregern. Eine Zeugin bestätigte, dass der dem Gericht als Beweisobjekt präsentierte Schrumpfkopf tatsächlich einst der Kopf eines Häftlings gewesen war. Diverse Zeugen, darunter der ehemalige Buchenwald-Gefangene Eugen Kogon, sprachen über das große Interesse einiger SS-Leute und Ilse Kochs an den Tätowierungen von Gefangenen. Die Männer mit den schönsten Tattoos wurden getötet, und man zog ihnen die Haut ab für eine Sammlung der prächtigsten Exemplare. Gelegentlich, so die Aussagen zweier ehemaliger Häftlinge, seien daraus sogar Lampenschirme und Handtaschen produziert worden.[10]

Wenn die Überlebenden von ihren Erfahrungen berichteten, sprachen sie oft so sachlich, als hätten sie an einem ungeheuren wissenschaftlichen Experiment teilgenommen, während sich über den Saal eine Stille legte, als wäre die Welt in diesen Augenblicken zum Stehen gekommen. Die Schreckensberichte dürften für manchen Zuschauer kaum erträglich gewesen sein und weckten selbst beim Chefankläger Denson Zweifel, ob das Gericht die detaillierten Schilderungen unwahrscheinlichster Grausamkeiten hinreichend glaubwürdig finden würde. Ihre Wucht prallte auf eine Phalanx aus Schweigen und Verweigerung auf der Anklagebank. Wenn diese Männer oder ihre Verteidiger sich schließlich doch äußerten, schienen sie an kollektivem Gedächtnisverlust zu leiden, oder sie machten Aussagen, die klangen, als wären sie abgesprochen: Sie hätten keine Ahnung, seien nicht dabei gewesen oder hätten halt Befehle ausgeführt. Hatte der ein oder andere von ihnen in den frühen Vernehmungen durch die amerikanischen Soldaten noch damit geprahlt, zu welchen Schreckenstaten er fähig gewesen war, so die Wahrnehmung des Chefanklägers Denson, hatten Verhöre und Gefangenschaft ihnen dann sehr wohl bewusst gemacht, dass die Amerikaner nicht nur ein Spiel trieben. Und doch konnte selbst dieser in Harvard ausgebildete Jurist kaum fassen, was vor seinen Augen geschah. Das Unverständnis der Angeklagten für die Empörung der amerikanischen Ankläger, die Unfähigkeit des Mitempfindens bei den Schilderungen der Augenzeugen, die kalte Arroganz der Initiatoren wissenschaftlicher Menschenversuche – das Auftreten der Täter im Buchenwald-Prozess sollte William Denson noch Jahre später zu der Bemerkung veranlassen: »Das Wort Reue scheint es im Deutschen nicht zu geben.«[11]

Mochte das Drama im Gerichtssaal von Dachau noch so groß sein, es spielte in der Welt draußen keine besondere Rolle. Wer etwa die in New York erscheinende jüdisch-deutsche Wochenzeitung *Aufbau* las, fand darin keine ausführlichen Schilderungen der Zeugenaussagen. Womöglich verzichtete man darauf, weil sie den Lesern nur zu bekannt waren, häufig aus eigenem Erleben. Mehr Platz als der Prozessalltag in Bayern erhielten dort lange, von Woche zu Woche aktualisierte Listen der »genauen Daten über den Tod deutscher, österreichischer und tschechoslowakischer Juden in Dachau«[12], die Aufstellungen geraubten Vermögens und der Streit um Palästina und die Gründung Israels. Doch auch die deutschen Zeitungen hielten sich bemerkenswert zurück. Für sie gab es ebenfalls Wichtigeres. Einige stürzten sich allerdings auf Ilse Koch, die »Hexe von Buchenwald«. Vermutlich fiel es leichter, die perfidesten Varianten der Vernichtung entweder gleich für erfunden zu halten oder als

Ausdruck einer irgendwie kranken Gesinnung zu sehen, mit der ein richtiger Deutscher nichts zu tun hatte. Als mindestens so interessant wie die Schreckensschilderungen galten die Aussagen von Zeugen, wonach die kommunistische Elite der Buchenwald-Häftlinge angebliche Spitzel nachts mit Decken ersticken ließ und am nächsten Morgen einen Selbstmord meldete: Offenbar waren nicht nur Unschuldslämmer im KZ gelandet.[13]

Die Berichterstattung wirkte so, als wollten viele Journalisten ihre Leser nicht mehr als nötig damit behelligen, genau zu erfahren, wovon sie zuvor angeblich keinen blassen Schimmer hatten. Anfangs war Philipp Auerbach noch zuversichtlich gewesen, dass der Prozess mit der Legendenbildung Schluss mache, in den Konzentrationslagern sei es nicht so schlimm zugegangen und die Horrorberichte der politisch Verfolgten seien reine Propaganda. Vier Monate später kam er in einem Rechenschaftsbericht zu einem anderen Schluss über die deutsche Gesellschaft: »Sie ist noch weit davon entfernt, daran zu glauben, dass wirklich ein Lampenschirm aus Menschenhaut, ein Bucheinband, ein Lesezeichen, eine Handtasche aus Menschenhaut dazu dienen sollte, um die perversen Triebe einer SS-Frau zu befriedigen. Wir sind uns darüber einig, dass die Volksstimmung für politisch und rassisch Verfolgte nicht günstig ist. Wir wissen, dass in einer Zeit, in der Menschen zwischen Trümmern hausen, auf schmale Ration gesetzt, mit täglichen Sorgen kämpfend, der Neid auch für scheinbare Vorteile Gesetz des Hasses wird.«[14]

Tatsächlich sollte es nicht lange dauern, bis etwa Robert Fellmann in der *Aktuellen Bilderzeitung* aus Düsseldorf in einem »Bericht aus authentischen Quellen« behauptete, »eine sehr große Anzahl der Dachauer Schuldsprüche beruht auf Beweismaterial, das den an eine wirklich objektive Wahrheitserforschung zu stellenden Ansprüchen nicht entspricht«. Aus Fellmanns Perspektive bedienten sich die Ermittler »dazu in erster Linie der ehemaligen KZ-Häftlinge und ihrer Vergeltungsinstinkte gegenüber ihren früheren Bewachern«. Und er fuhr fort: »Eine große Anzahl dieser ehemaligen KZ-Häftlinge war in Dachau zusammengezogen. Sie wurden gut untergebracht, erhielten Tagegelder, die gleiche Verpflegung wie amerikanische Offiziere und wurden reichlich mit amerikanischen Waren, vor allem Zigaretten und Alkohol, versorgt. (…) Später, während des ganzen Jahres 1947, wurden Unterbringung und Versorgung der Zeugen wesentlich schlechter, insbesondere wurde Essen nur noch gegen Marken verabreicht. Allerdings sprang hier der Staatskommissar für die politischen und rassisch Verfolgten in Bayern, Dr. Philipp Auerbach ein, der den Belastungszeugen Zusatzkarten zur Aufbesserung ihrer Verpflegung verabreichen ließ.« Fellmann schrieb von »Berufszeugen«, die US-Militärjuristen hätten sich »einen Stamm« von ihnen herangezogen, die wussten, worauf es den Anklägern ankam.[15]

Zwar hatten die Ermittler keineswegs nur Belastungszeugen gefunden, sondern auch Häftlinge, die Entlastendes zu berichten wussten. Und diese Zeugen der Verteidigung wurden nach den Beobachtungen des Buchenwald-Häftlings Josef Ackermann, weil kleiner an Zahl, besser untergebracht und verpflegt als die aus aller Welt herbeigeholten Zeugen der Anklage. Letztere schliefen dicht nebeneinander in einem mit Feldbetten vollgestellten Haus, eine Art zweite Internierung im Dienste der Gerechtigkeit. Dennoch kam das Ganze vielen wie »Siegerjustiz« vor. Die jüdischen Zeugen habe man demnach gekauft, falls sie nicht von Natur aus Lügner waren. So konnte man sich eines Themas auch entledigen.

Die frühen Prozesse gegen die Kriegsverbrecher des Dritten Reichs konnten bereits Zweifel daran wecken, dass die Deutschen ihrer Verantwortung gerecht werden würden. Umso bemerkenswerter erscheint Philipp Auerbachs Entschluss, sich davon nicht beirren zu lassen. Zumindest noch nicht. Während etwa der Korrespondent des *Aufbau* schon vor dem Ende der Dachauer Prozesse und der Kritik daran vor einer »Pogrom-Stimmung in Deutschland« warnte[16] und ein anderer Mitarbeiter der Zeitung, Wilfred C. Hulse, die Haltung von Bayerns Politikern mit der Bemerkung kritisierte: »Die Herrschaften gehen mit sich selbst sehr milde um«[17], entgegnete Auerbach seinerseits im *Aufbau:* »Gewiss ist in Bayern in vielen Sparten der Verwaltung die Reaktion noch zuhause. Aber eines darf ich der Welt sagen: Kein Land in Deutschland hat für die rassisch, religiös und politisch Verfolgten so viel Verständnis aufgebracht wie Bayern. Das ist selbst in den höchsten Stellen der Militärregierung bekannt und anerkannt worden, dass nirgends finanziell, ernährungsmäßig, kleidungsmäßig und in Erholungsheimen so gearbeitet wird wie bei uns.« Natürlich war Auerbach selbstbewusst genug, das Verdienst daran seiner Arbeit als Staatskommissar zuzuschreiben, aber er erwähnte auch den Ministerpräsidenten, den Innen- und den Justizminister des Freistaates: »Niemals hätte ich so arbeiten können, wenn diese nicht so viel Verständnis für unsere Belange hätten, wie sie es tatsächlich unter Beweis stellten.«[18]

Zum Entsetzen des *Aufbau*-Journalisten Hulse ging Auerbach zu jener Zeit sogar noch weiter. »Mit Schamröte liest man, dass der bayerische Judenkommissar Dr. Philipp Auerbach seine Glaubensgenossen ermahnt, sich größter Zurückhaltung im Verkehr mit der deutschen Bevölkerung zu befleißigen. (...) Während ich das lese, erscheint vor meinem geistigen Auge wieder das Bild der 50- und 60-jährigen jüdischen Professoren, im Laufschritt um einen engen Kreis jagend, verfolgt von SA-Leuten mit Knüppeln unter Schreien, dass die verdammten Juden lernen müssten, was deutsche Disziplin ist (...). Die, die nicht Antisemiten waren, könnten es nun auch noch werden. Seid freundlich zu ihnen, bescheiden und ordentlich – so wünschen es die Bayern! Seid ihr es nicht, so werdet ihr Unannehmlichkeiten haben, sagt der Herr Judenkommissar!«[19]

Tatsächlich äußerte Auerbach immer wieder seine Sorge, die DPs könnten durch ihr Auftreten dem Antisemitismus neue Nahrung geben. Darin schwang wohl der Vorbehalt vieler deutscher Juden gegenüber den osteuropäischen Glaubensbrüdern mit, die nun auch in die sich gerade wieder bildenden Gemeinden drängten und diese damit veränderten. Es waren so viele, und sie waren so anders. Allerorten stritten sich die Repräsentanten der diversen Gruppen heftig darüber, ob man den Dazugekommenen dieselben Rechte zugestehen sollte wie jenen, die schon vorher im Lande gewesen waren. Die deutschen Juden wollten sich von einer Mehrheit aus Osteuropa weder die Form des Gottesdienstes noch des Gemeindelebens, ja des gottgefälligen Lebens überhaupt vorschreiben lassen.

Da waren aber auch noch Philipp Auerbachs Erfahrungen in der eigenen Behörde. Immer wieder stritten er und seine Mitarbeiter mit Besuchern, die falsche Angaben machten, um höhere Kredite oder Wiedergutmachungszahlungen zu erhalten. Und bei der Suche nach Zeugen für die Kriegsverbrecher-Prozesse tauchten Leute auf, die zu jeder Aussage bereit schienen, solange sich ihre Lage dadurch verbesserte. So erhielt Auerbach etwa bei der Vorbereitung des Mauthausen-Prozesses, der ebenfalls in Dachau verhandelt wurde, einerseits den Brief eines ehemaligen Häftlings des österreichischen KZ, in dem dieser seine Mitarbeit ablehnte: »Ich betreibe hier ein kleines Fuhrgeschäft und führe einen derart schweren und harten Existenzkampf, dass ich es mir nicht leisten kann, etwa zwei Wochen lang meinem Geschäft fernzubleiben (…). Ich wurde zuerst von den Hitlerbanden ausgeplündert, dann plünderten Russen und Polen meine Wohnung vollkommen aus, und jetzt wurde nur mein Personenwagen auch beschlagnahmt und der Militärregierung übergeben. Jeder Ersatz wurde abgelehnt, sodass ich jetzt sagen kann, ich bin nun als Kzler-Ausbeutungsobjekt zum dritten Mal geplündert worden. Ich habe nun an einer Bestrafung dieser Plünderer kein Interesse mehr. Die Zustellungsurkunde sende ich hiermit zurück. Hochachtungsvoll, Hugo Gasch.«[20]

Andererseits beschwerte sich ein US-Offizier der Mauthausen Sub-Section bei Auerbach darüber, dass DPs, obwohl sie sich als Zeugen nicht zur Verfügung stellen wollten, weiterhin diverse Privilegien in Anspruch nahmen, bessere Versorgung mit Nahrungsmitteln etwa. Zur selben Zeit wies ihn ein anderer Offizier derselben US-Einheit darauf hin, dass sich auf der Liste von Aussagewilligen offenbar Personen mit falschen Namen befanden. Bei Zeugin Nummer 22 etwa handelte es sich nicht um Else Müller, sondern um Else Hocker. Die wiederum war die »ehemalige Sekretärin des SS-Obergruppenführers Stroop« und wollte mit der Einladung zur Aussage entweder ihrem alten Chef oder sich selbst etwas Gutes tun.[21] Und um die Sache noch weiter zu verkomplizieren, erhielt Auerbach Briefe von Leuten, die sich dafür einsetzten, dass ihre Bekannten ehrenwerte Menschen gewesen seien, darum zu Unrecht vor amerikanischen Militärgerichten landeten und gar von Hinrichtung bedroht würden wie im Fall des ehemaligen Henkel-Managers Dr. Kurt Goebell.[22] Solche Ehrenerklärungen mochten im Einzelnen fragwürdig oder schwer nachprüfbar sein. Sogar der Vorsitzende der SPD in Deutschland, Kurt Schumacher, verwandte sich bei Auerbach dafür, einen Mann aus dem Gefängnis der US-Militärs zu befreien.[23]

In solcher Lage die Übersicht zu behalten, war schwierig genug. Kontroverse Entscheidungen zu treffen oder Empfehlungen auszusprechen und bisweilen eigenwillige Meinungen zu vertreten, ließ sich da kaum vermeiden. Das alles entsprach mindestens so sehr dem Charakter jener Jahre wie der Persönlichkeit Auerbachs. Dabei verlor er die Interessen der ihm Anvertrauten keineswegs aus dem Blick. Er stritt sich dafür nicht bloß mit Militärregierung und bayerischen Ministerien, redete unablässig von den moralischen Pflichten der Wiedergutmachung bei seinen Auftritten und unterbreitete Vorschläge für praktische Lösungen. Er demonstrierte darüber hinaus auch aller Welt, auf wessen Seite er stand. So erinnerte sich Friedrich Glum, der ehemalige Präsident der Kaiser-Wilhelm-Gesellschaft und spätere CSU-Beamte in der Bayerischen Staatskanzlei, in seinen Memoiren: »Eines Tages, als ich dort an meinem Schreibtisch saß, hörte ich einen großen Lärm auf der Straße. Ich ging ans Fenster und sah dort die ganze Straße angefüllt mit einer laut schreienden Truppe marschierender Männer in Shorts, weißen Hemden und hellblauen Krawatten mit erhobenem Arm. Ihnen wurden Spruchbänder vorangetragen. An der Spitze und am Schluss begleitete sie ein amerikanischer Tank. Es waren polnische Juden, displaced persons, die zum amerikanischen Generalkonsulat zogen, um dort vor dem darin untergebrachten britischen Konsulat gegen die Erschießung von jüdischen Terroristen in Palästina zu protestieren. (…) Der Aufzug erinnerte stark an die Zeit, als in der Weimarer Republik die Nazis Uniformverbot hatten und auch im Hemd und mit erhobener Hand demonstrierten. Das Merkwürdige aber war, dass an der Spitze ein bayerischer Beamter marschierte, der bayerische Staatskommissar für die Betreuung der Juden Auerbach, eine damals mächtige Persönlichkeit, vor dem die Beamten ebenso Angst hatten wie seinerzeit vor einem nationalsozialistischen Gauleiter.«[24]

Und auch als die *Exodus,* ein Schiff mit 4500 jüdischen Auswanderern, die meisten von ihnen Überlebende der Nazi-Gräuel, im Juli 1947 von der britischen Marine bei der Einfahrt in den Hafen von Haifa aufgebracht und die Passagiere, statt in Palästina zu landen, ausgerechnet nach Deutschland zurückgeschickt wurden, um sie danach in ein Lager der Briten bei Lübeck zu schaffen – auch da ließ es sich Auerbach nicht nehmen, für die Sache der DPs und Auswanderer einzutreten. Überall auf der Welt kam es zu Protesten. Der Buchenwald-Prozess lief noch, als der Staatskommissar Auerbach an der Spitze des Demonstrationszuges durch die Münchner Innenstadt zum Rathaus marschierte, obwohl ihm persönlich an Emigration nicht gelegen war.[25]

Noch ein anderes Thema hatte Auerbach sich vorgenommen, und auch das sollte ihm bald Probleme bereiten. Jüdische Friedhöfe waren nicht nur bis 1945 durch Schmierereien und das Umstürzen von Grabsteinen geschändet oder komplett zerstört worden. Selbst danach, bis Ende der vierziger Jahre, wurde die Hälfte der etwa 400 Friedhöfe in Deutschland noch einmal Gegenstand antisemitischer Aggression.[26] Philipp Auerbach hielt diese Aktionen nicht für die Taten einzelner Judenhasser, er vermutete dahinter eine Organisation, zumindest aber eine gewisse Koordination: einen Versuch alter Kameraden, so kurz nach Ende des Nationalsozialismus herauszufinden, wie weit man schon wieder gehen dürfe. So machte er es sich zur Aufgabe, die Täter zu fassen. Genauso wichtig war es ihm aber auch, die Ehre der Toten wiederherzustellen. Also nutzte er sein Amt und beauftragte Architekten und Bauherren, die Friedhöfe wieder in Ordnung zu bringen. Das tat er auf für ihn typische Weise. Er entschied mit seinen Mitarbeitern über Art und Umfang solcher Reparaturen, sie verhandelten über die Kosten und stritten anschließend mit Ministerien und lokalen Behörden, wer was dafür zu bezahlen habe. Darüber hinaus hatte sich Auerbach noch etwas anderes ausgedacht: Wer nach dem Krieg einen lukrativen Auftrag von ihm erhielt, wurde angehalten, einen kleinen Teil seines Honorars zu spenden, ähnlich den Gebühren, die seine Mitarbeiter bei den Abschlagszahlungen für Wiedergutmachung in Rechnung stellten.

Diese Beträge landeten auf einem Konto der Auerbach-Behörde, eine Art Handgeld zur besonderen Verfügung des Amtsleiters. Der bezahlte damit Überstunden, gewährte Gratifikationen und Zuschüsse für seine Mitarbeiter, nutzte es, um Bedürftigen bisweilen auch ohne detaillierte Anträge zu helfen. Eine solche Art von Reptilienfonds widersprach den Gepflogenheiten deutschen Behördendaseins, zumal der Chef nach Gutdünken über ihn verfügte. Typisch Auerbach war daran nicht nur die Selbstverständlichkeit, mit der er dieses Geld ausgab, sondern mindestens genauso die nachlässige Buchführung. Auch wenn es keinerlei Hinweise darauf gab, dass er dieses Schwarzgeld jemals nutzte, um sich sein Leben zu verschönern, ließen sich später weder Herkunft noch Ausgaben des Geldes genau nachvollziehen. Das machte ihn verdächtig, und seine Rechtfertigung war mindestens so selbstherrlich wie angreifbar: Jemand wie er, der »6 Jahre im Konzentrationslager das schlimmste Elend mit angesehen hat und heute Kameraden vor sich sieht, die in bitterster Not und Verzweiflung sind und noch nichts oder fast nichts bekommen haben für die Strapazen, die sie mitgemacht haben«, der müsse »den Mut zur Verantwortung haben, mit einem 50-Mark-Schein auch dann zu helfen, wenn Menschenleben in Gefahr sind, auch wenn es die gesetzlichen Bestimmungen nicht vorgesehen haben«.[27]

Nicht nur um die Friedhöfe sorgte sich Auerbach, sondern auch um die Totenruhe der großen Zahl von Ermordeten oder Umgekommenen, die nicht ordentlich oder gar nicht bestattet worden waren. Fußgänger oder spielende Kinder stießen in Gräben am Straßenrand immer wieder auf Knochen, Schädel und Kleidungsreste. Noch kurz vor Ende der Kampfhandlungen, bei der Flucht oder der Deportation aus einem Konzentrationslager in die Alpen hatten diese Menschen ihr Leben gelassen. Darüber hinaus fand man bis dahin unbekannte Massengräber, die an die Dimension der nationalsozialistischen Tötungsmaschinerie erinnerten, wie etwa auf dem

Leitenberg bei Dachau. Dort hatte man die sterblichen Überreste von mehr als 6000 Menschen verscharrt. Sich darum zu kümmern und möglichst jedem Toten eine letzte Ruhestätte zu geben, war für Auerbach Teil der Wiedergutmachung an den Opfern des Nationalsozialismus.[28] Sich gegen die Schändungen von Gräbern zu wehren und sogar aus dem Etat des Entschädigungsamtes Belohnungen auszusetzen, um die Täter zu fangen, war der Versuch, sich den alten wie den neuen Nazis entgegenzustellen. »Dieser Wind, der im Jahre 1948 über unser Land weht, hat einen salzigen Beigeschmack, und dieser Wind war es, der die Steine der jüdischen Friedhöfe umstieß, der es fertig brachte, Friedhofsschändungen in nicht geahnter Form drei Jahre nach dem Ende des Hitlerstaates in die Tat umzusetzen«, schrieb Auerbach im Juni 1948 in einem Artikel. »Vom Winde verweht seid ihr 11 Millionen Tote der deutschen Konzentrationslager, und dieser Wind, der nunmehr über Bayern geht, soll euch in Vergessenheit geraten lassen. Aber wir werden euch nicht vergessen.«[29] Er spürte offenbar, wie sich die Stimmung in Deutschland änderte.

Es fällt schwer zu bestimmen, wann Philipp Auerbach Zweifel kamen – nicht am Sinn der Hilfe für die Überlebenden, sondern an dem Land, zu dem er sich weiter bekannte. Vermutlich verbot er sich lange solche Gedanken genauso wie Gefühle von Unsicherheit und Enttäuschung. So weit seine Kraft reichte, wandelte er Widrigkeiten in Wut um, ätzte in Briefen, tobte in Besprechungen, badete in der Aufmerksamkeit, die man ihm gewährte, und betäubte sich mit dem Pathos seiner eigenen Worte bei öffentlichen Auftritten. Er war klug, aber wohl nicht gefestigt genug, sich der deutschen Nachkriegswirklichkeit voll und ganz zu stellen.

Im Laufe des Jahres 1948, mit dem Aufschwung nach der Währungsreform und dem neuen Selbstbewusstsein der Deutschen, wurde es für Auerbach offenbar immer schwerer, die Abgründe zu ignorieren. Die Attacken auf ihn häuften sich. Er erhielt Drohbriefe und wurde, in den Worten seines Biographen Hannes Ludyga, zum »Zentrum zahlreicher antisemitischer Projektionen«.[30] Ihn erreichten anonyme Schreiben wie jenes, das mit der Anrede begann »Dr. Auerbach, Mitglied der israelischen Weltregierung«. Darin hieß es:

»Warum haben Ihre Vorfahren Christus kreuzigen lassen und warum haben Ihre Rassegenossen den Graf Bernadotte erschossen?« Ein Mann namens Gotthold Richter hatte bereits eine Weile zuvor geschrieben: »Einer Pressenotiz entnehme ich, dass Sie die bayerische Regierung aufgefordert haben, tatkräftige Maßnahmen gegen den Antisemitismus in Bayern zu ergreifen. Ich frage Sie hiermit: Was geht Sie das an? Und weiter: Was hat Antisemitismus mit Politik zu tun? (...) Es bedarf der bekannten echt jiddischen Chutzbe (sic!), wenn auch Sie jetzt Ihr Amt als Staatskommissar für politisch Verfolgte des Nazi-Regimes dazu benutzen, um unter dieser Firma sich und ihre rasselosen Genossen vor berechtigter Ablehnung zu schützen. Antisemitismus ist nicht der Ausdruck von Rassenhass, sondern von Rassenliebe. Er ist der Ausdruck eines biologischen Reinlichkeitsbestrebens der artbewussten Völker und daher heute mehr denn je eine internationale Erscheinung (...). Ich selbst habe jahrelang unter dem Naziregime in politischer Haft gesessen und lege nunmehr schärfste Verwahrung dagegen ein, dass sich jetzt die Hebräer unter dem Deckmantel der politisch Verfolgten der allzu berechtigten Ablehnung zu entziehen versuchen.«[31] Selbst jemand wie der bayerische Justizminister Josef Müller bezeichnete zu jener Zeit DP-Lager, für die Auerbach sich einsetzte, als »Oasen und Asyle, wo Verbrecher hinflüchten und ihre Taten verwischen können«.[32]

Zunächst, kurz nach Kriegsende, hatte es ja noch so ausgesehen, als hätten die Bombardements von Wohnvierteln wie Industriegebieten nicht allein ganze Landstriche zerstört, sondern die darin hausende Bevölkerung narkotisiert. Jede Phosphorbombe, jeder abgeworfene Brandbeschleuniger hatte den Unterschied zwischen Tätern und Opfern eingeäschert. Dumpf wirkten die in den Trümmern nach ihrer Habe Suchenden auch in ihrer Haltung gegenüber den Überlebenden der Lager. Die waren zugleich ein ständiges Ärgernis, weil der lebendige Beweis für das Verbrechen, an dem nun mal nicht nur ein paar Großkopferte beteiligt gewesen waren, sondern ein Heer von Allerweltsbürgern, unterstützt von einer Armee aus Antisemiten, Sadisten und Eilfertigen.

Das Alte hatte mächtige Aufpasser. Und sie wachten überall – in den Amtsstuben und Gerichtssälen, in den Kanzleien und Redaktionen, in den Hörsälen und Klassenräumen, in den Kirchen und Vereinshäusern. An den wenigsten Orten wagten sie es, sich offen zu erkennen zu geben. Sie bevorzugten den Dunst der Stammtische, den Nebel des Leserbriefs ohne Absender, die mondlose Nacht eines jüdischen Friedhofs, um irgendwie kundzutun, dass es sie noch gab. Und dass man mit ihnen rechnen musste. Dann brach es schon mal aus ihnen heraus, häufig von Alkohol berauscht, nie von Einsicht und Nachdenken geleitet. Die Geschickteren unter ihnen verbrämten ihre alten Überzeugungen als christliches Mitgefühl oder als Sorge um den Frieden im Land.

Für sie wurde Philipp Auerbach, der öffentliche Mahner, das ständige Ärgernis, allmählich zur idealen Zielscheibe: der fette Dienstwagen, die Flugreisen nach New York und London, die über den Atlantik kolportierten Zitate seiner Reden vor Ausländern, die den Deutschen übel gesinnt waren. Machte Auerbach nicht alles schlecht, was deutsch war? Prasste er nicht mit dem Geld, das die vom Krieg gebeutelten Deutschen ihm gegeben hatten? Schanzte er es nicht auf fragwürdige Weise undankbaren Juden und anderen Fremdlingen zu, schacherte darum, wie nur ein Rassegenosse das konnte, und bediente sich dabei natürlich selbst? Je länger die Vergangenheit Vergangenheit wurde, umso mehr war er eine Zumutung.

Dazu trug auch bei, dass Auerbach sich lange in der »Vereinigung der Verfolgten des Nazi-Regimes« (VVN) engagierte. Gegründet in der Sowjetischen Besatzungszone, stand der Zusammenschluss allen Verfolgten offen und vertrat deren Interessen – eine gerade von Auerbach ersehnte Einheitsfront gegen alten wie neuen Faschismus und gegen das Vergessen.[33] Bei Versammlungen und Gedenkveranstaltungen der VVN trafen sich Kommunisten und Konservative, Liberale und Linkssozialisten, Juden und Nichtjuden. In Bayern etwa gehörten sogar Leute wie Josef Müller und sein urbayerischer konservativer Gegenspieler Alois Hundhammer zunächst dazu.[34] Typisch für die Arbeit in den ersten Jahren nach dem Krieg waren

Veranstaltungen wie die »1. Interzonale Länderkonferenz der VVN« in Frankfurt am Main vom 15. bis 17. März 1947. Unter den 68 Delegierten und 62 Gästen aus 21 Ländern und 4 Besatzungszonen befand sich auch Philipp Auerbach.[35] Es gab eine Kundgebung am Abend, eine Kranzniederlegung am Denkmal für die Opfer des Faschismus durch Walter Kolb, den SPD-Bürgermeister und Auerbach-Bekannten aus Düsseldorfer Zeiten. Die VVN-Funktionäre Hans Mayer und Eugen Kogon aus Hessen sowie Otomar Geschke aus der sowjetischen Zone referierten über Widerstandsbewegung und Friedensvertrag. Der Staatskommissar Auerbach von der VVN Bayern hielt einen Vortrag zur Wiedergutmachung. Danach ging man seiner Wege und kümmerte sich um die Überlebenden, die nicht so schnell zurück in den Alltag gefunden hatten wie ihre Funktionäre.

Auf dem 2. Interzonalen Delegiertenkongress im September 1947 erklärte Julius Meyer in Berlin: »Eines steht für uns fest, die, die wir in den KZs und auf dem Appellplatz zusammenstanden, wir haben den festen Willen, dafür zu arbeiten und zu garantieren, dass die VVN eine absolut überparteiliche Organisation aller Opfer des Faschismus ganz Deutschlands sein wird.«[36] Bald jedoch begann die antifaschistische Einheitsfront zu bröckeln: hier jene Widerstandskämpfer, die den Nazis entkommen waren, aber ihren kommunistischen Ideen immer noch nicht abgeschworen hatten, dort jene, die der Sieg über das Hitler-Regime und seine Steigbügelhalter immer noch nicht zu Kommunisten gemacht hatte. Dieser Konflikt sollte sich zuspitzen, je mehr die Siegermacht USA den großen Kontrahenten in der Sowjetunion sah und je mehr ihre Politiker selbst im eigenen Land Jagd auf Künstler, Journalisten und Intellektuelle machten, die sie schließlich ob ihrer Haltung für »unamerikanisch« erklärten. Wer Kommunist war, bestimmten am Ende ein paar Politiker, angeführt vom republikanischen Senator Joseph McCarthy.

In Deutschland, wo Kommunisten weiter in den Parlamenten saßen, betrieben vor allem die Sozialdemokraten energische Abgrenzung. Denn in der sowjetischen Besatzungszone war schon 1946 die SED entstanden, eine Zwangsvereinigung von SPD und KPD. Alle linken politischen Gruppierungen waren dort scheinbar integriert, in Wahrheit jedoch von den Kommunisten vereinnahmt worden. Die Einheitspartei sollte dann 1949 die dort gegründete Deutsche Demokratische Republik in ihren Besitz nehmen. Vor den ostdeutschen Führern von Stalins Gnaden konnten nicht einmal abweichlerische Sozialisten länger sicher sein, selbst wenn sie den faschistischen Mördern nur knapp entkommen waren.

Wie schnell sich die Gräben zwischen Ost und West vertieften, zeigte sich bald. Karl Raddatz, kommunistisches Gründungsmitglied der VVN in der sowjetischen Besatzungszone, einst mit Philipp Auerbach in Frankreich interniert und dann nach Berlin deportiert, erklärte wenige Monate später auf einem Kongress in Halle, »dass die sattsam bekannte Reaktion der Vergangenheit, die Herren der Harzburger Front, die ehrenwerten Industriegewaltigen aus den Direktionsbüros und den diversen Salons an Rhein und Ruhr, die Ehrenmänner von Rheinstahl und Krupp, von IG Farben, von Flick und Röchling, ihre sagenhafte weiße Weste in einer amerikanischen Reinigungs- und Bügelanstalt vom Schand- und Schmutzfleck Auschwitz oder Buchenwald oder Sachsenhausen, oder wie der Schandfleck sonst nur heißen möge, reinigen lasse«.[37] Die VVN geriet zunehmend unter die Räder, zunächst im Westen, bald im Osten. Der kollektive Antifaschismus sollte am Ende ein Opfer des Kalten Krieges werden.

In dieser Situation erklärten die Sozialdemokraten der westlichen Zonen eine Mitgliedschaft in der VVN und der SPD in einem in Düsseldorf gefassten Beschluss im Juni 1948 für unvereinbar.[38] Wer von der VVN nicht lassen wollte, musste mit dem Parteiausschluss rechnen. Das betraf auch Philipp Auerbach. Heute lässt sich nicht mehr feststellen, wann genau er der SPD überhaupt beigetreten war. Höchstwahrscheinlich war das bereits in Düsseldorf im Laufe des Jahres 1946 geschehen. Ebenso wenig lässt sich heute rekonstruieren, ob sein Bruder Walter eine Rolle dabei spielte, dass er Sozialdemokrat wurde. Auf alle Fälle mischte sich Walter nun ein, als Philipp der Rauswurf drohte. Denn der verließ kurzfristig die VVN, nur um einige Tage später wieder beizutreten.[39] Weder wollte er die

Idee einer Einheitsfront gegen den Faschismus so schnell aufgeben, noch hielt er die bayerische VVN für kommunistisch dominiert.

Walter, anders als sein Bruder auf das formal Korrekte bedacht, äußerte in einem Brief im Oktober 1948 zwar einen Hauch von Verständnis, ließ aber keinen Zweifel an seiner Einschätzung: »Die Rechtsfrage scheint mir einwandfrei geklärt. Der Parteitag hat nach einseitiger, aber eingehender Diskussion gegen eine verschwindende Minderheit beschlossen, Mitgliedschaft bei der VVN als unvereinbar mit SPD-Mitgliedschaft zu erklären.«[40] Er empfahl Philipp, sich ruhig zu verhalten, nicht für die VVN in Erscheinung zu treten und das Gespräch mit den führenden Sozialdemokraten in Bayern, wie etwa Wilhelm Hoegner, zu suchen, um den Sachverhalt zu klären. Tatsächlich schloss der Münchner Parteiverband der SPD Philipp Auerbach aus und forderte ihn in einem Schreiben vom 9. Oktober auf, »den Mitgliedsausweis zurückzusenden«.[41]

Philipp Auerbach tobte. In einem Brief, wiederum an seinen Bruder, schrieb er einen guten Monat später: »Nachdem die Partei in wenig vornehmer Weise die Stellung eingenommen hat, ich hätte mich aus der Partei ausgeschlossen und möge mein Parteibuch zurückgeben, ist seitens der CSU der Angriff gegen mich erfolgt (...), da Dr. Müller gesehen hat, dass meine eigene Partei von mir abrückt, und er glaubte, freie Hand zu haben (...). Ich wirke keineswegs gegen die SPD, während die SPD im erheblichen Mitschuld (sic!) daran trägt, dass das Staatskommissariat in diese schwierige Lage gekommen ist (...). Der wahre Grund ist ein anderer, denn er beruht auf der antisemitischen Einstellung eines Großteils unserer führenden Parteigenossen.«[42]

Bald darauf jedoch näherten sich die Sozialdemokraten und ihr abtrünniger Genosse wieder an, denn im Mai 1949 kam es zum Bruch zwischen Auerbach und der VVN. Philipp Auerbach war aus München nach Hamburg gereist, um bei einer großen Veranstaltung der VVN und bei der Einweihung eines Mahnmals auf dem Ohlsdorfer Friedhof am 8. Mai dabei zu sein.[43] In den Wochen zuvor waren VVN-Repräsentanten und Sozialdemokraten der Hansestadt aneinandergeraten. Angeführt vom Ersten Bürgermeister Max

Brauer, weigerte sich der Hamburgische Senat nicht bloß, wie noch zwei Jahre zuvor, an dem Kongress teilzunehmen, Kosten zu tragen und die anreisenden internationalen Opfer-Delegationen zu empfangen. Unterstützt von der britischen Militärbehörde, verbot die sozialdemokratische Regierung der Stadt nun sogar einigen osteuropäischen Teilnehmern die Einreise. Zum großen Streit geriet die Auseinandersetzung um das Denkmal. Gestaltet von einem jungen Architekten, bildeten 105 Urnen die Basis dafür. Sie waren gefüllt mit der Asche unbekannter Ermordeter aus den diversen Vernichtungslagern in Europa. Eine Steinplatte gab die Namen der 20 größten Konzentrationslager an, darüber die Jahreszahlen 1933–1945, darunter der Spruch: »Unrecht brachte uns den Tod, Lebende erkennt Eure Pflicht.«

Der Senat organisierte eine eigene Einweihungsfeier vor 2000 geladenen Gästen fünf Tage vor der geplanten Veranstaltung der VVN.[44] Brauer und seine Kollegen hatten zudem verfügt, dass die Urne mit den sterblichen Überresten aus Buchenwald gegen eine Urne des KZ Neuengamme bei Hamburg ausgetauscht werden sollte. Dieses politische Spiel mit der Asche von Nazi-Opfern empörte viele. Auf der Veranstaltung der VVN rief Walter Bartel, Sprecher der Buchenwald-Häftlinge, unter dem Beifall der Zuhörer aus: »Es wird die Zeit kommen, in der der Name Brauer wie Schall und Rauch vergangen ist, aber der Name Thälmann [Ernst Thälmann, ein prominenter Kommunist aus Hamburg, vermutlich in Buchenwald ermordet, HHK] wird nie vergangen sein.«[45] Der Eklat war da. Die Zeitungen stürzten sich auf Bartels Beleidigung des aus dem amerikanischen Exil zurückgekehrten Ersten Bürgermeisters der Hansestadt. Das große Thema waren die unverfrorenen Kommunisten aus der Ostzone. Es war eines der nun vielen Scharmützel auf dem Weg in den Kalten Krieg. Philipp Auerbach zog die Konsequenzen. Als Teilnehmer der Veranstaltung erklärte er seinen Austritt aus der VVN.

Wenige Tage später, am 16. Mai 1949, schrieb er an seinen Bruder Walter: »Lieber Bruder! Die Entwicklung innerhalb der VVN hat den vorausgesehenen Ablauf genommen. Die Hamburger Delegierten-Tagung brachte die Bombe zum Platzen, und für mich war die Zeit gekommen, einen Entschluss, der mich schon geraume Zeit beschäftigte, in die Tat umzusetzen. Mit mir gemeinsam sind die Vertreter der SPD, CSU und Bayernpartei aus der VVN ausgeschieden und haben ihre Ämter im Vorstand mit sofortiger Wirkung zur Verfügung gestellt. Somit ist die VVN eine rein kommunistische Organisation geworden. Dies bedeutet nun nicht, dass wir gewillt sind, den Wagen weiterlaufen zu lassen, wie er läuft. Wir haben uns vielmehr mit der Neuorganisation der rassisch, religiös und politisch Verfolgten beschäftigt und neue Wege gesucht, um eine wirkliche Überparteilichkeit (…) zu gewährleisten.«[46]

Während ihm der Direktor der Zivilverwaltung der Militärregierung in Bayern, Albert C. Schweizer, zu seinem Austritt gratulierte, war Philipp Auerbach nun zum Gegner der VVN geworden. Noch kurze Zeit zuvor hatten sich ihre Funktionäre glücklich geschätzt, einen so prominenten Mitstreiter in ihren Reihen zu wissen. Jetzt begannen sie, Material zusammenzutragen, um Auerbach zu schaden.[47] Vordergründig ging es um die fragwürdige Art, mit der sich der Staatskommissar und Generalanwalt offenbar mit einem Doktortitel geschmückt hatte, lange bevor er promoviert worden war. Sie fanden, dass er jüdischen Verfolgten vor anderen den Vorzug gab, forderten seinen Rücktritt und bezeichneten ihn als »Verräter« und »Handlanger des internationalen Großkapitals«.[48] In bester stalinistischer Tradition lancierten sie einen Angriff, der Auerbachs Integrität zerstören sollte. Dazu präsentierten sie Zeugen, die angeblich erlebt hatten, dass Auerbach in den diversen Konzentrationslagern keineswegs ein Wohltäter für seine Mithäftlinge, sondern Kapo gewesen war: ein Büttel und womöglich sogar Spitzel in Diensten der Nazis. In Groß-Rosen habe er sich nicht bloß größere Rationen des kargen Essens gesichert, er habe andere Häftlinge mit dem Knüppel geschlagen und den Tod von einigen verschuldet.

Kronzeuge für diese Behauptungen war der KZ-Häftling Bernard Klieger, einst zusammen mit Auerbach in Auschwitz, dort ebenfalls in der Abteilung für Schädlingsbekämpfung beschäftigt und später auf demselben Todesmarsch nach Groß-Rosen.[49] Klieger, zehn Jahre älter als Auerbach, deutscher Jude aus Belgien, der sich Journalist und Schriftsteller nannte und sich außerdem zu Unrecht als Rechtsanwalt ausgegeben hatte, hatte seine Behauptungen in einer belgischen Zeitung veröffentlicht und dann auch in einem Buch. Das erschien zunächst auf Französisch, Jahre später unter dem Titel *Der Weg, den wir gingen* auch auf Deutsch.[50] Seinen Mithäftling Auerbach, den er darin »Bachauer« nannte, beschrieb er als geschickten Opportunisten, der sich stets zu helfen wusste, und im Chaos des überfüllten Lagers Groß-Rosen mit den Kapos gemeinsame Sache machte: »Nun aber bekam es Bachauer mit der Wut zu tun. In wenigen Minuten hatte er die Capos mobilisiert, die schlaftrunken in ihrer Ecke lagen und schnarchten. Sie kamen mit ihren Stöcken. Auch Bachauer hatte sich mit einem solchen bewaffnet (...). Wie Berserker hieben die Capos auf uns ein. Auch Bachauer beteiligte sich.«[51] Mit anderen ehemaligen Häftlingen gab Klieger später auch vor der Münchner Staatsanwaltschaft zu Protokoll, Auerbach habe bei der Essensausgabe brutal zugeschlagen und dabei den Tod einiger Häftlinge verursacht.

Für diese Vorwürfe blieb Klieger jeden Beweis schuldig. Zwei andere Zeugen konnten ihre Behauptungen ebenfalls nicht belegen. Sie verstrickten sich sogar in Widersprüche, so dass sie auch in den Augen der ermittelnden Juristen unglaubwürdig erschienen. Selbst wenn man wusste, dass die Lage im überfüllten und verdreckten KZ Groß-Rosen gegen Ende des Krieges einem Inferno glich, der Hunger der Häftlinge so unerträglich geworden war, dass eine Essensausgabe ohne Knüppel kaum mehr möglich erschien, und der Diebstahl von kleinsten Bissen untereinander zur Überlebensstrategie gehörte – selbst dann gab es keinen Grund anzunehmen, Auerbach habe bei der Essensausgabe rücksichtslos und brutal gehandelt. Vielmehr finden sich Aussagen und Briefe verschiedener Mithäftlinge, die das Gegenteil behaupteten.

So versicherte der Münchner Kaufmann Horst Hecht, der Auerbach aus Auschwitz, Groß-Rosen und Buchenwald kannte, unter Eid: »Während der ganzen Zeit unserer gemeinsamen Inhaftierung hatte Dr. Auerbach zu keiner Zeit irgendeine Funktion, zum Beispiel als Blockältester oder als Stubendienst oder als Kapo inne, die ihn in die Lage versetzt hätte, gegen Mitgefangene tätlich vorzugehen oder solche zu misshandeln. Ich habe auch zu keiner Zeit gesehen oder auch nur von Mitgefangenen gehört, dass Herr Dr. Auerbach Mitinhaftierte geschlagen oder misshandelt hätte oder sich in sonst irgendeiner Form gegen die Grundsätze der Kameradschaft vergangen hätte.«[52] Der Häftling Walter Barkowsky erklärte: »Auerbach erfreute sich bei allen Kameraden der denkbar größten Beliebtheit, und er war es, der stets alles tat, um mehr Essen für die Kameraden heranzuholen und für eine gerechte Verteilung der bescheidenen Rationen zu sorgen. Ich weiß, dass Auerbach nicht wie die anderen Stubenältesten sich einen extra Raum herrichten ließ, sondern inmitten seiner Kameraden wohnte und jeden Morgen mit zur Arbeit ausrückte. Er bestellte seinen Kameraden Bernard Klieger zum Stubendienst, der sich jedoch Kameradendiebstählen schuldig machte und deshalb auch entsprechend behandelt wurde.«[53] Schon vor der Kontroverse mit der VVN erhielt Auerbach Briefe von Überlebenden. Darin dankten sie ihm nach dem Krieg für seine Hilfe im Kampf gegen Hunger und Krankheit.[54]

Obwohl die Vorwürfe offensichtlich erfunden waren, geriet Philipp Auerbach allmählich zwischen alle Fronten. Zeitungen und Zeitschriften begannen nun ebenfalls, negativer über ihn zu berichten. Und das taten nicht bloß jene konservativen oder rechten Blätter, die es immer schon auf ihn abgesehen hatten. Nun äußerten auch der *Spiegel,* der ihm, dem jüdischen Funktionär, einst ein Forum geboten hatte, sowie die *Süddeutsche Zeitung* Kritik an Auerbach.

Das in München erscheinende Blatt unterstützte die Versuche Josef Müllers, den Staatskommissar an die Kandare zu nehmen. Dabei mag der Gedanke eine Rolle gespielt haben, einen so gewichtig oder gar selbstherrlich auftretenden Menschen wie Philipp Auerbach im neuen Deutschland einem System von demokratischer Kontrolle zu unterwerfen. Nicht immer war bei der Zeitung jedoch klar zu erkennen, wie viel alte Gesinnung oder latenter Antisemitismus mitschwang. Im Laufe des Jahres 1949 sorgte die

Süddeutsche Zeitung für einen richtigen Skandal, an dessen Rand wiederum Philipp Auerbach auftauchen sollte.

Auslöser dafür war ein Beitrag des leitenden Redakteurs der Zeitung, Wilhelm Emmanuel Süskind. Während des Dritten Reichs hatte er als NS-Propagandist gearbeitet und war Mitherausgeber der *Krakauer Monatshefte* gewesen, einer antisemitischen Postille im Generalgouvernement Polen. Am 2. August 1949, knapp zwei Wochen vor der ersten Bundestagswahl, veröffentlichte die *Süddeutsche Zeitung* seinen Artikel mit der Überschrift »Judenfrage als Prüfstein«.[55] Darin setzte sich Süskind dafür ein, die in Deutschland weiterhin lebenden oder in der Folge von Krieg und Vertreibung dorthin gezogenen Juden nicht zu vertreiben. Seinen Lesern legte er nahe, »dass wir – moralisch – eine besondere Rücksicht und Zartheit den Juden gegenüber walten lassen wollen, auch wenn der einzelne Jude Rücksicht und Zartheit nicht herausfordert. Dass wir – intellektuell – unser Urteil nicht bestimmen lassen von den Fehlern einzelner Juden und auch nicht von Fehlern, die das ganze Volk in seiner Durchgezüchtetheit besitzen mag. Und dass wir schließlich – praktisch – den ungeheuren Vorteil nicht aufgeben, den die Anwesenheit einer jüdischen Minderheit noch jedem Volk beschert, das klug genug war, sich von der Massenhysterie des Antisemitismus freizuhalten. Und wenn es nur wegen der zwei vorzüglichsten jüdischen Begabungen wäre: ihres Qualitätsgefühls, in materieller und geistiger Hinsicht, und ihrer unversieglichen Lust am Individuellen, Originellen und Differenzierten.«

So verquast, verkrampft und verdreht Süskinds Ansichten erscheinen mochten, als er um Verständnis für die Juden warb, sie fanden zunächst offenbar die Zustimmung Philipp Auerbachs. Und sie brachten der Zeitung eine Flut von Leserbriefen ein. Die Redaktion entschloss sich eine Woche später, »einige besonders charakteristische« zu veröffentlichen. Einer handelte von der »gesetzlichen Bevorzugung« der jüdischen Schwarzhändler in der Möhlstraße, welche »Blüten treibt, auf die als Erwiderung der Antisemitismus immer mehr vordringt«. Einer warb um Nachsicht für die Juden. Ein anderer lautete: »Geht doch nach Amerika, aber dort können

Sie Euch auch nicht gebrauchen, sie haben genug von diesen Blutsaugern. Ich bin beim Ami beschäftigt, und da haben verschiedene schon gesagt, dass sie uns alles verzeihen, nur das eine nicht, und das ist: dass wir nicht alle vergast haben, denn jetzt beglücken sie Amerika (…). Ich versichere Ihnen, dass ich kein Nazi war, aber ich bin ein 100 %iger Deutscher. Ich gehöre zu den sogenannten Stillen im Lande, und die Flüsterpropaganda ist mehr wert als 100 Zeitungen. Wir sind ein ganz kleiner Kreis (noch!) und alles geht von Hessen aus. Wir sind auf dem Laufenden. Selbst in der engsten Umgebung von Dr. Auerbach & Kogon sitzen unsere Freunde. Später, bzw. zu gegebener Zeit, hören Sie wieder etwas mehr von mir. Bitte veröffentlichen Sie diese Zeilen, wenn Sie Demokrat sind.« Unterschrieben war der Leserbrief mit dem Namen Adolf Bleibtreu.[56]

Einen Tag nach der Veröffentlichung dieses Pamphlets versammelten sich jüdische DPs in der Möhlstraße zu einem Protestmarsch. Wie viele es waren, ist unklar. Die Angaben schwanken zwischen 600 und 2000 Menschen.[57] Einige hatten Plakate gemalt, auf denen sie forderten, der Zeitung die Drucklizenz zu entziehen. Für sie gab es keinen großen Unterschied mehr zwischen der *Süddeutschen* und dem berüchtigten Nazi-Hetzblatt *Stürmer*. Und sie schrieben ihre Transparente in Englisch. Ihre Adressaten waren ganz offensichtlich weder deutsche Öffentlichkeit noch deutsche Behörden, sondern die amerikanische Militärregierung und das Ausland. Die Demonstranten hatten geplant, zur Redaktion zu marschieren und dort in einem Schreiben an die Chefredaktion gegen die »wiederholte antijüdische Hetze der deutschen Neofaschisten, wie sie in der Süddeutschen Zeitung zum Ausdruck kommt«, zu protestieren. Der Zug hatte sich kaum im Hof der Synagoge an der Möhlstraße formiert, als die Polizei einschritt. Mit Gummiknüppeln versuchten die Beamten, den Marsch zu verhindern und aufzulösen. Es kam zu einem blutigen Handgemenge zwischen ihnen und den DPs. Einige der Demonstranten schlugen mit Zaunlatten auf die Polizisten ein, bewarfen sie mit Pflastersteinen, andere malten Hakenkreuze auf Polizeifahrzeuge, kippten eines der Autos um und steckten es in Brand. Schließlich griff die Polizei zu ihren Waffen. Drei Demonstranten wurden durch Schüsse verletzt, 38 Polizeibeamte erlitten ebenfalls Verletzungen. Schließlich riegelte die amerikanische Militärpolizei mit Panzern alle Zufahrtswege ab und beendete das Ganze.[58]

Philipp Auerbach war vor Ort, als es zu den Unruhen kam. Er versuchte allem Anschein nach, zwischen beiden Seiten zu vermitteln. Ohne Erfolg. Ein paar Tage später veröffentlichte er unter dem Titel »Schüsse in der Möhlstraße« eine Presseerklärung. Darin warf er der deutschen Polizei vor, gegen ein unbewaffnetes Häuflein mit einer »kriegsstarken Armee« vorgegangen zu sein. »Auf unserer Seite stehen das Recht und die Freiheit und drüben falsche Ausreden, um garstigen Antisemitismus zu bemänteln. Hinter uns stehen die Schatten der sechs Millionen ermordeten Juden, in deren Namen wir sprechen«, schrieb er.[59] Der Landesverband der israelitischen Kultusgemeinden in Bayern stellte Strafantrag gegen die *Süddeutsche Zeitung* wegen des »Gesetzes Nr. 14 gegen Rassenwahn und Völkerhass«[60], während die Zeitung selbst sich zunächst damit verteidigte, nichts weiter als Meinungsvielfalt zugelassen zu haben – ganz im Sinne der neuen deutschen Demokratie. Einer der Mitherausgeber der *Süddeutschen,* Werner Friedmann, befand sich während des Vorfalls in Italien. Kaum zurückgekehrt nach München, distanzierte er sich in seiner eigenen Zeitung von der Veröffentlichung des Leserbriefs und setzte eine Belohnung aus, um Adolf Bleibtreus wahre Identität herauszufinden. Wenig später kam zudem heraus, dass der Vizepräsident der Münchner Polizei, Ludwig Weitmann, in einem vertraulichen Schreiben an die Militärregierung einen »freieren Schusswaffengebrauch« bei jüdischer »Bestialität« und eine »endgültige Säuberung des Aufruhrortes« in der Münchner Möhlstraße gefordert hatte.

Auch der *Spiegel* fand an Auerbach nun viel auszusetzen. In einer Serie über Kaffeeschmuggel war von DPs die Rede, die im Lager Bergen-Belsen oder der Münchner Möhlstraße mit dem Handeln von unverzolltem Kaffee reich geworden seien.[61] Der Bericht suggerierte darüber hinaus, dass Philipp Auerbach daran irgendwie beteiligt war. Verfasst von zwei gut informierten Journalisten, die noch wenige Jahre zuvor der SS angehört hatten, sah sich der Herausgeber

DPs protestierten gegen den antisemitischen Hetzbrief eines Adolf Bleibtreu in München und forderten das Verbot der Süddeutschen Zeitung im August 1947.

des Magazins, Rudolf Augstein, gezwungen, kurz darauf in einem außergerichtlichen Vergleich zu erklären, dass die *Spiegel*-Redakteure »durch die Veröffentlichung der Bilder des Herrn Präsidenten Dr. Auerbach und seiner Ehrwürden, des Landesrabbiners Dr. Ohrenstein, in keiner Weise zum Ausdruck bringen wollen, dass diese Herren in irgendeinem direkten oder indirekten Zusammenhang mit dem Kaffeeschmuggel stünden«. Die Behauptung sei falsch und auf einen Bearbeitungsfehler zurückzuführen.[62]

Man schrieb inzwischen das Jahr 1950. Ganz offensichtlich war der Westen Deutschlands mit Gründung der Bundesrepublik in eine neue Phase eingetreten. Nicht nur im Umgang mit den Alliierten gab man sich souveräner, souverän war auch der Umgang mit der eigenen Vergangenheit. Journalisten beteiligten sich daran. »Bei der Analyse des *Spiegel* fällt auf, dass sich nach der Berichterstattung im Jahre 1947 – da werden jüdische DPs als Opfer und jüdische Repräsentanten und ihre Forderungen neutral oder wohlwollend dargestellt – das Bild der Juden signifikant verschlechtert«, stellt eine Untersuchung fest, die 2008 im Jahrbuch des Leo Baeck Instituts erschienen ist. »Die dann folgende Berichterstattung über jüdisches Leben in Deutschland wie das der jüdischen DPs, das Thema der Wiedergutmachung und die politische Vertretung der Juden in Deutschland ist durchweg negativ, immer wieder aggressiv und geschieht in einem Stil, der an eine bewusste Kampagne erinnert. Alle wirtschaftlichen und politischen Maßnahmen, die den jüdischen Opfern des Nationalsozialismus zugutekommen sollen, werden als unberechtigte Privilegien beschrieben und in vielen Fällen als Mittel, die kriminelle Aktivitäten ermöglichen.«[63]

Das Jahr 1950 sollte das letzte werden, in dem Philipp Auerbach seiner Arbeit noch nachgehen konnte. Noch im Januar verabschiedete sich Abraham S. Hyman, der Amtierende Berater für Jüdische Angelegenheiten der US-Armee, mit warmen Worten von ihm: »Ich könnte die Arbeit (...) in Deutschland und Österreich nicht verlassen, ohne Ihnen meine persönliche Wertschätzung für Ihre Arbeit auszudrücken. Ich glaube, dass sicher niemand eine Vorstellung davon hatte, als Sie das Amt im Jahre 1946 übernahmen, welche Bedeutung dieses Amt während der letzten drei Jahre erlangt hat (...). Was Sie vollbracht haben, war, das weiß ich gewiss, ein großes Opfer für Sie und Ihre Familie (...). Ich finde kaum Worte, Ihnen zu sagen, wie sehr ich Ihre und Ihrer Gattin Freundschaft geschätzt habe.«[64]

Tatsächlich wurde Auerbachs Lage immer schwieriger. Das lag nicht allein an der zunehmend kritischen Sicht der Öffentlichkeit auf ihn und seine Behörde oder an den Kampagnen von Politikern wie Josef Müller. Er selbst hatte auch einen Anteil daran. So kam der Bayerische Rechnungshof bei einer Prüfung des Landesentschädigungsamtes im Juli des Jahres zu dem Schluss, dass die Behörde den Anforderungen an eine ordentliche Führung und Aufsicht nicht entspreche.[65] Die Beamten kritisierten außerdem, dass selbst in gehobenen Positionen zu viele Überlebende eine Anstellung gefunden hätten, deren Qualifikation zweifelhaft sei. Das Finanzministerium entsandte daraufhin einen Beamten in die Auerbach-Behörde, um die Buchführung zu prüfen und in Ordnung zu bringen.

Philipp Auerbach geriet zudem am Rande einer anderen Affäre in die Schlagzeilen, als im September die Jüdische Industrie- und Handelsbank in Frankfurt pleite ging. »Die komplizierte Geschichte, die sich mit dem Konkurs der Bank verband, war geeignet, viele antisemitische Klischees zu bestätigen«, schrieb der Historiker Tobias Freimüller über den Fall.[66] Gegründet von zwei Juden aus Krakau, die angeblich durch Schwarzmarktgeschäfte zu Geld gekommen waren, zeigte sich bald, dass diese beiden Männer über keinerlei Erfahrung im Bankgeschäft verfügten. Um überhaupt eine Genehmigung zu bekommen, eine Bank zu eröffnen, hatten sie sich an den hessischen Finanzminister Werner Hilpert gewandt, einen ehemaligen Buchenwald-Häftling. Der war dem Wunsch nachgekommen, weil er dem Drängen der jüdischen Gemeinde und des jüdischen Rechtsanwalts Joseph Klibansky entsprechen wollte, den Überlebenden der Shoa ein Geldinstitut anzubieten, in welchem sie ihre Wiedergutmachungsgelder einzahlen und anlegen konnten oder mit dessen Hilfe sich dieses Kapital an andere Orte der Welt transferieren ließ. Im Aufsichtsrat der Bank saßen neben Klibansky auch der Frankfurter SPD-Oberbürgermeister Walter Kolb, der Arzt und Präsident der Jüdischen Kultusgemeinde in München Dr. Julius Spanier sowie Philipp Auerbach, der andere gewichtige Funktionär aus der bayerischen Hauptstadt.

Bald schon sollte sich zeigen, dass die Gründer ihr Startkapital entweder nie eingezahlt oder es wieder zurückgeholt hatten. Es fehlte der Bank schlicht an Geld, einen ordentlichen Geschäftsführer gab es nicht, und im Aufsichtsrat saßen Leute, die zwar etwas hermachten, aber nicht unbedingt Fachleute für das Kreditwesen waren. Schnell kamen Gerüchte auf, den Teilhabern der Industrie- und Handelsbank ginge es vor allem darum, Devisenbeschränkungen zu unterlaufen und Geld ins Ausland zu schaffen. Für eine Weile florierte das Geschäft, doch dann stellte sich heraus, dass große Summen fehlten. Am 15. September 1950 schloss das hessische Finanzministerium die Bank und eröffnete ein Konkursverfahren.[67] Denn die Teilhaber hatten Millionen ins Ausland transferiert und waren nun auf der Flucht. Kurz darauf fand die Staatsanwaltschaft heraus, wie Mitarbeiter mit gefälschten Papieren Wiedergutmachungsgelder erschlichen hatten. Zum Prozess sollte es erst zwei

Jahre später kommen, aber in der neuen westdeutschen Republik sahen sich viele in ihren Vorurteilen bestätigt, dass Juden mit Geld schacherten und betrogen. Philipp Auerbach hing einmal mehr mit drin.

Deutschlands Öffentlichkeit interessierte sich zu jener Zeit vor allem für das Schicksal der Heimatvertriebenen aus den ehemaligen deutschen Gebieten und für die Kriegsgefangenen, die noch in Sibirien festgehalten wurden, während Auerbachs Schützlinge, die DPs, vielen nur als Plage galten. In Bamberg etwa erklärte der Flüchtlingsausschuss der Stadt, man könne Vertriebenen nicht zumuten, »mit Elementen unter einem Dach zu wohnen, die zu hohem Prozentsatz kriminell sind, keiner geregelten Arbeit nachgehen und denen weder an einer sittlichen Einordnung noch an einer Respektierung der staatlichen Autorität liege«.[68] Der Bamberger Bürgermeister bezeichnete Juden sogar als »Hauptwanzenträger«.[69] Die *Berliner Illustrierte* übersetzte DP als »Deutschlands Parasiten«.[70] Der Bundestagsabgeordnete Wolfgang Hedler hatte im November 1949 bei einem Auftritt in Schleswig-Holstein bereits die Frage gestellt, »ob das Mittel, die Juden zu vergasen, das richtige Mittel zur Lösung der Judenfrage« gewesen sei. »Vielleicht hätte es auch andere Wege gegeben.«[71] Als es darüber Anfang 1950 im Rathaus von Neumünster zu einem Prozess kam und Hedler freigesprochen wurde, jubelten ihm Zuschauer und Passanten auf der Straße zu. In dieser Stimmung fand es das Kabinett von Bundeskanzler Konrad Adenauer zumindest opportun, einen von Philipp Auerbach im Namen des »Koordinierungsbüros der interministeriellen Arbeitsgemeinschaft für Wiedergutmachungs- und Entschädigungsfragen« gestellten Antrag abzulehnen, zehn Prozent des vom Bundestag beschlossenen Lastenausgleichs für die Verfolgten des Nazi-Regimes zur Verfügung zu stellen.[72]

Und es gab weitere Entwicklungen, die aus Leuten wie Philipp Auerbach Außenseiter machten. Man konnte an den Entnazifizierungsverfahren beobachten, wie sich die Bundesrepublik mit ihren Nazis einrichtete, während die Wiedergutmachungsausschüsse und Gerichte den Überlebenden der Lager zusetzten. Ehemalige Häftlinge mussten komplizierte Fragebögen ausfüllen und plagten sich mit diversen Haarspaltereien herum: War der Transport nach Auschwitz in einem Viehwaggon schon als Haft anzusehen und begründete einen Anspruch auf Entschädigung auch für die Tage der Fahrt zur geplanten Vernichtung? Hatte eine nach Israel ausgewanderte Witwe ein Recht auf Wiedergutmachung, wenn die Ehe mit ihrem ermordeten Mann nur eine Rabbinatsehe gewesen war? Und nach einer Vorgabe des bayerischen Finanzministeriums konnten Auschwitz-Tätowierungen als »alleiniges Beweismittel nicht anerkannt werden«.[73]

Im Vergleich dazu fanden die großen und kleinen ehemaligen Mitglieder der NSDAP häufig viel Verständnis, wenn es vor den Spruchkammern um ihre Rückkehr in Amt und Würden ging. Als der amerikanische Historiker Walter L. Dorn im Auftrag der Militärregierung Deutschland bereiste, stellte er bereits im Juli 1946 in einem Memo fest: »Die außerordentlich weit verbreitete Neigung, die unerfreuliche Vergangenheit zu vergessen, verfestigt sich manchmal zu einer Verschwörung des Schweigens. Auch an Orten, wo es antinazistische Gruppen gibt, kann man die Ansicht hören, die Hauptschuldigen sollten gehängt und alle anderen in Frieden gelassen werden. In einigen Landkreisen, in denen es am Willen zu entnazifizieren mangelt, wird der Spruchkammervorsitzende als Aussätziger behandelt, und der öffentliche Kläger ist selbst der Angeklagte (...). In verschiedenen bayerischen Landkreisen hat die CSU Plakate angeschlagen, die offen um die Stimmen der Nazis werben, die nach 1937 in die Partei eingetreten sind.«[74]

Diese deutsche Haltung aus dem Sommer 1946 sollte sich immer weiter verbreiten. Bereits Ende 1948 waren 41,5 Prozent der bayerischen Beamten ehemalige Nazis, unter den Juristen des Freistaates waren es 57,6 Prozent.[75] Und an manchen Orten stellten sie die überwältigende Mehrheit der Beamten. So hatten bei Kriegsende nur sieben von 302 Richtern des Oberlandesgerichtsbezirks Bamberg nicht der NSDAP angehört, am Amtsgericht Schweinfurt waren alle 13 Richter zuvor Parteimitglieder gewesen.[76]

Der Historiker Lutz Niethammer hat ausführlich beschrieben,

wie konservative Kreise von Anfang an alles dafür taten, möglichst wenige Amtsträger des Dritten Reichs zur Rechenschaft zu ziehen. Scheinbar besorgt um die Funktionsfähigkeit des neuen Staates, fürchteten sie in Wahrheit, selbst ausgebootet zu werden, wenn sie sich nicht für ihresgleichen stark machten. Zugleich hatten sie Angst vor der Rache jener, die dem Nazi-Terror durch Flucht und Emigration entkommen waren oder die Vernichtungslager überlebt hatten. Was sie nicht verhindern konnten, wollten sie zumindest verwässern. Spruchkammern, welche über die Wiedereinstellung oder Entlassung von ehemaligen Nazis entschieden, sollten darum in deutscher Hand bleiben, unter ihrer Kontrolle.

Das konnte jemandem wie Philipp Auerbach nicht gefallen. Der setzte sich dafür ein, dass nicht Täter über Täter, sondern Opfer über Täter befinden sollten. Auch in München versuchte er, wie einst in Düsseldorf, die Wiederaufnahme ehemaliger NS-Parteigenossen in den Staatsdienst zu verhindern. Häufig vergebens. Als etwa Adenauers späterer Vertriebenenminister Theodor Oberländer im Jahre 1950 bereits eine Anstellung im bayerischen Staatsdienst fand, fragte Auerbach bei Ministerpräsident Hans Ehard nach, »ob ein Mann, der erst im Jahre 1943 sich vom Nationalsozialismus abgewandt und zugegebenermaßen einen Widerstand gegen das Hitlersystem geleistet hat, aber zehn Jahre hindurch diesem System diente, der Ehre teilhaftig werden darf, Mitglied eines Kabinetts unter Ihrer Leitung zu sein«.[77] Eine Weile zuvor hatte er sich bereits über die Besetzung der Wiedergutmachungsstellen beschwert: »Wir können nicht erwarten, dass die Wiedergutmachung, auf die wir ein göttliches und menschliches Recht haben, durchgeführt werden kann, so wie wir es hoffen, wenn zum Beispiel an der Spitze der Wiedergutmachungs- und Vermögenskontrolle ein Mann wie der Vizepräsident Dr. Blaß steht, der während des Dritten Reiches bereits als Präsident der Devisenstelle für die Beschlagnahmung und Vermögensverwaltung des Eigentums der Juden tätig war.«[78]

Solche Einwände beeindruckten die Entscheidungsträger der Republik nur noch selten. Auf dem ureigenen Feld der Wiedergutmachung gab es noch mehr Fachleute, die mal Nazis gewesen waren.

So arbeitete Ernst Féaux de la Croix seit 1949 im Bundesfinanzministerium. Vor seiner Beschäftigung mit den finanziellen Regelungen in der Folge des Zweiten Weltkriegs hatte er sich im Justizministerium des Dritten Reichs mit »Fremdvölkern« herumplagen müssen. Noch 1985, vierzig Jahre nach Kriegsende, benutzte er in einer offiziellen Denkschrift der Regierung Begriffe wie »Weltjudentum«, sprach von Juden, welche die »Weltmeinung lenkten« und erklärte im Zusammenhang der Wiedergutmachung Deutschlands Probleme so: »Die Judenschaft ließ jedoch nicht locker.«[79]

Vor allem die von den Amerikanern zum Tode oder zu langjähriger Haft verurteilten Kriegsverbrecher wurden nun Gegenstand öffentlicher Auseinandersetzungen. Auch dabei vertrat Philipp Auerbach eine Meinung, die wenig populär war. So schrieb die *Frankfurter Allgemeine* über die ehemaligen Nazis, die nach den Prozessen von Nürnberg und Dachau Häftlinge waren, zu Hunderten zum Tode verurteilt, und die vor allem im »War Crimes Prison No. 1« in Landsberg am Lech einsaßen, bei ihnen sei die »Erbitterung darüber groß, dass man sie immer noch in den meisten Presseveröffentlichungen als Kriegsverbrecher bezeichne, obwohl sie doch nur Geiseln für andere Gruppen des deutschen Volkes seien, denen dieses Los erspart geblieben sei«.[80] Und als die Regierung Adenauer eine Debatte über die Wiedereinführung einer Armee begann, um Deutschland eindeutig im Westen zu verankern, ließen ehemalige Wehrmachtsgeneräle keinen Zweifel daran aufkommen, unter welchen Bedingungen sie bereit wären mitzumachen.[81] Der Generaloberst a. D. Heinz Guderian etwa erklärte im Frühjahr 1950, ehe er ein Kommando in einer neuen deutschen Armee übernehmen würde, müssten »Generäle und andere Offiziere, Staatsmänner und Diplomaten in Spandau und in anderen Gefängnissen freigesetzt werden«.[82] Eine vom Bundeskanzler eingesetzte Expertengruppe deutscher Militärs machte sich nicht bloß Gedanken über die Ausrüstung und Aufstellung einer solchen bundesrepublikanischen Truppe. Sie verband ihre Vorstellungen im Oktober 1950 auch mit der Forderung: »Freilassung der als ›Kriegsverbrecher‹ verurteilten Deutschen, soweit sie nur auf Befehl gehandelt und sich keiner nach alten deutschen Gesetzen strafbaren Handlung schuldig gemacht haben.«[83] In den Worten des Historikers Norbert Frei: »Nicht die eigene Kriegführung, sondern die Behandlung durch die Siegermächte nach dem Ende des Krieges hatte ihre Ehre, so die im Grunde einhellige Überzeugung, tief verletzt.«[84]

Wie sich die Lage verändert hatte, ließ sich nirgendwo besser studieren als beim Streit um die in Landsberg einsitzenden Kriegsverbrecher. Die amerikanischen Militärs hatten diese in demselben Gefängnis untergebracht, in dem Adolf Hitler in den frühen zwanziger Jahren nach dem missglückten Putsch an der Feldherrnhalle von München vorübergehend ein komfortables Häftlingsdasein gefristet und *Mein Kampf* geschrieben hatte. Viele von ihnen warteten dort auf ihre Hinrichtung. Hier saßen prominente Täter ein, wie Alfried Krupp, Ernst von Weizsäcker oder Graf Lutz Schwerin von Krosigk, Hitlers ehemaliger Finanzminister, aber auch weniger bekannte wie der Leiter der Einsatzgruppe D, Otto Ohlendorf, verantwortlich für den Mord an Tausenden Juden in der Sowjetunion, sowie Oswald Pohl, General der Waffen-SS und Organisator des Holocaust in Berlin. Hier lagen auch die Zellen der sogenannten Malmedy-Verbrecher, Mitglieder der SS-Leibstandarte »Adolf Hitler«, die Anfang 1945 in der Ardennen-Schlacht 72 bereits entwaffnete US-Soldaten an einer Straßenkreuzung hingerichtet hatten. Von den 73 Angeklagten, darunter der Divisionskommandeur Sepp Dietrich und SS-Standartenführer Joachim Peiper, Kommandeur der Einheit, die dafür in Dachau vor Gericht gestanden hatten, waren 43 zum Tode verurteilt worden.[85]

Gerade um diese Männer gab es große Auseinandersetzungen, weil es ihren Verteidigern gelungen war, den Eindruck zu hinterlassen, man habe ihre Geständnisse mit Foltermethoden und somit unrechtmäßig erzwungen und behandle die Gefangenen in Landsberg schäbig. Quelle für die angeblichen Misshandlungen durch US-Wachen war der katholische Gefängnispfarrer von Landsberg, Karl Morgenschweis, der sich zusammen mit dem Münchner Weihbischof Johann Neuhäusler für die Häftlinge einsetzte.[86] Letzterer wiederum hatte sich schon als Kritiker des Prozesses um das Konzentrationslager Flossenbürg hervorgetan, als er behauptete, die Anklage habe sich »auf die Aussagen von Homosexuellen, Kinderschändern, Zuhältern, Kommunisten und Gewohnheitsverbrechern gestützt«.[87] Den beiden assistierte der evangelische Bischof Theophil Wurm aus Stuttgart. Der ging sogar so weit, die angeblichen Misshandlungen als »Verbrechen gegen die Menschlichkeit« zu bezeichnen.[88]

Fürsprecher hatten aber gerade auch die Prominenten. So äußerte Fritz Berg, der Präsident des Bundesverbandes der Deutschen Industrie, auf einer Tagung am 8. November 1950 in Köln: »Noch immer sind zahlreiche Industrielle im Landsberger Gefängnis. Auch heute wieder gebe ich der Besorgnis Ausdruck, dass nach unserer Auffassung den Richtern, die diese Industriellen verurteilt haben, die genaue Kenntnis der Verhältnisse, unter denen wir vor 1945 lebten, gefehlt hat (...). Wir haben in Europa Wichtigeres zu tun, als in der Vergangenheit zu wühlen. Aber der Gedanke, dass unsere Freunde immer noch ihrer Freiheit beraubt sind, ist für uns alle unerträglich. Ich bitte, sie schnellstens zu entlassen. Ihre Rehabilitierung überlasse man getrost uns.«[89]

Für ein Engagement zugunsten der Häftlinge und gegen die Todesstrafe war Landsberg ein ideales Pflaster. Einst hatte die Stadt den Nationalsozialisten als Wallfahrtsort gedient, weil hier ihr Führer eingesessen hatte. Heerscharen von Braunhemden, blonde Jungmänner und Mädels mit Zöpfen diverser Unterorganisationen waren dort aufmarschiert, um Adolf Hitler und seiner Bewegung zu huldigen. Wenn die Landsberger etwas bedauerten, dann dass ihre Stadt nach dem Krieg nicht mehr so prächtig wirkte, obwohl sie bis zum Einmarsch der Amerikaner nahezu intakt geblieben war. Der Geist der früheren Jahre hatte die Niederlage von 1945 überstanden. Nun beschimpften und bedrohten Bürger die Mitglieder der Entnazifizierungskammer. Eines von ihnen, ein Sozialdemokrat, erhielt wegen seiner Zusammenarbeit mit den Amerikanern sogar Todesdrohungen.[90]

Am Sonntag, dem 7. Januar 1951, kamen 4000 Menschen in Landsberg zusammen, um für die Begnadigung der zum Tode verurteilten Kriegsverbrecher zu demonstrieren.[91] Lautsprecherwagen fuhren durch die Stadt und riefen zum Protest auf. Man wollte verhindern, dass die Amerikaner die Hinrichtungen der vergangenen Jahre fortsetzten, wie Radiomeldungen zwei Tage zuvor nahelegten. Während sich die Menschen, darunter Vertreter von Parteien, Kirchen und Behörden, auf dem Hauptplatz der Stadt um den Marienbrunnen versammelten, waren auch 300 jüdische DPs in sieben Omnibussen aus Lechfeld gekommen. Sie wollten der Demonstration für die Kriegsverbrecher eine Gedenkfeier für die 90 000 von Ohlendorf und seinen Kommandos Ermordeten entgegensetzen.[92]

Bereits im Dezember hatten die Münchner *Jüdischen Nachrichten* zu dem Thema geschrieben: »Wir erinnern uns noch ganz genau, dass man für die Kriegsverbrecher und für die Verbrecher gegen die Menschlichkeit, die Zehntausende unschuldiger Menschen auf ihrem Gewissen hatten, die Kinder und Greise töteten, die Juden in den Synagogen verbrannten, von hohen Stellen um Begnadigung bat. Aber für die Juden, die nicht ordnungsgemäß nachweisen konnten, ob sie am 1. Januar 1947 hier waren oder nicht, hatte man kein Wort des Verständnisses.«[93]

Bei der Demonstration selbst beklagte zunächst der Landsberger Oberbürgermeister, die Stadt »habe durch den Vollzug der Todesurteile einen traurigen Ruhm erhalten«.[94] Dann sprach der CSU-Politiker Richard Jäger (der Jahre später wegen seines Einsatzes zugunsten der Todesstrafe »Kopf-ab-Jäger« genannt werden sollte). Er sagte, »dass es die Pflicht eines jeden sei, die Stimme zu erheben, wenn im Staat auch nur einer zu Unrecht verurteilt würde«. Und er fuhr fort: »Man mag über die Zweckmäßigkeit des Grundgesetzes, mit dem die Todesstrafe abgeschafft wurde, streiten – nicht streiten kann man aber darüber, dass andere Staaten in unserem Lande noch die Todesstrafe vollziehen.«[95] Hauptredner der Veranstaltung war schließlich der Staatsrat Gebhard Seelos von der Bayernpartei. Unter tosendem Beifall sagte er: »Amerika hat den Anspruch verloren, sich einen Rechtsstaat zu nennen.« Für ihn gab es keinen Unterschied zwischen dem, »was man bei den Deutschen als Verbrechen

Etwa 3000 Menschen demonstrierten am 7. Januar 1951 im Zentrum von Landsberg gegen weitere Hinrichtungen von Kriegsverbrechern.

bezeichnete und ahndete und was in Korea [im Koreakrieg der USA, HHK] geschieht«.[96]

Zwischenrufe jüdischer DPs unterbrachen die Rede von Seelos. »Massenmörder« und »Blutsäufer« skandierten sie, woraufhin die Gegenseite »Juden raus« brüllte. Polizei schritt ein und ging mit Gummiknüppeln gegen die ehemaligen KZ-Häftlinge vor.

Es wäre zu einfach, die Kluft, die sich an jenem Tag in Landsberg auftat, nur als einen Riss zwischen Juden und Antisemiten zu begreifen, zwischen Regimetreuen und Regimegegnern. Was da den DPs gegenüberstand, war eine gemischte Kampftruppe aus Nationalisten und Christen, aus dumpfen Judenhassern und elitären Hochschullehrern, aus Überlebenskünstlern und alter Oberschicht. Sie alle verfolgten nur ein Ziel: Die Vergangenheit so schnell wie möglich für vergangen zu erklären. Bei einigen unter ihnen geschah das tatsächlich aus dem Bedürfnis heraus zu versöhnen.[97] Für die meisten aber ging es darum, aus der Vergangenheit keinerlei Ansprüche für die Gegenwart oder die Zukunft abzuleiten, damit sie möglichst ungehindert zu ihren alten und noch immer geliebten Ideen von der Ungleichheit der Rassen, der Überlegenheit des Ariers oder ganz einfach in ihre privilegierten Positionen in Behörden und

Unternehmen zurückkehren konnten. Sie taten dafür so, als sei das Geschehene nichts weiter als ein grandioses Missverständnis, ein bedauerlicher Irrtum, eine Zwangslage gewesen. Wie sollte einer wie Philipp Auerbach so etwas je akzeptieren können? Und andersherum: Wie konnten solche Leute jemanden wie Philipp Auerbach jemals akzeptieren?

Es sprach für Auerbach, dass er sich von dem wachsenden Gefühl der Isolation nicht abhalten ließ, seine Meinung zu vertreten. Während der Mob in Landsberg wütete und die Protagonisten des Streits um die Kriegsverbrecher das Terrain bereiteten, auf dem es einige Monate später zu zahlreichen Begnadigungen durch den amerikanischen General McCloy kommen sollte, feilte Philipp Auerbach an einer Radio-Ansprache. Am 10. Januar 1951 erhielt er abends um halb acht im Bayerischen Rundfunk eine Viertelstunde Sendezeit:

> Ich spreche zu Ihnen als ein Mann, der Elend sah, der die rauchenden Kamine von Auschwitz genau so sah wie die im Steinbruch von Buchenwald zerschmetterten Leichen. Wir haben Abstand gewonnen, aber dieser Abstand kann nicht dazu führen – zu vergessen. Ich weiß, was der Ruf »Juden raus«, der am Sonntag durch die Straßen von Landsberg erscholl, bedeutete. Unser Herz blutete, dass wir als deutsche Menschen wieder erleben mussten, dass genau wie im Jahre 1933 dieser Ruf »Juden raus« eine Ära einleitete, die mit den Kaminen von Auschwitz endete. Ich habe Verständnis für Nächstenliebe, weil ich mich zu einer Religion bekenne, deren Grundsatz die Nächstenliebe ist (…). Aber eines hat mich in Erstaunen und Verwunderung versetzt, nämlich, dass wohl in dieser kleinen Stadt Landsberg sich 3000 Menschen zusammenfinden konnten, um zu demonstrieren, dass aber keine Menschen zusammenkamen, als wenige Kilometer davon entfernt, in Kaufering und den anderen Lagern des Landkreises Landsberg, Tausende Menschen ermordet wurden.
>
> Wir haben zu unterscheiden zwischen den verschiedensten Kategorien von Gefangenen, die in Landsberg sind. Und da gibt es

eine, die weder Erbarmen noch Gnade verdient und für die auch der Opportunismus der Stunde kein Anlass zu falscher Sentimentalität sein darf. Es ist dies die Gruppe der Ohlendorfs und Pohls, die sich dazu bekannten, Tausende von jüdischen Menschen beseitigt zu haben, und wobei sich Pohl offen als der Vater der deutschen Konzentrationslager nennen ließ. Das sind Massenmörder, wie sie die Weltgeschichte nicht gesehen hat. Ich glaube, dass es kein Religionsgesetz gibt, das den Wert des Menschenlebens so hoch stellt wie das des Alten Testaments und dass die Erforschung der Wahrheit, die Prüfung der Zeugen und die lückenlose Überführung des Täters Voraussetzung sein müssen, um ein Todesurteil zu vollstrecken. Als ein Mensch, der selbst zum Tode verurteilt war, der in der Zelle gekettet saß und das dumpfe Dröhnen des Fallbeils vernahm, und der sich jeden Tag fragen musste, wann bist du an der Reihe, weiß ich zu ermessen, wie unsagbar schwer es für die Betroffenen selbst und deren Angehörige ist, in dieser Ungewissheit zu leben (…).

Es gibt Menschen, die aus grundsätzlichen Erwägungen heraus Gegner der Todesstrafe sind, die ich verstehe. Aber diese brutalsten Gewaltverbrechen (…) können nicht mit dem Maß der zivilisierten bürgerlichen Gesetzgebung gemessen werden. Ich habe nicht umsonst trotz allem, was das jüdische Volk und der jüdische Mensch mitgemacht hat und mitmachen musste, meinen Glaubensgenossen zugerufen, dass sie verzeihen, aber nie vergessen sollen. Aber die Hand zu Versöhnung kann ich nur jenen reichen, dessen (sic!) Hand nicht mit dem Blut meiner Brüder und Schwestern beschmiert ist.[98]

Philipp Auerbach hatte sich festgelegt und damit einmal mehr gegen die Meinung der meisten Deutschen Stellung bezogen. Vor allem hatte er den Zorn der Leute auf sich gezogen, die in ihre Ämter zurückgekehrt waren, als hätte es die Jahre zuvor nicht gegeben. Einer von ihnen war Robert Lehr, der einst mit dem Ende der Weimarer Republik und ihren Totengräbern sympathisiert hatte und nun als Innenminister in der Regierung Adenauer saß. Wenige Tage vor der Ansprache im Bayerischen Rundfunk war eine ähnliche Rede Auerbachs auch im Nordwestdeutschen Rundfunk übertragen worden. Darin sprach er davon, dass »Männer wie Ohlendorf, Pohl und Genossen (…) bis zu den Ellenbogen mit Blut besudelt« seien und darum »auf Gnade keinen Anspruch« hätten.[99] Die Hinrichtung der Landsberger Kriegsverbrecher in einem Radiokommentar zu verlangen, war für Minister Lehr ein Indiz kommunistischer Unterwanderung.[100] Darüber beschwerte er sich sogleich beim Generaldirektor des NWDR, Adolf Grimme.[101] Der reiste zu einer Aussprache mit dem Minister nach Bonn. Lehr verlangte, dass solche Reden nicht übertragen werden dürften, und nannte Auerbach einen »bayerischen Säuberungskommissar«.[102] Solchen Leuten müsse man das Handwerk legen.

Kurz darauf begann die endgültige Hatz auf Philipp Auerbach.

KAPITEL 13

München, Januar 1951

Noch in den späten Abendstunden rückte die Münchner Polizei aus. Zwei Tage lang hatte sie das Landesentschädigungsamt in der Arcisstraße 11 überwacht, bevor sie zuschlug. In der Nacht zum 27. Januar 1951 besetzte sie die Behörde, vorübergehend auch einige weitere Räume in der Goethestraße und der Möhlstraße.[1] Die Beamten sperrten den Eingang, untersagten Anwesenden, das Gebäude zu verlassen, und machten sich daran, Berge von Akten zu sichten und zu beschlagnahmen. Philipp Auerbach befand sich zu Hause in der Friedrich-Herschel-Straße, als ihn etwa eine Stunde vor Mitternacht ein Mitarbeiter anrief, der im Amt eine Wohnung nutzte, und ihm von der Razzia berichtete. Wegen heftiger Nierenschmerzen hatte Auerbach kurz zuvor ein so starkes Schmerzmittel gespritzt bekommen, dass er seine Frau Margit bitten musste, mit dem Mann zu reden.[2] Eine halbe Stunde später fühlte er sich in der Lage, den Staatsanwalt Heinrich Wieland anzurufen. Auch der war vollkommen überrascht über die Aktion.[3]

In den Tagen zuvor hatte Auerbach mit Wieland immer wieder unter vier Augen oder in größerem Kreis darüber konferiert, wie man möglichen Fälschungen in den Unterlagen des Landesentschädigungsamtes auf die Spur kommen sollte. Der Jurist griff nun selbst zum Hörer. Vom diensthabenden Inspektor des Polizeipräsidiums erfuhr er, dass die Durchsuchung von Dr. Wilhelm Hölper veranlasst worden war. Allem Anschein nach hatte man »auf höhere Anweisung«, so die Aussage des Polizisten, die bisher mit der Sache betrauten Juristen ausgebootet und durch andere ersetzt, darunter durch jenen Staatsanwalt Hölper. »Hier war es eine Selbstverständlichkeit, denjenigen Staatsanwalt zu befassen, der seit eineinviertel Jahren mit allen Anzeigen gegen Dr. Auerbach befasst ist«, sagte Justizminister Josef Müller kurz darauf. Er hatte den Mann praktischerweise selbst bestimmt.[4]

Am nächsten Morgen waren Philipp Auerbachs Nierenschmerzen verschwunden. In seinem schwarzen Dienst-BMW machte er sich an diesem Samstag um sieben Uhr auf den Weg durch die noch leere Stadt auf die andere Seite der Isar. Zu diesem Zeitpunkt war ihm wohl kaum klar, wie schlecht seine Lage inzwischen geworden war.

Als Auerbach in der Arcisstraße vorfuhr, blockierten zwei Streifenwagen sein Fahrzeug.[5] »Im Laufschritt kamen je drei Polizisten auf meinen Wagen zu«, schilderte Auerbach einige Tage später die Situation. »Aus dem Haus kamen drei weitere Beamte, wovon zwei ihre Hand an der Pistolentasche hielten, und in einem aus früheren Zeiten hinreichend bekannten Tone erklärten: ›Sie haben das Haus nicht zu betreten.‹«[6] Er ließ sich von den Polizisten nicht abschrecken. Massig, wie er war, gelang es ihm, bis zur Portiersloge des Gebäudes vorzudringen. Dort erklärte er den Raum kurzerhand zur »Präsidialkanzlei« und verlangte den richterlichen Beschluss zu sehen, mit dem die Hausdurchsuchung genehmigt worden war. Als ihm keiner der Beamten das entsprechende Dokument vorlegen konnte, schimpfte Auerbach über solche »Gestapo-Methoden«. Die Polizisten hinderten ihn weiterhin daran, in sein Arbeitszimmer im ersten Stock zu gelangen. Also funktionierte er den Tisch am Eingang zu seinem Schreibtisch um und griff zum Telefon. Jeden nur erdenklichen Beamten und Minister versuchte er an den Apparat zu bekommen, erstens, um sich Klarheit zu verschaffen, und zweitens, um alle Hebel in Bewegung zu setzen, damit der aus seiner Sicht skandalöse Vorfall ein schnelles Ende fände. Es sollte ihm nicht gelingen.

Vom Montag der darauffolgenden Woche an würden Hunderte von DPs vor den verschlossenen Türen des Amtes stehen. Zwar hatte man eine Art Notdienst eingerichtet, tatsächlich aber durfte über Monate so gut wie kein Antrag auf Wiedergutmachung oder kurzfristige Hilfe mehr angerührt werden. Währenddessen durchwühlten 58 Kriminalbeamte des Polizeipräsidiums München und 34 der bayerischen Landespolizei die Schränke mit 175 000 Akten auf der Suche nach Fälschungen und anderem belastenden Material.[7] Monate später sollte sich der amerikanische Militärgouverneur

McCloy beim Ministerpräsidenten darüber beschweren, dass die Wiedergutmachung in Bayern seit Januar zum Erliegen gekommen sei.[8]

Auerbach war nach sechs Stunden seines symbolischen Protests an jenem Samstag gegen 13 Uhr nach Hause zurückgekehrt. Von nun an diente ihm das Esszimmer seiner Wohnung in Bogenhausen als Geschäftsstelle. Während er am Telefon tobte, seine Beziehungen in den diversen Netzwerken des Landes spielen ließ und Briefe diktierte – darunter ein neun Seiten langes Schreiben an den seiner Behörde übergeordneten Finanzminister Bayerns, den Sozialdemokraten Rudolf Zorn[9] –, nahm die Kampagne gegen ihn und seine Behörde an Fahrt auf. Der mit dem Fall ebenfalls frisch beauftragte Leiter der Staatsanwaltschaft München I, Senatspräsident Alfred Hartmann, leitete drei Tage später ein Ermittlungsverfahren gegen Auerbach wegen »versuchter Beamtennötigung« ein. Auerbach hatte angeblich bei einer Besprechung mit den Männern der Landespolizei gesagt, »man möge sich bei der Untersuchung der gegenüber dem Landesentschädigungsamt vorgenommenen Fälschungen vor antisemitischen Maßnahmen hüten, die Juden in Deutschland seien immer noch eine Macht«.[10]

In den Zeitungen war die Durchsuchung im Landesentschädigungsamt ein großes Thema. Justizminister Müller ließ sich ständig über den Fortgang der Ermittlungen unterrichten. Schon in der Nacht der Durchsuchung hatte ihn sein Staatsanwalt Hölper auf dem Faschingsball der Staatsanwaltschaft München I in der Gaststätte Kreuzbräu auf dem Laufenden gehalten.[11] Müller setzte sich auch bald über die gebotene Vertraulichkeit hinweg und lancierte an die Presse, was es Schlechtes über das Amt und seinen Leiter zu berichten gab.[12]

Ganz offensichtlich interessierte sie die Empörung der ehemaligen KZ-Insassen und ihrer Interessenvertreter überhaupt nicht, weil diese nun unverrichteter Dinge wieder in ihre Lager und provisorischen Wohnungen abziehen und auf dringend benötigtes Geld für Anschaffungen oder Ausreise verzichten mussten. Es ging vielmehr darum, die öffentliche Stimmung gegen Auerbach zu wenden. Die

Strategie ging auf. Der *Spiegel* beschrieb Philipp Auerbach in seiner Ausgabe von Anfang Februar so: »Wie Cäsar gleichzeitig vier Schreibern Arbeit gab, so saß er massig im Oberhemd mit Brasil hinter seinem Tisch als Cäsar der Wiedergutmachung.«[13] In einer Zeitung wie dem *Wiesbadener Wegweiser* hieß es kurz darauf: »Wir Deutschen haben ein Recht darauf, uns solche Typen näher zu betrachten, und als Blickpunkte seien einige steckbriefliche Angaben gemacht (…). Wenn die amerikanische Staatsanwaltschaft den Anstoß zu dieser Aktion gegeben hat, dann aus demselben Motiv heraus, wie wir die Sache sehen: Sauberkeit im Amt und Ausmerzung einer Typenfigur des Nachkriegsdeutschland, genannt: 1945er!«[14] Von »Auerbach – einem Staat im Staate Bayern« war die Rede in der *Essener Allgemeinen*[15], eine andere Überschrift dort lautete »Anrüchiges aus Auerbachs Keller«. Philipp Auerbach galt da als »Schutzpatron von Verfolgten, Schwindlern und Abenteurern«.[16]

Der Bundesminister des Innern Dr. Robert Lehr schrieb am 12. April 1951 an den bayerischen Justizminister: »Lieber Freund Müller! Es ist nicht nur für mich persönlich sehr wichtig, von diesen Verleumdungen Auerbachs Kenntnis zu haben, sondern es liegt auch im öffentlichen Interesse, diesen Hochstapler unschädlich zu machen.«[17] Binnen kürzester Zeit erwies sich also, wie groß der Abgrund zwischen Deutschen und DPs, zwischen den Repräsentanten der Mehrheit und dem prominentesten Vertreter der Minderheit geworden war.

Der Razzia im Landesentschädigungsamt waren berechtigte Sorgen um Betrug vorausgegangen – und diverse Missverständnisse. Eine Krisenbesprechung nach der anderen in Ministerien, Ermittlungsbehörden und in der amerikanischen Militärverwaltung hatten Politiker, hohe Beamte und Staatsanwälte in den Wochen zuvor auf Trab gehalten, allesamt vertraulich, gelegentlich war Philipp Auerbach als Teilnehmer zugelassen. Alles drehte sich um die Frage, in wie vielen Fällen Haftentschädigungen oder Wiedergutmachungszahlungen überhöht, gefälscht und erschlichen worden waren und ob Mitarbeiter der Auerbach-Behörde davon wussten oder sogar daran beteiligt waren. Den Entschluss, das Amt mit Polizeigewalt zu besetzen, hatte eine Runde unter Führung des Ministerpräsidenten Hans Ehard gefasst, die Details wurden anschließend im Büro des Justizministers Josef Müller geklärt.[18] In einer dramatischen Sitzung am Freitag, dem 26. Januar, hatte der amerikanische Landeskommissar für Bayern, George N. Shuster, dem CSU-Ministerpräsidenten eröffnet, das Münchner Militärdistriktgericht habe angeordnet, das Landesentschädigungsamt umgehend zu schließen und die Akten zu beschlagnahmen. Man sei Fälschungen auf die Spur gekommen. Außerdem habe der Leiter des Amtes, Philipp Auerbach, einen US-Staatsanwalt aus seinem Büro rausgeworfen und jede Bereitschaft zur Kooperation vermissen lassen. Man sei zum Handeln entschlossen, damit kein Beweismaterial verschwinden könne.[19] Die deutschen Politiker wollten der amerikanischen Militärpolizei zuvorkommen und gaben gleich nach der Besprechung bei Josef Müller den Einsatzbefehl an die Münchner Polizei.

Das Thema war eigentlich nicht neu. Immer wieder waren Auerbach und seine Mitarbeiter auf falsche Angaben gestoßen. Sie hatten Anträge abgelehnt oder Geld zurückgefordert. Der Alltag im Amt war sogar eher geprägt von Menschen, die abgewiesen worden waren, sich ungerecht behandelt fühlten und sich lauthals über zu langsame oder zu geringe Entschädigungen beklagten, als von denen, die mit den Entscheidungen der Behörde glücklich waren. Ein typischer Fall war der als Akte 22314/VI/7793 abgelegte Vorgang einer Frau namens Sonia Rieger, die weder in Freilassing wohnhaft noch dort gemeldet war, wie sie angegeben hatte, und mit fadenscheiniger Begründung eine Haftentschädigung verlangte. »Da Sie sich einer schweren Urkundenfälschung schuldig gemacht haben, erkläre ich Sie gemäß § 48–50 des Entschädigungsgesetzes Ihrer Entschädigungsansprüche für verlustig«, schrieb ihr Philipp Auerbach am 19. Juni 1950. Er wies die Frau auf ihr Recht hin, gegen diese Entscheidung zu klagen, setzte jedoch gleich hinzu: »Sollten Sie die Klage erheben, so behalte ich mir vor, Sie für alle Konsequenzen in strafrechtlicher Hinsicht verantwortlich zu machen.«[20] In einem anderen Betrugsfall hatten Auerbachs Leute das bayerische Innenministerium bereits Anfang Mai 1950 informiert. Im September reagierte das Ministerium schließlich. Der zuständige Ministerialdirektor bat jedoch nur um weitere Nachforschungen.

Schon damals war es ein offenes Geheimnis, dass Polizeibehörden, Landrats- und Gemeindeämter allerorten Bescheinigungen ausstellten, die falsch waren, damit Leute Papiere für eine schnelle Ausreise bekamen. Als der Bürgermeister von Gauting wegen solcher Fälschungen angezeigt wurde, drückte er in seiner Entgegnung bloß aus, was viele genauso sahen: »Was wollt ihr denn? Jede Aufenthaltsbescheinigung ist ein Mann weniger. Ich muss sie doch loswerden.«[21] Ende 1950 hatte man 452 gefälschte Bescheinigungen im Landkreis Landsberg entdeckt, 478 in Kaufering. Die Formulare aus 42 bayerischen Gemeinden wurden schließlich nicht länger anerkannt.[22] In München verhaftete man daraufhin den Leiter der Einwohnermeldeabteilung des Polizeireviers 28, weil er in Hunderten von Fällen gefälschte Bescheinigungen ausgestellt und dafür offensichtlich ordentlich kassiert hatte.[23] Die amerikanischen Ermittler hatten zudem zwei polnische DPs festnehmen lassen, die in großem Stil gefälschte Bescheinigungen ausfertigten und dafür große Summen erhalten hatten. Lange hatte niemand an dieser bayerischen Behördenpraxis Anstoß genommen, doch nun konnte oder wollte man das Thema offensichtlich nicht weiter ignorieren.

Als es dann das Landesentschädigungsamt und seinen Chef traf, ließ der Generalstaatsanwalt Dr. Albert Roll keinen Zweifel daran aufkommen, dass Philipp Auerbach zu jeglicher Kooperation bereit gewesen war. »Dr. Auerbach hat sich mir und meinem Mitarbeiter, Oberstaatsanwalt Wieland, gegenüber niemals geweigert, eine Untersuchung im Landesentschädigungsamt vornehmen zu lassen«, schrieb Roll am 10. Februar an das Justizministerium. »Da Dr. Auerbach zur freiwilligen Herausgabe sämtlicher Akten seiner Behörde bereit war, habe ich (…) bei einer Besprechung mit dem amerikanischen Oberstaatsanwalt Noggle in dessen Amtsräumen (Elisenstraße) sowie vorher und nachher gegenüber dem Oberamtmann Mitzdorf vom Präsidium der Landespolizei mich geweigert, eine staatsanwaltschaftliche Beschlagnahme der Akten anzuordnen oder eine richterliche Beschlagnahme zu beantragen (…). Da ich überzeugt war, dass die Polizeibeamten mit der Überprüfung der Akten in den Räumen des Landesentschädigungsamts nun ungehindert beginnen können, war ich völlig überrascht, als mir am Samstag, 27. Januar, vormittags Oberstaatsanwalt Wieland mitteilte, das Landesentschädigungsamt sei in der vergangenen Nacht auf Veranlassung des Ersten Staatsanwaltes Hölper polizeilich besetzt worden.«[24] Als Roll diesen Brief verfasste, hatte man ihm den Fall jedoch bereits entzogen.

Binnen Tagen nach der Razzia stellte sich zudem heraus, dass der amerikanische Landeskommissar Shuster einem Missverständnis oder Übersetzungsfehler aufgesessen war, als er Philipp Auerbach beschuldigte, einem US-Ermittler die Zusammenarbeit verweigert zu haben.[25] Das hielt den Justizminister Josef Müller aber nicht davon ab, seine Kampagne gegen Philipp Auerbach fortzusetzen. Bereits einen Tag vor dem Brief des Generalstaatsanwalts, am 9. Februar 1951, hatte er es sich nicht nehmen lassen, vor dem bayerischen Parlament ausführlich über die noch laufenden Ermittlungen zu berichten. In der Sitzung behauptete er, man habe schon zweifelhafte Zahlungen von mehr als einer Million DM gefunden.[26] Die Auerbach-Behörde stellte er als einen Sumpf aus falschen und betrügerischen Machenschaften dar. Deren Chef aber versuche, die Fälschungen auf deutsche Stellen abzuwälzen (als wäre das Landesentschädigungsamt keine deutsche Stelle). Bei einer CSU-Veranstaltung in Ansbach legte der Justizminister wenige Tage später nach. Er warf Auerbach vor, zum größten Teil selbst am Antisemitismus schuld zu sein, und berichtete von dem Staatsanwalt, den er auf Auerbach angesetzt habe.[27] Nach der Bekanntgabe der ersten Ermittlungsergebnisse, so behauptete Müller vor seinen Zuhörern, seien viele heimatlose Ausländer, vor allem aus der Möhlstraße in München, geflohen. In dieser Stimmung führten die Teilnehmer eines Faschingsumzugs im Leitzachtal nahe Miesbach in Oberbayern eine Strohpuppe mit der Aufschrift »Dr. Sauerbach« mit sich und verbrannten sie unter dem Gejohle der Zuschauer.[28]

In seiner Bestürzung über das Kesseltreiben gegen DPs und seine Behörde schrieb Philipp Auerbach in jenen Tagen einen Brief an den SPD-Vorsitzenden Kurt Schumacher in Bonn.[29] Er benötigte dringend Unterstützung. Typisch Auerbach, holte er dabei gleich ganz groß aus: »Wenn die Sozialdemokratie heute schweigt, wo es um den ersten Angriff auf die Grundrechte des deutschen Volkes geht, wird sie das Recht verlieren wie 1933, am kommenden Mitgeschehen auch nur ein Wort mitzureden. Im vollen Bewusstsein meiner Verantwortung richte ich an Sie, Genosse Schumacher, den dringenden Appell, ehe es zu spät ist (...). Ich stehe mit meinem gesamten Material jederzeit zur Verfügung und möchte Ihnen nur versichern, dass ich nichts getan habe, was ich nicht vor der Welt und der Partei zu jeder Stunde verantworten kann (...). Wir haben schon einmal mit einem Generalstaatskommissar den Polizeistaat Bayern eröffnet und mit der Hitlerei geendet, und es ist mehr als richtig, heute darauf hinzuweisen, dass dieser Missbrauch der Justiz und das Abschießen und Verleumden anständiger Menschen nur zum Zwecke politischer Effekthascherei ein Ende haben muss.«

Inzwischen waren die Ermittler auf Hinweise gestoßen, wonach sich einige Leute mit gefälschten Bescheinigungen offenbar in großem Stil bereichert hatten. Es ging um 111 Fälle aus Baden-Württemberg, bei denen Auerbachs Behörde ebenfalls aktiv geworden war: Den unmittelbar vor der Ausreise stehenden DPs fehlte die zweite Tranche ihrer Entschädigung. Auerbachs Kollegen in Stuttgart hatten ihn gebeten, diese Summe vorzustrecken, und er hatte eingewilligt.[30] Wenige Tage vor Weihnachten 1950 hatte Auerbach deshalb seinen Mitarbeiter Israel Ingster aufgefordert, nach Stuttgart zu fahren und sich darum zu kümmern.[31] Darüber hinaus hatte er auch Rabbiner Ohrenstein gebeten, sich der Sache anzunehmen. Nach den Erkundungen der Münchner Staatsanwaltschaft sah es dann jedoch so aus, als wären diese Entschädigungsfälle erfunden worden. Ende Februar bestellte der Untersuchungsrichter am Landgericht München I Philipp Auerbach zu einer ersten Vernehmung in der Sache ein. Tatsächlich wurde die Lage für Philipp Auerbach immer bedrohlicher, da konnte ihm auch kein prominenter Sozialdemokrat helfen.

Während die Empörung über Auerbachs vermeintliche Machenschaften wuchs, zeigte sich das Land in anderen Fällen nachsichtiger, wenn nicht gar erfreut. Am 31. Januar 1951 war Alfried Krupp aus der Haft entlassen worden, mit ihm ein paar andere Prominente der Nazi-Zeit, wie Hitlers Finanzminister Schwerin von Krosigk. Ursprünglich zu zwölf Jahren Gefängnis verurteilt, hatte Krupp seine Zeit nach den Nürnberger Prozessen bis zu seiner Begnadigung durch General McCloy in Landsberg verbracht. Schon aus der Haft heraus hatte er sich weiter um seine Firma kümmern können. Er verfügte über einen Konferenzraum, in dem er mit seinen Direktoren bei teurem Wein darüber sprach, wie sie vom Korea-Krieg profitieren könnten.[32] Nun ließ er sich von einer Limousine in das Hotel Goggi in Landsberg chauffieren und gab, umringt von Journalisten, Fotografen und Kameraleuten, eine Pressekonferenz in der Bar des Hotels.[33] Er schien die Aufmerksamkeit mehr zu genießen, als zu erdulden. Von Reue keine Spur. »Ich trage den Namen der Familie Krupp. Unsere Hauptaufgabe ist es immer gewesen, auf sozialem Gebiet tätig zu sein«, sagte der Rüstungsindustrielle, in dessen Werken Tausende Zwangsarbeiter hatten schuften müssen. »Ich hoffe, dass es nie mehr nötig sein wird, in die Rüstung zu gehen. Aber mein Leben hat nie von mir abgehangen, sondern vom Ablauf der Geschichte.«[34] Danach zog er sich in sein Zimmer zurück, wo ein Stapel Glückwunsch-Telegramme auf ihn wartete.

Wenige Tage später kam das Landgericht München I, in dessen Zuständigkeit auch die Ermittlungen zu Philipp Auerbach und der spätere Prozess gegen ihn lagen, zu seinem Urteil über den Regierungsdirektor Walter Huppenkothen. Der Jurist, SS-Standartenführer, Abteilungsleiter im Reichssicherheitshauptamt in Berlin und zu Beginn des Krieges Mitglied einer Einsatzgruppe, die im Osten Zehntausende Juden ermordete, hatte noch im April 1945 die Hinrichtung der Widerstandskämpfer Wilhelm Canaris, Hans von Dohnanyi und Dietrich Bonhoeffer in den Konzentrationslagern Sachsenhausen und Flossenbürg verfügt. Ankläger in dem Verfahren gegen Huppenkothen war der Staatsanwalt Wilhelm Hölper. Obwohl Huppenkothen nicht einmal die Minimalregeln für Standgerichtsverfahren der Nationalsozialisten eingehalten hatte, verurteilten ihn die Münchner Richter nur wegen Körperverletzung im Amt: Huppenkothen hatte das Verfahren ohne Rücksicht auf den katastrophalen Krankheitszustand Dohnanyis angesetzt. Dafür erhielt er dreieinhalb Jahre Haft. Insgesamt aber, so die Juristenkollegen des Landgerichts I, seien die Todesurteile gegen Dohnanyi und die anderen wegen »Wahrung des gerichtlichen Gesichts« als rechtens anzusehen.[35]

Philipp Auerbach versuchte unterdessen, seine Arbeit fortzuführen, so als wäre sein Amt nicht besetzt worden. Im März machte er sich im Dienstwagen auf den Weg nach Bonn, wo er unter anderem an einer Besprechung bei Bundespräsident Theodor Heuss teilnahm.[36] Es ging bei seinen Terminen natürlich um die Wiedergutmachung, aber ebenso um die Verhandlungen mit dem Staat Israel. Zu jenem Zeitpunkt observierte die Polizei bereits Auerbachs Wohnung in der Friedrich-Herschel-Straße.[37] Davon wusste er natürlich nichts. Und auch von der Straßensperre hatte er keine Ahnung, welche die Polizei mit mehreren Streifenwagen an der Reichsautobahn bei Obermenzing im Nordwesten Münchens aufgebaut hatte.

Die Beamten hatten an jenem 10. März die Aufgabe, jedes aus Richtung Augsburg kommende Fahrzeug darauf zu kontrollieren, ob Philipp Auerbach darin saß.[38] Man hatte sie darüber informiert, dass der Gesuchte im Laufe des Abends eintreffen würde. Eine Streife übernahm dazu die Überprüfung jedes Pkws, eine zweite war hundert Meter weiter stadteinwärts geparkt. »Es musste mit der Möglichkeit gerechnet werden, dass ein Fahrzeug nicht anhält, und es hätte diesem vom Funkwagen 9 der Weg abgeschnitten bzw. das Fahrzeug dann leichter verfolgt werden können«, schilderte der Kommissar Sutter die Lage zwei Tage später.

Gegen 17.30 Uhr näherte sich Auerbachs schwarzer Dienst-BMW der Ausfahrt Obermenzing. Den Wagen steuerte sein Fahrer Karl Heid. Mit ihm fuhren seine Frau Margit und Dr. Oskar Wolfram. Wegen ständiger Nierenkoliken hätte er ohne seinen Arzt nicht auf die Reise gehen können. Die Polizisten winkten das Auto an die Seite und erklärten Philipp Auerbach, dass er festgenommen sei.

Dann händigten sie ihm eine beglaubigte Abschrift des Haftbefehls aus. Auerbach blieb ruhig. Anders als anscheinend von den Beamten oder ihren Vorgesetzten befürchtet, machte er keinerlei Aufstand. Er ging zunächst sogar davon aus, dass man ihn nach Hause begleiten würde. Ein Beamter ließ ihn jedoch wissen, man habe Anweisung von Vize-Polizeipräsident Dr. Weitmann, ihn direkt in das Polizeipräsidium in der Ettstraße zu schaffen. Ein Polizist setzte sich ans Steuer des BMW, während Auerbachs Fahrer und Arzt in einen Streifenwagen umsteigen mussten. Eskortiert von zwei Polizeifahrzeugen, kam die Kolonne kurz vor 18 Uhr im Präsidium an.

Eine Verhaftung wie in einem billigen Krimi, ein Haftbefehl, in dem von Flucht- und Verdunkelungsgefahr die Rede war – Philipp Auerbach stand nach der Festnahme so unter Schock, dass er zunächst kein Wort sagte. Und als er doch schließlich im Polizeipräsidium zu sprechen begann, wirkten seine Einwände eher müde als aufgebracht. Dr. Wolfram machte sich Sorgen um den Zustand seines Patienten. Er wünschte den Polizeiarzt zu sprechen. Dieser schlug vor, Auerbach in die Krankenabteilung des Gefängnisses Stadelheim zu verlegen. Auerbach lehnte ab und sagte, er wolle wie alle anderen im Polizeigefängnis bleiben.

Dann erklärte ihm ein Kriminalbeamter, dass seine Kollegen die Wohnung der Auerbachs in der Friedrich-Herschel-Straße durchsuchen würden, und forderte ihn auf, alle Schlüssel herauszugeben, um die Wohnung und alle verschlossenen Möbelstücke oder Tresore zu öffnen. Auerbach verlangte, bei der Durchsuchung dabei zu sein. Der Polizist lehnte ab. Man gestattete jedoch seiner Frau mitzufahren. Eineinhalb Stunden lang stellten die Beamten an jenem Abend Zimmer für Zimmer auf den Kopf, nahmen Schriftstücke an sich, öffneten Schränke und einen Lederkoffer voller Papiere und suchten vergebens nach einem Safe. Während sie die Wohnung durchkämmten, rief Margit Auerbach den Rechtsanwalt Joseph Klibansky an und informierte ihn über die Festnahme ihres Mannes. Philipp Auerbach hatte mit dem Frankfurter Verteidiger in der Vergangenheit wiederholt zusammengearbeitet. Die beiden kannten sich auch aus dem Aufsichtsrat der Jüdischen Industrie- und Handelsbank.

Klibansky sollte von nun an neben dem Münchner Anwalt Josef Panholzer Auerbachs Interessen vertreten.

Zwei Tage später wurde Philipp Auerbach dann doch in die Krankenabteilung des Gefängnisses Stadelheim verlegt. Von da an befand er sich in Einzelhaft. Für die Münchner Juristen gab es keinen Zweifel daran, dass Haftbefehl und Isolation berechtigt waren: Einer der mutmaßlichen Strippenzieher bei den Fälschungen, der bei Auerbach angestellte und mit ihm seit Auschwitz gut bekannte Israel Ingster, war auf der Flucht. Ein paar andere Männer aus Ingsters Umfeld hatten sich ebenfalls abgesetzt. Auerbach besaß ein gültiges Visum für die Schweiz und einen nicht genutzten Flugschein für einen PanAm-Flug nach New York.[39] Das alles machte ihn aus Sicht der Juristen verdächtig, sein Heil woanders als in Deutschland suchen zu wollen.

Nur zu gern hörten die Ermittler daher, was ein Mann wie der Ingenieur Helmut Wagner aus Regensburg zu sagen hatte. Der gab vor dem Untersuchungsrichter des Auerbach-Falls unter Eid zu Protokoll: »Aus einer von mir als absolut zuverlässig erachteten Quelle, die ich unter keinen Umständen preisgeben kann (…), habe ich am Ostersonnabend erfahren, dass der Plan bestehe, im Falle einer Haftentlassung des Herrn Dr. Auerbach diesem zur Flucht aus Deutschland zu verhelfen. Zur Durchführung sei vorgesehen die wahlweise Benutzung eines Fahrzeugs der Besatzungsmacht bzw. eines Regierungsfahrzeuges. Ziel soll ein mir nicht bekannter Flugplatz im Bundesgebiet sein, wo bereits seit 5 Tagen ein Flugzeug, wahrscheinlich eine viersitzige Sportmaschine bereitstehe. Wahrscheinliches Ziel sollte zunächst England sein.«[40] (Wagner hatte einige Jahre zuvor als politisch Verfolgter Wiedergutmachungsansprüche gestellt. Auerbach hatte deren Anerkennung abgelehnt, weil Wagner nach den Erkenntnissen seiner Behörde allein aus kriminellen Gründen verhaftet worden war.)[41]

Die Verhaftung muss ein großer Schock für Philipp Auerbach gewesen sein. Schon in seiner ersten Vernehmung behauptete er Dinge, die für die Ermittlungen belanglos, aber offenkundig falsch waren. Etwa, dass er an der Talmud-Tora-Schule in Hamburg das

Abitur gemacht habe. Dazu kamen Angaben, die mindestens zweifelhaft waren. Hatten seine einstigen Firmen in Belgien jemals wirklich bis zu 2000 Mitarbeiter beschäftigt? Andererseits machte er viele Aussagen, die stimmten. Es mit der Wahrheit nicht so genau zu nehmen und sich größer und bedeutender zu machen, als er war, gehörte stets zu Auerbachs Charakterzügen. Aber weshalb tat er das sogar vor den ihn vernehmenden Juristen? Er musste damit rechnen, dass einige seiner Behauptungen schließlich widerlegt werden würden. Seine Glaubwürdigkeit war das Wichtigste, was er hätte schützen müssen. Ob sie angesichts der öffentlichen Kampagnen gegen ihn und sein Amt ausreichend gewesen wäre, mochte man mit guten Gründen infrage stellen. Aber sie war seine beste Chance, vermutlich seine einzige, um wenigstens einen Rest von Autorität und ein gewisses Maß an Einfluss – selbst aus der Haft heraus – zu bewahren. Er nutzte sie nicht. Er bewegte sich offenbar lieber in den Fantasiegebilden eines frisierten Lebenslaufs, statt sich der Wirklichkeit seiner Biographie mit all ihren Höhen und Tiefen zu stellen.

Um ihn besser zu verstehen – oder um sich einer möglichen Erklärung für sein Verhalten wenigstens anzunähern –, ist es sinnvoll, Philipp Auerbach nicht nur als großherzig, großartig, bisweilen großkotzig zu begreifen, sondern ihn als einen von Zweifeln und Ängsten, von Schuldgefühlen und enttäuschten Hoffnungen geplagten Menschen, also als traumatisiert zu sehen. Welche Verletzungen in frühester Kindheit und Jugend, welche komplizierten Strukturen in der Familie auch immer einen Anteil daran gehabt haben mochten, dass er so war, wie er war – Exil, Haft, Erniedrigung und ständige Angst vor Folter und Ermordung dürften Menschen wie ihn noch stärker geprägt haben. Auf ihn traf vermutlich zu, was Paul Matussek, Leiter der Forschungsstelle für Psychopathologie und Psychotherapie der Max-Planck-Gesellschaft, formuliert hat, nachdem er zwischen 1958 und 1962 insgesamt 245 ehemalige KZ-Häftlinge untersucht hatte: »Die KZler sind in gewisser Hinsicht noch immer im KZ: Denn um die Belastungen auszuschalten, müsste die Gesellschaft anders aussehen, als sie tatsächlich ist, d. h., sie müsste bereit sein, die in der Geschichte wohl furchtbarste Anklage auch innerlich zu akzeptieren.«[42]

Bei der Konfrontation zwischen Staatsgewalt und Staatskommissar, zwischen Politikern und jüdischem Funktionär ging es ja nie bloß um Unzulänglichkeiten und Verfehlungen oder um mögliche Verstöße gegen bestehende Gesetze. Die Art der Auseinandersetzung war geprägt von dem tiefen Misstrauen zwischen nichtjüdischen Deutschen und Juden. Dieser Konflikt war in den Jahren zuvor in einem industriellen Massenmord an Millionen Juden eskaliert. Auch wer als Deutscher kein Täter und als Jude kein Opfer der Todesmaschinerie geworden war, konnte der Polarität nicht entkommen. Mittendrin aber befand sich Philipp Auerbach: Er war nicht wie so viele andere, ob Juden oder Nichtjuden. Er passte in kein Klischee. Umso mehr presste man ihn hinein. Hassten sie ihn vielleicht, weil er für einen Juden ziemlich stattlich geraten war? Fürchteten sie ihn, weil er für einen Juden unverschämt laut werden konnte? Beneideten sie ihn womöglich, weil er als Jude nach dem Krieg so schnell so enge Verbindungen mit den amerikanischen Siegern geknüpft hatte? Und feixten sie schließlich, weil auch dieser gerissene weltgewandte Jude seinem vermeintlich verdienten Schicksal nicht entgehen konnte?

Es gibt keinerlei Schriften, in denen Philipp Auerbach sich über seine Gegner oder generell über die anderen detaillierte Gedanken gemacht hätte. Jude zu sein – für seinen Bruder Walter war das eine Zuschreibung gewesen, gegen die er sich zur Wehr setzte. Er wollte als linker Gegner der Nazis gesehen werden, ein Feind aus politischen, nicht aus rassischen Gründen. Philipp dagegen wollte Jude sein, ein deutscher Jude sogar. Also suchte er lange den Schulterschluss mit den in seinen Augen guten Deutschen und weigerte sich, Deutschsein an sich schon für das Problem zu halten, wie es viele andere Überlebende taten. Damit verbot er sich offenbar auch, in diesen Deutschen und ihrer Ablehnung seiner Person etwas grundsätzlich Antisemitisches zu sehen, obwohl so viele Angriffe auf ihn so ungeheuer persönlich daherkamen. Doch je länger sich die Ermittlungen hinzogen, umso schwerer wurde es, eine solche Sicht der Dinge durchzuhalten. Selbst diejenigen, die er auf seiner Seite wähnte, wandten sich ab.

Kurz vor seiner Verhaftung war Auerbach in den Zentralrat der Juden aufgenommen worden.[43] Natürlich protestierten dessen Mitglieder nun im Namen der deutschen Juden gegen Vorverurteilungen und Antisemitismus. Zugleich lavierten sie, weil sie um die Wiedergutmachung insgesamt fürchteten.[44] Einigen von ihnen war Auerbach ohnehin stets zu vorlaut und zu mächtig gewesen. Der SPD-Finanzminister Zorn beurlaubte den Behördenchef Auerbach im Februar und schickte ihm die Kündigung zum Juni, nachdem er zunächst noch versucht hatte, ihn gegen seine Gegner in der Regierung in Schutz zu nehmen.[45] Der Amerikaner Shuster hatte zwar die Razzia erst ins Rollen gebracht, als er zu Unrecht behauptet hatte, Auerbach habe sich gegenüber einem US-Staatsanwalt ungebührlich benommen, tat aber nun so, als sei alles eine rein deutsche Angelegenheit.[46] Eine gewisse Rolle dürfte bei ihm aber auch gespielt haben, dass der Repräsentant der IRSO in Deutschland sich heftig bei ihm über Auerbach beklagt hatte, weil der sich beharrlich weigerte, alle Entschädigungen und die Verhandlungen darüber den Vertretern des Weltjudentums zuzugestehen.[47] Auerbach bestand stets auf der Beteiligung der deutschen Juden.

Der Wind hatte sich wahrhaft gedreht. Kaum jemand schien noch davon auszugehen, dass Philipp Auerbach richtig gehandelt hatte oder dass ihm Unrecht geschah.[48] Die DPs bildeten da neben seiner Frau die Ausnahme. Aber sie zählten nicht viel. Erstens waren sie seine Klientel, die Kostgänger seiner Behörde. Zweitens spielten sie als vor allem osteuropäische Juden ohne festen Wohnsitz in der Wahrnehmung der Deutschen entweder eine fragwürdige oder überhaupt keine Rolle.

Die Bundesrepublik war selbstständig geworden, selbstbewusster, und ihre Repräsentanten entledigten sich nun der Leute, die dabei störten. Man hatte es ja schon weit gebracht in diesen Jahren des beginnenden Wirtschaftswunders. Selbst mit dem Judenstaat Israel würde man bald übereinkommen. Für die Verhandlungen über Reparationen, an denen in einem frühen Stadium Philipp Auerbach einmal beteiligt gewesen war, hatte man sich nicht zufällig für Hermann Josef Abs entschieden.[49] Der mochte als Repräsentant der Deutschen Bank zweideutig in seinem Verhältnis zum Nationalsozialismus gewesen sein. Aber er war eindeutig die beste Wahl, um zu verhindern, dass sich die Deutschen in den Gesprächsrunden in London über den Tisch ziehen ließen.

Philipp Auerbach fühlte sich schwach und krank in seiner Einzelzelle in Stadelheim. Bei einem Haftprüfungstermin am 19. März 1951, eine Woche nach der Festnahme, erklärte Dr. Wolfram, der Auerbach seit August 1947 als Hausarzt behandelte, er halte seinen Patienten nicht für haftfähig. Der Internist Professor Alfred Schittenhelm kam zum selben Ergebnis: »Dr. A. befindet sich in einem Krankheitszustand, der entschieden als bedenklich bezeichnet werden muss (...). Die Haft wird für Dr. A. zweifellos schädlich, evtl. sogar lebensbedrohlich sein. Am ratsamsten wäre das Zurückbringen von Dr. A. in sein gewohntes Milieu.«[50] Der Patient litt nach Auskunft des Internisten an Funktionsstörungen der Hypophyse, Cushing, Nierensteinen, Herzbeschwerden und Diabetes. Dazu nahm Staatsanwalt Hölper Stellung: »Die in dem Gutachten von Professor Dr. Alfred Schittenhelm ausgeführten Krankheiten des Beschuldigten sind aber in ihren psychischen und physischen Auswirkungen nicht derart, dass sie die Haftgründe der Verdunkelungsgefahr und des Fluchtverdachts auszuschließen vermögen.«[51] Er lehnte eine Entlassung aus dem Gefängnis ab. Der Ermittlungsrichter in dem Fall, der Landgerichtsrat Franz Amann, ordnete am 24. März immerhin an, dass Philipp Auerbach in die Privatklinik Josephinum am Englischen Garten verlegt werden sollte.

Dort erhielt er ein Zimmer direkt unter dem Dach, stets bewacht von zwei Polizisten vor der Tür. Er befand sich nun in der Obhut guter Ärzte. Das änderte jedoch nichts an der Ohnmacht, mit der er der Entwicklung des Landes, seines Amtes und seines Falles zuschauen musste. Herz- und Kreislaufbeschwerden, Koliken mit starken Schmerzen bestimmten weiter seine Tage, Angst- und Erregungszustände seine Nächte, bis die Medikamente ihre Wirkung entfalteten.

In solcher Lage verwundert es nicht, wenn einer die Schlaf- und Beruhigungsmittel, die er benötigt, zunächst mal nur in Gedanken dafür verwendet, einen Schlussstrich unter sein Leben zu ziehen. Um dann an einem besonders düsteren Tag solchen Gedanken die Tat folgen zu lassen. Bei Philipp Auerbach war es am 9. April 1951 so weit, nach einem Monat in Untersuchungshaft, nach einem Monat des Stakkatos permanenter Beschuldigungen in Zeitungen, Rundfunk und Parlament, nach einem Monat fortlaufender Verhöre, in Aufregung versetzt durch das Gezerre medizinischer Gutachter um die Schwere der körperlichen Beschwerden und die daraus zu ziehenden Konsequenzen, zermürbt von Koliken und anderen Schmerzen. Philipp Auerbach hatte anscheinend einen Punkt erreicht, an dem er dem Elend ein Ende setzen wollte.[52]

Man fand ihn morgens bewusstlos im Mansardenzimmer des Josephinums, nachdem er mehrere Luminal-Tabletten geschluckt hatte, ein zu jener Zeit weit verbreitetes Schlafmittel, das Barbiturate enthielt.[53] Das Röhrchen dazu lag noch in der Dachrinne. Doch bald kam Philipp Auerbach wieder zu sich; sei es, weil die Menge der Pillen, die er sich besorgt hatte, zu gering war, sei es, weil er seinem Leben nicht wirklich ein Ende hatte setzen wollen, sondern nur einen Ausdruck für seine Verzweiflung gesucht hatte und diese seiner Umgebung mitteilen wollte. Zwei Tage lang wirkte er verwirrt, benommen, schlief immer wieder ein, bevor sich sein Körper erholt hatte. Seine Frau Margit machte sich natürlich große Sorgen. Seine Anwälte waren alarmiert.

Die Anschuldigungen und Verunglimpfungen gingen währenddessen weiter. Einen Monat nach dem versuchten Selbstmord, am 24. Mai, schrieb die Zeitung *Christ und Welt* über Philipp Auerbach in München: »Dort wurde er Selbstherrscher: er hatte gute Beziehungen zu den Amerikanern und er hatte eine vortreffliche Personenkartei zum Privatgebrauch, er konnte manchen ans Messer der Spruchkammer liefern, der sich etwa querlegen wollte. Er hatte erlebt, wie man Leute terrorisiert und nun terrorisierte er seinerseits. (…) Er war ein Bulle, robust und skrupellos, man hat ihn einen ›Nazi aus jüdischer Familie‹ genannt. (…) Sein Amt war so chaotisch wie die Zeiten und Zustände, aus denen heraus es entstand; in ihm sammelte sich die Spreu, die der Sturm auf den deutschen Schuttabladeplatz geweht hatte, der vom Dritten Reich übrig geblieben war. Sehr wahrscheinlich, dass Philipp Auerbach ins Zuchthaus gehört. Aber nicht, weil er Philipp Auerbach ist, sondern weil er einer aus der Reihe derer ist, die auch ins Zuchthaus gehören.«[54]

Ein zäher Sommer 1951 stand Philipp Auerbach bevor. Insgesamt 27-mal verhörten die Ermittler ihn zwischen Februar und November 1951.[55] Staatsanwaltschaft und Polizei fanden offensichtlich nicht genug, um die Ermittlungen zu beschleunigen und einen Prozesstermin anberaumen zu können. In der Familie Auerbach wurde das Geld knapp, denn Philipps Behandlung im Josephinum war teuer. Bald schon musste Margit Mobiliar und Auto versetzen. Ihr blieb nichts anderes, als die Wohnung in der Friedrich-Herschel-Straße aufzugeben, und mit der kleinen Ruth bei ihrer Mutter Maria Panzner in der Plinganserstraße 142a einzuziehen. In einem Vertrag vom August 1951 erklärte sich Maria Panzner bereit, ihre monatlichen Ersparnisse und Einkommen für Margit und Ruth zur Verfügung zu stellen: »Sind auch in Zukunft darauf angewiesen.« Dafür überschrieben ihr Margit und Philipp Auerbach alle Einrichtungsgegenstände ihrer Wohnung in der Friedrich-Herschel-Straße einschließlich der Bilder, Teppiche und des Porzellans. Bereits am 2. Juli 1951 hatte Margit den Volkswagen Standard der Familie an Stelle eines Honorars an den Rechtsanwalt Josef Panholzer abgetreten.[56] Der überließ Margit das Auto zur weiteren Nutzung. Nicht nur ein leeres Bankkonto und Schulden drückten die Stimmung. Wer die Nachrichten verfolgte, hatte keinen Grund anzunehmen, dass das Schicksal der deutschen Juden, geschweige denn das ihres prominentesten Vertreters und seiner Familie sich zum Besseren wenden würde.

Die Bundesrepublik und ihre Bürger richteten sich gerade in der Nachkriegszeit ein. Die Vertriebenen demonstrierten in großen Aufmärschen für ihre Rechte und verlangten lautstark mehr Hilfe, als man ihnen bisher gewährt hatte. Dabei fanden sie Gehör in der Regierung des Kanzlers Adenauer. Je mehr die Deutschen ihr Land wieder in Besitz nehmen durften, umso deutlicher unterschied man zwischen denen, die dazugehörten, und den Anderen. Die umfassende Entnazifizierung von Tausenden Parteigenossen, die Rückkehr von Beamten und Richtern in den Staatsdienst und in die alten Positionen, die Wiederaufnahme von Industriellen wie Alfried Krupp und der Manager der I.G. Farben in den Kreis der hofierten Wirtschaftsführer verstärkten diese Gegensätze. Nicht bloß jüdische Funktionäre wie Philipp Auerbach fanden sich auf der anderen Seite wieder. Nicht allein kommunistische Politiker erlebten, dass sie wieder Aussätzige wurden. Selbst viele Sozialdemokraten schienen den Konsens zu stören.

Politiker wie Bayerns früherer SPD-Ministerpräsident Wilhelm Hoegner standen als Exilanten stets unter Verdacht, keine Ahnung von den Zumutungen des Bombenkriegs der Alliierten und des Lebens unter der Nazi-Herrschaft zu haben. Sie hatten es sich gewissermaßen in der Ferne fein gemacht. Ein Mann wie Willy Brandt musste sich noch Jahrzehnte später als Vaterlandsverräter verunglimpfen lassen, während Leute wie Robert Lehr oder Fritz Schäffer als Minister im Kabinett Adenauer Karriere machten, obgleich sie einst mit den Totengräbern der ersten deutschen Demokratie sympathisiert hatten. Oder ihnen wie Theodor Oberländer zu Diensten gewesen waren. Und Josef Müller? Er hatte nichts weiter als seine juristische Expertise als Anwalt zur Verfügung gestellt, um Juden ihr Vermögen abzuschwatzen, bei Bedarf mit Drohungen nachzuhelfen, und war später mit den Nazis in Konflikt geraten. Was hatte sich solch ein Mann überhaupt vorzuwerfen? Ein Mitläufer, ein Karrierist, ein kleiner Nazi gewesen zu sein, schloss einen nicht aus. Nazi-Gegner und Reichsflüchtlinge hingegen waren suspekt. Sie störten die Nachkriegsordnung.

Bereits im April 1951 hatte der Bundestag in Bonn den sogenannten Artikel 131 beschlossen.[57] Dieser sicherte Beamten, die am Tag der deutschen Kapitulation einen öffentlichen Posten bekleidet und sich keiner Kriegsverbrechen schuldig gemacht hatten, zu, wieder in den Staatsdienst aufgenommen zu werden. Hinterbliebene dieser Beamten hatten Anspruch auf Pensionen. Am Beispiel Bayerns lassen sich die Folgen dieser Regelung aufzeigen: Ende 1948 waren 20 682 von 49 026 Beamten in der Verwaltung des Freistaats Mitglieder der NSDAP gewesen. Von denen hatte man 6239 Parteigenossen gleich im Dienst behalten. 14 443 waren entlassen worden, wurden dann ab Mai 1951 aber aufgrund des Artikels 131 wieder eingestellt.[58] Im Gegensatz dazu hatten nur 265 politisch und 92 rassisch Verfolgte eine Stelle beim bayerischen Staat gefunden.[59] Während die Hinterbliebenen hingerichteter Widerständler oft Jahre darum kämpfen mussten, irgendeine staatliche Unterstützung zu erhalten, bezog die Witwe Roland Freislers, des Volksgerichtshofspräsidenten, eine Pension. Diese wurde obendrein regelmäßig erhöht, entsprechend den Beförderungen, die ihr Mann erlebt hätte, wäre er nicht kurz vor Ende des Krieges bei einem Bombenangriff in Berlin ums Leben gekommen.[60]

Heute lässt sich nicht mehr feststellen, wie genau Philipp Auerbach in jenem Sommer 1951 die Entwicklung der Bundesrepublik verfolgte. Sein Interesse für die Welt außerhalb von Gefängniszelle und abgeschirmtem Krankenzimmer dürfte aber dadurch eingeschränkt gewesen sein, dass er immer wieder vom Untersuchungsrichter vorgeladen wurde, mit seinen Anwälten konferierte oder Zeit mit seiner Frau Margit verbrachte, deren Lage immer prekärer wurde. Von seinem Bruder Walter erhielt er aufmunternde Briefe. Auch Margit stand im Austausch mit ihm. Zugleich gibt es keine Hinweise darauf, dass sich Walter, zu jener Zeit bereits Staatssekretär im niedersächsischen Arbeits- und Sozialministerium, besonders für seinen inhaftierten Bruder eingesetzt hätte.

Wahrscheinlich schöpfte Philipp Auerbach trotz aller Widrigkeiten sogar noch einmal Hoffnung. Der bayerische Landtag hatte bereits im Frühjahr 1951 beschlossen, einen parlamentarischen Untersuchungsausschuss einzurichten, um den Unregelmäßigkeiten im Landesentschädigungsamt auf den Grund zu gehen. Der nahm schließlich im August seine Arbeit auf. Da Auerbach sich bei all seinem Tun als Generalanwalt für die Wiedergutmachung im Recht sah, ging er davon aus, seine Sicht der Dinge vor dem Ausschuss im Maximilianeum vortragen zu dürfen. Er wusste zudem um die vielen Gegner, die Justizminister Müller selbst in der eigenen Partei hatte. Da bot sich ihm vielleicht eine Chance, den Kampf mit seinem ärgsten Widersacher aufzunehmen.

Tatsächlich zeigte sich bereits zu Beginn der Anhörungen des Parlaments, die sich drei Jahre hinziehen sollten, dass den vollmundigen Ankündigungen von Justizminister und Ermittlungsbehörden über die Missstände im Landesentschädigungsamt und die Verfehlungen ihres Leiters meist dünne Ergebnisse folgten. Die Nachforschungen quälten sich voran, angeblich angesetzte Termine für die Eröffnung des Prozesses gegen Philipp Auerbach wurden Mal um Mal verschoben. Mitte September 1951, acht Monate nach der Razzia in der Arcisstraße und fünf Monate nach der Festnahme Auerbachs, beschrieb Manfred George, Chefredakteur des New Yorker *Aufbau,* unter dem Titel »Justiz-Skandal Auerbach« die Lage wie folgt:

> In einem Münchner Krankenhaus liegt, bewacht von Polizisten, der frühere Leiter des Bayerischen Landesentschädigungsamtes, Philipp Auerbach. Er wartet. Wartet darauf, dass er endlich entlassen oder vor Gericht gestellt wird. Der Mann, den man pausbackig, dick und mit flinken Augen über seine Brille lugend kannte und der immer unter dem gewaltsamen Drang seiner Arbeitskraft wie eine Lokomotive unter Dampf stand, ist heute auf einen Besuch seiner Frau in der Woche und Besuche seines Anwalts angewiesen. Er ist ein kranker Mann, darüber ist kein Zweifel. Am kränksten aber macht ihn die Unmöglichkeit, etwas zu tun. Infolgedessen redet er ununterbrochen mit seinen Wärtern und hält Verteidigungsreden vor einem Ein-Mann-Publikum.
>
> Monate und Monate sind vergangen, seitdem man Auerbach wegen aller möglichen Verbrechen in seinem Wagen auf der Landstraße in dramatischer Form verhaftete. Aber immer weiß man noch nicht, was eigentlich los ist (…). Es ist eine Justizkomödie gegen Auerbach im Gange, die an die Gerichtsverfahren hinter dem Eisernen Vorhang erinnert. Auerbach ist genauer

untersucht, verhört und analysiert worden als irgendein gewöhnlicher oder Kriegsverbrecher in Deutschland seit 1945. In den vergangenen siebeneinhalb Monaten haben nicht weniger als hundertzwanzig der fähigsten Detektive und Beamten Bayerns die Fakten des »Falles Auerbach« durchforscht. Sie sind in alle Schubladen, alle Ritzen und die Wohnungen aller Beteiligten gekrochen. Was ist herausgekommen? Alle entscheidenden Beschuldigungen sind bisher unbewiesen. Es ließ sich nichts finden, was den Hauptangeklagten des Justizministers Müller und seiner Leute Beweisinhalt geben könnte. Vor dem parlamentarischen Untersuchungsausschuss teilte sogar der Staatsanwalt Wilhelm Hölper in diesen Tagen mit, dass zwar dem Bayerischen Staat aus gefälschten Feststellungsbescheiden und unzulässigen Krediten ein Schaden von mehreren Millionen Mark entstanden sei. Aber weder Auerbach noch anderen Angestellten des Landesentschädigungsamtes sei eine Beteiligung an den Fälschungen nachzuweisen.[61]

Das Warten auf einen Prozess ist vermutlich für jeden Angeklagten zermürbend. Wer von seiner Schuld weiß, wird nichts anderes erwarten als den bangen Augenblick, da das Urteil über ihn gefällt wird. Wer von der eigenen Unschuld überzeugt ist, dem dürfte zusetzen, dass ein Gericht zu einer anderen Entscheidung kommen könnte. Das gilt vor allem dann, wenn es da draußen, außerhalb des Untersuchungsgefängnisses, Leute gibt, die vor nichts zurückschrecken, was einen Schuldspruch befördern würde. Das war die Situation, in der Philipp Auerbach sich befand.

Zugleich drückten ihn die Schulden. Am 19. November schrieb er deshalb einen Brief an das Landgericht München I: »Ich muss zu meinem Leidwesen dem Herrn Vorsitzenden der Strafkammer mitteilen, dass ich nicht weiter in der Lage bin, die hohen Kosten der Privatklinik verbunden mit den Kosten für Herrn Prof. Kielleuthner weiterhin zu bezahlen. Meine Frau war bereits gezwungen, fast mein gesamtes bewegliches Eigentum – unbewegliches besitze ich leider nicht, außer der Familiengrabstätte auf dem jüdischen Friedhof zu

Hamburg – zu veräußern, um diese hohen Klinikkosten, die bereits 10 000 DM überstiegen haben, zu decken. Ich bitte daher, mich von diesen Kosten zu entlasten und mit mir dasjenige zu tun, was der Hohe Gerichtshof glaubt vor Gott und seinem Gewissen verantworten zu können.«[62] So endete das Jahr 1951.

Am 2. Januar 1952 stimmte Auerbachs alter Widersacher Bundesinnenminister Robert Lehr dem Vorschlag zu, den früheren Leiter der Sicherheitspolizei in Mailand, Theo Saevecke, zum Kriminalkommissar im Bundeskriminalamt zu ernennen. Als Gestapo-Chef in Norditalien war Saevecke an der Deportation von Juden und der Erschießung von Geiseln beteiligt gewesen. Noch wenige Monate zuvor hatte die CIA jede Anstellung Saeveckes im Staatsdienst für unmöglich gehalten.[63]

Um dieselbe Zeit geriet Josef Müller in den Strudel der Ermittlungen beim Landesentschädigungsamt. In der Post des Auerbach-Anwalts Panholzer tauchten im Januar eidesstattliche Erklärungen auf, die den Justizminister beschuldigten, ebenfalls Geld aus der Geschäftemacherei im Landesentschädigungsamt angenommen zu haben. Das behaupteten ehemalige Mitarbeiter aus dem Umfeld Israel Ingsters, die sich inzwischen nach Israel abgesetzt hatten.[64] Panholzer informierte den CSU-Ministerpräsidenten Ehard darüber und schickte Kopien des Schreibens an einige andere Politiker. Am 31. Januar konfrontierte Ehard seinen Justizminister mit den Vorwürfen.[65] Müller stritt zunächst alles ab, gab dann aber im Laufe des Gesprächs zu, im Jahr 1950 von Landesrabbiner Aaron Ohrenstein insgesamt 20 000 Mark erhalten zu haben. Davon habe er ein Jahr später, als die Staatsanwaltschaft auch gegen den Rabbiner zu ermitteln begann, 15 000 Mark zurückgezahlt und 5000 Mark für karitative Zwecke gespendet. Müllers parteiinterne Widersacher, angeführt von Alois Hundhammer, forderten ihn zum Rücktritt auf, waren damit aber in der CSU in der Minderheit. Der Justizminister blieb vorerst, wenngleich angeschlagen, im Amt. Der Vorgang verschaffte Auerbach jedoch weder besondere Genugtuung noch Erleichterung.

Wie wenig man bereit war, auf ihn und seinen bedenklichen Gesundheitszustand Rücksicht zu nehmen, zeigte ein Streit zwischen seinen Ärzten und einem von der Staatsanwaltschaft bestellten Gutachter. Auerbach war nach wie vor unter Bewachung in der Privatklinik Josephinum untergebracht. Nur hatte der Staat einen Großteil der Kosten für Unterbringung und Behandlung übernommen. Die Staatsanwaltschaft bestellte Professor Dr. Werner Wagner vom Institut der Deutschen Forschungsanstalt für Psychiatrie in München, um zu überprüfen, ob Auerbach tatsächlich weiter in einer Privatklinik behandelt werden musste oder ob er in die Krankenabteilung des Gefängnisses Stadelheim verlegt werden konnte. In seinem Gutachten schrieb der Psychiater, einst NSDAP-Mitglied und Militärpsychiater[66]: »Dr. A. hat die seit 10 Monaten andauernde Haft verhältnismäßig gut überstanden. Eine gewisse psychische Labilität, wie sie Dr. A. zeigt, ist bei der Situation, in der er sich befindet, durchaus natürlich. Schwere depressive Verstimmungszustände oder gar abnorme Haftreaktionen hat Dr. A nicht geboten (…). Wie das bei Häftlingen häufig der Fall ist, besteht auch bei Dr. A. eine gewisse Neigung zur Überbewertung eines Teils seiner Beschwerden (…). Meiner Meinung nach kann Dr. A. auch ohne weiteres in einer städtischen oder staatlichen Klinik untergebracht werden.«[67]

Dagegen kamen der Internist Professor Alfred Schittenhelm und der Urologe Professor Ludwig Kielleuthner, Chefarzt des Josephinums und Auerbachs behandelnder Arzt, zu folgendem Ergebnis: »Seit ungefähr 12–14 Tagen ist ein starker Abbau der körperlichen und geistigen Kräfte eingetreten. Der Patient leidet (…) an heftigen Schmerzen am rechten Arm und an der rechten Schulter. Er ist behindert in den täglichen Bewegungen, kann sich keine Krawatte binden, nicht in einen Rock allein schlüpfen (…). Die Schmerzen in den Nieren bestehen periodisch weiter: ständig ist im Harn Eiweiß zu finden, ständig sind harnsaure Kristalle, harnsaure Tafeln, Zusammenballungen von diesen Kristallen in Form von Sand und Gries zu sehen. Zweimal habe ich selbst den Abgang von wirklichen Steinen gesehen. (…). Neben diesen körperlichen Beschwerden ist eine deutliche Abnahme der bei dem Herrn Dr. A früher so lebhaften Reaktionen zu bemerken. Während früher jede Nachricht sofort heftig kommentiert wurde, hat sich jetzt eine gewisse Apathie eingestellt. (…) Sein früher so ausgezeichnetes Gedächtnis ist wohl noch recht beachtlich, aber nicht mehr so blitzartig in seinen Einzelheiten zur Verfügung stehend. Es mag dabei wohl auch die hohe Dosis von Schlafmitteln und Nervenmitteln in Betracht kommen, die aber bei der schweren Schlaflosigkeit des Kranken unentbehrlich sind (…). Für die beste, ja zur Zeit einzig wirksame therapeutische Beeinflussung dieser beiden Erkrankungszustände halten wir die Haftentlassung und damit die Lösung der seelischen und nervösen Spannungen.«[68]

Die beiden Ärzte äußerten Zweifel an der medizinischen Einschätzung ihres Kollegen Wagner: »Was die Zuckerkrankheit anbelangt, so stellt er die unrichtige Behauptung auf, dass diese sich in der Haft gebessert habe.« Sie informierten zudem Auerbachs Anwalt darüber, dass Wagner im Gespräch mit Kielleuthner gesagt habe, Auerbach habe den Staat um drei Millionen betrogen. »So jemanden könne man nicht aus der Haft entlassen. Er wird die Freiheit zur Flucht benutzen.« Und gegenüber Schittenhelm habe Wagner den Wunsch geäußert, man möge Auerbach in einem großen Saal unterbringen, »wo ihm Hören und Sehen vergehen wird«.[69]

Auerbachs Anwälte beantragten, den Gutachter Wagner wegen Voreingenommenheit abzulehnen. Während des Zweiten Weltkriegs war dieser Leiter eines Lazaretts gewesen, in dem sogenannte Kriegsneurotiker mit Stromschlägen therapiert worden waren. Das Landgericht sah keinen Grund für die Bedenken der Anwälte. Wagner habe, so der Ermittlungsrichter, mit Recht darauf hingewiesen, dass gerade die Kriegsereignisse gezeigt hätten, wie widerstandsfähig der kranke Mensch psychischen Belastungen gegenüber sein könne.[70] Auf die Frage, ob der Gutachter voreingenommen war und andere als medizinische Aspekte bei seiner Empfehlung berücksichtigt hatte, ging das Gericht nicht ein. Diese Entscheidung veranlasste den Anwalt Panholzer zu der Bemerkung: »Das Gericht hat keine Ahnung von dem traurigen Anblick, den die Leiden und die fast unausstehlichen Schmerzen Herrn Dr. Auerbach bereiten. Ich muss mich von dieser Tatsache leider fast täglich überzeugen.«[71]

Inzwischen, so musste man den Eindruck haben, war jeder verdächtig, der mit Philipp Auerbach zusammengearbeitet hatte. Die Polizei schickte ihre Beamten aus, um die Angestellten des Landesentschädigungsamtes zu überprüfen. Ihre Berichte lesen sich wie billige Denunziationen. Da ist die Rede von einer Kontoristin, die mit einem Pelzmantel auftaucht, von der neuen Kücheneinrichtung eines umgebauten Hauses, vom Anschaffen eines Autos. In einem anderen Fall heißt es: »Die Besuche waren in den Wohnungen sehr häufig, wobei sehr oft wüste Gelage stattgefunden haben, und es sei vorgekommen, dass sich die Betrunkenen über den dortigen Balkon in den Hof erbrechen mussten. Sakharov besaß auch einen Pkw, mit dem er und das Ehepaar Hofmann häufige Fahrten machten. Weiter bestand ein intimes Verhältnis mit dem jüdischen Metzger Schwarzberg. Die Frau Hofmann wurde wiederholt im Bereich der Möhlstraße und am Hauptbahnhof gesehen, und es wurde die Vermutung geäußert, dass sie sich dort mit unlauteren Geschäften befasse. Auch soll sie sich wiederholt in die Ostzone begeben haben.«

Über den LEA-Angestellten Ludwig Joelsohn schrieb der Kriminalkommissar Kandlbinder vom Polizeiamt West: »Er wurde täglich gegen 7.30 Uhr mit einem schwarzen Volkswagen von seiner Wohnung Lampadiusstraße 24 abgeholt, und gegen 15 Uhr wurde er täglich mit dem gleichen Wagen in Begleitung seiner Sekretärin in seine Wohnung zurückgebracht. Zu welchem Zeitpunkt die angebliche Sekretärin die Wohnung des Joelsohn verließ, konnte nicht in Erfahrung gebracht werden.« Die Buchhalterin Gretl Kuntze hingegen hatte sich »um die Weihnachtszeit 1950 einen wertvollen schwarzen Pelzmantel und in der letzten Zeit ebenfalls ein wertvolles Abendkleid sowie ziemlich viel Leibwäsche angeschafft«.[72]

In diesem Klima entschied das Landgericht München I schließlich im April 1952, das Strafverfahren gegen den Mann zu eröffnen, der im Zentrum aller Ermittlungen und Verdächtigungen gestanden hatte. Philipp Auerbach befand sich zu jenem Zeitpunkt bereits seit mehr als einem Jahr in Untersuchungshaft – und er war ohne jeden Zweifel schon lange ein schwer kranker Mann.

KAPITEL 14

München, 14. April 1952

Der Prozessmarathon begann an einem Montag. Ein Wort-Protokoll der Verhandlung existiert nicht mehr, obwohl der Berichterstatter des Gerichts etwa 4000 Seiten füllte.[1] Den detaillierten Ablauf der mal hitzigen Auseinandersetzungen, mal langatmigen Aussagen und Erklärungen in den vier Monaten hatte zudem die Sekretärin von Auerbachs Anwalt Klibansky auf 72 Blöcken mitstenografiert.[2] Auch sie sind verschwunden. Im Nachlass des 1957 verstorbenen Juristen gibt es sie nicht. Grundlage für eine Beschreibung des Prozesses sind darum die heute zugänglichen Akten des Gerichts und der diversen Behörden sowie die Berichte der Presse. Die Journalisten jener Zeit arbeiteten vor allem nachrichtlich oder sie kommentierten das Geschehen. Eine große Gerichtsreportage erschien den Redaktionen offenbar nicht so attraktiv, obwohl der bis dahin wohl spektakulärste Strafprozess nach dem Krieg, zumal gegen den prominentesten jüdischen Funktionär Deutschlands, alle Bedingungen für ein Drama erfüllte.

Als der Vorsitzende Richter, Dr. Josef Mulzer, am 14. April 1952 den Saal 185 des Münchner Justizpalastes betrat und um 9.11 Uhr das Verfahren eröffnete[3], war das zweifelsohne ein besonderer, vielleicht sogar ein historischer Moment. Man hatte einen Raum im Obergeschoss gewählt, keineswegs den größten Schwurgerichtssaal des Gebäudes trotz des immensen Interesses an dem Fall. Von draußen drangen die Geräusche des Karlsplatzes herein, das Quietschen und Ruckeln der Trambahnen, das Beschleunigen und Bremsen der Autos. Dieser Verhandlungsort in einer Ecke des gewaltigen neobarocken Baus wirkte, als wollte man das Verfahren so beiläufig wie möglich erledigen. Als versuchten die Verantwortlichen, diesen Prozess mit mehr als hundert Zeugen und Sachverständigen so aussehen zu lassen wie irgendein Verfahren, Justizalltag eben. Das war es

Fotografen warteten vor Prozessbeginn am 14. Juli 1952 auf die Ankunft des prominenten Angeklagten im Saal 185 des Landgerichts München.

natürlich nicht. Im Treppenhaus hatte man einen Stand eingerichtet, an dem man belegte Brote, Schokolade und Zigaretten erhielt. Im Saal selbst und davor waren 26 Polizisten, vier Oberkommissare und ein Inspektor im Einsatz. Zuschauer wurden auf Waffen untersucht. Weitere fünfzig Polizisten hielten sich in Bereitschaft, wie der Bayerische Rundfunk zu berichten wusste.[4]

Drei Angeklagte warteten dort auf den Beginn der Verhandlung. Während die Mitglieder des Zentralrats der Juden in Deutschland wenige Tage zuvor von einem Gespräch mit Bundespräsident Theodor Heuss zum Thema »Wiedergutmachung« aus Bonn nach Hause zurückgekehrt waren, wurde ihr Ratskollege und Entschädigungsexperte Philipp Auerbach dem Münchner Gericht an diesem Morgen direkt aus der Untersuchungshaft vorgeführt.[5] Geschwächt von Koliken, in seiner Bewegungsfähigkeit eingeschränkt durch Lähmungserscheinungen in Armen und Beinen, betrat er hinkend und auf einen Stock gestützt den Saal. Den rechten Arm trug er in einer schwarzen Schlinge am Körper. Er hatte an diesem ersten Tag einen grauen Zweireiher angezogen und sich eine rote Krawatte umgebunden. Man hatte für ihn einen mit Samt bezogenen Sessel herbeischaffen lassen. Der sah schon ein wenig verschlissen aus, war aber bequemer als die Bänke der Anklage. Ein vom Gericht bestellter Arzt war anwesend, um zu überprüfen, ob Philipp Auerbach verhandlungsfähig war, und bereitzustehen, sollte dieser auf medizinische Hilfe angewiesen sein.

Die beiden Mitangeklagten Dr. Berthold Kornisch und Dr. Klaus Hoenig-Ohnesorg, Angestellte des Landesentschädigungsamtes, durften von zu Hause zum Gericht kommen. Das Verfahren gegen den ebenfalls belasteten Rabbiner Dr. Aaron Ohrenstein hatte man abgetrennt. Für die Zuschauer an jenem Morgen wie für etwa achtzig Journalisten[6], darunter Reporter der *New York Times* und des *Manchester Guardian,* stand außer Frage, um wen sich dieser Prozess vor allem drehen würde: um den Chef des Amtes, um den Drahtzieher und Hauptverantwortlichen aus der Sicht von Ermittlungsbehörden und Öffentlichkeit, um Philipp Auerbach. Auf ihn stürzten sich Fotografen und Reporter in der Hoffnung, ein gutes Bild oder ein eingängiges Zitat zu bekommen, als der Angeklagte eine halbe Stunde vor Beginn der Verhandlungen von Wachtmeistern in den Saal gebracht wurde.

Sieben Jahre nach der Befreiung aus dem Konzentrationslager Buchenwald stand Auerbach vor seinen drei deutschen Richtern (und zwei Laienrichtern, die als Schöffen fungierten). Ein Überlebender der nationalsozialistischen Tötungsmaschinerie musste sich vor Juristen verantworten, die allesamt Mitglieder der NSDAP und diverser NS-Unterorganisationen gewesen waren. Da lag es auf der Hand, dass Auerbachs Anwälte die Richter wegen Besorgnis der Befangenheit ablehnten. Das hatten sie schon vor Beginn des Prozesses ohne Erfolg versucht. Nun stellten sie den Antrag noch einmal, kaum dass das Verfahren eröffnet war. Zudem beschwerte sich Auerbachs jüdischer Anwalt Joseph Klibansky darüber, dass das Gericht den Prozessbeginn auf einen Tag angesetzt habe, der mit dem Pessach-Fest zusammenfiel. Nicht nur für ihn war das ein Ausdruck mangelnder Sensibilität. Darüber kam es zwischen Vorsitzendem und Verteidiger zu einem Wortgefecht, wie sie im Laufe der folgenden Monate immer wieder aufflammen sollten. »Ich kann mir Ihre

Ausführungen über den jüdischen Ritus nicht anhören, dafür habe ich keine Zeit«, versuchte Mulzer dem Anwalt das Wort abzuschneiden. »Ich habe fünf Jahre darauf warten müssen, darüber sprechen zu können«, entgegnete Klibansky. »Ich habe in Russland auch vier Jahre gewartet«, antwortete der ehemalige Kriegsgerichtsrat Mulzer. »Ich habe Sie da nicht hingebracht«, sagte Klibansky.[7]

Tatsächlich entschied das Gericht, den zweiten Verhandlungstag mit Rücksicht auf das jüdische Fest zu verschieben. Man nahm die Personalien der Angeklagten auf, dann wurde die Sitzung nach 52 Minuten unterbrochen. Der Vorsitzende Mulzer und seine Beisitzer Ludwig Rosenberger und Werner Full zogen sich zur Beratung über den Befangenheitsantrag zurück. Um 12.59 Uhr hatten sie einen Beschluss gefasst. Sie erklärten sich für nicht befangen und ordneten an, mit dem Verlesen der Anklageschrift zu beginnen. Dabei hatten Auerbachs Anwälte gute Argumente vorgebracht.

Josef Mulzer war am 1. Mai 1933 Mitglied der NSDAP geworden.[8] Der damals 35-Jährige, so urteilten seine Vorgesetzten am Oberlandesgericht Bamberg, stand »auf dem Boden des nationalen Staates«. Anscheinend eher gründlich und unauffällig statt spektakulär, brachte Mulzer es 1943 bis zum Oberstrichter der 17. Armee der Wehrmacht. Als junger Mann, versehrt aus dem Ersten Weltkrieg nach Bayern zurückgekommen, hatte er sich im Freikorps Epp engagiert. Dieser Verband ehemaliger Soldaten war an der Zerschlagung der Münchner Räterepublik beteiligt gewesen und dabei äußerst brutal gegen Soldaten wie Zivilisten vorgegangen. Außerdem war er erklärter Gegner der Weimarer Republik. Gemeinhin galt das Freikorps Epp als eine der Geburtszellen der NS-Bewegung. Aus seinen Reihen kamen diverse ranghohe Nazis, wie etwa Hitlers Stellvertreter Rudolf Hess, der Chef der SA Ernst Röhm und der Jurist und spätere Gouverneur von Polen Hans Frank. Mulzer hatte sich seit Mitte der zwanziger Jahre offensichtlich mehr auf seine Karriere im Staatsdienst konzentriert und wurde dafür im Dritten Reich mit diversen Beförderungen in der Militärgerichtsbarkeit belohnt. Am Einmarsch der deutschen Wehrmacht in Österreich und im Sudetenland nahm er 1938 bereits als Oberkriegsgerichtsrat teil.

Für die beiden Beisitzer galt Ähnliches. Ludwig Rosenberger, Jahrgang 1905 und somit sieben Jahre jünger als Mulzer, hatte sich während des Dritten Reichs für die NSDAP in Freising engagiert und war förderndes Mitglied der SS gewesen. »Seine politische Haltung ist einwandfrei. Er steht mit innerer Überzeugung auf dem Boden der NSDAP«, hatten seine Vorgesetzten geschrieben.[9] Ähnlich positiv auf die Nazi-Chefs wirkte auch Werner Full.[10] Der jüngste der drei Richter war erst 1937, mit 23 Jahren, der Partei beigetreten, aber schon vier Jahre zuvor Mitglied der SA geworden. Als Staatsanwalt in München hatte er im November 1944 erfolgreich die Todesstrafe für einen französischen Zwangsarbeiter gefordert, der anderen Franzosen zur Flucht aus Deutschland verholfen hatte.[11] Für solche »Feindbegünstigung« wurde man hingerichtet. In seinem Entnazifizierungsverfahren 1947 war die Spruchkammer zu der Einschätzung gekommen: »Nach seiner Rechtfertigungsschrift glaubte er noch an Hitler, als die feindlichen Streitkräfte sich bereits dem Reichsgebiet näherten, und gehörte ganz offenbar zu jenen Volksgenossen, denen nicht der Krieg, sondern nur sein Ausgang Unglück bedeutete.«

Alle drei Juristen galten unmittelbar nach dem Krieg als für den Staatsdienst nicht geeignet. Das änderte sich jedoch schnell. In Spruchkammerverfahren nur als »Mitläufer« eingestuft und im Rahmen der Weihnachtsamnestien 1947 und 1948 begnadigt,[12] stand ihnen der Weg bald offen, im neuen Deutschland als Richter Karriere zu machen. Was ihnen auch gelang: Full wurde Vorsitzender Richter am Oberlandesgericht in München, Rosenberger ging 1970 als Oberlandesgerichtsrat in den Ruhestand, und Mulzer blieb, was er kurz vor Beginn des Prozesses gegen Philipp Auerbach bereits geworden war: Landgerichtsdirektor am Landgericht München I.

Als die Richter sich nun in ihrem Beschluss – wie in zwei weiteren – für nicht befangen erklärten, wussten sie die Münchner Justiz auf ihrer Seite. Schon vor Beginn des Prozesses nämlich, als die Verteidiger versucht hatten, die drei von vornherein auszuschließen, hatten ihre Kollegen ihnen die nötige Schützenhilfe gewährt. Sie entschieden, dass Philipp Auerbach »keinen vernünftigen Grund hat, aus der früheren Verbindung der drei abgelehnten Richter mit der NSDAP auf ihre Befangenheit ihm gegenüber zu schließen«. Der letzte Absatz der Ablehnung lautete: »In Wahrheit hat die Sorge Auerbachs vor der Befangenheit der abgelehnten Richter ihren Grund in der psychischen Persönlichkeit des Angeklagten selbst, der sich jedem Richter gegenüber in seiner Überängstlichkeit Befangenheitsgründe zurechtlegen würde.« Die sei »vom Standpunkt eines verständigen Angeklagten unbegründet«.[13] Der erste der beiden Staatsanwälte des Verfahrens, Dr. Wilhelm Hölper, dürfte das genauso gesehen haben. Auch er war Mitglied der NSDAP gewesen.[14]

Tatsächlich prallten im Gerichtssaal zwei Welten aufeinander, repräsentiert vom Vorsitzenden einerseits und dem angeklagten jüdischen Funktionär andererseits. Mulzer hatte den Vorsitz der Strafkammer im Auerbach-Prozess nur übernehmen können, weil der nach Dienstplan eigentlich vorgesehene Richter ausgetauscht worden war, offenbar auf Drängen des Justizministeriums. »Jetzt habe ich den richtigen gefunden«, hatte Minister Müller bei der Gelegenheit gesagt.[15] Mulzer und Müller kannten sich, wenngleich vermutlich eher flüchtig. Nach Kriegsende zunächst arbeitslos, hatte Mulzer vorübergehend in der Münchner Kanzlei Beschäftigung gefunden, in der Müller einer der Partner war.

Vor dem Auerbach-Prozess war Josef Mulzer an Verfahren beteiligt gewesen, die sich mit nationalsozialistischen Verbrechen beschäftigten. Es gibt keinerlei Unterlagen, aus denen hervorginge, wie er die Angeklagten einschätzte. Allerdings ist bemerkenswert, an welchen Urteilen er beteiligt war: So war Mulzer im Dezember 1949 Beisitzer im Wiederaufnahmeverfahren gegen Eleke Scherwitz gewesen – den jüdischen SS-Mann, der im Baltikum für den Mord an Juden verantwortlich gewesen sein sollte und nach dem Krieg bis zu seiner Entdeckung in der Auerbach-Behörde gearbeitet hatte. Jüdische Zeitungen und Auerbach hatten damals offen über die Richter und das aus ihrer Sicht milde Urteil gezürnt. Und im Prozess gegen die SS-Juristen Walter Huppenkothen und Oswald Thorbeck wegen der Todesurteile gegen die Widerstandskämpfer Canaris, von Dohnanyi und Bonhoeffer war Mulzer kurz zuvor der Berichterstatter des Gerichts gewesen. Dieses Urteil des Landgerichts München I gegen zwei Kriegsverbrecher atmete so viel Verständnis für die angeklagten Juristen, dass der Bundesgerichtshof es kassierte und den Fall zur neuen Verhandlung nach München zurückschickte.[16]

Josef Mulzer also saß nun über Philipp Auerbach zu Gericht. Aus dessen Perspektive war Mulzer einer der schrecklichen deutschen Juristen und hätte niemals in den Dienst der neuen Republik eintreten dürfen. Zudem galt er nicht bloß Auerbach als Handlanger des Justizministers. Auch Mulzers Karriere im Dritten Reich war nicht so unbefleckt, wie er es gern darstellte. Solange Auerbachs Kraft reichte, das ließ sich schnell erahnen, trafen hier zwei selbstbewusste Männer aufeinander. Sie trugen im Gerichtssaal einen Konflikt aus, der die Bruchstellen des neuen Deutschlands definierte.

Trotz seiner Leiden war Philipp Auerbach noch immer eine imposante Erscheinung. So großgewachsen und massig, so bisweilen ironisch-sarkastisch, bisweilen aufbrausend, wie er auftrat, amüsierte oder ärgerte er seine Zuhörer. Auerbach beanspruchte Raum, er machte Eindruck. Das kostete ihn in Wahrheit aber mehr Kraft, als er noch besaß. Ohne die Ärzte des Josephinums hätte er den Prozess kaum durchgestanden. An manchen Tagen, so sollte sich bald schon erweisen, reichten die Pillen und Spritzen trotzdem nicht. Die Verhandlung musste mehrfach unterbrochen oder ihre Fortsetzung gleich ganz verschoben werden.

Zur Seite standen Auerbach zwei erfahrene Strafverteidiger. Der eine war, was man gemeinhin ein bayerisches Urgestein nannte: Der Katholik Josef Panholzer war 57 Jahre alt, als er das Mandat von Auerbach übernahm.[17] Absolvent des humanistischen Gymnasiums im Kloster Ettal und Mitglied der Bayerischen Volkspartei, war er 1937 von den Nationalsozialisten nach Dachau geschafft worden. Im Jahr 1939 hatte er in die Schweiz, dann nach Frankreich emigrieren können. Nach dem Krieg arbeitete er wieder als Anwalt und wurde Mitglied der Bayernpartei. Im Freistaat gut vernetzt, nutzte er seine Kontakte zu Behörden und Politikern und kümmerte sich in München auch um die Familie von Philipp Auerbach.

Der andere Anwalt war Joseph Klibansky aus Frankfurt am Main. Selbst Jude, war er den Nazis entkommen und hatte sich in Frankreich durchgeschlagen, bevor er nach dem Krieg zurückkehrte. Auerbach und Klibansky waren sich in den zurückliegenden Jahren wiederholt begegnet und hatten etwa beide im Aufsichtsrat der Jüdischen Industrie- und Handelsbank gesessen. Klibansky, klein und rundlich, besaß eine schillernde Persönlichkeit und war streitbar. *Spiegel*-Herausgeber Rudolf Augstein hatte ihn 1950 nach einem von Klibansky erstrittenen Vergleich wegen eines Artikels über Schwarzhandel fasziniert und zugleich abfällig als »Zwischending von einem römischen Volksredner und einem Teppichhändler aus Smyrna« bezeichnet, »der mit der Behändigkeit eines Waschbären und in dem Habitus eines Pinguins den Gerichtssaal durchmaß«.[18] Klibansky konnte, je nach Bedarf, witzig oder ätzend sein und liebte den großen Auftritt. Der Auerbach-Prozess kam ihm gerade recht. Wenn er sich mit seiner Sekretärin morgens vom Hotel Vier Jahreszeiten zum Justizpalast chauffieren ließ, genoss er die Aufmerksamkeit von Passanten wie Prozessbeobachtern. Auch im Saal wusste er um seine Wirkung. »Auf Effekte versteht er sich«, berichtete etwa der Bayerische Rundfunk. »Als kleine szenische Attraktion hat er eine Sprudelflasche vor sich stehen. Daraus füllt er immer wieder einen zierlichen Silberbecher und führt ihn in der Grazie des Dicken genussvoll zum Mund. Manchmal wendet er sich um und lässt den Blick seiner großen runden Augen die Tribüne entlangrollen, hinter der zahlreiche Journalisten sitzen.«[19] Während das Verfahren gegen Auerbach lief, drohte Klibansky selbst eine Anklage wegen seiner Verwicklungen in den Bankrott der Jüdischen Industrie- und Handelsbank.[20]

Mit Panholzer und Klibansky hatte Philipp Auerbach zwei Verteidiger verpflichtet, die es verstanden, Staatsanwälte und Richter in Atem zu halten. Für sie war die Vertretung mehr als ein professionelles Mandat. Das zeigte sich spätestens in dem Augenblick, als das Geld der Familie Auerbach zur Neige ging. Zugleich wussten sie, darin Auerbach ähnlich, dass das Verfahren nicht allein im Gerichtssaal, sondern auch in der Öffentlichkeit entschieden würde.

Schon der zweite Verhandlungstag begann mit einem Paukenschlag. Zunächst hatte man die Verlesung der 103 Seiten langen Anklageschrift beendet. Am ersten Prozesstag waren Angeklagter wie Richter nach 57 Seiten so erschöpft gewesen, dass die Verhandlung vertagt worden war.[21] Nun erhielt Philipp Auerbach das Wort, um zu den Vorwürfen Stellung zu nehmen. Die Staatsanwaltschaft warf ihm Erpressung, Unterschlagung, Veruntreuung, passive Bestechung und das unberechtigte Führen eines akademischen Titels vor. Wegen seiner angeschlagenen Gesundheit bat Auerbach, seine Entgegnung vorlesen zu dürfen. Vor ihm lag ein umfangreiches Manuskript. Zunächst sprach er ausführlich über seine Jahre in den Lagern der Nazis bis zu seiner Befreiung. Dann fuhr er fort: »Ich gebe zu, dass ich kein Abitur habe. Ich gebe zu, dass ich keinen außerdeutschen akademischen Grad besitze.« Zu dem falschen Doktortitel, mit dem er sich bis zu seiner Promotion in Erlangen 1949 zu Unrecht geschmückt hatte, sagte er: »Meine Herren Richter, ich klage mich selbst an, dass ich nach fünfjähriger KZ-Haft nicht mehr die moralischen Widerstände hatte, um dieser Versuchung zu widerstehen. Alles, was sich dann in dieser Richtung ergab, war die Folge dieser ersten Lüge. Es war für mich eine furchtbare Verstrickung und eine furchtbare Verkettung, unter der ich selbst viel mehr gelitten habe, als es sich irgendjemand vorstellen kann.«[22]

Mit diesem Eingeständnis hatte niemand gerechnet. Der Berichterstatter der *Süddeutschen Zeitung* beschrieb, was dann geschah: »Nun aber richtet sich Auerbach plötzlich aus seiner bisher demütigen Haltung auf, seine Stimme wird scharf, nichts an ihm erinnert mehr an einen Angeklagten. Er sagt: Mit der gleichen Klarheit und Entschiedenheit aber möchte ich feststellen und Ihnen erklären, dass die gegen mich erhobene Anklage im Übrigen ein Gewebe von Lügen, Verzerrungen, falschen Unterstellungen und falschen Schlüssen ist. Ich glaube, dass es heute keinen Menschen mehr gibt, dessen Vorleben in der westdeutschen Bundesrepublik so genau geprüft wurde wie das meinige. Man hat öffentlich Staatsgelder wochenlang vergeudet, um festzustellen, mit wem, ob und wie oft ich in Düsseldorf geschlafen habe. Nur die Tatsache, dass man die Leiche nicht gefunden hat, hat die Anklagebehörde davon abgehalten, mir auch noch einen Kindesmord zu unterschieben.«[23]

Der letzte Satz brachte Auerbach sogleich eine Rüge des Vorsitzenden Richters ein. Im Übrigen weigerte sich der Angeklagte, zu den einzelnen Beschuldigungen einer Staatsanwaltschaft detailliert Stellung zu nehmen, deren Mitglieder der NSDAP angehört hatten. »Das sind die gleichen Staatsanwälte, in deren Sprachgebrauch es hieß: Auf der Flucht erschossen«, rief Auerbach aus. Wieder forderte der Vorsitzende Richter ihn zur Mäßigung auf. Auerbach entgegnete: »Wenn Ihnen 21 Angehörige umgekommen wären, wäre Ihnen anders zumute.« Das veranlasste Mulzer zu der Antwort, ihm sei auch nicht gut zumute. Und er fuhr fort: »Im Übrigen finde ich es bei der allgemeinen Entwicklung in Europa nicht angebracht, immer wieder vorzurechnen, welche Mitgliedsbeiträge gewisse Persönlichkeiten gezahlt haben.« Man habe – so wie er und seinesgleichen – nicht mal eine höhere Schule besuchen dürfen, ohne entsprechende Beiträge nachzuweisen.[24]

Da war er wieder, der Konflikt, der den Prozess prägen sollte.

Aus der Sicht seiner Anwälte hatte Auerbach an diesem Tag einen kleinen Coup gelandet, indem er das Einzige zugab, was nie ernsthaft zu bestreiten gewesen wäre. In der Auseinandersetzung um den Doktortitel steckte zugleich etwas, das viel tiefer ging. Er beschäftigte Gericht und Staatsanwaltschaft über alle Maßen.

Philipp Auerbachs Bruder Walter hatte die Brisanz des Themas früh erkannt. Lange vor Prozessbeginn hatte er Erkundigungen eingezogen, was solche offensichtlichen Unwahrheiten bedeuteten. Dazu wandte er sich an Eugen Kogon. Der ehemalige Buchenwald-Insasse, Auerbach-Bekannte und Verfasser des im Auftrag der amerikanischen Militärbehörde geschriebenen Buches *Der SS-Staat* hielt solche Übertreibungen für eine typische Folge der Lagerhaft. In einem Brief an Margit Auerbach schrieb Walter im September 1951: »Kogon hat in den Jahren 1945/46 häufig mit Philipp zu tun gehabt und er teilt meine Auffassung, dass Philipp die Positionen in Düsseldorf und München ohne den Doktor-Titel genauso erhalten hätte (…). Bleiben wird die Tatsache falscher Behauptungen im Personalbogen (...). Vor einiger Zeit schrieb ich Dir bereits, dass es mir scheint, dass die falschen Angaben in Düsseldorf, so kurz nach der Entlassung aus dem KZ, auf eine Bewusstseinsspaltung aus der inneren KZ-Haltung heraus zu verstehen seien. Kogon bestätigte mir auf Grund seiner immerhin 7-jährigen Erfahrungen im KZ und auf Grund seiner Beobachtungen seit 1945 die Möglichkeit dieser Annahme (...). Im KZ haben sehr viele Menschen, um sich gegen die tägliche Entwürdigung und Demütigung innerlich zu wappnen, sich ein besonderes Bild der eigenen Persönlichkeit aufgebaut, manchmal auch durch ein Sicheinleben in eine Rolle, die man früher gespielt zu haben glaubte. Bei manchen, und vielleicht auch bei Philipp, haben Titulaturen dabei eine Rolle gespielt (...). Jeder verständige Staatsanwalt und Richter wird (...) das Tragische einer derartigen Entwicklung begreifen und auch verstehen, wie schwer es Philipp fallen musste, später von diesen Angaben fortzukommen.«[25]

Mit einem falschen Doktortitel und beschönigenden Erzählungen stand Philipp Auerbach tatsächlich nicht allein da. Manch anderer Überlebende hielt es ähnlich. Jean Améry war einer von ihnen. Er gab sich nach dem Krieg als Doktor der Philosophie und Literatur aus. Seine Biographin Irene Heidelberger-Leonard schrieb dazu: »Améry schmückt sich mit falschem Doktor-Titel als Dr. Hanns Meyer statt als Hans Meyer, sein Pseudonym später ist der Ausweg aus der verfahrenen Situation, weil er offensichtlich unter der nicht ausreichenden formalen Ausbildung litt.[26] Ein anderes Beispiel war Fritz Benscher, Holocaust-Überlebender und Rundfunk- und Fernsehstar der frühen Bundesrepublik, einst Mitschüler von Philipp Auerbach an der Talmud-Tora-Schule in Hamburg und später Kamerad der VVN in München. »Benscher«, so dessen Biographin, »hatte auf der Theaterbühne, vor allem aber im Konzentrationslager gelernt, sich immer wieder neu zu erfinden. Je nachdem, was in einer Situation nützen oder schaden konnte, veränderte er seine Biographie, erfand oder adaptierte Begebenheiten, variierte Zahlen und Daten, angefangen bei seinem Geburtsdatum, das er mal mit 1904, 1906, 1909, 1919 angab. Ihm kam es nicht auf die Wahrhaftigkeit oder den dauerhaften Wert eines einzelnen Textes an, sondern auf dessen sofortige Wirkung, darauf, ob ein avisiertes Ziel erreicht wurde oder nicht.«[27] Lügen – so wären sie zu nennen, sofern sie bewusst geschahen – waren für Benscher demnach Teil der Überlebensstrategie geworden, Hochstapeleien so etwas wie ein Sich-Erheben über den Tod. Darin war ihm Philipp Auerbach ähnlich.

Seelische Verletzungen durch die Lagerhaft interessierten die Richter des Landgerichts jedoch nicht weiter. Dabei erscheint es in der Rückschau nicht so wesentlich, ob die Behauptungen Auerbachs den Tatsachen entsprachen, sondern vielmehr, was seine Übertreibungen und Lügen bedeuteten. Welche Stütze sie seiner wunden Persönlichkeit boten; welche Wiedergutmachung für das Lagerleben darin bestand, sich zu dem erklären zu können, was man sein wollte, statt sich aufzwingen zu lassen, was man sein musste. Auch die Staatsanwaltschaft hatte daran kein Interesse. Ihre Aufgabe hätte eigentlich darin bestanden, Fakten zu etablieren. Damit aber wollten sich weder die Vertreter der Anklage noch die Richter begnügen.

Obwohl sich der falsche Doktortitel gleich zu Beginn des Prozesses mit Auerbachs Eingeständnis erledigt hatte, kamen sie immer wieder darauf zurück. Dabei gingen sie nicht nur der Frage nach, welchen Anteil Hellmut Diwald, der Assistent von Auerbachs Doktorvater Hans-Joachim Schoeps, an der Dissertation hatte. (Jahre später wurde Diwald Professor für Mittlere und Neuere Geschichte in Erlangen und galt als ein früher Vertreter der Neuen Rechten.) Sie versuchten auch nachzuweisen, dass die Promotion Auerbachs ein weiterer Fall von Korruption war. Sein jüdischer Doktorvater Schoeps hatte nämlich Wiedergutmachungsgeld vom Landesentschädigungsamt erhalten.[28]

Gerade die Tatsache, dass die promovierten Juristen, die über Auerbach zu Gericht saßen, in dem Punkt wie in keinem sonst über ihn triumphieren konnten, stellte für sie einen beruhigenden Abstand wieder her. Welch verkehrte Welt, wo der überlebende Jude meinte, sich zum Richter über die urdeutschen Diener des Staates aufschwingen zu können. Er mochte die Moral auf seiner Seite haben, wenn er sie an ihre Verfehlungen als ehemalige Mitglieder einer

Partei erinnerte, in deren Namen Völkermord begangen wurde. Sie hatten es nie für nötig gehalten, dagegen zu protestieren. Damit hatten sie jedoch kein Gesetz gebrochen. Anders Philipp Auerbach. Der Angeklagte hatte gegen den einschlägigen Paragraphen des Strafgesetzbuches verstoßen. Der stellte das unberechtigte Führen von Titeln unter Strafe.

Dennoch lief der Prozess lange so, wie Philipp Auerbach es sich erhofft hatte. Natürlich herrschte Chaos in Auerbachs Amt, natürlich hatte der Alltag dort wenig gemein mit dem einer üblichen deutschen Behörde. Das bestätigten alle Zeugen, besonders drastisch der Mitarbeiter Friedrich Karl Hoffmann. Er schilderte dem Gericht, wie die Besucher morgens um neun, wenn das Amt geöffnet wurde, in so großer Zahl hineindrängten, dass der Portier sich nur durch Zur-Seite-Springen retten konnte, während sich einige DPs an Treppengeländer festklammerten. Sie weigerten sich, das Gebäude wieder zu verlassen. Andere zogen sich aus, bis sie nackt waren.[29] Und als es um Gebühren und Spenden ging, berichtete ein Bauunternehmer, wie Philipp Auerbach ihm zwar erklärt hatte, wer einen Auftrag bekomme, gebe fünf bis zehn Prozent des Rechnungsbetrages für die Arbeit des Amtes. Der Zeuge ließ aber keinen Zweifel daran, dass dies freiwillig geschah und Auerbach keinen Druck auf ihn ausgeübt hatte.[30] Das klang ganz anders, sobald es um die Forderungen des Mitangeklagten Hönig-Ohnesorg ging.

Immer wieder platzte Philipp Auerbach während der Verhandlung der Kragen. Dann stritt er sich mit dem Vorsitzenden Mulzer, etwa wenn er eine neue Attacke gegen Josef Müller fuhr.[31] »Der Herr Justizminister ist nicht Angeklagter«, wies Mulzer solche Angriffe zurück, woraufhin Auerbach entgegnete: »Das kommt noch!« Und als Staatsanwalt Hölper den Angeklagten aufforderte, nicht so bissig zu reagieren, blaffte Auerbach zurück: »Sie wissen doch ganz genau, dass man vergessen kann, Obersturmführer gewesen zu sein.«[32] Es setzte Ermahnungen, Ordnungsstrafen, sogar vorübergehenden Ausschluss vom Verfahren. Auch sein Anwalt Klibansky legte sich gern mit Gericht und Staatsanwaltschaft an. Mulzer unterbrach dann schon mal die Verhandlung und fuhr den Verteidiger an: »Ich werde die Sitzung so oft unterbrechen, bis Sie Ihre Angriffe einstellen.« Darauf entgegnete Klibansky: »Oder bis Sie verhandeln, wie es die Strafprozessordnung vorschreibt.«[33] Entscheidend bei all diesen Geplänkeln war jedoch, dass die geladenen Zeugen den Angeklagten im Großen und Ganzen entlasteten.

Zugleich konnte man den Eindruck gewinnen, dass Justizministerium und Ermittler selbst vor fragwürdigen Methoden nicht zurückschreckten. Offensichtlich wollten sie Auerbach unbedingt zur Strecke bringen. Mal berichtete ein Zeuge darüber, wie der Untersuchungsrichter des Falles, der Landgerichtsrat Franz Amann, versucht habe, ihn zu beeinflussen, damit er Auerbach belastete.[34] Dann erzählte der Staatssekretär des Bayerischen Finanzministeriums Dr. Richard Ringelmann, der eng mit Auerbach zusammengearbeitet hatte, wie Staatsanwalt Hölper ihn bereits zwei Jahre zuvor aufgesucht hatte, um Material gegen Auerbach zu finden, sich zugleich aber nicht für den Bericht des Rechnungshofes interessierte, der in dessen Amt lediglich Ordnungswidrigkeiten festgestellt hatte.[35]

Tatsächlich waren nicht bloß diverse Zeugenaussagen im Prozess für Auerbach günstig. Auch wer dem parlamentarischen Untersuchungsausschuss des Landtags Rede und Antwort stand, hatte meist Entlastendes zu berichten. Dort war Ringelmann schon Monate zuvor aufgetreten und hatte über die chaotischen Zustände im Landesentschädigungsamt gesagt: »Einmal habe ich es erlebt, dass Auerbach in seinem Amtszimmer einen am Kragen hatte und ihn eigenhändig zur Tür hinauswarf und ihm dabei einige freundliche Worte nachschickte, ich weiß nicht, ob in hebräischer oder galizischer Sprache. Jedenfalls war Auerbach der Mann, der auf die Art umgehen konnte. Ich wüsste in meiner Verwaltung keinen Mann, dem ich so etwas zumuten könnte. Insofern hat Auerbach recht gehabt, wenn er gesagt hat, dieses Amt kann man nicht nach behördlichen Grundsätzen führen.«[36] Und Gerhard Hirsch, in der Auerbach-Behörde für die Registratur der Akten zuständig, gab über die Situation vor Ort zu Protokoll: »Mein Eindruck war der, dass man nicht nur im Finanzministerium, sondern in der ganzen Regierung sehr froh war, dass es eine Stelle gegeben hat, die in dieser doch immerhin sehr schwierigen und kitzligen Wiedergutmachungsfrage aus eigener Verantwortung heraus gehandelt hat und den Behörden als solche die Last der Verantwortung für diese Dinge abgenommen hat.«[37]

Bereits in den Monaten vor Beginn des Prozesses war zwischen dem Ausschuss und dem Justizministerium ein Streit eskaliert. Die Mitglieder des Ausschusses beschlossen, Philipp Auerbach als Zeugen vorzuladen. Dem widersetzte sich das Landgericht München I. Die Richter verboten Auerbach jeden Auftritt vor den bayerischen Politikern. Angeführt von ihrem Vorsitzenden, dem CSU-Politiker und Juristen Dr. Karl Fischer, erwog der Ausschuss deshalb sogar, den Zeugen mithilfe der Polizei aus der Untersuchungshaft vorzuführen. Der hätte zu gern ausgesagt. Mit den Stimmen des Landtags entschieden die Parlamentarier dann aber, das Bayerische Verfassungsgericht und schließlich sogar das Bundesverfassungsgericht in Karlsruhe anzurufen, um Auerbachs Auftritt zu erzwingen.[38] Nach ihrer Auffassung konnte kein Gericht einem parlamentarischen Untersuchungsausschuss verbieten, jeden vorzuladen, den dieser hören wollte. Das Landgericht München I hatte danach seine Kompetenzen überschritten. Das ergab sich aus Artikel 25 der Verfassung des Freistaats. Bevor die Richter in Karlsruhe schließlich Zeit für eine Entscheidung fanden, hatte der Prozess in München jedoch bereits begonnen, und Philipp Auerbach trat nun dort öffentlich auf.

Bald schon schleppte sich der Auerbach-Prozess dahin. Er hatte seine Längen, und die Zuhörer hatten ihre Mühe. Wie immer in Verfahren, in denen mehr als hundert Zeugen und Sachverständige über bisweilen äußerst schwierige Details berichteten – in diesem Fall über die Auszahlungen der Wiedergutmachungsleistungen von Banken zu reduzierten Tarifen oder über die technische Abwicklung diverser Zahlungen, Buchführung und Aktenführung –, fiel es schwer, den Ausführungen zu folgen. Selbst der Vorsitzende Mulzer beklagte sich in der Gerichtskantine darüber. Die Sommerhitze tat ein Übriges. In den Worten von Ottmar Katz, der für den Bayerischen Rundfunk berichtete: »Die Bänke im Verhandlungssaal sind hart, verehrte Hörer. Das Sitzen tut weh, die Lehnen knarzen. Der Raum ist öd. Die Luft zum Schneiden. Die Verhandlungsstände mäßig interessant. Es kamen Herren aus dem Bankfach zu Wort. Gesetzte, sehr sichere Herren, die ihren Aktentaschen unanfechtbare Unterlagen entnahmen und weder für die Staatsanwälte noch für die Verteidiger in Bericht und Antwort Aufregung boten (…). So ging es den ganzen Vormittag dahin und auch noch ein Stück des Nachmittags mit Kredit und Konto, mit Standing, Finanzierung und Refinanzierung.«[39]

Über den Angeklagten sagte Katz am gleichen Abend im Radio: »Auerbach selbst ist von erstaunlich wechselndem Verhalten. Oft spielen seine Reaktionen nur um Augen und Mund, oder das Blitzen der Brillengläser bekundet stellvertretend seine Entrüstung. Dann wieder angelt er sich mit dem gesunden Arm aus dem Sessel, wuchtet sein Schwergewicht auf die Barriere, die die Angeklagten von ihren Verteidigern trennt, und zischelt ihnen seine Hinweise zu. Ein Haifisch mit Stacheln und einem schlichten Gemüt.«[40]

Das war eine interessante Beobachtung. Man tat Philipp Auerbach sicher nicht unrecht, wenn man ihn als Mann der Tat und nicht als Mensch von Ideen bezeichnete. Natürlich hatte er Ideen, Visionen sogar – vom Zusammenleben der Juden und der Nichtjuden in Deutschland etwa, von einer Demokratie, in der die Nazis zur Rechenschaft gezogen wurden und nicht in Ämter gehievt. Tatsächlich jedoch war Auerbach vor allem ein Mann des Konkreten – der Jagd auf die Mörder und Handlanger, der praktischen Hilfe für die Überlebenden. Das hatte sogar Vorrang vor den Vorschriften und Gesetzen. Denn die mochten in Regeln gefasste Ideen sein, sie taugten aber nur, soweit sie ihn seinem Ziel näherbrachten. Wovon er träumte, das war eine Gemeinschaft der Anständigen. Anstand aber erwies sich im Tun, nicht im Denken.

Wenn in der Familie Auerbach einer für die großen Ideen zuständig war, dann sein Bruder Walter. Den aber hinderten seine Gedanken mitunter daran, das Richtige oder Nötige zu tun. Der fürchtete anscheinend, eine zu große Nähe zu seinem jüngeren Bruder könnte ihn selbst in die Bredouille und seine sozialreformerischen Konzepte im Dienst der Sozialdemokratie in Misskredit bringen. Nur sehr verhalten kümmerte er sich um Philipp, als dieser noch vorverurteilt auf seinen Prozess wartete. Und als es auf das Ende zuging, auf das Urteil und seine Konsequenzen, da sollte Walter sich unerreichbar zum Wandern in die Berge zurückziehen. Er konnte es offenbar kaum ertragen, dass sein Bruder bei allem Gutem, was er initiiert und geleistet hatte, es nie so genau nahm, wie Walter es für unabdingbar hielt.

An manchen Tagen ging es Philipp Auerbach trotz aller ärztlichen Bemühungen so schlecht, dass die Verhandlung unterbrochen werden musste oder gar nicht erst beginnen konnte. Nierenkoliken bekam er auch im Gerichtssaal. Seine Anwälte versuchten deshalb, ihn zumindest aus der Untersuchungshaft zu befreien. Ohne Erfolg. Richter in Frankfurt mochten zu jener Zeit den wegen Beihilfe zum Mord zu fünf Jahren Zuchthaus verurteilten Geschäftsführer der Zyklon B-Firma Degesch, Gerhard Peters, gegen Kaution auf freien Fuß setzen, bis sein Prozess-Marathon wegen diverser Revisionsverfahren in die nächste Runde ging.[41] So viel Rücksicht nahmen die Münchner Richter Auerbachs nicht.

Dennoch hatte es einen guten Monat nach Prozessbeginn den Anschein, als würde sich das Ganze für Auerbach zum Guten wenden. Das hatte zunächst einmal nicht direkt mit dem Verfahren zu tun. Vor dem Untersuchungsausschuss des Landtags musste Dr. Aaron Ohrenstein am 19. Mai 1952 Rede und Antwort stehen.[42] So erfuhr die Öffentlichkeit, dass der Rabbiner und der Justizminister Josef Müller befreundet waren und die beiden zwischen 1945 und März 1951 – jenem Monat, in dem Philipp Auerbach verhaftet worden war – regelmäßig miteinander telefoniert oder sich getroffen hatten. Müller fuhr dazu gelegentlich aus München heraus, um Ohrenstein in seinem Haus am Ammersee zu besuchen. Wenn der CSU-Politiker sich in finanziellen Schwierigkeiten befand, half ihm Ohrenstein aus der Klemme. 1949 etwa holte Müllers Sekretärin insgesamt 10 000 Mark in Raten bei ihm ab, 1950 erhielt Müller noch einmal 15 000 Mark. Das Geld kam anscheinend aus den

Töpfen des Landesentschädigungsamtes, genauer: aus den sogenannten Abtretungserklärungen, mit denen DPs auf einen Prozentsatz der ihnen zustehenden Summe verzichteten, wenn sie die Restzahlung auf einen Schlag erhalten wollten. Quittungen oder andere schriftliche Belege über Ohrensteins Kredite gab es nicht, wie er dem Ausschuss berichtete.

Zwei Tage später stand Josef Müller selbst vor seinen Landtagskollegen.[43] Die waren jedoch überrascht und sogar irritiert, als der Minister seinen Platz im Zeugenstand des Untersuchungsausschusses einnahm. Sie hatten nämlich nicht ihn, sondern seine Sekretärin Anna Haaser für den Morgen vorgeladen. Bereits am Vortag hatte es im Ausschuss ein paar dramatische Augenblicke gegeben, als Müllers Sekretärin von den Parlamentariern befragt wurde. Sie bestätigte ihnen, dass sie wiederholt Geld bei dem Rabbiner Ohrenstein für ihren Chef Müller abgeholt hatte, weigerte sich aber, im Detail Auskunft zu geben, solange nicht das Kontobuch vor ihr lag, in dem sie Einnahmen und Ausgaben festgehalten hatte. Der Ausschuss beschloss, sie in Begleitung von Polizisten in das Büro und die Wohnung des Justizministers zu schicken, um das Buch zu holen. Die Suche endete ohne Ergebnis. Das Buch war verschwunden.

Nun also hatte sich Josef Müller selbst eingeladen, vor dem Ausschuss zu erscheinen. Er tat es, um mitzuteilen, dass er die Herausgabe des Kontobuches verweigere, selbst wenn man es finden sollte. Darüber kam es zu einer erregten Auseinandersetzung zwischen Minister und Parlamentariern. Man einigte sich schließlich darauf, auch noch im Justizministerium nach dem Buch zu suchen. Doch es blieb unauffindbar. Bei der nächsten Sitzung einen Tag später erklärte Josef Müller dem überraschten Ausschuss, zwar sei das Kontobuch verschwunden, er habe jedoch zwei Leitz-Ordner mitgebracht, in denen die Belege über Ausgaben und Einnahmen abgeheftet seien. Diese Ordner legte er im Landtag auf den Tisch, nur um dann zu erklären: »Die Ausgabenbelege habe ich bei mir, aber ich gebe sie nicht her.«[44]

Der Vorsitzende Fischer wollte nun wissen: »Verweigern Sie auch auf die Frage, was mit dem Geld, das Sie von Herrn Ohrenstein bekommen haben sollen, geschehen ist, die Aussage?« Müller: »Jawohl (…). Es geht darum, ob ich Gelder aus dem Landesentschädigungsamt oder einer damit zusammenhängenden Organisation bekommen habe oder nicht oder ob ich mich einer Pflichtverletzung zugunsten oder zu Lasten von Dr. Ohrenstein oder Dr. Auerbachs schuldig gemacht habe.« Darüber müsse er keine Auskunft geben. Und er fuhr fort: »Ich bin bei der Gestapo wer weiß wie lang unter Druck gehalten worden und habe nie einen Namen genannt, und ich werde auch heute keinen Namen nennen.« Wieder zog sich die Auseinandersetzung eine Weile hin. Die Parlamentarier bekamen weder die Unterlagen zu sehen, noch beantwortete der Minister die ihm gestellten Fragen nach dem Geld, das er von dem Rabbiner bekommen hatte. Schließlich war die Geduld der Parlamentarier erschöpft. Der Vorsitzende verkündete: »Dr. Joseph Müller, Staatsminister in München, wird wegen unberechtigter Zeugnisverweigerung zur Ordnungsstrafe von 500 DM, ersatzweise zu 20 Tagen Haft verurteilt. Ihre Vernehmung ist beendet. Ich danke Ihnen, Herr Staatsminister.«[45]

Während Müller hochroten Kopfes den Saal verließ, hatte Bayern seinen politischen Skandal. Am nächsten Tag forderte der CSU-Ministerpräsident Dr. Hans Ehard den Justizminister auf, sein Amt zur Verfügung zu stellen. Dem blieb nichts anderes übrig, als dem Druck nachzugeben. Am 26. Mai reichte er seine Demission ein.

Inzwischen wirkte es auch plausibel, dass Philipp Auerbach in die 111 gefälschten Auszahlungen an die DPs aus Baden-Württemberg nicht schuldhaft involviert war.[46] Dabei waren sie ein Jahr zuvor der Anlass gewesen, Auerbach auf der Autobahn zu verhaften. Offensichtlich hatten diverse Mitarbeiter, allen voran Israel Ingster, die Unterlagen manipuliert, um sich Auszahlungen von Wiedergutmachungsleistungen zu erschleichen. Eine Fälschertruppe hatte dazu fingierte Formulare und Unterschriften hergestellt. Der Rabbiner Aaron Ohrenstein hatte Beglaubigungen ausgestellt, die er nie überprüfte, obwohl Auerbach ihn darum gebeten hatte. Ohrenstein, bisher als Zeuge im Auerbach-Prozess aufgetreten, fand sich am 36. Verhandlungstag selbst auf der Anklagebank wieder.[47]

Die Entlassung als Justizminister bedeutete das politische Ende für Josef Müller. Seine Karriere sollte sich davon nie wieder erholen. Philipp Auerbachs größter Widersacher war kaltgestellt. Für Auerbach war in dem Moment etwas anderes viel wichtiger: Den Richtern blieb nichts anderes übrig, als ihn aus der Untersuchungshaft zu entlassen. Den Antrag dazu hatten seine Anwälte mehrfach gestellt. Immer wieder hatten sie sich eine Abfuhr geholt. Nun mussten die Richter am 29. Mai klein beigeben.[48] Auf den ersten Blick änderte sich dadurch nicht viel. Auerbach blieb weiter als Patient im Josephinum. Nur standen jetzt keine Wachen mehr vor seiner Tür, und er konnte so viele Leute in seinem Zimmer im ersten Obergeschoss der Klinik sehen, wie ihm beliebte.

Nahm sein Leben wieder einmal in aussichtslos erscheinender Lage eine Wende zum Besseren? War das der Augenblick, in dem er seinen NSDAP-Richtern, ihren politischen Sympathisanten und allen deren Helfershelfern entkommen konnte, wie er einst den Häschern von Gestapo und SS entgangen war? Vielleicht. Aber es gibt Grund, daran zu zweifeln. Philipp Auerbach war zu diesem Zeitpunkt viel schwächer und kranker als je zuvor – sogar im Vergleich zu dem Moment, da er mit gebrochenen Kniescheiben dem Steinbruch von Auschwitz entkommen war oder als er hungrig, frierend und erschöpft den Todesmarsch von Auschwitz nach Groß-Rosen überstanden hatte. Zwar ging es in München nicht unmittelbar um Leben oder Tod. Aber mit seinen gerade mal 45 Jahren hatte er einen Großteil seiner Energien aufgebraucht, seine Kraft zum Widerstand war weitgehend erschöpft. Lange bevor das Gericht zu seinem Urteil kam, musste man befürchten, dass Auerbach nicht länger Herr des Geschehens war, das über ihn hereinbrach. Jeder Erfolg, jeder noch so kleine Sieg brachte ihn in Wahrheit nur der endgültigen Niederlage näher.

Aus der Sicht von Justizministerium und Ermittlungsbehörden war es zu jenem Zeitpunkt vermutlich eine gute Idee, auch an anderer Stelle aktiv zu werden, um von den Problemen im Landtag und vor Gericht ein wenig abzulenken. Sie ordneten eine Razzia im DP-Lager Föhrenwald an. Am 28. Mai 1952 rückten 115 Zoll- und

Steuerbeamte sowie 33 Beamte der Landpolizei in den Morgenstunden an, um dort die kleinen Geschäfte zu überprüfen.[49] Im Lager selbst lebten im Grunde nur noch jene DPs, die zu alt, schwach und krank oder politisch zu verdächtig waren, um die Aussicht auf ein Visum nach Israel oder in die USA zu haben. Das massive Auftreten der Behörden an jenem Mai-Tag verglich der Direktor des American Jewish Distribution Committee in Deutschland, Samuel Haber, wenig später mit dem Vorgehen der nationalsozialistischen »Einsatzgruppen« in Osteuropa. Die Bewohner des Lagers empfanden das offenbar genauso. Sie rotteten sich zusammen, bewarfen die Fahrzeuge der Polizisten und Zöllner mit Steinen und hinderten sie an der Weiterfahrt. Einige der verärgerten Beamten riefen daraufhin: »Die Krematorien gibt es noch!« und »Die Gaskammern warten auf euch!« Schließlich fiel ein Schuss. Bevor die Situation weiter eskalieren konnte, brach der Leiter des Einsatzes die Razzia ab.[50]

Für einen Augenblick schien es so, als könnte sich Philipp Auerbach tatsächlich noch einmal aufraffen. Am Sonntag, dem 8. Juni 1952, schrieb er auf einer Schreibmaschine im Krankenzimmer einen Brief an seine Geschwister. Es war das letzte Mal, dass sie direkt von ihm hören sollten: »Liebe Geschwister! Ihr werdet sicherlich gehört haben, dass die Anklage zusammengebrochen ist, dass das Gericht keine rechtliche Möglichkeit mehr sah, die 15 monatige Haft weiterhin aufrechtzuerhalten. Leider ist mein Gesundheitszustand nicht so, dass ich meine Klinik verlassen kann, und insbesondere erlaubt mir die Lähmung meines rechten Armes noch nicht zu schreiben, sodass ich Euch um Entschuldigung bitte, wenn ich heute an Euch liebe Geschwister einen Brief richte, den ich durchschlage. Mein Nierenleiden hat sich zwar erheblich gebessert, aber gerade in der letzten Woche war ich infolge aufgetretener Nierenblutung nach Nierensteinen so verhandlungsunfähig, dass das Gericht die Verhandlung aussetzen musste (…). Ich hoffe, in wenigen Wochen eine endgültige Rehabilitierung zu erhalten, und dann muss ich überlegen, was wir machen. Es ist auch wirtschaftlich für mich im Augenblick außerordentlich schwer. Ich danke Euch jedenfalls für Eure geschwisterliche Anteilnahme während dieser bitteren

15 Monate und hoffe, Euch bald Gutes berichten zu können. Mit innigen Grüßen bin ich Euer Philipp.«[51] Wer von den Geschwistern in Deutschland, Frankreich und Israel diese Zeilen tatsächlich erhielt, lässt sich nicht rekonstruieren. Sein Bruder Walter zumindest gehörte dazu.

Der Prozess hielt auch in den folgenden Wochen manche Zumutung für ihn bereit. Dazu gehörte der Auftritt des Psychiaters Dr. Vult Ziehen. Er hatte sich im Auftrag des Gerichts viermal jeweils für zwei Stunden mit Philipp Auerbach unterhalten. Als der leitende Oberarzt der Klinik München-Haar am 4. Juli 1952 – es war der 44. Verhandlungstag – gleich am Morgen in den Zeugenstand trat, hatte sich Auerbach über die Bedenken seines Anwalts Klibansky gegen den Auftritt dieses Gutachters hinweggesetzt. »Wenn der Herr Medizinalrat, der sich mir gegenüber immer korrekt benommen hat, gehört wird, dann wird wenigstens bewiesen, dass einer normal ist«, hieß er Ziehen willkommen. Die Entgegnung des Vorsitzenden Mulzer – »Bitte, werden Sie nicht frech!« – war eines der harmloseren Geplänkel. Doch Auerbach hatte sich getäuscht. »Von dieser Sekunde an folgte Auerbach schweigsam und sichtlich betroffen den Ausführungen des Sachverständigen«, schrieb die *Süddeutsche Zeitung* über den Auftritt von Dr. Ziehen. Was auch immer sich der Angeklagte erhofft hatte, das Gutachten kam in den Worten seines Verteidigers einer »öffentlichen Auspeitschung« gleich.[52]

Ziehens mündlicher Bericht liegt auch schriftlich vor. Darin nannte er Auerbach »von Haus aus eine psychopathische Persönlichkeit«. Dieser zeichne sich durch eine »querulatorische Aggressivität« aus. Seine »Pseudologie«, also zwanghaftes Lügen, habe »ihn auch früher schon an und über die Grenze der Kriminalität geführt«. Und weiter: »Gibt man einem pseudologischen hypomanischen und geltungssüchtigen Psychopathen Machtbefugnisse, so wird er sie zwangsläufig missbrauchen: Dr. A hatte auf Grund seiner Lebensenergien und seiner rastlosen Aktivität einen ungewöhnlichen Machtinstinkt und Machthunger.«

Ziehen fuhr fort: »Die Entwicklung der Kriminalität des Dr. A. nach dem Kriege ist für Psychopathen seiner Art bezeichnend. Er war zeit seines Lebens nicht nur ein Stehaufmännchen, sondern auch eine Art Glückspilz. Wenn er die Jahre 1938 bis 1945 überstanden hat, so verdankt er dies seinen ungewöhnlichen Geistesgaben, seiner ungeheuren Anpassungsfähigkeit, seiner gewalttätig-jovialen Art, die Menschen seiner Umgebung einzuwickeln: erst tat er ihnen schön, dann überwältigte er sie mit seiner Suada, seiner Vitalität und seinem Können.« Über Auerbachs Schilderungen von Haft, Hunger und Todesangst wusste Ziehen wiederum zu berichten: »Zuweilen geriet Dr. A. in affektlabiler Weise ins Weinen, oder er bekam feuchte Augen. Diese Regungen versuchte er nicht zu unterdrücken, sondern unterstrich sie, indem er eine Pause in seiner Rede machte und zweifellos die jeweilige schmerzliche Erinnerung ein wenig auskostete.«[53]

Der Auerbach-Biograph Hannes Ludyga bemerkt hierzu: »Es stellt sich die Frage, die Ermordung wie vieler Angehöriger Auerbach frei von Symptomen hätte ertragen müssen, um von dem Gutachter eine normale Konstitution bescheinigt zu erhalten.«[54]

Tatsächlich hatte Joseph Klibansky wohl so etwas kommen sehen. Denn der Verteidiger hatte zuvor seine Hausaufgaben erledigt. Er wusste, dass Vult Ziehen bereits 1932 freiwillig in die NSDAP eingetreten war.[55] Er wusste vielleicht auch, dass Ziehen seine Ausbildung zum Nervenarzt bei einer schillernden Persönlichkeit absolviert hatte: Sein Lehrer war Oswald Bumke gewesen, eine berühmte Kapazität des Faches im frühen 20. Jahrhundert. Nach dem Attentat auf Lenin hatte man ihn 1923 an das Krankenbett des sowjetischen Revolutionärs nach Moskau gerufen; später hatte er im Auftrag der nationalsozialistischen Behörden den Hitler-Attentäter Georg Elser untersucht und war förderndes Mitglied der SS gewesen. Ziehens Sprache spiegelte die Welt wider, die sein Lehrer mitgeprägt hatte und in der er als Schüler groß geworden war: in einer Aura der absoluten Gewissheit darüber, was krank und was gesund war; gestaltet von begnadeten Führern, denen jeder Widerspruch zuwider war und unter denen rassisch und erblich Minderwertiges aussortiert wurde. Es konnte niemanden überraschen, dass Auerbachs Anwälte den Antrag stellten, einen solchen Gutachter wegen Besorgnis der Befangenheit abzulehnen.

Das Gericht sah das anders, wieder einmal. Die Verhandlung an jenem Tag und der Vortrag des Nervenarztes mussten jedoch um 13 Uhr unterbrochen werden, weil der Angeklagte Auerbach am Ende seiner Kräfte war. Man nahm sich für den Freitagnachmittag ein paar harmlosere Zeugen vor und lud Dr. Ziehen erst für den kommenden Montag ein, seinen Vortrag fortzusetzen. Am späten Vormittag des 7. Juli präsentierte er seine ultimative Schlussfolgerung: »Die strafrechtliche Verantwortlichkeit des Dr. A. ist trotz dieser psychopathischen Eigenschaften weder aufgehoben noch erheblich vermindert (...). Bei der Urteilsfindung müssen aber die hochgradigen psychopathischen Eigenschaften des Dr. A. berücksichtigt werden. In seiner Stellung als Generalanwalt sah er sich Anforderungen an seinen Charakter gegenüber, denen er aufgrund seiner psychopathischen Abartigkeit in keiner Weise gewachsen war.«[56]

Vult Ziehen mochte sein Gutachten über acht Stunden »mit der leidenschaftslosen Ruhe des Wissenschaftlers« vorgetragen haben, wie die *Süddeutsche Zeitung* schrieb.[57] Die Worte waren wie Fallbeile niedergesaust.

Allmählich neigte sich das Verfahren dem Ende zu. Der Auftritt des Gutachters Ziehen hatte Philipp Auerbach überrumpelt. Wenn auch nicht im Ton, so doch in der Substanz schlimmer war allerdings die Aussage des Architekten Karl Diekow.[58] Der Zeuge schilderte dem Gericht, wie er 1948 den Auftrag erhalten habe, drei Gebäude der israelitischen Gemeinde Bamberg wiederaufzubauen. Dafür habe Auerbach zunächst diverse Gefälligkeiten erwartet, vor allem Delikatessen wie Sardellen und Langusten. Dann habe er ihm, Diekow, unmissverständlich klar gemacht, dass er 10 Prozent der gesamten Bausumme abgeben müsse, um den Auftrag überhaupt zu bekommen. Diekows Ehefrau bestätigte die Aussage ihres Mannes im Zeugenstand.

Tatsächlich kam weder der Auftrag zustande noch ein Deal mit Auerbach. Wie dieser bei seinen Vernehmungen ein Jahr vor Prozessbeginn angegeben hatte, entschied er sich, Diekow den Auftrag zu entziehen, als er erfahren hatte, dass der Architekt einst Mitglied der NSDAP gewesen war.[59] Diekow geriet dadurch in finanzielle Schwierigkeiten. Vor Gericht sprach er davon, nur der Gedanke an seine Kinder habe ihn davon abgehalten, Selbstmord zu begehen. Die Staatsanwälte – und wenig später auch die Richter – verließen sich darauf, dass der Architekt die Wahrheit gesagt hatte. Für sie hatte sich Auerbach damit der versuchten Erpressung schuldig gemacht. Dass gegen Diekow zur selben Zeit, als er im Auerbach-Prozess aussagte, an anderer Stelle in München ein Verfahren wegen Meineids lief, ignorierten Anklage wie Gericht.

Mindestens so belastend für Auerbach war die Aussage eines anderen Sachverständigen am 53. Verhandlungstag. Am 25. Juli trat der Wirtschaftsprüfer Dr. Helmut Bohn in den Zeugenstand. Er hatte sich die diversen Konten angesehen, über die Philipp Auerbach verfügte, und diese auch mit den privaten verglichen. Bei seiner Untersuchung ging es vor allem um jene Summen, über die Auerbach nach Gutdünken verfügte, ohne dass es für alle Ein- und Auszahlungen entsprechende Belege gegeben hätte. Bohn hatte ausgerechnet, dass Auerbach über 30 000 DM mehr ausgegeben als eingenommen hatte. »Alles, was man nicht tun darf, ist gemacht worden. Es fehlen einem die Worte«, kommentierte Bohn und kam zu dem Schluss, dass Auerbach die Kasse zu seinen Gunsten »frisiert« haben musste.[60]

Die *Jüdische Allgemeine* beschrieb den Streit an jenem Tag als »Auseinandersetzungen, die sich bis zum Tumult steigern sollten«. Immer wieder unterbrach Philipp Auerbach den Gutachter während seines Vortrags. »Kein Mensch ist seit 1945 so behandelt worden wie ich«, schrie er einmal, außer sich vor Wut. »Nunmehr Dr. Mulzer, in Mimik und Gebärde gerade noch beherrscht, dennoch donnernd wie noch nie: Sie sind nicht schlecht behandelt worden!« Auerbach entgegnete: »Sie wollen nur, dass Klibansky nicht dabei ist.« Der fehlte tatsächlich an diesem Vormittag, weil er unpässlich war. Die Sitzung wurde unterbrochen. Danach setzte sich der Streit fort. Als es um Ausgaben für Bücher ging, rief Auerbach in den Saal: »Mein Klosettpapier haben Sie vergessen.« Und als der Sachverständige auf die fehlenden Belege zu sprechen kam, warf Auerbach ein:

»Dann sind sie rausgenommen worden!« Daraufhin stellte der Anwalt des Mitangeklagten Hönig-Ohnesorg, dem ebenfalls unerlaubte Annahme von Geldern vorgeworfen wurde, den Antrag, Auerbach aus dem Gerichtssaal zu entfernen.[61]

Um 10.48 Uhr, gut eineinhalb Stunden nach Beginn der Verhandlung, verkündete der Vorsitzende Mulzer den Beschluss: »Der Angeklagte Auerbach wird während der weiteren Ausführungen des Sachverständigen Dr. Bohn aus dem Sitzungssaal entfernt.«[62] Was dann folgte, schilderte die *Süddeutsche Zeitung* so: »Dem Antrag des Angeklagten, sich hierzu äußern zu dürfen, gab Mulzer nicht mehr statt; mit scharfer Stimme ordnete er an: ›Herr Wachtmeister, Herr Kommissar, entfernen Sie den Angeklagten!‹ Auerbach erhob sich zornbebend aus seinem Sessel und rief, während er von zwei Polizeibeamten flankiert den Saal verließ: ›Das sind Nazi-Methoden! Diese Nazi-Methoden macht man mit mir nicht, Herr Mulzer!‹ Als der Landgerichtsdirektor ihn als Angeklagten zu einer förmlicheren Anrede anhielt, fügte Auerbach hinzu: ›Jawohl, Herr Vorsitzender und die Herren Nazi-Staatsanwälte!‹ Dafür erhielt er später auf Antrag von Wilhelm Hölper eine Ordnungsstrafe.«[63]

Ganz offensichtlich hatte das Gericht mithilfe des Wirtschaftsprüfers etwas gefunden, was fragwürdig oder gar strafwürdig war. Das wusste auch Philipp Auerbach. Darum war sein Zornesausbruch noch heftiger als an so vielen anderen Verhandlungstagen.

Hatte Auerbach je darüber nachgedacht, ob oder wann es erlaubt war, sich über Recht und Gesetz hinwegzusetzen? Wir wissen es nicht. Es gibt keine Schriftstücke oder Schilderungen von Gesprächen mit ihm, in denen dieses Thema zur Sprache gekommen wäre. Wir müssen davon ausgehen, dass er sich im Recht sah, so zu handeln, wie er es tat, selbst wenn das mit den bestehenden Vorschriften nicht in Einklang stand: Wo noch wenige Jahre zuvor das, was legal war, nicht legitim war, erschien ihm nun legitim, was nicht unbedingt legal war. Zumindest solange es nicht dem eigenen Vorteil diente, sondern den Opfern jenes Irrsinns zugutekam, den das Dritte Reich und seine Statthalter in Verordnungen und Gesetzestexte zu fassen wussten. In seinem Alltag als Sachwalter der Überlebenden ging es Auerbach ja nicht um Rache, sondern um Hilfe. Seine Gesetzesverstöße bedeuteten Vergehen gegen bürokratische Vorgaben, gegen die Regeln einer neuen Ordnung, deren Repräsentanten im Chaos der Nachkriegszeit so taten, als gälten die Prinzipien preußischen oder königlich-bayerischen Beamtentums wie eh und je. Als hätte man sie nicht jahrelang mit Füßen getreten.

Philipp Auerbach wird klar gewesen sein, wie sehr er sich damit angreifbar gemacht hatte, selbst wenn allein der Blick auf seine finanziellen Verhältnisse zeigte, dass er zwar Millionen von D-Mark bewegt hatte, dabei aber für sich keine nennenswerten Summen abgezweigt haben konnte. Er war zum Zeitpunkt des Prozesses ein armer Mann, der seine Möbel versetzt hatte und weder seine Klinikbehandlung noch seine Anwälte bezahlen konnte. Dennoch blieb die Tatsache, dass etwa 30 000 DM in den Büchern fehlten. Selbst wenn man annahm, dass es dem Mitangeklagten Hönig-Ohnesorg womöglich nur darum ging, sich selbst zu entlasten, als er vor Gericht behauptete, er habe viele Spenden eingenommen und stets an Auerbach weitergeleitet – selbst dann blieb an Auerbach etwas hängen. Zumal das Gericht den Aussagen Hönig-Ohnesorgs mehr Glauben zu schenken schien als den Angaben Auerbachs.

Wie konnte er angesichts so vieler Gegner nur geglaubt haben, davonzukommen? Wie konnte er nur davon ausgehen, alles sei rechtens, was den DPs und den vielen anderen Bittstellern in ihrer Not nutzte? War es grenzenlose Selbstüberschätzung gewesen, die Philipp Auerbach dazu verleitet hatte, es mit allen und jedem aufzunehmen, die ihm dabei im Wege standen, und für jeden da zu sein, der ihn um Hilfe bat oder mit ihm zusammenarbeitete? Oder war es Verblendung gewesen, bloße Dummheit vielleicht, entstanden aus der panischen Angst, man könnte ihn geringschätzen, verachten gar, so dass er sich unablässig gezwungen sah, seinen Einfluss und damit seine Bedeutung unter Beweis zu stellen?

Philipp Auerbach wirkte in seinem Arbeitseifer und seiner Ungeduld so, als lebte er von geborgter Zeit. Als hätte er, der Überlebende, eine Anleihe aufgenommen bei den Toten der Nazis, zurückzuzahlen in den täglichen Verrichtungen, die das Amt von ihm forderte, um die Wiedergutmachung voranzubringen oder um Kriegsverbrecher aus dem Getriebe der Welt fernzuhalten. Je mehr ihm dämmerte, wie sehr er daran gescheitert war, wie sehr er sich dabei verausgabt hatte, umso weniger schien ihm seine Existenz noch eine Berechtigung zu haben. Sein physischer Zusammenbruch war nicht das unmittelbare Ergebnis davon, aber doch so etwas wie die Konsequenz daraus. Jeder Verhandlungstag, mochte es mal aufwärts, mal abwärts gehen, an einem Tag eine Welle der Empörung, dann eine Woge der Hoffnung, die ihn überschwemmte – jeder Verhandlungstag brachte ihn seinem Ende näher.

Das mochte im Augenblick des Geschehens nicht so ausgesehen haben, aber in der Rückschau wird klar: Einen wie Auerbach freizusprechen oder glimpflich und mit Verständnis für seine Lügen wie für den kompromisslosen Einsatz für die ihm Anvertrauten zu beurteilen, hätte den Bruch mit der Vergangenheit bedeutet. Genau den wollte die deutsche Nachkriegsgesellschaft in ihrer Mehrheit aber nicht, und noch viel weniger wollten ihn die Protagonisten und Opportunisten der zwölf Jahre Nationalsozialismus. In der Meinung jener Zeit stand lange vor dem ersten Verhandlungstag im Landgericht München I darum fest, wie der Prozess auszugehen hatte. In den vier Monaten der Verhandlung mochten wesentliche Teile der Anklage zusammengebrochen sein. Die Fakten und Beweise waren zu dürftig, um ein hartes Urteil zu rechtfertigen. Aber Strafe musste sein.

Nach 55 Verhandlungstagen war die Beweisaufnahme am Dienstag, dem 29. Juli 1952, beendet. Staatsanwaltschaft und Verteidigung erhielten bis zum Beginn der folgenden Woche Zeit, sich auf ihre Plädoyers vorzubereiten.

Wir wissen nicht, wie es Philipp Auerbach ging, während er darauf wartete. Von seiner Unschuld war er überzeugt. Aber wie überzeugend fand er sein Auftreten und das seiner Anwälte? Gab es Grund für ihn, den Richtern in ihrem Urteil über ihn zu trauen? Seine Beteuerungen in dem Brief an die Geschwister fast zwei Monate zuvor, der Freispruch stehe unmittelbar bevor – glaubte er auch jetzt noch daran? In jener Zeit, das genaue Datum lässt sich nicht mehr feststellen, schrieb er einen Brief an den *Aufbau* in New York, in dem er laut dessen Chefredakteur Manfred George »seine Hoffnung, ja seine Gewissheit aussprach, dass er nun bald wieder ein freier Mann sein würde. Er dankte uns für die Fairness, mit der wir seinen Fall behandelt hatten, und fragte, ob wir ihm die Tribüne zimmern könnten, von der aus er, durch die Vereinigten Staaten reisend, über sein Leben und seine Leiden berichten könnte.«[64]

Was George als typische Zuversicht Auerbachs interpretierte, war angesichts der ständigen Koliken, von Diabetes, Bluthochdruck und Schwächeanfällen wohl eher ein nostalgisches Schwelgen in den Reizen, die Auerbachs Leben in den Jahren vor der Verhaftung geboten hatte. Wenn er in den düstersten Momenten allein in seinem Krankenbett im Josephinum lag, die Erinnerung ihn quälte und die Nächte ihm vorkommen mussten wie ein Blick in den Abgrund, dann mochte er vielleicht noch einmal für kurze Zeit der eigenen Suggestion erliegen, sich so wie früher aus hoffnungsloser Lage befreien zu können. Aber in Wahrheit blieben ihm schon lange vor dem Urteilsspruch allein die starken Schmerz- und Beruhigungsmittel. Ruhe fand er vermutlich nur mehr in einem pharmazeutisch induzierten Dämmerungszustand.

Am Montag, dem 4. August, um 9.14 Uhr begann Staatsanwalt Wilhelm Hölper mit seinem Plädoyer. »Drückende Schwüle lastete bereits am Morgen des vergangenen Montags auf dem kleinen Saal des Alten Münchner Justizpalastes, der seit Monaten die Szenerie des Auerbach-Prozesses darstellt«, so schilderte die *Jüdische Allgemeine* die Szenerie. »Der erste Staatsanwalt begann seine Ausführungen flott und zügig – nach zwei Stunden machten sich jedoch bei ihm Anzeichen einer Erschöpfung bemerkbar, die einen Presseberichterstatter zu der bissigen Bemerkung veranlasste: Er spricht wie Veronal (…).«[65] Von einer Mittagspause unterbrochen, zog sich der Vortrag den ganzen Tag hin. Interessant ist eine handschriftliche Notiz Hölpers zur Vorbereitung seines großen Auftritts.[66] Sie wirft ein Licht auf das Bild, welches sich der Staatsanwalt von Philipp Auerbach gemacht hatte und das er vor Gericht zu entwerfen gedachte. Da ist die Rede vom »ungekrönten König Bayerns«, vom

»Staat im Staat«, von der »unrichtigen Darstellung der Beweisaufnahme in den Medien im In- und Ausland«, von der »Unsicherheit und Angst der Zeugen«, wenn sie im Gericht Auerbach gegenüberstanden. Hölper hatte offensichtlich den Eindruck, vor allem die Staatsanwaltschaft befände sich in diesem Prozess auf der Anklagebank, während der Angeklagte der Ankläger, der Provokateur war.

Seine Sicht auf Auerbach deckte sich mit der vieler bayerischer Politiker in den Jahren zuvor. Auch in ihrer Vorstellung war der Multi-Funktionär, Staatskommissar und dann Generalanwalt mit den Amerikanern der Militärregierung und den Funktionären der diversen Hilfsorganisationen eng verbunden gewesen. Dort, so glaubten sie, wimmelte es zudem von jüdischen Beratern und jüdischen Mitarbeitern. Sobald er im Ausland, vor allem in Amerika weilte, sprach er bestimmt schlecht über die Deutschen und ihre Politiker. Stets argwöhnten Minister und Abgeordnete, Auerbach habe seine Spitzel ausgesandt, um in ihren Lebensläufen irgendwelchen Dreck auszugraben. In den Hinterzimmern der Landespolitik und in den Amtsstuben der diversen Behörden lebten offenbar viele in der Furcht, Auerbach habe Dossiers angelegt, um ihnen Schaden zuzufügen, sollten sie ihm in die Quere kommen. Josef Müller war einer von ihnen gewesen. Und Auerbach konnte es sich nicht verkneifen, ebendiese Furcht durch gelegentliche Bemerkungen zu schüren. Der Judenfunktionär schien etwas Dämonisches an sich zu haben. Oder waren es ganz einfach die Juden, die dämonisch waren?

Der Staatsanwalt hielt Auerbach für überführt, falsche eidesstattliche Erklärungen im Zusammenhang seiner Doktorarbeit abgegeben zu haben. Er sah ihn schuldig der Untreue, weil er aus dem Geld der Wiedergutmachungsstiftung unter anderem Kredite gewährt und ein Auto für seinen Vize-Präsidenten hatte anschaffen lassen. Er hielt eine schwere Amtsunterschlagung für erwiesen, denn Auerbach habe ohne Buchführung beliebig Gelder aus seiner Schatulle verteilt, die weder durch Gesetze noch durch eine Geschäftsordnung gedeckt waren. Und er erklärte Auerbach für schuldig des Betrugs, weil er sich ebenso wie Aaron Ohrenstein an falschen Abtretungserklärungen bereichert habe. Zu dem letzten Vorwurf präsentierte er eine komplizierte Indizienkette, der nicht einmal das Gericht folgen mochte.[67]

In seinem Plädoyer entwarf Hölper das Bild eines Angeklagten, wie er es sich in den Notizen zurechtgelegt hatte: »Ich habe gesehen, wie die Zeugen ihre Lippen zusammenpressten, wie ihre Hände gezittert haben und wie sie zur Verteidigung mit ängstlichen Blicken herüberschauten, als ob sie vor etwas Unsichtbarem zurückgeschreckt wären.« Selbst hochgestellte Persönlichkeiten seien dieser Angstpsychose verfallen gewesen. So sei vieles leider im Dunkeln geblieben. Auch die Attacken des Rechtsanwalts Klibansky auf Staatsanwaltschaft und Gericht hätten dazu beigetragen, die Zeugen einzuschüchtern. »Das Ganze war eben doch eine Schaumschlägerei. Ich gebe allerdings zu, die Methode hatte Erfolg. Die Erfahrung der letzten Jahre – man weiß nicht, was noch kommt – mag vielen Zeugen den Mund verschlossen haben.«[68] Daraus zog Hölper den Schluss, das Wenige, was die Zeugen an Belastendem vorgetragen hatten, musste die nackte Wahrheit sein. Und fiel darum umso mehr ins Gewicht.

»Nur in geflüsterten Äußerungen des Erstaunens aus dem überfüllten Zuhörerraum des Gerichtssaales entlud sich die geradezu beklemmende Spannung, die bei der Verlesung der Strafanträge herrschte«, schrieb die *Süddeutsche Zeitung* über die Fortsetzung von Hölpers Plädoyer.[69] Dabei zeigte sich der Staatsanwalt nach seiner eigenen Darstellung gnädig. Alles zusammengenommen, so erläuterte er, wäre eine Gefängnisstrafe von neun Jahren und sieben Monaten sowie eine Geldstrafe von 11 000 DM berechtigt gewesen, wenn man die einzelnen Vergehen addierte. Da er die KZ-Haft Auerbachs strafmildernd berücksichtigt habe, begnügte Hölper sich mit fünf Jahren Gefängnis und 11 000 DM Geldstrafe. Zugleich warf er dem Angeklagten vor, »der ganzen Wiedergutmachung einen noch gar nicht abzusehenden Schaden zugefügt« zu haben, weil die Bereitschaft der deutschen Bevölkerung durch sein Wirken vermutlich geschädigt worden sei.[70] Dann wandte er sich den anderen Angeklagten zu.

Von Philipp Auerbach wissen wir nur, dass er in den Gerichtssaal rief: »Dr. Müller kann mit seinem Staatsanwalt zufrieden sein!«[71] Er setzte in jenem Moment alle Hoffnungen auf seine Anwälte und auf das Gericht. Und das hieß zunächst mal vor allem auf Joseph Klibansky.

Die Plädoyers seiner Anwälte, vor allem das von Klibansky, zogen sich ebenfalls in die Länge. In den Wochen zuvor hatte man Auerbachs Verteidiger als »dreckiges, ungeschlachtetes Judenschwein« beschimpft. Als er im Prozess davon sprach, entgegnete der Vorsitzende Mulzer, er sei in einem Brief als »vollgefressener Frauenschänder« bezeichnet worden.[72] Über zwei Tage hinweg plädierte Klibansky in der Sommerhitze der Stadt. Der Schweiß lief ihm über das Gesicht, sein Anzug und seine Robe waren durchnässt. Beide Anwälte Auerbachs holten noch einmal aus, um an die Dimension dieses Verfahrens zu erinnern. Josef Panholzer brauchte nur halb so lang, aber beide waren sich einig: Natürlich forderten sie einen Freispruch für ihren Mandanten. Auf seine geistreiche, theatralisch provokante Art ließ Klibansky es sich nicht nehmen, Richtern und Zuschauern 16 Stunden lang auseinanderzusetzen, weshalb hier ein Mann zu Unrecht vor Gericht gestanden, weshalb man ihm übel mitgespielt hatte, weshalb man ihn hätte hochpreisen statt verurteilen müssen.[73] Soweit die Anschuldigungen überhaupt Substanz hatten, sah er sie als entweder so nichtig an, dass sie wegen Geringfügigkeit verjährt waren. Oder er hielt die Vorwürfe für widersprüchlich und nicht erwiesen. Zu den Aussagen des Architekten Diekow etwa sagte er, der sei »ein Mann, der mit Erfolg Kriminalromane gelesen hat«. Und er belehrte das Gericht: »Wenn Sie Diekow glauben sollten, müsste ich in meine Revisionsbegründung hineinschreiben, dass diese Strafkammer die elementaren Denkgesetze verletzt hat.« Den Fall Auerbach nannte er eine der großen Affären, ähnlich dem Dreyfus-Prozess in Paris sechzig Jahre zuvor. Jener Justizskandal hatte einst das Ausmaß antisemitischer Ressentiments innerhalb der französischen Gesellschaft sichtbar gemacht. Im Übrigen sei Auerbach in seiner Eigenschaft als bayerischer Staatskommissar viel bayerischer gewesen als mancher bayerische Beamte: »In den Jahren 1947/48 waren bayerische Minister froh, sich in den Schatten Auerbachs flüchten zu können. Sie haben sich dort ganz wohl gefühlt. Da war es Auerbach, der einem die unangenehmen Besprechungen mit der Militärregierung mit Erfolg abnahm.«[74]

Als letzter Verteidiger der vier Angeklagten sprach der Anwalt von Dr. Hönig-Ohnesorg. Er forderte Freispruch für seinen Mandanten und sah Philipp Auerbach als den eigentlich Schuldigen. Über den Chef der Behörde sagte er: »Minister, so wurde hier erklärt, haben sich in seinen Schatten geflüchtet. Ich habe das Gefühl, dass Auerbach sich in diesem Prozess in den Schatten meines Mandanten geflüchtet hat.« An anderer Stelle des Plädoyers sagte er: »Meine Herren, ich warne Sie, den Auerbach, der heute vor Ihnen sitzt, zu vergleichen mit jenem, der Bayern beherrscht hat.«[75]

KAPITEL 15

München, 14. August 1952

Bevor sich das Gericht schließlich zur Beratung zurückzog, ergriff Philipp Auerbach noch einmal das Wort. Daran hatte er im Krankenbett gefeilt, hier gestrichen, da den Text mit Bleistift ergänzt. Dem besonderen Moment entsprechend trug er an diesem Donnerstagmorgen einen schwarzen Anzug. »Hohes Gericht!«, begann er, auf einen Stock gestützt, seine Ausführungen.[1]

> Seit mehr als 20 Monaten hat ein Untersuchungsverfahren, das einen Schuldigen suchte, der für dieses Verfahren bereits zu Beginn feststand, meine Person, meine Vergangenheit, mein Tun und mein Werk untersucht. Ich konnte dem Ergebnis (…) mit Ruhe entgegensehen (…). Hohes Gericht! Es ist durchaus möglich, dass ich in meiner Amtsführung manches getan habe, wozu heute Juristen, die dieses Tun kühl und menschlich zu prüfen haben, bedenklich den Kopf schütteln. Aber bedenken Sie, ich hatte immer das Allernotwendigste zu tun, und da kam manchmal das Notwendige zu kurz (…). Ich habe mich in meinem Amt nicht bereichern wollen und bin aus diesem Amte als kranker und ruinierter Mann ausgeschieden. Mir ist weder Geld noch ein Haus geblieben, und ich weiß heute noch nicht, von was ich leben werde und womit ich meine Familie ernähre. Aber das Bewusstsein, in der Vergangenheit alles getan zu haben, um das Los meiner Schicksalsgefährten zu erleichtern, und die Erkenntnis, dass mein Tun nicht ohne Erfolg geblieben ist – dieser Erfolg wird heute sowohl von meinen früheren Vorgesetzten als auch von den von mir Betreuten anerkannt –, gibt mir die Kraft, dieser Zukunft mit Vertrauen entgegenzusehen.
>
> Hohes Gericht! Im Laufe des Prozesses sind harte Worte gewechselt und dank der bewunderungswürdigen Ruhe des Herrn Vorsitzenden viele Explosionen verhindert worden. Dennoch war es mir

in zwei Fällen nicht möglich, die Nerven zu behalten, die ein gesunder und vielleicht weniger impulsiver Menschen wie ich behalten hätte. Und ich betrachte es als meine Pflicht, sowohl das Hohe Gericht als auch die Herren Staatsanwälte, die sich durch den letzten Zwischenfall beleidigt fühlten, um Entschuldigung zu bitten. Die aufopfernde Tätigkeit meiner beiden Anwälte und Freunde, Rechtsanwälte Dr. Panholzer und Klibansky, haben dem Gericht die juristischen und menschlichen Gesichtspunkte aufgezeigt, um die es hier geht. Nachdem aber Herr Rechtsanwalt Dr. Miehr als Verteidiger des Mitangeklagten Dr. Hönig-Ohnesorg es für notwendig empfand, nochmals die Legende von den von mir einbehaltenen Friedhofsschmiergeldern aufzutischen, und dieser Vorwurf meine tiefsten religiösen und menschlichen Gefühle verletzt, möchte ich wie am ersten Tage erklären, dass ich ein Lump sein will, wenn ich von diesen Geldern auch nur einen Pfennig erhalten habe.

Ich möchte schließen mit dem Wort des Patriarchen Abraham im ersten Buch Moses: Ich hebe meine Hände auf zu dem höchsten Gotte, dem Herrn des Himmels und der Erde, dass ich auch nicht einen Faden, einen Schuhriemen genommen habe.

Ich glaube, mit dieser Beteuerung mein Schicksal, meine Ehre und die Zukunft meiner Familie Ihrem Urteilsspruch in Ruhe und Gelassenheit anvertrauen zu dürfen.

Um 9.43 Uhr verließen Richter und Schöffen den Sitzungssaal. Die Entscheidung sollte um 16 Uhr verkündet werden.

Auf den Fluren vor dem Gerichtssaal machten Gerüchte die Runde, es werde zu Demonstrationen kommen.[2] Man verstärkte das Polizeiaufgebot im und um den Justizpalast. Während sich Neugierige die Treppen ins Obergeschoss heraufdrängten und über die Gänge verteilten, saßen Philipp Auerbach und Aaron Ohrenstein auf einer Fensterbank. Wer sie ansprach, dem gegenüber gaben sie sich optimistisch. Dabei hatte Philipp Auerbach sich zum Ende des Verfahrens wohl nur so versöhnlich gezeigt, weil er um die tiefe Kluft wusste, die sich zwischen ihm und dem Gericht auftat.

Dass diese deutschen Richter, die nun in einem Nebenzimmer

Auerbach und seine Verteidiger Joseph Klibansky und Josef Panholzer.

über sein Schicksal entschieden, das Ende des Krieges als Niederlage empfunden hatten, nicht als Befreiung wie der Angeklagte vor ihnen, konnte man vielleicht verstehen und ihnen kaum entgegenhalten. Dass sie aber unwillig oder unfähig waren, die andere Perspektive in Betracht zu ziehen, sorgte für den Zusammenprall zweier Welten. Nur so war es ihnen möglich, das Bild aufrechtzuerhalten, dass sie die legitimen Repräsentanten einer neuen demokratischen Ordnung waren, des Rechtsstaats sogar. So durften sie ausblenden, dass sie der vorausgegangenen undemokratischen Ordnung gedient hatten. Sie hatten es sich im Gehorsam bequem gemacht. Nun wollten sie die düsteren Kapitel ihrer Lebensgeschichte nicht wahrhaben. Ja, sie sahen sich als Kriegsgeschädigte, als Opfer eben. Wäre der Eroberungsfeldzug, an dem sie teilgenommen hatten, nicht in eine Niederlage gemündet, hätten sie jedoch dazu beigetragen, alle Auerbachs der Welt auszurotten. Indem sie sich dieser moralischen Dimension nicht stellten, sondern sie sogar in Abrede stellten, war der erhöhte Richtertisch des Saales 185 für sie der Sockel, von dem herab sie urteilten.

»Es ist 16.30 Uhr. Die eng gedrängt sitzenden Zuschauer erheben sich, als die Richter den Sitzungssaal betreten und Landgerichtsdirektor Mulzer in atemloser Eile die Urteile verliest«, beschrieb die *Süddeutsche Zeitung* den Moment der Verkündung. »Nur Hönig-Ohnesorg scheint nicht betroffen, die drei anderen Angeklagten zucken zusammen und verfärben sich.«[3]

Das Urteil war ein Schock, vor allem die Höhe der Strafe war es. Wie die Richter überhaupt zu ihrem Ergebnis gekommen waren, begriffen Journalisten und Zuhörer zunächst nicht, weil so kompliziert war, was der Vorsitzende Mulzer vortrug. Über den Angeklagten Philipp Auerbach urteilte er: »Schuldig eines Verbrechens des Versuchs zu einem Verbrechen der Erpressung, dreier fortgesetzter Vergehen der einfachen passiven Bestechung, davon eine in Mittäterschaft begangen, zweier fortgesetzter Vergehen der Untreue, zwei weiterer Vergehen der Untreue, eines Vergehens der Amtsunterschlagung, zweier Vergehen des Versuchs zu Vergehen der falschen Versicherung an Eidesstatt und eines Vergehens der unbefugten Führung eines akademischen Grades.«[4] Zusammengenommen ergab das eine Gefängnisstrafe von zwei Jahren und sechs Monaten, hinzu kamen für die diversen kleinen Vergehen Geldstrafen von 100 DM, 500 DM, 200 DM und 1000 DM oder 20, 10, 4 und 20 Tage Haft. Das Gericht sprach Auerbach frei »von der Anklage wegen eines Vergehens des Betrugs, eines Vergehens der übermäßigen Abgabenerhebung, zweier Verbrechen der schweren Amtsunterschlagung und eines in Mittäterschaft begangenen Vergehens der Urkundenfälschung«.

Zwei Stunden dauerte der Vortrag von Josef Mulzer. Erst im Laufe seiner Ausführungen wurde den Zuhörern klar, dass von der ursprünglichen Anklage auch nach Auffassung des Gerichts wenig übrig geblieben war.

Der Vorsitzende Richter war nach dem Ende seiner Erläuterungen schon im Begriff, die Verhandlung für geschlossen zu erklären, Zuschauer begannen, den Sitzungssaal zu verlassen, als ihm gerade noch rechtzeitig einfiel, dass die Angeklagten das Recht auf eine Entgegnung besaßen. Die *Süddeutsche Zeitung* beschrieb, was dann geschah: »Zitternd vor Erregung erhebt sich Auerbach aus seinem rostroten Polstersessel. Er weist den erkennbar wohlwollenden Vorschlag des Landgerichtsdirektors, sich seine Worte erst einmal in Ruhe zu überlegen, schroff zurück und erklärt schreiend, aber durch seine Erregung kaum verständlich, das Gericht habe das Urteil auf die Aussagen des meineidigen Zeugen Diekow und des unglaubhaften Mitangeklagten Hönig-Ohnesorg aufgebaut. Dann, nach einer kurzen Pause, der überlaut in den Saal geschleuderte Vorwurf: Das ist ein zweites Dreyfus-Urteil. Er kündigt an, Revision einzulegen, um dann, wie er ironisch hinzufügt, das Vergnügen zu haben, Landgerichtsdirektor Mulzer wiederzusehen. Und nochmals ruft Auerbach: ›Dies ist ein Terror-Urteil, dies ist Terror-Justiz, wie sie in der Sowjetzone üblich ist!‹«[5]

Manche Journalisten bescheinigten dem Vorsitzenden Richter Mulzer damals, einen fairen Prozess geführt zu haben, und das waren keineswegs nur die Sympathisanten der alten Ordnung. Natürlich hatte er sich nicht wie Roland Freisler am Volksgerichtshof über den vor ihm stehenden Angeklagten mokiert, er hatte ihn nicht beleidigt, er hatte ihn nicht eingeschüchtert und gedemütigt. In manchen Augenblicken, auch in seiner Urteilsbegründung, konnte man den Eindruck haben, als gäbe es bei Josef Mulzer sogar mehr als einen Hauch von Verständnis – zumindest für die Schmerzen und Gebrechen, unter denen Philipp Auerbach litt. Aber welche Bedeutung hatte das alles, wenn man das Strafmaß bedachte?

Nicht allein für Auerbach, seine Anwälte und seine Familie war es überraschend und empörend hoch. Auch neutrale Prozessbeobachter wunderten sich, wie ein Gericht den Angeklagten für so wenig so hart bestrafen konnte. Einige Monate zuvor erst war Franz Rademacher, Beamter im Auswärtigen Amt und Teilnehmer an der Wannsee-Konferenz, bei der die sogenannte Endlösung der Judenfrage erörtert wurde, wegen Beihilfe zum Totschlag von 1300 Juden vom Landgericht Nürnberg-Fürth zu drei Jahren und sechs Monaten Gefängnis verurteilt worden.[6] Das waren gerade mal zwölf Monate mehr, als Auerbach für seine vergleichsweise geringen Verfehlungen erhielt. Nach einer Dienstreise auf den Balkan hatte Rademacher einst als Grund für seine Spesen angegeben: »Liquidation von Juden in Belgrad«. Er war bereits ein paar Wochen vor dem

Auerbach-Urteil nach Anrechnung der Untersuchungshaft von 29 Monaten vorzeitig aus dem Gefängnis entlassen worden.

Spätestens als Philipp Auerbach sein Urteil hörte, musste ihm klar geworden sein, dass er gescheitert war. Auch wenn er seine Anwälte wie seine Frau Margit in dem Glauben ließ, er wolle den Kampf mit der deutschen Justiz fortsetzen, hatte er in Wahrheit das Ende seiner Wegstrecke erreicht. Die Schuld des Überlebenden gegenüber den Toten würde er nie weiter abtragen können. Sich noch einmal aufzubäumen oder sich trickreich und geistesgegenwärtig eine verfahrene Situation zunutze zu machen, um sich zu retten, hätte mehr Kraft gekostet, als ihm noch zur Verfügung stand. Wurde aus den Zweifeln der vergangenen Jahre nun endgültig Verzweiflung? Wir wissen um die Abgründe, die ihn nachts den Schlaf raubten, um die Erinnerung, die ihn einholte, um das Übermaß an Ansprüchen von DPs wie seiner selbst, das ihn um jede Ruhe brachte.

Diesen Urteilsspruch hatte er vielleicht mehr gefürchtet als jeden anderen schrecklichen Moment seines Lebens. Jene Augenblicke, als er von der Gestapo in Berlin acht Jahre zuvor zum Verhör abgeholt worden war oder als ihn der SS-Mann im Steinbruch von Auschwitz mit vorgehaltener Waffe zwang, auf die absehbar entgleisende Lore zu steigen, waren sicher von großer Angst geprägt gewesen. Dieser Augenblick im Gerichtssaal in München war anders, schrecklicher sogar. Nun hatte er nicht den Tod vor Augen. Nun zerschellte alles, was seiner Existenz einen Sinn gab. Er stand nicht vor dem Tod. Er stand, viel schlimmer noch, vor dem Nichts.

Mancher interpretiert einen Suizid mit Pillen statt mit Strick oder Pistole als weniger eindeutig, weniger gewollt. Einen ähnlichen Versuch, sich das Leben zu nehmen, hatte Philipp Auerbach bereits 16 Monate zuvor unternommen. Mochte das erste Mal vielleicht ein Schrei um Hilfe gewesen sein, für dieses zweite Mal galt das kaum. Der Prozess stand nicht länger bevor, er war vorüber. Die ultimative Auseinandersetzung mit einer Gesellschaft, die sich gegen ihn und seinesgleichen gewandt hatte, hatte mit einer Niederlage geendet. Philipp Auerbach hatte nicht bloß verloren, er war verloren. Es gab keinen Grund anzunehmen, dass eine neue Runde anders ausgehen würde. Die Beispiele, die dagegensprachen, waren zahlreich und eindeutig. »Heute werden die begnadigt, die wegen Unmenschlichkeit verurteilt waren, und mich klagt man an, weil ich Menschlichkeit geübt habe«, hatte er eine Weile zuvor die Lage beschrieben.[7] Nun schwächte ihn zudem ein Tumor der Nebennieren, wie sich bei der gerichtsmedizinischen Untersuchung kurze Zeit später herausstellen sollte.

Vielleicht spürte Philipp Auerbach, dass seine Tage gezählt waren. Darum war es für ihn nur konsequent, aus dem letzten Augenblick noch einmal das meiste herauszuholen. Sich selbst das Leben zu nehmen, bedeutete eben nicht nur die ultimative Ruhe, nach der er sich sehnte. Es war nicht nur Flucht, sondern, auf paradoxe Weise, ein letztes Aufbäumen. Der Selbstmord, der die Welt überraschte, seine Mitstreiter schockierte, seiner Frau und den Töchtern aus beiden Ehen den Boden unter den Füßen wegziehen sollte, im Falle der vierjährigen Ruth mit Jahren Verzögerung – dieser Selbstmord war sein allerletzter Kraftakt. Philipp Auerbach setzte seinem Leben ein Ende, wie er es gelebt hatte. In einer dramatischen Geste. Als letzten Aufschrei der Empörung. Darum die zwei Abschiedsbriefe, die er schrieb, bevor er die Pillen runterspülte, während die Klinik um ihn herum an jenem Abend des 14. August zur Ruhe kam.

Als Schwester Kanuta am nächsten Morgen gegen acht Uhr in das Krankenzimmer kam, schien der Patient tief zu schlafen. Selbst eine Stunde später hielt sie es nicht für ungewöhnlich, dass Philipp Auerbach nach wie vor nicht aufgewacht war. Gegen zehn Uhr betrat sie zum dritten Mal das Krankenzimmer, um das Frühstück zu bringen. »Als Dr. Auerbach immer noch schlief, habe ich ihn angerufen mit ›Herr Doktor‹. Nachdem er mir keine Antwort gab, dachte ich mir, er werde etwas eingenommen haben, und zwar etwas Betäubendes«, sagte sie eine Woche später bei einer Vernehmung durch die Polizei. Sie informierte den leitenden Chirurgen des Josephinums, dass der Patient »wieder einmal zu viel Schlafmittel genommen hätte«.[8]

Mit zwei weiteren Ärzten untersuchte Dr. Simon Kurz nun Philipp Auerbach. Sie vermuteten ebenfalls einen Schlafmittelmissbrauch und erörterten, ob eine Magenspülung nötig sei.[9] Weil der Patient die Mittel mit hoher Wahrscheinlichkeit bereits viele Stunden zuvor eingenommen und sein Körper diese resorbiert hatte, entschieden sie sich, das mit einer solchen Prozedur verbundene Risiko nicht einzugehen. Im Zimmer fanden die Ärzte zwei Röhrchen eines Schlaf- und eines Schmerzmedikaments. »Das Auffinden dieser Röhrchen bestärkte uns in unserer Ansicht, dass es sich nur um einen Schlafmittelmissbrauch handeln könne, da diese Schlafmittel in der nach den Röhrchen zu schließenden Menge für einen Selbstmord völlig ungeeignet waren (...). Als ich das Zimmer verließ, hatte ich nicht den Eindruck, dass bei Dr. Auerbach ein lebensbedrohlicher Zustand vorlag. Insbesondere deswegen nicht, weil Atmung und Kreislauf keine wesentlichen Störungen zeigten«, gab Dr. Kurz an. Er täuschte sich.

Draußen beherrschten derweil das Ende des Prozesses und das Urteil des Landgerichts die Schlagzeilen. Die *Süddeutsche Zeitung* füllte eine ganze Seite unter der Überschrift »Bayerns trüber Nachkriegs-Prozess ist zu Ende«.[10] Die *Welt* schrieb: »Für viele Menschen in der Welt war der Münchener Prozess so etwas wie eine Probe aufs Exempel, ob die Deutschen ihren antisemitischen Affekt überwunden hätten oder nicht. Daher war es von tragischer Bedeutung, dass es zu dieser Verhandlung kommen – und dass sie in einem solchen Urteil ihren vorläufigen Abschluss finden musste.«[11] Der *Manchester Guardian* nannte den Prozess ein »Musterbeispiel politischer Taktlosigkeit«.[12] Die deutsche Botschaft in Oslo teilte dem Auswärtigen Amt mit, dass man in Norwegen im Ausgang des Prozesses »eine neue Welle von Antisemitismus über Deutschland« sehe. Die Presse dort vergleiche die Strafe für Auerbach mit der Freilassung Rademachers, welcher für jeden ermordeten Juden »kaum einen vollen Tag Gefängnis« erhalten habe.[13] Während die Kommentatoren mit den beteiligten Juristen meist harsch ins Gericht gingen und sich den Kopf über die Konsequenzen aus dem Urteil zerbrachen, war die Welt für Philipp Auerbach zum Stillstand gekommen.

Als Margit mit dem Chauffeur Karl Heid an jenem Freitagmorgen in die Klinik kam, fand sie ihren Mann schlafend vor. »Der

Gesichtsausdruck war ein völlig normaler, die Atmung ebenso«, beschrieb Heid später die Situation.[14] Der Stationsarzt Dr. Weig versicherte ihnen, dass er mit seinen Kollegen alles Nötige veranlasst habe, und zeigte sich zuversichtlich, dass Philipp Auerbach am Nachmittag wieder bei Bewusstsein sein würde.[15] Margit Auerbach nahm ein paar Briefe an sich, die sie neben dem Krankenbett fand, und verließ die Klinik. Als sie abends noch einmal mit Karl Heid ins Josephinum fuhr, nachdem sie ihre kleine Tochter Ruth bei der Mutter gelassen hatte, trafen sie den gerade aus dem Urlaub zurückgekehrten Chefarzt Professor Ludwig Kielleuthner an.[16] Der beruhigte sie ebenfalls. Margit Auerbach und Karl Heid zogen Philipp Auerbach einen frischen Schlafanzug an. Dann fuhren sie nach Hause.

Doch in der Nacht verschlechterte sich der Zustand des Bewusstlosen. Morgens um sechs klingelte das Telefon beim Chauffeur der Auerbachs. Die Stationsschwester informierte Heid über den bedenklichen Zustand des Patienten. Als er gegen acht mit Margit in der Klinik eintraf, »fanden wir Auerbach in einem erschreckenden Zustand vor. Die Worte von Professor Kielleuthner hatten sich somit nicht bestätigt, und es war das erste Mal, dass wir ernstlich mit den schwersten Folgen rechneten.«[17]

Man hatte dem Patienten bereits Schleim aus den Bronchien abgesaugt, um ein Ersticken zu verhindern. Sein Atem war kurz und rasselnd, die Körpertemperatur erhöht, seine Haut hatte sich bläulich verfärbt. Ganz offensichtlich war die Vergiftung schlimmer als angenommen. Auch Professor Kielleuthner war in die Klinik gekommen, um sich des Patienten anzunehmen.[18] Schnell wurde ihm klar, dass dessen Zustand aussichtslos geworden war. Darüber sprach er kurz mit Margit Auerbach. Dann veranlasste er, wie zu jener Zeit üblich, »dass Frau Auerbach im Zimmer nebenan Platz nahm, um ihr den Anblick ihres mit dem Tode ringenden Mannes zu ersparen«. Im Raum blieb eine Schwester zurück, die über den Sterbenden wachte.[19]

Um 11.44 Uhr am Samstag, dem 16. August 1952, verständigte sie Margit Auerbach und Karl Heid durch Klopfzeichen, dass etwas

Dramatisches eingetreten sein musste. Margit eilte an das Bett ihres Mannes.[20]

Nie hat Margit Auerbach über diesen Moment gesprochen. In den Monaten des Prozesses war sie, sobald sie ihre Tochter Ruth versorgt bei der Mutter zurücklassen konnte, an der Seite ihres Mannes gewesen. Sie verfolgte das Geschehen im Gerichtssaal mit jener Anspannung, die einen Angehörigen nicht loslässt in solcher Situation. Da saß der Mann, den sie bewundert hatte. Er kämpfte mit Schmerzen und Schwächemomenten, setzte sich zur Wehr und konnte seinen Richtern doch nicht entkommen. Sie vermochte weder Augen noch Ohren zu verschließen vor dem, was über ihn geschrieben und gesprochen wurde. Sie fühlte sich an den Rand gedrängt und von oben herab behandelt in einer Gemeinde, der sie nicht als richtige Jüdin galt, weil die Mutter einst zum katholischen Glauben konvertiert war. Sie kannte die Kritiker Philipps aus der jüdischen Gemeinde und erlebte die vorsichtigen Absetzbewegungen so vieler Funktionäre. Nach dem Urteil und dem Ende des Prozesses, einen Tag zuvor war das erst gewesen, hatte sie die Klinik in der Erwartung verlassen, dass sie mit ihrem Philipp trotzdem noch einmal von vorn würde beginnen können.

Vermutlich war sie mit den Gedanken noch bei der düsteren Prognose, die Professor Kielleuthner kurz zuvor abgegeben hatte, aufgewühlt von Gefühlen der Sorge, der Angst, der Enttäuschung, als es an der Wand klopfte. Sofort eilte sie nach nebenan. Sie hatte kaum das Bett ihres Mannes erreicht und sich von der Seite sanft zu ihm hinuntergebeugt, da tat Philipp Auerbach seinen letzten Atemzug.

Kurz darauf schaffte man den Leichnam, wie damals ebenfalls üblich, hinaus, während die gerade Witwe gewordene Margit Auerbach und der Fahrer die Sachen des Verstorbenen zusammenpackten. Dabei fiel ihnen ein Brief auf, in den Umschlag eines anderen gesteckt, von Hand geschrieben zwei Tage zuvor: »Meine liebe Margit! Liebste Ruthi! Liebe Mutter! Nicht aus Feigheit wähle ich diesen Weg, sondern weil es für mich kein Recht mehr gibt. Seid mir nicht böse, dass ich diesen Weg gewählt habe. Schreibt meiner Helen, dass ich bis zum Letzten tapfer gekämpft habe und grüßt sie herzlich von mir. Euer Philipp.«[21]

Das waren die knappen Zeilen an seine Nächsten. Den anderen, den zur Veröffentlichung bestimmten Brief, ebenfalls verfasst, kurz bevor er zu den Tabletten griff, konnte die Welt in den Tagen darauf in den Zeitungen nachlesen: »Nicht aus Feigheit, nicht aus meinem Schuldbekenntnis handle ich, sondern weil ein Glaube an das Recht für mich nicht mehr besteht und ich meinen Freunden und meiner Familie nicht weiter zur Last fallen will. Ich bin unschuldig verurteilt im Fall Diekow und in den Fällen Hönig-Ohnesorg. Ich habe mich niemals persönlich bereichert und kann dieses entehrende Urteil nicht weiterhin tragen. Ich habe bis zuletzt gekämpft. Es war umsonst. Mein Blut komme auf das Haupt der Meineidigen. Dr. Philipp Auerbach«[22]

Er war sich bis in den Tod treu geblieben.

KAPITEL 16

München, 18. August 1952

Die Beerdigung war eine einzige Demonstration. Schon am Tag zuvor hatten sich Hunderte auf den Weg zur Synagoge in der Reichenbachstraße gemacht. Geduldig warteten sie darauf, kaum dass die Staatsanwaltschaft den Leichnam Philipp Auerbachs freigegeben hatte, um in einer langen Reihe an seinem Sarg vorbeizudefilieren. Man hatte ihn mit der Flagge Israels drapiert. Viele weinten, knieten nieder und beteten für den Verstorbenen.[1]

Am Tag der Beisetzung, einem Montag, blieben die jüdischen Geschäfte Münchens geschlossen. Ein Trauerzug setzte sich durch die Innenstadt in Bewegung zum Friedhof an der Ungererstraße. Eigentlich sollte der Sarg mit einem Fahrzeug dorthin transportiert werden. Die Behörden wollten keine öffentliche Kundgebung. Doch dann formierte sich eine entschlossene Gemeinde aus Empörten und Bekümmerten, um Philipp Auerbach zu Fuß das letzte Geleit in den Norden Schwabings zu geben.[2] An der Spitze marschierten der Anwalt Joseph Klibansky und Maurice Weinberger, der amtierende Präsident der Israelitischen Kultusgemeinden in Bayern, während Schaulustige und Passanten am Straßenrand zusahen. Hinter den Prominenten gingen Menschen, die sich fein gemacht hatten, mancher von ihnen in etwas fadenscheinigem Mantel oder Anzug, Hut oder Mütze tief ins Gesicht gezogen. Es waren vor allem DPs, aus den Wohnungen der Stadt oder den Lagern der Umgebung gekommen, in denen sie Philipp Auerbach und seine Behörde untergebracht hatte. Einige trugen Transparente. »Nieder mit dem nazistischen Dreyfus-Prozess« war da zu lesen, »Josef Müller, bist du nun zufrieden?« oder »Nieder mit dem Nazirichter Mulzer«.[3]

Auf dem Friedhof selbst war das Gedränge groß. Etwa 2000 Menschen hatten sich in der Aussegnungshalle und auf dem Vorplatz versammelt. Die Reden wurden mit Lautsprechern nach draußen

Bei der Beisetzung Auerbachs protestierten DPs gegen das Gerichtsurteil und den langjährigen bayerischen Justizminister Müller. Die Polizei setzte am jüdischen Friedhof in Schwabing Wasserwerfer ein.

übertragen. Dann folgten die Trauernden dem Sarg zur Grabstätte. Nur mühsam konnten sich die Sargträger ihren Weg durch die Menge bahnen. Für Margit Auerbach, schwarz verschleiert, hatte man einen Stuhl bereitgestellt, während die Menschen sich dicht an dicht um das offene Grab drängten. Ein Rabbiner sprach das Kaddisch, das traditionelle Totengebet. Die Feier war kaum beendet, einige Gäste legten noch Steine und Blumengebinde am Grab nieder oder streuten Erde auf den Sarg, als es in der Nähe zu einer Schlägerei zwischen Münchner Polizisten und jüdischen Demonstranten kam. Ein Kriminalbeamter in Zivil hatte versucht, eines der Protestplakate zu beschlagnahmen.[4] Zwei Hundertschaften rückten an. Sie setzten Wasserwerfer ein und räumten den Platz vor dem Friedhof.

In einem Beileidstelegramm an Margit Auerbach schrieb der Vorsitzende der SPD in Deutschland, Kurt Schumacher, in seiner Hilfsbereitschaft habe Philipp Auerbach vielleicht »die Grenzen des Erlaubten« gestreift. Dabei habe er nicht für seinen eigenen Nutzen

Tausende drängten sich um den mit einer Israel-Flagge drapierten Sarg von Philipp Auerbach und begleiteten ihn auf seinem letzten Weg zum jüdischen Friedhof im Norden Münchens.

gearbeitet, in keinem Fall sei sein Verhalten »echt kriminell oder auch nur betont eigennützig gewesen«.[5]

Die 18-jährige Helen und ihre Mutter hörten im Radio vom Tod Philipp Auerbachs. »Wir lebten mit anderen Leuten in der 181. Straße, als die Nachrichten seinen Selbstmord bekanntgaben«, erinnerte sich die Tochter in New York später. »Ich konnte nicht mal weinen. Ich hörte das zweite Klavierkonzert von Rachmaninow. Dann konnte ich weinen. Er war tot für mich, als er nicht in die USA kommen wollte.«[6]

Nachdem der *Aufbau* in New York ausführlich über den Tod ihres Vaters berichtet hatte, schrieb Helen außerdem auf Englisch einen Brief an die Zeitung. Er erschien am 29. August 1952: »Der Grund für diesen Brief besteht darin, dass ich, seine Tochter, zu ihm stand und ihn ebenso geliebt habe wie jene, die Sie erwähnt haben. Auch wenn ich nicht in der Lage war, ihm unmittelbar zu helfen, habe ich in ständiger Korrespondenz mit ihm gestanden und ganz zum Schluss von ihm gehört. Nun, zu Ehren meines geliebten Vaters, befinde ich mich in Trauer.«[7]

Walter Auerbach erfuhr vom Tod seines Bruders erst mit Verspätung. Er befand sich in den Bergen bei Obergurgl im Ötztal. Zwar hatte Margit noch am Todestag ihres Mannes ein Telegramm an Walters Familie nach Hannover geschickt – »Philipp heute 11.45 verstorben, Beerdigung voraussichtlich am Montag.« –, doch Walters Frau Käthe entschied, ihn nicht per Telegramm zu informieren. »Du hättest es wahrscheinlich ohnehin nicht geschafft [rechtzeitig zur Beerdigung in München zu sein, HHK]«, schrieb sie ihm stattdessen in einem Brief, »(…) und bist für eine große Beerdigung auch kleidungsmäßig nicht eingerichtet (…). Hoffentlich bist Du nicht böse, dass ich nicht telegraphiert habe. Aber ich denke an die Sorge, die Du hattest, die Radionachrichten in der Pension in den Ferien hören zu müssen, und weiß wirklich nicht, wie ich es machen soll. Man hat kein angenehmes Gefühl, es ist so showy: Brief an die Öffentlichkeit. Das Blut komme … Die arme Margit.«[8] Einen Tag nach der Beerdigung, am Dienstag, 19. August, erhielt Margit einen Brief von Walter aus Österreich: »Ich wollte, ich hätte den Tag der Urteilsverkündung gekannt und hätte an ihm bei Euch sein können (…). Ich weiß nicht, ob ich jetzt Dich aufsuchen darf. Nur Dich möchte ich sprechen, keinen der Verteidiger und keinen, der etwa aus meiner Verwandtschaft in München sein könnte.«[9]

Im Lager Föhrenwald benannten die DPs die Ostmarkstraße in Auerbachstraße um.[10]

Eine Woche nach der Trauerfeier, am 25. August 1952, wurde der Hauptbelastungszeuge Karl Diekow wegen Meineids vom Amtsgericht München zu einem Jahr Freiheitsstrafe und zwei Jahren »Ehrverlust und Aberkennung der Eidfähigkeit« verurteilt.[11]

Der Untersuchungsausschuss des Bayerischen Landtags »zur Prüfung der Vorgänge im Landesentschädigungsamt« kam nach seiner letzten Sitzung am 20. Januar 1954 zu folgendem Ergebnis: »Solche Aufgaben waren nicht mit normalen Mitteln und auch nicht von Persönlichkeiten zu lösen, die zwar getreu dem Gesetz arbeiteten, der außergewöhnlichen Lage gegenüber jedoch ziemlich hilflos gewesen wären. Mit anderen Worten: Behörden und Beamte im eigentlichen Sinne wären der Schwierigkeiten noch weniger Herr geworden.«[12]

Margit Auerbach heiratete 1958 ein zweites Mal. Mit ihrem Mann und der zehnjährigen Ruth zog sie nach Bogotá.[13] Philipp Auerbach hing wie ein großer Schatten über der Familie. Zwar ging Margit mit ihrer Tochter zu seinem Grab in München, wenn sie den weiten Weg über den Atlantik gekommen waren, um Maria Bertha Panzner zu besuchen. Margits Mutter, die sich um die Grabpflege kümmerte, begleitete dann jedes Mal Tochter, Enkelin und Schwiegersohn zum Friedhof. An Philipps Geburtstag wie auch an seinem Todestag zündete Margit jedes Jahr eine Kerze an. Aber sie mochte über ihn nicht sprechen. Die gemeinsame Ehe, der Prozess und der Selbstmord waren zu einem Tabu geworden. Ruth wusste auch deshalb lange kaum etwas über ihren Vater. Erst viele Jahre später erfuhr sie, dass er schon einmal verheiratet gewesen war und dass sie eine Halbschwester hatte, Helen, die in New York lebte.

In den Jahren nach Philipp Auerbachs Tod begann die Familie einen zähen Kampf um die Wiedergutmachung, die ihm zugestanden hätte und nun auf seine Erben übergegangen war. Zunächst lehnten die verantwortlichen Behörden es ab, auch für die Jahre der Haft in Frankreich eine Entschädigung zu zahlen. Bei der Vichy-Regierung, so die Begründung, habe es sich um eine souveräne Regierung gehandelt, die keineswegs nur auf Befehl der Deutschen gehandelt habe. Zudem sei Auerbach nicht unbedingt aus rassischen oder politischen, sondern vor allem aus kriminellen Gründen verhaftet worden.[14]

Im April 1975, noch 23 Jahre nach Philipp Auerbachs Tod, kam das Bayerische Landesentschädigungsamt in München zu dem Ergebnis, die Wiedergutmachung für die Familie sei um 1098 D-Mark zu kürzen. In dem entsprechenden Bescheid hieß es: »Am 8. Mai 1950 wurde der Alte Jüdische Friedhof in Würzburg verunstaltet. Zur Ergreifung der unbekannten Täter setzte Dr. Auerbach eine Belohnung in Höhe von DM 1000 aus. Durch Angaben der Frau Katharina Amend konnten die Täter ermittelt werden. Nach dem Urteil des Amtsgerichts München vom 24. 11. 1954 musste der Freistaat Bayern wegen Aussetzung dieser Belohnung an Frau Amend 1098 DM zahlen. Wenn man ausschließt, dass Dr. Auerbach bei der Aussetzung dieser Belohnung in Ausübung öffentlicher Gewalt gehandelt hat, so hat er hierbei seine Befugnisse überschritten und seine mit dem Dienst- und Arbeitsverhältnis übernommenen Verpflichtungen in besonders schwerem Maße verletzt (...). Die Erben nach Dr. Auerbach sind somit schadensersatzpflichtig.«[15]

NACHWORT

Michael Brenner, Professor für Jüdische Geschichte, Ludwig-Maximilians-Universität München

Man stelle sich einmal vor, ein sehr ambitionierter Filmautor möchte ein sensationsheischendes Drehbuch über die unmittelbaren Nachkriegsjahre schreiben. Er denkt lange nach, welche Figur sich wohl am besten als Protagonist dafür eignen würde. Natürlich ein Jude! Noch besser ein Auschwitz-Überlebender! Und – da dies auch noch nicht ausreicht – nicht irgendeiner, sondern doch gleich der bekannteste Jude in Deutschland! Und um so richtig zu provozieren, vertauscht der Drehbuchautor die Rollen: Der Jude soll kein Opfer sein, sondern ein Täter, dem der Prozess gemacht wird. Zu Gericht über ihn sitzen lauter ehemalige Nazis. Doch das ist dem Autor noch immer nicht genug. Der Protagonist wird am Ende verurteilt und nimmt sich am Tag der Urteilsverkündung das Leben. Man stelle sich nun noch vor, der Drehbuchautor suche für seine Story einen Produzenten. Die Reaktion der infrage kommenden Produzenten auf so einen Plot, so sollte man meinen, kann doch nur einhellig lauten: Aber bitte schön, mein Herr, diese Geschichte glaubt Ihnen doch keiner!

Der Drehbuchautor ist erfunden, aber der so unglaublich klingende Plot keineswegs. Noch erstaunlicher ist, dass diese Geschichte nahezu völlig in Vergessenheit geraten ist. Dabei war Philipp Auerbach der bekannteste Vertreter der jüdischen Gemeinschaft im Nachkriegsdeutschland. Sein Name war Ende der vierziger und Anfang der fünfziger Jahre regelmäßig im *Spiegel* und in der *Süddeutschen Zeitung* zu lesen, und der oben geschilderte »Fall Auerbach« gehörte zu den schillerndsten Justizaffären der frühen Bundesrepublik. Man mag es kaum glauben, dass diese tragische Geschichte bis heute nur sehr spärlich aufgearbeitet wurde und eine vollständige Biographie von Philipp Auerbach erst mit diesem Buch vorliegt. Dabei ist Hans-Hermann Klare keineswegs wie jener erfundene

Drehbuchautor von Sensationslust getrieben worden. Vielmehr erzählt er das Leben und Sterben des Philipp Auerbach in nüchternem Ton und als Ergebnis einer jahrelangen sorgfältigen Recherche, die ihn in zahlreiche Archive und zu vielfältigen Zeitzeugen geführt hat.

Den Namen Philipp Auerbach hörte ich erstmals als Jugendlicher im Umkreis meines Vaters, der mehrere Jahrzehnte lang dem Präsidium des von Auerbach gegründeten Landesverbands der Israelitischen Kultusgemeinden in Bayern angehörte. Auerbach galt dort als eine tragische Figur, die auf unbürokratischem Wege den Holocaust-Opfern helfen wollte, ohne dabei immer die korrekten deutschen Behördenwege zu gehen. Sein Heldenstatus in den Kreisen der Überlebenden drückte sich auch darin aus, dass in dem letzten bestehenden jüdischen Displaced-Persons-Lager Föhrenwald eine Straße nach ihm benannt wurde. Neben ihm erhielt diese besondere Ehre nur der verstorbene US-Präsident Roosevelt. Doch nicht alle waren gut auf ihn zu sprechen. Seine diktatorischen Neigungen und sein autokratischer Führungsstil waren legendär. Für die einen war er der »Robin Hood«, der sich für die Opfer einsetzte, für die anderen stand er für Korruption und Machtgier. So einte und spaltete er die deutsch-jüdische Gemeinschaft.

Direkten Zugang zur Person Auerbachs erhielt ich viele Jahre später durch von mir betreute Forschungsprojekte zu seiner Person und Zeit. Er war zweifellos der bekannteste und wohl auch der am meisten gehasste deutsche Jude in den Jahren nach 1945. Seine unverblümte Kritik an ehemaligen Nazis und sein lautstarkes Auftreten gegen jederlei Wiederaufleben des Antisemitismus brachten ihm nicht nur Freunde ein. Für viele Menschen, die möglichst ungestört von der unmittelbaren Vergangenheit ein neues Deutschland aufbauen und nicht an die NS-Verbrechen erinnert werden wollten, war er ein unbequemer Mahner. Das später in Umlauf gekommene Bonmot, die Deutschen können den Juden Auschwitz nicht verzeihen, könnte auch über seiner Nachkriegsbiographie stehen.

Die vorliegende Biographie Hans-Hermann Klares geht aber tiefer. Sie beschäftigt sich mit Auerbachs Kindheit im Kaiserreich, seinen politischen Anfängen in der Weimarer Republik und seiner

Emigration und Verfolgung in den Jahren nach 1933. Dabei weicht Klare auch den Anschuldigungen einiger Überlebender gegen Auerbach nicht aus, kann diese allerdings weitgehend entkräften. Es spricht für Klare, dass er dort, wo es keine Klärung geben kann, offene Fragen bestehen lässt.

So ist dieses Buch keine postume Rehabilitation Auerbachs, sondern porträtiert seinen Protagonisten in all seinen Widersprüchlichkeiten. Es verdeutlicht gleichzeitig die zahlreichen Kontinuitäten vor und nach 1945. Wer es gelesen hat, wird schnell realisieren, dass es die berühmte »Stunde Null« so nicht gegeben hat. Alte Eliten wurden schnell zu neuen Eliten, altes Denken zu neuem. Ein Auschwitz-Überlebender besaß selbst in einem Staatsamt nur so viel Einfluss, wie ihm von den Politikern alten Schlags und den Richtern mit einem den wandelnden Zeiten angepassten Parteibuch gewährt wurde. Der Fall Auerbach erinnert dabei weniger an die Dreyfus-Affäre im Frankreich des späten 19. Jahrhunderts als an das tragische Schicksal des Hofjuden Joseph Süß Oppenheimer im Württemberg des 18. Jahrhunderts. So machtlos wie diese scheinbar so mächtige Figur von einem Tag auf den anderen wurde, so fiel auch Auerbach neben seiner eigenen Hybris den Intrigen seiner Gegner zum Opfer.

Den eingangs genannten Filmautor gibt es nicht. Das Drehbuch zu dem Film über Auerbach ist noch nicht geschrieben worden. Aber die vorliegende Biographie bietet zweifellos Filmmaterial. Man hat förmlich die Bilder vor Augen, wie der junge Emigrant sich und seine Frau in Belgien mit fantasiereichen Unternehmungen am Leben erhält; wie er sich in den französischen Internierungslagern durchschlägt; wie er später auf abenteuerliche Weise die deutschen Konzentrationslager überlebt; wie er seine Frau und Tochter in New York zurücklässt, um sich seiner Lebensaufgabe in einem neuen Deutschland zu widmen; wie er als Staatskommissar zunächst in Nordrhein-Westfalen aneckt, dann eine ganze Verwaltung in Bayern aufbaut, aus dem Auto heraus auf der Autobahn verhaftet wird, durch Krankheit gezeichnet seinen Prozess erlebt und sich schließlich verzweifelt das Leben nimmt. Er wurde nur 45 Jahre alt und hat doch mehrere Leben gelebt.

DANK

Dieses Buch wäre ohne die Hilfe, das Verständnis und die Zeit, die mir so viele gewährt haben, nicht möglich gewesen. Mein Dank gilt vor allem den beiden Töchtern Philipp Auerbachs. Als ich Helen Rosenthal im Juli 2019 in New York traf, bewegte sie sich in der Wohnung bereits an einem Rollator voran, das Sprechen bereitete Schwierigkeiten, das Gedächtnis ließ sie immer wieder im Stich. Aber mithilfe ihrer Schwiegertochter Karen breitete sie bereitwillig Aktenordner, Dokumente und Fotos vor mir aus, die sie aufbewahrt hatte. Wir trafen uns über vier Tage jeweils am späten Vormittag. Helen gestand mir, dass sie noch einige Jahre zuvor nicht in der Lage gewesen wäre, mit einem Fremden über ihren schwierigen Vater zu sprechen. Als wir uns voneinander verabschiedeten, geschah das für uns beide in dem Gefühl, dass wir uns wohl nicht noch einmal begegnen würden, und sie dieses Buch kaum mehr zu Gesicht bekommen sollte. Drei Monate später ist Helen Rosenthal, geborene Auerbach, im Alter von 86 Jahren gestorben.

Ihre Halbschwester Ruth Robben empfing mich ebenfalls bereitwillig in ihrem Haus in Mühlheim und zögerte nicht, mit mir zu teilen, was sie über ihren Vater wusste. Auch für sie war das Thema »Philipp Auerbach« lange schwierig gewesen. Es hatte viele Jahre gedauert, bevor sie beginnen konnte, die Lebensgeschichte ihres Vaters und ihre eigenen frühen Jahre zu entschlüsseln. Dass Ruth mich bereitwillig in die Geheimnisse der Familie einweihte und geduldig Rede und Antwort stand, wann immer ich ihre Hilfe gebrauchen konnte, hat meine Arbeit vorangebracht. Dass ich nicht allein ihre Kenntnis über den Vater, sondern sogar ihr Verständnis für sein Handeln vergrößern konnte, hat mich stets beflügelt.

Möglich gemacht hat die Begegnungen mit Philipp Auerbachs Töchtern Ellen Babendreyer. Als Ellen vor gut zwanzig Jahren in

Rente ging, hatte sie den Entschluss gefasst, am Ende ihres Berufslebens zu promovieren. Ihr Thema sollten die Auerbachs werden. Es dauerte eine Weile, bis sie sich im Gespräch mit ihrem Doktorvater entschloss, eine Arbeit über Walter zu schreiben, den sozialdemokratischen Staatssekretär, und nicht über seinen Bruder Philipp oder gar über beide. Sie stellte für mich den Kontakt zu den Töchtern her. Sie übergab mir auch Material, welches sie Jahre zuvor gesammelt hatte. Es war klar, dass ich sie darum bitten würde, das Manuskript zu lesen, bevor ich es endgültig fertigstellte. Denn außerhalb der Familie Auerbach weiß niemand so gut Bescheid wie sie. Ellen Babendreyer ist wenige Wochen vor Erscheinen dieses Buches, das ohne sie kaum so entstanden wäre, gestorben.

Ich habe von der Zeit, dem Wissen, den Ideen und dem Sprachgefühl noch anderer profitiert. Da ist Olga Mannheimer in München, die sich ebenfalls die Mühe machte, das Manuskript zu lesen. Sie gab mir ungezählte Anregungen, machte wertvolle Verbesserungsvorschläge und vermittelte Kontakte, die meine Recherchen voranbrachten. Das gilt auch für Ernst Mannheimer, der die Zeit zwischen den Jahren 2021/22 nutzte, um zu lesen, und dabei so präzise und kenntnisreich ans Werk ging, als wäre er ein professioneller Lektor. Da ist mein alter Kollege und Freund Peter Meroth, der konzentriert Unsauberkeiten, Fehler und Holprigkeiten des Textes entdeckte. Dafür bin ich ihnen dankbar.

Ich möchte mich bei Michael Brenner bedanken, dem Professor für Jüdische Geschichte an der LMU in München, der mir mindestens eine wichtige Tür geöffnet und mir mit Hinweisen zu abgelegeneren Quellen geholfen hat. Seine Bereitschaft, zu diesem Buch ein Nachwort zu schreiben, hat mich gefreut. Dankbar bin ich Hannes Ludyga, dem Jura-Professor aus Saarbrücken, aus dessen Magisterarbeit an der Universität in München einst eine Auerbach-Biographie entstanden ist. Dieses detailliert mit Quellenangaben versehene Werk hat mir meine Arbeit ebenso erleichtert wie die anregenden Treffen, die wir beide in München hatten.

Die Recherche an diesem Buch drohte manchmal an den Beschränkungen des Corona-Zeitalters zu scheitern. Umso dankbarer bin ich denen, die mir Material zusandten, mir einen Leseplatz sicherten, obwohl der Zugang zu Archiven und Bibliotheken beschränkt war, und mich auf Dokumente hinwiesen, auf die ich sonst nie gestoßen wäre. Zu erwähnen sind da Gerhard Fürmetz, Archivdirektor des Bayerischen Hauptstaatsarchivs in München, der die dort gesammelten Auerbach-Unterlagen kennt wie vermutlich kein Zweiter, Sabine Stein von der Gedenkstätte Buchenwald, Marion Goers von der Gedenkstätte des Deutschen Widerstands in Berlin, der belgische Historiker Etienne Verhoeyen, Ans Spaepen vom Rijksarchief Antwerpen, Antoine Olivier von den Archives Générales du Royaume in Brüssel, Beate Kuhnle im Institut für die Geschichte der deutschen Juden in Hamburg sowie Corinna Wöhrl, die mir Unterlagen des Staatsarchivs Hamburg erschlossen hat.

Schließlich haben mir noch eine Reihe Menschen in Interviews Rede und Antwort gestanden. Bedanken möchte ich mich vor allem bei Samuel Norich, Rachel Salamander, David Stoppnitzer und dem in der Zwischenzeit verstorbenen Uri Siegel. Sie haben mir geholfen zu verstehen, was es bedeutet hat, in einem DP-Lager zu leben oder gar dort geboren zu sein.

Das alles wäre nicht möglich gewesen ohne die Unterstützung meiner Agentin Petra Eggers, ohne den Zuspruch von Constanze Neumann, der Verlegerin des Aufbau-Verlags, ohne Christian Koth, der dort für die Sachbücher verantwortlich ist, und ohne meinen Lektor Ludger Ikas. Er hat mir gezeigt, wie präzise man wirklich an einem Manuskript arbeiten muss, um es zu verbessern. Die für mich zuvor fremde Welt der Buchverlage habe ich mithilfe von Britta Hansen kennengelernt. Ihnen allen gilt mein Dank.

Ohne diese Menschen wäre das Buch nie so zustande gekommen. Was auch immer darin noch fehlen mag oder daran auszusetzen ist, liegt allein in meiner Verantwortung.

Hamburg, Juni 2022

ANHANG

ANMERKUNGEN

Hinweis: Die Anmerkungen führen nur Kurztitel auf. Vollständige Titelangaben finden sich im Literaturverzeichnis.

Kapitel 1

1 Die Angaben zu den Zeugen variieren in der Berichterstattung über den Prozess. Laut Protokoll der Verhandlung waren es 130 Zeugen und 8 Sachverständige: STAM Staatsanwaltschaft (Sta) 29241, Akte 2; Saal 185 trägt seit 1955 die Nummer 219 (Mitteilung der Pressestelle OLG München 2021).
2 Laut Pressestelle des Bayerischen Justizministeriums vom 4. 10. 2021 ist die Zelle noch heute vorhanden.
3 Vernehmung Heid am 6. 11. 1952, STAM Sta 29246/1.
4 Aktenzeichen 2 KLS 1/52 STAM Sta 29246/2.
5 Aussage Schwester Kanuta am 21. 8. 1952, STAM Sta 29246/1.
6 Vernehmung Dr. Eduard Weig am 21. 8. 1952, STAM Sta 29246/14.
7 BayHSTA, Nachlass Panholzer, Akte 147.

Kapitel 2

1 Bei Verhaftung in Belgien 275 Pfund, in Berlin 130 Pfund, 1949 auf 220–230 Pfund gestiegen (Angaben Auerbach), bei Tod 102,5 kg, STAM Sta 29240.
2 Högner, *Der schwierige Außenseiter,* S. 272.
3 Nickels, »München«.
4 Schattenhofer (Hrsg.), *Chronik der Stadt München, 1945–1948.*
5 *Revue, Die Welt-Illustrierte,* o. J., Angaben für September 1946, Kopie in Nachlass Walter Auerbach, Archiv der FES, Bonn.
6 Zum Themenkomplex: Karl, *Amis in Bogenhausen;* Bernst, *Möhlstraße 1914 bis heute.*
7 Neben Auerbach Leo Bärnkopf als kommissarischer Leiter und zwei Sekretärinnen, Aussage Auerbach bei Vernehmung 28. 3. 1951, STAM Sta 29238/3.
8 Kauders, *Democratization and the Jews,* S. 41; Wetzel, Juliane: »Jüdisches Leben in München 1945–1951«, Schriftenreihe des Stadtarchivs München, 1987, S. 1.
9 Wetzel, Juliane: »Aufruhr in der Möhlstraße«, in: Benz/Mihok (Hrsg.), *»Juden unerwünscht«,* S. 57.

10 Grossmann, Atina / Lewinsky, Tamar: »Zwischenstation«, in: Brenner (Hrsg.), *Geschichte der Juden in Deutschland von 1945 bis zur Gegenwart,* S. 123.
11 Königseder/Wetzel, *Lebensmut im Wartesaal,* S. 14.
12 Auf 145 000, vgl. Brenner, *Nach dem Holocaust,* S. 26.
13 Königseder/Wetzel, a. a. O., S. 49.
14 Detaillierte Beschreibung von Gross, Jan T., »The Kielce Pogrom 1946«, in: Benz/Mihok (Hrsg.), a. a. O., S. 115 ff.
15 Wyman, *DPs, Europe's Displaced Persons, 1945–1951,* S. 144.
16 Königseder/Wetzel, a. a. O., S. 79.
17 Auskunft Gerhard Fürmetz, Archivdirektor BayHSTA, im Oktober 2021. Insgesamt lagern in Bayern nach seiner Aussage noch 290 000 Akten.
18 Akte Scheidel / 432 Überprüfung durch Auerbach-Amt, STAM Sta 29241/6.
19 *Der Spiegel* Nr. 7 vom 13. 2. 1951.
20 Laut Rechnungshof 1950: München 10 Beamte, 133 Angestellte, Zweigstellen 67 Angestellte, BayHSTA, Nachlass Panholzer, Akte 129.
21 Zitiert nach Winstel, *Verhandelte Gerechtigkeit,* S. 90.
22 Kralovitz, *ZehnNullNeunzig in Buchenwald.*
23 Zitiert nach Krauss, *Heimkehr in ein fremdes Land,* S. 140.
24 Ebenda.
25 Müller-Elmau, *Schloss Elmau,* S. 16.
26 Müller-Elmau, a. a. O., S. 22.
27 Müller-Elmau, a. a. O., S. 25 ff.
28 Müller-Elmau, a. a. O., S. 45.
29 Landau, Ernst: »Purim in Elmau«, abgedruckt in *Dachauer Hefte,* Heft 24, 2008, S. 241 ff.
30 Königseder/Wetzel, a. a. O., S. 8.
31 Grossmann/Lewinsky, a. a. O., S. 79.
32 Zitiert nach Bergmann, Werner, »›Der Antisemitismus in Deutschland braucht gar nicht übertrieben zu werden‹, Die Jahre 1953 bis 1954«, in: Schoeps (Hrsg.), *Leben im Land der Täter,* S. 196.
33 Die Zahlen schwanken in den Unterlagen zum Prozess, in den Anhörungen des Bayerischen Landtags und in der Berichterstattung zwischen 80 000 und 120 000.
34 *Informationsdienst VVN,* Sondernummer vom 20. 12. 1947, »Der Glaube ist uns geblieben«.
35 Alle Angaben über Nora Waksmann und Isaak Norich: Interview mit Samuel Norich, 30. 3. 2020.
36 Frankl, *Trotzdem Ja zum Leben sagen,* S. 136.
37 Pinson, *Jewish Life in Liberated Germany.*
38 Biber, *Risen from the Ashes,* S. 28.
39 Pinson, a. a. O., S. 111.
40 Schochet, *Feldafing,* S. 133 ff.
41 Köhn, *Die Lage der Lager,* S. 143.
42 Schochet, a. a. O., S. 37.

43 Philipp Auerbach, »Die Einschaltung von DPs in die Wirtschaft«, BayHSTA StK 13801.
44 Interview mit Samuel Norich.
45 Aussage Ernest Landau vom 12. 2. 1952, STAM Sta 29244/5.
46 Mannheimer, *Drei Leben,* 2012.
47 Zitiert nach Königseder/Wetzel, a. a. O., S. 30.
48 Ebenda.
49 Zitiert nach Hilliard, *Von den Befreiern vergessen,* S. 12.
50 Hilliard, a. a. O., S. 233.
51 Zitiert nach Taylor, *Zwischen Krieg und Frieden,* S. 346 f.
52 *Jüdische Rundschau,* Heft 4/5, Mai/Juni 1946.
53 Zitiert nach Brenner, *Holocaust,* S. 99.
54 Zitiert nach Dewell Giere, *Wir sind unterwegs, aber nicht in der Wüste,* S. 175.
55 Zitiert nach Königseder/Wetzel, a. a. O., S. 219 f.
56 Köhn, a. a. O., S. 137.
57 Köhn, a. a. O., S. 148 f.; Deiler, Manfred: »Der ›jüdische Aufstand‹ 1946«, in: *Landsberg im 20. Jahrhundert,* Heft 6, 1996.
58 Schulze-Wessel, Julia: »Die neue Gestalt des Antisemitismus in der deutschen Nachkriegsgesellschaft«, in: Benz, *Jahrbuch für Antisemitismusforschung 1,* S. 182 ff.
59 Jacobmeyer, *Vom Zwangsarbeiter zum heimatlosen Ausländer,* S. 205 f.
60 Zur Gliederung der Verwaltung der Auerbach-Behörde siehe Ludyga, *Philipp Auerbach (1906–1952),* S. 55 f.
61 Dazu ausführlich Kugler, *Scherwitz, der jüdische SS-Offizier.*
62 BayHSTA Stk 14262.
63 Aussage Emmy Göring 20. 4. 1951, STAM Sta 29241/5.
64 Zitiert nach Ludyga, a. a. O., S. 57.
65 Stadtarchiv München, Rechenschaftsbericht des Staatskommissars, BuR 1841.

Kapitel 3

1 Ausführlich Lorenz, *Die Juden in Hamburg zur Zeit der Weimarer Republik;* Wamser / Weinke (Hrsg.), *Jüdisches Leben am Grindel.*
2 Babendreyer, *Walter Auerbach,* S. 30 f.
3 Kaplan (Hrsg.), *Geschichte des jüdischen Alltags in Deutschland,* S. 373.
4 Laut *Der Spiegel* Nr. 19 vom 9. 5. 1951.
5 Börsenbesuchskarte 1929 / Karte Metallbörse 1931, Hamburg, STAHH 213-13-9532.
6 STAHH BIIB 121x.
7 Hirsch, *Jüdisches Vereinsleben in Hamburg bis zum Ersten Weltkrieg,* S. 197.
8 Laut *Gemeindeblatt der Deutsch-Israelitischen Gemeinde zu Hamburg,* Nr. 6 vom 10. 6. 1928.

9 Sielemann, Jürgen: »Der Verein zur Förderung ritueller Speisehäuser«, in: *Liskor – Erinnern, Magazin der Hamburger Gesellschaft für jüdische Geschichte,* 1. Jahrgang, 2016, Nr. 2.

10 Babendreyer, a. a. O., S. 30.

11 Hempel, Dirk: »1906, Hamburg bekommt einen Hauptbahnhof«, https://www.ndr.de/geschichte/chronologie/1906-Hamburg-bekommt-einen-Hauptbahnhof,hauptbahnhof256.html

12 Hempel, Dirk: »Wie sich Hamburger Arbeiter gegen Wahlrechtsraub wehrten«, https://www.ndr.de/geschichte/Geschichte-des-Wahlrechts-in-Hamburg,wahlrecht216.html

13 Geschichte der Firma Montblanc, wikipedia.de

14 Pritzlaff, Christiane: »Synagogen im Grindelviertel und ihre Zerstörung«, in: Wamser/Weinke (Hrsg.), a. a. O., S. 23 ff.

15 Ebenda.

16 Vieth, *Von der Hallerstraße 6/8 zum Isebek und Dammtor.*

17 Kaplan (Hrsg.), a. a. O., S. 353.

18 Kaplan (Hrsg.), a. a. O., S. 354.

19 Lorenz, a. a. O., Band 1, Statistik auf Seite XLII.

20 Lorenz, a. a. O., Band 1, Statistik auf Seite LVIII.

21 Ophir, Baruch Z.: »Zur Geschichte der Hamburger Juden 1919–1939«, in: Freimark (Hrsg.), *Juden in Preußen – Juden in Hamburg,* S. 81 ff.

22 Fröhlich, Elke: »Philipp Auerbach (1906–1952), ›Generalanwalt für Wiedergutmachung‹«, in: Treml/Weigand (Hrsg.), *Geschichte und Kultur der Juden in Bayern,* S. 315.

23 Laut Ermittlungsbericht der Polizei Hamburg vom 18. 8. 1951 STAM Sta 29238/6.

24 Schreiben der Handelskammer Hamburg vom 29. 1. 1962, LEA 41973 Teil 2; BayHSTA, Abschrift einer Aussage Auerbachs vor Untersuchungsrichter beim Landgericht Hamburg vom 6./8. 12. 1932, STAM Sta 29242/24.

25 Babendreyer, a. a. O., S. 41.

26 Winkler, Heinrich August: »Die deutsche Gesellschaft der Weimarer Republik und der Antisemitismus«, in: Martin/Schulin (Hrsg.), *Die Juden als Minderheit in der Geschichte,* S. 274.

27 Babendreyer, a. a. O., S. 37.

28 Babendreyer, a. a. O., S. 52.

29 Rohe, *Das Reichsbanner Schwarz-Rot-Gold,* S. 98.

30 Zeitung *Das Reichsbanner* vom 15. 1. 1926.

31 *Das Reichsbanner* vom 1. 2. 1926.

32 STAHH 135-1-I–IV 4392, Bd. 1 Reichsbanner.

33 Bericht über Fahnenweihe der 8. Kameradschaft und Petersens Rede in: *Das Reichsbanner,* Gau Hamburg/Bremen/Nordhannover vom 15. 12. 1925.

34 Elsbach, *Das Reichsbanner Schwarz-Rot-Gold,* S. 246.

35 Urias, *Die Hamburger Juden im Kriege 1914–1918,* S. 9 f.

36 *Gemeindeblatt der Deutsch-Israelitischen Gemeinde zu Hamburg,* Nr. 3 vom 10. 3. 1928.

37 Lüth, Erich: »Mein Freund Philipp Auerbach«, in: Lamm (Hrsg.), *Vergangene Tage,* S. 491.
38 *Das Reichsbanner* vom 15. 3. 1925.
39 *Das Reichsbanner* vom 1. 6. 1926.
40 Lüth, a. a. O., S. 491.
41 Becker, *Der Wahrheit die Ehre,* S. 13 f.
42 STAHH 135-1-IV 4392, Bd. 3.
43 Beuys, *Verteidigung der Republik,* S. 21.
44 *Bergedorf-Sander Volksblatt* vom 24. 11. 1924, STAHH 135-i-I–IV 4392, Bd. 1 Reichsbanner.
45 Geheime Staatspolizei Hamburg vom 24. 5. 1938, Politisches Archiv des AA RZ 214-100010-251.
46 Goral-Sternheim, *Jeckepotz,* S. 62
47 STAHH 135-1-IV 4392, Bd. 2.
48 *Hamburger Nachrichten* vom 11. 3. 1927; *Das Reichsbanner* vom 11. 3. 1927, STAHH 135-I–IV 4392, Bd. 2.
49 STAHH 135-1-IV 4392, Bd. 2.
50 Ebenda.
51 Babendreyer, a. a. O., S. 45 f.
52 STAHH Passagierlisten 1850–1934.
53 Interview mit Martha Adler/Auerbach, geb. Levisohn, privates Video der Familie Rosenthal mit der Großmutter in New York am 28. 12. 1990.
54 STA HH 351-11-31457.
55 STAHH 135-i-IV- 4392 Bd. 2.
56 Rohe, a. a. O., S. 342.
57 BA Berlin R 3017/30703.
58 Die NSDAP hatte an der Unterelbe schon vor 1933 in manchen Orten bis zu 70 Prozent der Stimmen gewinnen können, siehe Lohmann, *»Hier war doch alles nicht so schlimm«*.
59 Lohmann, a. a. O., S. 82 f.
60 Ebenda.
61 Entschädigungsakte Philipp Auerbach, LEA 41973 BayHSTA Teil 2.
62 Ebenda.
63 Lüth, a. a. O., S. 491 f.
64 Video Martha Adler 1990.
65 BA Berlin R 3017/30703.

Kapitel 4

1 Nach Angaben des Polizeikommissariats von Antwerpen vom 12. 7. 1939 kam Auerbach am 7. 9. 1934 dort an. AGR Brüssel, Dossier Fremdenpolizei.
2 https://geschichtsbuch.hamburg.de/epochen/nationalsozialismus/hitler-und-die-hamburger/
3 Archiv AA RZ 214-100010-255.

4 AGR Brüssel, Dossier Fremdenpolizei, Brief vom 1. 10. 1934 und vom 24. 10. 1934.
5 Ausführlich Arntz, *Judenverfolgung und Fluchthilfe im deutsch-belgischen Grenzgebiet.*
6 Kirschgens, *Wege durch das Niemandsland,* S. 107.
7 Arntz, a. a. O., S. 269.
8 Arntz, a. a. O., S. 270.
9 Arntz, a. a. O., S. 263.
10 Arntz, a. a. O., S. 235.
11 Kirschgens, a. a. O., S. 63.
12 Kirschgens, a. a. O., S. 60.
13 Arntz, a. a. O., S. 257.
14 Babendreyer, *Walter Auerbach,* S. 55.
15 Kirschgens, a. a. O., S. 182.
16 Entschädigungsakte Auerbach, LEA 41973, Teil 1, BayHSTA.
17 Doorslaer et al. (Hrsg.), *La Belgique docile,* S. 46.
18 Doorslaer, Rudi van, »Jewish Immigration«, in: Michman (Hrsg.), *Belgium and the Holocaust,* S. 62 f.
19 Abicht, *Die Juden in Antwerpen,* S. 20.
20 Saerens, Lieven, »Antwerps Pre-War Attitude towards the Jews from 1918–1940«, in: Michman (Hrsg.), a. a. O., S. 172.
21 Saerens, a. a. O., S. 181.
22 Saerens, a. a. O., S. 167.
23 Abicht, a. a. O., S. 22 f.
24 Video Martha Adler 1990.
25 Améry, *Werke,* Bd. 2, S. 387.
26 Améry, a. a. O., S. 389 f.
27 Vreemdelingdossier Auerbach, Stadsarchief Antwerpen.
28 Ebenda.
29 Video Martha Adler 1990; Wiedergutmachungsakte Martha Adler, STAHH 351-11-31457.
30 Video ebenda.
31 Baumbach (Hrsg.), *»Wo Wurzeln waren …«,* S. 23.
32 Bajohr, *»Arisierung« in Hamburg,* S. 36.
33 Aly, *Hitlers Volksstaat.*
34 Zitiert nach Treuenfeld, *Zurück in das Land, das uns töten wollte,* S. 105 f.
35 Vernehmung Philipp Auerbach am 28. 3. 1951, STAM Sta 29238/3.
36 Visa des belgischen Generalkonsulats für Martha Auerbach am 16. 12. 1934, Dossier Fremdenpolizei, AGR Brüssel.
37 Ebenda; Martha Adler, Entschädigungsakte, LEA 41973, Teil 2.
38 Vieth, *Von der Hallerstraße 6/8 zum Isebek und Dammtor,* S. 61.
39 Wiedergutmachungskammer Hamburg 24. 6. 1957, STAHH 213-93-9532.
40 Dossier Fremdenpolizei AGR Brüssel und Archiv AA Berlin RZ214-100010-253.
41 Dossier Fremdenpolizei.
42 Dossier Fremdenpolizei, Brief vom 2. 11. 1936.

43 *Le Soir* vom 10. 10. 1936.
44 *La Nation Belge* vom 13. 3. 1937, La Dernière Heure vom 23. 3. 1937.
45 *De Standaard* vom 4. 7. 1937.
46 Interview Martha Adler 1990.
47 Schreiben Gestapo Hamburg an Gestapo Berlin, Prinz-Albrecht-Straße, vom 24. 5. 1938, BA Berlin R 3017/30703.
48 Pol. Archiv AA Berlin RZ214-100010-253.
49 Dossier Fremdenpolizei.
50 Lustiger, *Shalom Libertad!,* S. 43.
51 Beevor, *The Battle for Spain,* S. 157.
52 Howson, *Arms for Spain,* S. 81 f.
53 Büro für öffentliche Sicherheit, Justizministerium, Brief der Sûreté an Sekretär im Kabinett des Königs vom 21. 11. 1938, Dossier Fremdenpolizei.
54 Kopie im Dossier Fremdenpolizei.
55 Ebenda.
56 Ebenda.
57 Ebenda.
58 Nelles, *Widerstand und internationale Solidarität,* S. 203 ff.; und vor dem Krieg S. 153 ff.
59 Aussage Peter Abel vor Untersuchungsrichter Ludwig Amann am 3. 7. 1951 STAM Sta 29238/4
60 Nelles, a. a. O., S. 232, Anm. 6.
61 Empfehlung von Huysman, Auerbachs Visum zu erneuern laut Brief des belgischen Außenministeriums vom 5. 10. 1938, Dossier Fremdenpolizei.
62 Aussage Zeugin Melitta Schmidt, STAHH 213-13-9532.
63 Hochmuth (Hrsg.), *Gestapo-Gefängnis Fuhlsbüttel.*
64 Aussage Dr. Max Plaut vom 23. 7. 1957, STAHH 213-13-9532.
65 Ermittlungsbericht Polizei Hamburg vom 18. 8. 1951, STAM Sta 29238/6.
66 Vgl. Brief Plaut vom 25. 7. 1957, STAHH 213-13-9532.
67 Auswanderung in die USA im März 1939 laut Oberfinanzdirektion Hamburg vom 24. 3. 1939, STAHH 314-15-R 138/3375.
68 Pol. Archiv AA Berlin RZ 214-100010-243 ff.
69 Pol. Archiv AA Berlin RZ 214-100010-248; am 5. 12. 1938 stellt Philipp Auerbach einen Antrag für sich, Martha und Helen beim belgischen Justizministerium auf einen Pass, »damit wir die Möglichkeit erhalten, frei zu reisen.« Dossier Fremdenpolizei.
70 Améry, *Werke,* Bd. 2, S. 394.
71 Dossier Fremdenpolizei.
72 Interview Martha Adler 1990 und Wiedergutmachungsakte STAHH 351-11-31457.
73 Maschinengeschriebener Brief vom 5. 5. 1940, Kopie beim Autor.
74 Améry, *Werke,* Bd. 2, S. 397 ff.
75 Interview Martha Adler.
76 Philipp Auerbach hat seine Erinnerungen von der Zeit kurz vor seiner Festnahme in Belgien im Mai 1940 bis zur Befreiung in Buchenwald im April

1945 unter dem Titel »Der Mann, der Elend sah« aufgeschrieben, vermutlich auf Anfrage des Düsseldorfer Merkur-Verlags, dem er den Text im November 1945 schickte. Im Nachlass seines Anwalts Panholzer (BayHSTA, NL Panholzer, Akte 123) finden sich eine deutsche, eine englische, eine französische und eine spanische Version. Grundlage für alle in diesem Buch verwendeten Zitate ist die englische Fassung, die unter dem Titel »I am the Man Who saw Misery« abgelegt ist, weil sie im Vergleich etwa zur deutschen Version vollständiger erscheint. Insgesamt handelt es sich um einen mit Schreibmaschine geschriebenen Text von 35 Seiten.

77 Martin/Saerens, *Anvers sous l'Occupation,* S. 13 f.
78 Wiedergutmachungsakte Martha Adler, STAHH 351-11-31457.
79 Schmidt, *Geschiedenis van de Joden in Antwerpen,* S. 173.
80 Zitiert nach Schmidt, a. a. O., S. 173 f.
81 Meinen, *Die Shoah in Belgien.*
82 Zitiert nach Doorslaer et al. (Hrsg.), a. a. O., S. 151 f.
83 Doorslaer et al. (Hrsg.), a. a. O., S. 117 f.
84 Polizeikommissariat Antwerpen, Dossier Fremdenpolizei; Heidelberger-Leonard, *Jean Améry,* S. 75.
85 Auerbach Erinnerungen.
86 Doorslaer et al. (Hrsg.), a. a. O., S. 180 f.
87 Auerbach Erinnerungen.
88 Doorslaer et al. (Hrsg.), a. a. O., S. 180 f.
89 Auerbach Erinnerungen.

Kapitel 5

1 Alle Zitate und Angaben von Martha Auerbach, später Adler, beziehen sich auf ihr Video der Familie von 1990 und auf die Wiedergutmachungsakte, STAHH 351-11-31457.
2 Ebenda.
3 Website www.antwerpengedenkt.be
4 Video Martha Adler 1990.
5 Ebenda.
6 Auerbach Erinnerungen.
7 Schramm, *Menschen in Gurs,* S. 23.
8 Auerbach Erinnerungen.
9 Schramm, a. a. O., S. 21.
10 Skierka, *Lion Feuchtwanger,* S. 195.
11 Feuchtwanger, *Der Teufel in Frankreich,* S. 106 f.
12 Zitiert nach Philipp (Hrsg.), *Gurs,* S. 26.
13 Akte Berta Süsskind, STAHH 231-13-29772.
14 Auerbach Erinnerungen.
15 Brief Benninghaus an Walter Auerbach vom 7. 1. 1946, NL Walter Auerbach, Teil 1, Mappe 59, Archiv der FES.

16 Ebenda.
17 Befragung Kurt Herzfeld, Landgerichtsdirektor, in Belgien verhaftet und nach Gurs geschafft, 27. 4. 1956, BayHSTA NL Panholzer Akte 154.
18 Skierka, a. a. O., S. 199 f.
19 Zitiert in Eggers, *Unerwünschte Ausländer,* S. 336.
20 Eggers, Christian, »Die Reise der Kundt-Kommission durch die südfranzösischen Lager«, in: Grandjonc/Grundtner (Hrsg.), *Zone der Ungewißheit,* S. 238.
21 Zitiert in Eggers, *Unerwünschte Ausländer,* S. 357.
22 Auerbach Erinnerungen.
23 Schramm, a. a. O., S. 88.
24 Améry, *Unmeisterliche Wanderjahre,* S. 74.
25 Eggers, *Unerwünschte Ausländer,* S. 255.
26 Schramm, a. a. O., S. 65.
27 Wiedergutmachungsakte Martha Adler, STAHH 351-11-31457.
28 Améry, *Unmeisterliche Wanderjahre,* S. 55.
29 Wiedergutmachungsakte Martha Adler.
30 Schramm, a. a. O., S. 95 f.
31 Wiedergutmachungsakte Martha Adler.
32 NL Walter Auerbach, Teil 1, Mappe 59, Archiv der FES.
33 Feuchtwanger, a. a. O., S. 81.
34 Video Martha Adler 1990.
35 Améry, *Werke,* Bd. 2, S. 404 f.
36 Wiedergutmachungsakte Martha Adler.
37 Auerbach Erinnerungen.
38 BA Berlin R 3017/472231.
39 Eggers, *Unerwünschte Ausländer,* S. 40, Anm. 81.
40 Koestler, *Abschaum der Erde,* S. 382.
41 Koestler, a. a. O., S. 383 f.
42 Auerbach Erinnerungen.
43 Wiedergutmachungsakte Martha Adler.
44 Ebenda.
45 Auerbach Erinnerungen.
46 Koestler, a. a. O., S. 383.
47 Hinze, *Antifaschisten im Camp Le Vernet,* S. 220.
48 Roser, *Verfolgung – Widerstand – Neubeginn,* S. 73 f.
49 Hinze, a. a. O., S. 262.
50 Aussage Paul Hahn am 28. 4. 1952, STAM Sta 29240/9.
51 Roser, a. a. O., S. 75 f.
52 Eggers, *Unerwünschte Ausländer,* S. 321.
53 Auerbach Erinnerungen.
54 Aussage Paul Hahn am 28. 4. 1942, STAM Sta 29240/9.
55 Auerbach Erinnerungen.
56 Ebenda.
57 Ebenda.

58 So schreibt Philipp Auerbach bereits am 6. 8. 1945 (und damit lange bevor er prominent wird oder Wiedergutmachungsansprüche akut werden) in einem Brief an das Komitee ehemaliger politischer Gefangener in Hamburg: »Bei meiner Auslieferung in Vichy am 25. 8. 1942 wurde mir mitgeteilt, dass ich in Abwesenheit zum TODE verurteilt sei und nur nochmals zu einer eingehenden Vernehmung nach Berlin transportiert wurde.« Akte der Vereinigung der Verfolgten des Nazi-Regimes – Bund der Antifaschisten (VVN-BdA) Hamburg, gelagert in der Gedenkstätte Hamburg-Neuengamme.
59 Eggers, *Unerwünschte Ausländer,* S. 359.
60 Schreiben vom 6. 10. 1942, National Archives, Kew, London FO 371/31922.
61 Brief von Fritz Heine am 17. 1. 1943 an Walter Auerbach in London, NL Walter Auerbach, Teil 1, Mappe 44, Archiv der FES.
62 Karteikarte der SS, BA Berlin R 58–9673.
63 *Weltbühne,* Nr. 21, 1. 11. 1947, Zweiter Jahrgang, Abschrift in Stadtarchiv München, Pol. Dir. München 15552.
64 Brief des SD an Oberreichsanwalt beim Volksgerichtshof vom 27. 9. 1941: Auslieferungsantrag Auerbach bei Waffenstillstandskommission von OKW; *Frankfurter Zeitung,* Kopie Dossier Auerbach, ArchRoy B.
65 Beispiel dafür in Hillermeier (Hrsg.), *»Im Namen des deutschen Volkes!«,* S. 44 ff.
66 Vernehmung Gottfried Sumpp am 20. 8. 1951 in Meldorf, STAM Sta 29238/4.
67 Aussage Ringelmann vom 6. 11. 1951, STAM Sta 29244/2.
68 Telefoninterview im Dezember 2020 mit Klaus Marxen, Autor von *Das Volk und sein Gerichtshof,* Berlin 1994.
69 Auerbach Erinnerungen.
70 Ebenda.
71 Zitiert nach Aly, *Hitlers Volksstaat,* S. 119.
72 Laut Schutzhaft-Karteikarte, BA Berlin R 58–9673.

Kapitel 6

1 Auerbach Erinnerungen.
2 Philipp Auerbach, »Berlin Alexanderplatz«, in *Isar Post* vom 24. 6. 1947.
3 Auerbach Erinnerungen.
4 Ebenda.
5 Auerbach, »Berlin Alexanderplatz«.
6 Zitiert in Wagner, *Hitlers Kriminalisten,* S. 126 f.
7 Wagner, Patrick: »Das Gesetz über die Behandlung Gemeinschaftsfremder. Die Kriminalpolizei und die ›Vernichtung des Verbrechertums‹«, in: Ayaß et al., *Feinderklärung und Prävention,* S. 75–100.
8 Ayaß et al., *Feinderklärung und Prävention,* S. 154.
9 Vernehmung Gottfried Sumpp am 20. 8. 1951 in Meldorf, STAM Sta 29238/4.

10 Brief vom 18. 8. 1946, BayHSTA LEA 41973, Teil 1.
11 Aussage Hoffmann am 16. 6. 1947, BayHSTA LEA 41973, Teil 1.
12 Auerbach Erinnerungen.
13 Auerbach in *Isar Post,* a. a. O.
14 Dams/Stolle, *Die Gestapo,* S. 17.
15 Zitiert nach König/König, *Das Polizeipräsidium Berlin-Alexanderplatz,* S. 140.
16 König/König, a. a. O., S. 119.
17 Auerbach Erinnerungen.
18 Karteikarte BA Berlin R58-9673.
19 Auerbach Erinnerungen.
20 In einem Brief Auerbachs aus Buchenwald vom 24. 4. 1945 schreibt er an den »Bezirk Wasserkante der Antifaschistischen Front im Lager Buchenwald«: »Wahr ist, dass die Gestapo mir angeboten hat, nach Paris zu gehen und dort als ›freier Mann‹ (…) als Spitzel zu arbeiten oder nach Auschwitz geschickt zu werden.« BA Berlin DY30, IV 2/4432 (aus dem Archiv von Ellen Babendreyer).
21 Zitiert nach Hillermeier (Hrsg.): *»Im Namen des deutschen Volkes!«,* S. 44 f.
22 Zitiert nach Hillermeier, a. a. O., S. 55 f.
23 Krankenbücher Polizeigefängnis Berlin, Arolsen Archives, 730003–11300863.
24 Auerbach Erinnerungen.
25 Ebenda.
26 Ebenda.
27 Auskunft der Gedenkstätte Auschwitz, Dezember 2020.

Kapitel 7

1 Walser, *Unser Auschwitz.* S. 107
2 Levi, *Ist das ein Mensch?,* S. 17.
3 Auerbach Erinnerungen.
4 Levi, a. a. O., S. 19.
5 Auerbach Erinnerungen.
6 Ebenda.
7 Ebenda.
8 Eidesstattliche Erklärung von Dr. Rudolf Vitek (früher Weiskopf) aus Prag am 3. März 1947, zitiert nach Radandt (Hrsg.), *Fall 6,* S. 153 f.
9 Auerbach Erinnerungen.
10 Ebenda.
11 Als Zeuge im Wilhelmstraßen-Prozess berichtete Auerbach nach dem Krieg von zwei Tagen, die er im Steinbruch verbringen musste. Verhör durch Robert Kempner am 27. 2. 1948, in: Telford Taylor, »Final Brief on the Criminal Responsibility of Weizsaecker, Steeengracht, Woermann (Part 1), 1948, Trial 11 – Ministries Case 24«, https://digitalcommons.law.uga.edu/nmt11/24
12 Auerbach Erinnerungen.
13 Levi, a. a. O., S. 98.

14 Reitzenstein, *Himmlers Forscher,* S. 97.
15 Auerbach Erinnerungen.
16 Wie Anmerkung 10.
17 Levi, a. a. O., S. 133 f.
18 Auerbach Erinnerungen.
19 Ebenda.
20 Czech, *Kalendarium der Ereignisse im Konzentrationslager Auschwitz-Birkenau 1939–1945,* S. 854 f.
21 Langbein, *Menschen in Auschwitz,* S. 377
22 Bezwińska, *KL Auschwitz in den Augen der SS,* S. 72.
23 Auerbach Erinnerungen.
24 Levi, a. a. O., S. 119 f.
25 Auerbach Erinnerungen.
26 Ebenda.
27 Zitiert nach Langbein, a. a. O., S. 212.
28 Zitiert nach Langbein, a. a. O., S. 204 f.
29 Czech, a. a. O., S. 802.
30 Czech, a. a. O., S. 886.
31 Wiesel, *Die Nacht zu begraben,* S. 57.
32 Auerbach Erinnerungen.
33 Arendt, *Elemente und Ursprünge totaler Herrschaft,* S. 907.
34 Zitiert nach Langbein, a. a. O., S. 213.
35 Bezwińska, a. a. O., S. 50 f.
36 Langbein, a. a. O., S. 218.
37 Zitiert nach Langbein, a. a. O., S. 708.
38 Auerbach Erinnerungen.
39 Zitiert nach Langbein, a. a. O., S. 411.
40 Personal-Akte SS Nr. 477 494, BA Berlin R 9361-III/538771.
41 Auerbach Erinnerungen.
42 Karteikarte Bernard Klieger 12. 11. 1896, Arolsen Archives, 6. 3. 32/99336400, S. 30 f.
43 Personal-Akte SS Nr. 477 494, a. a. O.
44 Höß, *Kommandant in Auschwitz,* S. 122 f.
45 Ausführlich: Friedrich, *Die kalte Amnestie,* S. 213 ff.; Rüter et al., *Justiz und NS-Verbrechen.*
46 Aussage Dr. Georg Kunike vor Oberstaatsanwaltschaft beim Landgericht Frankfurt, Archiv IfZ 03.16_56-8538-8541.
47 Verhör des Zeugen Philipp Auerbach am 27. 2. 1948 durch Dr. Kempner; Telford Taylor, Trial 11 Ministries Case 24, Digital Commons@Georgia Law
48 Zitiert nach Radandt, a. a. O., S. 145.
49 Urteil LG Wiesbaden vom 23. 11. 1951, HSTA Wiesbaden, Bestand 461, Akte 36342; Rüter et al., a. a. O., Urteil 415a-1.
50 Brief von Philipp Auerbach an Oberstaatsanwaltschaft beim LG Frankfurt vom 12. 1. 1948, Handakte Strafsache Dr. Peters, HSTA Wiesbaden 461, STA Wiesbaden 36342 Bd. 9.

51 Schreiben des Oberstaatsanwalts beim Landgericht Frankfurt an Philipp Auerbach vom 29. 3. 1949, HSTA Wiesbaden, Bestand 461, Akte 36342.
52 Brief Walter Bergmann, HSTA Wiesbaden, Akte 36342 Bd. 9.
53 Czech, a. a. O., S. 921.
54 Ausführlich: Polian, *Briefe aus der Hölle.*
55 Polian, a. a. O., S. 94.
56 Wolken, Otto: »Die Befreiung von Auschwitz-Birkenau«, in: *Die Auschwitz-Hefte,* Bd. 2, Hamburg 1995, S. 261.
57 Levi, *Atempause,* S. 8.
58 Auerbach Erinnerungen.

Kapitel 8

1 Auerbach Erinnerungen.
2 Beim letzten Appell am 17. 1. 1945 zählte man 67 012 Häftlinge, davon 47 117 in Auschwitz selbst, 244895 in den Außenlagern. Auf den Todesmarsch begaben sich ca. 58 000, von der Roten Armee befreit wurden ca. 7000: Vgl. Willems, Susanne: »Um die Befreiung von Auschwitz«, *Dachauer Hefte* Nr. 19, 2003, S. 286 f.
3 Auerbach Erinnerungen.
4 Ebenda.
5 Höß, *Kommandant in Auschwitz,* S. 141.
6 Höß, a. a. O., S. 142.
7 Auerbach Erinnerungen.
8 Ebenda.
9 Ebenda.
10 Ebenda.
11 Ebenda.
12 Entschädigungsakte Auerbach, BayHSTA LEA 41973, Teil 1.
13 Zitiert nach Hackett (Hrsg.), *Der Buchenwald-Report,* S. 114.
14 Auerbach Erinnerungen.
15 Hackett, a. a. O., S. 122 f.
16 Auerbach Erinnerungen.
17 Ebenda.
18 Ebenda.
19 Hackett, a. a. O., S. 128.
20 Zitiert nach ebenda.
21 Auerbach Erinnerungen.
22 Hackett, a. a. O., S. 131.
23 Hackett, a. a. O., S. 366 (Liste der Gesuchten).
24 Hackett, a. a. O., S. 133.
25 Hackett, a. a. O., S. 134.
26 Auerbach Erinnerungen.
27 Ebenda.

28 Abzug, *Inside the Vicious Heart,* S. 56.
29 Auerbach Erinnerungen.
30 Ebenda.
31 Bourke-White, *Deutschland, April 1945,* S. 91.
32 Hackett, a. a. O., S. 32.
33 Zitiert nach Hackett, a. a. O., S. 35.
34 Entschädigungsakte Auerbach, BayHSTA LEA 41973, Teil 1.
35 Report Concerning the displacement of the hospital of the former Concentration Camp Buchenwald von Philipp Auerbach, Chief Administrator of the Hospitals, vom 22. 6. 1945, Archiv Gedenkstätte Buchenwald.
36 Brief vom 27. 6. 1945, unterschrieben von Philipp Auerbach, Archiv Gedenkstätte Buchenwald.
37 Brief von Philipp Auerbach vom 29. 6. 1945, Archiv Gedenkstätte Buchenwald.
38 Brief Landesarchiv Thüringen, HSTA Weimar, KZ und Haftanstalten Buchenwald, Min. für Wirtschaft und Arbeit 3999.

Kapitel 9

1 Anonyme Beschreibung vom August 1950, STAM Sta 29242/24.
2 Ebenda.
3 Aussage Walter Barkowsky, STAM Sta 29238/4.
4 Entschädigungsakte Auerbach, BayHSTA LEA 41973, Teil 1.
5 Aussage Barkowsky, STAM Sta 29238/4.
6 Entschädigungsakte Auerbach, BayHSTA LEA 41973, Teil 1.
7 Ebenda.
8 Kaltwasser, Gerda: »Neuanfang des Lebens in der Stadt«, in: Stadtmuseum Düsseldorf (Hrsg.), *1946,* S. 65; Hüttenberger et al., *Düsseldorf,* S. 661.
9 Aussage Barkowksy, a. a. O.
10 Strathmann, *Auswandern oder Hierbleiben?,* S. 82, Anm. 57.
11 Aussage Barkowsky, a. a. O.
12 Suchy, Barbara: »Zwischen den Zeiten«, in: Stadtmuseum Düsseldorf (Hrsg.), *1946,* S. 330; Strathmann, a. a. O., S. 32.
13 Suchy, a. a. O., S. 338 f.; Lorenz, Ina: »Jüdischer Neubeginn im Land der Mörder«, in: Schoeps (Hrsg): *Leben im Land der Täter,* S. 98.
14 Zitiert nach Strathmann, a. a. O., S. 13.
15 Aussage Sträter am 21. 4. 1951, STAM Sta 29238/4.
16 Entschädigungsakte Auerbach, BayHSTA LEA 41973, Teil 1.
17 Aussage Sträter am 21. 4. 1951, wie Anm. 15.
18 Entschädigungsakte Auerbach.
19 Foreign Office, National Archives, Kew, London, FO 1013/2104.
20 Dietz-Göring, Gabriele, »Displaced Persons zwischen Repatriierung und Integration«, in: Stadtmuseum Düsseldorf (Hrsg.), *1946,* S. 54.
21 Kanis, *Zuhause in Düsseldorf,* S. 24.

22 Suchy, a. a. O., S. 332.
23 Posener, *In Deutschland 1945 bis 1946,* S. 35.
24 Lissner, *Den Fluchtweg zurückgehen,* S. 139.
25 Büttner, *Not nach der Befreiung,* S. 16; Hauser, *Wege jüdischer Selbstbehauptung,* hier: am 11. 6. 1945.
26 HSTA NRW Duisburg NW 110 Nr. 1037.
27 Strathmann, a. a. O., S. 73.
28 Strathmann, a. a. O., S. 72.
29 Brief von Auerbach an Sträter vom 22. 9. 1945, LA NRW Duisburg NW 110 Nr. 1037.
30 Top Secret Schreiben Military Hdqtrs. North Rhine Westphalia über Auerbach vom 18. 9. 1946: »When authorized by Maj Fredrich to organize a small body to gather information re the political antecedents of persons for the use of F. S. S. perverted it to a virtual Secret Police with agents throughout the R. B. Düsseldorf with all the objectionable attributes of the Gestapo«, National Archives, Kew, London FO 10013/79.
31 Erlass der Militärregierung, LA NRW Duisburg NW 110 Nr. 1037.
32 LA NRW Duisburg NW 110 Nr. 1037.
33 Hüttenberger, a. a. O., S. 688.
34 Stadtarchiv Düsseldorf 0-1-22-174000, LA NRW Duisburg NW 1002 Nr. 4963.
35 Ebenda.
36 Schreiben an Philipp Auerbach vom 15. 1. 1946, London Metropolitan Archives, Acc 3121/C11/13/16/2/33 (aus dem Archiv von Ellen Babendreyer erhalten).
37 Stadtarchiv München Pol. Dir. 15552.
38 Stadtarchiv Düsseldorf 4-27-3-43 000.
39 Zieher, *Im Schatten von Antisemitismus und Wiedergutmachung,* S. 78 und S. 83.
40 Zitiert nach Fleermann/Jakobs, *Herrschaft der Gewalt,* S. 29.
41 Amtsblatt der Stadtverwaltung Düsseldorf vom 31. 3. 1933. S. 1, Stadtarchiv Düsseldorf.
42 Brief von Auerbach, STAM Sta 29238/6.
43 Hüttenberger, a. a. O., S. 466.
44 Stadtarchiv Düsseldorf NL Lehr III 18095; *Düsseldorfer Jahrbuch,* 78. Band, Düsseldorf 2008, S. 101.
45 Wie Anm. 30.
46 Robert Lehr, Bundesminister des Innern vom 18. 4. 1951, Nachlass Klibansky, Inst. Jüd. Gesch.
47 Zitiert nach Strathmann, a. a. O., S. 57 f.
48 Brief Militärregierung an Philipp Auerbach vom 15. 1. 1946, London Metropolitan Archives (aus dem Archiv von Ellen Babendreyer).
49 Aufzählung der Ämter in *Jüdische Rundschau,* Heft 4/5, Mai/Juni 1946.
50 Lavsky, *New Beginnings,* S. 37.
51 Quast, *Nach der Befreiung,* S. 49.

52 *The Josef Rosensaft Archive of Bergen-Belsen,* compiled by Judith Levin, Yad Vashem Archives, Jerusalem 1985.
53 Schulze, Rainer: »Germany's Gayest and Happiest Town? Bergen-Belsen 1945–1950«, in: *Dachauer Hefte,* Bd. 19, 2003, S. 225.
54 Lavsky, a. a. O., S. 65 f.
55 Lavsky, a. a. O., S. 75.
56 Lavsky, a. a. O., S. 76.
57 Lagerzeitung *Undzer Sztyme* Nr. 5 vom 28. 11. 1945, Archiv der Gedenkstätte Bergen-Belsen.
58 Zitiert nach Grossmann, Atina / Lewinsky, Tamar: »Zwischenstation«, in: Brenner (Hrsg.), *Geschichte der Juden in Deutschland,* S. 109.
59 Segev, *David Ben Gurion,* S. 384.
60 Zitiert nach Niederhoff, *Trialog in Yad Vashem,* S. 80.
61 Zitiert nach Lavsky, a. a. O., S. 10.
62 Lavsky, a. a. O., S. 131 ff.
63 Zitiert in Brenner, *Nach dem Holocaust,* S. 31.
64 *Jüdisches Gemeindeblatt für die Nord-Rheinprovinz und Westfalen* vom 15. 4. 1946.
65 Suchy, a. a. O., S. 334; Sinn, *Jüdische Politik und Presse in der frühen Bundesrepublik,* S. 56 ff.
66 *Jüdische Rundschau,* Heft 4/5, Mai/Juni 1946.
67 Zitiert nach Strathmann, a. a. O., S. 94.
68 Zitiert nach Strathmann, a. a. O., S. 95.
69 Zitiert nach *Jüdisches Gemeindeblatt für die Nord-Rheinprovinz und Westfalen* vom 26. 9. 1946.
70 *Jüdische Rundschau,* Heft 4/5, Mai/Juni 1946.

Kapitel 10

1 Lauterbach, *Austreibung der Dämonen,* S. 157 ff.
2 Lauerbach, a. a. O., S. 173 f.
3 Levi, *Atempause,* S. 234.
4 Brenner, *Nach dem Holocaust,* S. 26.
5 Aussage vor dem Untersuchungsauschuss des Bayerischen Landtags am 25. 1. 1952, 17. Sitzung des LEA-Ausschusses, alle Protokolle im Archiv des Landtags.
6 Zitiert nach Giere, *Wir sind unterwegs, aber nicht in der Wüste,* S. 174.
7 Goschler, Constantin: »Der Fall Philipp Auerbach. Wiedergutmachung in Bayern«, in: Herbst/Goschler (Hrsg.), *Wiedergutmachung in der Bundesrepublik Deutschland,* S. 81.
8 Akte Staatskommissar für rassisch, politisch und religiös Verfolgte, Nr. 16b, BayHSTA.
9 Ludyga, *Philipp Auerbach (1906–1952),* S. 59.
10 Goschler, *Wiedergutmachung,* S. 140.

11 Philipp Auerbach in *Informationsdienst VVN,* Sondernummer vom 10. 12. 1947; Goschler, a. a. O., S. 85.
12 Diner, Dan: »Im Zeichen des Banns«, in: Brenner (Hrsg.), *Geschichte der Juden in Deutschland von 1945 bis zur Gegenwart,* S. 34.
13 Zitiert nach Goschler, a. a. O.; Brenner, *Nach dem Holocaust,* S. 83.
14 Klüger, *Weiter leben,* S. 196.
15 Wetzel, Juliane: »Aufruhr in der Möhlstraße«, in: Benz/Mihok (Hrsg.), *»Juden unerwünscht«,* S. 62.
16 Wetzel, Juliane: »Jüdisches Leben in München«, in: Schoeps (Hrsg.), *Leben im Land der Täter,* S. 85.
17 Zitiert nach Grossmann, Atina / Lewinsky, Tamar, »Eine autonome Gesellschaft«, in: Brenner (Hrsg.), *Geschichte der Juden in Deutschland,* S. 114.
18 Hilliard, *Von den Befreiern vergessen,* S. 71.
19 Mannheimer, *Drei Leben,* S. 168.
20 Zitiert nach Königseder/Wetzel, *Lebensmut im Wartesaal,* S. 136.
21 Ebenda.
22 Wetzel in: Benz/Mihok (Hrsg.), a. a. O., S. 64.
23 Wetzel in: Benz/Mihok (Hrsg.), a. a. O., S. 65; Maier, »Der Schwarzmarkt in der Möhlstraße und die Münchner Polizei«, S. 49.
24 Bernst, Karin, »Die Möhlstraße in der Nachkriegszeit«; Maier, a. a. O.
25 Winstel, *Verhandelte Gerechtigkeit,* S. 21 f.
26 Gesamtsumme inklusive nichtjüdischer Vermögen 1,4 Mrd. Reichsmark, BayHSTA MF 69409.
27 Winstel, a. a. O., S. 30.
28 Zitiert nach Winstel, a. a. O., S. 35.
29 *Der Spiegel* Nr. 42 vom 17. 10. 1947.
30 Maier, a. a. O., S. 36.
31 Protokolle des Bayerischen Ministerrats vom 10. 10. 1946, Kabinett I, Hoegner Nr. 47 XVI, Vorfälle Neunburg vorm Wald, bayerischer.ministerrat.de
32 Zitiert nach Dewell Giere, a. a. O., S. 176.
33 Eder, Angelika: »Kultur und Kulturveranstaltungen in den jüdischen Lagern«, in: Schoeps (Hrsg.), a. a. O., S. 74.
34 Goschler, in: Herbst/Goschler (Hrsg.), a. a. O., S. 89.
35 Schattenhofer (Hrsg.), *Chronik der Stadt München, 1945–1948,* 3. 11. 1948, S. 431 f.
36 Zitiert nach Winstel, a. a. O., S. 131.
37 Nachlass Josef Müller G 36, Archiv HSS.
38 NL Josef Müller V 69.
39 *Neue Zeitung* vom 14. 10. 1948 »Auerbach heftig angegriffen«, *Isar Post* vom 23. Oktober 1948, *Süddeutsche Zeitung* vom 26. 10. 1948.
40 Brief vom 4. 11. 1948, NL Walter Auerbach, Teil 2, Mappe 31, Archiv FES.
41 NL Josef Müller R 56.
42 Ebenda.
43 *Süddeutsche Zeitung* vom 30. 10. 1948.
44 Scherzer, »Josef Müller – Politik für eine neue Zeit«, S. 53 f.

45 Benzing, *Der Admiral,* S. 99 f.
46 Benzing, a. a. O., S. 145.
47 Ebenda.
48 Kern, *Die Geheimnisse des Dr. Josef Müller*.
49 Nachlass Elsen, Franz, 7.4.2.3., Archiv HSS.
50 Tatsächlich wurde Auerbach in der Sache vom Landgericht Bielefeld (Wiedergutmachungskammer) in München verhört. Er zeigte sich gut informiert in der Entschädigungsklage Ignatz Nacher und Josef Müller, LA NRW Detmold, D 20 A, Nr. 6420.
51 Ebenda.
52 Ziegler, *Die Dresdner Bank und die deutschen Juden,* S. 292–325; Ludwig, *Boykott, Enteignung, Mord,* S. 15–103.
53 Ebenda.
54 Ludwig, a. a. O., S. 26.
55 LA NRW Detmold, D 20 A, Nr. 6420.
56 Ludwig, a. a. O., S. 66.
57 LA NRW Detmold, D20 A, Nr. 6420.
58 Aussage Josef Müller, Landgericht Bielefeld, SP 46-41, LA NRW Detmold, D20 A, Nr. 6420.
59 Eidesstattliche Erklärung Dr. Wilhelm Schmidhuber vom 14. 11. 1951, ebenda.
60 Aussage Kapphahn am 26. 9. 1951, ebenda.
61 Zitiert nach Goschler, *Wiedergutmachung,* S. 141.
62 Philipp Auerbach am 28. 10. 1947 im Bayerischen Rundfunk über das »Rückerstattungsgesetz«, Archiv BR, SN 21. 1.
63 Auerbach wurde dazu vernommen.
64 Winstel, a. a. O., S. 325.
65 Goschler, *Wiedergutmachung,* S. 152 f.; Goschler in: Herbst/Goschler (Hrsg.), a. a. O., S. 87.
66 Vernehmung Erika Simoleit am 30. 3. 1951, STAM Sta 29244/6.
67 Vernehmung Pinkas Barg am 28. 4. 1951, STAM Sta 29239/4.
68 Akte Pinkas Barg, BayHSTA LEA, 42248.
69 Ebenda.
70 Vernehmung Max Kalmanowicz, 22. 5. 1951, STAM Sta 29239/4.
71 Eine gute anschauliche Beschreibung in Pross, *Wiedergutmachung,* S. 74; ausführlich in: Winstel, a. a. O., S. 328 ff.
72 Vernehmung Philipp Auerbach am 3. 4. 1951, STAM Sta 29244/2.
73 Aussage Karl Hefter am 15. 2. 1951, STAM Sta 29239/14.
74 Vernehmung Philipp Auerbach am 3. 4. 1951, STAM Sta 29244/2.
75 Die Zahlen variieren. Der Mitarbeiter im Landesentschädigungsamt Gerhard Hirsch spricht als Zeuge vor dem LEA-Untersuchungsausschuss des Landtags von 43 Gemeinden. *Der Spiegel* Nr. 7 vom 14. 2. 1951 nennt 42 Gemeinden.
76 Akte Staatskommissar für rassisch, politisch und religiös Verfolgte, Nr. 16b, BayHSTA.

77 Richard Ringelmann vor dem LEA-Untersuchungsauschuss des Bayerischen Landtags in der 4. Sitzung vom 23. 8. 1951.
78 Wetzel in: Schoeps (Hrsg.), a. a. O., S. 83.
79 Ludyga, a. a. O., S. 65.
80 Zitiert nach Ludyga, a. a. O., S. 65.
81 Beitrag im Rundfunk am 14. 9. 1947, Zum Tag der Opfer des Nationalsozialismus, Archiv des BR, SN 16. 1.
82 Beitrag im Rundfunk am 1. 4. 1948, Prozesse der Zeit, Archiv des BR, SN 36.1.
83 Personalakte Philipp Auerbach, BayHSTA, MF 76870, PII, LEA ,Bd. 1.
84 Zitiert nach Brenner, *Nach dem Holocaust,* S. 115.
85 Biber, *Risen from the Ashes,* S. 28.
86 Grossmann, *Juden, Deutsche, Alliierte,* S. 421; Brumlik, *Jüdisches Leben in Deutschland seit 1945,* S. 58.
87 Brumlik, a. a. O.
88 Zitiert nach Ludyga, a. a. O., S. 110.
89 *Jüdische Allgemeine* vom 12. 1. 1951.
90 Goschler, *Wiedergutmachung,* S. 191; Brief Auerbach, STAM Sta 29241/10.
91 Gallas, *Das Leichenhaus der Bücher.*
92 Personalakte Auerbach, BayHSTA, MF 76810, PII, LEA, Bd. 1.
93 Sznaider, »Hannah Arendt in München 1949/1950«.
94 Ebenda.
95 Arendt, *Besuch in Deutschland,* S. 24.
96 Brief vom 26. 12. 1949, in: Arendt, Hannah / Blücher, Heinrich: *Briefe,* München 1996, S. 185.
97 Baron Papers M0580_B232_f5, University of Stanford.
98 Brief vom 18. 5. 1952 aus München, in Arendt/Blücher, a. a. O., S. 269.
99 Brief vom 14. 12. 1949 aus Bonn, in Arendt/Blücher, a. a. O., S. 175.

Kapitel 11

1 Interview Helen Rosenthal, geb. Auerbach, mit Elisabeth Pozzi-Thanner für Shoa Foundation vom 23. 6. 2012.
2 Brief privat Familie Adler/Rosenthal.
3 Wiedergutmachungsakte Martha Adler, STAHH 351-11-31457.
4 Interview Helen Rosenthal, Shoa Foundation.
5 Wiedergutmachungsakte, STAHH 351-11-31457.
6 Lowenstein, *Frankfurt on the Hudson,* S. 22.
7 Ebenda.
8 Lowenstein, a. a. O., S. 57.
9 Interview Helen Rosenthal, Shoa Foundation.
10 NL Panholzer Akte 152, BayHSTA.
11 Interview Helen Rosenthal, Shoa Foundation.
12 Brief aus Düsseldorf vom 3. 6. 1946, NL Panholzer Akte 152, BayHSTA.

13 Brief von Martha Auerbach vom 2. 6. 1946, im Besitz der Familie Rosenthal.
14 NL Panholzer Akte 152, BayHSTA.
15 Brief Martha Auerbach (siehe Anm. 13).
16 Urteil des Landgerichts Düsseldorf, Vierte Zivilkammer, BayHSTA MF 76870.
17 Amtsgericht Düsseldorf 3. 10. 1949: NL Panholzer Akte 152, BayHSTA.
18 Ebenda.
19 Ebenda.
20 Ebenda.
21 Aus Scheidungsakte, Brief Martha Auerbach vom 19. 8. 1948, STAM Sta 29242/24.
22 Information Familie Rosenthal, Kopie einer Mail vom 27. 3. 2004.
23 Brief aus Düsseldorf vom 3. 6. 1946, NL Panholzer Akte 152, BayHSTA.
24 Aussage Margit Auerbach am 11. 4. 1951, NL Panholzer Akte 146, BayHSTA.
25 Zitiert nach Langbein, *Menschen in Auschwitz*, S. 721.
26 Interview mit Ruth Robben, Tochter von Philipp und Margit Auerbach, Mai 2019.
27 Diverse Interviews mit Ruth Robben zwischen 2019 und 2022.
28 Trauschein Ottomar und Maria Bertha Panzner vom 25. 11. 1916 (Familienbesitz).
29 Im Totenschein des katholischen Pfarrers ist von einer »Vergiftung durch Narkotikum« die Rede. Dieser wurde mit Rücksicht auf die Familie geändert, damit eine kirchliche Beerdigung möglich war (Interview mit Ruth Robben).
30 Interview mit Ruth Robben.
31 Ebenda.
32 Scheidung am 16. 7. 1947, Landgericht Düsseldorf, Vierte Zivilkammer, BayHSTA MF 76870.
33 *Der Spiegel,* Nr. 32 vom 8. 8. 1947.
34 Brief in NL Panholzer, Akte 152, BayHSTA.
35 Personalakte Auerbach, BayHSTA, MF 76870, PII, LEA, Bd. 1; NL Panholzer, Akte 152.
36 Interview Helen Rosenthal, Shoa Foundation.
37 Brief in NL Panholzer, Akte 152, BayHSTA.
38 Interview Helen Rosenthal, Shoa Foundation.
39 Ebenda.
40 Kossoy, *Holocaust und Wiedergutmachung,* S. 265.
41 Nach einem Schreiben des Amtsgerichts Frankfurt vom 17. 12. 1947 starb Martha Auerbach Hirsch, die bis zu ihrer Deportation nach Auschwitz mit ihrer Familie in Frankfurt gewohnt hatte, am 15. 6. 1942, STAHH 213-13-9532. Ihr überlebender Sohn Benjamin gibt den Herbst 1943 als Todesdatum an: vgl. Hirsch, Benjamin: *Hearing a Different Drummer. A Holocaust Survivor's Search for Identity,* Macon/Georgia, 2000, S. 2.
42 STAM Sta 29245/11.
43 NL Walter Auerbach, Teil 1, Mappe 65, Archiv der FES.

44 Zitiert nach Babendreyer, *Walter Auerbach,* S. 9.
45 NL Walter Auerbach, Teil 2, Mappe 31, Archiv der FES.
46 Ebenda.

Kapitel 12

1 Case 000-50-09, National Archives T-1021, College Park, Maryland; Archiv IfZ OMGUS 1945-46-3/2 AG; The U. S. of America v. Josias Prince zu Waldeck, et.al.: War Crimes Case Number 12–390, NX6038 Film Reel 1, Archive of the Hoover Library, Stanford University.
2 Ausführlich zum Buchenwald-Prozess und den anderen Verfahren in Dachau: Greene, *Justice at Dachau.*
3 Abzug, *Inside the Vicious Heart,* S. 93.
4 *Frankfurter Rundschau* vom 15. 4. 1947.
5 Dunphy, *Unsung Heroes of the Dachau Trials.*
6 Interview mit William Denson, United States Holocaust Museum, Oral History RG No: 50.030.0268.
7 Transkript USC Shoah Foundation, Interview 29877 vom 11. 7. 2009.
8 Josef Ackermann, Abschrift aus »Berlin am Mittag« vom 4. 3. 1947, in: LA Thüringen, HSTA Weimar, KZ Lager und Haftanstalten Buchenwald, Nr. 30 Bl 8r und 9r.
9 *Neue Zeitung* vom 7. 4. 1947: Kommandant Koch ließ etwa 900 russische Kriegsgefangene auf diese Weise töten.
10 Es gibt eine lange Diskussion darüber, ob die als Beweisstücke gefundenen Lampenschirme tatsächlich aus der Haut der Häftlinge gemacht wurden. Dazu Harry Stein, Kustos der Gedenkstätte Buchenwald: »Stimmt es, dass die SS im KZ Buchenwald Lampenschirme aus Menschenhaut anfertigen ließ?« auf: www.buchenwald.de
11 Interview mit William Denson, United States Holocaust Museum, Oral History RG No: 50.030.0268.
12 Nachzulesen in diversen Ausgaben des *Aufbau* jener Zeit, online über Leo Baeck Institut.
13 Staatssekretär f. rassisch, religiös und politisch Verfolgte, Nr. 85, BayHSTA, *Süddeutsche Zeitung* vom 14. 6. 1947.
14 Rechenschaftsbericht des Staatskommissars für rassisch, religiös und politisch Verfolgte, 15. 9. 1946 bis 15. 5. 1947, OMGB 13/1141–1/1, Archiv IfZ, zitiert nach Ludyga, *Philipp Auerbach (1906–1952),* S. 61.
15 Kopie in STAM Sta 29245/6.
16 *Aufbau* vom 1. 8. 1947.
17 *Aufbau* vom 20. 6. 1947.
18 *Aufbau* vom 5. 9. 1947.
19 *Aufbau* vom 20. 6. 1947.
20 Staatssekr. f. rass, rel. und pol Verf. Nr. 39, BayHSTA.
21 Ebenda.

22 Ebenda.
23 Ebenda.
24 Glum, *Zwischen Wissenschaft, Wirtschaft und Politik,* S. 601.
25 Schattenhofer (Hrsg.), *Chronik der Stadt München,* 24. 7. 1947, S. 279.
26 Bergmann, Werner: »Der Antisemitismus in Deutschland braucht gar nicht übertrieben zu werden«, in: Schoeps (Hrsg.), *Leben im Land der Täter,* S. 192.
27 Zitiert nach Winstel, *Verhandelte Gerechtigkeit,* S. 210.
28 Ausführlich dazu: Marcuse, Harold: »Die vernachlässigten Massengräber. Der Skandal um den Leitenberg«, *Dachauer Hefte* Nr. 19, 2003, S. 3 ff.
29 Mitteilungsblatt des Landesausschusses der politisch Verfolgten in Bayern vom 1. 6. 1948, zitiert nach Ludyga, a. a. O., S. 83.
30 Ludyga, a. a. O., S. 80.
31 Faksimile des Briefs in der Ausstellung des Jüdischen Museums München 2019.
32 Bergmann, Werner: »Philipp Auerbach«, in: Fröhlich/Kohlstruck (Hrsg.), *Engagierte Demokraten,* S. 59.
33 Text von Auerbach in *Informationsdienst der VVN* vom 20. 12. 1947, NL Müller, Archiv HSS; Text ebenfalls in StK 13802 BayHSTA.
34 VVN München will Müller laut Schreiben vom 12. 2. 1947 zum Ehrenmitglied machen, NL Müller F 30.
35 Reuter/Hansel, *Das kurze Leben der VVN 1947 bis 1953,* S. 146 f.
36 Offenberg, Ulrike: »Die jüdischen Gemeinden zu Berlin 1945–1953«, in: Schoeps, a. a. O., S. 146.
37 Reuter/Hansel, a. a. O., S. 254.
38 Beschluss SPD-Parteivorstand vom 6. 5. 1948, Ludyga, a. a. O., S. 90; Pross, *Wiedergutmachung,* S. 37.
39 Schattenhofer (Hrsg.), a. a. O., 11. 6. 1948, S. 373.
40 NL Walter Auerbach, Teil 2, Mappe 31, Archiv der FES.
41 *Der Tagesspiegel* vom 23. 12. 1948.
42 NL Walter Auerbach, Teil 2, Mappe 31, Archiv der FES.
43 Hochmuth, *Niemand und nichts wird vergessen,* S. 169–176.
44 Archiv NDR F 826294000.
45 Zitiert nach Hochmuth, a. a. O., S. 173, Anm. 34.
46 Brief von Philipp an Walter Auerbach, NL Walter Auerbach, Teil 2, Mappe 39, Archiv der FES.
47 Brief von Schweizer an Generalanwalt Auerbach vom 30. 5. 1949, BayHSTA MF 36870; Beschwerdebrief an Bayr. Staatskanzlei vom 18. 8. 1950, HSTA Stk 13804.
48 *Süddeutsche Zeitung* vom 14. 6. und 25. 6. 1949, zitiert nach Bergmann, *Antisemitismus in öffentlichen Konflikten,* S. 156, Anm. 227.
49 Als Klieger über seine Zeit in Auschwitz am 26. 10. 1945 eine Aussage macht, ist davon noch nicht die Rede. Die Aussage findet sich auf der Website »Chronicles of Terror« des Witold Pilecki Instituts, Warschau, https://zapisyterroru.pl/dlibra
50 Klieger, *Der Weg, den wir gingen,* S. 30 und S. 56–58.

51 Klieger, a. a. O., S. 118 f.
52 Stadtarchiv München, Pol. Dir. München 1552.
53 Vernehmung Barkowsky, NL Panholzer, Akte 141, BayHSTA.
54 Brief von Hans Spicker, Ex-Auschwitz-Häftling, vom 18. 3. 1947, Stadtarchiv München, Pol. Dir. München 1552, ähnlich BayHSTA LEA 41973, Teil II.
55 Ausführlich dazu Steinke, »Die Affäre Bleibtreu«.
56 Ebenda.
57 Hachmeister/Siering, *Die Herren Journalisten,* S. 121; Wetzel, Juliane: »Aufruhr«, in: Benz/Mihok (Hrsg.), *»Juden unerwünscht«,* S. 71.
58 *Süddeutsche Zeitung* vom 11. 8. 1949.
59 *Süddeutsche Zeitung* vom 16. 8. 1949.
60 *Süddeutsche Zeitung* vom 13. 8. 1949.
61 Halbinger, *Das Jüdische in den Wochenzeitungen Zeit, Spiegel und Stern,* S. 93 ff.
62 Siegmund, *Genuss als Politikum,* S. 49 ff.; Vergleich am 31. 7. 1950 vor LG Frankfurt, Text in BayHSTA MF 76870.
63 *Leo Baeck Yearbook,* Vol. 53, Issue 1, Jan 2008, S. 77–106.
64 Brief Hyman vom 31. 1. 1950, BayHSTA MF 76870.
65 »Mangel an Sorgfalt bei Anwendung gesetzlicher Bestimmungen«: Brief Oberster Rechnungshof an Finanzministerium vom 9. 10. 1950, NL Panholzer, Akte 129, BayHSTA.
66 Freimüller, *Frankfurt und die Juden,* S. 178. Dort ein ganzes Kapitel über den Skandal.
67 Protokoll vom 15. 9. 1950, Stadtarchiv Frankfurt, Nachlass Familie Klibansky, Autografen-Sammlung S4b/142 Bd. 6.
68 Zitiert nach Königseder/Wetzel, *Lebensmut im Wartesaal,* S. 220.
69 Ebenda.
70 Zitiert nach Königseder, Angelika: »Razzia im DP-Lager Föhrenwald«, in: Benz/Mihok (Hrsg.), a. a. O., S. 49.
71 *Frankfurter Allgemeine Zeitung* vom 15. 12. 1949, zitiert in Bergman, *Antisemitismus in öffentlichen Konflikten,* S. 119. Dort findet sich auf S. 117 ff. auch eine ausführliche Beschreibung: »Der Fall Hedler – ein Politik- und Justizskandal«.
72 *Jüdische Allgemeine* vom 1. 11. 1950; Goschler, *Wiedergutmachung,* S. 150.
73 Winstel, a. a. O., S. 167.
74 Dorn, *Inspektionsreisen in der US-Zone,* S. 97 f.
75 Niethammer, *Entnazifizierung in Bayern,* S. 531.
76 Niethammer, *Die Mitläuferfabrik,* S. 188; Friedrich, *Die kalte Amnestie,* S. 40.
77 Zitiert nach Ludyga, a. a. O., S. 74.
78 Ebenda.
79 Pross, a. a. O., S. 44 und 46 f.
80 *Frankfurter Allgemeine Zeitung* vom 7. 1. 1950, zitiert nach Frei, *Vergangenheitspolitik,* S. 191.
81 Scholten, Jens: »Offiziere: Im Geiste unbesiegt«, in: Frei, Norbert (Hrsg.), *Hitlers Eliten,* S. 134 ff.
82 Zitiert nach Frei, *Vergangenheitspolitik,* S. 194.

83 Zitiert nach Frei, *Vergangenheitspolitik,* S. 196.
84 Frei, *Vergangenheitspolitik,* S. 195.
85 Sigel, *Im Interesse der Gerechtigkeit,* Kapitel 6: Der Malmedy-Prozess und seine Auswirkungen, S. 128 ff.; Frei *Vergangenheitspolitik,* S. 142.
86 Frei, *Vergangenheitspolitik,* S. 143 f.
87 Zitiert nach Frei, *Vergangenheitspolitik,* S. 151 f.
88 Frei, *Vergangenheitspolitik,* S. 150; Friedrich, a. a. O., S. 130.
89 Frei, *Karrieren im Zwielicht,* S. 94.
90 Eder, *Flüchtige Heimat,* S. 73.
91 Brochhagen, *Nach Nürnberg,* S. 31 ff.
92 Benz, Wolfgang: »Judenfeindschaft ohne Ende?«, in: Benz/Mihok (Hrsg.), a. a. O., S. 35.
93 *Jüdische Nachrichten* vom 2. 1. 1950.
94 Strasas, Michael: »4000 demonstrieren am Landsberger Hauptplatz«, *Landsberg im 20. Jahrhundert,* Themenheft 1, S. 140, http://www.landsberger-zeitschichte.de/Geschichte/kriegsverbrecher/Demokriegsverbrecher.htm
95 Ebenda.
96 Ebenda.
97 Z. B. Carlo Schmid, SPD, an John McCloy: »War der Entschluss des deutschen Volkes, auf die Todesstrafe grundsätzlich zu verzichten, gut, dann müssen die Galgen in Deutschland abgebrochen werden, ungeachtet der Scheußlichkeit vergangener und zukünftiger Verbrechen.« Zitiert nach Heid, *Peter Blachstein,* S. 191.
98 Philipp Auerbach am 10. 10. 1951, Sendezeit 19.30 bis 19.45 h, Archiv Bayer. Rundfunk.
99 Abschrift der Ansprache Auerbachs beim NWDR in Hamburg, in NL Panholzer Akte 136, BayHSTA.
100 STAM OLG 353.
101 *Abendzeitung* vom 2. 2. 1951.
102 Schreiben Lehr, Bundesminister des Innern, am 12. 2. 1951 an Rechtsanwalt Hofmann, zu dieser Zeit Anwalt von Auerbach, NL Panholzer Akte 136, BayHSTA.

Kapitel 13

1 Aktennotiz über die Besetzung des Landesentschädigungsamts, ohne Datum, STAM Sta 29245/1.
2 *Der Spiegel* Nr. 7 vom 14. 2. 1951.
3 Aktenvermerk Heinrich Wieland, ohne Datumsangabe, STAM OLG 355.
4 Aktenvermerk vom 27. 1. 1951, Generalstaatsanwaltschaft, STAM OLG 355; Goschler, Constantin: »Der Fall Philipp Auerbach. Wiedergutmachung in Bayern«, in: Herbst/Goschler (Hrsg.), *Wiedergutmachung in der Bundesrepublik Deutschland,* S. 94.
5 *Der Spiegel* Nr. 7 vom 14. 2. 1951.

6 Schreiben Auerbachs an Finanzminister Zorn vom 29. 1. 1951, NL Walter Auerbach, Teil 2, Mappe 31, Archiv der FES.
7 *Der Spiegel* Nr. 7 vom 14. 2. 1951.
8 Brief McCloy an Ministerpräsident Hans Ehard vom 25. 5. 1951, BayHSTA Staatskanzlei 14240.
9 Wie Anm. 6.
10 Schreiben von Senatspräsident Hartmann vom 30. 1. 1951, STAM OLG 355.
11 Aktenvermerk vom 27. 1. 1951, wie Anm. 4.
12 »Millionenschaden durch Auerbachs Amt«, in: *Die Welt* vom 9. 2. 1951; *Süddeutsche Zeitung* vom 21. 5. 1951: eine ganze Seite über den Ermittlungsstand des Justizministeriums.
13 *Der Spiegel* Nr. 7 vom 14. 2. 1951.
14 *Wiesbadener Wegweiser* vom 17. 3. 1951, in NL Klibansky, Inst. Jüd. Gesch.
15 *Essener Allgemeine* vom 7. 2. 1951, Kopie in Akte »Presse Auerbach«, LA NRW Duisburg NW 3777 Nr. 1794.
16 Ebenda.
17 Nachlass Müller, Abg 2–4, Archiv HSS.
18 Aktenvermerk, STAM Sta 29245/1.
19 Vertrauliches Schreiben ohne Datum, BayHSTA MF 76870.
20 Stadtarchiv München, Pol. Dir. München 15552.
21 STAM Sta 29242/7.
22 *Der Spiegel* Nr. 7 vom 14. 2. 1951; LEA-Mitarbeiter Gerhard Hirsch spricht als Zeuge vor dem LEA-Untersuchungsausschuss des Landtags von 43 Gemeinden.
23 *Der Spiegel* Nr. 7 vom 14. 2. 1951.
24 Brief Roll an Bayer. Justizministerium vom 10. 2. 1951, STAM OLG 355.
25 *Der Spiegel* Nr. 7 vom 14. 2. 1951.
26 *Die Welt* vom 9. 2. 1951: Kopie in LA NRW Duisburg NW 3777 Nr. 1794.
27 Kraushaar, Wolfgang, »Das Kesseltreiben«, *Die Zeit* 34/1992.
28 dpa-Meldung vom 13. 2. 1951, LA NRW Duisburg NW 3777 Nr. 1794.
29 NL Walter Auerbach, Teil 2, Mappe 31, Archiv der FES.
30 Aussage LEA-Mitarbeiter Gerhard Hirsch am 31. 5. 1951, wonach Auerbach der Sachverhalt suspekt war und er um Aufklärung bat, STAM Sta 29244/1.
31 Vernehmung Philipp Auerbach vom 26. 2. 1951, STAM Sta 29244/2; Anlage zum Haftbefehl, Oberstaatsanwalt Keisel, NL Panholzer Akte 137, BayHSTA.
32 Friedrich, *Die kalte Amnestie*, S. 258.
33 *Süddeutsche Zeitung* vom 4. 2. 1951.
34 Ebenda.
35 Perels, *Das juristische Erbe des Dritten Reiches*, S. 188 f.; Seliger, »Der Prozess gegen Walter Huppenkothen und Otto Thorbeck«.
36 Kraushaar, Wolfgang: »Die Auerbach-Affäre«, in: Schoeps (Hrsg.), *Leben im Land der Täter*, S. 210; Aussage Philipp Auerbach bei Verhaftung, STAM Sta 29238/1.
37 Bericht zu Philipp Auerbach, Überwachung, Festnahme und Durchsuchung, STAM Sta 29245/1.

38 Detaillierter Bericht, STAM Sta 29238/1.
39 Vernehmung Philipp Auerbach vom 11. 3. 1951, STAM Sta 29238/1.
40 Aussage vor Untersuchungsrichter Ludwig Amann in Regensburg am 30. 3. 1951, STAM Sta 29238/1.
41 BayHSTA Staatskanzlei 13801; STAM Sta 29238/9.
42 Zitiert nach Pross, *Wiedergutmachung*, S. 179.
43 *Jüdische Allgemeine* vom 12. 1. 1951.
44 Sinn, *Jüdische Politik und Presse in der frühen Bundesrepublik*, S. 199 ff.
45 Schreiben Finanzminister Dr. Rudolf Zorn, NL Panholzer, Akte 137 I, BayHSTA.
46 Goschler in: Herbst/Goschler (Hrsg.), a. a. O., S. 95.
47 Goschler, *Wiedergutmachung*, S. 162 f.
48 Bezeichnend dafür ist ein Brief von Karl Marx, dem Herausgeber der *Allgemeinen Wochenzeitung der Juden in Deutschland*, vom 7. 5. 1951 an Auerbachs Anwalt Klibansky: »Sie haben gesehen, dass ich in meiner vorletzten Ausgabe unter ›Unsere Meinung‹ zu der Sache Auerbach Stellung genommen habe, wie ich es gern möchte. Der Zentralrat hat getobt und ich bin verpflichtet worden, in meiner dieswöchigen Ausgabe eine Notiz zu bringen und zum anderen einen Artikel, der vom Zentralrat inspiriert worden ist, zu veröffentlichen. Ich brauche Ihnen nicht zu sagen, dass ich verpflichtet bin, mich an die Beschlüsse der Organisationen zu halten und keineswegs aus der Reihe tanzen darf.«
49 *Aufbau* vom 6. 6. 1952; Schanetzky, Tim: »Unternehmer. Profiteure des Unrechts«, in: Frei (Hrsg.), *Hitlers Eliten*, S. 90 f.
50 STAM Sta 29238/9.
51 Ebenda.
52 Aktenvermerk Untersuchungsrichter Amann, STAM Sta 29238/1.
53 Aussage Polizei vom 11. 4. 1951, STAM Sta 29238/1 und 29238/9.
54 Kopie der Zeitung im Archiv der Universität Erlangen, C4/1 Nr. 4443.
55 STAM Sta 29238/9.
56 Brief des Abgeordneten Dr. Heinrich Franke an Innenminister Hoegner am 6. 1. 1952 mit der Bitte, Margit Auerbach zu helfen. Das Vermögen von 14 000 DM war verbraucht, allein 10 000 DM für die Behandlung im Josephinum, die Rente der Mutter Maria Bertha Panzner betrug 200 DM pro Monat; BayHSTA MF 76870 und NL Panholzer, Akte 146, BayHSTA.
57 Ausführlich dazu: Friedrich, a. a. O., S. 282 ff.
58 Bayr. Landtag, Erste Wahlperiode, Beilagenband III; 1948/49, München 1951, Beilage 2403.
59 Pross, a. a. O., S. 54 f.
60 Rath, Martin: »Das 131er Gesetz / Die Inklusion der NS-Beamten«, *Legal Tribune Online* vom 19. 2. 2017, www.lto.de
61 *Aufbau* vom 14. 9. 1951, Kopien in STAM Sta 29245/11 und NL Elsen, Franz, 7-4-2-3, Archiv HSS.
62 Nachlass Panholzer Akte 137II, BayHSTA.
63 Wagner, *Hitlers Kriminalisten*, S. 166.

64 Eine ausführliche Darstellung dazu »Im Dschungel der bayerischen Politik. Josef Müllers dunkle Geldquellen«, *Süddeutsche Zeitung* vom 8. 4. 1952.
65 Ebenda.
66 Klee, *Personenlexikon des Dritten Reichs,* S. 651.
67 NL Panholzer Akte 137 I, BayHSTA.
68 Gutachten in NL Klibansky, Inst. Jüd. Gesch.; NL Panholzer Akte 137 I, BayHSTA.
69 Beschwerde Rechtsanwalt Panholzer wegen Äußerung Wagners, STAM Sta 29240.
70 Ebenda: Entscheidung OLG vom 19. 2. 1952.
71 Ebenda.
72 STAM Sta 29245, Akte 2.

Kapitel 14

1 Das Protokoll der Verhandlungen, 592 Seiten lang: Daten, Namen, Uhrzeiten, wesentliche Beschlüsse, gelegentlich Zitate/Wortwechsel, STAM Sta 29241, Akte 2; *Süddeutsche Zeitung* vom 25. 7. 1952.
2 Sekretärin Elfriede Frickel laut *Der Spiegel* Nr. 34 vom 20. 8. 1952.
3 Laut Protokoll der Verhandlung, STAM Sta 29241/2.
4 Bericht dazu in NL Klibansky, Handakten 243, Inst. Jüd. Gesch.
5 *Süddeutsche Zeitung* vom 15. 4. 1952. Der junge Gerichtsreporter der *SZ* ist Hans Ulrich Kempski.
6 Bergmann, *Antisemitismus in öffentlichen Konflikten,* S. 160; laut *Süddeutscher Zeitung* vom 14. April 1952 hatten sich 80 Journalisten akkreditiert. 300 Eintrittskarten für die Öffentlichkeit wurden vergeben.
7 *Süddeutsche Zeitung* vom 15. 4. 1952.
8 Personalakte Mulzer, BayHSTA MJU 25752.
9 Personalakte Rosenberger, BayHSTA MJU 25968.
10 Personalakte Full, BayHSTA MJU 25024.
11 Todesurteil gegen Alfred René Berberat vom 24. 11. 1944, BayHSTA MJU 25024.
12 Laut den Personalakten zu Mulzer, Rosenberger und Full.
13 Beschluss der 1. Strafkammer LG MÜ I vom 10. 4. 1952, NL Panholzer Akte 137/1, BayHSTA.
14 Wilhelm Hoelper war 1938 der NSDAP beigetreten und nach dem Krieg als Vertreter der Staatsanwaltschaft in diversen Prozessen tätig, die sich mit den Verbrechen der Nationalsozialisten direkt oder indirekt beschäftigten, wie etwa im Verfahren gegen die Juristen, die eine Hinrichtung von Canaris, Bonhoeffer und Dohnanyi angeordnet hatten: Siehe Seliger, »Der Prozess gegen Walther Huppenkothen und Otto Thorbeck«.
15 Eidesstattliche Erklärung RA Panholzer vom 27. 3. 1952; NL Josef Müller, R 57, Archiv HSS.

16 Seliger, a. a. O.; Redaktion Kritische Justiz (Hrsg.), *Die juristische Aufarbeitung des Unrechts-Staats,* Baden-Baden 1998, S. 222; Perels, *Das juristische Erbe des Dritten Reiches,* S. 188 f.; Friedrich, *Die kalte Amnestie,* S. 296 ff.; HSTA NRW Duisburg, NW 1794–1797.

17 Kock, Peter Jakob: »Panholzer, Josef«, in: *Neue Deutsche Biographie* 20, 2001, S. 30 (Online-Version); www.deutsche-biographie.de

18 Rudolf Augstein in: *Der Spiegel* Nr. 31 vom 3. 8. 1950.

19 Zitiert nach NL Klibansky, Karton Handakten 2431, Inst. Jüd. Gesch.

20 Tatsächlich begann das Verfahren gegen Klibansky und andere zwei Monate nach Ende des Auerbach-Prozesses am 20. 10. 1952, *FAZ* vom 21. 10. 1952.

21 *Süddeutsche Zeitung* vom 15. 4. 1952.

22 *Süddeutsche Zeitung* vom 19./20. 4. 1952.

23 Ebenda.

24 *Neue Zeitung* vom 19. 4. 1952.

25 Brief von Walter Auerbach an Margit Auerbach vom 25. 9. 1951, NL Walter Auerbach, Teil 2, Mappe 31, Archiv der FES.

26 Heidelberger-Leonard, Irene: Jean Améry, S. 132.

27 Meyer, *Fritz Benscher,* S. 18 f.

28 16. Verhandlungstag, 13. 5. 1952, STAM Sta 29241/2.

29 Zeuge am 34. Verhandlungstag, 17. 6. 1952, STAM Sta 29241/2.

30 Aussage Adolf Bedacht, *Süddeutsche Zeitung* vom 11. 6. 1952.

31 So am 3. Verhandlungstag, 21. 4. 1952, STAM Sta 29241/2, *Süddeutsche Zeitung* vom 22. 4. 1952.

32 *Neue Zeitung* vom 22. 4. 1952.

33 *Jüdische Allgemeine* vom 2. 5. 1952.

34 *Jüdische Allgemeine* vom 20. 6. 1952, Protokoll 33. Verhandlungstag 16. 4. 1952, STAM Sta 29241/2.

35 Ottmar Katz, Bericht aus dem Auerbach-Prozess vom 5. 5. 1952, Archiv Bayr. Rundfunk.

36 Befragung Richard Ringelmann, 4. Sitzung LEA-Untersuchungsausschuss vom 23. 8. 1951.

37 Befragung Hirsch, 15. Sitzung LEA-Untersuchungsausschuss vom 7. 12. 1951.

38 *Süddeutsche Zeitung* vom 23./24. 2. 1952.

39 Ottmar Katz, Bayr. Rundfunk, 16. 5. 1951, Abschrift in NL Klibansky, Inst. Jüd. Gesch.

40 Ebenda.

41 Strafaufschub trotz Anklage wegen Beihilfe zum Mord, LG Frankfurt Akte 36342.7, HSTA Wiesbaden.

42 Vernehmung Ohrenstein in der 23. Sitzung des LEA-Ausschusses.

43 24. Sitzung des Ausschusses am 21. 5. 1952.

44 *Süddeutsche Zeitung* vom 23. 5. 1952.

45 26. Sitzung des Ausschusses; *Neue Zeitung* vom 24./25. 5. 1952; *Der Spiegel* vom 4. 6. 1952.

46 Detailliert: »Lehm in Töpfers Hand«, *Spiegel* Nr. 27 vom 1. 7. 1952; Bestätigung der Kripo, dass Auerbach unbeteiligt war, noch während des Prozesses: *Süddeutsche Zeitung* vom 11. 7. 1952.

47 Zu Ohrenstein ausführlich: Mohr, Anna Jennifer: *Wiedergutmachung. Der Fall Dr. Aaron Ohrenstein im Auerbach-Prozess,* Arbeit zum Ersten Staatsexamen, Historisches Seminar, Ludwig-Maximilians-Universität München, Abtlg. für jüdische Geschichte und Kultur, Sommersemester 2010.

48 STAM Sta 29241/2.

49 Königseder, Angelika, »Razzia im DP-Lager Föhrenwald«, in: Benz/Mihok (Hrsg.), *»Juden unerwünscht«,* S. 37 ff.; Königseder/Wetzel, *Lebensmut im Wartesaal,* S. 157 f.; Schröder, Joachim: »Das DP-Lager Föhrenwald 1945–1951«, in: Schoeps (Hrsg.), *Leben im Land der Täter,* S. 53 ff.

50 Ebenda.

51 NL Walter Auerbach, Teil 2 A, Mappe 39, Archiv der FES.

52 *Süddeutsche Zeitung* vom 5./6. 7. 1952.

53 Gutachten Ziehen, STAM Sta 29240/8.

54 Ludyga, *Philipp Auerbach (1906–1952),* S. 122.

55 *Neue Zeitung* vom 8. 7. 1952.

56 Gutachten Ziehen, STAM Sta 29240/8.

57 *Süddeutsche Zeitung* vom 5./6. 7. 1952.

58 *Süddeutsche Zeitung* vom 2. 7. 1952.

59 Vernehmung Philipp Auerbach am 29. 10. 1951, STAM Sta 29242/1.

60 Vernehmung am 53. Verhandlungstag, STAM Sta 29241/2.

61 *Jüdische Allgemeine* vom 1. 8. 1952; *Neue Zeitung* vom 26./27. 7. 1952.

62 *Jüdische Allgemeine* vom 1. 8. 1952.

63 *Süddeutsche Zeitung* vom 26./27. 7. 1952.

64 *Aufbau* vom 22. 8. 1952.

65 *Jüdische Allgemeine* vom 8. 8. 1952.

66 STAM Sta 29246/1.

67 Das widersprach im Fall der 111 Anträge aus Wildflecken auch den Erkenntnissen der Kripo vom 11. 7. 1952 (*Süddeutsche Zeitung* vom selben Tag).

68 *Süddeutsche Zeitung* vom 5. 8. 1952.

69 Ebenda.

70 Ebenda.

71 Ebenda.

72 *Neue Zeitung* vom 20. 5. 1952.

73 *Neue Zeitung* vom 8. 8. 1952; Plädoyer Klibansky am 58. und 59. Verhandlungstag 6./7. 8. 1952, Protokoll des Prozesses, STAM Sta 29241/2.

74 *Süddeutsche Zeitung* vom 7. 8. 1952.

75 *Neue Zeitung* vom 8. 8. 1952.

Kapitel 15

1 Text in NL Klibansky, Inst. Jüd. Gesch.
2 *Süddeutsche Zeitung* vom 16./17. 8. 1952.
3 Ebenda.
4 Urteil in STAM Sta 29246/6 Aktenzeichen Kls (I 479/51), in der schriftlichen Form vom 5. 12. 1952 hat das Urteil gegen Auerbach, Kornisch, Hönig-Ohnesorg, Ohrenstein 219 Seiten.
5 *Süddeutsche Zeitung* vom 16./17. 8. 1952.
6 Friedrich, a. a. O., S. 404 ff.
7 Zitiert nach George, Manfred, »Exit Auerbach«, *Aufbau* vom 22. 8. 1952.
8 Aussage Schwester Kanuta vom 21. 8. 1952, STAM Sta 29246/1.
9 Aussage Dr. Kurz vom 22. 8. 1952, STAM Sta 29246/1.
10 *Süddeutsche Zeitung* vom 16./17. 8. 1952.
11 Zitiert nach »Presse Auerbach«, LA NRW Duisburg NW 3777 Nr. 1794.
12 Zitiert nach *Aufbau* vom 29. 8. 1952.
13 Polit. Archiv AA 8011-0693-041.
14 Aussage Karl Heid vom 6. 11. 1952, STAM Sta 29246/1.
15 Aussage Dr. Weig vom 22. 8. 1952, STAM Sta 29246/14.
16 Aussage Professor Kielleuthner vom 22. 8. 1952, STAM Sta 29246/14.
17 Aussage Heid wie Anm. 14.
18 Aussage Kielleuthner wie Anm. 16.
19 Ebenda.
20 Aussage Heid wie Anm. 14.
21 Ebenda.
22 Abgedruckt als Foto in der *Jüdischen Allgemeinen* vom 22. 8. 1952, Foto ebenfalls in NL Panholzer, Akte 147, BayHSTA.

Kapitel 16

1 *Frankfurter Allgemeine Zeitung* vom 19. 8. 1952; *Süddeutsche Zeitung* vom 19. 8. 1952.
2 *Neue Zeitung* vom 18. 8. 1952; *Jüdische Allgemeine* vom 22. 8. 1952; *Süddeutsche Zeitung* vom 17. 8. 1952.
3 *Frankfurter Allgemeine Zeitung* vom 19. 8. 1952; Ermittlung gegen Pessach Putzer wegen Verbrechen des Aufruhrs, STAM OLG 353.
4 Aussage Gerichtsassessor Dierbach am 19. 8. 1952, STAM Sta 29245/15; *Neue Zeitung* vom 19. 8. 1952; *FAZ* vom 19. 8. 1952.
5 Zitiert nach *Jüdische Allgemeine* vom 22. 8. 1952.
6 Interview Helen Rosenthal mit Elisabeth Pozzi-Thanner für Shoa Foundation.
7 *Aufbau* vom 29. 8. 1952.
8 NL Walter Auerbach, Teil 2 Mappe 30, Archiv der FES.

9 Ebenda.

10 Foto in der *Süddeutschen Zeitung* vom 1. 4. 2017 zu einem Beitrag über das Lager Föhrenwald; *Münchner Jüdische Nachrichten* vom 31. 8. 1952.

11 *Münchner Jüdische Nachrichten* vom 31. 8. 1952.

12 Bayr. Landtag, 2. Legislaturperiode, »Schlussbericht des Untersuchungsausschusses« vom 10. 12. 1953, veröffentlicht in Beilage 5128, S. 15.

13 Interview Ruth Robben, geb. Auerbach, mit HHK.

14 Personalakte Philipp Auerbach, BayHSTA 76870 P II, Bd. II.

15 Entschädigungsakte Auerbach, BayHSTA LEA 41973, Teil 2.

QUELLEN UND ARCHIVE

Stadsarchief Antwerpen
Arolsen Archives, Arolsen
Gedenkstätte Bergen-Belsen
Bundesarchiv Berlin-Lichterfelde (BA Berlin)
Gedenkstätte des Widerstands, Berlin
Archiv der Friedrich-Ebert-Stiftung, Bonn (Archiv der FES)
Gedenkstätte Buchenwald
Archive Générales du Royaume, Brüssel (AGR Brüssel)
Gedenkstätte Dachau
Landesarchiv NRW Ostwestfalen-Lippe, Detmold (LA NRW Detmold)
Stadtarchiv Düsseldorf
Landesarchiv NRW Rheinland, Duisburg (LA NRW Duisburg)
Archiv der Friedrich-Alexander-Universität, Erlangen
Archiv des Hessischen Rundfunks, Frankfurt am Main (Archiv HR)
Archiv des Instituts für Stadtgeschichte, Frankfurt am Main
Archiv des Norddeutschen Rundfunks, Hamburg (Archiv NDR)
Staatsarchiv Hamburg (STAHH)
Zentralarchiv zur Erforschung der Geschichte der Juden in Deutschland, Heidelberg (Inst. Jüd. Gesch.)
National Archives, Kew, London
Stadtarchiv Landshut
National Archives at College Park, Maryland/USA
Archiv des Instituts für Zeitgeschichte, München (Archiv IfZ)
Bayerisches Hauptstaatsarchiv, München (BayHSTA)
Staatsarchiv München (STAM)
Stadtarchiv München
Archiv des Bayerischen Landtags München
Archiv des Bayerischen Rundfunks, München (Archiv BR)
Archiv der Hanns-Seidl-Stiftung, München (Archiv HSS)
Archiv der Gedenkstätte Neuengamme
Stadtarchiv Stade
Archiv der University of Stanford, USA
Archive of the Hoover Library, University of Stanford, USA
Landesarchiv Thüringen, Hauptstaatsarchiv Weimar (HSTA Weimar)
Hauptstaatsarchiv Hessen, Wiesbaden (HSTA Wiesbaden)

LITERATURVERZEICHNIS

Abicht, Ludo: *Die Juden in Antwerpen. Mit einem Rundgang durch das jüdische Viertel,* München 2010.

Abzug, Robert H.: *Inside the Vicious Heart. Americans and the Liberation of Nazi Concentration Camps,* New York 1985.

Aly, Götz: *Hitlers Volksstaat. Raub, Rassenkrieg und nationaler Sozialismus,* Frankfurt am Main 2015.

Améry, Jean, *Unmeisterliche Wanderjahre,* Stuttgart 1971.

Améry, Jean: *Werke,* Bd. 2: *Jenseits von Schuld und Sühne* [u. a.], hrsg. von Gerhard Scheit, Stuttgart 2002.

Arendt, Hannah: *Besuch in Deutschland,* Berlin 1993.

Arendt, Hannah: *Elemente und Ursprünge totaler Herrschaft. Antisemitismus, Imperialismus, Totalitarismus,* München 1998.

Arntz, Hans-Dieter: *Judenverfolgung und Fluchthilfe im deutsch-belgischen Grenzgebiet. Kreisgebiet Schleiden, Euskirchen, Monschau, Aachen und Eupen/Malmedy,* Euskirchen 1990.

Ayaß, Wolfgang et al.: *Feinderklärung und Prävention. Kriminalbiologie, Zigeunerforschung und Asozialenpolitik,* Berlin 1988.

Babendreyer, Ellen: *Walter Auerbach. Sozialpolitik aus dem Exil,* Dissertation Duisburg-Essen 2007.

Bajohr, Frank: *»Arisierung« in Hamburg. Die Verdrängung der jüdischen Unternehmer 1933–1945,* Hamburg 1997.

Baumbach, Sybille (Hrsg.): *»Wo Wurzeln waren …«. Juden in Hamburg-Eimsbüttel 1933–1945,* Hamburg 1993.

Becker, Robert: *Der Wahrheit die Ehre! Das Reichsbanner Schwarz-Rot-Gold. Die vergessene »Judenschutztruppe« der Weimarer Republik,* Wiesbaden 2000.

Beevor, Antony: *The Battle for Spain. The Spanish Civil War 1936–1939,* London 2006.

Benz, Wolfgang; *Jahrbuch für Antisemitismusforschung 1,* Frankfurt am Main 1992.

Benz, Wolfgang / Mihok, Brigitte (Hrsg.): *»Juden unerwünscht«. Anfeindungen und Ausschreitungen nach dem Holocaust,* Berlin 2016.

Benzing, Klaus: *Der Admiral. Leben und Wirken,* Nördlingen 1973.

Bergmann, Werner: *Antisemitismus in öffentlichen Konflikten. Kollektives Lernen in der politischen Kultur der Bundesrepublik 1949–1989,* Frankfurt am Main 1997.

Bernst, Karin: »Die Möhlstraße in der Nachkriegszeit«, *NordOstMagazin* 2016, http://www.nordostkultur-muenchen.de/publikationen/Nordostmagazin/2016/Moehlstrasse_schwarzmarkt.htm

Beuys, Barbara: *Verteidigung der Republik. Der sozialdemokratische Reformer Theodor Haubach,* Hamburg 2000.

Bezwińska, Jadwiga (Hrsg.): *KL Auschwitz in den Augen der SS. Höß, Broad, Kremer,* Kattowitz 1981.

Biber, Jacob: *Risen from the Ashes. A Story of the Jewish Displaced Persons in the Aftermath of World War II,* San Bernardino 1990.

Bourke-White, Margaret: *Deutschland, April 1945,* München 1979.

Bower, Tom: *Blind Eye to Murder. Britain, America and the Purging of Nazi-Germany – A Pledge Betrayed,* London 1983.

Brenner, Michael: *Nach dem Holocaust. Juden in Deutschland 1945–1950,* München 1995.

Brenner, Michael (Hrsg.): *Geschichte der Juden in Deutschland von 1945 bis zur Gegenwart,* München 2012.

Brochhagen, Ulrich: *Nach Nürnberg. Vergangenheitsbewältigung und Westintegration in der Ära Adenauer,* Hamburg 1994.

Brumlik, Micha: *Jüdisches Leben in Deutschland seit 1945,* Frankfurt am Main 1986.

Büttner, Ursula: *Not nach der Befreiung. Die Situation der deutschen Juden in der britischen Besatzungszone 1945 bis 1948,* Hamburg 1986.

Czech, Danuta: *Kalendarium der Ereignisse im Konzentrationslager Auschwitz-Birkenau: 1939–1945,* Hamburg 1989.

Dams, Carsten / Stolle, Michael: *Die Gestapo. Herrschaft und Terror im Dritten Reich,* München 2017.

Dewell Giere, Jacqueline: *Wir sind unterwegs, aber nicht in der Wüste – »Mir sajnen unterwegs, ober nischt in midber«. Erziehung und Kultur in den jüdischen displaced persons-Lagern der amerikanischen Zone im Nachkriegsdeutschland 1945–1949,* Dissertation, Frankfurt am Main 1993.

Doorslaer, Rudi van et al. (Hrsg.): *La Belgique docile. Les autorités belges et la persécution des Juifs en Belgique durant la Seconde Guerre mondiale,* 2 Bde., Brüssel 2007.

Dorn, Walter L.: *Inspektionsreisen in der US-Zone. Notizen, Denkschriften und Erinnerungen,* Stuttgart 1973.

Dunphy, John J.: *Unsung Heroes of the Dachau Trials. The Investigative Work of the U. S. Army 7708 War Crimes Group 1945–1947,* Jefferson, North Carolina, 2019.

Eder, Angelika: *Flüchtige Heimat. Jüdische Displaced Persons in Landsberg am Lech 1945 bis 1950,* München 1998.

Eggers, Christian: *Unerwünschte Ausländer. Juden aus Deutschland und Mitteleuropa in französischen Internierungslagern 1940–1942,* Berlin 2002.

Elsbach, Sebastian: *Das Reichsbanner Schwarz-Rot-Gold. Republikschutz und politische Gewalt in der Weimarer Republik,* Stuttgart 2019.

Feuchtwanger, Lion: *Der Teufel in Frankreich. Tagebuch 1940,* Berlin 1992.

Fleermann, Bastian / Jakobs, Hildegard: *Herrschaft der Gewalt. Die nationalsozialistische Machtübernahme 1933 in Düsseldorf,* Düsseldorf 2015.

Frankl, Viktor E.: *… trotzdem Ja zum Leben sagen. Ein Psychologe erlebt das Konzentrationslager,* München 2018.

Frei, Norbert: *Vergangenheitspolitik. Die Anfänge der Bundesrepublik und die NS-Vergangenheit,* München 1996.

Frei, Norbert: *Karrieren im Zwielicht. Hitlers Eliten nach 1945,* Frankfurt am Main 2001.

Frei, Norbert (Hrsg.): *Hitlers Eliten nach 1945,* München 2020.

Freimark, Peter (Hrsg.): *Juden in Preußen – Juden in Hamburg,* Hamburg 1983.

Freimüller, Tobias: *Frankfurt und die Juden. Neuanfänge und Fremdheitserfahrungen 1945–1990,* Göttingen 2020.

Friedrich, Jörg: *Die kalte Amnestie. NS-Täter in der Bundesrepublik,* Berlin 2007.

Fritz-Bauer-Institut (Hrsg.): *Überlebt und unterwegs. Jüdische Displaced persons im Nachkriegsdeutschland,* Frankfurt am Main 1997.

Fröhlich, Claudia / Kohlstruck, Michael (Hrsg.): *Engagierte Demokraten. Vergangenheitspolitik in kritischer Absicht,* Münster 1999.

Gallas, Elisabeth: *»Das Leichenhaus der Bücher«. Kulturrestitution und jüdisches Geschichtsdenken nach 1945,* Göttingen 2013.

Glum, Friedrich: *Zwischen Wissenschaft, Wirtschaft und Politik. Erlebtes und Erdachtes in vier Reichen,* Bonn 1964.

Goral-Sternheim, Arie: *Jeckepotz. Eine-jüdisch-deutsche Jugend 1914–1933,* Hamburg 1989.

Goschler, Constantin: *Wiedergutmachung. Westdeutschland und die Verfolgten des Nationalsozialismus 1945–1954,* München 1992.

Grandjonc, Jacques / Grundtner, Theresia (Hrsg.): *Zone der Ungewißheit. Exil und Internierung in Südfrankreich 1933–1945,* Reinbek 1993.

Greene, Joshua M.: *Justice at Dachau. The Trials of an American Prosecutor,* Chicago 2003.

Grossmann, Atina: *Juden, Deutsche, Alliierte. Begegnungen im besetzten Deutschland,* Göttingen 2012.

Hachmeister, Lutz / Siering, Friedemann: *Die Herren Journalisten. Die Elite der deutschen Presse nach 1945,* München 2002.

Hackett, David A. (Hrsg.): *Der Buchenwald-Report. Bericht über das Konzentrationslager Buchenwald bei Weimar,* München 2017.

Halbinger, Monika: *Das Jüdische in den Wochenzeitungen ZEIT, SPIEGEL und STERN (1946–1989). Berichterstattung zwischen Popularisierungsbemühung, Vereinnahmung und Abwehr,* München 2010.

Hammer, Walter: *Hohes Haus in Henkers Hand. Rückschau auf die Hitlerzeit, auf Leidensweg und Opfergang Deutscher Parlamentarier,* Frankfurt am Main 1956.

Hauser, Martin: *Wege jüdischer Selbstbehauptung. Tagebuch-Aufzeichnungen 1929–1967,* Bonn 1992.

Heid, L. Joseph: *Peter Blachstein. Von der jüdischen Jugendbewegung zur Hamburger Sozialdemokratie. Biographie eines Sozialisten (1911–1977)*, Hamburg 2014.

Heidelberger-Leonard, Irene: *Jean Améry. Revolte in der Resignation. Biographie*, Stuttgart 2005.

Herbst, Ludolf / Goschler, Constantin (Hrsg.): *Wiedergutmachung in der Bundesrepublik Deutschland*, München 1989.

Heymont, Irving: *Among the Survivors of the Holocaust 1945. The Landsberg DP camp letters of Major Irving Heymont, United States Army*, Cincinnati 1982.

Hillermeier, Heinz (Hrsg.): *»Im Namen des deutschen Volkes!« Todesurteile des Volksgerichtshofs*, Darmstadt 1980.

Hilliard, Robert L.: *Von den Befreiern vergessen. Der Überlebenskampf jüdischer KZ-Häftlinge unter amerikanischer Besatzung*, Frankfurt am Main 2012.

Hinze, Sibylle: *Antifaschisten im Camp Le Vernet. Abriß der Geschichte des Konzentrationslagers Le Vernet 1939 bis 1944*, Ostberlin 1988.

Hirsch, Erika: *Jüdisches Vereinsleben in Hamburg bis zum Ersten Weltkrieg. Jüdisches Selbstverständnis zwischen Antisemitismus und Assimilation*, Frankfurt am Main u. a. 1996.

Hochmuth, Ursel (Hrsg.): *Gestapo-Gefängnis Fuhlsbüttel. Erinnerungen, Dokumente, Totenliste. Initiativen für eine Gedenkstätte*, Hamburg 1983.

Hochmuth, Ursel: *Niemand und nichts wird vergessen. Biogramme und Briefe Hamburger Widerstandskämpfer 1933–1945. Eine Ehrenhain-Dokumentation in Text und Bild*, Hamburg 2005.

Hoegner, Wilhelm: *Der schwierige Außenseiter. Erinnerungen eines Abgeordneten, Emigranten und Ministerpräsidenten*, München 1959.

Höß, Rudolf: *Kommandant in Auschwitz. Autobiographische Aufzeichnungen*, Stuttgart 1958.

Howson, Gerald: *Arms for Spain. The Untold Story of the Spanish Civil War*, London 1998.

Hüttenberger, Peter et al.: *Düsseldorf. Geschichte von den Ursprüngen bis ins 20. Jahrhundert.* Bd. 3: *Die Industrie- und Verwaltungsstadt (20. Jahrhundert)*, Düsseldorf 1990.

Jacobmeyer, Wolfgang: *Vom Zwangsarbeiter zum heimatlosen Ausländer. Die Displaced Persons in Westdeutschland 1945–1951*, Göttingen 1985.

Kanis, Annette: *Zuhause in Düsseldorf. Die Jüdische Gemeinde von 1945 bis heute*, Düsseldorf 2018.

Kaplan, Marion A.: *Der Mut zum Überleben. Jüdische Frauen und ihre Familien in Nazideutschland*, Berlin 2001.

Kaplan, Marion A. (Hrsg.): *Geschichte des jüdischen Alltags in Deutschland. Vom 17. Jahrhundert bis 1945*, München 2003.

Karl, Willibald / Pohl, Karin (Hrsg.): *Amis in Bogenhausen. München 1945–1992*, München 2015.

Kauders, Anthony: *Democratization and the Jews. Munich, 1945–1965*, Lincoln und London 2004.

Kern, Karl-Hans: *Die Geheimnisse des Dr. Josef Müller. Mutmaßungen zu den Morden von Flossenbürg (1945) und Pöcking (1960),* Berlin 2000.

Kirschgens, Stefan: *Wege durch das Niemandsland. Dokumentation und Analyse der Hilfe für Flüchtlinge im deutsch-belgisch-niederländischen Grenzland in den Jahren 1933 bis 1945,* Köln 1998.

Klee, Ernst: *Personenlexikon des Dritten Reichs. Wer war was vor und nach 1945,* Frankfurt am Main 2003.

Klieger, Bernard: *Der Weg, den wir gingen. Reportage einer höllischen Reise,* Brüssel 1963.

Klüger, Ruth: *Weiter leben. Eine Jugend,* Göttingen 1992.

Köhn, Holger: *Die Lage der Lager. Displaced-Persons-Lager in der amerikanischen Besatzungszone Deutschlands,* Essen 2012.

König, Gerhard / König, Inge: *Das Polizeipräsidium Berlin-Alexanderplatz. Seine Geschichte, seine Polizei, seine Häftlinge (1933–1945),* Berlin 1997.

Königseder, Angelika / Wetzel, Juliane: *Lebensmut im Wartesaal. Die jüdischen DPs (displaced persons) im Nachkriegsdeutschland,* Frankfurt am Main 2004.

Koestler, Arthur: *Abschaum der Erde. Gesammelte autobiographische Schriften,* Wien 1971.

Kossoy, Edward: *Holocaust und Wiedergutmachung. Erinnerungen eines jüdischen Anwalts,* Darmstadt 2012.

Kralovitz, Rolf: *ZehnNullNeunzig in Buchenwald. Ein jüdischer Häftling erzählt,* Köln 1996.

Krauss, Marita: *Heimkehr in ein fremdes Land. Geschichte der Remigration nach 1945,* München 2001.

Kugler, Anita: *Scherwitz. Der jüdische SS-Offizier,* Köln 2004.

Lamm, Hans (Hrsg.): *Vergangene Tage. Jüdische Kultur in München,* München 1982.

Langbein, Hermann: *Menschen in Auschwitz,* Wien und München 1995.

Lauterbach, Iris: *Austreibung der Dämonen. Das Parteizentrum der NSDAP nach 1945,* München 1995.

Lavsky, Hagit: *New Beginnings. Holocaust Survivors in Bergen-Belsen and the British Zone in Germany, 1945–1950,* Detroit 2002.

Levi, Primo: *Atempause,* Hamburg 1964.

Levi, Primo: *Ist das ein Mensch?,* München 2018.

Lissner, Cordula: *Den Fluchtweg zurückgehen. Remigration nach Nordrhein und Westfalen 1945–1955,* Essen 2006.

Lohmann, Hartmut: *»Hier war doch alles nicht so schlimm«. Der Landkreis Stade in der Zeit des Nationalsozialismus,* Stade 1991.

Lorenz, Ida: *Die Juden in Hamburg zur Zeit der Weimarer Republik. Eine Dokumentation,* 2 Bde., Hamburg 1987.

Lowenstein, Steven M.: *Frankfurt on the Hudson. The German-Jewish Community of Washington Heights, 1933–1983,* Detroit 1989.

Ludwig, Johannes: *Boykott, Enteignung, Mord. Die »Entjudung« der deutschen Industrie,* Hamburg 1989.

Ludyga, Hannes: *Philipp Auerbach (1906–1952). »Staatskommissar für rassisch, religiös und politisch Verfolgte«*, Berlin 2005.

Lustiger, Arno: *Shalom Libertad! Juden im spanischen Bürgerkrieg*, Frankfurt am Main 1989.

Maier, Lilly: »Der Schwarzmarkt in der Möhlstraße und die Münchner Polizei. Eine Untersuchung im Spiegel der Akten der Polizeidirektion München«, in: *Münchner Beiträge zur jüdischen Geschichte und Kultur*, 12 (2018), Heft 1, S. 35–51.

Mannheimer, Max: *Drei Leben. Erinnerungen*, München 2012.

Martin, Bernd / Schulin, Ernst (Hrsg.): *Die Juden als Minderheit in der Geschichte*, München 1982.

Martin, Dirk / Saerens, Lieven: *Anvers sous l'Occupation. 1940–1945*, Brüssel 2010.

Marxen, Klaus: *Das Volk und sein Gerichtshof. Eine Studie zum nationalsozialistischen Volksgerichtshof*, Berlin 1994.

Meinen, Insa: *Die Shoah in Belgien*, Darmstadt 2009.

Meyer, Beate: *Fritz Benscher. Ein Holocaust-Überlebender als Rundfunk- und Fernsehstar in der Bundesrepublik*, Göttingen 2017.

Michman, Dan (Hrsg.): *Belgium and the Holocaust. Jews, Belgians, Germans*, Jerusalem 1998.

Müller-Elmau, Dietmar: *Schloss Elmau. Eine deutsche Geschichte*, München 2005.

Nelles, Dieter: *Widerstand und internationale Solidarität. Die Internationale Transportarbeiter-Föderation (ITF) im Widerstand gegen den Nationalsozialismus*, Essen 2001.

Nickels, Lothar: »München. Wiederaufbau nach 1945«, https://www.planet-wissen.de/kultur/metropolen/muenchen_zwischen_renaissance_und_wolkenkratzern/wiederaufbau-nach-1945-100.html

Niederhoff, Henning: *Trialog in Yad Vashem. Palästinenser, Israelis und Deutsche im Gespräch*, Berlin 2010.

Niethammer, Lutz: *Entnazifizierung in Bayern. Säuberung und Rehabilitierung unter amerikanischer Besatzung*, Frankfurt am Main 1972.

Niethammer, Lutz: *Die Mitläuferfabrik. Die Entnazifizierung am Beispiel Bayerns*, Bonn 1982.

Perels, Joachim: *Das juristische Erbe des »Dritten Reiches«. Beschädigungen der demokratischen Rechtsordnung*, Frankfurt am Main 1999.

Philipp, Michael (Hrsg.): *Gurs. Ein Internierungslager in Südfrankreich, 1939–1943*, Hamburg 1991.

Pinson, Koppel S.: »Jewish Life in Liberated Germany. A Study of the Jewish DP's«, *Jewish Social Studies*, Vol. 9 No. 2 (1947), S. 101–126.

Polian, Pavel: *Briefe aus der Hölle. Die Aufzeichnungen des jüdischen Sonderkommandos Auschwitz*, Darmstadt 2019.

Posener, Julius: *In Deutschland 1945 bis 1946*, Berlin 2001.

Pross, Christian: *Wiedergutmachung. Der Kleinkrieg gegen die Opfer*, Berlin 2001.

Quast, Anke: *Nach der Befreiung. Jüdische Gemeinden in Niedersachsen seit 1945. Das Beispiel Hannover,* Göttingen 2001.

Radandt, Hans (Hrsg.): *Fall 6. Ausgewählte Dokumente und Urteil des IG-Farben-Prozesses,* Berlin (Ost) 1970.

Reitzenstein, Julien: *Himmlers Forscher. Wehrwissenschaft und Medizinverbrechen im »Ahnenerbe« der SS,* Paderborn 2014.

Reuter, Elke / Hansel, Detlef: *Das kurze Leben der VVN 1947 bis 1953. Die Geschichte der Vereinigung der Verfolgten des Naziregimes in der sowjetischen Besatzungszone und in der DDR,* Berlin 1997.

Rohe, Karl: *Das Reichsbanner Schwarz-Rot-Gold. Ein Beitrag zur Geschichte und Struktur der politischen Kampfverbände zur Zeit der Weimarer Republik,* Düsseldorf 1966.

Roser, Annette: *Verfolgung – Widerstand – Neubeginn. Deutsche Exilierte im Südwesten Frankreichs 1939–1945,* Dissertation, Universität Karlsruhe 2001.

Rüter, Christiaan F. et al.: *Justiz und NS-Verbrechen,* Bd. 13: *Die vom 17. 11. 1954 bis zum 27. 06. 1956 ergangenen Strafurteile. Lfd. Nr. 410–438,* Amsterdam 1975.

Schattenhofer, Michael (Hrsg.): *Chronik der Stadt München, 1945–1948,* München 1980.

Scherzer, Hans Karl: »Josef Müller – Politik für eine neue Zeit«, in: Höpfinger, Renate (Hrsg.), *Josef Müller. Der erste Vorsitzende der CSU. Zum 100. Geburtstag,* Grünwald 1998, S. 27–94.

Schmidt, Ephraim: *Geschiedenis van de Joden in Antwerpen. In woord en beeld,* Antwerpen 1994.

Schochet, Simon: *Feldafing,* Vancouver 1983.

Schoeps, Julius (Hrsg.), *Leben im Land der Täter,* Berlin 2001.

Schramm, Hanna: *Menschen in Gurs. Erinnerungen an ein französisches Internierungslager, 1940–1941,* Worms 1977.

Segev, Tom: *David Ben Gurion. Ein Staat um jeden Preis,* München 2018.

Seliger, Hubert: »Der Prozess gegen Walter Huppenkothen und Otto Thorbeck, Deutschland 1949–1956«, Juni 2016, http://www.lexikon-der-politischen-strafprozesse.de/glossar/huppenkothen-walter-und-otto-thorbeck/#more-197

Sigel, Robert: *Im Interesse der Gerechtigkeit. Die Dachauer Kriegsverbrecherprozesse 1945–1948,* Frankfurt am Main 1992.

Sigmund, Monika: *Genuss als Politikum. Kaffeekonsum in beiden deutschen Staaten,* München 2015.

Sinn, Andrea: *Jüdische Politik und Presse in der frühen Bundesrepublik,* Göttingen 2014.

Skierka, Volker: *Lion Feuchtwanger. Eine Biographie,* Berlin 1984.

Stadtmuseum Düsseldorf (Hrsg.): *1946. Neuanfang. Leben in Düsseldorf,* Düsseldorf 1986.

Steinke, Ronen: »Die Affäre Adolf Bleibtreu. Wie ein antisemitischer Leserbrief in der *Süddeutschen Zeitung* 1949 eine Straßenschlacht auslöste«, *Münchner Beiträge zur jüdischen Geschichte und Kultur,* Jg. 12, Heft 1 (2018), S. 52–63.

Strathmann, Donate: *Auswandern oder Hierbleiben? Jüdisches Leben in Düsseldorf und Nordrhein 1945–1960,* Düsseldorf 2003.

Suchy, Barbara: *Juden in Düsseldorf. Ein geschichtlicher Überblick von den Anfängen bis zur Gegenwart,* Düsseldorf 1990.

Sznaider, Natan: »Hannah Arendt in München (1949/50)«, *HannahArendt.net. Zeitschrift für politisches Denken* 4(1).

Taylor, Frederick: *Zwischen Krieg und Frieden. Die Besetzung und Entnazifizierung Deutschlands 1944–1946,* Berlin 2011.

Treml, Manfred / Weigand, Wolf (Hrsg.): *Geschichte und Kultur der Juden in Bayern,* 2 Bde., Bd. 1: *Lebensläufe,* München 1988.

Treuenfeld, Andrea von: *Zurück in das Land, das uns töten wollte. Jüdische Remigrantinnen erzählen ihr Leben,* München 2015.

Urias, Siegfried: *Die Hamburger Juden im Kriege 1914–1918. Eine statistische Abhandlung,* Festschrift des Vaterländischen Bundes Jüdischer Frontsoldaten in Hamburg aus Anlaß seines 10jährigen Bestehens 1919–1929, Hamburg 1933.

Vieth, Harald: *Von der Hallerstraße 6/8 zum Isebek und Dammtor. Jüdische Schicksale und Alltägliches aus Harvestehude-Rotherbaum in Hamburg seit der Jahrhundertwende,* Hamburg 1991.

Wagner, Patrick: *Hitlers Kriminalisten. Die deutsche Kriminalpolizei und der Nationalsozialismus zwischen 1920 und 1960,* München 2002.

Walser, Martin: *Unser Auschwitz. Auseinandersetzung mit der deutschen Schuld,* Hamburg 2015.

Wamser, Ursula / Weinke, Wilfried (Hrsg.): *Ehemals in Hamburg zu Hause. Jüdisches Leben am Grindel,* Hamburg 1991.

Wiesel, Elie: *Die Nacht zu begraben,* München 1962.

Winstel, Tobias: *Verhandelte Gerechtigkeit. Rückerstattung und Entschädigung für jüdische NS-Opfer in Bayern und Westdeutschland,* München 2006.

Wolken, Otto: »Die Befreiung von Auschwitz-Birkenau«, in: *Die Auschwitz-Hefte,* Bd. 2, Weinheim 1987, S. 261–265.

Wyman, Mark: *DPs. Europe's Displaced Persons, 1945–1951,* Ithaca u. London 1989.

Ziegler, Dieter: *Die Dresdner Bank und die deutschen Juden,* München 2006.

Zieher, Jürgen: *Im Schatten von Antisemitismus und Wiedergutmachung. Kommunen und jüdische Gemeinden in Dortmund, Düsseldorf und Köln 1945–1960,* Berlin 2005.

ABBILDUNGSVERZEICHNIS

LESEPROBE

»Dieses Buch wird zu den großen Zeugnissen
der Shoah gezählt werden müssen.« CAROLIN EMCKE
Ginette Kolinka
RÜCKKEHR NACH
BIRKENAU
Wie ich überlebt habe
a
aufbau

Als ich das letzte Mal nach Birkenau zurückgekehrt bin, war Frühling. Die Felder waren mit Blumen überzogen, das Gras grün, der Himmel klar, man konnte die Vögel singen hören. Es war schön.

Wie kann ich ein solches Wort benutzen? Und doch habe ich es gesagt und gedacht: »Es ist schön.«

Von Weitem sah ich, wie am Feld entlang eine Gestalt näher kam. Zuerst traute ich meinen Augen nicht, dachte bei mir, »Nein, das ist nicht möglich«, doch ich hatte recht: eine Joggerin. Sie drehte ihre Runden, hier. Auf dieser lehmigen, nicht wiederzuerkennenden Erde, die so viele Tote gesehen hatte, in dieser Luft, die nach den frischen Morgenstunden roch, nach Tau. Sie lief, unbeirrt. Mir stockte der Atem. Am liebsten hätte ich geschrien, ihr zugerufen: »Bist Du verrückt?«

Oder war ich es?

Man sollte nicht nach Birkenau zurückkehren, wenn Frühling ist. Wenn die Kinder in den Vorgärten der kleinen Häuser auf ihren Rutschbahnen spielen, direkt an den ehemaligen Bahngleisen, die ins Lager und an die unselige Haltestelle, die Judenrampe, führten.

16. April 1944: Endlich hält der Zug. Ich habe das Gefühl, die ganze Zeit vor mich hingedämmert zu haben. Hinter der Tür hört man Geschrei und Hundegebell, das Geräusch der entriegelnden Schlösser: Frische Luft strömt in den Waggon, herrlich! Nach all den Stunden, die wir im stinkenden Halbdunkel zusammengepfercht gewesen sind. Wie viele Tage und Nächte? Man sagt mir, drei Tage und drei Nächte, ich wiederhole also, drei Tage und drei Nächte. Bei mir sind mein Vater, mein kleiner Bruder Gilbert und mein Neffe. Ich sehe wieder vor mir, wie ich meinem Bruder im Waggon etwas verweigere. Essbares womöglich? Vielleicht haben sie uns in Drancy ein bisschen

Proviant für die Kinder mitgegeben? Etwas für die »J3«? Wegen der Lebensmitteleinschränkungen werden wir im Krieg in Kategorien eingeteilt: J1, die Säuglinge, J2, J3 etc. Die J1 bekommen Milch, die anderen Milch mit etwas Mehl, die J3 Kekse, und die Erwachsenen haben ein Anrecht auf Wein. Ich höre mich unterwegs immer wieder sagen: »Nein, Gilbert, du darfst nicht alles auf einmal essen, wir wissen ja nicht, wie lange die Reise noch dauert …«

Mein Vater ist 61. Das ist heutzutage kein Alter. Dem armen Mann ist es gelungen, vor unserem Aufbruch zwei Decken zu klauen. Er ist so mager, dass er sie sich in die Hose gesteckt hat. Wir sitzen darauf, so gut es eben geht. Auf dem Boden liegt ein bisschen Stroh. Es ist ein geschlossener Güterzug, ohne Fenster oder Gitter. Lange habe ich geglaubt, dass wir im Bahnhof von Le Bourget abgefahren seien, später erfuhr ich, dass es Bobigny war.

Als wir in Bobigny aus den Bussen steigen, sind keine französischen Polizisten mehr zu sehen. Ich höre Schreie, Befehle, Gebrüll. Wir werden gewaltsam zusammengetrieben. Dann weiter bis zum Bahnsteig. Ich sehe den Güterzug, denke naiv, dass er abfahren und für uns ein anderer kommen wird. Doch man treibt uns erneut in die Waggons: *Schnell!* Mein erstes deutsches Wort.